河合塾
SERIES

2025 大学入学

共通テスト
過去問レビュー

地理総合, 地理探究

河合出版

はじめに

大学入学共通テスト（以下、共通テスト）が、2024年１月13日・14日に実施されました。

その出題内容は、大学入試センターから提示されていた、問題作成の基本的な考え方、各教科・科目の出題方針に概ね則したもので、昨年からの大きな変化はありませんでした。

共通テストでは、大学入試センター試験（以下、センター試験）に比べて、身につけた知識や解法を様々な場面で活用できるか ― 思考力や判断力を用いて解けるか ― を問われる傾向が強くなっています。また、読み取る資料の分量は多く、試験時間をより意識して取り組む必要もあります。

こうした出題方針は、新課程になっても引き継がれていくことでしょう。

一方で、センター試験での出題形式を踏襲した問題も見られました。

センター試験自体、年々「思考力・判断力・表現力」を求める問題が少しずつ増えていき、それが共通テストに引き継がれたのは、とても自然なことでした。

センター試験の過去問を練習することは、共通テスト対策にもつながります。

本書に収録された問題とその解説を十分に活用してください。みなさんの共通テスト対策が充実したものになることを願っています。

本書の構成・もくじ

▶解答・解説編◀

地理Ｂ

地理Ａ

2025年度　実施日程、教科等

9月上旬　受験案内を配付

⇩

9月下旬～10月上旬　出願受付・成績通知希望受付

⇩

12月上旬～12月中旬　受験票等を送付

⇩

2025年 1月18日(土)、19日(日)　共通テスト（本試験）実施

共通テストの正解等を発表

⇩

国公立大学出願受付

「実施日程」は、本書発行時には未発表であるため2024年度の日程に基づいて作成してあります。また、「2025年度出題教科・科目等」の内容についても2024年3月1日現在大学入試センターが発表している内容に基づいて作成してあります。2025年度の詳しい内容は大学入試センターホームページや2025年度「受験案内」で確認してください。

2025年度出題教科・科目等

大学入学共通テストを利用する大学は、大学入学共通テストの出題教科・科目の中から、入学志願者に解答させる教科・科目及びその利用方法を定めています。入学志願者は、各大学の学生募集要項等により、出題教科・科目を確認の上、大学入学共通テストを受験することになります。

2025年度大学入学共通テストにおいては、次表にあるように７教科21科目が出題されます。教科・科目によっては、旧教育課程履修者等に対する経過措置があります。

教科	グループ・科目	時間・配点	出題方法等
国語	『国語』	90分 200点	「現代の国語」及び「言語文化」を出題範囲とし、近代以降の文章及び古典(古文、漢文)を出題する。 『国語』の分野別の大問数及び配点は、近代以降の文章が3問110点、古典が2問90点(古文・漢文各45点)とする。
地理歴史 公民	『地理総合，地理探究』 『歴史総合，日本史探究』 『歴史総合，世界史探究』 『公共，倫理』 『公共，政治・経済』 →(b) 『地理総合/歴史総合/公共』→(a) (a)：必履修科目を組み合わせた出題科目 (b)：必履修科目と選択科目を組み合わせた出題科目 6科目のうちから最大2科目を選択・解答。 受験する科目数は出願時に申し出ること。	1科目選択 60分 100点 2科目選択 130分 (うち解答時間120分) 200点	『地理総合／歴史総合／公共』は、「地理総合」、「歴史総合」及び「公共」の3つを出題範囲とし，そのうち2つを選択解答(配点は各50点)。 2科目を選択する場合、以下の組合せを選択することはできない。 (b)のうちから2科目を選択する場合は、『公共，倫理』と『公共,政治･経済』の組合せを選択することはできない。 (b)のうちから1科目及び(a)を選択する場合は、(b)については、(a)で選択解答するものと同一名称を含む科目を選択することはできない。 地理歴史及び公民で2科目を選択する受験者が、(b)のうちから1科目及び(a)を選択する場合において、選択可能な組合せは以下のとおり。 ・『地理総合，地理探究』を選択する場合、(a)では「歴史総合」及び「公共」の組合せ ・『歴史総合，日本史探究』又は『歴史総合，世界史探究』を選択する場合、(a)では「地理総合」及び「公共」の組合せ ・『公共，倫理』又は『公共，政治・経済』を選択する場合、(a)では「地理総合」及び「歴史総合」の組合せ
数学	数学① 『数学Ⅰ，数学A』 『数学Ⅰ』 2科目のうちから1科目を選択・解答。	70分 100点	「数学A」については、図形の性質、場合の数と確率の2項目に対応した出題とし、全てを解答する。
	数学② 『数学Ⅱ，数学B，数学C』	70分 100点	「数学B」及び「数学C」については、数列(数学B)、統計的な推測(数学B)、ベクトル(数学C)及び平面上の曲線と複素数平面(数学C)の4項目に対応した出題とし、4項目のうち3項目の内容の問題を選択解答する。
理科	『物理基礎／化学基礎／生物基礎／地学基礎』 『物理』 『化学』 『生物』 『地学』 5科目のうちから最大2科目を選択･解答。 受験する科目数は出願時に申し出ること。	1科目選択 60分 100点 2科目選択 130分(うち解答時間120分) 200点	『物理基礎／化学基礎／生物基礎／地学基礎』は、「物理基礎」、「化学基礎」、「生物基礎」及び「地学基礎」の4つを出題範囲とし、そのうち2つを選択解答する(配点は各50点)。
外国語	『英語』『ドイツ語』『フランス語』『中国語』『韓国語』 5科目のうちから1科目を選択・解答。 科目選択に当たり、『ドイツ語』、『フランス語』、『中国語』及び『韓国語』の問題冊子の配付を希望する場合は、出願時に申し出ること。	『英語』 【リーディング】 80分 100点 【リスニング】 60分(うち解答時間30分) 100点 『ドイツ語』 『フランス語』 『中国語』 『韓国語』 【筆記】 80分 200点	『英語』は、「英語コミュニケーションⅠ」、「英語コミュニケーションⅡ」及び「論理・表現Ⅰ」を出題範囲とし、【リーディング】及び【リスニング】を出題する。受験者は、原則としてその両方を受験する。その他の科目については、『英語』に準じる出題範囲とし、【筆記】を出題する。 【リスニング】は、音声問題を用い30分間で解答を行うが、解答開始前に受験者に配付したICプレーヤーの作動確認・音量調節を受験者本人が行うために必要な時間を加えた時間を試験時間とする。なお、『英語』以外の外国語を受験した場合、【リスニング】を受験することはできない。
情報	『情報Ⅰ』	60分 100点	

1．『　』は大学入学共通テストにおける出題科目を表し、「　」は高等学校学習指導要領上設定されている科目を表す。
　また、『地理総合／歴史総合／公共』や『物理基礎／化学基礎／生物基礎／地学基礎』にある“／”は、一つの出題科目の中で複数の出題範囲を選択解答することを表す。
2．地理歴史及び公民並びに理科の試験時間において2科目を選択する場合は、解答順に第1解答科目及び第2解答科目に区分し各60分間で解答を行うが、第1解答科目及び第2解答科目の間に答案回収等を行うために必要な時間を加えた時間を試験時間とする。

2024～2020年度結果概要

本試験科目別平均点の推移

（注）2021年度は第１日程のデータを掲載

科目名(配点)	2024年度	2023年度	2022年度	2021年度	2020年度
国語(200)	116.50	105.74	110.26	117.51	119.33
世界史Ａ(100)	42.16	36.32	48.10	46.14	51.16
世界史Ｂ(100)	60.28	58.43	65.83	63.49	62.97
日本史Ａ(100)	42.04	45.38	40.97	49.57	44.59
日本史Ｂ(100)	56.27	59.75	52.81	64.26	65.45
地理Ａ(100)	55.75	55.19	51.62	59.98	54.51
地理Ｂ(100)	65.74	60.46	58.99	60.06	66.35
現代社会(100)	55.94	59.46	60.84	58.40	57.30
倫理(100)	56.44	59.02	63.29	71.96	65.37
政治・経済(100)	44.35	50.96	56.77	57.03	53.75
倫理，政治・経済(100)	61.26	60.59	69.73	69.26	66.51
数学Ⅰ(100)	34.62	37.84	21.89	39.11	35.93
数学Ⅰ・数学Ａ(100)	51.38	55.65	37.96	57.68	51.88
数学Ⅱ(100)	35.43	37.65	34.41	39.51	28.38
数学Ⅱ・数学Ｂ(100)	57.74	61.48	43.06	59.93	49.03
物理基礎(50)	28.72	28.19	30.40	37.55	33.29
化学基礎(50)	27.31	29.42	27.73	24.65	28.20
生物基礎(50)	31.57	24.66	23.90	29.17	32.10
地学基礎(50)	35.56	35.03	35.47	33.52	27.03
物理(100)	62.97	63.39	60.72	62.36	60.68
化学(100)	54.77	54.01	47.63	57.59	54.79
生物(100)	54.82	48.46	48.81	72.64	57.56
地学(100)	56.62	49.85	52.72	46.65	39.51
英語[リーディング](100)	51.54	53.81	61.80	58.80	－
英語[筆記](200)	－	－	－	－	116.31
英語[リスニング](100)	67.24	62.35	59.45	56.16	－
英語[リスニング](50)	－	－	－	－	28.78

※2023年度及び2021年度は得点調整後の数値

本試験科目別受験者数の推移

（注）2021年度は第１日程のデータを掲載

科目名	2024年度	2023年度	2022年度	2021年度	2020年度
国語	433,173	445,358	460,966	457,304	498,200
世界史Ａ	1,214	1,271	1,408	1,544	1,765
世界史Ｂ	75,866	78,185	82,985	85,689	91,609
日本史Ａ	2,452	2,411	2,173	2,363	2,429
日本史Ｂ	131,309	137,017	147,300	143,363	160,425
地理Ａ	2,070	2,062	2,187	1,952	2,240
地理Ｂ	136,948	139,012	141,375	138,615	143,036
現代社会	71,988	64,676	63,604	68,983	73,276
倫理	18,199	19,878	21,843	19,954	21,202
政治・経済	39,482	44,707	45,722	45,324	50,398
倫理，政治・経済	43,839	45,578	43,831	42,948	48,341
数学Ⅰ	5,346	5,153	5,258	5,750	5,584
数学Ⅰ・数学Ａ	339,152	346,628	357,357	356,492	382,151
数学Ⅱ	4,499	4,845	4,960	5,198	5,094
数学Ⅱ・数学Ｂ	312,255	316,728	321,691	319,696	339,925
物理基礎	17,949	17,978	19,395	19,094	20,437
化学基礎	92,894	95,515	100,461	103,073	110,955
生物基礎	115,318	119,730	125,498	127,924	137,469
地学基礎	43,372	43,070	43,943	44,319	48,758
物理	142,525	144,914	148,585	146,041	153,140
化学	180,779	182,224	184,028	182,359	193,476
生物	56,596	57,895	58,676	57,878	64,623
地学	1,792	1,659	1,350	1,356	1,684
英語[リーディング]	449,328	463,985	480,762	476,173	518,401
英語[リスニング]	447,519	461,993	479,039	474,483	512,007

志願者・受験者の推移

区分		2024年度	2023年度	2022年度	2021年度	2020年度
志願者数		491,914	512,581	530,367	535,245	557,699
内訳	高等学校等卒業見込者	419,534	436,873	449,369	449,795	452,235
	高等学校卒業者	68,220	71,642	76,785	81,007	100,376
	その他	4,160	4,066	4,213	4,443	5,088
受験者数		457,608	474,051	488,383	484,113	527,072
内訳	本試験のみ	456,173	470,580	486,847	(注1)482,623	526,833
	追試験のみ	1,085	2,737	915	(注2)1,021	171
	本試験＋追試験	344	707	438	(注2)407	59
欠席者数		34,306	38,530	41,984	51,132	30,627

（注１）2021年度の本試験は、第１日程及び第２日程の合計人数を掲載

（注２）2021年度の追試験は、第２日程の人数を掲載

出題分野一覧

実 施 年	2011年		2012年		2013年		2014年		2015年		2016年	
試験種類	本試	追試	本試	追試	本試	追試	本試	追試	本試	追試	本試	追試
地図・図法												
地域調査	●	●	●	●	●	●	●	●	●	●	●	●
国家・民族	●	●	●	●	●	●		●		●	●	
地　形	●	●	●	●	●	●	●	●	●	●	●	●
気　候	●	●	●	●	●	●	●	●	●	●	●	●
水	●					●		●		●	●	
自然災害			●						●		●	
環境問題・地域開発	●					●	●		●			●
農業・食料	●	●	●	●		●	●	●	●			
林・水産業												
エネルギー・鉱産資源	●	●	●	●		●	●	●		●		●
工　業	●				●	●	●	●		●	●	●
第3次産業		●		●			●			●		
貿易・投資・国際援助	●					●	●				●	●
人　口	●	●	●	●	●			●	●	●		●
都市・村落	●	●	●	●	●	●	●	●	●	●	●	●
交通・通信								●				●
東・東南・南アジア				●		●						
西・中央アジア							●					●
北アフリカ	●				●							
中・南アフリカ	●											
ヨーロッパ					●					●	●	
ロシア												
アングロアメリカ			●									
ラテンアメリカ									●			
オセアニア		●										●
日　本												
その他の地域※								●		●	●	
平均点	66.4		62.2		61.9		69.7		58.6		60.1	

一つの大問の中に複数のテーマ・地域が含まれることがあるため，大問数とは一致していない。
地域名の分野は地誌を示す。※複数の地域に渡る比較地誌を含む。
2011～2015年：旧課程，2016年～：現行課程。

2017年		2018年		2019年		2020年		2021年		2022年		2023年		2024年
本試	追試	本試	追試	本試	追試	本試	追試	第1	第2	本試	追試	本試	追試	本試
●	●	●	●	●	●	●	●	●	●	●	●	●	●	●
	●	●			●									
●	●	●	●	●	●	●	●	●	●	●	●	●	●	●
●	●	●	●	●	●	●	●	●	●	●	●	●	●	●
●				●	●					●	●		●	
●	●	●	●	●	●	●	●	●	●	●	●	●	●	●
		●	●							●				
●	●	●	●	●	●	●	●	●	●			●	●	●
	●		●			●		●		●			●	
●	●	●				●	●			●			●	●
●		●	●	●	●		●	●	●		●	●	●	●
	●	●		●	●	●	●	●	●					
						●			●					●
●		●	●		●	●		●	●	●	●	●	●	
●	●	●	●	●		●	●	●	●	●	●	●	●	●
			●				●	●		●		●	●	
●					●	●						●		●
		●		●					●				●	
				●			●						●	
							●							
●		●		●							●		●	
	●													
			●					●						●
						●	●			●				●
						●								●
					●	●								●
62.3		68.0		62.0		66.4		60.1	62.7	59.0		60.5		65.7

出題傾向と学習対策

出題傾向

(1) 出題分野

本試験では，第１問「自然環境と自然災害」，第２問「世界と日本の資源と産業の変化」，第３問「都市と生活文化」，第４問「環太平洋の地域」，第５問「島根県石見地方の浜田市の地域調査」が出題された。地域調査は例年通り地理Ａとの共通問題である。共通テストでは大問数がセンター試験の６題から５題に減少し，これまで第５問であった比較地誌が出題されなくなったが，それ以外の出題分野は2020年までのセンター試験５年間と同じである。昨年度は地誌問題で比較地誌が出題されたが，今年度は環太平洋地域の地誌で，オセアニア，東・東南アジア，南北アメリカの広い範囲が出題された。センター試験では大問６題，マーク数35であったが，共通テストは大問５題となり，マーク数は，2021年度32，2022・23年度31，今年度30で，少なくなった。使用素材の図は28，表は５，写真は４，地形図１（昨年度は31，４，２，１）で，センター試験とほぼ同じであった。組合せ解答は16（一昨年度は18，昨年度は17）で，センター試験の10～15程度より増えている。

(2) 難易度

センター試験の平均点は，近年最も低かった2015年度の58.59点から2018年度の67.99点まで上がり続けた後，2019年度は62.03点に下がったが，2020年度は66.35点に上昇した。共通テストの初回の2021年度の平均点は60.06点，2022度は58.99点，2023年度は60.46点，今年度は65.74点で，共通テストになってから最も高かったが，センター試験の平均点との差はあまりない。センター試験では地域調査の問題で会話文を使用した問題があったが，共通テストでは，会話文に加えて資料などを使用した場面設定による新しい形式の問題が，地域調査とそれ以外の１題の２題が含まれるようになった。問題文が長くて読み取りに時間がかかり，解答に時間を要するが，問題の難易度にはあまり変化はなかった。地歴Ｂ３科目と倫理・政経の平均点を比べると，昨年度は世界史，日本史より高く，倫理・政経より少し低かったが，今年度は世界史，日本史，倫理・政経のいずれよりも高かった。

(3) 出題傾向と出題予想

センター試験の2020年までの５年間の出題分野は，自然環境と自然災害，資源と産業，村落・都市と生活文化，地誌，比較地誌，地域調査であったが，共通テストも比較地誌以外は同じである。新しい問題形式は，2021年度は図や文章などを資料として使用したものが５問，会話文を使用したものが４問，文をカードに入れたものが１問，2022年度は資料が３問，会話文が３問，カードは０問，2023年度は資料が２問，会話文が４問，カードは０問，今年度は資料が３問，会話文が２問，カードが０問で，共通テスト初年度の2021年に比べると，2022年度以降は少なくなっている。また，共通テストは思考力・判断力・表現力を中心に評価する新しいテストとされ，センター試験では，図表なしで文の正誤を判定したり，用語や地名を選択したりする問題が数問あったが，共通テストではすべての問題が図表か資料をみて判定するものとなっており，その結果として問題文の読み取りや図表の読み取りに時間がかかるが，問題の内容は同じなので，平均点には変化はなかった。全体としては，地図や写真，統計地図，グラフ，統計表などの素材を多用し，その読み取り能力や理解力，すなわち地理的見方・考え方を試す問題が中心で，地形図の読図問題も定着している。

来年度は，新教育課程への移行措置がとられ，新教育課程履修者は新教育課程の『地理総合，地理探究』または『地理総合』を選択しなければならないが，旧課程履修者で希望する者は旧教育課程の『旧地理Ａ』または『旧地理Ｂ』を選択することができる。

新教育課程の『地理総合』は『旧地理Ａ』を，『地理総合，地理探究』は『旧地理Ｂ』をおおむね踏襲すると予想され，「地域調査」が共通問題となるであろうが，『旧地理Ａ』で出題された「地理の基礎的事項」が『地理総合，地理探究』と『地理総合』の共通問題として出題される可能性がある。したがって『地理総合，地理探究』を選択する場合，『旧地理Ｂ』でほとんど出題されてこなかった図法や時差などについても理解を深めておく必要があろう。他の分野については，『地理総合，地理探究』では『旧地理Ｂ』で出題されてきた「資源と産業」，「地誌」，「人口・都市」，「日本の諸課題」が，『地理総合』では「生活文化の多様性」の出題が予想される。

出題形式，小問数，図表の使用数，組合わせ解答数なども，今年度までの共通テストと同様であると予想される。新課程共通テストの問題作成方針では，旧課程と同じく，知識・技能や思考力・判断力・表現力等を問うことや，学習の過程を重視することが謳われており，会話文の使用，場面設定などの工夫がなされる点も同様であろう。

学習対策

(1) 問題内容の特色と学習の基本

共通テストはセンター試験に比べ，図表や資料，会話文を使用して解答に時間のかかる形式の問題が増え，図表の読み取りを必要としない用語や地名の問題や，文の正誤判定の問題は出題されなくなったが，問題内容はセンター試験と同じで変化はない。多くの問題では，分布図や統計図表から地理の諸事象の特徴や背景，関係性が問われるので，たとえば，「世界の砂漠は回帰線付近に多く，それは年中亜熱帯高圧帯に覆われるため」，「先進国で都市人口率が高いのは第２・３次産業が発達しているため」のような背景からの理解が必要とされている。このような理解力を身につけるためには，まず，「南北回帰線の緯度は何度でどういう意味をもつのか」，「１人当たりGNI上位国はどこなのか」などの基本的な知識が必要である。そのあとで，大気大循環で亜熱帯高圧帯の位置や特徴を理解したり，主要国の都市人口率の推移とその背景を理解したりすればよい。このような地理学習の前提として必要な基本知識を以下にあげるので，確認してほしい。また，位置についての知識も重要なので，地図帳を利用した学習を心がけよう。

①緯度・経度（知らない地名は地図帳で確認しよう）

赤道：ヴィクトリア湖，シンガポール，キト，アマゾン河口

北回帰線（23.4°N）：リヤド，ダッカ（90°E），台湾，ハバナ

南回帰線（23.4°S）：マダガスカル南部，オーストラリア中央部，サンパウロ

北緯30度：カイロ（30°N），デリー，シャンハイ，ニューオーリンズ（90°W）

北緯40度：マドリード，アンカラ，ペキン，秋田，フィラデルフィア

北緯60度：オスロ，サンクトペテルブルク（30°E），アンカレジ（150°W）

経度０度（本初子午線）：ロンドン，東経60度：ウラル山脈

②国土面積上位国（万 km^2，日本は38万 km^2）

ロシア（1,710）⇒カナダ（999）⇒アメリカ（983）⇒中国（960）⇒
ブラジル（852）⇒オーストラリア（769）⇒インド（329）

③人口上位国（億人，2022年）

中国（14.3）⇒インド（14.2）⇒アメリカ（3.4）⇒インドネシア（2.8）⇒
パキスタン（2.4）⇒ナイジェリア（2.2）⇒ブラジル（2.2）⇒
バングラデシュ（1.7）⇒ロシア（1.4）⇒メキシコ（1.3）⇒日本（1.2）⇒
エチオピア（1.2）⇒フィリピン（1.2）⇒エジプト（1.1）

④主要国の１人当たりGNI（国民総所得，ドル，2022年，所得分類は世界銀行による）

［高所得国］ スイス（91,745）⇒アメリカ（77,087）⇒オーストラリア（65,059）⇒
シンガポール（65,541）⇒カナダ（55,038）⇒ドイツ（50,804）⇒
ニュージーランド（46,559）⇒イギリス（45,990）⇒フランス（42,160）⇒
日本（36,337）⇒イタリア（34,984）⇒韓国（32,780）⇒
サウジアラビア（30,969）⇒スペイン（29,913）⇒ポルトガル（24,150）⇒
ギリシャ（20,706）⇒ポーランド（16,585）⇒チリ（14.494）

［高中所得国］ ロシア（15,180）⇒中国（12,463）⇒マレーシア（11,546）⇒
メキシコ（11,212）⇒ブラジル（8,637）⇒タイ（6,709）⇒
南アフリカ（6,615）⇒インドネシア（4,656）

［低中所得国］ フィリピン（3,705）⇒エジプト（3,566）⇒インド（2,396）⇒
ナイジェリア（1,998）⇒パキスタン（1,477）

［低所得国］ エチオピア（960）⇒コンゴ民主共和国（620）⇒北朝鮮（598）

⑵　頻出分野の学習ポイント

共通テストは教科書に準拠しているので，教科書をよく読んで理解を深める必要がある。共通テストと問題の内容が同じセンター試験の過去問をみると，同じ事項が何度も問われており，以下にあげる学習ポイントは，出題の多い重要な事項に関するものである。

①地図

・正距方位図法，メルカトル図法の特徴と，**大圏航路**，**等角航路**の違いを理解する。
・時差計算ができるようにする。
・**絶対分布図の等値線図**，**ドットマップ**，**図形表現図**，**相対分布図の階級区分図**，**メッシュマップ**などの統計地図の利用法を理解する。
・**GIS**，**GPS**（**GNSS**），リモートセンシングの意味を理解する。
・地形図は，地図記号を覚え，等高線から扇状地や氾濫原などの地形，尾根と谷，流域（集水域）の読み取り，距離と面積の計算ができるようにする。

②地形

・**安定陸塊**と**古期造山帯**，**新期造山帯**の区分を地図帳でみて，主な山脈や高原とその標高，平野を覚える。
・プレートの三つの境界を地図帳でみて，**せばまる境界**は新期造山帯に対応し，沈み込み帯と衝突帯があり，**広がる境界**は海嶺とアフリカ大地溝帯，**ずれる境界**はサンアンドレアス断層などと確認する。また，地震の震源と火山の分布をプレート境界と関連させて覚える。
・日本列島付近の四つのプレートの境界をみて，海溝とそれに並行した**火山前線**の関係，**フォッサマグナ**と中央構造線の位置を確認する。
・**ケスタ**，**フィヨルド**，**エスチュアリー**など各種小地形の特徴と成因，分布を確認する。
・日本でみられる小地形の学習には地形図を利用して，扇状地，氾濫原（自然堤防と後背湿地），三角州，台地，河岸段丘，海岸段丘，海岸平野，リアス海岸，砂嘴，砂州，陸繋島，カルスト地形，氷河地形などを判読できるようにし，成因も理解する。平野と台地，海岸などの地形については土地利用，集落立地との関係を読み取る。**ハザードマップ**を利用した自然災害の出題も多いので，洪水や土砂災害，地震災害（津波や液状化現象など），火山災害などの発生地域に気をつける。
・最終氷期にはヨーロッパと北アメリカに**氷床**（**大陸氷河**）が形成され，現在はシベリア東部などに**永久凍土**がみられることを地図で確認する。

③気候

・世界の１月と７月の気温分布図をみて，**大陸性気候**と**海洋性気候**，**東岸気候**と**西岸気候**の違いを確認し，成因も理解する。
・気温の**年較差**は赤道付近で最小となり，高緯度ほど，内陸ほど大きくなり，シベリア北東部が最大で，冬季温暖なヨーロッパでは小さいことを地図帳で確認する。
・世界の降水量分布図，気圧と風向の図をみて，高圧帯では少雨，低圧帯では多雨で，貿易風や偏西風，夏の季節風に対して海岸沿いの山脈の風上側で多雨となることを確認する。
・大気大循環の図で**熱帯収束帯**（**赤道低圧帯**），**亜熱帯高圧帯**，**亜寒帯低圧帯**，**極高圧帯**の配列を理解し，亜熱帯高圧帯から低圧帯に向けて**貿易風**や**偏西風**が吹くこと，貿易風の風向が北半球では北東，南半球では南東であることを確認する。また，1

月と7月の気圧帯と降水量分布図をみて，気圧帯は全体に北半球の夏には北上，北半球の冬には南下し，それによってサバナ気候や地中海性気候で雨季と乾季が生じることを理解する。

・**季節風**は東アジアから南アジアで卓越し，海から湿潤な風が吹く**夏に雨季**，大陸から乾燥した風が吹く**冬に乾季**になることを，1月と7月の降水量分布図でみる。

・熱帯低気圧の**台風**，**サイクロン**，**ハリケーン**の経路を地図帳でみて，赤道付近では発生，発達せず，寒流が北上する南アメリカ西岸とアフリカ南西岸の沖合では発生しないことを確認する。

・**ケッペンの気候区分**で，熱帯，温帯，亜寒帯，寒帯の区分基準となる気温の数値を覚える。また，年中湿潤（f），夏乾燥（s），冬乾燥（w）の気候区の分布を気候区分図でみる。

・乾燥帯は，年平均気温から算出される乾燥限界値が区分基準となることを理解する。

・ケッペンの気候区と，熱帯雨林やタイガなどの植生，熱帯のラトソルや亜寒帯のポドゾルなどの**成帯土壌**の分布が対応していることを確認する。

・石灰岩が風化した赤色のテラロッサや玄武岩が風化した黒色のレグールなどの**間帯土壌**は，母岩と色，分布地域を覚える。

・河川の流量の季節変化は，流域の気候と関係が深いことを理解する。

④環境問題

・**酸性雨**，**オゾン層破壊**，**地球温暖化**の原因と被害地域を理解する。

・**砂漠化**と**熱帯林破壊**は，発展途上国の人口急増が背景にあることを理解する。

・日本の四大公害病とその原因を覚える。

⑤農林水産業

・小麦は西アジア，ジャガイモはアンデス，コーヒーはエチオピア高原など，作物の**原産地**から**栽培条件**を知り，主要生産地域の分布を理解する。

・小麦や稲，ナツメヤシ，ブドウなどの**栽培限界**を地図でみる。

・世界の農業地域は，発展途上地域中心の**自給的農業**（焼畑農業，遊牧，集約的稲作農業，集約的畑作農業），先進地域中心の**商業的農業**（混合農業，酪農，園芸農業，地中海式農業），新大陸中心の**企業的農業**（企業的穀物農業，企業的牧畜）に分けて分布を理解する。

・遊牧では，モンゴルの馬，チベットのヤクなど地域を特徴づける家畜を覚える。

・オアシス農業では，カナートやフォガラなどの地下水路とナツメヤシが重要。

・アジアでは**年降水量1000 mm**の線が，稲作地域と畑作地域の境界となることを，中国とインドの農業地域区分図でみる。

・ヨーロッパの農業は，中世の三圃式農業からの発展の歴史を理解する。

・企業的穀物農業は，小麦栽培に適した**年降水量500 mm**前後の**黒色土**地域にみられ，企業的牧畜は，草原が分布するステップ気候地域（主に牧羊）とサバナ気候地域（主に牧牛）にみられることを確認する。

・穀物やイモ類など主食作物の生産量は，栽培に適した気候地域の大人口国で多いことを理解し，**三大穀物**のうち，生産量はトウモロコシ，小麦，米の順であることを統計で確認する。
・プランテーション作物は，栽培条件の違いと，茶のスリランカやケニア，カカオのコートジボワールやガーナなど判定のポイントとなる国を覚える。
・林業では，伐採量上位国について**薪炭材**と**用材**の割合，針葉樹の割合を確認する。
・水産業では，漁獲量上位国と主要海域の海流や大陸棚などの自然条件，養殖業生産量は漁獲量より多いことを知る。
・主要な農畜産物と木材，魚介類は生産上位国とともに輸出・輸入上位国を確認する。

⑥資源・エネルギー

・エネルギー供給は，産業革命で**石炭**が，1960年代のエネルギー革命で**石油**が中心になり，1970年代の石油危機後は，代替エネルギーとして**天然ガス**と**原子力**が利用され，石油の割合が低下したことを統計で確認する。
・主要国の一次エネルギー供給構成は，石炭中心の中国，インド，天然ガス中心のロシアなど，発電量は水力中心のカナダ，ブラジル，原子力中心のフランスなどを統計でみる。
・再生可能エネルギーは，風力，太陽光，地熱，バイオ燃料の統計をみる。
・鉄鉱石は**安定陸塊**，石炭は**古期造山帯**，銅は**新期造山帯**，ボーキサイトは**熱帯**に多いことを地図で確認する。
・生産量と輸出入量は重要であるが，銅のチリ，ボーキサイトのギニア，ジャマイカ，ニッケルのニューカレドニアなど，判定のポイントとなる国を覚える。

⑦工業

・工業立地は，**原料指向型**，**市場指向型**，**労働力指向型**，**集積指向型**，**臨海指向型**，**臨空港指向型**の意味と該当業種を理解し，日本の各種工場の分布図をみる。
・鉄鋼業は，炭田立地，鉄山立地，炭田・鉄山立地，臨海立地に分け，代表都市を覚える。
・粗鋼，自動車，船舶，パソコンなどの生産上位国の変化を統計で確認する。
・ヨーロッパとアメリカでは，主要工業都市の業種と位置を覚える。
・中国では，**改革開放政策**により**経済特区**が華南に設置され，沿海部と内陸部との経済格差が拡大したことを地図で確認する。
・発展途上国の工業化は，**輸入代替型**から**輸出指向型**に移行することを理解する。
・日本の工業は，業種別の製造品出荷額の上位都道府県を統計でみる。

⑧第三次産業

・交通は，鉄道の旅客・貨物輸送量，自動車保有台数，商船船腹量の国別統計，主な空港の乗降客数，主な港のコンテナ取扱量をみる。
・通信は，固定電話，移動電話，インターネットの利用率の国別統計をみる。
・貿易額は，各国の経済力にほぼ対応するが，EUでは**域内貿易**が盛んで貿易依存度が高く，アメリカは世界一の貿易赤字国であることを統計で確認する。
・輸出品は各国の主要産業を反映しているので，主要国の上位品目を確認する。

・**卸売業販売額**は**小売業販売額**より多く，日本の卸売業は三大都市と**広域中心都市**に集中し，福岡市の方が横浜市より販売額が多いことなどを理解する。
・国際観光客の出入国数や，国際観光収支の国別統計をみる。

⑨人口

・大陸別の人口の推移，自然増加率の高低を統計で確認する。
・**多産多死**から**多産少死**，**少産少死**への移行の背景を理解し，先進国と発展途上国の人口ピラミッドや出生率，死亡率，乳児死亡率の違いを確認する。
・先進国の**少子高齢化**は，合計特殊出生率と老年人口率の推移から各国の特徴を理解する。
・産業別人口構成は，工業化からサービス経済化への移行で変化し，三角グラフを読み取れるようにする。
・日本における第二次世界大戦後の出生率と死亡率の変化と近年の人口減少，都道府県別の人口増加率，出生率，死亡率，老年人口率，産業別人口構成などの統計をみる。
・欧米先進国や中東産油国への移民の出身国，難民の発生国と受入国を確認する。

⑩村落・都市

・**散村**，**塊村**，**路村**や**条里制**，**新田集落**，**屯田兵村**を地形図で判読できるようにする。
・**城下町**や**門前町**の事例を知り，街路形態などの特徴を地形図で判読できるようにする。
・都市の立地や機能，街路形態の違いを理解し，都市の例を覚える。
・**メトロポリス**，**メガロポリス**，**コナーベーション**などの用語の意味と例を覚える。
・**CBD**や**副都心**などの都市の内部構造を理解する。
・先進国と発展途上国の都市化の背景の違いから，**インナーシティ問題**や**スラム化**などの都市問題の違いを理解する。先進国の都市再開発やアメリカでの民族の住み分けも重要。

⑪生活文化と民族，国家

・衣食住は，各国の自然環境や農業生産，宗教などを反映していることを理解する。
・世界の言語分布と宗教分布を覚えると，各地の民族問題が理解しやすくなる。
・発展途上国では，先住民の分布と旧宗主国の言語，宗教との関係が重要である。
・ヨーロッパでは，**ラテン・ゲルマン・スラブ民族**の分布と**カトリック・プロテスタント・正教会**の分布の対応関係と**イスラム教国**を地図で確認する。
・世界の主な民族問題，領土問題の発生地域を覚える。
・**自然的国境**，**人為的国境**の具体例を地図帳で確認する。
・EU，ASEAN，AU，USMCA，MERCOSUR，CIS，OPEC，NATO，OECDなどの加盟国を地図で確認する。
・EUは，発展の歴史とユーロ導入国，シェンゲン協定加盟国，経済格差などが重要。

⑫地誌

・各地域における地形，気候，農業，鉱工業，言語・宗教などの特徴を地図で確認する。

・各国の自然，産業，言語，宗教などの特徴は，地域全体の分布の中で位置づけて理解する。

・大地形と鉱産資源，気候と農業地域などを関連づけて学習する。

⑬地域調査

・気候の地域差，新旧地形図の読図，統計資料の読み取りなどが出題され，出題地域に関する知識はなくても解答できる。

MEMO

地理総合，地理探究

オリジナル問題

（解答番号 1 ～ 30 ）

第1問 地図と地理情報に関する次の問い（問1～4）に答えよ。（配点 13）

問1 統計を地図に表したものを統計地図という。次の図1は，後の表1に基づいて，ドイツの州別の人口密度を階級区分図で表したものである。表1を参考にして，図1の凡例中の**x**と**y**に該当する数値の正しい組合せを，後の①～⑥のうちから一つ選べ。 1

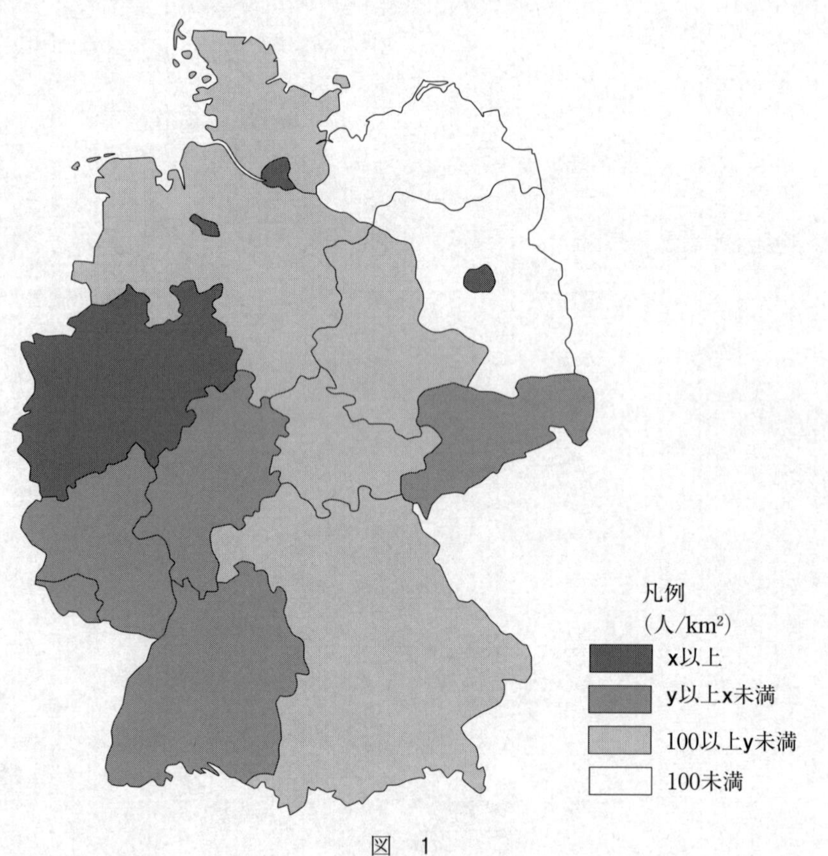

図 1

表　1

州　名	面積 (km^2)	人口密度 (人/km^2)	州　名	面積 (km^2)	人口密度 (人/km^2)
バイエルン	70,549	176	ラインラント・プファルツ	19,853	205
ニーダーザクセン	47,619	168	ザクセン	18,415	233
バーデン・ヴュルテンベルク	35,752	300	チューリンゲン	16,172	146
ノルトライン・ヴェストファーレン	34,084	530	シュレスヴィヒ・ホルシュタイン	15,763	179
ブランデンブルク	29,478	87	ザールラント	2,569	411
メクレンブルク・フォアポンメルン	23,179	74	ベルリン	892	3,799
ヘッセン	21,115	289	ハンブルク	755	2,297
ザクセン・アンハルト	20,446	122	ブレーメン*	404	1,641

*飛び地のブレーメルハーフェンについては地図に示していない。
統計年次は2004年。
ドイツ連邦共和国統計局の資料により作成。

	①	②	③	④	⑤	⑥
x	400	400	500	500	600	600
y	200	300	200	300	200	300

問2　地形図からはさまざまな情報を読み取ることができる。次の図2の2万5千分の1地形図(原寸)から読み取れることを述べた文として最も適当なものを，後の①～④のうちから一つ選べ。 2

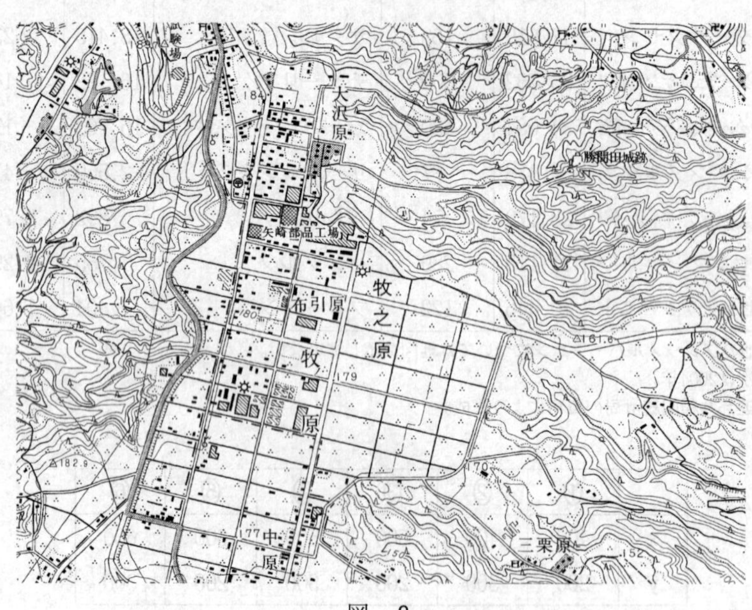

図　2

① 図の中央部の牧之原(牧ノ原)付近には，古代の条里制に基づく土地区画がみられる。

② 図の範囲の地域の農業的土地利用は，茶畑が卓越している。

③ 図の北部にある郵便局付近は，図の東部にある勝間田城跡よりも標高が低い。

④ 図の範囲の地域には，地形図の発行時点で，二つの市町村がある。

問3　地理情報の収集と利用について述べた文として**適当でないもの**を，次の①～④のうちから一つ選べ。 3

① 穀物メジャーと呼ばれる穀物商社は，世界各地の農作物の作付け状況を知り，収穫量を予測するために，気象データなどの地理情報を利用している。

② 地方自治体では，都市計画や地震の際の被害予測など，多方面でGIS(地理情報システム)を活用している。

③ 地球探査衛星によって得られるデータから，砂漠化の進行や海流異変の様子を知ることができる。

④ カーナビゲーションなどに利用されるGPS(全地球測位システム)では，二つの衛星を用いて，標高を含む三次元的な位置情報を測定している。

問4　地理情報をグラフ化すると視覚的にわかりやすくなるが，グラフの表現方法によって読み取ることができる情報は異なる。次の図3中の**X**～**Z**は，いずれも1950年以降の日本の産業別人口の推移を示したものである。また，後の**ア**～**ウ**の文は，いずれかの図について説明したものである。**ア**～**ウ**と**X**～**Z**との正しい組合せを，後の①～⑥のうちから一つ選べ。 4

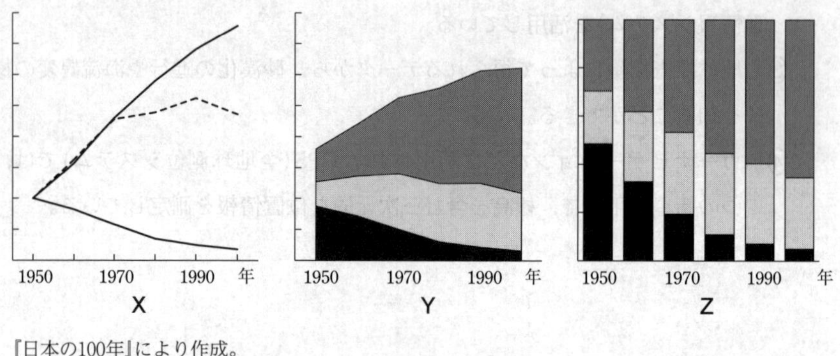

『日本の100年』により作成。

図　3

ア　1950年当時と比べた各産業別人口の増加・減少の程度を読み取ることができるが，日本全体における各産業別人口の割合については読み取ることができない。

イ　各産業の相対的な地位の変化とともに，それぞれの年次における各産業別人口の絶対数やその変化を読み取ることができる。

ウ　日本全体における各産業別人口の割合やその変化を読み取ることができるが，産業別人口の絶対数については読み取ることができない。

	①	②	③	④	⑤	⑥
ア	X	X	Y	Y	Z	Z
イ	Y	Z	X	Z	X	Y
ウ	Z	Y	Z	X	Y	X

第2問　世界の自然環境に関する次の問い(**問1～4**)に答えよ。(配点　13)

問1　次の図1中の**A**・**B**は，世界の主な山脈を，その形成時期の違いによって大きく二つの造山帯に区分して示したものである。また，後の説明文**ア**・**イ**は，それぞれの造山帯について説明したものであり，山脈名**a**・**b**は，それぞれの造山帯に含まれる主な山脈をあげたものである。図1中の**A**の造山帯に該当する説明文と山脈名との正しい組合せを，後の①～④のうちから一つ選べ。

5

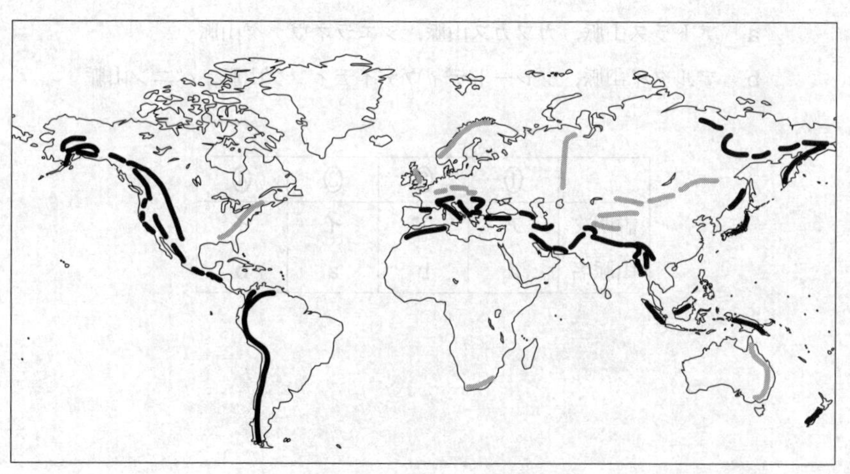

図　1

〔説明文〕

ア　古生代の造山運動によって形成された山脈で，その後の侵食作用により，なだらかな地形になっている。一部には新しい造山運動の影響で，断層運動が引き起こされ，高峻（こうしゅん）となった山脈もある。

イ　中生代末から新生代にかけての造山運動によって形成された山脈で，海抜高度が高く，起伏の大きい地形になっている。地震などの地殻変動も活発な地域であり，火山をともなう山脈もある。

〔山脈名〕

a　アトラス山脈，カフカス山脈，シエラネヴァダ山脈

b　アルタイ山脈，グレートディヴァイディング山脈，ペニン山脈

	①	②	③	④
説明文	ア	ア	イ	イ
山脈名	a	b	a	b

問２　次の図２は，日本の山地地域の２万５千分の１地形図(原寸)である。図２について述べた文として最も適当なものを，後の①～④のうちから一つ選べ。　**6**

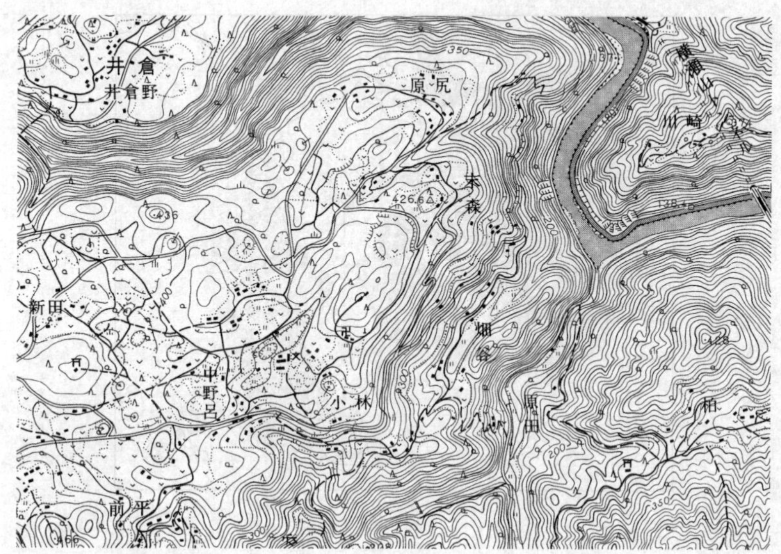

図　２

① 河川による侵食が進んだ山地で，山頂の平坦部には氷河の侵食によってできたカールがみられる。

② 河川による下方侵食が始まった地域で，高原上には石灰岩が侵食を受けてできたドリーネがみられる。

③ 土地の隆起によって河川による侵食が活発になった階段状の台地で，川沿いにはメサがみられる。

④ 河川の運搬した土砂が大量に堆積(たいせき)してできた扇状地で，扇央部にはワジがみられる。

問3 次の図3は，北極を中心とした地域における最終氷期の氷河のおおよその分布を示したものである。図3について述べた文として**適当でないもの**を，後の①～④のうちから一つ選べ。 7

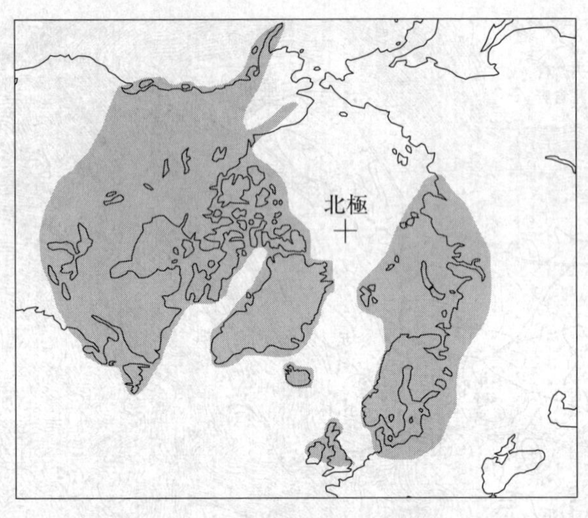

図 3

① 氷河に覆われた地域の中には，氷河の後退後，氷河によって運搬された砂れきが堆積したモレーンなどの地形がみられる。

② スカンディナヴィア半島やカナダにみられる湖の多くは，氷河の侵食や氷河の運搬した砂れきによるせき止めなどによって形成されたものである。

③ 北アメリカ大陸西岸やヨーロッパ北西岸には，氷河の侵食した谷が沈水したフィヨルドがみられる。

④ 最終氷期の氷河は，現在の北半球には一部の高山に残るだけで，大陸氷河と呼ばれる平地の氷河は，すべて消失した。

問4　次の図4中の**カ**～**ク**は，後の図5中のコロラド川，サクラメント川，セントローレンス川のいずれかの河川の黒丸地点における流量の年変化を示したものである。各河川と**カ**～**ク**との正しい組合せを，後の①～⑥のうちから一つ選べ。 8

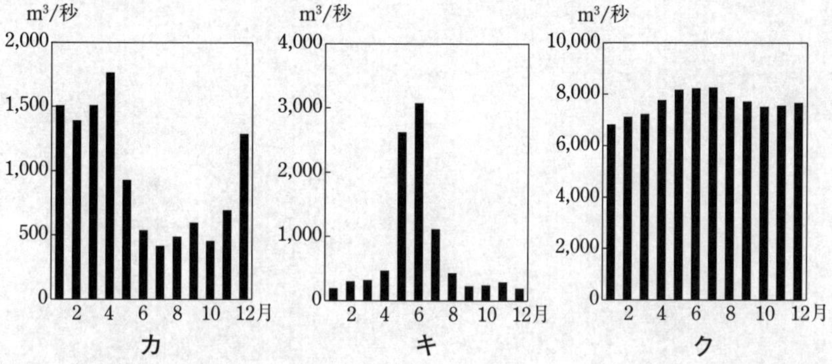

m³/秒　2,000　1,500　1,000　500　0　2　4　6　8　10　12月
カ

m³/秒　4,000　3,000　2,000　1,000　0　2　4　6　8　10　12月
キ

m³/秒　10,000　8,000　6,000　4,000　2,000　0　2　4　6　8　10　12月
ク

UNESCOの資料により作成。

図　4

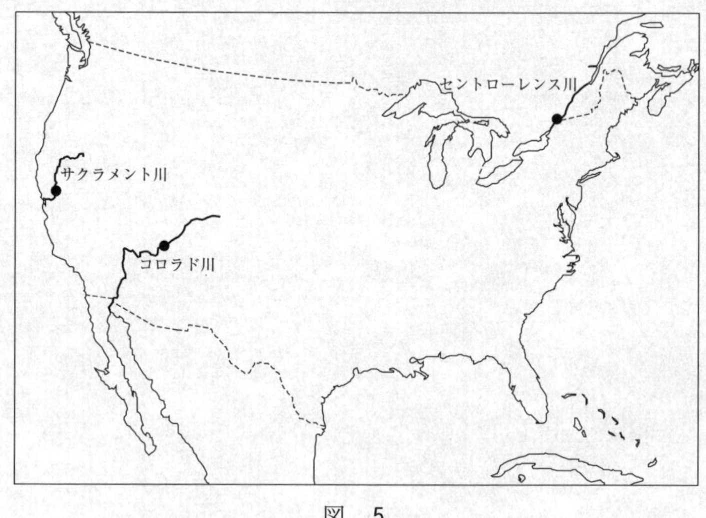

図　5

	①	②	③	④	⑤	⑥
コロラド川	カ	カ	キ	キ	ク	ク
サクラメント川	キ	ク	カ	ク	カ	キ
セントローレンス川	ク	キ	ク	カ	キ	カ

第3問　世界の資源と工業に関する次の問い(問1～6)に答えよ。(配点　20)

問1　次の図1は，化石燃料の生産量の地域別割合を示したものであり，**ア～ウ**は固体燃料，液体燃料，ガス体燃料のいずれかである。**ア～ウ**とエネルギー資源との正しい組合せを，後の①～⑥のうちから一つ選べ。 **9**

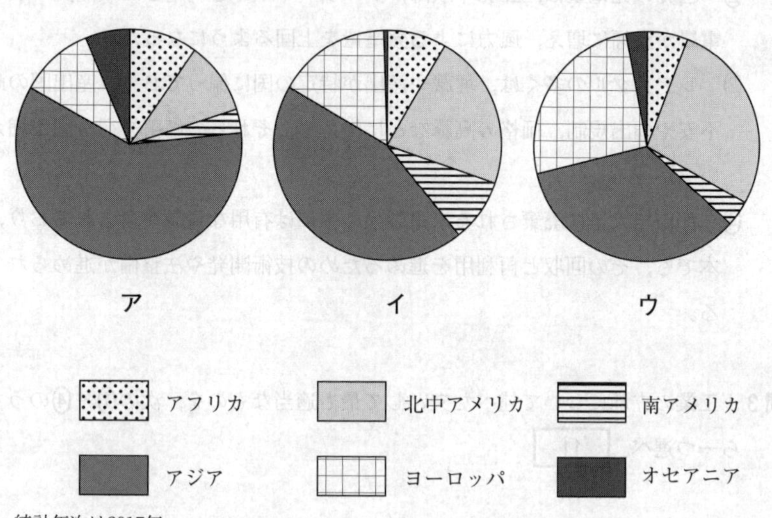

統計年次は2017年。
Energy Statistics Yearbook により作成。

図　1

	①	②	③	④	⑤	⑥
ア	固体燃料	固体燃料	液体燃料	液体燃料	ガス体燃料	ガス体燃料
イ	液体燃料	ガス体燃料	固体燃料	ガス体燃料	固体燃料	液体燃料
ウ	ガス体燃料	液体燃料	ガス体燃料	固体燃料	液体燃料	固体燃料

問2　エネルギー・鉱産資源について述べた文として**適当でないもの**を，次の①～④のうちから一つ選べ。 10

① 2000年以降の世界のエネルギー消費に占める石油の割合は，天然ガスに加え石炭の消費も伸びたため，2000年以前に比べてやや低下している。

② 世界の発電量は，2000年以降，ソーラーパネルを利用した太陽光による発電量が大幅に増え，風力による発電量を上回るようになった。

③ レアメタルの多くは，埋蔵や産出が特定の国に偏っており，産出国の政情不安や輸出規制，価格の高騰などに備えて，それらの備蓄を行う国が増えている。

④ 都市で大量に廃棄される家電製品の中には有用な資源が含まれており，日本でも，その回収と再利用を進めるための技術開発や法整備が進められている。

問3　工業の立地について述べた文として最も適当なものを，次の①～④のうちから一つ選べ。 11

① ワインと日本酒の醸造業は，消費量の多い大都市に立地することが多い。

② 板ガラスの製造業は，ガラスの原料であるけい砂の産地に立地することが多い。

③ 鉄鋼業は，その原燃料を輸入に依存する国では，港湾付近に立地することが多い。

④ アルミニウムの精錬業は，原料のボーキサイトの産地に立地することが多い。

問4　次の**カ**～**ク**の文は，後の図2中の**A**～**C**のいずれかの地域における工業の特徴について述べたものである。**カ**～**ク**と**A**～**C**との正しい組合せを，後の①～⑥のうちから一つ選べ。 12

カ　鉄鋼業や自動車工業が集積するほか，ゴム工業，ガラス工業，各種の機械工業など，自動車に関連する産業も発達している。

キ　木材加工業，アルミニウム工業，航空機工業が発達するほか，近年は，エレクトロニクス工業をはじめとする先端技術産業の立地が進んでいる。

ク　石油関連工業，航空機工業，エレクトロニクス工業が立地し，1970年代以降，国内有数の工業地域となった。

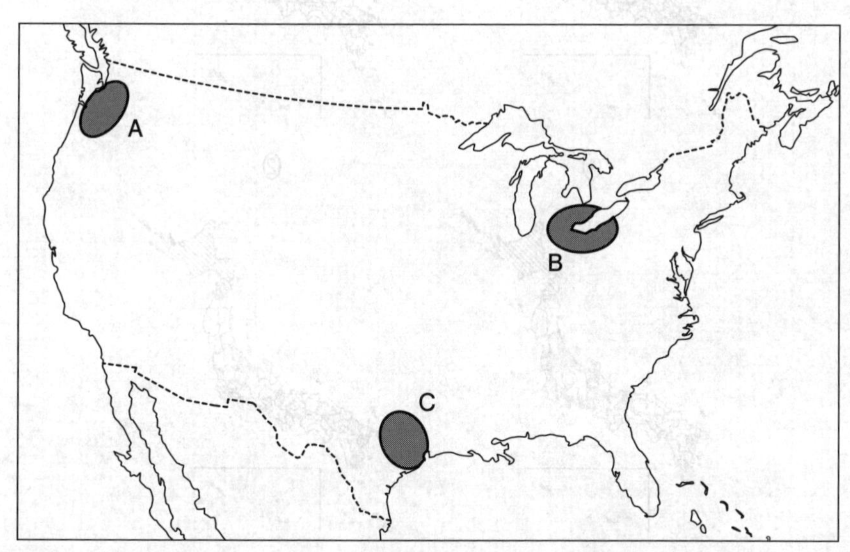

図　2

	①	②	③	④	⑤	⑥
カ	A	A	B	B	C	C
キ	B	C	A	C	A	B
ク	C	B	C	A	B	A

問5　次の図3は，食料品製造業，石油製品・石炭製品製造業，電子部品・デバイス・電子回路製造業，パルプ・紙・紙加工品製造業のいずれかについて，製造品出荷額の上位15都道府県と，それらが全国に占める割合を示したものである。食料品製造業に該当するものを，図3中の①～④のうちから一つ選べ。 13

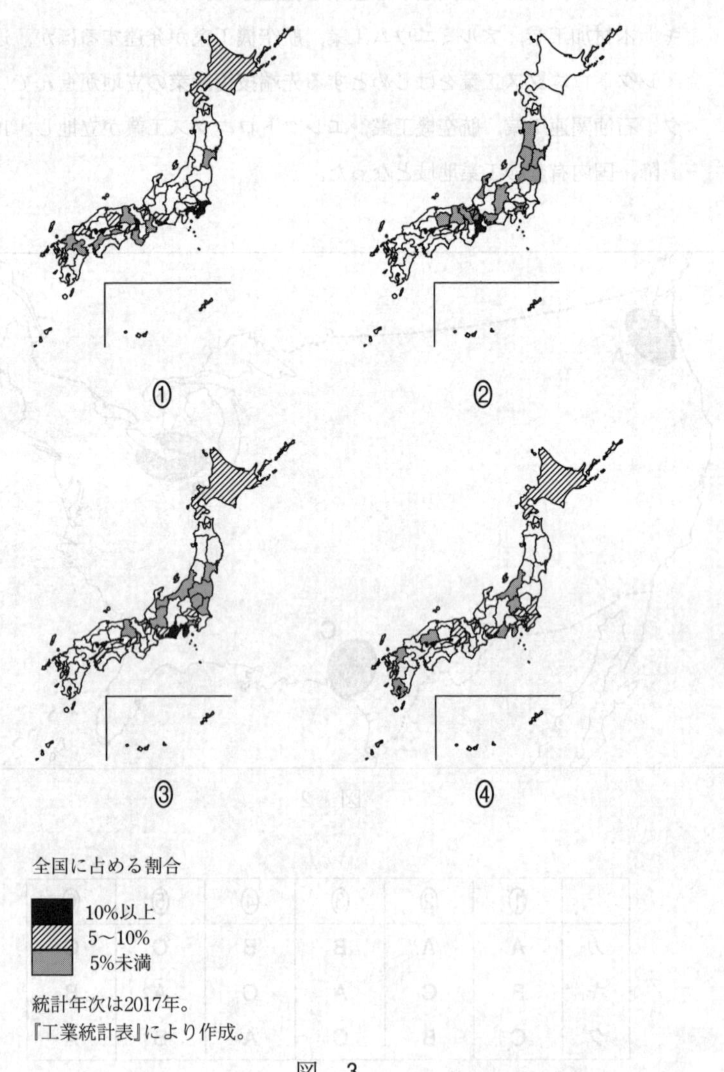

図　3

問 6　次の図 4 は，電気機械・情報通信機械製造業と輸送機械製造業について，海外に進出している日本企業の現地事業所従業者数の推移を，いくつかの地域別に示したものであり，①～④は，ASEAN 4 *，アジア NIEs，北アメリカ**，中国***のいずれかである。ASEAN 4 に該当するものを，図 4 中の①～④のうちから一つ選べ。 14

*インドネシア，タイ，フィリピン，マレーシア。
**アメリカ合衆国，カナダ。
***ホンコンなどを除く中国本土。

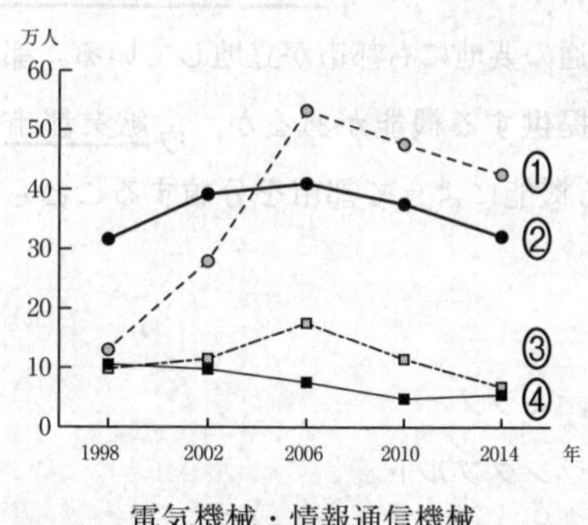

電気機械・情報通信機械

万人　60　50　40　30　20　10　0
1998　2002　2006　2010　2014　年
②　①　④　③

輸送機械

経済産業省『海外事業活動基本調査』により作成。

図　4

第4問　都市と村落，生活文化に関する次の問い(**問**1～5)に答えよ。(配点　17)

問1　次の文章は，都市の立地と機能について述べたものである。文章中の下線部**ア**～**エ**に該当する都市の事例として**適当でないもの**を，後の①～④のうちから一つ選べ。 15

都市の立地を自然条件からみると，平野の中心や**ア**河川の河口のような広い後背地をもつ地点に立地する都市が多い。また，**イ**河川を渡りやすい場所や河川と道路や鉄道の交差点などの交通の要地にも都市が立地している。都市には，周辺地域に商品やサービスを提供する機能があるが，**ウ**鉱業都市や**エ**政治都市など，その都市に卓越する機能によって都市を分類することもできる。

① **ア**－サンフランシスコ，ベルリン，ミラノ

② **イ**－島田，ノヴォシビルスク，フランクフルト

③ **ウ**－キルナ，キンバリー，ポトシ

④ **エ**－イスラマバード，キャンベラ，ブラジリア

問2　次の図1は，日本のいくつかの市について，それぞれが属する都道府県の人口に占める各市の人口の割合の推移を示したものであり，①～④は，大阪市，札幌市，奈良市，横浜市のいずれかである。札幌市に該当するものを，図1中の①～④のうちから一つ選べ。 16

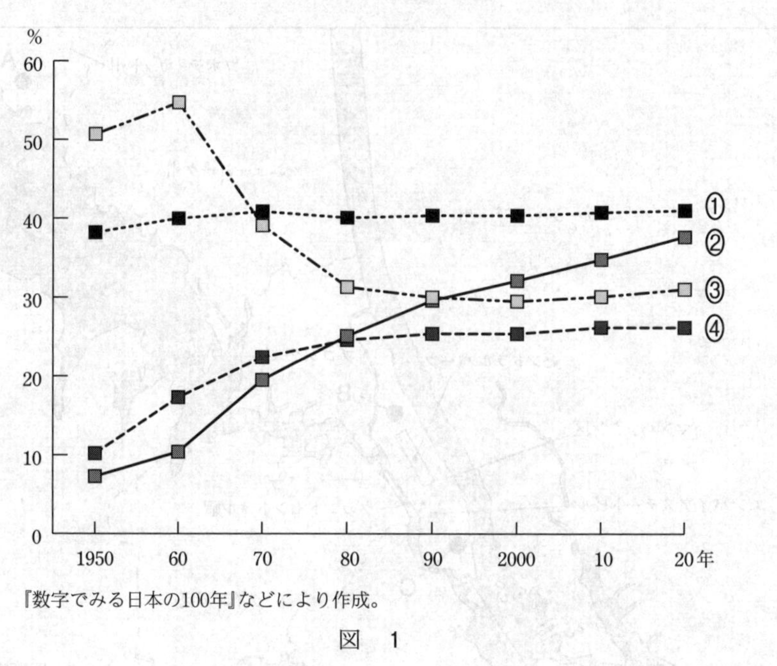

『数字でみる日本の100年』などにより作成。

図　1

問3 次の図2は，アメリカ合衆国のニューヨーク市とその周辺部を示したものであり，後の**カ**～**ク**の文は，図2中の**A**～**C**のいずれかの地区の特色について述べたものである。**カ**～**ク**と**A**～**C**との正しい組合せを，後の①～⑥のうちから一つ選べ。 17

図 2

カ　港湾に隣接するため，かつては倉庫などが建ち並ぶ地区であったが，その後，古い建物に魅力を見いだした芸術家が集まり，近年はソフトウェア開発などの企業も集積している。

キ　古くは住宅街であったが，20世紀初めごろから建物の老朽化とともに黒人の貧困層が多く居住するようになり，犯罪も多い地区となった。

ク　敷地の広い一戸建て住宅が多くみられる高級住宅地区で，治安が非常によく，スポーツ施設や図書館などの公共施設も充実している。

	①	②	③	④	⑤	⑥
カ	A	A	B	B	C	C
キ	B	C	A	C	A	B
ク	C	B	C	A	B	A

問4　世界の村落とその暮らしについて述べた文として**適当でないもの**を，次の①～④のうちから一つ選べ。 18

① アメリカ合衆国などにみられる散村形態の集落では，集村に比べて家屋と耕地との距離が近いため，耕作や収穫に便利である。

② ドイツなどにみられる林地村では，短冊状に分割された土地のうち，道路から最も遠い部分を住宅に利用した。

③ 日本の輪中集落では，家屋の敷地を耕地よりも高くし，水屋や避難用の舟などにより，水害に備えてきた。

④ フランスでは，農家に滞在して農村の生活や農作業を体験する余暇活動が盛んに行われている。

問5　次の表1は，いくつかの国における生活に関連する指標を示したものであり，①～④は，アメリカ合衆国，サウジアラビア，タイ，日本のいずれかである。タイに該当するものを，表1中の①～④のうちから一つ選べ。 19

表　1

	人口100人当たり自動車台数(台)	人口100万人当たり食料品小売店舗数(店)	インターネット利用者率(%)
①	85.8	928	88.5
②	62.3	2,516	92.7
③	22.0	1,387	95.7
④	26.1	11,700	66.7

統計年次は，人口100万人当たり食料品小売店舗数が2012年，それ以外が2019年。
『世界国勢図会』により作成。

第5問　次の図1を見て，アフリカに関する下の問い(**問1**～5)に答えよ。(配点　17)

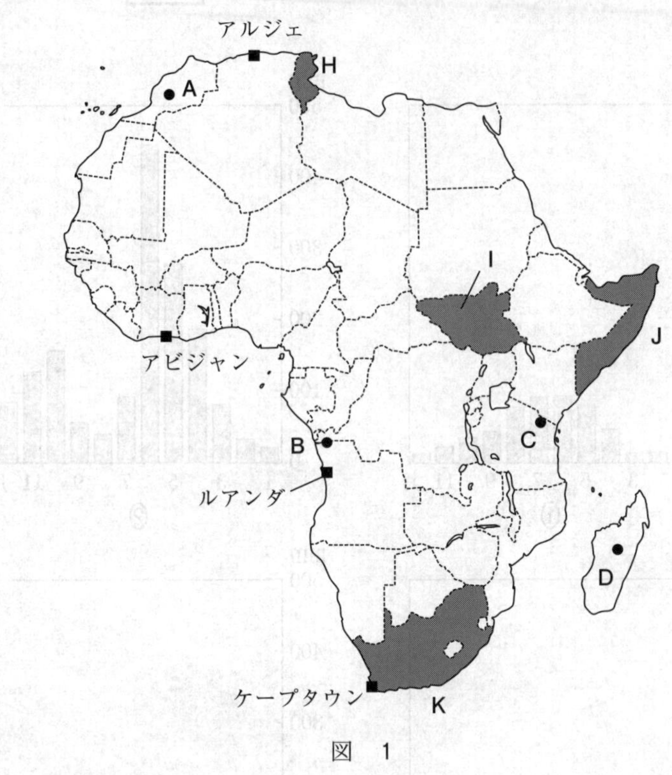

図　1

問1　図1中の**A**～**D**付近でみられる地形について述べた文として**適当でないもの**を，次の①～④のうちから一つ選べ。 20

① **A**付近には，新期造山帯に属する山脈があり，火山がみられる。

② **B**付近は，大河の下流に位置し，急流や滝がみられる。

③ **C**付近には，大地溝帯が走り，アフリカ最高峰の火山がある。

④ **D**付近は，安定陸塊に属する大きな島の山岳部である。

問 2　次の図 2 中の①～④は，図 1 中のアビジャン，アルジェ，ケープタウン，ルアンダのいずれかの都市の月降水量を示したものである。ケープタウンに該当するものを，図 2 中の①～④のうちから一つ選べ。 21

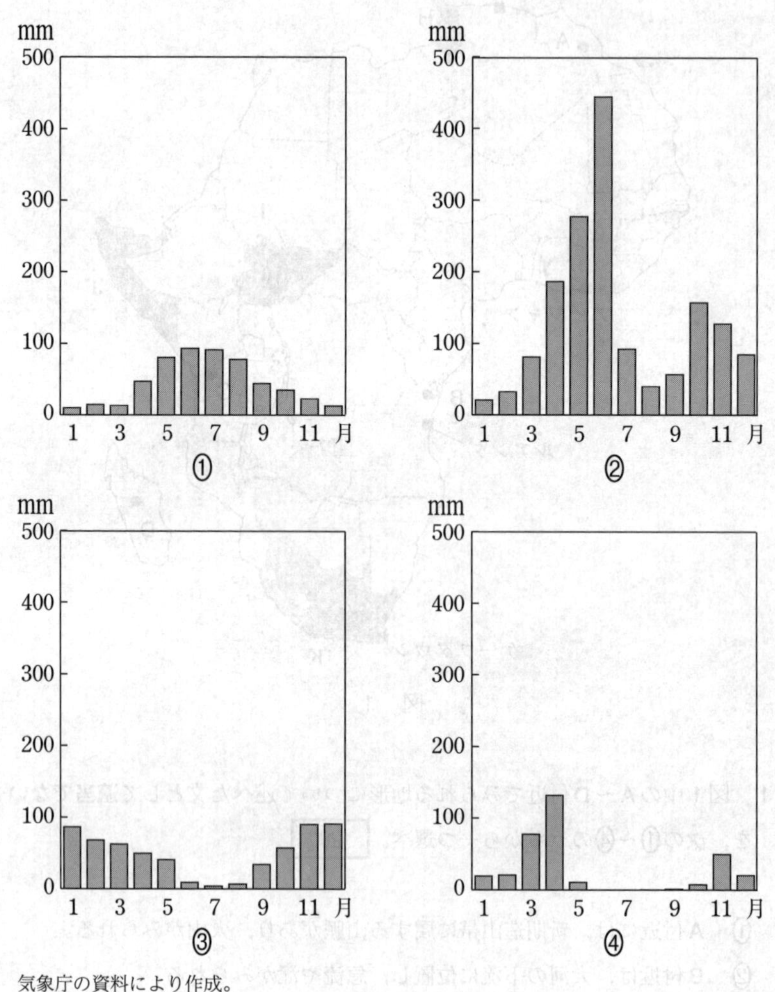

気象庁の資料により作成。

図　2

問3　次の表1は，アフリカの4か国におけるいくつかの農産物の生産量を示したものであり，①～④は，イモ類，小麦，米，トウモロコシのいずれかである。トウモロコシに該当するものを，表1中の①～④のうちから一つ選べ。

22

表　1

（単位：千トン）

	①	②	③	④
エジプト	7,549	4,841	7,500	7.549
エチオピア	4,997	200	10,722	5,214
ナイジェリア	121,785	8,342	12,745	90
南アフリカ共和国	2,677	3	16,871	2.257

統計年次は2021年。
『世界国勢図会』により作成。

問4　アフリカには，政情が不安定な国が多くみられる。次の①～④の文は，図1中の**H**～**K**のいずれかの国の近年の政治情勢について述べたものである。**H**に該当するものを，次の①～④のうちから一つ選べ。　23

①　1991年の独裁政権崩壊後，内戦や干ばつによる飢饉（ききん）が頻発し，また近年は，沖合で同国を拠点とした海賊行為が多発している。

②　多数派の黒人を白人が差別し隔離する政策が1991年に廃止され，その後，全人種参加の選挙が実施された。

③　2010年に起きた，長期独裁体制に対する民衆の抗議・デモ活動が政権を崩壊に導き，このことがその後のアラブ各国での民主化運動の機運を高めた。

④　イスラム教徒のアラブ系住民が政治の実権を握る国家の一部であったが，2011年に分離独立を果たした。

問5　次の表2は，アフリカの3か国の輸出金額上位5位までの品目を示したものであり，**ア**～**ウ**は，ケニア，ナイジェリア，南アフリカ共和国のいずれか，**P**～**R**は，原油，茶，白金族のいずれかである。**ア**と**Q**との正しい組合せを，後の①～⑨のうちから一つ選べ。 24

表　2

順位	ア	イ	ウ
1位	P	Q	R
2位	装飾用切花等	液化天然ガス	自動車
3位	野菜・果実	船　舶	鉄鉱石
4位	衣　類	化学肥料	機械類
5位	石油製品	石油ガス	金

統計年次は，ケニアが2013年，ナイジェリアと南アフリカ共和国が2021年。
『世界国勢図会』により作成。

	ア	Q
①	ケニア	原　油
②	ケニア	茶
③	ケニア	白金族
④	ナイジェリア	原　油
⑤	ナイジェリア	茶
⑥	ナイジェリア	白金族
⑦	南アフリカ共和国	原　油
⑧	南アフリカ共和国	茶
⑨	南アフリカ共和国	白金族

第6問 ナツコさんは，京都府北部の舞鶴(まいづる)市を中心とした地域の地域調査を行った。次の図1を見て，この調査に関する下の問い(**問**1～6)に答えよ。(配点　20)

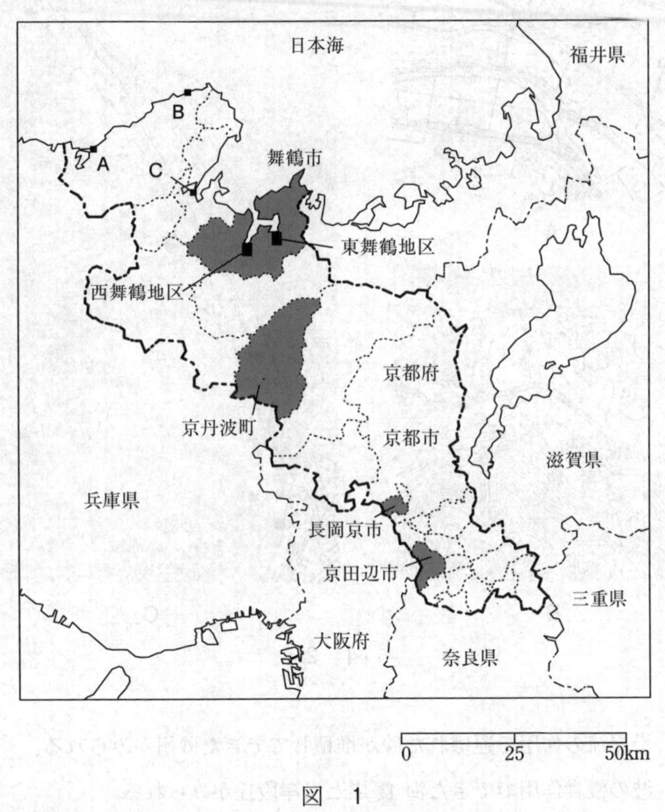

図　1

問1　京都府北部の日本海沿岸には，多様な海岸地形がみられる。ナツコさんは，このうちの3か所について地形図を読図してみた。後の図2中の**A**～**C**は，図1中の**A**～**C**の3か所の地形図(縮尺2万5千分の1，原寸)であり，**ア**～**ウ**の文は，それらのいずれかについて説明したものである。**A**～**C**と**ア**～**ウ**との正しい組合せを，後の①～⑥のうちから一つ選べ。 25

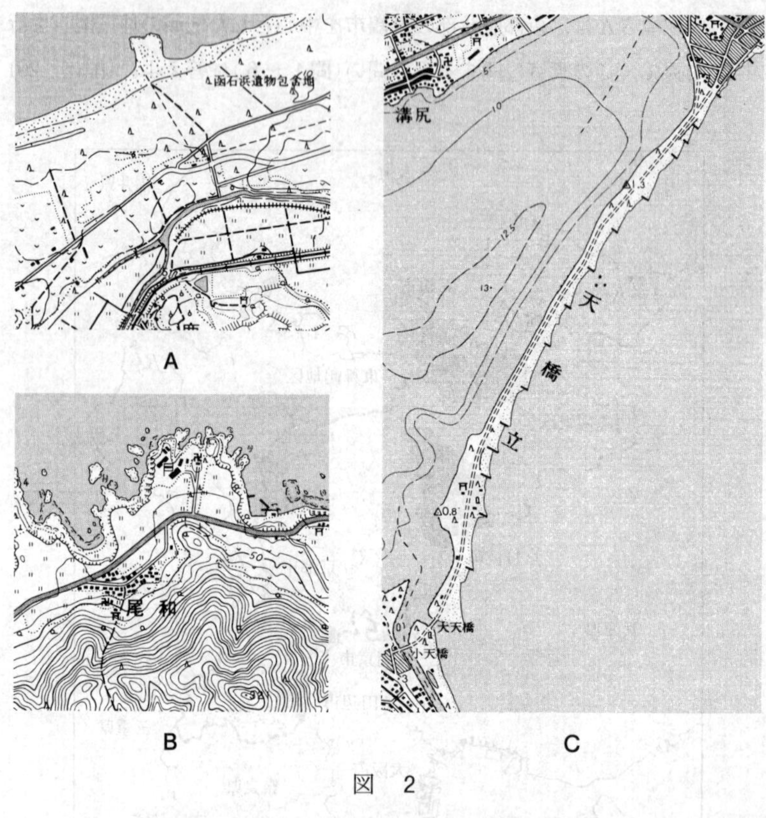

図　2

ア　沿岸流の作用で運ばれた砂が堆積(たいせき)してできた砂州(さす)がみられる。

イ　波の侵食作用でできた海食崖(かいしょくがい)と海岸段丘がみられる。

ウ　風の作用で砂が堆積してできた海岸砂丘がみられる。

	①	②	③	④	⑤	⑥
ア	A	A	B	B	C	C
イ	B	C	A	C	A	B
ウ	C	B	C	A	B	A

問2　ナツコさんは，図1中に示したように，舞鶴市の中心市街地が二つに分かれていることに興味を持ち，西舞鶴地区と東舞鶴地区の都市の成立や機能に関して，地形図から読み取れることを比較してみた。次の図3は，西舞鶴地区と東舞鶴地区の中心部を示した地形図(縮尺2万5千分の1，原寸)である。図3について述べた文として**適当でないもの**を，後の①～④のうちから一つ選べ。

26

西舞鶴地区

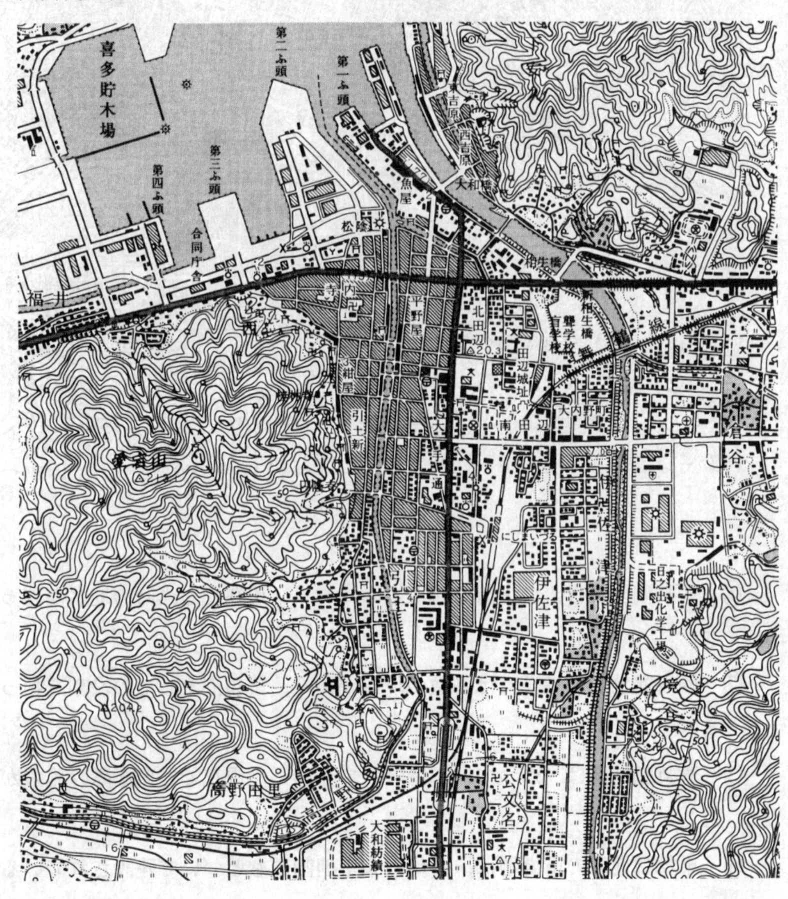

東舞鶴地区

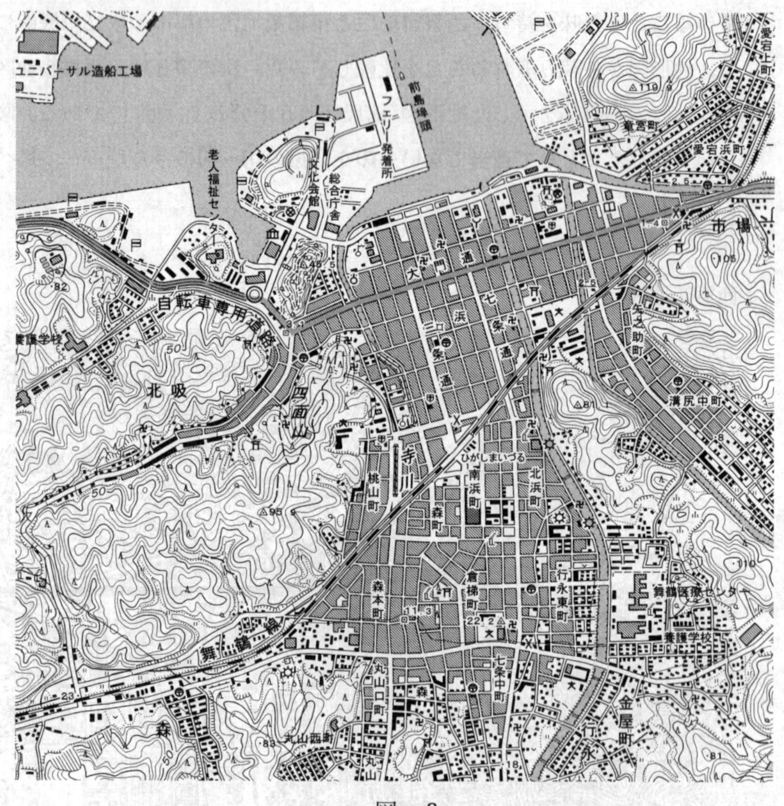

図　3

① 西舞鶴地区は，城下町を起源としており，現在でも当時の地名が残っている。

② 西舞鶴地区の港湾には多数の埠頭(ふとう)があり，貿易港としての役割を担っている。

③ 東舞鶴地区は，かつては軍港として発展し，現在でも自衛隊の施設がみられる。

④ 東舞鶴地区の市街地は，古代の条里地割にもとづいて建設されている。

問3　ナツコさんは，舞鶴市の現地調査を行い，写真を撮影した。次の写真1中の**カ**～**ケ**は，図3中に含まれるいずれかの地点でナツコさんが撮影したものであり，西舞鶴地区で撮影したものが2枚，東舞鶴地区で撮影したものが2枚ある。東舞鶴地区で撮影したものの正しい組合せを，後の①～⑥のうちから一つ選べ。 27

駅にほど近いところにある裁判所の建物である。

カ

明治時代に造られた赤れんが倉庫で，現在は博物館になっている。

キ

始発駅に停車する京都丹後鉄道の車両である。

ク

かつて港まで開設されていた鉄道の廃線跡のトンネルである。

ケ

写真　1

①　カ・キ	②　カ・ク	③　カ・ケ
④　キ・ク	⑤　キ・ケ	⑥　ク・ケ

問4　ナツコさんは，西舞鶴地区と東舞鶴地区の産業の特色について比較してみた。次の表1は，商業と製造業に関して，舞鶴市の地区別統計を示したものである。表1から読み取れることについて述べた文として**適当でないもの**を，後の①～④のうちから一つ選べ。 28

表　1

	卸売業			小売業			製造業		
	事業所数（所）	従業者数（人）	年間販売額（億円）	事業所数（所）	従業者数（人）	年間販売額（億円）	事業所数（所）	従業者数（人）	製造品出荷額等（億円）
西舞鶴地区	155	1,253	634	424	2,686	498	57	750	481
東舞鶴地区	73	372	146	518	2,754	419	52	1,850	835
その他の地区	21	152	38	92	274	35	30	1,037	452
舞鶴市	249	1,777	818	1,034	5,714	951	139	3,637	1,767

統計年次は，卸売業，小売業が2007年，製造業が2009年。
舞鶴市の資料により作成。

①　従業者数からみた事業所の平均規模は，製造業では西舞鶴地区が小さく，小売業では東舞鶴地区が小さい。

②　卸売業は，小売業や製造業に比べて，舞鶴市全体の中で特定の地区への集中が顕著である。

③　東舞鶴地区は，西舞鶴地区よりも小売業の事業所数が多く，西舞鶴地区に比べると，広域の中心地として機能している。

④　舞鶴市全体の中では，東舞鶴地区は製造業が盛んな工業地区，西舞鶴地区は商業が盛んな商業地区とみることができる。

問5　ナツコさんは，舞鶴市の人口の推移と人口構成を調べ，京都府の他の市町村と比較してみた。次の図4は，京都府の市町村のうち，図1中の京田辺市*，長岡京市**，舞鶴市，京丹波町***の人口の推移を示したものであり，後の図5中の①～④は，これらの4市町のいずれかの年齢別・性別人口構成を示したものである。図1と図4を参考にして，舞鶴市に該当するものを，図5中の①～④のうちから一つ選べ。 29

*1997年市制施行。
**1972年市制施行。
***2005年丹波町，瑞穂町，和知町の合併により成立。2005年以前の人口はこれら3町の人口を合計したもの。

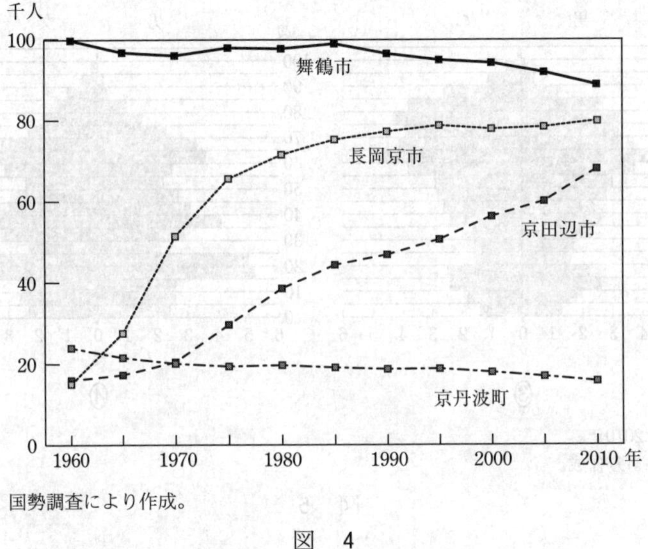

国勢調査により作成。

図　4

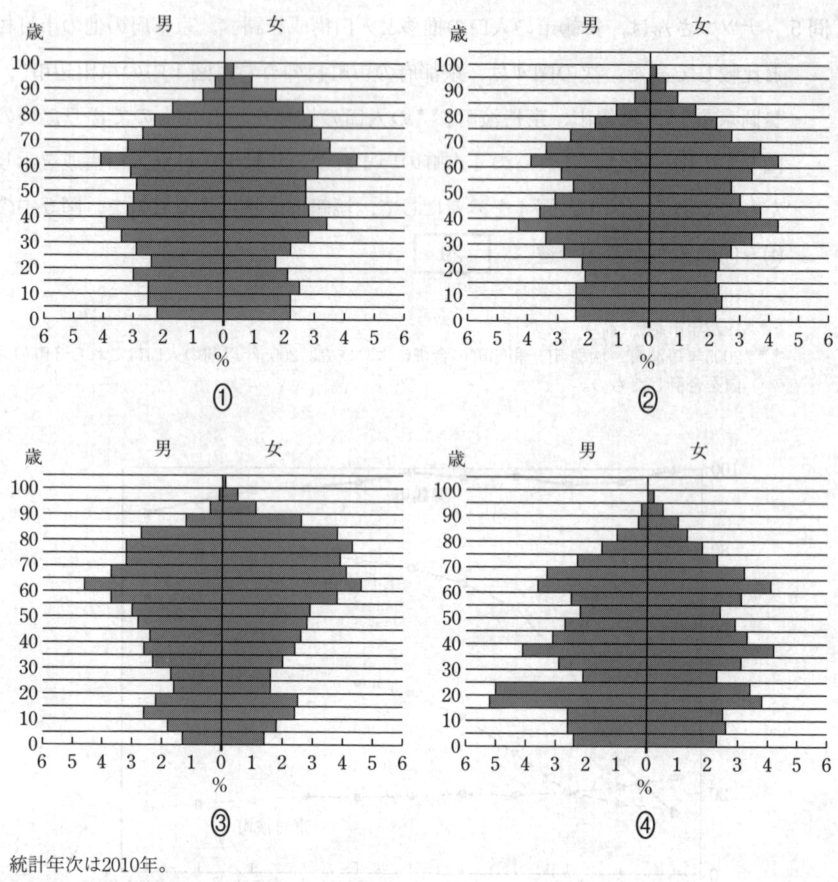

統計年次は2010年。
国勢調査により作成。

図 5

問6　ナツコさんは，舞鶴港(京都舞鶴港)の貿易品と貿易相手国について調べた。次の表2は，舞鶴港の主要輸出入品と主要輸出入相手先を示したものであり，表2中の**サ**～**ス**は，オーストラリア，パナマ，ロシアのいずれかである。**サ**～**ス**と国名との正しい組合せを，後の①～⑥のうちから一つ選べ。　30

表　2

(単位：百万円)

輸出品	輸出額（%）	輸入品	輸入額（%）
船舶類	18,226（59.9）	石　炭	42,329（63.3）
自動車	4,717（15.5）	原動機	6,778（10.1）
原動機	2,613　(8.6)	木　材	5,004　(7.5)
金属製品	609　(2.0)	合　板	1,832　(2.7)
総輸出額	30,439	総輸入額	66,817

輸出相手先	輸出額（%）	輸入相手先	輸入額（%）
サ	11,876（39.0）	**ス**	32,229（48.2）
リベリア	6,266（20.6）	インドネシア	8,587（12.9）
シ	5,272（17.3）	アメリカ合衆国	8,202（12.3）
中　国	1,975　(6.5)	中　国	5,823　(8.7)
タ　イ	1,938　(6.4)	**シ**	3,286　(4.9)
総輸出額	30,439	総輸入額	66,817

統計年次は2011年。
大阪税関の資料により作成。

	サ	**シ**	**ス**
①	オーストラリア	パナマ	ロシア
②	オーストラリア	ロシア	パナマ
③	パナマ	オーストラリア	ロシア
④	パナマ	ロシア	オーストラリア
⑤	ロシア	オーストラリア	パナマ
⑥	ロシア	パナマ	オーストラリア

地理総合，地理探究

解答・採点基準 (100点満点)

問題番号(配点)	設　問	解答番号	正解	配点	自己採点
第1問 (13)	問1	1	③	4	
	問2	2	②	3	
	問3	3	④	3	
	問4	4	①	3	
第1問　自己採点小計					
第2問 (13)	問1	5	③	3	
	問2	6	②	4	
	問3	7	④	3	
	問4	8	③	3	
第2問　自己採点小計					
第3問 (20)	問1	9	①	4	
	問2	10	②	3	
	問3	11	③	3	
	問4	12	③	3	
	問5	13	④	4	
	問6	14	②	3	
第3問　自己採点小計					
第4問 (17)	問1	15	①	3	
	問2	16	②	4	
	問3	17	⑥	4	
	問4	18	②	3	
	問5	19	④	3	
第4問　自己採点小計					
第5問 (17)	問1	20	①	3	
	問2	21	①	4	
	問3	22	③	3	
	問4	23	③	3	
	問5	24	①	4	
第5問　自己採点小計					
第6問 (20)	問1	25	⑥	3	
	問2	26	④	4	
	問3	27	⑤	3	
	問4	28	③	3	
	問5	29	①	4	
	問6	30	④	3	
第6問　自己採点小計					
自己採点合計					

第1問　地図と地理情報

問1　1　③

階級区分図とは，統計地区ごとに色や模様などで塗り分けたもので，人口密度や人口増加率など，単位面積当たりや人口1人当たりなどの相対的な数値を示した相対分布図である。統計地区ごとの人口や農作物の生産量などの絶対的な数値は，円の大小や棒の長さなどで量を示した図形表現図で表す。階級区分図を描く際には，区分の境となる数値の取り方に留意し，各階級の大小や順序がよくわかるように色や模様の濃淡を決めなければならない。図1では最も人口密度の高い階級は4州あるから，x は500である。また，最も人口密度の低い階級は2州で，次いで人口密度が低い階級は5州あるから，y は200になる。

問2　2　②

①誤り。条里制の土地区画は正方形で，図でみられるのは最近の圃場(ほじょう)整備による区画である。②正しい。三つの点で示される茶畑の記号(∴)が多数ある。牧ノ原台地は静岡県にあり，茶の栽培で有名である。③誤り。郵便局付近の標高は約185 m，勝間田城跡付近の標高は約120 m である。④誤り。二点鎖線(–‥–)で示される郡・市界と一点鎖線(–·–)で示される町・村界が牧ノ原の工場付近で三つ又になっているから，この地形図の範囲には，三つの市町村がある。

使用した地形図は，国土交通省国土地理院発行2万5千分の1地形図「島田」である。

問3　3　④

①正しい。穀物メジャーは，いち早く世界各地の穀物の収穫量を予測するために気象衛星の画像の分析などを行っている。こうした情報を独占的に所有する穀物メジャーは穀物価格の決定に大きな影響力を持っている。②正しい。GIS(地理情報システム)は，人口や地形などの地理情報をデータベース化し，コンピュータを用いて解析したり，地図に表現したりするシステムである。③正しい。人工衛星や航空機を用いて地表の対象物から反射あるいは放射される電磁波を収集して，地表の様子を分析することをリモートセンシングという。たとえば，地球探査衛星(アメリカ合衆国のランドサットなど)は森林の減少や砂漠の拡大，海水の汚濁などの地球環境についての情報を収集している。④誤り。GPS(全地球測位システム)は人工衛星から発せられる電波が到達する時間差を計算して位置を測定する。GPS 衛星は24基あるが，このうち緯度，経度，高度の位置情報を測定するには4基の衛星が必要である。

問4　4　①

Xは，ある年次を基準として，その後，統計数値がどれくらい増減したかを示したものである。統計数値を指数で表現したもので，各産業別人口の増減の程度はわかるが，それぞれの年次における日本全体の各産業別人口の割合や絶対数については読み取ることはできない。したがって，アの文が該当する。Yは，それぞれの年次における各産業別人口の絶対数を積み重ねて示したもので，それぞれの年次の各産業別人口の絶対数を読み取ることができるし，その割合の変化も知ることができる。したがって，イの文が該当する。Zは，どの年次の産業別人口も相対的な比率で示したもので，絶対数を読み取ることはできない。したがって，ウの文が該当する。

第2問　世界の自然環境

問1　5　③

世界の主要山脈は，形成時期の違いによって古期造山帯と新期造山帯に分けられる。**古期造山帯**は，古生代の造山運動によって形成された山脈で，ヨーロッパ北部の**スカンディナヴィア山脈**や**ペニン山脈**，北アメリカ東部の**アパラチア山脈**，オーストラリア東部の**グレートディヴァイディング山脈**，ロシアの**ウラル山脈**などが古期造山帯の例である。古期造山帯の中にはアジアの**テンシャン（天山）山脈**や**アルタイ山脈**のように，新期造山運動の影響で断層が起こり，海抜高度が高くなった山脈もある。**新期造山帯**は，中生代末から新生代にかけての造山運動で形成された山脈で，日本列島のような**弧状列島**も含まれる。太平洋を取り巻く**環太平洋造山帯**（**アンデス山脈**，**ロッキー山脈**，**シエラネヴァダ山脈**など）とアフリカ大陸北端からユーラシア大陸南部にかけて分布する**アルプス・ヒマラヤ造山帯**（**アトラス山脈**，**アルプス山脈**，**カフカス山脈**，**ヒマラヤ山脈**など）に分けられる。新期造山帯はプレートの**狭まる境界**に当たり，**地震**や**火山**の活動も活発である。Aは新期造山帯なので，説明文はイ，山脈名はaの組合せが正しい。

問2　6　②

①誤り。**カール**は山頂部の氷河によってえぐられてできた半椀型の谷であり，日本では飛騨山脈，木曽山脈，赤石山脈，日高山脈などの高山だけに分布する。②正しい。図2の地形図では，新田や中野呂などの集落があるところの標高が高い。その周囲には急傾斜の谷がみられる。こうした点から，この地域は河川による侵食が始まったばかりの高原であると判断できる。また，高原上には多数の凹地（おうち）の記号がみられるが，これらは石灰岩が雨水によって侵食を受けてできた**カルスト地形**の一つである**ドリーネ**である。③誤り。「土地の隆起によって河川による侵食が活発になった階段状の台地」は**河岸段丘**を表すが，地形図には河岸段丘はみられない。また**メサ**は侵食から取り残されたテーブル状の山である。④誤り。地形図は山地の中であり，**扇状地**はみられない。また**ワジ**は砂漠の中のかれ川をいう。

使用した地形図は国土交通省国土地理院発行2万5千分の1地形図「川面市場」で，岡山県北西部の吉備（きび）高原の一部を示している。

問3　7　④

①正しい。氷河によって削られた土砂は氷河とともに移動するが，氷河が融けて後退すると取り残されてしまう。このようにして土砂が堆積（たいせき）した地形を**モレーン**という。②正しい。スカンディナヴィア半島やカナダには多数の湖があるが，これらはほとんどが**氷河湖**である。③正しい。海岸付近で山地の氷河の侵食した谷（**U字**

谷)に海水が浸入すると湾ができる。これをフィヨルドといい，北アメリカ大陸西岸，ノルウェーなどのヨーロッパ北西岸のほか南半球のチリ南部やニュージーランド南島などにもみられる。④誤り。南極大陸は現在でも大陸氷河に覆われているが，北半球でもグリーンランドには大陸氷河が残っている。

問4 8 ③

河川の流量の年変化には流域の降水量の年変化と融雪の影響がある。コロラド川流域は乾燥気候で年降水量が少ないが，ロッキー山脈から流出するため春に雪解けの影響を受けて流量が増える。カリフォルニア州のサクラメント川流域は冬多雨の地中海性気候で，春には上流の山地から雪解け水が流出するため，冬から春にかけて流量が多い。セントローレンス川流域は亜寒帯湿潤気候で降水量の年変化が小さい。おまけに，五大湖の一つのオンタリオ湖から流出するため流量の年変化がほとんどない。よって，コロラド川は**キ**，サクラメント川は**カ**，セントローレンス川は**ク**である。

第3問 世界の資源と工業

問1 9 ①

生産量でアジアの割合がきわめて大きい**ア**は固体燃料(主に石炭)である。石炭の生産上位国は，中国，インド，インドネシアの順(2022年)である。残る二つのうち，アジアの生産割合が高い**イ**は液体燃料(主に原油)で，ヨーロッパと北中アメリカの生産割合が**イ**よりも高い**ウ**はガス体燃料(天然ガス)である。原油の生産上位国は，アメリカ合衆国，サウジアラビア，ロシアの順(2022年)で，約3割が西アジアに集中する。一方，天然ガスの生産上位国は，アメリカ合衆国，ロシア，イランの順(2022年)で，消費の多いヨーロッパや北中アメリカでの生産が多く，原油に比べると西アジアの生産割合が低い。

問2 10 ②

①正しい。1960年代のエネルギー革命以降，世界のエネルギー消費の中心は石油になったが，1970年代の二度の石油危機以降，天然ガスの利用増加と石炭の見直しが進められ，日本でも火力発電燃料としての石炭利用が拡大している。また，2000年代には中国やインドでの石炭消費量が大幅に増加している。そのため，2000年代の石油の消費割合は，以前に比べてやや低下している。②誤り。世界全体で見ると，太陽光による発電量は，風力に及ばない。再生可能エネルギーの発電量は，水力，風力，太陽光，バイオマス，地熱の順である(2020年)。③・④は正しい。

問3 11 ③

①誤り。同じ醸造業でも，ビール工業は市場指向型の工業であるが，ワインは原料のブドウの産地に立地する。日本酒(清酒)は全国各地で生産されるが，工場は良質な水が得られるところに立地する。②誤り。板ガラスは割れやすいので，工場は長距離輸送しないですむ市場の近くを指向する。③正しい。鉄鋼業で用いる鉄鉱石や石炭は重量減損(じゅうりょうげんそん)原料なので，鉄鋼業は原料指向型工業であり，それらを輸入に

依存する国では，輸入港の近くに立地する。④誤り。アルミニウム精錬業は，大量の電力を必要とするため，電力指向型である。原料のボーキサイトを産しない国でも十分な電力供給のある国ではアルミニウム生産が多く，その例として，水力発電量の多いカナダやノルウェーがあげられる。

問4 12 ③

カはB（エリー湖周辺）で，メサビ鉄山とアパラチア炭田を背景に鉄鋼業が発達したほか，デトロイトが自動車工業都市として発展し，その関連産業のゴム工業やガラス工業も立地している。キはA（シアトル，ポートランドなど）で，付近の林業地帯を背景に木材加工業が発達し，そのこととコロンビア川の水力発電によるアルミニウム工業から航空機工業も発展した。近年は，シリコンフォレストとよばれる先端技術産業の集積地となっている。クはC（ヒューストンなど）で，メキシコ湾岸油田を背景に石油産業が立地したほか，連邦政府の政策を背景に航空・宇宙産業が発展した。アメリカ合衆国の北緯37度以南の地域はサンベルトとよばれ，1970年代以降の発展がめざましい。このうちCを含むシリコンプレーンは，カリフォルニア州のシリコンヴァレーとともに先端技術産業集積地として知られる。

問5 13 ④

食料品製造業は，消費量の多い大都市や原料輸入港に近い神奈川県や兵庫県に加え，農産物生産の多い北海道や鹿児島県，新潟県などで出荷額が多いが，全国各地に立地するので，特定地域への偏りが小さい。よって，10％以上の割合の都道府県がなく，大都市圏と北海道，鹿児島県などの割合が高い④が該当する。①は石油製品・石炭製品製造業で，原料の原油などは輸入に依存するため，上位15都道府県はいずれも臨海に位置する。②は電子部品・デバイス・電子回路製造業で，液晶パネル工場を中心に関連する部品・部材工業が集積する三重県のほか，シリコンロードとよばれる東北の諸県や内陸県の長野県など，地方にも上位県がある。③はパルプ・紙・紙加工品製造業で，用水立地の静岡県（富士市），原木立地の北海道，和紙の伝統から発展した愛媛県（四国中央市）などが上位の道県である。

問6 14 ②

電気機械・情報通信機械は，1970年代にアジアNIEsに進出したが，アジアNIEsの賃金水準の上昇を受けて，1980年代半ば以降はASEAN 4へ，そして1990年代末以降は中国への進出を増やした。一方，輸送機械（主に自動車）は，1980年代後半に貿易摩擦を回避するために北アメリカへ進出したが，1990年代末以降は，所得水準の上昇により市場として成長しつつあるASEANや中国への進出が急増する。①は中国で，2000年代に電気機械・情報通信機械，輸送機械ともに急増している。②はASEAN 4で，輸送機械は急増しているが，電気機械・情報通信機械は多いものの停滞している。③はアジアNIEsで，いずれにおいても1990年代末以降の伸びがみられない。④は北アメリカで，1998年において輸送機械の現地従業者数が多かったが，その後伸びがみられず，電気機械・情報通信機械の現地従業者数は一貫して少ない。

第4問　都市と村落，生活文化

問1　15　①

①誤り。ベルリン(ドイツ)とミラノ(イタリア)は内陸にあり，サンフランシスコ(アメリカ合衆国)は半島の先端に位置する。②正しい。島田(静岡県)は大井川の渡河点(とかてん)，ノヴォシビルスク(ロシア)はオビ川とシベリア鉄道の交点，フランクフルト(ドイツ)はマイン川(ライン川の支流)の渡河点に位置する。③正しい。キルナ(スウェーデン)は鉄鉱，キンバリー(南アフリカ共和国)はダイヤモンド，ポトシ(ボリビア)は銀，鉛，すずなどの鉱山に発達した都市である。④正しい。イスラマバード(パキスタン)，キャンベラ(オーストラリア)，ブラジリア(ブラジル)は，いずれも首都として建設された計画都市である。

問2　16　②

都道府県とその都道府県庁所在都市の人口の推移はいくつかのパターンに分けられる。大阪府では，1960〜70年代に**ドーナツ化現象**により中心都市である大阪市の人口は減少したが，大阪府全体の人口は増加した。このため大阪府の人口に占める大阪市の人口の割合は低下した。したがって，③は大阪市である。東京都と東京23区との関係もこれと類似している。**大都市圏の周辺部**である神奈川県と横浜市は，1960年代以降，ドーナツ化現象により，県全体と横浜市の人口がほとんど同じように増加しため，県の人口に占める横浜市の人口の割合はあまり変化していない。したがって，①が横浜市である。奈良県も大都市圏の周辺に位置するが，奈良県では大阪市に近い奈良市の人口が先に増加し，その後奈良市以外の奈良県の人口が増えたため，県全体に占める奈良市の人口の割合は，上昇した後，一定の割合で推移した。したがって，④が奈良市である。札幌市は人口増加が著しいが，北海道全体では人口は緩やかに増加し，近年は減少しているので，道全体に占める札幌市の人口の割合は上昇している。したがって，②が札幌市である。北海道以外の地方の県でも，県全体では人口が停滞ないしは減少していても，県庁所在都市の人口は増加していたところが多いため，同様の傾向となる。

問3　17　⑥

カは「港湾に隣接する」ことからCである。ニューヨークではマンハッタン島南部が港湾地区であり，ハドソン川やイースト川に沿って埠頭(ふとう)がならんでいる。Cはソーホーとよばれる地区で，かつての倉庫などの古い建物が芸術家の創作拠点となっている。また，ソフトウェア開発の企業などが入居し，**シリコンアレー**とよばれている。キは「黒人の貧困層が多く居住する」からBである。Bはセントラルパークの北側でハーレムとよばれる地区である。ニューヨークではセントラルパークの南側に**都心**があり，グランドセントラル駅付近やマンハッタン島南端の**ウォール街**付近が**CBD(中心業務地区)**である。黒人などのマイノリティは**都心の周辺部**に多い。都心周辺部では，富裕層が郊外へ転出した後，古い建物に低所得者層が住み，**スラム化**しているところもみられる。クは「一戸建て住宅が多くみられる高級住宅地区」から郊外のAである。Aはコネティカット州のグリニッジで，富裕層が多く居住する地区として知られている。

問4 18 ②

①正しい。農業にとって散村の利点は家屋の周囲に耕地を設けることができるという点である。②誤り。ドイツの林地村(りんちそん)は道路に沿って家屋が分布する路村形態の集落である。③正しい。木曽川，長良川(ながらがわ)，揖斐川(いびがわ)の下流部では集落全体を堤防で囲った輪中(わじゅう)集落がみられる。水屋(みずや)は石垣を積んで母屋(おもや)よりも高くした建物で，蔵の一種である。④正しい。フランスなどのヨーロッパでは農村に滞在するレジャーが盛んである。これをグリーンツーリズムという。

問5 19 ④

先進国では自動車の普及率が高いから，①・②はアメリカ合衆国と日本のいずれかである。人口100万人当たり食料品小売店舗数が多いということは，商圏の小さい小規模な店舗が多いということである。アメリカ合衆国は大規模なスーパーマーケットが発達し，日本はまだ個人商店が多いから，人口100万人当たり食料品小売店舗数はアメリカ合衆国よりも日本の方が多い。したがって，①がアメリカ合衆国，②が日本である。③と④の区別も同様に考えると，農村人口が多く伝統的な小規模商店の多いタイでは店舗数が多く，都市人口率が高く伝統的な商業活動が廃れて大規模店舗が増えたサウジアラビアでは人口の割に店舗数は少ない。したがって，③がサウジアラビア，④がタイである。

第5問 アフリカ

問1 20 ①

①誤り。Aのアトラス山脈は，新期造山帯のアルプス・ヒマラヤ造山帯に属する山脈であるが，プレートが沈み込む場所ではないため火山はみられない。②正しい。Bは，コンゴ川の下流部にあたり，急流がみられる。台地状のアフリカ大陸は，河川の下流部に急流や滝が多く，外洋船が遡航(そこう)できないため内陸部の開発が遅れた。③正しい。Cはアフリカ最高峰の火山であるキリマンジャロ山で，プレートの広がる境界に形成された大地溝帯(リフトヴァレー)に位置している。④正しい。Dはマダガスカル島で，安定陸塊に属する大島で，中央部は山地になっている。

問2 21 ①

アフリカ大陸南西岸に位置するルアンダは，沖合を寒流のベンゲラ海流が北上するため，冷涼な大気が下層に流入して上昇気流が生じにくくなり，雨が少ない。4都市の中で最も年降水量が少ない④がルアンダである。他の3都市は，サバナ気候(Aw)や地中海性気候(Cs)で，年降水量の季節変化が大きい。アルジェとケープタウンはともに地中海性気候で，冬に多雨，夏に少雨となるが，北半球に位置するアルジェは，夏の7月前後に降水量が少なく冬の1月前後に降水量が多くなる③，南半球にあるケープタウンは夏の1月前後に降水量が少なく冬の7月前後に降水量が多くなる①である。サバナ気候のアビジャンは，赤道低圧帯が通過する時期に降水量が多くなる。赤道低圧帯は，5～6月頃アビジャン付近を通過し，7月にはアビジャンよりもさらに北上する。このため，7月は降水量が少なくなる。その後，赤道低圧帯は南下して10～11月頃に再びアビジャン付近を通過するので，この時期に降水量が多くなる。さらに南下する1月頃には降水量が少なくなる。よってアビジャンは②である。

問3 22 ③

ナイジェリアの生産量が最も多い①は，低緯度の熱帯地域の焼畑農業で栽培されるタロイモ，ヤムイモ，キャッサバなどのイモ類である。外来河川であるナイル川の灌漑用水に恵まれたエジプトと熱帯湿潤地域を持つナイジェリアで生産量が多い②は，米である。残った③と④はナイジェリアに着目する。冷涼少雨地を好む小麦はナイジェリアでは生産量が少ないので④は小麦，ナイジェリアで生産量が多い③は温暖湿潤地で栽培されるトウモロコシである。

問4 23 ③

①はJのソマリアで，その沖合はスエズ運河を通過する船舶の航路となっている。内戦を経て無政府状態が続くなかで，こうした船舶を襲う海賊行為によって荒稼ぎする人が増えており，大きな国際問題となっている。②はKの南アフリカ共和国で，1991年に黒人を差別し隔離するアパルトヘイト(人種隔離政策)が廃止され，その後の全人種参加の選挙で黒人の大統領が選出された。③はHのチュニジアで，2010年の長期独裁体制に対する民衆の抗議・デモ活動が政権を崩壊に導き，「アラブの春」とよばれた。このことは，その後のアラブ各国での民主化運動の機運を高めたとされている。④はIの南スーダンで，2011年7月にイスラム教徒のアラブ系住民が政権を握るスーダンから，キリスト教徒や伝統宗教を信仰する黒人が多い南部地域が分離し，独立を果たした。

問5 24 ①

古期造山帯のドラケンスバーグ山脈のある南アフリカ共和国は，石炭の他に鉄鉱石と金鉱の産出がアフリカで最も多く，また，自動車などの工業の発展がみられるため，鉄鉱石，金と工業製品の輸出の多いウである。南アフリカ共和国は，プラチナなどを含む白金族の世界生産の約6割を産出し，その輸出が多い。したがって，Rは白金族である。イは液化天然ガスや石油ガスが輸出されているため，ナイジェリアである。ナイジェリアはOPEC(石油輸出国機構)の加盟国で，アフリカでは最大の産油量(2021年)を誇り，原油の輸出が多いので，Qは原油である。残ったアはケニアであり，Pは茶となる。茶は，中国，インド，ケニア，スリランカの生産量が多く，中国以外は旧イギリス植民地である。

第6問 舞鶴(まいづる)市を中心とした地域の地域調査

問1 25 ⑥

Aの地形図で海岸沿いの針葉樹林と畑がある部分は，標高が5～15 m くらいあり，水田のある内陸側の平地よりもかなり高くなっている。これは，風によって運ばれた砂が堆積(たいせき)してできた海岸砂丘である(文ウ)。Bの地形図では，海岸沿いに崖(がけ)

の記号がみられるが，崖の上は標高40 m 付近まで比較的平坦である。海岸沿いの崖とその上の平坦地からなる地形を**海岸段丘**という(文イ)。**C**の地形図の天橋立は，沿岸流によって運ばれた砂が堆積してできた**砂州**である。天橋立の北側は陸地と接続しているが，南側は離れているので，沿岸流は北から南に流れている(文ア)。使用した地形図は，国土交通省国土地理院発行２万５千分の１地形図「久美浜」「丹後中浜」「宮津」である。

問２ 26 ④

①正しい。JR 舞鶴線沿いに城跡の記号があり田辺城址と付記されている。したがって，西舞鶴地区はかつて城下町であったとわかる。市街地には紺屋，魚屋などの当時の町人町と思われる地名が記されている。②正しい。西舞鶴地区の港は東舞鶴地区の港に比べて埠頭の数が多く，貿易港(商港)として機能していると判読できる。③正しい。東舞鶴地区の港には５か所に自衛隊の記号が記されている。自衛隊の施設が多いのでかつては軍港であったと判読できる。④誤り。東舞鶴地区の市街地には碁盤目型の街路網があり，三条通，七条通などの地名がみられるが，これは明治時代に軍港都市として計画的に建設されたものであり，古代の条里地割にもとづくものではない。使用した地形図は，国土交通省国土地理院発行２万５千分の１地形図「西舞鶴」および「東舞鶴」である。

問３ 27 ⑤

写真の説明に該当する施設や地物の地図記号を探す問題である。**カ**は「駅にほど近いところにある裁判所」の記号を探す。「にしまいづる」駅の北西に裁判所の記号がある。**キ**は「明治時代に造られた赤れんが倉庫」であるが，「現在は博物館」ということから博物館の記号を探す。倉庫は港付近に多いので港の近くを探すと，東舞鶴地区の市役所の北東に博物館の記号がある。**ク**は京都丹後鉄道という JR 以外の鉄道である。普通鉄道の地図記号は JR 線とその他の鉄道に分けられており，京都丹後鉄道はその他の鉄道の記号となる。その他の鉄道の記号は西舞鶴地区だけにみられる。**ケ**はトンネルの記号を探す。「かつて港まで開設されていた鉄道」なので，現在の鉄道と港との間を探せばよい。地形図の範囲内の西舞鶴地区にはトンネルはないが，東舞鶴地区には四面山にトンネルがある。その道は現在自転車専用道路になっているが，これはかつての鉄道跡と考えられる。以上から**カ**と**ク**は西舞鶴地区，**キ**と**ケ**は東舞鶴地区で撮影した写真と判定できる。

問４ 28 ③

①正しい。１事業所当たりの従業者数を計算すると，小売業では西舞鶴地区がやや多く，製造業では東舞鶴地区がかなり多い。②正しい。舞鶴市全体に占める西舞鶴地区の卸売業の割合を計算すると，事業所数で60％以上，従業者数や年間販売額では70％以上が集中しており，東舞鶴地区とは大きな差がある。小売業では両地区の割合はほぼ同じくらいで，製造業では東舞鶴地区の割合が大きいが，卸売業に比べると西舞鶴地区との差が小さい。③誤り。広域の**中心地機能**の指標としては小売業よりも卸売業の方が適切である。西舞鶴地区は卸売業が盛んなため，東舞鶴地区

よりも広域の中心地としての役割が大きい。④正しい。年間販売額，製造品出荷額等などから見て，西舞鶴地区は商業地区，東舞鶴地区は工業地区といえる。

問5　29　①

4市町のうち，京丹波町は唯一の町村部であり，継続的に人口が減少しているため，若年層の流出と人口の高齢化が顕著である。流出した20歳代の割合が小さく，高齢者の割合の大きい③が京丹波町である。長岡京市や京田辺市は京都府南部に位置し，京都市や大阪市の通勤圏となる。こうした都市では，②や④のように，人口増加が激しかった時期に流入した世代(およびその子供の世代)の割合が大きくなる。このうち④は10代後半から20代前半の割合が特に大きく，京田辺市のように，学生数の多い大学のある都市などによくみられる人口ピラミッドである。したがって，②が長岡京市，④が京田辺市である。残りの①が舞鶴市で，舞鶴市は1985年頃までは人口が安定的に推移していたが，それ以降は減少傾向にある。人口減少は人口の流出とともに出生率の低下による少子高齢化が関係している。したがって，長岡京市や京田辺市に比べると高齢者の割合が高い。また10代後半から40代までは女性人口よりも男性人口がかなり多い。これは重工業都市などによくみられる人口ピラミッドであるが，舞鶴市のように海上自衛隊の置かれている都市もこのような人口ピラミッドとなる。

問6　30　④

輸出入品の特色から貿易相手国を判定する。舞鶴港の主要輸出品は船舶類であるから，輸出相手先第1位の**サ**は船舶類を輸出している国と考えられる。船舶は船籍の置かれている国への輸出となるので，パナマやリベリアなどの**便宜置籍船国**(べんぎちせきせんこく)への輸出が多い。**サ**はパナマである。輸入品は石炭が圧倒的に多いから，輸入先第1位の**ス**からは石炭を輸入していると考えられる。したがって，**ス**はオーストラリアである。**シ**は輸出と輸入の両方にあがっているから，自動車などの工業製品の輸出先で，木材などの輸入先と考えられる。残りのロシアが**シ**である。

MEMO

地理B

（2024年１月実施）

受験者数　136,948

平 均 点　　65.74

地理B

解答・採点基準

（100点満点）

問題番号(配点)	設問	解答番号	正解	配点	自己採点
第1問 (20)	問1	1	③	3	
	問2	2	③	3	
	問3	3	④	3	
	問4	4	④	4	
	問5	5	④	4	
	問6	6	⑤	3	
第1問　自己採点小計					
第2問 (20)	問1	7	⑤	3	
	問2	8	②	3	
	問3	9	③	4	
	問4	10	③	4	
	問5	11	①	3	
	問6	12	④	3	
第2問　自己採点小計					
第3問 (20)	問1	13	⑤	4	
	問2	14	②	3	
	問3	15	④	4	
	問4	16	③	3	
	問5	17	④	3	
	問6	18	②	3	
第3問　自己採点小計					

問題番号(配点)	設問	解答番号	正解	配点	自己採点
第4問 (20)	問1	19	④	4	
	問2	20	③	3	
	問3	21	③	4	
	問4	22	②	3	
	問5	23	②	3	
	問6	24	④	3	
第4問　自己採点小計					
第5問 (20)	問1	25	⑤	3	
	問2	26	⑥	4	
	問3	27	④	4	
	問4	28	②	3	
	問5	29	③	3	
	問6	30	③	3	
第5問　自己採点小計					
自己採点合計					

第１問　世界の自然環境と自然災害

問１　1　③

図１のアは，標高が低いのでイギリスである。イギリスのグレートブリテン島は古期造山帯で，平野が広く，中央部のペニン山脈は900 m 以下で，スコットランドにある国内最高峰ベンネヴィス山は1344 m である。標高の高いイは新期造山帯のニュージーランドで，北島には火山が多く最高峰のルアペフ山は2797 m，南島には平野が少なくサザンアルプス山脈の最高峰アオラキ(クック)山は3754 m である。図２のAは，イギリスとニュージーランドの両国で割合が高いので牧草地である。イギリスはヨーロッパで牧場・牧草地率がアイルランドに次いで高く，羊の頭数はヨーロッパで最多である。平野が広いと森林率は低いので，Bは森林である。ニュージーランドは山地が広いので森林率が高く，旧イギリス領であったことを背景に農業では放牧が盛んで牧場・牧草地率が高く，北島では酪農，南島では偏西風に対して山脈の風下側に当たり降水量が少ない東部で牧羊が盛んである。

問２　2　③

①正しい。永久凍土は，寒冷な高緯度地方の他には，標高の高い高山地帯にみられ，北緯30度から45度で高山地帯が広いのは，チベット高原やヒマラヤ山脈である。②正しい。高緯度側ほど太陽高度が低く，冬季は日照時間が極端に短いので，日射量が少なく年平均気温が低くなるため寒冷で永久凍土が多くみられ，特に北極海周辺の北緯70度付近では割合が高い。③誤り。降水量は水蒸気量が多い地域で多く，高緯度側ほど寒冷で水蒸気量は少ないため降水量が少ない。北緯60度から80度にかけて氷河・氷床の割合が高いのは，北半球の氷河面積の大部分を占めるグリーンランド島が位置するためである。④正しい。図３から読み取れ，北極海周辺のユーラシア大陸，北アメリカ大陸や北極海の島々で氷河・氷床に覆われていない陸地では，ほとんどの地域で永久凍土が分布している。

問３　3　④

①は沿岸流で形成された砂州により入り江が閉塞されたラグーン(潟湖)で，図４ではGが該当し，地中海沿岸の各地にみられる。②は河川の侵食によるV字谷のある山地が沈水してできた鋸歯状のリアス海岸で，Dが該当し，名称はスペイン北西部のリアスバハス海岸に由来する。③は平野を流れる河川の河口部が沈水してできたラッパ状の入り江のエスチュアリー(三角江)で，Fが該当し，イギリスのテムズ川，ドイツのエルベ川，フランスのセーヌ川，ロアール川，ジロンド川など多くみられる。④は氷河の侵食で形成されたU字谷が沈水してできた奥深い入り江のフィヨルドで，Eが該当し，氷期に大陸氷河に覆われていたスカンディナヴィア山脈が大西洋岸にあるノルウェーに多くみられる。

問４　4　④

日照時間は，緯度が高いほど夏は長く冬は短くなるので，②は北緯60度の亜寒帯湿潤気候のオスロである。また，日照時間は天候の影響も受け，晴天の日は長く，雨天・曇天の日は短くなる。①は日照時間が７月に長く，１月にとても短いので，夏に乾季，冬に雨季になる地中海性気候のローマである。③は夏と冬の日照時間の差が少ないので，乾季のない温暖湿潤気候のシドニーである。東京も温暖湿潤気候であるが，季節風の影響で夏に多雨，冬に少雨なので７月より１月の日照時間が少し長い。④は日照時間が１月に長く，７月に短いので，夏に南西季節風で雨季，冬に北東季節風で乾季のインド半島西部のサバナ気候のムンバイ(ボンベイ)である。

問５　5　④

高緯度のカナダでは，冬季に河川が凍結して洪水が発生しないのでサが12～２月で，解氷と融雪が進む春に洪水の発生が多くなるのでシが３～５月である。メキシコは，北部の東岸は温暖湿潤気候であるが内陸から西は乾燥帯で，南部は沿岸部がサバナ気候，内陸部が温暖冬季少雨気候なので，降水量が多い６～８月とスの９～11月に洪水の発生が多い。コロンビアは赤道に近く熱帯雨林気候もみられるので，年間を通して洪水が発生しやすい。ボリビアはサバナ気候と温暖冬季少雨気候が多くみられるので，洪水の発生が多いサは南半球が夏の12～２月であり，冬の６～８月には発生していない。

問６　6　⑤

タは，太平洋側の沿岸部や南西諸島に多く，台風による風が強いので最大風速である。チは，本州，四国，九州の太平洋側の沿岸部と山間部に多く，梅雨期から秋雨期に海からの湿った南東季節風が吹き込む山脈の風上側で多雨となるので日降水量である。ツは，本州の内陸に多く，夏にフェーン現象などにより高温が記録される地域なので最高気温である。

第２問　世界と日本の資源と産業の変化

問１　7　⑤

鉄鉱石の産出量と輸出量はオーストラリアとブラジルが１位と２位(表①)で，AかCであるが，輸入量は中国と日本が１位と２位のBなので，中国が入っているCが産出量で，Aが輸出量である。

表①　鉄鉱石の産出量，輸出量，輸入量の上位国　(単位：%)

	産出量		輸出量		輸入量	
1位	オーストラリア	37.1	オーストラリア	52.7	中国	72.1
2位	ブラジル	16.2	ブラジル	20.7	日本	6.1
3位	中国	14.8	南アフリカ共和国	4.0	韓国	4.3
4位	インド	8.4	カナダ	3.3	ドイツ	2.1
5位	ロシア	4.6	インド	3.1	オランダ	1.5

統計年次は2020年。『地理統計』により作成。

問２　8　②

①正しい。鉄鋼業は，原料の産地が限定され，生産過程で重さが大きく減り，原

料産地で製品化すれば輸送費が最低となる**原料指向型**工業なので，1910年には炭田と鉄山を背景とした北海道の**室蘭**，鉄山を背景にした岩手県の**釜石**，炭田を背景にした福岡県の**八幡**(**現北九州市**)に製鉄所が立地していた。②誤り。戦前に工業化が進行し，東京湾岸や大阪湾岸で輸入資源を利用する製鉄所が立地したが，日本では鉄鉱石の生産量は1945年，石炭の生産量は1940年がピークで，どちらも1960年代までは多かった。③正しい。高度経済成長期に製鉄所は増加し，立地には**広大な建設用地が安価で得られること**が条件なので，各地で臨海部に**埋立地**が造成された。④正しい。高度成長期以降は粗鋼の生産はほぼ一定で，アメリカ合衆国での生産量減少やソ連の崩壊により1992年には世界一となったが，1996年からは中国が世界一，2018年にはインドが世界２位となり，原材料価格の高騰や鋼材価格の低迷により事業環境が厳しくなって過剰な設備を休止し，コスト削減を狙って老朽化した**製鉄所を閉鎖**した。また，新日本製鉄は2012年に住友金属工業と合併して日本製鉄となった。

問３　9　③

日本の石炭輸入先上位５か国(2020年)は，オーストラリア，インドネシア，ロシア，アメリカ合衆国，カナダで，図３の**E**はオーストラリア，**F**はインドネシア，**G**はアメリカ合衆国である。文章の**ア**は，近年生産量が増加して中国，インドに次ぐ世界３位になり，輸出量も増加してオーストラリアを超えて世界一になったインドネシアで，日本は**火力発電**用に輸入を増やしている。**イ**は，国内市場が小さいことから，人口が少ないオーストラリアで，石炭は輸出が多い。**ウ**は，国内市場が大きいことからアメリカ合衆国で，埋蔵量は世界一であり，消費量は中国，インドに次ぐ世界３位である。

問４　10　③

人口１人当たりの製造業付加価値額は，経済水準の高い先進国で高いので③・④がドイツかイギリスで，ヨーロッパ最大の工業国であるドイツはイギリスよりGDPに占める製造業の割合は高いので，③が該当し，④は近年工業生産が減少しているイギリスである。人口１人当たりの製造業付加価値額が最も低い①は近年工業化が進んでいるベトナム，②は新興国として経済成長が進んだ中国で，両国とも**工業化に伴いGDPに占める製造業の割合は上昇**している。

問５　11　①

①誤り。繊維工業が移転したのは国内ではなく，**安価な労働力を利用できる発展途上国**である。②正しい。**大型複合商業施設**は，小売店や飲食店，映画館，劇場，遊技場，オフィスなどの複数の商業施設を備えた大型の施設で，北側の工場の敷地に開業しており，単独で立地するスーパーマーケットよりも広範囲から買い物客が訪れている。③正しい。南側の工場は2008年でも残っており，その西側は戸建ての住宅地へと変化している。④正しい。**大都市圏には大学が多く**，技術的な優位を得て企業競争力を向上させる**研究開発**を進める企業がみられる。

問６　12　④

サは，製造業の新たな分野に進出するとあるので，特定の大企業への依存度を下げる取組みのRに当てはまる。シは，夜景として観賞できる機会を提供するとあるので，施設に新たな価値を見出すPに当てはまる。スは，再生可能エネルギーを利用して地域の電力自給率を向上させるとあるので，環境に配慮する取組みのQに当てはまる。

第3問　都市と生活文化

問1　13　⑤

写真1のAには海が見えるので臨海地域，Bには大きな高層ビルが多いので都心，Cにはマンションや住宅がみられるので郊外である。文章のアは，地価上昇などにより人口が減少し，**バブル経済崩壊後**の1990年代後半以降に**地価下落**で**人口が増加に転じた**ので，都心である。イは，1960年代当時に核家族世帯の転入が増加し，**現在では高齢化が進んでいる**場所がみられるので，ニュータウンが建設された郊外である。ウは，1960年代当時多数の人が働いていたが，現在では広大な空き地を利用して大規模なレジャー施設が立地しているので，東京都心周辺の湾岸のように**工場が移転した臨海地域**である。

問2　14　②

①は**昼夜間人口比率がきわめて高い**ので東京**都心**の中央区であり，JRや私鉄，地下鉄などの鉄道で通勤・通学する人が多い。②と③は昼夜間人口比率が100を超えているので，**地域の中心**の秋田市か福岡市であるが，②は鉄道や乗合バスの利用が多いので，人口が多く公共交通網が整備されている福岡市，③は自家用車の利用が多いので，人口が少なく公共交通網が未発達の秋田市である。④は**昼夜間人口比率が低い**ので東京都心に通勤・通学する人が多い東京**郊外**の調布市である。

問3　15　④

図1のカは1990年の人口と2015年の人口の差が小さいので，**都市化が早くから進み**人口の増加率が低くなっている先進国である。キは2015年の人口が1990年の人口よりもかなり増加しているので，発展途上国の中国やインド，ブラジル，南アフリカ共和国が入っているBRICSである。発展途上国の都市圏に流入した人々の多くは**低所得**で**教育水準が低い**ため金融業に従事することは少なく，小売業・サービス業(x)に従事することが多い。

問4　16　③

サは**2大都市**のあるオーストラリアで，国内人口は2618万人(2022年)で少ないが，**シドニー**と**メルボルン**は500万人を超え，ブリスベン，パース，アデレードも100万人以上である。シはイタリアで，首都のローマが最大都市で，ミラノ，ナポリ，トリノが続いている。スはバングラデシュで，最大都市が2位以下の都市との人口差が大きい**プライメートシティ**(首位都市)は発展途上国の首都に多く，首都のダッカは2位のチッタゴンの人口の約4倍である。

問5　17　④

①正しい。フィラデルフィア都市圏において貧困が問題となっている地区は，早期から都市化した都心周辺のインナーシティ(旧市街地)で，居住環境の悪化により住宅の老朽化や製造業の衰退などのインナーシティ問題が発生している。②正しい。メキシコシティ都市圏において貧困が問題となっている地区は，農村地域から流入した貧困な人々が住宅不足のため社会基盤(インフラ)が十分に整備されていない市街地周辺の空地を不法占拠しスラムを形成している。③正しい。図3からわかるように，貧困が問題となっている地区は，フィラデルフィア都市圏の方が都市圏中心部に集中している。④誤り。これも図3からわかるように，両都市圏ともに貧困が問題となっている地区は，主要な高速道路に沿って放射状に広がってはいない。

問6　18　②

ラテンアメリカから移住してきたスペイン語を話すヒスパニックは，メキシコに接する州とカリブ海諸国に近いフロリダ州に多く，アジア・太平洋系言語を話すアジア系は太平洋側の州に多いので，②はワシントン州のシアトル，③はカリフォルニア州のロサンゼルス，④はフロリダ州のマイアミ，①はミネソタ州のミネアポリスである。

第4問　環太平洋の地域

問1　19　④

Aは，マリアナ海溝とマリアナ諸島がみられるので①が該当する。Bは，ハワイ諸島の北西にミッドウェー諸島がみられるので④が該当する。Cは，東太平洋海嶺付近であるが，地形は比較的なだらかなので海洋底が広がっている③が該当する。Dは，オーストラリア大陸北東部のグレートバリアリーフから東側なので西部の水深が浅い②が該当する。

問2　20　③

Fは亜寒帯湿潤気候なので，寒冷地域で飼育されるトナカイの毛皮や皮を用いた衣服のイが当てはまる。Gは気温の年較差が小さく気温が低い低緯度の高山地域なので，アンデス山脈で飼育されているアルパカの毛を用いた衣服のアが当てはまる。Hは低緯度のサバナ気候なので，木綿を用い，通気性と吸湿性に優れた衣服のウが当てはまる。

問3　21　③

カは，肉と牛乳が多く総量も多いので先進国のカナダである。キとクは総量が少ないが，キは魚が多く，豆腐や味噌，納豆などで大豆が多い日本で，先進国では総量が最低級である。クはベトナムで，東南アジアでは牛乳は少ない。

問4　22　②

北アメリカの観光客が多いシは，アメリカ合衆国のハワイである。オセアニアの観光客が多いスは，オーストラリアに近いフィジーである。タヒチはフランス領ポリネシアで，ヨーロッパからの観光客が多いので，Kはヨーロッパである。Jはアジアとなるので，アジアに近いアメリカ領のグアムがアジアからの観光客の多いサである。

問 5 23 ②

輸出額が世界一の国は，2002年まではアメリカ合衆国，2008年まではドイツ，2009年以降は中国なので，1999年に輸出額が多いPはアメリカ合衆国，2019年に多くなっているQは中国である。2019年に中国への輸出額が多いRは，鉄鉱石の輸入が世界一の中国への最大の輸出国のオーストラリアで，輸出先1位は中国である。Sはペルーで，経済水準が低いため輸出額は少ないが，輸出先1位は中国である。

問 6 24 ④

①と②は図7から読み取れて正しいとわかる。③正しい。北アメリカのアメリカ合衆国を中心に先端技術産業に関わる企業が進出している。④誤り。日本の自動車企業には部品工場と組立工場があり，最終組立は東南アジアのどの国でも行っているが，部品は各国で分担して製造し，お互いに供給しあっている。

第5問　島根県石見地方の浜田市の地域調査

問 1 25 ⑤

1月は，北西季節風で降水量が多い日本海側の日照時間が短いので，長いアは広島市，短いウは浜田市であり，中間のイは三次市で，内陸の盆地に位置するため比熱の大きい海洋の影響を受けにくく，冬の平均気温は低い。

問 2 26 ⑥

食料品は最寄り品で購買地域が近いので，カが該当する。衣料品・身回品は店舗の多い市域に購買に行くことが多いので，クが該当する。娯楽・レジャーは大都市の広島市や出雲市，山口市などへの移動が多いので，キが該当する。

問 3 27 ④

小学校区aは領域が狭いので3 km以上の人口割合はなく，bはcより広いので，3 km以上の人口割合が高いシが該当し，cはサである。まちづくりセンターはコンビニエンスストアよりも施設数が多く広域に立地しており，コンビニエンスストアより近い所に行ける人が多いためYが該当し，コンビニエンスストアはXである。

問 4 28 ②

①正しい。Eは内湾で波が穏やかである。②誤り。モータリゼーションで自動車が普及すると道幅を広くしたりする必要があるが，FはGより道幅が狭く，大規模な再開発はされていない。③正しい。海岸線や道路が直線状になっているGのあたりは海を埋め立てて造られた広い土地である。④正しい。Hは等高線から高台にあり，写真の正面は緩やかな坂道で，付近の住宅地は切土や盛り土をして造成された。

問 5 29 ③

タは，南部から北部へ運ばれていたので砂糖・塩が当てはまり，北部から南部へ運ばれていたのは米・昆布である。日本海側に石見焼が確認された地点が分布するのは，江戸時代には日本海海運が盛んだったためで，チは海路である。

問 6 30 ③

Ｐの地域文化に対する愛着の醸成には，③伝統行事の保存・継承に対する支援が当てはまる。Ｑの日常生活における利便性の向上には，①交通空白地域における乗合タクシーの運行，Ｒの移住者の働く場所の確保には，④廃校を利用したサテライトオフィスの整備，Ｓの魅力ある地域産品の宣伝には，②地元で水揚げされる水産物のブランド化が当てはまる。

●写真提供・協力

朝日新聞社／毎日新聞社／東洋経済/アフロ／猪ノ口写真館／
合同会社じばさん石見

MEMO

地理B

（2023年１月実施）

受験者数　139,012

平 均 点　　60.46

地理B

解答・採点基準

（100点満点）

問題番号(配点)	設問	解答番号	正解	配点	自己採点
第1問 (20)	問1	1	②	3	
	問2	2	①	3	
	問3	3	②	4	
	問4	4	①	2	
		5	⑤	2	
	問5	6	⑤	3	
	問6	7	④	3	
第1問　自己採点小計					
第2問 (20)	問1	8	②	3	
	問2	9	③	3	
	問3	10	④	4	
	問4	11	④	4	
	問5	12	③	3	
	問6	13	③	3	
第2問　自己採点小計					
第3問 (20)	問1	14	①	3	
	問2	15	⑤	3	
	問3	16	⑥	4	
	問4	17	②	4	
	問5	18	①	3	
	問6	19	①	3	
第3問　自己採点小計					

問題番号(配点)	設問	解答番号	正解	配点	自己採点
第4問 (20)	問1	20	③	3	
	問2	21	③	4	
	問3	22	③	3	
	問4	23	②	3	
	問5	24	④	4	
	問6	25	①	3	
第4問　自己採点小計					
第5問 (20)	問1	26	⑤	3	
	問2	27	②	3	
	問3	28	⑤	4	
	問4	29	③	4	
	問5	30	②	3	
	問6	31	③	3	
第5問　自己採点小計					
自己採点合計					

第1問　自然環境と自然災害

問1　1　②

①は時間スケールが1か月以内で短いので，短期間に移動する低気圧・台風であり，移動する空間スケールも狭い。②は時間スケールが1年以内なので，夏と冬で風向が反対になるモンスーン(季節風)であり，モンスーンが発達する東～南アジアのように空間スケールは広くなる。③はエルニーニョ・ラニーニャ現象で，赤道付近の東太平洋海域で貿易風が弱くなり，海面水温が平年より高くなるエルニーニョ現象と，逆に貿易風が強くなり，海面水温が平年より低くなるラニーニャ現象は，半年から1年半くらい続くので，時間スケールはやや長い。また太平洋西部では海面水温の高低が東部と反対となり，広域に異常気象が発生するので，空間スケールも広い。④は地球温暖化で，温室効果ガスの排出により長期間続き，地球全域で発生するので，時間スケールと空間スケールはどちらも最大である。

問2　2　①

サンゴ礁は寒流の流れる海面水温の低い海域ではみられないので，北半球で寒流のカリフォルニア海流が南下し，南半球で寒流のペルー海流が北上する太平洋側にほとんど分布していない図2のイが該当する。また，サンゴ礁は水が濁らない海底にのみ形成され，河川の土砂が流れつく河口付近などにはみられないので，アマゾン川の河口付近にも分布していない。マングローブは熱帯の海岸部で満潮時に海水が進入して海水の塩分が少ない潮間帯に広がる森林で，図2のアが該当するが，ペルー海流沿いの南アメリカ大陸低緯度の太平洋岸では，下層の空気が冷やされて上昇気流が発生しないため少雨で海岸砂漠が広がっているので，マングローブはみられない。海流は，大気大循環により海面付近で卓越する貿易風や偏西風の影響を受けて流れる吹送流が中心で，北半球では時計回り，南半球では反時計回りなので，図3の海流の向きはAからBで，大西洋ではギアナ海流(北赤道海流)が北上し，ブラジル海流が南下している。

問3　3　②

東京は8月が最暖月であるが，カは2月が最暖月なので，南半球のオーストラリア南西岸のパースである。キは気温の年較差より日較差の方が大きいので，低緯度のアンデス山脈の高地に位置するボリビアのラパスである。クは7月が最暖月で気温の年較差が非常に大きいので，冬季寒冷なシベリア東部のロシアのヤクーツクである。

問4　4　①・5　⑤

①のカリブ海東部は，北アメリカプレートと南アメリカプレートがカリブプレートの下に沈み込むプレートのせばまる境界で，プエルトリコ海溝があり，火山がみられる。また，カリブ海では熱帯低気圧のハリケーンが襲来するので，JとKの両方が当てはまる。②のブラジル南部は安定陸塊のブラジル楯状地で火山はなく，南半球の大西洋では熱帯低気圧が発生しないので，JとKのどちらも当てはまらない。③と④のアフリカ大陸南西岸と北西岸は安定陸塊のアフリカ楯状地で火山はなく，

沖合を寒流のベンゲラ海流とカナリア海流が低緯度側に流れて熱帯低気圧は発生しないので，JとKのどちらも当てはまらない。⑤のイタリア半島付近は，地中海でアフリカプレートがユーラシアプレートに沈み込むプレートのせばまる境界なので，イタリア半島南部のナポリの近くのヴェズヴィオ山やシチリア島のエトナ山などの火山がみられる。しかし，地中海には熱帯低気圧は襲来しないので，Jのみが当てはまる。

問5　6　⑤

地震の震源は，海溝型地震ではプレートの沈み込む境界面に沿って分布するので浅いところから深いところまで斜めにみられ，直下型地震では活断層のある浅いところにみられるので，海溝型地震が東と西にみられるタは，伊豆・小笠原海溝と南西諸島海溝が位置するRが該当する。チとツの図は類似しているが，チは海溝型地震の発生する海溝が東端付近にみられるので，千島・カムチャツカ海溝が位置するPが該当し，北海道で直下型地震が発生している。ツは日本海溝が位置するQで，幅の広い本州で直下型地震が多く発生している。

問6　7　④

都市化が進むと，森林や農地が減少して地表面がアスファルトやコンクリートで覆われるので，雨水が浸透しなくなり，下水道の氾濫も起こりやすくなるため，河川が早く増水し水位も高くなる都市型水害が発生する。よって，図8のYは都市化の前，Xは都市化の後で，空欄マにはYからX，空欄ミにはnが当てはまる。

第2問　資源と産業

問1　8　②

①誤り。教会と集落の周りには濠はみられない。②正しい。ヨーロッパの農業は，古代には耕地を二つに分けて耕作と休閑(地力の消耗を防ぐため)を1年ごとに繰り返す二圃式農業，中世には耕地を夏穀物・冬穀物・休閑の三つに分けて3年周期で一巡する三圃式農業が行われ，近世以降には休閑地に飼料作物の根菜類や牧草を導入し，家畜飼育を増加させる混合農業へと発展した(図①)。図1中の耕作地には春耕地，秋耕地，休閑地があり，輪作していたことが読み取れる。③誤り。耕作地を短冊状に分割していたのは，各農家用の耕作地にするためであり，土壌侵食を防ぐためには耕作地を平坦にするなどの対策が必要である。④誤り。集落は南部にあり，耕作地に隣接した場所には家屋はみられない。

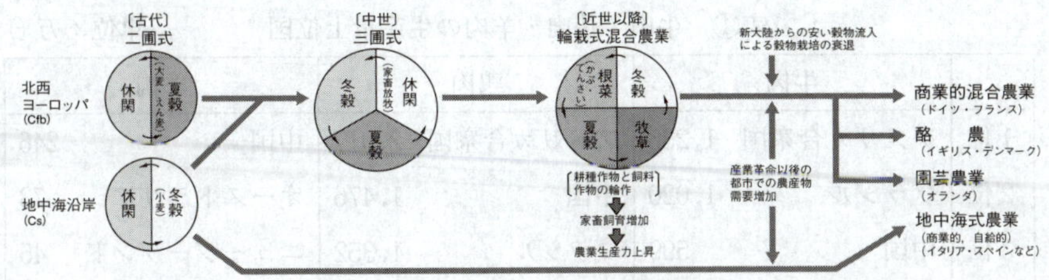

図①　ヨーロッパの農業の発展

問2　9　③

東アジアでは，人口が多く小規模な農地に多くの労働力を投下する**労働集約的**な農業が行われて**土地生産性**が高く，大量の水が必要で灌漑が行われる**稲作**が盛んなので，1 ha 当たりの穀物収量が最も高く，耕作地に占める灌漑面積の割合も高い③が該当する。アフリカでは，焼畑農業のような労働力や資本の投下が少ない**粗放的農業**が中心で灌漑も少ないので，耕作地に占める灌漑面積の割合も 1 ha 当たりの穀物収量も低い①が該当する。中央・西アジアでは，乾燥地域で農業が行われるので，耕作地に占める灌漑面積の割合は最も高いが 1 ha 当たりの穀物収量は低い④が該当する。ヨーロッパは資本集約的な畑作が中心なので，耕作地に占める灌漑面積の割合は低いが，1 ha 当たりの穀物収量は高い②が該当する。

問3　10　④

①誤り。遺伝子組み換え作物には，除草剤耐性品種と害虫抵抗性品種があり，雑草だけを枯らすために農薬の除草剤がまかれる。②誤り。**OECD**(**経済協力開発機構**)の加盟国は先進国が大部分で，栽培国にはアメリカ合衆国やカナダ，オーストラリア，スペインなど加盟国は少なく，加盟していないアジアやアフリカ，南アメリカの発展途上国の方が多い。③誤り。企業的な大規模農業が中心に行われているのは新大陸の国々が中心で，上位５か国の中には南北アメリカの４か国が入っているが，自給的農業が中心のインドも入っている。④正しい。栽培作物の中には食用の作物でない綿花だけを栽培している国があり，栽培自体を行わない国も多くみられる。

問4　11　④

Aは羊肉で，生産量と輸出量が多い**ニュージーランド**が高位であることや，羊の飼育に適した乾燥帯の西・中央アジアや北アフリカの国が多く入っていることから判定できる。Bは牛肉で，牛肉生産量が少ないインドが高位であるのは，図４の注に，牛肉には，水牛，ヤクなどの肉を含むと書いてあり，インドは**水牛**の頭数世界一で，**ヤク**はヒマラヤ山脈付近で飼育され，これらの肉の輸出が多いためである。また，次ページの表①・②から読み取れるように，オーストラリアやアルゼンチンは高位である。Cは鶏肉で，表②の輸出量上位国の，ブラジルやポーランド，トルコなどが高位であり，鶏肉輸入量世界４位(2020年)の日本の輸入先１位のブラジルに次ぐ２位のタイも高位である。

表①　牛肉・鶏肉・羊肉の生産量上位国　　　　（単位：万 t）

	牛肉		鶏肉		羊肉	
1位	アメリカ合衆国	1,235	アメリカ合衆国	2,017	中国	246
2位	ブラジル	1,020	中国	1,476	オーストラリア	73
3位	中国	599	ブラジル	1,352	ニュージーランド	45
4位	アルゼンチン	314	ロシア	461	アルジェリア	33
5位	オーストラリア	235	インド	418	イギリス	31

表②　牛肉・鶏肉・羊肉の輸出量上位国　　　　（単位：万 t）

	牛肉		鶏肉		羊肉	
1位	ブラジル	157	ブラジル	395	オーストラリア	50
2位	オーストラリア	131	アメリカ合衆国	334	ニュージーランド	39
3位	アメリカ合衆国	97	オランダ	129	イギリス	10
4位	アルゼンチン	56	ポーランド	92	アイルランド	5
5位	オランダ	49	トルコ	48	スペイン	4

統計年次は2019年。『世界国勢図会』により作成。

問5　12　③

図5はEU域外への輸送手段別割合で，EU非加盟国は，西ヨーロッパではスイス，ノルウェー，アイスランド，東ヨーロッパでは旧ユーゴスラビアのセルビア，ボスニア・ヘルツェゴビナ，モンテネグロ，コソボ，北マケドニアとアルバニアで，ポルトガルはスペインとだけ国境を接し，非加盟国への距離が遠く，フランスはスイスと隣接しているので，道路輸送の割合が高い**ア**がフランス，低い**イ**がポルトガルである。輸出額と輸出量の判定は，大量の貨物を安価に運べる海上輸送は，輸出量の割合の方が高く，貨物の輸送費が高価な航空輸送は輸出額の割合の方が高いので，海上輸送の割合が高い**E**が輸出量，航空輸送の割合が高い**F**が輸出額である。

問6　13　③

紙の生産に使用されるパルプと古紙の消費量の合計は国の人口にほぼ対応するので，**カ**はアメリカ合衆国，**キ**はドイツ，**ク**はカナダである。パルプ生産量が少ない国では古紙の再生利用が盛んなので，パルプ生産・輸出量(2020年)が世界1・3位のアメリカ合衆国と4・2位のカナダで消費量の割合が高い**X**はパルプである。日本とドイツで消費量の割合が高い**Y**は古紙で，パルプの生産量が少なく輸入量が多いドイツでは，古紙の消費量が多い。

第3問　日本の人口や都市

問1　14　①

1960年は高度経済成長期で，地方から工業化が進んだ三大都市圏への人口移動が急増したが，当時は交通機関が現在のように発達しておらず，遠方への移動は困難だったので，割合の高いBは，九州地方，四国地方から近い大阪圏である。2018年に割合が高くなっているAは東京圏で，近年は航空機での移動も多い。九州からは1960年にも東京への国鉄路線があり，2018年には新幹線もつながっているが，四国と本州を結ぶ連絡橋の全線開通は，鉄道も通る瀬戸大橋が1988年，神戸・鳴門ルート(明石海峡大橋と大鳴門橋で淡路島経由)が1998年，しまなみ海道が1999年で，四国からは近くの大阪圏への移動が多いので，アが九州地方，イが四国地方である。

問2　15　⑤

東京都は工業化が早くから進み，1970年には製造品出荷額が日本一であったが，その後周辺で工業化が進行して，製造品出荷額は減少し，2019年には関東地方の都県で最も少なくなっているので，指数が低下しているクが工業地区の面積である。住宅地の平均地価は，円高が進んだプラザ合意の1985年から1991年まで続いた好景気の**バブル経済期**に地価が高騰し，バブル経済崩壊後には下落したので，カが該当する。地価の下落で東京の都心周辺では高層マンションなどの住宅供給が増加したため，人口の**都心回帰現象**が始まり，石油危機による景気低迷後に人口の社会減少が続いていた東京都では社会増加に転じて人口増加率が国内最高レベルとなった。よって，4階以上の建築物数は，増加を続けているキが該当する。

問3　16　⑥

Dは，鉄道駅に近く幹線道路が走っている道路網の密な都市中心部なので，スが該当する。公共交通機関や徒歩を前提として駅前に立地していた百貨店やスーパーマーケットなどの駅前商店街は，自動車の普及や郊外の幹線道路沿いでのショッピングセンターの立地などによって衰退し，シャッターが閉まったままの店舗もみられる。Eは，都市中心部から離れたところで道路網がみられる新興住宅地なので，シが該当する。Fは，幹線道路が走っているが，道路網がないので，広い駐車場のある全国チェーンの店舗がみられ，サが該当する。なお，この都市は鹿児島県の薩摩川内市である。

問4　17　②

①正しい。過疎市町村の面積が都道府県面積に占める割合は，三大都市圏の東京圏，名古屋圏，大阪圏では低い。②誤り。高齢者は人口移動がほとんどなく，三大都市圏への流入は非常に少ないので，老年人口の増加傾向の主な原因ではない。老年人口の増加率が，過疎市町村の面積が都道府県面積に占める割合の高い県で低く，割合の低い三大都市圏で高いのは，過疎市町村では生産年齢人口の割合が低く，早くから高齢化が進んで老年人口の割合が高くなっているが，三大都市圏では生産年齢人口の割合が高く，老年人口の割合が低いので，生産年齢人口の高齢化によって老年人口数が多くなっているからである。ちなみに，老年人口割合は，最も高い秋

田県は37.9%であるが，東京都は23.5%で，出生率が最高で老年人口割合が最も低い23.0%の沖縄県に次いで低い(2022年)。③正しい。過疎化が進んだ農山村地域では，高齢化が進行して，食料品などの日常の買い物に困る人々が増え，買い物難民，買物弱者と呼ばれるようになった。これは，農山村地域では，人口減少や高齢化による売り上げの減少で集落から食料品店などの閉店や撤退が進み，買い物ができる店舗が遠いところになること，人口減少で路線バスなどの公共交通機関が廃止され，高齢化により自動車を保有しなくなって交通手段を利用できなくなることなどによるものである。公共交通機関が少ないため，傾斜の大きな集落では，自動車の運転ができなくなり食料品店へのアクセスが困難な高齢者が多くなっているので，食料品を積んで集落を回る移動販売車がある。④正しい。大都市圏では，高度経済成長期に人口流入が進んだため，1970年代前後に大都市周辺にベッドタウンとしてニュータウンの開発が始まったが，近年は高齢化が進み，ニュータウンのオールドタウン化が問題視されている。駅から離れた丘陵地では，買い物に行くのに急な坂を通らなければいけないため高齢者には辛くなっており，山間部にも村落がある三大都市圏の神奈川県や三重県，奈良県では，老年人口に占める食料品へのアクセスが困難な人口の割合が上位となっている。

問5 18 ①

従属人口指数は，生産年齢人口(15～64歳)に対する年少人口(14歳以下)と老年人口(65歳以上)の和の比率で，その推移は人口動態に関係している。人口動態は，経済発展とともに，**多産多死型**から，医薬学の発展で死亡率が低下して**多産少死型**へと移行し，さらに工業化による経済成長が進むと，家族計画が普及して出生率が低下し，**少産少死型**へと移行する。少子化によって生産年齢人口の割合が高くなる時期は，労働力が多くなり経済発展を促すことになるので，人口ボーナスと呼ばれ，従属人口指数は低下していくが，その後，高齢化が進むと老年人口の割合が上昇し，従属人口指数は上昇していく。図5中の①～④のうち，近年，従属人口指数が上昇している①～③は高齢化が進行している日本，中国，フランスのいずれかで，低下している④は，近年出生率が低下するようになったエチオピアである。次ページの表③には，4か国の年齢別人口割合と従属人口指数を示したが，経済水準の低いエチオピアでは，出生率が高いため年少人口の割合が高く，従属人口指数が最も高い。先進国では少子化に続いて高齢化が進行して老年人口の割合が高まるので，従属人口指数が上昇に転じる。①～③のうち，従属人口指数の上昇が著しい①は日本で，1947～1949年の第一次ベビーブーム後に多産少死型から少産少死型に移行して生産年齢人口割合が高くなり従属人口指数は低下したが，死亡率は1980年代後半から上昇して高齢化が進み，近年は**老年人口の割合が世界最高水準**となっているので，従属人口指数の上昇が著しい。②は高齢化が日本より早かったフランスで，日本より早くから従属人口指数が上昇しているが，近年は**少子化対策**で出生率が少し高くなっているので，従属人口指数は日本より低くなっている。③は中国で，1979年から始まった**一人っ子政策**による出生率の低下で生産年齢人口割合が高くなり経済成長が続いていたが，少子化の進行で近年は高齢化が始まり，従属人口指数は上昇に転じている。

表③　４か国の年齢別人口割合(単位：％)と従属人口指数

	年少人口	生産年齢人口	老年人口	従属人口指数
日本	11.9	59.5	28.6	68.1
エチオピア	38.1	58.8	3.1	70.1
中国	17.9	68.6	13.5	45.8
フランス	17.7	61.7	20.6	62.1

統計年次は2020年。『世界国勢図会』により作成。

問６　19　①

1990年に１位のマは，隣国のアイルランドで，アイルランドでは先端技術産業などの発展で経済成長が進み，21世紀に入ってからはイギリスより１人当たりGNIが高くなったため，人口移動は減少している。ミは，パキスタンと同じ**旧イギリス領**のインドで，高賃金を求める労働者が増加している。ムはポーランドで，2004年の**EU 加盟後**には域内での人口移動ができるようになったため，労働者の流入が進んだ。

第４問　インドと中国

問１　20　③

Aの西部はステップ気候の大シンアンリン山脈，東部はトウモロコシなどが栽培されているトンペイ(東北)平原なので，草地・裸地と耕地の割合が同じくらいの②が該当する。Bは標高の高いツンドラ気候の**チベット高原**で，草地・裸地の割合が高く，耐寒性の強い大麦が栽培されている耕地が少しみられるので，草地・裸地の割合が高く，耕地の割合が低い④が該当する。Cはユンコイ高原の東側で，季節風の影響で夏が雨季，冬が乾季の温暖冬季少雨気候なので，常緑広葉樹林が広く，米やトウモロコシも栽培されており，森林の割合が高く，草地・裸地の割合が低い③が該当する。Dは**デカン高原**で，東部はサバナ気候，夏の南西季節風に対して西ガーツ山脈の風下側の西部は，降水量が少ないステップ気候であるが，肥沃な黒色の間帯土壌の**レグール**が分布しており，綿花などの畑作地が広がっているので，耕地の割合が高い①が該当する。

問２　21　③

中国では，黄河と長江の間のチンリン山脈とホワイ川を結ぶ線付近が**年降水量1,000 mm**で，北側の**畑作地域**と南側の**稲作地域**の境界となっているので，長江流域以南のbが米の割合が高いア，小麦生産量が多い華北のcが小麦の割合が高いウで，米と小麦の生産が行われているその中間のaはイである。東北地方は**トウモロコシ・大豆**の生産量が多く，小麦と米の割合が低いdとなっているが，近年は耐寒性品種の開発で東北地方でも稲作が行われ，北端のヘイロンチヤン(黒竜江)省は米の生産量が最大になっているのでbとなっている。インドでも稲作地域と小麦地域が異なるので，a～cの判定ができ，インド半島沿岸部やガンジス川下流域のbは年降水量1,000 mm 以上の稲作地域なのでア，降水量が少ないガンジス川上流域などのcは小麦地域なのでウ，その間のガンジス川中流域のaは米と小麦の生産が行われているのでイである。小麦と米の割合が低いdは，降水量が少ない乾燥地域や標高の高い地域，綿花生産の盛んなデカン高原西部にみられる。

問3　22　③

①正しい。2001年も2018年も，1人当たり総生産が高い地域では，出生率が低い。②正しい。行政区における1人当たり総生産の差は，2001年にはインドより中国の方が少し大きかったが，両国ともかなり高くなった2018年には，インドより中国の方が大きくなっている。③誤り。インドでは中国のような家族計画として1952年から強制的な不妊手術を含む人口抑制政策が導入され，1970年代からは母子保健や女性に対する教育・啓蒙活動が重視されて家族福祉プログラムに名称が変更されて，近年は出生率が少し低下しているが，都市部より貧困な農村部では出生率の低下は大きくない。④正しい。中国では，1978年に始まった**改革開放政策**で市場経済の導入，対外開放が進められ，外国資本の導入は，最初に**華南の沿岸部**に設置された**経済特区**で行われ，次の**経済技術開発区**の設置も沿岸部から始まった。そのため，外国企業の進出が多く工業化の進んだ沿岸部と遅れた内陸部との経済格差が大きくなっている。

問4　23　②

工業化はインドより中国の方が早く進んだので，鉱・工業の割合が高いKが中国，低いJがインドである。工業化の進行により割合が低下するのは農林水産業で，工業化の遅れたインドでは割合が高いので，サが該当する。運輸・通信業はシで，英語に堪能な人材が多いインドでは**情報通信技術(ICT)産業**の発展が進み，アメリカなど英語圏の顧客への電話対応業務を行う事業所のコールセンターも多い。

問5　24　④

Pは，インドと中国からオーストラリアへの移動が多いので，移民の送出数である。オーストラリアでは，1975年に**白豪主義**が撤廃されて**多文化主義**に転換し，白人以外の移民が増加している。近年はアジアからの移民が最も多く，中国とインドは特に多い。Qは，輸出額で，21世紀には中国の工業化が進行してオーストラリアの最大の輸出入相手国は中国となり，世界一の鉄鉱石輸入国である中国は世界一の輸出国のオーストラリアから大量に輸入している。また，オーストラリアは中国から機械類などを輸入している。よって，チは中国，タはインドで，インドの最大の輸入相手国は中国である。

問6　25　①

インドと中国では，工業の発達とともに大気汚染物質の**PM2.5**の濃度が高くなっており，季節風や上空の偏西風によって周辺諸国へ飛来している。冬の季節風は大陸から海洋へと吹き，夏の季節風は海洋から大陸へと吹くので，海洋に広がっているSが1月(マ)，大陸内部に広がっているTが7月である。PM2.5は**黄砂**にも含まれ，中国から日本へは冬から春にかけての飛来が多いが，図7の2018年では例外的に7月の方が日本での分布地域が広くなっているので，間違えやすい。原因となる物質が複数の国にまたがって拡大していく環境問題の例としての(ミ)には，海流や風により複数の国に移動する海洋ごみの漂着が該当し，最近は，海洋生態系への影響が懸念されている**マイクロプラスチック**の漂着が問題となっている。土地の塩性化(塩類化)は，乾燥・半乾燥地域で灌漑用水を流すと，毛細管現象で地中の塩分が溶けた地下水が上昇し，蒸発により塩分が地表に集積して発生し，砂漠化の拡大の要因にもなるが，これは，原因となる物質が複数の国にまたがって拡大していく環境問題ではない。

第5問　利根川下流域の地域調査

問1　26　⑤

アには，利根川の本流に合流する支流上の地点BとCが当てはまり，Aは東京湾に流れ込む荒川に位置している。イには，取手から佐原までの区間が，図1の右下の距離数値から約40 kmと読み取れるので，河川の勾配はその1万分の1程度であるから，標高差は約4 mが当てはまる。

問2　27　②

①は田の割合が最も高いので，河川沿いの平地が広がるEが該当する。②と③は田の割合がかなり高いので，平地が多いFかHであるが，②は建物用地の割合が高いので，鉄道沿いに市役所があるFが該当し，③は森林の割合も高いので起伏の大きな地域が広いHが該当する。④は田の割合が低く，畑と森林の割合が高いので，起伏の大きな地域ばかりのGが該当する。

問3　28　⑤

図4中のaとbのうち，より古くから中心地として発達していたのは，1931年の地形図で建物が密集しているbであり，aは北側の鉄道沿いの地域が空白(旧式地形図の記号では，畑又は空地)で，建物はみられないので，Jにはbが当てはまる。図5中のサ～スのうち，1932年に橋が架かっていた地点は，川幅が比較的狭い所に限られていたとのことだから，川幅が広い下流部に分布していないスが当てはまり，1981年の橋の分布は，自動車交通の増加に対応して道路網が整備されてきたことから，スに加えて下流側に増加しているシで，Kにはシが当てはまる。渡船の利用は減少したので，1981年の渡船の分布は，1932年の渡船の分布より非常に少なくなっているサである。

問4　29　③

Pは，利根川の支流への逆流などにより，水害が発生していたとのことで，利根川の本流に近いチの位置に水門を設置することで逆流による被害を防ぐことができる。Qは，大きな河川の下流域で行われている取組みなので，決壊を防ぐため，堤防を補強するという f が当てはまる。土砂の流出や流木を防ぐため，ダムを建設するという g は，土石流などが発生する山地に近い上流域である。

問5　30　②

資料2のマとミのうち，マは1973年から1985年にかけて2倍以上になった後はやや減少しているが，ミは2000年まで急増し，2015年には急減している。養殖生産の推移は，養殖場や需要の増減などにより変化するが，ミのような急増，急減はないので，マが該当する。写真1中の s と t のうち，s の石材を用いて整備された護岸は，河岸を侵食から守り，洪水を防ぐ目的で水害対策に利用されるので，ニホンウナギや川魚などの水産資源の回復に寄与することが期待されているという X には当てはまらない。t の本流の堰のそばに設置された流路は，多様な水深や流速を形成でき，様々な魚類の遡上経路として利用できるので，X に当てはまる。

問6　31　③

①正しい。空中写真により都市や農地の分布が読み取れるので，土地利用図を作成でき，都市化による農地の分布の変化を探究することができる。②正しい。橋の開通により対岸への移動ができるようになると，生活行動の変化が生じるので，そのことを周辺住民からの聞き取り調査で探究することができる。③誤り。防災施設の整備により，住民の防災意識は向上することが多く，聞き取り調査やアンケートにより探究することができるが，防災施設から一定距離内に住む人口の変化は，主に防災施設の整備により生じる訳ではない。④正しい。利根川流域の漁獲量の変化は，流域各県の統計などを図書館やインターネットで資料を入手して探究することができる。

●写真提供・協力

独立行政法人水資源機構　利根川下流総合管理所　利根川河口堰管理所／帝国書院

地理B

（2022年１月実施）

受験者数　141,375

平 均 点　　58.99

2022
本試験

地理B

解答・採点基準

(100点満点)

問題番号(配点)	設問	解答番号	正解	配点	自己採点
第1問 (20)	問1	1	③	3	
	問2	2	②	3	
	問3	3	②	4	
	問4	4	①	4	
	問5	5	②	3	
	問6	6	⑤	3	
	第1問　自己採点小計				
第2問 (20)	問1	7	④	3	
	問2	8	③	3	
	問3	9	⑥	4	
	問4	10	②	4	
	問5	11	③	3	
	問6	12	②	3	
	第2問　自己採点小計				
第3問 (20)	問1	13	②	3	
	問2	14	②	4	
	問3	15	④	3	
	問4	16	③	4	
	問5	17	①	3	
	問6	18	③	3	
	第3問　自己採点小計				

問題番号(配点)	設問		解答番号	正解	配点	自己採点
第4問 (20)	A	問1	19	②	3	
		問2	20	②	3	
		問3	21	④	4	
		問4	22	①	3	
	B	問5	23	①	2	
			24	②	2	
		問6	25	②	3	
	第4問　自己採点小計					
第5問 (20)	問1		26	③	3	
	問2		27	③	4	
	問3		28	④	3	
	問4		29	⑥	3	
	問5		30	③	4	
	問6		31	②	3	
	第5問　自己採点小計					
	自己採点合計					

第1問　世界の自然環境や自然災害

問1　1　③

大陸棚は，プレートのせばまる境界で海洋プレートが潜り込む沈み込み帯に形成される海溝付近にはみられないので，東南アジア周辺では，フィリピン諸島東側のフィリピン海溝沿いやインドネシアのスンダ列島の南側のスンダ(ジャワ)海溝沿いに大陸棚がないbが該当する。また，火山は海溝に平行に形成される。中央アメリカ周辺では，地図帳に海溝名(中米海溝)は記載されていないが，太平洋側に沈み込み帯があるので，太平洋岸に大陸棚がないアが該当する。カリブ海にも沈み込み帯があり，プエルトリコ海溝がみられるので，西インド諸島沿いにも大陸棚がない。

問2　2　②

河川Aはパリを流れるセーヌ川で，河口にはラッパ状の入江のエスチュアリー(三角江)が形成され，河道沿いには高峻な山脈はみられないので，キとxが該当する。約2万年前に最も低温となった最終氷期にはヨーロッパ北部と北アメリカ北部に大陸氷河(氷床)が形成され，海面は約120m低下していたので，河口部は谷となっていたが，氷期後には海面が上昇したため，谷には海水が侵入してラッパ状の入江となった沈水海岸のエスチュアリーが形成された。その後，河川の堆積作用で河口に土砂が堆積するとエスチュアリーはみられなくなるが，流域の標高が低い河川では侵食作用が弱く，河口の土砂の堆積量が少ないので，エスチュアリーが残っている。ヨーロッパでは，セーヌ川と同様に流域の標高が低く北海に注ぐドイツのエルベ川やイギリスのテムズ川(ロンドンを流れる)，大西洋側のビスケー湾に注ぐフランスのロアール川とジロンド川にもエスチュアリーがみられ，河口にはドイツ最大の港湾都市のハンブルクなどの都市がみられる。河川Bはイタリアを流れるポー川で，上流部は標高の高いアルプス山脈で，河川の侵食作用が強く，大量の土砂が運搬され堆積量が多いため，河川の堆積作用(沖積作用という)で形成された低平な沖積平野のパダノ＝ヴェネタ平野(イタリア最大の平野)が広がり，河口には三角州がみられる。また，アルプス山脈付近では上昇気流が発達して降水量が多く，融雪水が流入するため，河川の年平均流量が多いので，カとyが該当する。

問3　3　②

Eのインダス川沿いには砂漠気候地域が広く，Fの黄河の流域にはステップ気候地域が広いため，低木・草地の割合と裸地の割合が最も高い③はE，次に高い④はFであり，FはEより緯度が高いため，冷涼地域に多い落葉広葉樹林の割合が高い。Gの長江とHのメコン川もツンドラ気候のチベット高原を源流とするが，下流部は，Gは温暖湿潤気候，Hはサバナ気候で森林がみられ，中緯度のGは低緯度のHより落葉広葉樹林の割合が高い②で，Hは常緑広葉樹林の割合が高い①である。

問4　4　①

オーストラリアの内陸は砂漠気候なので，内陸に＋のあるPが気温で，内陸が－になっているQが降水量である。オーストラリアは南半球で，夏の1月の気温は，低緯度の内陸が最も大きい値の①で，冬の7月の気温は，高緯度の内陸が最も小さい値の③である。降水量は，オーストラリア北部はサバナ気候で夏に多雨となるので，1月は②である。南部と東部の沿岸部は乾燥帯でなく温帯であり，南西部は冬多雨の地中海性気候なので，大きい値となっている④が7月である。南東部で大きい値となっているタスマニア島は西岸海洋性気候で，偏西風が山地にぶつかり上昇気流が発生して多雨となっている。シドニー付近から北側の南回帰線付近までの東岸は温暖湿潤気候で，西岸海洋性気候地域とともに乾季はない。

問5 5 ②

アフリカ大陸は，北西部のアトラス山脈付近が新期造山帯，南部のドラケンスバーグ山脈付近が古期造山帯で，大部分は安定陸塊のアフリカ楯状地であるが，東部にはプレートの広がる境界があり，大地溝帯が形成されている。したがって，地震が多いタとチは北部か東部で，熱帯低気圧はサイクロンがインド洋で発生するので，チが東部で，大地溝帯にはアフリカ最高峰のキリマンジャロ山など火山も多い。タは北部で，アトラス山脈には火山はなく，大西洋沖には寒流のカナリア海流が南下しているので，熱帯低気圧による自然災害はない。中部の東側には大地溝帯の西部地溝があるので，火山がみられる。ツは西部で，安定陸塊のため地震と火山噴火はない。また，大西洋の熱帯低気圧は，暖流が北上する北アメリカ南東部のカリブ海周辺で発生するハリケーンが中心で，アフリカの中南部の大西洋沖には寒流のベンゲラ海流が北上しているため，熱帯低気圧による自然災害はほとんどない。

問6 6 ⑤

土砂災害は本州以南で多雨となる梅雨期前後に多いので，マは6～8月である。ミとムには雪崩による被害がみられるが，ミは北海道の中央部の高山地域だけなので，高緯度で積雪が早くから始まる9～11月であり，ムは残雪の多い本州中部から北の高山地域でみられるので3～5月である。

第2問　資源と産業

問1 7 ④

図1中の凡例イは，アラビア半島付近に多いので油田であり，凡例アは，古期造山帯のオーストラリアのグレートディヴァイディング山脈などにみられるので炭田である。Aは世界最大の生産国と消費国が同一であるとされているが，次の表①・②からわかるように石炭も石油も同じである。しかし，石炭は生産上位国の世界に占める割合が高いので，Aは石炭が該当する。Bは石油で，世界の1次エネルギー供給量に占める割合(2018年)は31.5%と最大で(石炭は26.9%)，埋蔵量の約50%は中東である。

表①　石炭の生産量・消費量・埋蔵量　（単位：%）

	生産量(2018年)		消費量(2018年)		埋蔵量(2019年)	
1位	中国	54.4	中国	59.0	アメリカ合衆国	29.3
2位	インド	10.7	インド	14.3	中国	17.8
3位	インドネシア	8.1	アメリカ合衆国	3.7	インド	13.5
4位	オーストラリア	6.0	南アフリカ共和国	2.8	オーストラリア	9.7
5位	ロシア	5.3	日本	2.8	ロシア	9.6

表②　石油の生産量・消費量・埋蔵量　（単位：%）

	生産量(2020年)		消費量(2019年)		埋蔵量(2021年)	
1位	アメリカ合衆国	15.1	アメリカ合衆国	18.9	ベネズエラ	17.6
2位	ロシア	13.7	中国	14.6	サウジアラビア	15.0
3位	サウジアラビア	12.3	インド	5.4	イラン	12.1
4位	カナダ	5.5	日本	3.9	カナダ	9.9
5位	イラク	5.4	サウジアラビア	3.6	イラク	8.4

問2　8　③

図2の世界の人口で，人口増加が多い**カ**はアフリカで，人口増加が少ない**キ**はヨーロッパである。世界の1次エネルギー消費量は，経済水準が低い**カ**のアフリカはとても少なく，経済水準が高い**キ**のヨーロッパはとても多い。文章の空欄**X**は，図2でアジアでは人口よりも1次エネルギー消費量の方が増加しているので，1人当たり1次エネルギー消費量は増えていることが読み取れる。

問3　9　⑥

図3の1人当たりGDPから，**a**は発展途上国で，1人当たりGDPが上昇しているので，中国のように工業化が進んだ新興国の**ス**が該当し，エネルギー消費量の増加で1人当たり二酸化炭素排出量も増加している。**b**も先進国ではないが，**a**よりも1人当たりGDPが高く，1人当たり二酸化炭素排出量も多いので，サウジアラビアのような産油国を示した**シ**が該当し，21世紀に入って中国やインドなどの新興国の経済成長で資源需要が高まり，資源価格が上昇したため経済成長が進んだ。1人当たりGDPが最も高い**c**は先進国で，第3次産業が発達して脱工業化が進み，地球温暖化対策で風力発電や太陽光発電などの再生可能エネルギーを普及させ，1人当たり二酸化炭素排出量が減少しているドイツのようなヨーロッパの国なので，**サ**が該当する。

問4　10　②

下線部**e**は，化石燃料による発電量が最大の中国が，二酸化炭素排出量が世界一なので正しい。下線部**f**は，人口を考えると，約14億人の中国よりも約3億人のアメリカ合衆国の方が1人当たりの化石燃料による発電量が最も多くなるので正しい。下線部**g**は，再生可能エネルギーの発電量が総発電量に占める割合が最も高いのはカナダなので，誤っており，カナダでは**水力発電量**が総発電量の約６割を占めている。

問５ 11 ③

木材伐採量上位国は，アメリカ合衆国・インド・中国・ブラジル・ロシア，木材輸出量上位国は，ロシア・カナダ・ニュージーランド・ドイツ・チェコ(2019年)なので，**K**はロシア，**L**はブラジルであり，国土面積の小さいエチオピアは**M**である。発展途上国では**用材**より**薪炭材**の割合が高いので，**タ**が薪炭材，**チ**が用材である。森林面積の減少率は，農牧地の開発や薪炭材の伐採などが行われる熱帯林地域で高く，**K**～**M**のうちではブラジルが最高である。

問６ 12 ②

①正しい。インドでは牛の頭数は多いが，**ヒンドゥー教徒は牛肉を食べない**ため，糞尿は多く利用でき，肥料にすることは資源を有効活用することになる。また，肥料は，窒素やリン鉱石などを利用する化学肥料より，家畜の糞尿を利用する有機肥料の方が二酸化炭素排出量は少ない。②誤り。熱帯・亜熱帯の沿岸部に分布する**マングローブ林**は，東南アジアや南アジアでは，伐採して**エビの養殖池**に転換されることが多いので激減しており，伐採により海岸侵食や高潮の被害が発生する。③正しい。パソコンや携帯電話などの電子機器に多く使われているレアメタルや貴金属は，リサイクルによって資源が回収されるため，使用済み資源である都市での廃棄物を鉱山とした**都市鉱山**と呼ばれており，資源を有効活用できる。④正しい。ペットボトルは石油からつくられるポリエチレンを原料としており，回収によってリサイクルができるので，返却金導入制度により資源の消費量を減らすことができる。

第３問　村落・都市と人口

問１ 13 ②

①正しい。図１の2009年の空中写真から耕地が長方形になっていることがわかる。②誤り。あぜ道は，田と田の間の耕地を区切る細い道で，2009年の空中写真では，幅の広い道路が1963年のあぜ道を舗装したものではないことがわかる。③正しい。人口増加や核家族化の進展に伴い住宅の増加が必要で，2009年の空中写真では，右側の道路沿いに多くの住宅地ができていることがわかる。④正しい。2009年の空中写真では右側を中心に住宅が増加しているため，１戸当たりの敷地面積は，近年建てられた住宅よりも，伝統的な家屋の方が広い傾向がみられる。

問２ 14 ②

図２中で最も数が少なく，人口が高位の地域に立地が多い**イ**は500席以上の市民ホールである。交番・駐在所は人口が高位の地域に立地が多いので，**ア**が該当する。ごみ処理施設の立地はあまり多くなく，人口が高位の地域では環境汚染の影響があるため少ないので，**ウ**が該当する。

問３ 15 ④

アメリカ合衆国を代表とする先進国の大都市の**中心業務地区**(CBD)のある都心

周辺の古くから市街地となったインナーシティ(旧市街地)では，居住環境の悪化による富裕層の移転で空洞化が進み，建物の老朽化や，貧困層や移民の流入でスラム化が進行し衰退するため，再開発が行われ，高級住宅地となって経済的に豊かな高所得者の流入が増加するジェントリフィケーションがみられる。図**3**の中心業務地区付近の概要の図では，鉄道が集まり，市役所に近い②付近が都心で，そこから離れた①と④は，賃貸住宅の家賃である賃料の増減の図で40%以上増加しているため，インナーシティの再開発地域と考えられる。また，①と④は大学を卒業している居住者の増減の図でも増加率が高く，専門的職業従事者などの経済的に豊かな人々の流入が増加していると考えられる。2000年の居住者の貧困率の図では，①は20%未満で④より低く，高所得者の割合が以前から高いので，経済的に豊かな人々の流入は④の方が多く，ジェントリフィケーションがみられると思われる。図**3**はロサンゼルスで，アメリカ合衆国の大都市では，モータリゼーションの進行とともに白人富裕層がインナーシティから郊外の一戸建て住宅に移住し，インナーシティでは，老朽化した建物に黒人やヒスパニックなどの低所得者層が流入してスラム化が進み，治安の悪化や商店街の衰退，税収の減少などのインナーシティ問題が発生したため，その解決策として，老朽化した建物を一掃して高層ビルなどに建てかえる再開発が行われた。図**3**のロサンゼルスの②は都心のダウンタウンで，その周辺のインナーシティで2000年の貧困率の高い図**3**の③と④はヒスパニックが中心で，貧困率が低い①は白人が中心である。③は大学を卒業している居住者が減少し，賃料も減少しているため，再開発は行われておらず，ジェントリフィケーションはみられない。

問4　16　③

ロンドンで割合が高い**A**は，公用語が同じ英語で，イギリス領から独立したアメリカ合衆国とカナダの北アメリカである。北アメリカの割合が次いで高い**カ**は，ドイツのフランクフルトで，ドイツはイギリスとともに輸出入額の上位国にアメリカ合衆国が入っている。**B**はアフリカで，割合が高い**キ**は，北アフリカの旧植民地からの移民が多いフランスのパリである。**ク**は，中央・南アメリカの割合が高いので，スペイン語を公用語とする旧植民地からの移民が多いスペインのマドリードである。

問5　17　①

Dは低い年齢の人口割合が非常に低く，少子化が進んだ日本やドイツなどの先進国でもここまで低いことはないので，**D**は外国生まれの人口ピラミッドで，**E**は国全体の人口ピラミッドである。少子高齢化が進んでいるドイツは，国全体で高齢者の割合が高い④であり，外国人労働者が多いので，②の外国生まれの人口ピラミッドでは，20～40代の人口割合が高く，第二次世界大戦後の経済成長期にトルコなどからの移民が多く流入したので，高齢者の割合もやや高い。シンガポールは合計特殊出生率の低下が進んで1.1(2019年)となり，世界最低の0.9の韓国に次いで低く，少子化対策で1.5になっているドイツより低いため，国全体の人口ピラミッドの③では，15歳未満の年少人口(幼年人口)の割合も低下が顕著である。シンガポールの外国生まれの人口ピラミッドは①で，東南アジアでは経済水準が最も高いため，周辺諸国からの移住者が多く，国際移住者率(2020年)は43.1%で，ヨーロッパで高いドイツの18.8%を大きく上回っている。女性の割合が高いのは，家事や子どもの世話などを担うメイドの女性が，フィリピンなどから流入しているからである。

問6　18　③

経済成長とともに出生率は低下し，死亡率は低下した後に高齢化が進むと高くなる傾向にあるので，1980年に最も出生率が高い④は経済成長が遅かったバングラデシュで，最も低い①は先進国のカナダである。2019年の出生率が最も低い②は，近年合計特殊出生率が世界で最も低い韓国で，東南アジアでアジアNIEsのシンガポールに次いで工業化が進んだマレーシアは③である。

第4問　ラテンアメリカ

問1　19　②

地点DとEは，どちらも赤道から少し離れた北緯10度と南緯10度付近に位置し，周辺の気候は夏が雨季，冬が乾季の**サバナ気候**なので，北半球のD(オリノコ川)はア(a)，南半球のE(サンフランシスコ川)はイである。年平均流量は，流域面積が狭く降水量が少ない高緯度側から流れ込む地点Eを流れる河川の方が，流域面積が広く降水量が多い低緯度側から流れ込む地点Dを流れる河川よりも少ない(b)。地点Eの内陸側には**ブラジル高原**があり，大西洋からの南東貿易風の風下側となる中流域はステップ気候となっていることも年平均流量が少ない要因なので，気候区分図を見てみよう。

問2　20　②

国土面積の広い国で水力発電量の割合(2017年)が高いのは**ブラジル**(62.9%)と**カナダ**(59.6%)であるという基本知識から，Kは水力と判定できる。他にコスタリカ，ベネズエラ，コロンビア，ペルーでも水力が5割以上であるが，これらの国は低緯度で降水量が多く山脈や高原がみられるので水力発電が盛んである。中高緯度では，偏西風が山脈にぶつかり降水量が多い**ノルウェー**(95.7%)や**ニュージーランド**(57.0%)で水力の割合が高い。Jは世界的に割合が高い火力で，割合が低いLは太陽光，地熱，風力などの再生可能エネルギーである。

問3　21　④

①正しい。ラテンアメリカでは植民地時代にスペインやポルトガルから**大土地所有制**が持ち込まれ，農牧場はブラジルでは**ファゼンダ**，アルゼンチンでは**エスタンシア**，他の多くの国ではアシエンダと呼ばれる。図5からわかるように1971年にはプランテーション農業による商品作物のコーヒー豆や粗糖，カカオ豆の輸出が多かった。②正しい。ブラジルでは1960～70年代に工業化が進展して，農産物より高価な工業製品の輸出が増加したため，図4からわかるように，1970年代から1990年代にかけて農産物の輸出額は増加したが，輸出総額に占める農産物の割合は低下している。③正しい。図4で2000年代に農産物の輸出額が急増していることから，農業が輸出指向型産業の性格を強めていったことがわかる。図5からは1971年には

コーヒー豆，2019年には大豆とうもろこしの割合が高いことが読み取れるが，ブラジルでは1970年代から日本などの協力によりブラジル高原のカンポセラードで大豆やとうもろこしの生産が増加し，飼料や油脂の原料などとして輸出が増加した。大豆とうもろこしの輸出量(2019年)はどちらもブラジル・アメリカ合衆国・アルゼンチンが世界１～３位となっている。④誤り。図５から，コーヒー豆の割合は1971年の約50％から2019年には約５％に低下しているが，図４から，2019年の農産物の輸出額は1971年の約30倍になっているので，輸出額は減少していない。

問４ 22 ①

１人当たりGNIが最も高い**カ**は，白人中心でラテンアメリカでは最も早く工業化が進み，農業も大規模経営が多いアルゼンチンである。**キ**はメキシコとともにラテンアメリカでは工業化が進んだ新興国のブラジルで，二大都市のサンパウロとリオデジャネイロなどの工業が発達した大都市が多い南部・南東部と，農業が中心の北部・北東部との間の経済格差が大きいため，GNIに占める所得上位10％層の所得の割合が高く，貧富の差が大きい。**ク**は，ラテンアメリカ諸国の人種構成で先住民のインディオの割合が約55％で最も高いボリビアで，工業化が進んでいないため１人当たりGNIが低い。

問５ 23 ①・ 24 ②

①はチリのみに当てはまる。寒流は，チリの沖合を北上するペルー海流で，南回帰線付近にはアタカマ砂漠があり，海岸付近では寒流の影響で上昇気流が発生しないため降水量が少なく，海岸砂漠はペルー北部まで続いている。また，ペルー国境付近のアリーカは年平均降水量が世界最少の0.76 mmである。ニュージーランドは全土が西岸海洋性気候で，乾燥帯はみられない。②はニュージーランドのみに当てはまる。ニュージーランドの首都は南緯40度付近のウェリントンで，偏西風の影響を受けて年中湿潤な西岸海洋性気候である。チリの首都は南緯35度付近のサンティアゴで，付近は夏に亜熱帯高圧帯の圏内で少雨となり，冬に亜寒帯低圧帯の圏内で多雨となる地中海性気候である。チリも南緯40度付近より南側では，年中偏西風の影響を受けて湿潤な西岸海洋性気候である。③は両国ともに当てはまる。チリにはアンデス山脈が南北に走り，サンティアゴの北にはアンデス山脈最高峰(アコンカグア山・6959 m)があり高峻なため山岳氷河がみられる。南部の西岸海洋性気候地域ではアンデス山脈に偏西風がぶつかって降水量が多く，氷期には海岸まで氷河が達していたため，その後はＵ字谷に海水が浸入したフィヨルドがみられる。ニュージーランドの南島にはサザンアルプス山脈が南北に走り，最高峰(アオラキ山・3724 m)など2000 m以上の山には山岳氷河がみられ，南西部の海岸にはフィヨルドがみられる。④は両国ともに当てはまる。変動帯はプレート境界で，チリの西岸はナスカプレートが南アメリカプレートの下に潜り込むせばまる境界の沈み込み帯でチリ海溝があり，地震が頻発し，アンデス山脈には火山も多い。ニュージーランドの北島付近は，太平洋プレートがインド・オーストラリアプレートの下に潜り込むせばまる境界の沈み込み帯で，北側にはケルマデック海溝があり，北島には火

山が多くみられる。南島にはずれる境界が東西に走り，北島とともに地震は発生するが火山はみられない。

問６　25　②

次の表③の両国の輸出額上位品目と輸出相手国をみるとわかるように，世界一の銅鉱生産国のチリは銅鉱・銅が輸出額１・２位で，表１で輸出総額に占める鉱産物の割合が高いサが該当する。シのニュージーランドは，酪農品・肉類が輸出額１・２位で食料品の割合が高い。輸出相手国は，近年は両国とも東アジアの割合が高く，次いで北アメリカの割合が高いので，表１の輸出総額の地域別割合は，Ｘが北アメリカで，Ｙが両国の旧宗主国が含まれる西ヨーロッパである。近年は経済成長が盛んな中国への輸出額が増加しているので，北アメリカと西ヨーロッパの割合は低下している。

表③　チリとニュージーランドの輸出額上位品目と輸出相手国(2019年)　(単位：%)

	輸出額上位品目				輸出相手国			
	チリ		ニュージーランド		チリ		ニュージーランド	
1位	銅鉱	26.6	酪農品	26.5	中国	32.2	中国	27.9
2位	銅	21.5	肉類	13.9	アメリカ	13.9	オーストラリア	14.5
3位	野菜・果実	10.6	木材	7.4	日本	9.0	アメリカ	9.4
4位	魚介類	8.8	野菜・果実	7.1	韓国	6.5	日本	5.8
5位	パルプ・古紙	3.9	機械類	4.9	ブラジル	4.5	韓国	2.8

第５問　北海道苫小牧市とその周辺の地域調査

問１　26　③

図１を見れば，簡単にわかる。①誤り。南側からフェリーで苫小牧港に近づくと，苫小牧駅付近の市街地と樽前山は進行方向に向かって左側に見える。②誤り。列車で勇払駅から東に向かうと，弁天沼の水面は左側に見えるが，ウトナイ湖は遠く離れるため水面は見えない。③正しい。沼ノ端駅のすぐ東を通る国道を北西方向に歩いていくと，その先には湿地がある。④誤り。バスで苫小牧中央インターチェンジから高速道路を西に向かうと，左側には市街地が，右側には樽前山が見える。

問２　27　③

ア：潮汐(満潮と干潮による潮の満ち引き)による砂の堆積は少なく，海岸に平行に流れる沿岸流が河口付近などに堆積した砂を運搬して砂浜を形成する。イ：太平洋側の苫小牧付近は夏季の降水量より冬季の降水量が少ないので，冬季には河川の流量が大幅に減少する。ウ：河川の流量が少ないと，海の運搬・堆積作用の方が大きくなる。

問３　28　④

①正しい。室蘭港は，図３ｂからわかるように，周囲を陸地に囲まれた内湾に位置しているため，波が穏やかな天然の良港である。②正しい。苫小牧港は，図３か

らわかるように，北海道最大都市の札幌市やその周辺の地域に近く，札幌市や北海道中央部の旭川市などにつながる鉄道や高速道路があり，室蘭港より近い。③正しい。図３ａからわかるように，苫小牧港付近は平坦で，巨大な倉庫や工場を造りやすかった。④誤り。図５からわかるように，苫小牧港は，海外との輸出入の割合が室蘭港より低い。

問４ 29 ⑥

表１で，割合が急増している**B**は，**問３**の会話文中に，苫小牧港が1963年に大規模な掘り込み式の港湾として整備されて以降，港湾に関連する産業が成長し，巨大な工場が造られたとあるので，輸入資源を利用した石油製品・石炭製品が該当する。北海道は，食料品の製造品出荷額は全国で１位，パルプ・紙・紙加工品は５位であるが，苫小牧市は沿岸部に位置し，農業生産が盛んではないので，食料品の製造品出荷額は少なく，苫小牧港付近には製紙工場があるので，食料品は割合の低い**C**で，パルプ・紙・紙加工品は**A**である。

問５ 30 ③

地区**e**は，30年ほど前に造成された地区のニュータウンなので，当時の入居者は高齢化が進んでいるため，割合の高い年齢別人口層が変化している**カ**が該当し，**X**が1995年，**Y**が2015年である。地区**d**は**キ**で，工場従業員とその家族向けの住宅団地なので，工場従業員の中心となる30～40代の人口割合が高く，子どもの人口割合も高い。

問６ 31 ②

E：空き店舗や空き地が増えたり，街に来る人が減少したりするなどの問題は，図７の人口が減少または変化なしの地域なので，**サ**の市役所の西側が当てはまり，**シ**の苫小牧港の北側では人口が増加している。**F**：温室効果ガスの削減にもつなげられるとのことで，**チ**の文が当てはまり，利用者の予約に応じて運行するバスの導入や，公共交通機関の定時運行により，自動車の利用を減らして温室効果ガスの二酸化炭素排出量が減少する。**タ**の文のように，郊外で大型の駐車場を備えたショッピングセンターの開発や，大規模なマンションの建設を進めると，温室効果ガスが増加し，市街地中心部では商店街の衰退や人口の減少などが起こる。

MEMO

地理B

（2021年１月実施）

受験者数　138,615

平 均 点　　60.06

2021 第1日程

地理B

解答・採点基準

(100点満点)

問題番号(配点)	設問		解答番号	正解	配点	自己採点
第1問 (20)	A	問1	1	①	3	
		問2	2	②	4	
		問3	3	①	3	
	B	問4	4	③	2	
			5	③	2	
		問5	6	②	3	
		問6	7	⑤	3	
第1問　自己採点小計						
第2問 (20)		問1	8	⑤	3	
		問2	9	③	3	
		問3	10	④	3	
		問4	11	③	4	
		問5	12	③	3	
		問6	13	⑥	4	
第2問　自己採点小計						
第3問 (20)		問1	14	③	3	
		問2	15	②	3	
		問3	16	①	4	
		問4	17	③	4	
		問5	18	②	3	
		問6	19	③	3	
第3問　自己採点小計						

問題番号(配点)	設問		解答番号	正解	配点	自己採点
第4問 (20)	A	問1(1)	20	②	2	
		問1(2)	21	①	2	
		問2	22	⑤	3	
		問3	23	①	3	
		問4	24	①	3	
	B	問5	25	②	4	
		問6	26	④	3	
第4問　自己採点小計						
第5問 (20)		問1	27	③	3	
		問2	28	②	3	
		問3	29	②	3	
		問4	30	⑥	4	
		問5	31	④	4	
		問6	32	①	3	
第5問　自己採点小計						
自己採点合計						

第1問　世界の自然環境

問1　1　①

海からの影響が強く表れるのは海洋性気候で，海洋は大陸より比熱が大きく，暖まりにくく冷えにくいので，気温の年較差が小さく，降水量が多い。海洋の影響が弱いのは大陸性気候で，気温の年較差が大きく，降水量が少ない。海洋性気候の特徴がよく現れるのは北半球の中高緯度の大陸西岸で，冬季に，西岸では海洋上を吹く偏西風の影響で冬の気温が高いが，同緯度の東岸では大陸からの寒冷な風の影響で気温が低い。夏季には両岸とも海からの風の影響を受けて気温にあまり差はなく，気温の年較差は西岸では小さく(西岸気候)，東岸では大きい(東岸気候)。よって，資料1では中高緯度の西岸のアが海洋の影響を強く受け，大陸内部のイでは影響が弱いので①が正しい。カも西岸であるが，北回帰線付近の低緯度で，大陸内部のオは高山で，気候因子の標高の影響を強く受ける。

問2　2　②

地点Dは，最寒月平均気温が－3℃以上・18℃未満の温帯で，夏季少雨の地中海性気候なので，赤道付近に多雨をもたらす熱帯収束帯(赤道低圧帯)の影響は受けず，冬季の多雨は亜寒帯低圧帯(高緯度低圧帯)，夏季の少雨は亜熱帯高圧帯(中緯度高圧帯)の影響を受けている。大陸西岸の地中海性気候の高緯度側は西岸海洋性気候，低緯度側はステップ気候で，地点Eは地点Dからほぼ真南に約800 km(緯度では約7度)離れているので，ステップ気候に近く，亜寒帯低圧帯の影響を受ける期間が短く少雨なので，月降水量30 mm以上の月が続く期間は短い。

問3　3　①

カードのうち，災害のきっかけに対応するのは，大洪水なら豪雨，大干ばつなら少雨なので，それぞれ，b低緯度地域で発生した熱帯低気圧(タイなど東南アジアではサイクロン)の襲来，dラニーニャ現象(エルニーニョ現象の逆で，東太平洋の熱帯海域での海面水温が低下し各地で異常気象が発生)を一因とした大気の循環の変化である。災害に対する弱さに対応するのはaとcで，aは，保水力をもつ森林が伐採されて減少し，裸地化が進むと河川に流れ込む雨水が増加し，土壌侵食で土砂が流入して河床が上昇するので，大洪水が起こりやすくなることが書かれている。cは，貯水・給水施設の不足による灌漑用水の不足や内戦に伴う農地の荒廃で食料不足が生じると飢餓がもたらされることが書かれている。ツは，bのカードからわかるように，熱帯低気圧の襲来のような雨季の降水量が多かった事例と，逆に少なかった事例とで，気圧配置や気流などを比較すると，災害のきっかけを考えるヒントが得られる。

問4　4　③・5　③

変動帯は，地殻変動が活発で，火山が多く地震が頻発するプレート境界で，高山はせばまる境界にみられる新期造山帯に多い。一方，プレート境界以外の地域は安定大陸で，安定陸塊と古期造山帯がみられる。図2中のJのエベレストはヒマラヤ山脈，Kのデナリ(マッキンリー)はアラスカ山脈，Lのアコンカグアはアンデス山脈に位置し，いずれも新期造山帯なので変動帯に位置する。Mのコジアスコは古期造山帯のグレートディヴァイディング山脈に位置するので該当しない。また，キリマンジャロは広がる境界のアフリカ大地溝帯に位置しているが，大地形区分では安定陸塊に位置している。

氷河は，標高の高いJ・K・Lには分布しているが，南緯35度付近で東京とほぼ同じ緯度に位置する標高の低いMにはみられない。

問5 6 ②

ヤは誤りで，森林のない無樹林気候には，年降水量が乾燥限界より少ない乾燥帯と，最暖月平均気温が10℃未満の寒帯があることから，森林の有無は降水量のみでなく気温でも決まる。ユは正しく，標高が高くなるにつれて気温は下がり，森林限界を越えると無樹林の寒帯となるので，森林のある地点Pは森林のない地点Qよりも気温が高い。

問6 7 ⑤

資料3のラは，氷河縮小のピーク期なので，氷河が融けた水は氷河縮小の初期より多くなり，氷河が融けるのは気温の高い夏が中心なので，図3ではhが当てはまる。氷河縮小の初期からピーク期にかけては，融氷水が増加するのでXが当てはまり，洪水の頻度は増加するのでYは当てはまらない。

第2問　産業

問1 8 ⑤

表1で小麦生産量の多いAとBは，国土面積が広いロシアかアメリカ合衆国で，国土面積に占める耕地の割合は，北極海に面し，寒冷地域が広いロシアでは低いので，Aがアメリカ合衆国，Bがロシアである。ロシアでは，旧ソ連崩壊後の1990年代には生産量が少なかったが，2000年代からは増加して近年はアメリカ合衆国より多くなり，2017年には中国・インドに次ぐ世界3位となっており，アメリカ合衆国・フランスは4・5位である。1 ha当たり収量は，大規模経営で粗放的生産のアメリカ合衆国・ロシアでは少なく，小規模経営で集約的生産のフランスでは多い。下の文のアはロシアで，計画経済から市場経済に移行し，かつての集団農業から生産活動の自由化が進められ，大規模な農業企業が増加した。イはフランスで，EUの共通農業政策では，農村振興のために農家に補助金を支払う政策が推進された。ウはアメリカ合衆国で，近年はバイオ燃料の原料となるトウモロコシや植物油の原料となる大豆の生産が増加し，小麦の生産量は1990年代から減少している。

問2 9 ③

漁獲量と養殖業生産量の合計は，発展途上国では人口増加や経済成長により増加しているので，カが2000年，キが2017年である。しかし，天然資源を捕獲する漁獲量は1990年代から低迷しており，近年は養殖業生産量が急増しているので，割合が高くなっているEが養殖業生産量，Fが漁獲量である。2013年以降は養殖業生産量が漁獲量を上回り，2017年でその割合が高い中国・インドネシア・インド・ベトナムは養殖業生産量の上位4か国で，漁獲量との合計でも上位4か国となっている。東南・南アジアでは海岸部でのマングローブ伐採によるエビ養殖池の開発が進み，インド・ベトナムでは海面より内水面の養殖業生産量の方が多い。

問3　10　④

3番目の条件に，距離当たり輸送費が，原料は製品の2倍の費用がかかると書いてあるので，原料産地に工場を建設し，製品を市場まで輸送すれば総輸送費は最小となり，図2から読み取れる各地点の総輸送費は，①が4万円，②が3万円，③が5万円，④が2万円で，④が正解である。生産費を安くすることができる場所に工場を建設する工業立地には，このように輸送費が重要で，鉄鉱石や石炭を原料とする鉄鋼業や石灰石を原料とするセメント工業など，原料産地が限定され，生産工程で重量が大幅に減少する工業は，原料産地で生産し，軽量化して市場に運ぶと輸送費が最小となる原料指向型工業である。一方，水が最も重い原料となるビールや清涼飲料水など，原料がどこでも得られ，生産工程で重量があまり減らない工業は，市場で生産すれば輸送費が最小となる市場指向型工業である。

問4　11　③

製品に比べて原料の輸送費が多くかかる**サ**は，生乳を加工して生産するバターで，原料産地の中心である北海道で工場数が多い**K**が該当する。原料と製品の輸送費がほとんど変化しない**シ**は，生乳と重量が変わらない飲用牛乳で，原料産地と市場のどちらにも工場がある**J**が該当する。原料に比べて製品の輸送費が多くかかる**ス**は，注にあるように生乳のほかクリーム，バター，脱脂粉乳などを原料とするアイスクリームで，市場に工場が多い**L**が該当する。

問5　12　③

売上高の構成比が低下している**タ**は，同様に低下しているヨーロッパと同じ先進国のアメリカ合衆国である。石油危機後の1970年代後半には，日本からアメリカ合衆国へ小型で燃費がよい自動車の輸出が急増し，貿易摩擦が生じたため，輸出を規制した日本企業は，1980年代に直接投資を増やして工場建設を行い，現地生産を増加させ売上高が上昇した。アジアでは，工業化が早く進み社会基盤が整備された国から直接投資が行われ，1970年代には繊維・電気機械工業などが安価な労働力を求めて韓国などのアジアNIEsへ，1980年代後半には円高が進んで，より低賃金のタイやマレーシアなどのASEAN諸国へ，その後は中国，インドなどへの企業進出が増加した。よって，2000年代に構成比が急上昇している**ツ**が中国で，**チ**は中国より早くから進出したASEANである。

問6　13　⑥

Xは都市の中心部の割合が高いので，高価な買い回り品を販売し，公共交通機関の利用に便利な都心のターミナル駅付近に立地が多い百貨店である。大型総合スーパーは，大規模な駐車場をもち，広い敷地が必要なため，都市内にも立地しているが，郊外の国道などの主要道路の沿線に多くみられる。一方，コンビニエンスストアは安価な最寄り品を販売し商圏が狭いため，人口密度が高い都市内の住宅街に多い。よって，X～Zの中でYだけ割合が高いミがロードサイドで，Yは大型総合スーパー，マは住宅街で，割合が高いZはコンビニエンスストアである。コンビニエンスストアは店舗数が多いので，小売業計でも住宅街の割合は高い。

第3問　都市と人口

問1　14　③

人口100万人以上の都市が最も多い④は，平野が沿海部を中心とした東部に広がり大都市が多い中国のウ。最も都市が少ない①は，内陸にサハラ砂漠が広がり人口が少なく，ギニア湾岸とニジェール川本支流沿いに大都市があるアフリカのア。北東部に都市のある②は，大西洋側の沿岸部に大都市が多いブラジルのエ。南西部に都市が多い③は，ガンジス川中上流部のインド北西部とインダス川中上流部のパキスタン北部に大都市があり，標高の高いチベット高原やタクラマカン砂漠などの乾燥地域で人口が少ないイ。

問2　15　②

0～14歳の年少(幼年)人口の割合が高いキは，出生率が高い発展途上国のケニア。最も年少人口の割合が低いクは，近年合計特殊出生率が世界で最も低く，少子化が進んでいる韓国。オーストラリアはカで，アメリカ合衆国と同様に移民が多く先進国の中では年少人口の割合が高い。人口第1位の都市では雇用が多く，15～64歳の生産年齢人口の割合が国全体より高いのでbが該当し，国全体はaである。

問3　16　①

①正しい。移住先の国籍を有する者が多いのは，英語が公用語のイギリス，アメリカ合衆国，カナダや，イギリスの植民地であったスリランカ，ミャンマー，マレーシア，南アフリカ共和国，モーリシャス，フィジー，ガイアナ，トリニダード・トバゴ(アジアの3か国以外では英語が公用語)である。②誤り。第二次世界大戦以前にイギリス植民地の東南アジアのマレーシアやラテンアメリカのガイアナなどに移住したインド人は，農業や鉱業に従事した。③誤り。西アジアのサウジアラビアやアラブ首長国連邦などに移住したインド人は，建設業などに従事している。④誤り。1990年代以降，インド国内の情報通信技術産業は発展を続けており，技術者のアメリカ合衆国への移住も増加を続けている。

問4　17　③

Aは都心部で，高度経済成長期の後半の1965～1970年には地価の高騰などによるドーナツ化現象で人口が減少したのでシが該当し，当時大都市圏の郊外では流入人口が増加したので，1965～1970年の増加率が最も高いスはCである。都心部では，1991年のバブル経済崩壊後に地価の下落が進み，ウォーターフロントでの工場や倉庫などの跡地の再開発により高層マンションなどの住宅供給が増加して人口の都心回帰現象が生じたため，2005～2010年には増加率が高くなっている。Bはサで，1925年の人口密集地の外縁に位置し，当時の人口増加地域になっていたので，1925～1930年の増加率が最も高い。

問5　18　②

タは，別荘などの住宅の割合が高いので，観光やレジャーのために多くの人が来訪するEが該当する。チは，賃貸用・売却用の住宅の割合が高いので，転出者や転入者の多い大都市圏に含まれるGが該当する。ツは，空き家の割合が高いので，高齢化や過疎化によって人口減少が進んでいるFが該当する。

問6　19　③

図7で，バス専用レーンは，都心部のタイペイ駅周辺と副都心の市役所周辺を結ぶ道路が一番古い1989～1995年に設置されたので，xは誤り。図8で，バス路線の長さはほとんど変化していないが，二酸化炭素の排出量が少なく環境負荷が小さい地下鉄路線の長さは2000年代半ば以降延びているので，yは正しい。

第4問　アメリカ合衆国

問1　20　②・21　①

アメリカ合衆国では，北東部のメガロポリス地域や五大湖沿岸地域から繊維工業や鉄鋼業などの工業化が進んだが，石炭から石油中心へと変化したエネルギー革命後の1970年代には，安価な労働力や豊富な石油，温暖な気候，税制上の優遇措置などを背景に，北緯37度以南の**サンベルト**と呼ばれる地域へ工場が進出して人口が増加し，その後，先端技術産業も成長した。一方，北東部では設備の老朽化や日本など後発国の追い上げによって工業が衰退して人口も停滞し，**スノーベルト**(**フロストベルト**)，ラスト(さびついた)ベルトと呼ばれている。したがって，(1)は，矢印が北東から南西方向に向かうイが該当し，(2)は①が該当する。(2)の②は20世紀初めからのピッツバーグの製鉄業やデトロイトの自動車産業の成長，③は19世紀後半の**大陸横断鉄道**の開通と**開拓前線**(**フロンティア**)の西進，④は工業化が進んだ19世紀の農村部から大都市圏への人口移動である。

問2　22　⑤

テキサス州は，製造品出荷額が最大の州なので，工業用水の割合が高いクであり，農業は牧畜が盛んであるが，綿花生産は最大で灌漑用水の利用が多く，農業用水の割合もあまり低くはない。ネブラスカ州は，プレーリー西部からグレートプレーンズのトウモロコシ地帯と冬小麦地帯の境界付近に位置し，農業が盛んなので，農業用水の割合が高いカであり，乾燥した西部では地下水を利用した**センターピボット**による灌漑地が多いので，地下水の割合が高い。マサチューセッツ州は，州都の**ボストン**がメガロポリス北端の大都市で，エレクトロニクスハイウェイと呼ばれる先端技術産業集積地があり，人口密度が高いため，工業用水と生活用水の割合が高いキであり，面積が小さく農地が狭いため農業用水の割合は低い。

問3　23　①

図2のサは，温帯で夏乾燥の**地中海性気候**なので，大陸西岸のワシントン州の地点Xで，シは最寒月平均気温が－3℃未満の**亜寒帯湿潤気候**で気温の年較差が大きいので，内陸のミシガン州の地点Yである。ワシントン州の内陸のコロンビア盆

地は偏西風に対して高峻なカスケード山脈の風下側で少雨であるが，コロンビア川沿いで灌漑により小麦栽培が行われており，表2で小麦生産量の多いGが該当する。Hはミシガン州で，かつて大陸氷河に覆われて土地がやせ冷涼な五大湖周辺では酪農が行われ，農産物生産量は少ないが，冷涼な地域で栽培される砂糖の原料のテンサイの生産量はやや多い。

問4　24　①

チはタよりアジア系が多いので，太平洋側のワシントン州で，特に雇用が多い人口最大都市には，ヨーロッパ系以外の移民が多いので，④が航空機産業の中心のシアトル市，②がワシントン州全体である。タはミシガン州で，アフリカ系は18世紀末に奴隷として南部の農園労働者として多く流入し，現在も南部で人口割合が高いが，19世紀後半の奴隷解放後に，早くから工業化が進み雇用が多かったメガロポリス，五大湖周辺の大都市に移住したため，この地域では南部についで人口割合が高い。ミシガン州の人口最大都市で自動車産業の中心であるデトロイト市では，アフリカ系住民が労働者として流入し，その割合は国内の大都市の中でも非常に高いので③が該当し，州全体は①である。

問5　25　②

都市人口率が高位の州の多くが，同じように高位になっているマは外国生まれの人口の割合で，雇用が多い都市には外国からの移民が多く，太平洋側にはアジア系，メキシコとの国境付近やカリブ海諸国に近いフロリダ州ではヒスパニックが多い。マとは反対に，都市人口率が高位の州の多くが低位になっているミは持ち家率で，都市では賃貸住宅が多く，持ち家が少ない。南部を中心に高位の州が多いムは貧困水準以下の収入の人口の割合で，アメリカ合衆国ではアフリカ系やヒスパニックの所得水準が低い。

問6　26　④

ラ：民主党の候補者が選挙人を獲得した州は，太平洋側の西海岸と大西洋側の北東部に多く，北東部でイギリス人が最初に入植した地域はニューイングランドと呼ばれ，ボストンの位置するマサチューセッツ州などニューヨーク州の北東側にある6州が含まれる。リ：伝統的工業地域の五大湖沿岸地域では，1970年代以降，工場の閉鎖や失業率の上昇，人口の減少などの問題が発生し，東西冷戦終結後の1990年代以降は経済のグローバル化が進み，NAFTA（北米自由貿易協定）の結成や中国などの新興国の工業化によって工業生産の多国籍化が進展し，製造業が衰退した。2012年に当選した民主党のオバマ大統領に代わって，2016年に立候補した共和党のトランプは，自国の利益を最優先するアメリカ第一主義で，工場の海外移転を抑制する政策などを主張し，大統領当選後は貿易赤字縮小のため最大の輸入先の中国への追加関税や，NAFTA に代わる USMCA（米国・メキシコ・カナダ協定）の結成などを行った。

第5問　宮津市の地域調査

問1　27　③

図2から，③は正しいが，その他は誤りであることが簡単に読み取れる。

問2　28　②

①誤り。武家屋敷は宮津城の周囲にあり，新浜から本町にかけての地区までには広がっていない。②正しい。体育館付近は江戸時代には海で，現在は埋立地になっている。③誤り。江戸時代には大手橋への直線道路はみられない。④誤り。市役所は本丸の跡地でなく，大手橋の南西側にある。

問3　29　②

天橋立と背後の山や海の見え方から，①はD，②はA，③はC，④はBと判定できる。

問4　30　⑥

カ：冬季の**北西季節風**は海から吹いてくるから，湿っている。キ：生産が縮小したのだから，発展途上国から安価な織物製品の輸入が急増したことがわかる。ク：日本製品は高価なので，ブランド化して海外市場に進出しつつある。

問5　31　④

①正しい。小学校の廃校は子どもの減少によるので，その背景として正しい。②正しい。伝統的な文化や技術の継承は高齢化により困難になっている。③正しい。棚田やブナ林，湿地などの自然環境への都市住民の関心の高まりで，棚田の保全やツアーが行われている。④誤り。移住者の増加の背景は，農民の高齢化・減少による耕作放棄地の増加や古民家の増加で，図2からわかるように，宮津市などの地方小都市では人口減少率が高く，人口の郊外化はみられない。

問6　32　①

サ：図5から大阪府が2位と簡単に読み取れる。シ：高位となっているのは東北，中国，九州地方などで，Fの温泉や農山漁村が当てはまる。Gのショッピングや大型テーマパークを楽しむのは東京や大阪などの大都市圏で，低位が多い。

●写真提供・協力

丹後織物工業組合／ユニフォトプレス

MEMO

地理B

（2021年1月実施）

受験者数　395

平 均 点　62.72

2021 第2日程

地理B

解答・採点基準

(100点満点)

問題番号(配点)	設問		解答番号	正解	配点	自己採点
第1問 (20)	A	問1	1	④	3	
		問2	2	①	4	
		問3	3	③	3	
	B	問4	4	④	4	
		問5	5	①	3	
		問6	6	①	3	
第1問　自己採点小計						
第2問 (20)		問1	7	⑥	3	
		問2	8	②	3	
		問3	9	⑥	4	
		問4	10	④	3	
		問5	11	④	4	
		問6	12	③	3	
第2問　自己採点小計						
第3問 (20)		問1	13	②	3	
		問2	14	④	3	
		問3	15	④	3	
		問4	16	⑤	4	
		問5	17	①	3	
		問6	18	②	4	
第3問　自己採点小計						

問題番号(配点)	設問		解答番号	正解	配点	自己採点
第4問 (20)	A	問1	19	②	3	
		問2	20	①	3	
		問3	21	⑤	4	
		問4	22	③	3	
	B	問5	23	④	3	
		問6	24	②	4	
第4問　自己採点小計						
第5問 (20)		問1	25	②	3	
		問2	26	④	3	
		問3	27	③	3	
		問4	28	②	4	
		問5	29	④	4	
		問6	30	②	3	
第5問　自己採点小計						
自己採点合計						

第１問　世界の自然環境と災害

問１ 1 ④

図１中の線Dの南側には，インド洋に流れ込むガンジス川の三角州があり，その北側には標高8000 m 以上の高山のあるヒマラヤ山脈と標高4000～5000 m 前後のチベット高原があるので，図２中のイが該当する。線Eの西側の大平洋にはペルー海溝・チリ海溝があり，世界最長のアンデス山脈が並行し，東側には安定陸塊の標高1000 m 前後のブラジル高原があるので，図２中のアが該当する。どちらの山脈も新期造山帯でプレートのせばまる境界の変動帯に位置するが，ヒマラヤ山脈は，大陸プレートのインド・オーストラリアプレートとユーラシアプレートどうしが衝突するところ(衝突帯)に形成され，褶曲や断層は多いが，火山はみられないのでHが該当する。アンデス山脈は海洋プレートのナスカプレートが大陸プレートの南アメリカプレートの下に沈み込むところ(沈み込み帯)に形成され，日本列島などと同様に火山が多いので，Gが該当する。

問２ 2 ①

①誤り。乾季をもたらす大陸からの冬の乾燥した北西季節風が吹くのは日本などの東アジアで，南アジアや東南アジアでは北東季節風が吹き，冬なのでカは１月である。夏には海洋からの湿潤な季節風が吹き，東アジアでは南東風，東南・南アジアでは南西風で，雨季をもたらし，キは７月である。②正しい。熱帯収束帯(赤道低圧帯)は，年中高温の赤道付近に形成され，１月は南半球側，７月は北半球側で太陽高度が高く，暑くなるので，カの１月には南半球側に位置し，降水量が増えて土砂災害が多発する。③正しい。キの７月には，日本では太平洋高気圧から吹く暖かく湿った南東季節風の影響を受けて多雨となり，土砂災害が多発する。④正しい。中央アメリカでは，カリブ海周辺で発生・発達する熱帯低気圧のハリケーンが襲来し，熱帯低気圧は海水温の高い夏季を中心に発生するので，キの７月には襲来が多く，熱帯収束帯とともに多雨をもたらす。

問３ 3 ③

①正しい。人間活動の活発化により流域で農牧地の造成が進むと植生が破壊されて土壌侵食が進み，土砂流出量の増加をもたらした。②正しい。土砂流出量が減少すると，波や沿岸流による侵食で，海岸線が後退する海岸侵食のリスクが増大する。これは，1960年に黄河中流にサンメンシヤダムが建設されたためで，ダム湖に土砂が堆積して土砂流出量が減少した。日本でも，戦後に各地でダムが建設され，海岸侵食が進行した。③誤り。水力発電需要の増加でダム建設が増加すると，ダム湖に土砂が堆積して土砂の流出を促進ではなく抑制する。④正しい。黄河流域では黄土高原などでの耕地拡大で植生破壊が進んで土壌侵食が進み，砂漠化も進んだので，対策として植林が行われ，土壌保全により土砂の流出が抑制された。

問４ 4 ④

①の森林が密な地域は温暖湿潤気候のミシシッピ川下流域で，疎らな地域のロッキー山脈東麓のステップ気候のグレートプレーンズより，標高は低く，年降水量は

多く，年平均気温は高い。②の森林が密な地域は熱帯雨林気候周辺のアマゾン盆地で，疎らな地域のサバナ気候のブラジル高原より，標高は低く，年降水量は多く，年平均気温は高い。③の森林が密な地域は熱帯雨林気候のコンゴ盆地で，疎らな地域のアフリカ大地溝帯より，標高は低く，年降水量は多く，年平均気温は高い。④の森林が密な地域はバイカル湖の西側の亜寒帯冬季少雨気候の中央シベリア高原南部で，疎らな地域のツンドラ気候周辺の北シベリア低地より，標高は高く，年降水量は多いが差は小さく，年平均気温は高いので，これが会話の条件に当てはまる。

問5 5 ①

①正しい。熱帯雨林では，高温のため落ち葉など有機物の分解が速く，多雨で洗い流されてしまうため，土壌の炭素量の割合が最も小さい。②誤り。熱帯雨林は樹高が高く，高木から低木までの階層構造が発達した密林で，温帯林は熱帯雨林より植物の量が少ないため，植物の炭素量の割合が熱帯雨林より小さい。また，熱帯雨林は森林破壊により減少が進んでいるが，温帯林は先進国に多く，人為的な開発はあまり行われておらず，植林も行われ，森林は減少していない。③誤り。森林は気温が高く，降水量が多いほど成長が進むので，冷涼地域の亜寒帯林は，主に気温が低いことによって成長が制限されている。④誤り。樹木の成長は高温多雨の低緯度地域の方がよく，有機物の分解は低温の高緯度地域では遅いため，土壌の炭素量の割合が高い。

問6 6 ①

P：森林火災は，乾燥していると発生しやすく，風が強いと拡大しやすいので，サが当てはまる。Q：焼畑農業は熱帯で行われているため，チではなくタが当てはまる。低温のカナダの亜寒帯林では，**問5**で取り上げられたように落ち葉や有機物の分解が遅く，土壌の炭素量の割合が高いため，落ち葉や土壌の表層も燃えて広がりやすい。

第2問　産業と貿易

問1 7 ⑥

日本では，三つの産業のうち農林業の就業者数が最も少ないのでウが該当し，人口の多い大都市圏では第1次産業人口率が低いので，人口の多い都道府県での就業者数は少ない。アとイは人口の多い都道府県で就業者数が多いが，製造業は都道府県により発達の程度が異なるので，就業者数の差が大きいイが該当する。小売業は人口分布に対応して立地しているので，人口に対する就業者数の割合がほぼ一定のアが該当する。

問2 8 ②

図2では，作物Aと作物Bの線が交差しており，農地面積当たり収益は，その交点より市場に近いところでは作物Aの方が高く，市場から遠いところでは作物Bの方が高いので，作物の分布には②が当てはまる。

問3 9 ⑥

田で栽培するのは米だけなので，図3中のサは，東京からの距離による農地面積当たり収益の差はほとんどなく，野菜と果樹に比べると収益の低いサが該当する。野菜の栽培は，都市周辺では近郊農業が，遠方では輸送園芸が行われ，近郊農業の方が大市場の東京への輸送費が安く，農地面積当たり収益が高いので，シが該当する。果樹は，東日本ではリンゴの青森県や桜桃(サクランボ)・西洋梨の山形県，日本梨の茨城県などが収穫量日本一(2019年)で，都道府県による産出額の差が大きく，品目による価格の違いも大きいので，農地面積当たり収益の差が大きいスが該当する。図4中のDは，積雪量が多く水田単作地帯が多い日本海側に構成比の高い県が多いので田であり，新潟県と秋田県は米の収穫量日本1・3位である。Eは，果樹の収穫量が多い青森県で構成比が高いので樹園地である。他に構成比が高い東京都ではブルーベリーやパッションフルーツの収穫量が，神奈川県ではキウイフルーツやウメ，ミカンなどの収穫量が国内上位である。Fは，近郊農業が行われて農業産出額に占める野菜の割合が高い関東地方で構成比が高いので畑である。

問4　10　④

市場からの距離の近さが立地に強く影響している産業としては，情報が得やすく書籍の輸送費が抑えられる出版・印刷業が該当し，東京都は印刷・同関連業の事業所数と製造品出荷額が日本一なので，④が正解である。このような市場指向型工業には，他に，どこでも入手できる水が主原料で，輸送費を節約するために大都市付近に立地するビール工業などがある。①シアトルはフランスのトゥールーズとともに航空機組立産業の中心であるが，部品はさまざまな国で造られ，国際分業が行われている。②イタリアのフィレンツェなど北東部では，伝統的な繊維産業を中心とした付加価値の高い高級ブランド品の生産が盛んで，サードイタリー(第3のイタリア)と呼ばれている。③インドではソフトウェア産業・ICTサービス産業が発達し，中心都市のバンガロールはインドのシリコンヴァレーと呼ばれ，英語の話せる安価な労働者が多いため英語対応のコールセンターが立地している。

問5　11　④

1人当たりGDPが少ないJは発展途上国のベトナム(2,563ドル，2018年)で，安価な労働力を利用した組立工業や繊維工業が盛んなので，チの機械類や衣類の輸入が多い。近年は外資の進出で工業化が発達して輸出額が増加し，輸出依存度は97.5%(2018年)と非常に高くなっている。カナダ(46,192ドル)とシンガポール(62,721ドル)は1人当たりGDPが多いが，シンガポールは中継貿易が盛んで，輸出依存度は114.4%と非常に高く，ホンコン(156.9%)に次ぐ世界2位なのでLである。工業が発達しているので，タの機械類や医薬品の輸入が多い。カナダはKで，輸出依存度は26.1%と低く，ツの石炭や肉類(豚肉が中心)の輸入が多い。

問6　12　③

訪日観光客数(2019年)は，中国，韓国，台湾，ホンコン，アメリカ合衆国の順で，近年は変化がなく，マは中国，ミはアメリカ合衆国，ムは韓国である。経済が急成長した中国からの観光客は，高品質で安全性の高い日本の製品を大量に購入する爆買いがブームとなったので，マの中国の消費額が非常に多いPは買い物代である。Qは宿泊費で，高所得のアメリカ合衆国からの観光客は高額のホテルや旅館での宿泊が多いので，消費額が多い。

第3問　人口と村落・都市

問1　13　②

高齢化は，平均寿命の延びと出生率の低下によって進行し，老年人口率は先進国で高く発展途上国で低いので，進行が最も遅い④は中国である。先進国の中ではヨーロッパで高齢化が早くから進行し，カナダやアメリカ合衆国などの新大陸の国では，移民の流入が多く，若年層の人口割合が高いので出生率がヨーロッパ諸国より高く，老年人口率は少し低い。日本は第二次世界大戦後の第一次ベビーブーム(1947～49年)後に出生率が低下して**多産少死型**から**少産少死型**へ移行し，先進国の中では高齢化は遅れたが，第二次ベビーブーム(1971～74年)後には出生率の低下が著しく，少子高齢化が急速に進行して2009年からは人口が減少し，2019年の老年人口率は28.4%で世界最高である。よって，①はフランス，②はカナダ，③は日本であり，一人っ子政策が実施され少子化が進んでいる中国では，今後短期間に老年人口率が上昇すると予測されている。

問2　14　④

女性の労働力率が最も高いアはフィンランドで，北欧諸国を中心とする西ヨーロッパでは，早くから男女平等の視点から女性の経済的自立をめざして子育て支援を行い，出産後も働き続けることができるようになった。次いで労働力率が高いイはアメリカ合衆国であるが，ウは30歳代で労働力率が低下している。これは韓国で，育児は女性が行うという性別役割分業観があり，子育て支援も行われていなかったので，出産後には専業主婦となって退職し，子育て後に復職していたため，30歳代に労働力率が下がり，40歳代で再び上がっている。日本も同様の傾向がみられたが，近年は韓国とともに女性の労働力率が上昇している。

問3　15　④

写真1は，ヨーロッパにみられる教会や広場を中心として家屋が環状に並んだ伝統的な**円村**である。よって，分布する地域としては，開発の歴史が新しいカではなく，キが該当する。家屋が多い集落では，それに対応して農業生産量が多く，農業生産性の高い平野部に位置している。また，外敵への備えには，多くの居住者が必要である。形態の利点としては，aは，各農家の近くに耕地が集まっているので，家屋が一戸ずつ孤立した**散村**が当てはまり，円村や塊村などの集村では農地は各農家から離れている。bの円村は，中央に教会や広場があり，家屋が多いと農業や宗教行事のような社会生活などで共同作業を行いやすい。

問4　16　⑤

サはマレーシアで，イギリス植民地時代には，天然ゴムなどのプランテーションが開発され，独立後の1980年代には，東アジアで工業化が進み経済成長した日本や韓国をモデルとした**ルックイースト政策**を提唱して輸出指向型工業化を進め，外国資本の導入が進んだ。東南アジアでは，アジアNIEsのシンガポールに続いて工業化が進み，ICT産業などが発達している。よって，都市人口率は工業化の進展とともに上昇しているので，**B**が該当する。**シ**はエチオピアで，アフリカ最古の独立国であるが，1936～41年にはイタリアに一時併合された。エチオピア高原のカッファ地方はコーヒーの原産地で，アフリカではコーヒー豆生産量が最も多く，現在も最大の輸出品目で輸出総額の24％(2018年)を占めているので，特定の一次産品の生産・輸出に依存する**モノカルチャー経済**の傾向が残っている。工業化はあまり進んでおらず，１人当たりGNI(2018年)は731ドルとアフリカでも少ないので，都市人口率は低く，**C**が該当する。**ス**はオーストラリアで，輸出額上位品目(2019年)は，鉄鉱石・石炭・金・肉類・機械類で，鉱産資源が上位を占め，人口が少なく国内需要が少ないので脱工業化が進んでいる。しかし，産業別人口構成(2018年)は，第１次2.6％，第２次19.9％，第３次77.5％で，居住地域は南部の温帯気候地域に集中し，人口(2020年)は2550万人で少ないが，二大都市の**シドニー**と**メルボルン**は人口がどちらも約500万人で，ブリズベン，パース，アデレードも100～200万人で，都市人口率は非常に高く，**A**が該当する。

問５　[17]　①

鉄道網は，一般に大都市の都心付近の駅をターミナル駅として建設され，ターミナル駅では出勤目的などの乗客数が非常に多いので，移動者数が１地区に集中している**F**が鉄道である。鉄道網は主に郊外と都心を結んでいるが，郊外の地域間を結んでいるものは少なく，郊外の地域間では自動車による移動が多いので，**E**が自動車である。昼夜間人口指数は，通勤客が集中する都心付近で高く，通勤客が都心付近に向かう郊外では低いので，図４中の**F**で移動者が集中している地区付近の**タ**の方が，郊外の**チ**よりも大きな値を示す。なお，図４は大阪府である。

問６　[18]　②

公立中学校は，地域の人口分布に対応して立地し，通学区域が定められ，近接していないので，**マ**が該当する。コンビニエンスストアは各店舗が商圏を確保するために少し離れて立地するが，異なるチェーン店は近接していることもあるので，**ム**が該当する。ビジネスホテルは，域外からの乗客数の多い都心の駅の近くに多く立地するので，**ミ**が該当する。なお，図５は静岡市である。

第４問　西アジア

問１　[19]　②

Dは地中海性気候，**E**，**F**，**G**は砂漠気候なので，**D**は降水量が多く，夏少雨，冬多雨の④。緯度が低く海岸沿いの**G**は，気温の年較差が小さい①。**E**はイラン高原に位置し，**F**より標高と緯度が高いので，気温が低く年較差が大きい③。**F**は②で，内陸のため７月の平均気温が約35℃で高い。

問２　[20]　①

Jの外来河川は，イラクのア地点を流れるティグリス・ユーフラテス川である。Kの淡水化施設は海水を利用するので，アラブ首長国連邦の海岸沿いのイ地点である。Lの地下水路は，山麓の帯水層から地下水を集落に引いてオアシス農業に利用されるので，アフガニスタンの山間部のウ地点である。地下水路はイランではカナート，北アフリカではフォガラ，アフガニスタンやパキスタンではカレーズ，中国西部ではカンアルチンと呼ばれる。

問3　21　⑤

カは，サウジアラビア，クウェート，アラブ首長国連邦など原油生産量が多く，砂漠が広がり農業生産量が少ないため人口が少ない国が多いので，1人当たりGNIと1日当たり原油生産量が多いbが該当する。キは，トルコやイスラエルなど，産油国ではないが，工業化が進んで1人当たりGNIは多いので，cが該当する。クは産油国のイラクとイランであるが，外来河川やカナートなどを利用してオアシス農業が行われ，人口は多いので，1日当たり原油生産量は多いが，1人当たりGNIが少ないaが該当する。dはシリア，ヨルダン，アフガニスタンなど産油国でなく，工業も発達していないので，どちらの指標も値が少ない。

問4　22　③

①誤り。外国からの巡礼が多いイスラームの聖地は，サウジアラビアのメッカである。②誤り。ドバイでは，南アジアなどからの外国人労働者の流入が多く，人口ピラミッドでは20～40代の男性の割合が高くなっているので出生率は高くないし，出生率が高ければ，人口ピラミッドの年少(幼年)人口の割合がより高くなっているはずである。③正しい。ドバイは運輸・物流の拠点で，サービス業・観光業も発展し，ホテルや商業・レジャー施設の建設が盛んなため，インドやインドネシア，パキスタンなどからの労働者の流入が多い。高所得のアラブ首長国連邦は，国際移住者数がアメリカ，ドイツ，サウジアラビア，ロシア，イギリスに次ぐ世界6位(633万人)で，国際移住者の国内人口に対する割合は87.9%で最も高い(2019年)。④誤り。アラブ首長国連邦は砂漠気候の小国で農業人口は少なく，都市人口率は1980年代から80%以上で高く，ドバイへの農村からの人口移動は少ない。

問5　23　④

トルコとモロッコではイスラームが信仰され，豚肉を食べることは禁忌なので，両国とも1人当たり年間供給量が少ないPが豚肉である。Qはナツメヤシで，乾燥に強く，西アジア・北アフリカのオアシス農業地域を中心に栽培されているので，アトラス山脈の南側に乾燥帯が広がるモロッコは1人当たり年間供給量が多いシで，トルコはサである。

問6　24　②

図7中のSはモロッコで，旧宗主国のフランスや隣接するスペインでの居住者数が多い。ドイツに居住者数が多いTはトルコで，第一次世界大戦後に植民地を失ったドイツでは，高度経済成長期の1960年代以降にトルコから多くの労働者を受け入れ，現在もポーランド人と並んで移民数が多い。図8は対数目盛で，タは受け入れ

ている難民数が非常に多い。これは近年内戦が続き難民数が世界一のシリアに隣接するトルコで，難民受け入れ数は世界一である。チはモロッコで，サハラ以南からの移民を受け入れているが，難民数の多い国には接していないため，受け入れ数は少ない。

第５問　福岡市とその周辺の地域調査

問１　25　②

アは，手前に海面，奥には山地がみられるからAである。イは，手前に陸地，奥に海面がみられるからCである。ウは，手前の海面に河川が流れ込んでいるからBである。

問２　26　④

①誤り。福岡市は周辺の市町村より学校や企業が多く立地しているので，周辺の市町村からの通勤・通学率が高い。②誤り。県境界を見れば，上位の市町村は福岡県外にも一つみられるが，福岡市には隣接していない。③誤り。人口集中地区は，福岡市への通勤・通学率が中位と下位の市町村にもみられる。④正しい。人口集中地区は，鉄道沿線にみられるので，住宅地などの開発が進んできたと考えられる。

問３　27　③

福岡市は，札幌市や仙台市，広島市とともに地域の経済の中心となる広域中心都市(地方中枢都市)で，特に卸売業は流通の拠点となる都市で発達するため，卸売業年間商品販売額は三大都市の東京，大阪市，名古屋市と広域中心都市で多い。全国の卸売業年間商品販売額は小売業年間商品販売額の約３倍と多く，九州の中心である福岡市は卸売業年間商品販売額が三大都市に続く４位で，卸売業・小売業を合計した年間商品販売額も４位である。就業者数は店舗数の多い小売業の方が多いが，表１で卸売業・小売業が１位のFが福岡市である。全国では製造業の就業者数が卸売業・小売業より多いが，福岡市は第３次産業が中心で，就業者数は医療・福祉，その他サービス業が２，３位で，製造業の就業者数は少なく，福岡県では北九州市の製造業の就業者数が最も多い。会話文に関しては，福岡市は県庁所在都市なので，政治・行政の中心地であるが，大企業の支店数が多いと経済の中心地となるので，Xが該当する。

問４　28　②

Jは，都心周辺で新しいマンションが立ち並んでいるので，人口増加率が最も高いサが該当する。Kは郊外で古い戸建ての住宅が並んでいるので，居住者の高齢化が進行し，老年人口増加率が高いスが該当する。Lは福岡市から遠く離れ，田畑が広がっている農村地域なので，人口増加率がマイナスで人口が減少しているシが該当する。老年人口率は大都市から離れた農村地域の方で高いが，高齢化が早くから進んでいるので，老年人口増加率は大都市より低くなっている。

問５　29　④

①正しい。史跡や神社は，古くからの居住地に建設されており，新興住宅地など

新しい地域にはみられない。②正しい。古くからの土地では河川の蛇行などがみられるが，新しい土地の河川は洪水対策も兼ねて直線状にされていることが多く，図3の1950年頃の海岸線の北側の埋立地の北東部に位置する福岡ドームの両側には直線状の河川がみられる。③正しい。北側の埋立地では，南側の古くからの土地に比べると建物の密度が低く，道路網は整然として区画が広いことが読み取れ，福岡タワーや福岡ドームなどの建造物もみられるので，計画的な都市開発が行われてきたことがわかる。④誤り。公共施設の交番や郵便局，病院，官公署，博物館や，小・中学校，高等学校などは古くからの土地にも埋立地にもみられる。

問6 30 ②

①正しい。福岡市は九州最大の都市で，学校や企業が多いので，九州地方各県や山口県からの進学や就職をきっかけにした人口移動が多い。②誤り。転入超過を示すのは福岡県に近い地域で，多くの県では雇用が少なく人口の社会減少が進み，高齢化も進んでいるので，人口の増加率は低い。③正しい。大阪圏・名古屋圏と福岡市は，どちらも学校や企業が多いので，相互に転出入がみられるが，その数が均衡しているため，転出超過や転入超過が少ない。④正しい。学校や企業が最も多い東京都では，転入者が最も多く人口増加率が高いので，人口の一極集中が進んでおり，福岡市からも東京圏への転出者が多く，大幅な転出超過となっている。

●写真提供・協力

ユニフォトプレス

地理B

（2020年１月実施）

受験者数　143,036

平 均 点　　66.35

地理B

解答・採点基準

（100点満点）

問題番号(配点)	設問	解答番号	正解	配点	自己採点
第1問 (17)	問1	1	①	2	
	問2	2	③	3	
	問3	3	②	3	
	問4	4	④	3	
	問5	5	②	3	
	問6	6	⑥	3	
第1問　自己採点小計					
第2問 (17)	問1	7	②	3	
	問2	8	④	2	
	問3	9	④	3	
	問4	10	⑥	3	
	問5	11	④	3	
	問6	12	③	3	
第2問　自己採点小計					
第3問 (17)	問1	13	②	3	
	問2	14	②	2	
	問3	15	③	3	
	問4	16	①	3	
	問5	17	④	3	
	問6	18	①	3	
第3問　自己採点小計					
第4問 (17)	問1	19	③	2	
	問2	20	④	3	
	問3	21	①	3	
	問4	22	③	3	
	問5	23	①	3	
	問6	24	①	3	
第4問　自己採点小計					

問題番号(配点)	設問	解答番号	正解	配点	自己採点
第5問 (14)	問1	25	②	2	
	問2	26	③	3	
	問3	27	③	3	
	問4	28	②	3	
	問5	29	②	3	
第5問　自己採点小計					
第6問 (18)	問1	30	⑤	3	
	問2	31	②	3	
	問3	32	②	3	
	問4	33	①	3	
	問5	34	③	3	
	問6	35	①	3	
第6問　自己採点小計					
自己採点合計					

第1問　世界の自然環境と自然災害

問1　1　①

Aはサハラ砂漠で，降雨のときだけに水が流れるワジ(涸れ川)や湧水地のオアシスがみられるので，②が該当する。サハラ砂漠にはA付近などに高原があり，標高が3000 m 前後に達している。Bはヒマラヤ山脈の北側のチベット高原で，標高が4000～5000 m で高くツンドラ気候が広がり，年中凍結した永久凍土がみられるので，④が該当する。Cはラブラドル高原で，北アメリカではかつて五大湖の南側まで大陸氷河(氷床)が広がっていたため，氷食地形がみられるので，①が該当する。Dはギアナ高地で，標高が2000 m 級のテーブルマウンテンと呼ばれる山々がみられるので，③が該当する。

問2　2　③

イとウは北半球なので，１月が最寒月の③か④である。内陸に位置するイは，気温の年較差が大きく降水量が少ない④で，亜寒帯湿潤気候である。西岸に位置するウは，暖流のアラスカ海流の影響を受けて冬季の気温が高く，降水量が多い③で，西岸海洋性気候である。アとエは南半球なので，７月が最寒月の①か②である。アはエより緯度が低く，内陸に位置するので，気温が高く降水量が少ない②が該当し，付近はステップ気候である。エは南緯35度付近の東岸なので温暖湿潤気候が広がり，①が該当する。

問3　3　②

地震の震源や火山は，プレート境界付近に多く分布するため，アフリカプレートとユーラシアプレート・エーゲ海プレートとのせばまる境界に位置するカと，北アメリカプレートと太平洋プレートとのせばまる境界に位置するクが該当する。カにはシチリア島(エトナ山)やイタリア半島南部のナポリ付近(ヴェズヴィオ山)などに，クにはアラスカ半島などに火山がみられる。キは南西部にユーラシアプレートとインド・オーストラリアプレートとのせばまる境界があり，地震は発生するが，大陸プレート同士の境界なのでヒマラヤ山脈などと同様に火山はみられない。ケは南アメリカプレートに位置する安定陸塊のブラジル高原で，震源も火山もみられない。

問4　4　④

①正しい。サは１月も７月も亜熱帯高圧帯の圏内に位置するため，年間を通して下降気流の影響を受け，降水量が少ない。②正しい。シは１月も７月も赤道低圧帯(熱帯収束帯)の圏内に位置するため，年間を通して上昇気流の影響を受け，降水量が多い。③正しい。スは１月に赤道低圧帯，７月に亜熱帯高圧帯の影響を受けるため，１月ごろの夏に雨季，７月ごろの冬に乾季がみられる。④誤り。セは１月に亜熱帯高圧帯，７月に亜寒帯低圧帯の影響を受けるため，１月ごろの夏に乾季，７月ごろの冬に雨季がみられる。

問5　5　②

植生は気候と関係し，地図帳で世界の植生分布をみればわかるが，Pは北端がサハラ砂漠南部で砂漠，南に移るとサバナ，熱帯雨林と変化するので，北端には樹木がなく，南ほど樹木が高くなる④が該当する。Qは北部が亜寒帯湿潤気候，南部が亜寒帯冬季少雨気候で，広く針葉樹林（タイガ）が広がっているので，樹木の高さがほぼ同じ②が該当する。Rは北端がサバナ，中部から南部が砂漠なので，北部だけに低い樹木がみられ，中部から南部には樹木がみられない③が該当する。Sは北端が熱帯雨林で，南に移るとサバナ，熱帯低木林と変化するので北部で樹木が高い①が該当する。

問6　6　⑥

地震は，プレート境界で発生するので，太平洋沿岸とカリブ海周辺の国で発生数の多いツが該当する。熱帯低気圧は，南北アメリカではカリブ海付近でハリケーンが発生するが，南半球では発生しないので，カリブ海諸国で発生数が多く，南半球の国では発生していないタが該当する。森林火災は，山火事が発生することが多いので，ロッキー山脈やアンデス山脈沿いの国で発生しているチが該当する。

第2問　資源と産業

問1　7　②

マンガン鉱の輸入量の推移についての知識は必要ではなく，問題文にあるように鉄鋼の生産量の推移から判定すればよい。粗鋼生産上位6か国は，2000年が中国，日本，アメリカ合衆国，ロシア，ドイツ，韓国で，インドは9位，スペインは14位，2018年が中国，インド，日本，アメリカ合衆国，韓国で，スペインは16位である。したがって，図1で近年輸入量が急増している①はインド，続いて増加している②は韓国である。一方，輸入量があまり変化していない③と④は日本かスペインで，輸入量が多い③は生産量が多い日本，少ない④はスペインである。

問2　8　④

①正しい。下図に示したように，日本では1980年代後半からイワシ類の不漁で沖合漁業が，北洋漁業からの撤退で遠洋漁業が衰退し，エビ，マグロなど高級魚を中心に輸入量が増加した。②正しい。世界の漁獲量は1980年代までは増加していたが，乱獲による水産資源の枯渇が問題となり，1990年代以降は停滞している。代わって養殖業が発達し，2000年の世界の漁業生産量は9,479万トン，養殖業生産量は4,301万トンとなり，2015年にはそれぞれ9,373万トン，10,546万トンで養殖業生産量の方が多くなっている。③正しい。大陸棚やその中で浅い海底のバンクではプランクトンが多く，好漁場となっている。④誤り。日本では，1970年代に排他的経済水域の設定と石油危機による燃料費の高騰の影響で遠洋漁業の漁獲量が激減し，代わって沖合漁業の漁獲量が急増した。そして1970年代後半から1980年代までは漁獲量が世界一であったが，上述したように1980年代後半以降の沖合漁業の衰退で漁獲量が減少し，2017年の漁獲量は，中国，インドネシア，インド，アメリカ合衆国，ロシア，ペルー，ベトナムに次いで世界8位となっている。

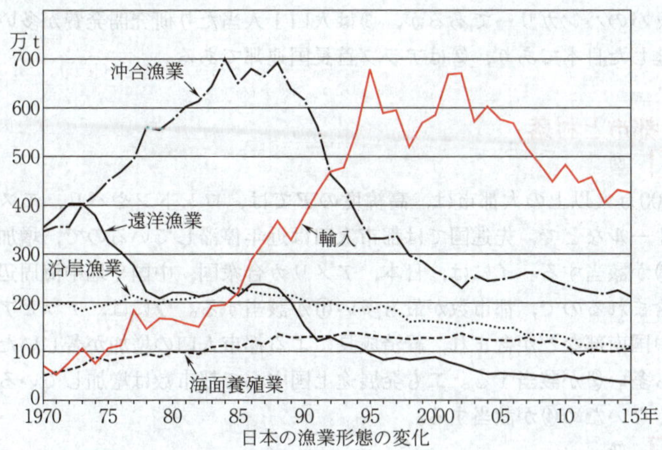

日本の漁業形態の変化

問3　9　④

シンガポールは小国で農業生産は極めて少ないため，トルコで1990年に3位のウは果実類である。トルコは地中海性気候地域で果実の生産が多く，生産量(2017年)は世界5位で，工業化により果実類の輸出額の順位は低下しているが，2017年は野菜・果実が6位に入っている。工業は軽工業中心から重化学工業中心へと変化するので，両国ともに順位が低下している**イ**が衣類で，**ア**は電気機械である。

問4　10　⑥

米の生産量はアジアが世界の9割を占め，モンスーンなどにより多雨の東，東南，南アジアの人口上位国で生産量が多く，中国，インド，インドネシア，バングラデシュ，ベトナムが上位5か国(2017年)なので**ク**が該当する。輸出量(2016年)は，伝統的に多いタイが1位で，インド(2015年は1位)，ベトナム，パキスタン，アメリカ合衆国が続いているので**キ**が該当する。輸入量は**カ**で，中国が最も多く，サウジアラビアなどの西アジアやコートジボワールなどのギニア湾岸の国々でも多い。

問5　11　④

各国の総発電量に占める風力の割合(2016年)は，イラン0.1%，カナダ4.6%，台湾0.6%，ポルトガル20.7%である。ポルトガルは大西洋に面し，偏西風の影響を強く受けるため風力の割合が高く，周囲を海に囲まれたデンマークでは42.0%に達している。ポルトガルの人口は1,023万人，デンマークは577万人(2019年)で，人口の少ない国では総発電量が少ないため，風力や太陽光などの新エネルギーの割合を高くすることができる。ちなみに，ヨーロッパで風力発電量が最大のドイツでは，総発電量に占める割合が12.1%で，人口が多い国ではあまり高くならない。

問6　12　③

人口1人当たりGNIが最も多い①は，ヨーロッパで，小国のモナコとリヒテンシュタインを除けば最も多いスイスで，古くから金融業が発達している。人口1人当たりGNIが続いて多い②と③はアラブ首長国連邦か日本，最も少ない④は東ヨーロッパのハンガリーであるが，③は人口１人当たり研究開発費が多いので，工業が発達した日本であり，②はアラブ首長国連邦である。

第３問　都市と村落

問１　13　②

人口300万人以上の大都市は，高緯度の**ア**では，ロンドンやパリ，モスクワ，モントリオールなどで，先進国では都市人口は近年停滞しているので，増加数が最も少ない③が該当する。**イ**には，日本，アメリカ合衆国，中国や地中海周辺諸国の大都市が含まれるので，都市数が最も多い①が該当する。**ウ**には，アラビア半島やインド，中国南部などが含まれ，経済成長による都市人口の増加が著しいため，増加数が最も多い②が該当する。**エ**も発展途上国中心で都市数は増加しているが，大都市は多くないため④が該当する。

問２　14　②

②オーストラリアは，第１位の**シドニー**が432万人，第２位の**メルボルン**が420万人(2016年)で二大都市となっている。各国の第１・２位の都市の人口は，①エチオピア(2013年)は，310万人(アディスアベバ)・29万人，③韓国(2018年)は，981万人(ソウル)・346万人(プサン)，④チェコ(2016年)は，127万人(プラハ)・38万人である。発展途上国では雇用が多い最大都市の首都に人口が集中して，第２位の都市との人口差が大きい**プライメートシティ**(**首位都市**)が多い。

問３　15　③

①正しい。インドなど発展途上国では，人口の増加や農村での余剰労働力の増加によって農村から都市への人口流入が続いているが，先進国と違って都市での産業発達が不十分で雇用が少なく，住宅も不足しているため，空地を不法占拠して形成された**不良住宅地**(**スラム**)に居住する人が多く，ムンバイでは人口の約半数を占めている。②正しい。先進国の都市では環境保全や交通渋滞対策のために，路面電車などの公共交通網を整備して，中心市街地に向かう自動車を郊外の駐車場に止め，公共交通機関に乗り換える**パークアンドライド**が進められており，ドイツ南西部のフライブルクは環境対策の先進都市として知られている。③誤り。アメリカ合衆国の大都市では，都心部のインナーシティ(旧市街地)の居住環境の悪化やモータリゼーションの進展により高所得者層が郊外の一戸建て住宅に移動し，老朽化した建物に低所得者層や移民などが居住するようになって，スラム化や治安の悪化，財政悪化などの**インナーシティ問題**が発生した。しかし，近年は老朽化した都心部が**再開発**によって高級化し，高所得者層が流入する**ジェントリフィケーション**がみられる。④正しい。中国ではエネルギー供給に占める**石炭**の割合が高く，急速な経済成長により，ペキンなどの大都市では，工場や火力発電所などでの石炭使用で排出される煤煙や，急増する自家用車の排ガスによる大気汚染が深刻化している。

問４　16　①

労働者総数に占める管理職・専門職従事者の割合が高い②と③は先進国のイギリ

スか日本で，ホンコンはイギリスの植民地であったため労働者総数はイギリスの方が多く，②が該当し，日本は③である。割合が低い①と④は発展途上国のタイかフィリピンで，ホンコンとともに英語が公用語のフィリピンからは，特に家政婦として出稼ぎに行く女性が多く，①が該当し，タイは④である。

問5　17　④

東京都は東日本からの転入者が多いので，**カ**と**ク**は宮城県か秋田県で，宮城県は秋田県より人口が多いため東京都への転出者数が多い**カ**が該当し，秋田県は**ク**である。また，仙台市は東北地方の中心となる広域中心都市で，秋田県より転入者数が多い。大阪府は西日本からの転入者が多く，鳥取県より人口が多い岡山県は，大阪府への転出者数が多い**キ**が該当し，鳥取県は**ケ**である。

問6　18　①

図2は栃木県の宇都宮市である。居住期間が5年未満の人口割合の高い地域は，最近転入した労働者が居住する集合住宅が多い地域と考えられるので，主要道路が集まる地価最高地点付近の都心周辺の市街地が高位となっている**サ**である。一方，第1次産業就業者世帯割合は，都心周辺の市街地より郊外で高いので，**ス**が該当し，夫婦と未婚の子どもからなる核家族世帯割合は，残った**シ**である。

第4問　東南アジアとオセアニア

問1　19　③

正解は**ウ**で，世界で水深が最も深いマリアナ海溝チャレンジャー海淵(10,920 m)が位置している。**ア**と**イ**には大陸棚が広がり水深は浅い。ハワイ諸島の南側の**エ**には海底で最も広い面積を占める大洋底が広がり，水深は5,000 m 前後である。

問2　20　④

Aは北半球で，季節風の影響を受けて夏が雨季，冬が乾季のインドシナ半島に位置するので，サバナ気候の③。**C**は赤道に近い海上に位置するので，気温の年較差が小さく年中高温多雨の熱帯雨林気候の②。オーストラリア大陸の**B**は乾燥帯に位置するので，少雨で気温の年較差が大きいステップ気候の①。**D**のニュージーランドはほぼ全域が偏西風の影響を受けて年中湿潤な西岸海洋性気候なので④。

問3　21　①

カはココヤシから得られるコプラ油で，世界1，2位の生産国(2014年)のフィリピン，インドネシアが，それぞれ世界生産量の36%，29%を占めている。**キ**はサトウキビで，オーストラリア北東部沿岸地域で栽培されていることを知っていればわかりやすい。生産上位国(2017年)は，ブラジル(世界計の41%)，インド(17%)，中国，タイ，パキスタン，メキシコ，オーストラリアである。**ク**は茶で，生産上位国(2017年)は，中国(世界計の40%)，インド(22%)，ケニア，スリランカ，ベトナム，トルコ，インドネシアである。

問4　22　③

下の表の各資源の生産上位国(2015年)を見ればわかるように，オーストラリアは鉄鉱石とボーキサイトの世界一の生産国なので，③か④であるが，鉄鉱石は安定陸塊に多く埋蔵され，東南アジアの生産量は少ないため④が該当する。ボーキサイトは熱帯・亜熱帯に多く埋蔵され，東南アジアでも産出するため③である。ただし，東南アジア最大の生産国であるマレーシアは，2016〜18年にボーキサイトの採掘を停止していた。すずは東南アジアでの生産量が多いことから①，ニッケルはオセアニアのフランス領ニューカレドニアで産出することをヒントに②と判定する。

	すず		鉄鉱石		ニッケル		ボーキサイト	
1位	中　国	38.1	オーストラリア	34.7	フィリピン	24.3	オーストラリア	27.1
2位	インドネシア	18.0	ブラジル	18.4	ロシア	11.8	中　国	21.7
3位	ミャンマー	11.9	中　国	16.6	カナダ	10.3	ブラジル	12.4
4位	ブラジル	8.7	インド	6.9	オーストラリア	9.7	マレーシア	11.7
5位	ボリビア	6.9	ロシア	4.4	ニューカレドニア	8.2	インド	9.1

単位：%　統計年次は2015年。

問5　23　①

輸出額世界一の中国は，東南アジア諸国に対しては輸入額より輸出額の方が多いが，鉄鉱石と石炭の世界一の輸出国のオーストラリアからはそれらを大量に輸入し，輸入額の方が多いので，シが中国で，サがオーストラリアである。スとセはタイかラオスであるが，人口(2019年)は，タイ(6,963万人)がラオス(717万人)の約10倍で，工業化も進んでいるため，貿易額の多いスが該当し，ラオスはセである。

問6　24　①

①誤り。インドネシアでは，仏教，ヒンドゥー教，イスラム教の順に広まり，現在はイスラム教徒が多数を占めているが，ジャワ島の東のバリ島ではヒンドゥー教徒が多数を占めている。②正しい。オーストラリアでは，建国時から有色人種の移民を制限する白豪主義政策がとられてきたが，日本などアジア諸国との貿易が盛んになった1970年代に廃止されて多文化主義がとられるようになり，アジアからの移民が増加するようになった。③正しい。シンガポールは，中国系74%，マレー系13%，インド系9%(2010年)の多民族国家で，旧宗主国のイギリスの英語とともに中国語，マレー語，タミル語が公用語とされている。④正しい。ベトナムはラオス，カンボジアとともに旧フランス領で，コーヒーやフランスパンの飲食が行われている。1986年に社会主義型市場経済をめざすドイモイ政策が導入されてから，コーヒー豆の生産が急増し，ブラジルに次ぐ世界2位の生産国となっている。

第5問　中国とブラジル

問1　25　②

長江はチベット高原を源として山間部を流れ，中流域のスーチョワン盆地を経て，下流域の長江中下流平原との間に世界一の水力発電所のあるサンシヤダムが建設されている。アマゾン川はアンデス山脈を源としているが，ペルー北東部からは低平なアマゾン盆地を流れ，河川沿いのペルーのイキトスでも標高は125mと低い。よって，図2のアは長江，イはアマゾン川である。長江流域は**季節風**の影響を受ける地域が広いため，河川の流量は夏季に多く冬季に少ない。アマゾン川は赤道直下を流れ，流域には熱帯が広く分布するため，河川の流量が非常に多い。よって，図3のAはアマゾン川，Bは長江である。

問2　26　③

小麦は冷涼でやや乾燥した地域に適しており，熱帯では栽培されないため，ブラジル南部だけで生産されている**カ**が該当する。中国では**年降水量1000 mm**前後のチンリン山脈・ホワイ川線を境界に，北側では畑作，南側では稲作が中心となり，小麦の生産量は華北平原で多い。バナナは冷涼・乾燥地域では栽培されないため，中国南部だけで生産されている**ク**が該当する。牛乳は保存がきかないため，消費量の多い大都市に近い地域や冷涼な地域での生産が多いので，**キ**が該当する。

問3　27　③

サは，電気機械や自動車などの生産世界一の中国での割合が高いので，機械類である。**シ**は，原油生産量の多いロシアでの割合が高いので，石油製品である。**ス**は，砂糖などの輸出が世界一で輸出額に占める食料品の割合が高いブラジルでの割合が高いので，食料品・飲料である。**セ**は，4か国の中で最も賃金が低く労働集約型の繊維工業が盛んなインドでの割合が高いので，繊維品である。

問4　28　②

鉄道は自動車に比べて大量の貨物を長距離輸送するには効率がよく，国土面積の広い国では，穀物や木材，鉱産物などの輸送量が多い。鉄道貨物輸送量が多い3か国は，面積の広いロシア，アメリカ合衆国，中国のいずれかで，アメリカ合衆国は国内航空路線網が密で貨物輸送量が多いことから①が該当し，中国は②である。③と④はインドかブラジルで，インドはイギリス植民地時代から鉄道網が整備されて営業キロがブラジルの2倍以上あり，鉄道貨物輸送量が多いので③が該当し，ブラジルは④である。

問5　29　②

日本における在留外国人数は，以前は**韓国・朝鮮人**が多かったが，現在は**中国人**が増加を続け最も多くなっている。また，バブル経済による労働力不足で1990年に出入国管理法が改正されて**日系人**の単純労働が認められたため，1990年代には**ブラジル人**が急増した。よって，図6の**タ**はブラジル，**チ**は中国である。日系人が最も多いのはブラジルで，移民は1908年から始まったが，近年は高齢化とともに減少しているので，図7では**Y**が該当する。中国は**X**で，急速な経済成長にともない居住者数は増加し続けている。

第6問　甲府盆地とその周辺地域の地域調査

問1　30　⑤

気温の日較差は，海洋の影響を強く受ける外洋沿いの地域で最も小さく，内陸ほど大きくなるので，アは甲府，イは東京，ウは御前崎である。太平洋側の地域は，西高東低の冬型気圧配置の影響で，冬季の降水量は少ないが，低気圧が太平洋側を通過すると降水があり，沿岸部ほど降水量は多くなるので，冬季の総降水量の多い順に御前崎，東京，甲府となる。

問２ 31 ②

低地が手前から中央部，そして右側に続いており，奥には山々がそびえているので，②の方向から見下ろした鳥瞰図とわかる。

問３ 32 ②

①はＢで，南北を1916年の堤防に挟まれていることから，かつての河道に位置し，直線的な道路，住宅や水田，果樹園がみられる。②はＤで，徳島堰より低い東側に位置し，果樹園がみられる。③はＡで，御勅使川沿いの扇頂付近の南側の狭い間隔の等高線で示された急斜面の上に位置している。④はＣで，等高線に沿った道路沿いの集落の「樹木に囲まれた居住地」の記号は，古くからの集落であることを示しており，郵便局と小・中学校がみられる。

問４ 33 ①

サ：屋根の中央部の下には窓がみられ，養蚕を行うには防音性ではなく通気性が必要である。シ：神金地域の養蚕戸数は減少を続けているが，塩山地区の養蚕戸数に占める割合は，1980年代前半まで増加を続け，その後も維持されているので，神金地域は養蚕業が遅くまで行われていた。

問５ 34 ③

①誤り。甲府駅から半径１kmの範囲内に３店，範囲外に１店である。②誤り。1991年は９店，2017年は５店である。③正しい。甲府バイパスより南側にある３店は，1991年時点の農地に立地している。④誤り。３店とも，最寄りの駅から500ｍ以上離れたところに立地している。

問６ 35 ①

①誤り。人口増加率は自然増加率と社会増加率の和で，2010年から2017年にかけて総人口は減少を続けている（図７）。②正しい。社会増加率は2015年以外の年はプラスなので，転入者の数が転出者の数を上回っている（図７）。③正しい。高齢者は65歳以上で，東京都と神奈川県は，山梨県と長野県より割合が高い（図８）。④正しい。中学生以下の子どもは15歳以下で，５～14歳の割合は山梨県が最も高い。

●写真提供・協力

NPO法人山梨家並保存会／帝国書院

地理B

（2019年１月実施）

受験者数　146,229

平 均 点　　62.03

地理B

解答・採点基準

(100点満点)

問題番号(配点)	設問	解答番号	正解	配点	自己採点
第1問 (17)	問1	1	①	2	
	問2	2	②	3	
	問3	3	⑤	3	
	問4	4	①	3	
	問5	5	④	3	
	問6	6	②	3	
第1問 自己採点小計					
第2問 (17)	問1	7	④	3	
	問2	8	③	2	
	問3	9	④	3	
	問4	10	①	3	
	問5	11	③	3	
	問6	12	⑥	3	
第2問 自己採点小計					
第3問 (17)	問1	13	③	3	
	問2	14	③	3	
	問3	15	②	3	
	問4	16	③	2	
	問5	17	④	3	
	問6	18	③	3	
第3問 自己採点小計					
第4問 (17)	問1	19	②	3	
	問2	20	④	2	
	問3	21	⑥	3	
	問4	22	②	3	
	問5	23	①	3	
	問6	24	②	3	
第4問 自己採点小計					

問題番号(配点)	設問	解答番号	正解	配点	自己採点
第5問 (14)	問1	25	①	3	
	問2	26	④	3	
	問3	27	①	3	
	問4	28	③	3	
	問5	29	④	2	
第5問 自己採点小計					
第6問 (18)	問1	30	①	3	
	問2	31	③	3	
	問3	32	③	3	
	問4	33	④	3	
	問5	34	④	3	
	問6	35	①	3	
第6問 自己採点小計					
自己採点合計					

第1問　世界の自然環境と自然災害

問1　1　①

①誤り。アのギニア湾沿岸地域はサバナ気候で，土壌は赤色のラトソル，植生は疎林と丈の高い草原がみられる。腐植による栗色土と丈の低い草原は，ステップ気候地域に分布し，アの近くではサハラ砂漠南縁のサヘルにみられる。ステップ気候地域で，より降水量が多い地域には，腐植層が厚い黒色土(チェルノーゼム)が分布している。②正しい。イのアラビア半島は砂漠気候で，腐植がなく色の薄い砂漠土がみられる。③正しい。ウの華北地方は温暖冬季少雨気候の北限付近で，温帯の高緯度側に分布する褐色森林土と混交(混合)林がみられる。ウの北西の黄河中流域には，砂漠から風で運ばれた砂土が堆積した黄土(レス)が分布するホワンツー(黄土)高原がある。④正しい。エには温帯草原のパンパが広がり，北アメリカのプレーリーと同様に，肥沃な黒色土のパンパ土(プレーリー土)と丈の高い草原がみられる。丈の高い草原は湿潤気候の熱帯草原(サバナ)と温帯草原に，丈の低い草原は乾燥気候のステップにみられる。

問2　2　②

Aには，プレートの広がる境界のアフリカ大地溝帯の北部に当たるエチオピア高原がみられ，エチオピアの首都アディスアベバの標高は2354 m もあるので，標高の高い③である。Bには，中央付近に標高の低い古期造山帯のウラル山脈が南北に走っているため，②が該当する。Cには，モンゴル高原が広がっており，標高1000 m 前後の④が該当する。Dはアマゾン川南側の平野なので，全体に平坦な①である。

問3　3　⑤

エニセイ川流域は亜寒帯気候で冬季は寒冷なため河川は凍結して流量は少なく，春の融雪期に流量が急増するのでHが該当する。また，融雪は低緯度側の上流域から進み，河川が凍結した下流部では，大量の融雪水が流れ込むと洪水が発生する。コンゴ川流域の赤道付近には年中多雨の熱帯雨林気候，その周囲にはサバナ気候が広がり，降水量が多いので，年中流量が多いFが該当する。ミシシッピ川流域には，温暖湿潤気候や亜寒帯湿潤気候などが広がるが，西部から流れ込む支流は新期造山帯のロッキー山脈を源とし，春の融雪水が多いためGが該当する。

問4　4　①

カとキは中緯度の大陸西岸に位置し，夏少雨冬多雨の地中海性気候であるが，最暖月と最寒月の違いから，北半球のカは②，南半球のキは①である。クの位置するタスマニア島は，オーストラリア大陸南東部(メルボルン付近)やニュージーランドと同様に，偏西風の影響を年中受ける西岸海洋性気候なので，年較差が小さく，最暖月平均気温22 ℃ 未満の③である。ケのアメリカ合衆国北東部は温暖湿潤気候で，年較差が大きく，最暖月平均気温22 ℃ 以上の④である。

問5　5　④

①正しい。海氷分布域の縮小は地球温暖化によるもので，北極海周辺地域に分布

する永久凍土の融解も進んでいる。融解によって地盤が軟弱化すると，道路の陥没や建造物の傾きなどの被害が生じる。②正しい。海氷の融解により形成されるユーラシア大陸北側の北極海航路は，東アジアとヨーロッパを結ぶインド洋からスエズ運河を経由する従来の航路に比べて航行距離が短縮されるため有利になる。③正しい。北極海周辺のイヌイットなどの先住民は，海氷上の移動をともなうアザラシなどの狩猟を行ってきたが，海氷がなくなると困難になる。④誤り。海岸侵食は波によって生じるが，図からグリーンランド北部では海氷はなくなっていないことが読み取れるので，海岸侵食が著しくなることはない。

問6　6　②

①正しい。低気圧や高気圧でみられる風の回転は地球の自転の影響で生じるが，赤道上では自転の影響がないため低気圧は発生しない。②誤り。図からわかるように，低緯度地域で発生した台風は，西向きに進んだ後，中緯度地域では，東向きに経路を変えている。台風は亜熱帯高圧帯の北太平洋高気圧(小笠原高気圧)の縁に沿って発達しながら移動し，高気圧が北上して日本付近を覆う7，8月には日本の南海上を大陸方面に進み，南下する9，10月には南海上で向きを変えて日本付近に接近，上陸することが多い。③正しい。小笠原高気圧とオホーツク海高気圧の間に形成される梅雨前線は，5月から7月にかけて沖縄付近から本州付近へと北上し，その後梅雨明けとなるが，9月には小笠原高気圧の南下にともない，秋雨前線が南下し始め，日本付近に停滞する。④正しい。台風は熱帯地域の暖かく湿潤な空気を運んでくるため，梅雨前線や秋雨前線に接近すると水蒸気量が増加し，大雨をもたらすことがある。

第2問　資源と産業

問1　7　④

①は北アメリカの割合が高いので，下の表に示したようにアメリカ合衆国が世界生産量の36%(2016年)を占めるトウモロコシである。②はヨーロッパの割合が高いので，地中海周辺が生産の中心となるオリーブである。③はオレンジ類で，中国とブラジルの生産量が多い。④は南アメリカの割合が高いので，ブラジルが生産量世界一のコーヒーである。

四つの作物の生産上位国(2016年)　　（単位：%）

	①トウモロコシ		②オリーブ		③オレンジ類		④コーヒー	
1位	アメリカ	36.3	スペイン	34.0	中国	24.1	ブラジル	32.7
2位	中国	21.9	ギリシャ	12.2	ブラジル	17.2	ベトナム	15.8
3位	ブラジル	6.1	イタリア	10.9	インド	7.1	コロンビア	8.1
4位	アルゼンチン	3.8	トルコ	9.0	スペイン	5.7	インドネシア	6.9
5位	メキシコ	2.7	モロッコ	7.3	アメリカ	5.6	エチオピア	5.1

『世界国勢図会』により作成。

問2　8　③

コーヒー生産の中心であるアラビカ種は，エチオピア高原が原産地で，雨季と乾季の明瞭な高地が栽培に適している。沿岸地域の①アラブ首長国連邦と②ウルグアイには高地はみられない。④ジャマイカは新期造山帯の島で，東部にはブルーマウンテン峰(2256 m)があり，高級なブルーマウンテンコーヒーの栽培地として知られている。

問3　9　④

①正しい。アフリカでコーヒー生産量が最も多いエチオピアでは，輸出金額1位(2015年)がコーヒー豆であるが，国際価格の変動によって輸出金額が変化するため，国家の経済への影響が大きい。②正しい。図からわかるように，消費国の加工業者と小売業者の間での取引価格の差が最も大きい。③正しい。図で生産者からの買取価格は0.14ドルにすぎず，小売業者の平均小売価格26.40ドルとの差は極めて大きいため，生産者が貧困から抜け出すことは難しい。そこで，生産者の労働環境や所得水準を向上させるため，生産者からの買取価格を高く適正なものにするフェアトレード(公正な貿易)が注目されている。④誤り。コーヒーのフードシステムの統括拠点は加工業者で，消費国に多い。

問4　10　①

砂糖の原料となるサトウキビは主に熱帯で，テンサイは主に亜寒帯・温帯で栽培されるので，サトウキビ生産量が最も多い②はブラジル，生産されていない③はロシアである。サトウキビ，テンサイとも生産されている①と④はアメリカ合衆国か日本で，生産量が多い①はアメリカ合衆国，④は日本である。なお，アメリカ合衆国は牛乳，ブラジルはサトウキビ，ロシアはテンサイの世界一の生産国である(2016年)。

問5　11　③

①はカカオ豆生産量が世界一のコートジボワール，②は工業化が遅れ，コーヒー豆が輸出金額1位となっているエチオピアである。インドとベトナムは近年工業化が進み，工業製品が上位に含まれているが，インドはダイヤモンド加工業が盛んでダイヤモンドの輸出が多いため，宝石・貴金属が1位の④である。電子機器・機械が1位の③はベトナムで，先進国からの電子機器産業の進出が盛んである。

問６　12　⑥

喫茶店は，利用人口の多い大都市に多いため，三大都市圏に多いウである。水産食料品製造業は，漁港のある沿岸地域に多いので，内陸県に少ないアである。イは牛乳処理場・乳製品工場で，牛乳生産量が最大の北海道で最も多く，大都市の周辺地域にも多い。

第３問　都市と村落，生活文化

問１　13　③

パリなどヨーロッパの伝統的都市の道路網は放射環状路型が多く，かつて城壁であったところに建設された高速道路に囲まれた中のＣがウの旧市街地区である。都心周辺には伝統的な建造物が多いため，高層ビルが林立するアの新都心地区（ラ・デファンス）は，郊外で開発されたが，Ａに比べて交通の要衝となっているＢである。Ａはイの第二次世界大戦後に開発・整備された住宅地区で，都心部から最も離れたところにある。

問２　14　③

①は巨大企業の本社数が多いので，近年の経済成長が著しい中国のペキンである。続いて巨大企業の本社数が多い②は韓国のソウル（人口約1000万人）で，国の総人口約5000万人の約２割を占めている。③と④はマレーシアのクアラルンプールかオーストラリアのキャンベラで，クアラルンプールは政治・経済の中心である国内最大都市なので③である。④のキャンベラは政治機能に特化した計画都市なので巨大企業の本社はなく，国の総人口に占める人口割合は低い。

問３　15　②

①は中国の長江中流部のスーチョワン（四川）盆地に位置し，河港をもつチョンチン（重慶）で，下流側の渓谷の出口付近には世界最大の水力発電所のあるサンシヤ（三峡）ダムが建設されている。②はミャンマーのエーヤワディー川の河口部の三角州に位置する国内最大の都市ヤンゴンで，2006年には首都がヤンゴンから内陸のネーピードーに移転された。2011年には軍事政権から民政への移管が行われ，経済改革によって外資の進出が盛んになり，工業化が進んでいる。③はイギリスのグレートブリテン島中部のペニン山脈の西側のランカシャー地方の港湾都市であるリヴァプールで，ランカシャー地方では産業革命当時に綿工業が発達した。産業革命以前の17～18世紀にイギリスは，西インド諸島と西アフリカを結ぶ三角貿易を行い，西インド諸島からイギリスへは砂糖が運ばれ，西アフリカから西インド諸島へは奴隷が運ばれた。④はインドのガンジス川沿いのヒンドゥー教の聖地であるヴァラナシ（ベナレス）で，沐浴をするために多くの巡礼者が訪れる。

問４　16　③

かつてスペインとポルトガルの植民地となっていた国では，当時布教されたカトリックが現在も信仰されていることが多く，ラテンアメリカの大部分の国やフィリピンなどが該当するので，③のスペインとアルゼンチンが正しい。イタリアとフランスではカトリック，オランダではカトリックとプロテスタントが主に信仰されているが，リビア，インドネシアではイスラーム，ベトナムでは大乗仏教が主に信仰されている。

問5　17　④

キが最も古く，格子状の道路や四角形のため池，九条の地名は奈良時代の条里制の名残りである。クが次に古く，堀から江戸時代の城下町とわかる。昨年度の**第6問**でも出題されたように，城下町には丁字路や屈曲路がみられ，遠方の見通しを悪くすることで敵の移動を遅らせる防御的機能をもっていた。また，堀の周囲の武家町，町人町の他，寺社の立地が集中している寺町がある。カは，中央分離帯のある幅の広い道路や大規模な工場があり，現代の集落である。

問6　18　③

サは近畿地方の京都府や奈良県に多いので，国宝(建造物)である。シは三大都市圏に多く，県庁所在地にもみられるので，公立の劇場・音楽堂である。スは大都市圏にはみられず，自然の豊かな地域にみられるので，国立公園の広報・展示施設である。

第4問　地中海沿岸地域

問1　19　②

①正しい。ア地域などヨーロッパの地中海沿岸地域には石灰岩が風化した赤色の間帯土壌であるテラロッサが分布している。石灰岩が二酸化炭素を含む水に溶かされてできたカルスト地形も，名称は地中海沿岸のスロベニアのカルスト地方に由来している。②誤り。イ地域のアドリア海沿岸に秋から冬にかけて吹きおろす冷涼な局地風はボラであり，フェーンは春から夏にかけて地中海方面からアルプス山脈を越えて中央ヨーロッパに吹きおろす暖かく乾いた局地風である。③正しい。ウ地点はリビアの砂漠で，サハラ砂漠の北縁に当たる。回帰線付近では1年を通して亜熱帯高圧帯(中緯度高圧帯)の影響下で降水量が少なく砂漠が広がっている。④正しい。エ地点はエジプトのナイル川の河口で，円弧状三角州が広がっている。

問2　20　④

①正しい。Aのジブラルタル海峡は軍事的に重要な拠点で，北側のスペイン南部にはイギリス領のジブラルタル，南側のモロッコ北部にはスペイン領のセウタの軍港がおかれている。②正しい。Bの北側はフランス領のコルス(コルシカ)島，南側はイタリア領のサルデーニャ島である。③正しい。Cはイタリア半島とイタリア領シチリア島の間の海峡である。④誤り。Dはヨーロッパとアジアの境界のボスポラス海峡で，トルコ最大の都市イスタンブールが両岸にまたがっている。

問3　21　⑥

コルクガシは樹皮がコルクの原料となり，地中海周辺で栽培されているので，クが該当する。テンサイは**第2問問4**でも出題されたように，冷涼な地域で栽培される砂糖の原料なので，**キ**が該当する。**ナツメヤシ**は乾燥に強く**オアシス農業**で栽培されるので，**カ**が該当する。

問4　22　②

サは原材料と燃料が大部分を占めるので，産油国のアルジェリアである。**ス**は工業製品が大部分を占めるので先進国のイスラエルで，インドとともにダイヤモンド加工業が盛んであり，先端技術産業も発達している。**シ**はモロッコで，北アフリカ諸国の中では，チュニジアとともに原油，天然ガスの生産が少ないため工業化が進み，総輸出額に占める工業製品の割合が高い。食料品は地中海性気候を背景にした野菜・果実と魚介類の輸出が多い。

3か国の輸出額上位品目(2016年)　(単位：%)

	アルジェリア		イスラエル		モロッコ	
1位	原油	37.8	ダイヤモンド	25.9	機械類	17.6
2位	天然ガス	21.3	機械類	22.9	自動車	13.7
3位	石油製品	18.2	医薬品	11.1	衣類	13.2
4位	液化天然ガス	10.1	精密機械	5.7	化学肥料	9.3
5位	液化石油ガス	7.7	航空機	4.4	野菜・果実	8.2

『世界国勢図会』により作成。

問5　23　①

①誤り。**迷路型**の道路網は西アジアや北アフリカのイスラームの伝統的都市にみられ，袋小路や行き止まりが多く，防御機能を持ち，道幅は狭く自動車交通には適していない。新市街の道路網は直交路型である。②正しい。ギリシャでは，2008年のリーマンショックによる世界金融危機以降，財政赤字が続き経済が混乱している。③正しい。モナコ公国は，1861年に独立し，軍事・外交面でフランスの保護下にあった。付近の地中海沿岸地域はコートダジュール(紺碧の海岸)と呼ばれ，モナコは高級リゾート地として開発が進められた。④正しい。イタリア北西部の**ミラノ**，**トリノ**，**ジェノヴァ**は工業の三角地帯と呼ばれるイタリア工業の中心地で，臨海部のジェノヴァでは，鉄鋼業や造船業が発展した。

問6　24　②

①は1位のアルバニアに隣接するギリシャで，4か国の中では人口，経済力とも最小のため移民総数は少ない。②はギリシャに次いでアルバニアに近いイタリアで，ルーマニアはイタリアと同じラテン語派なので移民が多い。③はスペインで，旧植民地でスペイン語を公用語としているエクアドルとコロンビアからの移民が多い。④はフランスで，旧植民地の北アフリカの3か国からの移民が多い。

第5問　ウクライナとウズベキスタン

問1　25　①

ウクライナには東ヨーロッパ平原や黒海沿岸低地が，ウズベキスタンにはカスピ海東側の低地が広がり，両国とも500 m 未満の割合が高いが，ウズベキスタン東部には高峻なテンシャン山脈から続く山地がみられるため，表1では1500 m 以上の地域のみられる**ア**が該当し，ウクライナは**イ**である。図2では，ウズベキスタンの**Y**は内陸で気温の年較差が大きく降水量が少ないため**A**，湿潤なウクライナ北部の**X**は**B**である。

問2　26　④

ウクライナには肥沃な黒色土の**チェルノーゼム**が分布し，**小麦**やトウモロコシの生産が多いので，表2では**カ**が該当し，油脂原料のヒマワリ種子の生産量は世界一である。ウズベキスタンは，アラル海に注ぐアムダリア川沿いの地域で灌漑による**綿花**栽培が盛んなので，**キ**が該当する。ウクライナには**クリヴォイログ鉄山**と**ドネツ炭田**があり，鉄鋼業が盛んなので，表3では**D**が該当し，ウズベキスタンは**E**である。

問3　27　①

①誤り。社会主義国のソ連解体後には，計画経済から市場経済に移行した。②正しい。図3から読み取れる。③正しい。ウクライナは，EU と NATO 加盟などを目指す親欧米派の政権が成立してロシアとの関係が悪化し，2014年にはクリミア半島がロシアに編入された。④正しい。これも図3から読み取れる。

問4　28　③

サは豚肉の生産量が少ないので，豚肉を食べることがタブーとされている**イスラーム**が信仰されている中央アジアのウズベキスタンである。**ス**は**シ**より肉類の年間生産量が少なく，特に羊肉は0.0であり，1人1日当たりの食料供給量が少ないことから日本と判定する。日本は先進国の中でも1人1日当たりの食料供給量が非常に少ないことを覚えておこう。**シ**はヨーロッパに属するウクライナである。

問5　29　④

ウクライナは旧ソ連構成国の中ではロシア，ベラルーシとともに**スラブ系**民族中心の国なので，表5ではウクライナ語の数字はロシア語に似た**チ**が該当する。ウズベキスタンを含む旧ソ連の中央アジア諸国は，インド・ヨーロッパ系のイラン系民族のタジキスタンを除いて，トルコと同じアルタイ系の**トルコ系**民族なので，トルコ語に似た**タ**が該当する。写真1には宗教建造物が写っており，**G**にはドーム型の屋根と尖塔が特徴のイスラームのモスクがあるので，ウズベキスタンの**Y**が該当する。**H**にはキリスト教の教会があり，斜面に森林もみられるので，**正教会**が信仰されているウクライナの**X**が該当する。

第6問　宮崎市とその周辺の地域調査

問1　30　①

アは1969年の所要時間が最も短いので，1964年に開通した東海道新幹線を利用して行くことのできる水戸市である。その後，山陽新幹線と九州新幹線が開通して，大阪市から福岡市，鹿児島市が結ばれたが，佐賀市は宮崎市より九州新幹線のルートに近いので，所要時間がより短くなったイが該当し，ウは宮崎市である。

問2　31　③

①は図2，②は図3から正しいと読み取れる。③は誤りで，冬季は**北西**からの季節風が吹く。④は正しく，宮崎市で日照時間が最も短いのは梅雨の6月で，宮崎市が夏季の南東季節風に対して九州山地の風上側に位置していることも悪天候の背景になっている。

問3　32　③

①正しい。Aのゴルフ場の海側には等高線が走り，丘陵部にあることがわかる。なだらかにするためには，尾根を切土して谷に盛り土をすればよい。②正しい。Bの青島には亜熱帯性植物群落がみられるが，これは太平洋を北上する暖流の黒潮(日本海流)の影響である。③誤り。高潮は台風によって発生することが多いが，C地点の標高は60 m 以上あるので，高潮がこの高さまで達することはなく，道路は冠水しない。④正しい。写真の岩石海岸は，波の侵食によって砂岩と泥岩が縞状になっている。

問4　33　④

①正しい。1976年の県庁を中心とした建物用地で示される市街地は，2014年には周辺の農地にも広がっている。②正しい。大淀川河口部の北側では，埋立地などがつくられて海岸線が改変され，港湾が整備された。③正しい。1976年には空港の周辺に農地が広がっていたが，2014年には空港が拡大され，周囲に建物用地が広がっている。④誤り。内陸部では市街地の拡大で森林が減少しているが，海岸部では，防風林，防砂林の役割を維持するためほとんど減少していない。

問5　34　④

図1の標高を参考にして，キは山間部で割合が高いので，森林地帯などで生産が盛んな乾燥シイタケの生産量と判定する。カとクは類似しているが，カの方が沿岸の平野部で割合が高いので，早場米の作付面積である。クはキュウリの作付面積で，畑は水田に比べると傾斜地にも多い。なお，耕地面積当たり農業産出額の図は，カ～クの判定の参考にはならない。

問6　35　①

サは，会話文から「高い」とわかるし，図7で，4月に最初に確認された都農町から南に離れるほど確認月が遅いことからも判定できる。シは4月で，都農町では，国道以外の場所でも消毒ポイントが多いことが読み取れる。

●写真提供・協力

宮崎観光写真社／宮崎県 HPより／ユニフォトプレス

地理B

（2018年１月実施）

受験者数　147,026

平 均 点　　67.99

地理B

解答・採点基準

(100点満点)

問題番号(配点)	設問	解答番号	正解	配点	自己採点
第1問 (17)	問1	1	②	2	
	問2	2	⑥	3	
	問3	3	④	3	
	問4	4	①	3	
	問5	5	④	3	
	問6	6	④	3	
第1問　自己採点小計					
第2問 (17)	問1	7	③	3	
	問2	8	④	3	
	問3	9	③	3	
	問4	10	②	2	
	問5	11	①	3	
	問6	12	⑤	3	
第2問　自己採点小計					
第3問 (17)	問1	13	②	3	
	問2	14	④	3	
	問3	15	②	2	
	問4	16	③	3	
	問5	17	③	3	
	問6	18	④	3	
第3問　自己採点小計					
第4問 (17)	問1	19	④	2	
	問2	20	③	3	
	問3	21	②	3	
	問4	22	⑤	3	
	問5	23	①	3	
	問6	24	⑤	3	
第4問　自己採点小計					

問題番号(配点)	設問	解答番号	正解	配点	自己採点
第5問 (14)	問1	25	⑥	3	
	問2	26	⑤	3	
	問3	27	⑥	3	
	問4	28	②	3	
	問5	29	②	2	
第5問　自己採点小計					
第6問 (18)	問1	30	⑥	3	
	問2	31	③	3	
	問3	32	④	3	
	問4	33	④	3	
	問5	34	②	3	
	問6	35	②	3	
第6問　自己採点小計					
自己採点合計					

第1問　世界の自然環境と自然災害

問1　1　②

①正しい。Aはパリ盆地で，緩やかに傾いた硬軟の互層が侵食を受け，硬層が侵食から取り残されて非対称な断面をもつ丘となって残ったケスタがみられる。②誤り。Bはドラケンスバーグ山脈で，古期造山帯のため活火山はみられない。アフリカでは，東部の大地溝帯沿いの地域に，アフリカ大陸最高峰のキリマンジャロ山など火山が多くみられる。③正しい。Cはデカン高原で，溶岩台地が広がり，玄武岩が風化した黒色土壌のレグールが分布している。④正しい。Dはアンデス山脈で，標高が高いため氷河が分布し，氷食地形がみられる。

問2　2　⑥

イスラエルとヨルダンの国境にある死海は，アフリカ大陸とアラビア半島の間の紅海を走るプレートの広がる境界のアフリカ大地溝帯の延長部に位置している。両側が断層で落ちこんだ地溝帯に形成された湖のため，最大水深は大きく，湖面標高は海面下400 mで世界最低所である。よって，ウが該当する。パトス湖は，図1からわかるように，ブラジルの大西洋岸に位置している。このため湖面標高が低いイを選ぶ。沿岸流によって砂礫が運搬・堆積されてできた砂州によって入江が閉じられた潟湖(ラグーン)で，最大水深も小さい。レマン湖は，スイス・フランス国境のアルプス山脈西部に位置し，西岸にはスイスのジュネーヴが面している。アルプス山脈周辺では，氷期が終わって氷河が後退したあとの氷食谷(U字谷)を流れる河川が堰き止められた細長い氷河湖が多くみられるので，アが該当する。

問3　3　④

Fは，ウクライナからロシア南西部にかけて広がり，ステップ気候が中心の地域なので，草原の植物の腐植が厚く堆積した肥沃な黒色土のチェルノーゼムが分布している(④)。土壌には，気候帯，植物帯に対応して帯状に分布する成帯土壌と，母岩の影響などを強く受けて局地的に分布する間帯土壌がある。①はブラジル高原に分布する玄武岩・輝緑岩が風化した赤紫色のテラローシャである。②は地中海周辺に分布する石灰岩が風化した赤色のテラロッサである。③は針葉樹林が生育する亜寒帯に分布する灰白色のポドゾルで，低温のため腐植作用が進まず，酸性である。成帯土壌としては，他に熱帯のラトソル，温帯の褐色森林土，ツンドラ気候のツンドラ土，砂漠気候の砂漠土などがある。

問4　4　①

①誤り。東側斜面はアマゾン川流域に位置し，低地には熱帯雨林がみられる。H付近は赤道から少し離れているため，雨季と乾季がみられるが，豊富な降水がみられる雨季は熱帯収束帯が南下する夏季であり，冬季は乾季になる。②正しい。チチカカ湖周辺は，アルティプラノと呼ばれる標高の高い高原が広がるため寒冷で，両側を山脈で囲まれているため降水量も少ない。よって，森林は生育せず，草地が広がる。③正しい。西側斜面では図2にも描かれているように雲帯がかかり，夏季には少し降水もみられるため低木林が広がる。④正しい。南アメリカ大陸中低緯度の

西岸では，沖合を北上する寒流のペルー海流の影響を受けて下層の空気が冷やされ，大気が安定して上昇気流が発生しないため少雨で，海岸砂漠がみられる。

問5 5 ④

サヘルはサハラ砂漠南縁で，砂漠化が深刻な地域として知られている。①正しい。Jはほぼステップ気候地域で，冬季には亜熱帯高圧帯が南下して乾燥し，夏季には熱帯収束帯が北上して短い雨季がみられるが，年によってはあまり北上せず，干ばつが起こることもある。②正しい。この干ばつは砂漠化の自然的要因である。③正しい。砂漠化によって農産物の生産量が減少すると，食料不足によって湿潤地域に移動する環境難民が発生する。④誤り。サヘルでは，人口増加により食料増産が必要となり，農地の拡大や家畜の増加が進むと植生が破壊される。このような過耕作や過放牧，さらに燃料としての木材の過伐採による植生破壊は，砂漠化の人為的要因であり，砂漠化を進行させる。

問6 6 ④

低緯度地域では，亜熱帯高圧帯から熱帯収束帯(赤道低圧帯)に向けて東寄りの貿易風(カ)が吹く。偏西風は，亜熱帯高圧帯から亜寒帯低圧帯に向けて吹く西寄りの風である。エルニーニョ現象は，貿易風が弱まることで，冷たい深層水が上昇する湧昇流が弱まって太平洋東部の海面水温が上昇する現象で，上昇気流が発生して，ペルー沿岸の海岸砂漠地域で多雨となる。図3では，南アメリカ北西部，北アメリカ南部は多雨となっているので，洪水(キ)の発生する可能性が高まる。

第2問 資源と産業

問1 7 ③

ボーキサイトは，赤色土の分布地域，すなわち熱帯・亜熱帯地方に多く埋蔵され，生産上位国(2013年)は，オーストラリア，インドネシア，中国，ブラジル，ギニア，インド，ジャマイカである。図1では，アが該当し，ギニアとジャマイカが判定のヒントとなる。国際特許出願件数は，先進国で多いため，アメリカ合衆国と日本で割合が高いイが該当する。残ったウはリチウムの生産量であるが，組合せ解答なので生産上位国は知らなくてもよい。

問2 8 ④

カは，九州地方は東京圏に比べて人件費が安価であると書かれていることから，生産コストに占める労働費の割合が高く，安価な労働力を求めて立地する労働力指向型と判定できる。半導体は軽量で高価なことから，生産費に占める輸送費の割合は小さい(キ)。このため，輸送費の高い航空機で運んでも採算がとれ，工場は空港の近くに立地している。

問3 9 ③

①はイタリア北中部のサードイタリー(第三のイタリア)の説明で，いわゆるブランド品を中小企業が多品種少量生産している。②はアメリカ合衆国太平洋岸中部の

サンノゼ付近にあるシリコンヴァレーの説明で，スタンフォード大学などの研究機関を背景に先端技術産業の世界的拠点となっている。③はドイツのルール地方の説明で，ルール炭田を背景に鉄鋼業が発展したが，近年は停滞して環境関連産業が集積し，炭坑などの産業遺産による観光も盛んになっている。④の輸出加工区は，発展途上国が外貨を獲得するために外資を導入して輸出指向型工業化を進める際に設置する工業団地のことで，アジアのNIEsのシンガポールが該当する。シンガポールは東南アジアの金融業の中心でもあり，近年は知識産業の成長も著しい。

問4　10　②

日本の自動車メーカーは，近年市場として拡大している中国や東南アジアなどアジアでの現地生産を進めているので，割合が高まっている②がアジア(日本を除く)である。海外生産台数の増加で国内生産台数は減少しているため，割合が低下している①が日本である。③は，かつてアジアより割合が高かったことから，1980年代の日本からの輸出増加で貿易摩擦が生じ，その対策として現地生産を進めたアメリカ合衆国を中心とした北アメリカである。④は中央・南アメリカで，近年はアメリカ合衆国への輸出基地としてNAFTA(北米自由貿易協定)に加盟しているメキシコへの進出が増加している。

問5　11　①

①誤り。遺伝子組み換え作物はバイオテクノロジーを利用して開発が進められ，アメリカ合衆国から導入されはじめた。栽培面積上位国(2016年)は，アメリカ合衆国，ブラジル，アルゼンチン，カナダの順で，大規模な企業的農業が盛んな国が中心である。②正しい。アグリビジネス(農業関連産業)は，アメリカ合衆国を中心に発達し，生産性の向上のため大規模化がすすんでいる。③正しい。日本で経営耕地面積の小さい農家は，農業収入が少ないため，農業以外の収入を主とする兼業農家が中心となっている。④正しい。冷凍船は19世紀後半に発明され，肉や酪農品の鮮度を保持しながら遠距離輸送できるようになったため，大市場のヨーロッパやアメリカ合衆国から離れた南半球のオーストラリアやニュージーランド，アルゼンチンでの酪農や企業的牧畜を発展させた。

問6　12　⑤

情報関連サービス業は，情報が集中する大都市で発達するため，東京都や大阪府の割合が高いスが該当する。一方，農業関連サービス業は，農業地域が中心となるため，東京都や大阪府より地方での割合が高いシが該当する。サは道路貨物運送業で，流通の拠点となる三大都市圏での割合が高い。

第3問　生活文化と都市

問1　13　②

プロテスタントはゲルマン系民族に多く信仰されているが，ドイツでは南部でカトリックも信仰されているので，両者の割合がほぼ同じ②が該当する。ギリシャではギリシャ正教が主に信仰されているので，正教の割合が高い③が該当する。フランスとポーランドは，いずれもカトリックが主に信仰されているが，フランスでは旧植民地の北アフリカ出身のイスラームを信仰する移民が多いため①が該当し，ポーランドは④である。

問2　14　④

アは，断熱性に優れた毛織物でつくられていることから，寒冷な南アメリカの高山地域が該当し，頭の通る穴をあけたポンチョという外衣は，防寒・防風に役立つ。イは，吸水性に優れた麻や綿でつくられていることから，湿潤な東南アジアの熱帯地域が該当し，横にスリットのある上衣はベトナムのアオザイである。ウは，強い日差しから身を守る役割を果たしていることから，高温で日差しの強い西アジアの乾燥地域が該当する。

問3　15　②

マレーシアの住民構成は，マレー系約６割，中国系約２割，インド系約１割で，中国系・インド系住民の方が経済的にマレー系住民より優位であったため，マレー系住民を優遇するブミプトラ政策がとられてきた。ルックイースト政策は，経済発展をめざすマレーシアが，工業化に成功した日本や韓国をモデルとして輸出指向型工業化を進める際に提唱したものである。

問4　16　③

都市人口率は工業化の進んだ先進国で高いので，②と④はイタリアかカナダである。両国の首位都市の人口(2014年)は，イタリア(約5900万人)のローマが287万人，カナダ(約3500万人)のトロントが606万人(郊外を含む)なので，②がイタリア，④がカナダである。都市人口率が低い①と③のうち，①は首位都市の人口割合が低いので，人口が約13億人と多いインドで，首位都市はムンバイ(約1800万人，2011年)である。③は人口が約1.6億人のバングラデシュで，首位都市は首都のダッカ(約1700万人，2014年)である。

問5　17　③

Bは江戸時代の町人地なので，②が該当する。残りの３地点は江戸時代の城下町区域外で，Cは駅前に位置するため③，Dは国道に面するため④，Aは中心部から離れているため①と判定できる。なお，図２は琵琶湖に面する滋賀県彦根市である。

問6　18　④

シは老年人口割合が高いので，大都市圏の外側の農業地域に位置するZである。スは20代から50代の割合が高いので，大都市圏の都心に位置するXである。サは30・40代とその世代の子どもに当たる年少人口割合が高いので，大都市圏の郊外に位置する住宅地のYである。高齢者の割合は，古い住宅も残っている都心の方が，郊外より高いことにも注意しよう。

第4問　西アジアとその周辺地域

問1　19　④

エのカシミール地方付近には，ヒマラヤ山脈とともに8000 m 以上の高峰があるカラコルム山脈や，7000 m 級の高峰があるパミール高原，ヒンドゥークシ山脈があり，標高が最も高い。次いで高いのはウで，イラン高原の南側のザグロス山脈には4000 m 以上の山がある。イは，ティグリス・ユーフラテス川沿いの平野で最も低く，アラビア半島中央部のアは標高1000 m 前後の高原である。

問2　20　③

①正しい。Aのトルコ西部は地中海性気候で，夏の乾燥に強いオリーブなどの樹木作物が栽培されている。②正しい。Bのサウジアラビアでは，地下水をくみ上げてスプリンクラーで散水するセンターピボットを利用した灌漑で小麦や野菜が栽培されている。③誤り。Cのイランでは，山麓の地下水をカナートと呼ばれる地下水路で耕地まで導いてナツメヤシや小麦などを栽培するオアシス農業が行われている。コーヒーは乾燥地域では栽培されない。④正しい。Dのアフガニスタンでは牛や羊の遊牧が行われ，乳製品や羊毛が生産されている。

問3　21　②

イスラエルはユダヤ教徒が中心なので④と判定できる。残りの３か国ではイスラームが主に信仰されているが，経済成長が続くアラブ首長国連邦では南アジアなどからの外国人労働者が多いため，ヒンドゥー教が含まれる②が該当する。①はイランで，イスラームの少数派であるシーア派が大部分を占める(多数派はスンナ派)。③はレバノンで，イスラームとともにキリスト教も信仰されている。

問4　22　⑤

西アジアの産油国は，ペルシャ湾岸に集中しているので，キが，輸出額に占める石油・石油製品の割合である。産油国のうち人口が少ないアラビア半島の国々では経済水準が高いので，カが，人口１人当たり GNI である。残ったクが，GDP に占める農林水産業の割合で，冬季に地中海方面からの低気圧で降水がもたらされ，地中海性気候が分布する北部の国々では農業生産が多い。

問5　23　①

トルコはヨーロッパ諸国に近く，国際観光客到着数はフランス，アメリカ合衆国，スペイン，中国，イタリアに次ぐ世界６位(2015年)であり，イスタンブールを拠点とするトルコ航空が日本との直行便を運航しているので，①が該当する。カタールもドーハを拠点とするカタール航空が日本との直行便を運航しているため③が該当する。②は④より外国からの年間訪問者数が多いので，イスラームの聖地メッカに世界から巡礼者が訪れるサウジアラビアであり，④は，政情が不安定で治安の悪いイラクである。

問6　24　⑤

Xのキプロスは，南部のギリシャ系住民によるキプロス共和国，北部のトルコ系住民による北キプロス・トルコ共和国に二分されており，シが該当する。Yのクウェートは，1990年に隣国のイラク軍が侵攻し制圧されたが，翌年アメリカ合衆国を中心とする多国籍軍が介入して解放されたので，**ス**が該当する。**Z**のアフガニスタンは，2001年にニューヨークなどで発生した同時多発テロ事件の首謀者が属するイスラム過激派組織タリバンの本拠地であったため，アメリカ合衆国による空爆が行われ，タリバン政権は崩壊した。よって**サ**が該当する。

第5問　ノルウェー，スウェーデン，フィンランドの比較地誌

問1　25　⑥

スカンディナヴィア半島には，ノルウェーとスウェーデンの国境となっている古期造山帯の**スカンディナヴィア山脈**があり，ノルウェーでは山脈が大西洋に迫り平野が少ないが，スウェーデンではバルト海側に平野がみられる。一方，安定陸塊の**バルト楯状地**に位置するフィンランドは大部分が平野で多くの氷河湖がみられる。よって，標高200 m 以下の面積の割合の高い順に，**ア**がフィンランド，**イ**がスウェーデン，**ウ**がノルウェーと判定できる。気温については，暖流の**北大西洋海流**が北上する大西洋上を吹く暖かな**偏西風**の影響を受ける西岸では冬季の気温が高く，東に向かうほど暖流の影響が弱まり気温が低下する。このことから**ア**がヘルシンキ，**イ**がストックホルム，**ウ**がベルゲンと判定できる。

問2　26　⑤

ノルウェーは偏西風に対してスカンディナヴィア山脈の風上側に位置し多雨で，山岳地域が広いためダムが多く，**水力発電**がほとんどを占めている。よって，**キ**が水力で，国土が平坦なフィンランドでは割合が低い。ノルウェーは原油と天然ガスの西ヨーロッパ最大の生産・輸出国で，エネルギー自給率が高く原子力発電は行われていないため，**ク**が火力，**カ**が原子力である。スウェーデンでは原子力発電の割合が最も高い。

問3　27　⑥

スは原材料と燃料の割合が高いので，**天然ガス**・**原油**が輸出の中心であるノルウェーである。**サ**と**シ**は図4からは判定できないが，表1の輸出相手国をみると，**サ**には**ロシア**が3位に入っているので，隣国のフィンランドであり，**シ**がスウェーデンである。

問4　28　②

アニメーションの**タ**の「ムーミン」はフィンランド，**チ**の「小さなバイキングビッケ」はノルウェーであるが，センター試験後にマスコミでそれぞれ諸説があることが指摘されていた。バイキングは，9～11世紀頃にスカンディナビア半島を本拠地として海上からヨーロッパ各地に侵攻した北方ゲルマン族で，フィヨルドを港湾として利用したノルウェーで有名である。言語では，ノルウェーがスウェーデンと同じ**インド・ヨーロッパ語族のゲルマン語派**なので，スウェーデン語と似た**A**がノルウェー語であり，**B**は**ウラル語族**のフィンランド語である。

問5　29　②

北欧諸国は世界でも有数の福祉国家であることから，GDP に対する公的社会支出の割合は高く，多額の財源が必要なため，GNI に対する租税負担率も高い。よって，②が該当する。

第6問　岐阜県高山市の自然環境や人間活動にかかわる地域調査

問1　30　⑥

気温の年較差は沿岸部より内陸部で大きい。冬季の日照時間は，冬型気圧配置で降雪の多い日本海側で短く，太平洋側では長い。よって，年較差が最大の**ウ**が高山市，日照時間が最長の**ア**が浜松市，最短の**イ**が富山市である。

問2　31　③

①正しい。人口密度は JR 高山本線が通る旧高山市など盆地に位置する中心部とその隣接地域で高い。②正しい。中心部から離れた標高の高い地域では過疎化が進み，老年人口割合が高い。③誤り。中心部では雇用が多いため，核家族世帯や単身世帯の割合が高い。④正しい。縁辺部では，過疎化にともなう若年層の流出や高齢者の死亡にともなう世帯人員の減少が進んでいる。

問3　32　④

カ：「現在は大都市圏を中心に出荷されていますが，交通網の整備される以前には，近郊の農家にとって朝市は農産物を販売する重要な場所でした」ということから，域内が該当する。**キ**：「高山まで運ばれたブリは，標高1000 m を超える山脈の峠を越え，海の魚を食べることが困難な地域にも運ばれていました」ということから，内陸の松本盆地に位置する松本が該当する。高山市との間には高峻な飛騨山脈があり，峠を越えて行くことができる。

問4　33　④

①正しい。上二之町や西側の花川町付近には丁字路や屈曲路がみられるが，このような街路形態は，遠方の見通しを悪くし，敵の移動を遅らせる防御的機能をもっていた。②正しい。宮川沿いの市街地の水準点や三角点，標高点から，北側が低いことが読み取れるので，南から北へ流れていることがわかる。③正しい。城下町には寺院が集中した寺町があり，吹屋町の東側には天性寺町など寺院に由来する町名がみられる。④誤り。苔川に並行する西側の中央分離帯のある道路沿いには，工場が集まった工業団地はみられない。

問5　34　②

岐阜県全体では日帰り客数に比べて宿泊客数は非常に少ないが，図4から，高山市の旅行者に占める宿泊客の割合は2015年で4割程度と読み取れ，通過型観光地としての性格は強くないので，②が誤りである。図4の高山市の宿泊客数は約130万人，表2の外国人宿泊客数は26.8万人なので，③は正しい。④も表2から正しいと読み取れる。①は図表からは読み取れないが，旅行者数は，交通条件の改善以上に観光資源によるところが大きく，正しい。

問6 35 ②

本州中部では，海岸沿いの低地から高山にかけて，植生は常緑広葉樹林，落葉広葉樹林，針葉樹林と変化し，森林限界を超えるとハイマツや高山植物が分布する高山帯となる。よって，Aは森林が見られないので，森林限界を超えた高山帯である。Bは広葉樹林なので標高の低い山地帯，Cは針葉樹林なので標高の高い亜高山帯である。

●写真提供・協力

株式会社 Gakken ／株式会社ライツ・アンド・ブランズ／瑞鷹株式会社

岡戸紀美代(2002)『旅の指差し会話帳 30 スウェーデン』株式会社ゆびさし

青木エリナ(2002)『旅の指差し会話帳 35 フィンランド』株式会社ゆびさし

若林博子(2004)『旅の指差し会話帳 57 ノルウェー』株式会社ゆびさし

ユニフォトプレス／岩沢勝正/アフロ／橋本登士昭/アフロ

地理B

（2017年１月実施）

受験者数　150,723

平 均 点　　62.34

2017
本試験

地理Ｂ

解答・採点基準

（100点満点）

問題番号(配点)	設　問	解答番号	正解	配点	自己採点
第1問 (17)	問1	1	③	2	
	問2	2	⑤	3	
	問3	3	④	3	
	問4	4	③	3	
	問5	5	②	3	
	問6	6	④	3	
第1問　自己採点小計					
第2問 (17)	問1	7	④	3	
	問2	8	②	3	
	問3	9	③	2	
	問4	10	②	3	
	問5	11	④	3	
	問6	12	④	3	
第2問　自己採点小計					
第3問 (15)	問1	13	②	3	
	問2	14	④	3	
	問3	15	④	3	
	問4	16	⑤	3	
	問5	17	③	3	
第3問　自己採点小計					
第4問 (17)	問1	18	④	3	
	問2	19	③	3	
	問3	20	③	3	
	問4	21	④	3	
	問5	22	④	2	
	問6	23	①	3	
第4問　自己採点小計					
第5問 (14)	問1	24	③	3	
	問2	25	②	2	
	問3	26	②	3	
	問4	27	③	3	
	問5	28	①	3	
第5問　自己採点小計					
第6問 (20)	問1	29	①	3	
	問2	30	③	3	
	問3	31	①	3	
	問4	32	③	2	
	問5	33	④	3	
	問6	34	①	3	
	問7	35	③	3	
第6問　自己採点小計					
自己採点合計					

第1問　世界の自然環境と自然災害

問1　1　③

Aには，プレートの広がる境界に形成された大西洋中央海嶺が位置するので，中央部が盛り上がった④が該当する。Aの北方のアイスランド島は，大西洋中央海嶺上に噴出した火山島である。日本列島の南方のBには，プレートのせばまる境界に形成された伊豆・小笠原海溝が位置するので，水深の大きな③が該当する。Cはオーストラリア大陸とニューギニア島の間のアラフラ海で，水深200 m 未満の大陸棚が広がっており，①が該当する。Dの太平洋北東部は，水深5000 m 前後の大洋底が広がる②が該当する。海洋の大部分はこのような大洋底が占めている。地図帳でプレート境界とともに海底地形を確認しておこう。

問2　2　⑤

海氷に覆われにくい海域は，海水温の高い海域，すなわち暖流が流れる海域なので，北大西洋海流が北上するKと，北太平洋海流から続くアラスカ海流が北上するMが該当する。K付近のスカンディナヴィア半島沿岸部とM付近のアラスカ沿岸部は暖流の影響を受け冬季温和で，西岸海洋性気候(Cfb・Cfc)が分布している。また，スカンディナヴィア半島では北端まで不凍港がみられる。Jには東グリーンランド海流，Lには親潮(千島海流)から分かれた海流が流れ，どちらも寒流である。

問3　3　④

ア～エはほぼ同緯度に位置するが，気候は大きく異なる。PとQは，冬季の降水量が多く，夏季は乾燥していることから，大陸西岸に分布する地中海性気候(Cs)の特徴がみられる。よって，地中海付近のアか北アメリカ大陸太平洋岸のウのどちらかであるが，ウは，沖合を寒流のカリフォルニア海流が南下し，夏季の気温が低いことからPが該当し，アはQである。Rは夏季も冬季も降水量が少なく，気温の年較差(最暖月と最寒月の平均気温の差)が大きいので，大陸内部の中央アジアに位置するイである。大陸東岸のエはSで，夏季も冬季も降水量が多く，最暖月平均気温が22 ℃以上の温暖湿潤気候(Cfa)である。

問4　4　③

①正しい。砂州は，海岸線に並行して流れる沿岸流によって運ばれた砂や泥などが直線状に堆積した地形で，嘴状に堆積すると砂嘴になる。②正しい。砂州によって外洋から切り離された水域は潟湖(ラグーン)と呼ばれる。③誤り。陸繋島は，砂州(陸繋砂州，トンボロ)によって陸地と繋がった島である。クには河川が流れており，問題文にあるように，河川が運搬した砂や泥などによって形成された三角州である。④正しい。砂や泥が干潮時に現れるのは干潟である。ただし，ケの島々に立地するヴェネツィアの旧市街地が干潟の高まりを利用して形成されたことは知らなくてもよい。

問5　5　②

X～Zの発生件数には大きな差はないが，被害額と被災者数には大きな差がみられる。Xは，被災者数が世界の89%を占めることから，世界人口の約6割が居住するアジアと判定する。Yは，被災者数は３％と少ないが被害額は35％と多く，ヨーロッパと同様の傾向がみられることから，先進国のアメリカ合衆国が含まれる南北アメリカと判定する。一方，Zは，被災者数が７％に対して，被害額が１％と少ないことから，発展途上地域のアフリカである。

問６　6　④

図６は，秋田・岩手県境に位置する秋田駒ヶ岳(1,637m)の火山防災マップである。①正しい。年間に最も多い風向の場合に予想される降灰範囲と厚さが示されているが，火山噴火が生じるときの風向が東寄りであればサにも火山灰が降り，農作物に被害が出る可能性はある。②正しい。シは土石流が及ぶところに位置している。③正しい。スは火砕流の熱風部が及ぶ範囲に位置している。④誤り。セは土石流が及ぶ範囲と火砕流の本体が及ぶ範囲の両方に位置している。

第２問　資源と産業

問１　7　④

①正しい。農業経営の効率化を進めることで生産性が向上して農産物価格が下がれば，安価な外国産農産物に対抗できるようになる。②正しい。食の安全を確保するために，食料品がどこで生産され，どのような経路で消費者に販売されたかがわかるトレーサビリティ(生産履歴追跡)制度が整備されており，牛肉にはBSE(牛海綿状脳症)の蔓延防止措置などのため個体識別番号が付けられている。③正しい。遺伝子組み換えによって病害虫への抵抗力を強めたり，除草剤への耐性を高めたりした作物が開発され，アメリカ合衆国など世界各地で栽培が拡大しているが，食品としての安全性や生態系への悪影響が懸念されている。日本にも，遺伝子組み換え作物やそれを飼料として肥育された家畜の畜産物が輸入されているが，2001年から遺伝子組み換え作物を使用した食品には，表示が義務付けられている。④誤り。輸送技術の発達により冷蔵野菜の輸入が増加し，タマネギやカボチャなど比較的保存のきく生鮮野菜の輸入量も増加している。

問２　8　②

農林水産業従事者の割合が高い発展途上国では，農林水産業従事者１人当たりの農地面積は狭いので，①と②はアジアかアフリカであり，工業化が遅れているアフリカの方がGDPに占める農林水産業の割合が高い①，アジアは②である。１人当たりの農地面積は，アフリカより人口がはるかに多く，人口密度も高いアジアの方が狭い。③と④は，経営規模の大きい新大陸の２地域で，GDPに占める農林水産業の割合が低い④は工業化が進んでいる北アメリカ，オセアニアは③である。

問３　9　③

①正しい。木材もバイオマスエネルギーで，木材加工で発生する木くずなどを利用した発電が推進され，フィンランドなど林業の盛んな国では利用が多い。②正しい。アメリカ合衆国などでは，食用穀物のトウモロコシがバイオエタノールに利用

されるため，食料価格の高騰をまねくおそれがある。③誤り。バイオエタノールが初めて大量に使用されはじめたのは，現在アメリカ合衆国に次ぐ生産国のブラジルで，石油危機後にサトウキビを原料として生産し，ガソリンに混ぜて利用されるようになった。④正しい。バイオマスエネルギー，すなわち生物資源から得られるエネルギーが燃焼して発生する二酸化炭素中の炭素(カーボン)は，植物が光合成で空気中から取り込んだ二酸化炭素起源であるため，大気中の二酸化炭素総量に与える影響が小さく，カーボンニュートラル(中立)とされる。

問4　10　②

エネルギー輸入依存度が最も高い①は，エネルギーの大部分を輸入に依存する日本，一方，最も低い④は，石炭の大輸出国で，液化天然ガスや原油も輸出しているオーストラリアである。②と③は，イギリスかドイツであるが，イギリスは北海で原油と天然ガスを産出するため輸入依存度が低い③である。②のドイツは，日本とともに工業が盛んなため，鉱工業就業人口の割合が高い。

問5　11　④

アは，日本が上位に含まれるため，石炭の消費量である。石炭の生産量1位は中国で，世界生産の58%(2013年)を占めるので，イが生産量である。輸出量はウで，オーストラリアが長らく1位であったが，2012年以降インドネシアが1位となっている。なお，輸入量は中国が日本を上回り1位となっている。

問6　12　④

カは，港湾施設があることから，オランダのライン川河口付近に位置するヨーロッパ最大の貿易港であるロッテルダムである。原油の大輸入港でもあり，付近には石油化学コンビナートが立地している。キは，20世紀初頭から自動車が製造されてきたことから，アメリカ合衆国のデトロイトである。デトロイトはカナダとの国境付近のヒューロン湖とエリー湖の間にあるセントクレア湖に面し，水運が利用できる。クは，外国からの投資による工業化が進展したことから，発展途上国のタイの首都バンコクである。近年は日本企業を中心とする自動車産業が発達し，タイは東南アジア最大の自動車生産国となっている。

第3問　都市・村落と生活文化

問1　13　②

①正しい。モスクワの中心部にはクレムリンなどの伝統的建造物があり，都市の拡大とともに集合住宅地区が郊外に形成されている。②誤り。アメリカ合衆国では，都市の拡大やモータリゼーションの進展とともに，居住環境の悪化したインナーシティ(旧市街地)と呼ばれる都心周辺地区から郊外へ高所得者層が移動し，戸建て住宅地区が形成されている。一方，インナーシティでは，老朽化した住宅に低所得者層や移民が流入してスラム化が進み，治安の悪化や税収の減少などのインナーシティ問題が発生している。③正しい。中国などアジアの大都市では，都市計画が整

備されないまま都市人口が増加し，さまざまな大きさや高さの建物が高密度に混在している。④正しい。ドイツなどヨーロッパの歴史的都市では，教会を中心とした旧市街が保存されている。

問2 14 ④

①誤り。日本の古代都市である平城京と平安京が模した唐の長安(現在の西安，シーアン)は，**直交路型**の街路網を特徴としている。②誤り。江戸時代に主要な街道沿いに形成されたのは**宿場町**である。自由都市は，中世に商業などが発達し自治権を獲得した都市で，日本では博多や堺があるが，ヨーロッパでは，ハンブルクなど北ドイツを中心とした自由都市からなるハンザ同盟がバルト海沿岸の貿易を独占した。③誤り。19世紀の西部開拓時代に実施された碁盤目状の土地区画制度の**タウンシップ制**では，農家１戸分の農地は約65 haなので，家屋は点在し，**散村**が形成された。④正しい。マンチェスターは産業革命発祥地であるイギリスの**ランカシャー地方**の，エッセンはドイツの**ルール地方**の中心都市である。

問3 15 ④

工業化が早くから進んだ先進国では，都市と農村の経済的な格差は小さいので，１人当たり総生産の国内地域格差が小さい②と④がオーストラリアかオランダである。オーストラリアは人口分布の偏りが大きく，温帯の南部沿岸地域に大都市が集中しているので，人口の偏在の度合いが高い④が該当し，②はオランダである。①と③のうち，人口の偏在の度合いが高い③は，首都メキシコシティが人口約2000万人で**プライメートシティ**となっているメキシコで，①は，人口規模の類似した大都市の多い南アフリカ共和国である。

問4 16 ⑤

日本では，1970年代半ば以降人口増加率は低下を続けており，人口流入が多い東京圏でも時代とともに人口増加率は低下している。よって，人口増加率の高い地域が広い順に，**ク**が1985～1990年，**カ**が1995～2000年，**キ**が2005～2010年となる。東京都は，高度経済成長期に人口流入が続き，人口増加率は高かったが，**石油危機**による景気停滞が生じた1970年代以降社会増加率がマイナスとなり，人口増加率は低くなった。しかし，バブル経済崩壊後の1990年代後半以降，地価の下落により湾岸地域などで安価な住宅供給が増加したことで**人口の都心回帰**が生じて社会増加率がプラスに転じ，人口増加率も全国トップクラスに返り咲いた。よって，**カ**と**キ**では，東京都心付近で10％以上増加の地域がみられる。

問5 17 ③

図３を東京，大阪，名古屋の三大都市圏とそれ以外の地域についてみれば，①と②は正しく，③が誤りであると読み取れる。三大都市圏は老年人口率は低いが，④にあるように，今後は高度経済成長期に流入した若年層が高齢期に入るため，老年人口はさらに増加する。

第4問　中国地誌

問1　18　④

アは，レス(黄土)が厚く堆積していることから，黄河中流域のホワンツー(黄土)高原に位置するBが該当する。この地域のレスは，ゴビ砂漠やタクラマカン砂漠などから風で運ばれた細粒物質が堆積したものである。イは，タワーカルストから，観光地として有名なCのコイリン(桂林)である。石灰岩が二酸化炭素を含む雨や地下水に溶食されて形成されるカルスト地形は，ドリーネやウバーレなどの凹地が有名だが，温暖な地域では侵食が進んで塔状の石灰岩の山が林立するタワーカルストもみられる。ウは，氷河地形がみられることから，標高の高いヒマラヤ山脈の北麓のAが該当する。モレーンは，氷河が侵食，運搬した砂礫が末端などに堆積した地形である。

問2　19　③

緯度の高いJとKは，冬季低温で年較差の大きい①か④で，Jは内陸の乾燥地域に位置するので，降水量の少ない④である。Kは①で，季節風の影響で，夏多雨，冬少雨となっている。Mはユンコイ高原に位置し，標高が高いので，夏季の気温が低い③が該当し，Lは②である。

問3　20　③

茶は，温暖多雨で水はけのよい傾斜地に適しているので，中南部で作付面積が多いカが該当する。野菜は，需要の多い大都市近郊で生産が多いので，平野の広がる東部を中心に作付面積が多いクが該当する。キはイモ類で，野菜と違って鮮度が重視されず保存がきくので，内陸部で作付面積が多い。

問4　21　④

①正しい。Pの東北地方南部から華北にかけての地域は，石炭や鉄鉱石の産出が多く，古くから鉄鋼業を中心とする重工業が盛んである。②正しい。Qの東北地方は，冬季シベリア高気圧の影響を受け寒冷なため，暖房用の石炭の消費が多い。③正しい。華南沿岸部は冬季の気温が高く，暖房用の消費は少ない。④誤り。朝鮮半島や日本列島に大気汚染物質をもたらすのは，冬季の北西季節風であり，貿易風は亜熱帯高圧帯から熱帯収束帯に向けて吹く，低緯度地方の風である。

問5　22　④

①誤り。中国の戸籍制度には都市戸籍と農村戸籍があり，都市戸籍をもつ人が受けられる教育や医療などの社会保障を，都市に住む都市戸籍をもたない農村出身者は受けられないという格差がある。②誤り。近年の急速な経済成長で家電製品の普及率は高くなっている。③誤り。沿海部と内陸部の格差是正のために行われている西部大開発では，西部から沿海部に石油や天然ガス，電力などが送られているが，最大の油田は東北地方のターチン油田で，チンハイ省の石油生産は少ない。④正しい。チンハイ(青海)省の省都シーニンと，チベット(西蔵)自治区の区都でチベット仏教の聖地であるラサを結ぶチンツァン(青蔵)鉄道は，最高地点が5000 m を超え，2006年の開通以降，チベットへの観光客の増加をもたらしている。

問6 23 ①

①誤り。少数民族の文化を尊重して，民族言語による教育も行われている。②正しい。少数民族の居住地域に漢族の入植を進めたことから，漢族の割合が高くなり，チベット自治区やシンチャンウイグル自治区などでは民族対立が発生している。③正しい。自治区を構成している5民族のうち，チベット族とモンゴル族は**チベット仏教**を，ウイグル族とホイ族は**イスラーム**(**イスラム教**)を信仰している。また，さまざまな伝統的な風俗習慣や食文化がみられる。④正しい。高山や砂漠などの自然環境や漢族と異なる文化が観光資源となり，海外や国内からの観光客が増加している。

第5問 スペインとドイツ

問1 24 ③

スペインの位置するイベリア半島は，**イベリア高原**や多くの山脈がみられ，平野は南西部沿岸など一部に限られる。一方，ドイツは，北部に**北ドイツ平原**が広がり，アルプス山脈に近い南部は標高が高くなっている。よって，図**2**で全体に標高の高い**ア**がスペイン，北部が低い**イ**がドイツである。年降水量は，夏季に乾燥する**地中海性気候**地域が広いスペインの方が，年中湿潤な**西岸海洋性気候**地域が広がるドイツよりも少ないので，図**3**の**A**がドイツ，**B**がスペインである。**A**の南端で年降水量が多いのは，アルプス山脈に近いためである。

問2 25 ②

オリーブは，栽培地域が地中海性気候地域にほぼ限られるので，スペイン南部に分布する④が該当する。逆に，ライ麦は，冷涼な地域で栽培されるため，ドイツ北部に分布する③である。ブドウは，ヨーロッパではパリ盆地付近が栽培北限で，スペインでは各地で栽培されているが，ドイツでは南西部のライン川沿いを中心に栽培されているので，②が該当する。①は小麦で，ヨーロッパでは広く栽培されている。

問3 26 ②

スペインの人口上位5都市(2013年)は，首都**マドリード**(319万人)，東部カタルーニャ地方の**バルセロナ**(161万人)，バレンシア(79万人)，セビリア(70万人)，サラゴサ(67万人)，ドイツの人口上位5都市(2014年)は，首都**ベルリン**(342万人)，エルベ川河口の**ハンブルク**(175万人)，南部の**ミュンヘン**(141万人)，北西部ルール地方のケルン(103万人)，金融・経済の中心フランクフルト(70万人)である。しかし，ここでは上位20都市の分布が示されており，図**6**の**キ**はほぼ均等に分布しているのに対し，**カ**は北西部に集中している。ドイツでは，最大の工業地域である**ルール地方**が**コナーベーション**(連接都市)の例として知られ，人口数十万前後の多くの都市が一体化した都市域を形成している。よって，**カ**がドイツで，**キ**がスペインである。表**1**は，日系現地法人数が上位2都市に集中している**D**がスペインで，1位の都市に少ないEがドイツである。ドイツは連邦制で，大企業が各地に分散し，旧東ドイツに位置する首都ベルリンは政治の中心ではあるが，経済の中心ではない。

問4　27　③

貿易額の多いサとシは，経済力の大きなドイツとフランスで，工業製品の輸出が多く，ヨーロッパ最大の貿易黒字国であるドイツが，各国に対し輸出額の方が多いシであり，サはフランスである。スは，ポルトガルより経済力が大きなスペインで，貿易額が最も少ないセはポルトガルである。

問5　28　①

①誤り。南アジアのインドやパキスタン，バングラデシュなどからの移民が多いのは，旧宗主国のイギリスである。スペインへの移民が多いのは，かつての植民地でスペイン語が公用語とされているエクアドルやコロンビアなどラテンアメリカの国々である。②正しい。イギリスやフランスと異なり植民地をもたなかったドイツでは，1960～70年代にトルコから大量の労働者を受け入れた。③・④正しい。ヨーロッパでは，所得の高い中北部の国々から温暖な地中海周辺諸国への旅行者が多く，ドイツは送り出し超過で，スペインは受け入れ超過であり，国際観光収支は，ヨーロッパでドイツが最大の赤字国，スペインが最大の黒字国である。

第6問　壱岐島の地域調査

問1　29　①

①誤り。南西部に213 m，北西部に139 m の三角点がみられる。②正しい。Xの北側には内海に流入する河川がみられる。③正しい。西部では山地が海に迫り，海岸線の複雑なリアス海岸がみられる。④正しい。赤瀬鼻付近は岩石海岸で，海岸沿いに40 m の等高線がみられることから海食崖が形成されていることがわかる。

問2　30　③

①誤り。主要道路と交わる道路が整備されたが，寸断されてはいない。②誤り。芦辺港北岸の埋立地は水田に利用されているが，南岸の埋立地には水田はみられない。③正しい。芦辺大橋が建設され，破線で表される渡船は廃止された。④誤り。梅ノ木ダムは建設されたが，発電所の記号はみられない。

問3　31　①

AとCには水田がみられるのでアかウで，平坦なAはア(奥の山は河川対岸の山)，両側から山が迫るCはウである。Bはイで，荒地や畑の記号がみられ，右手前から左へ向かう道路記号もみられる。

問4　32　③

壱岐島は海洋上を吹く大陸からの北西季節風の影響を強く受けるため，③が正解である。①竜巻の発生頻度は少なく，屋敷林は竜巻の被害を軽減することもできない。②湿った風が山脈を越えて，風下側で乾いた高温の風となって吹き下りるフェーン現象は，壱岐島のように標高の低い小さな島では生じない。④やませは，初夏に東北地方太平洋側に吹く冷涼な北東風で冷害をもたらす。

問5 33 ④

日本海には，暖流の**対馬海流**が流れ込んでいるので，**カ**は暖流である。表１で，１経営体当たり漁船数をみると，壱岐市では１隻の割合が高いので経営規模は小さい。

問6 34 ①

居住する市町内で買い物をする割合は，離島と人口の多い都市で高く，人口の多い都市に買い物に行く人の多い周辺地域では低くなるので**E**が該当する。小学校の複式学級率は，人口の少ない過疎地域で高いので**F**が該当する。人口1,000人当たりの医師数は，都市部で多く過疎地域では少ないので**G**が該当する。

問7 35 ③

①正しい。気象庁のウェブサイトでは，さまざまな気象データをみることができる。②正しい。近世，すなわち江戸時代以降に発生した災害やその対策については，郷土史に書かれている。③誤り。AMeDASは，気象データのみであるため，被災家屋や被災者の数を知ることはできない。④正しい。海岸沿いの地形や標高を調べることで，津波による浸水範囲を予測することができる。

●写真提供・協力

長田写真館　長田佐知子／ユニフォトプレス

地理B

（2016年１月実施）

受験者数　147,929

平 均 点　　60.10

2016
本試験

地理B

解答・採点基準

（100点満点）

問題番号(配点)	設　問	解答番号	正解	配点	自己採点
第1問 (17)	問1	1	①	3	
	問2	2	③	3	
	問3	3	②	2	
	問4	4	⑤	3	
	問5	5	①	3	
	問6	6	①	3	
第1問　自己採点小計					
第2問 (17)	問1	7	③	3	
	問2	8	④	2	
	問3	9	⑥	3	
	問4	10	②	3	
	問5	11	④	3	
	問6	12	④	3	
第2問　自己採点小計					
第3問 (17)	問1	13	②	3	
	問2	14	①	2	
	問3	15	②	3	
	問4	16	④	3	
	問5	17	②	3	
	問6	18	③	3	
第3問　自己採点小計					
第4問 (17)	問1	19	③	3	
	問2	20	②	2	
	問3	21	⑤	3	
	問4	22	①	3	
	問5	23	③	3	
	問6	24	②	3	
第4問　自己採点小計					

問題番号(配点)	設　問	解答番号	正解	配点	自己採点
第5問 (14)	問1	25	③	3	
	問2	26	②	3	
	問3	27	①	2	
	問4	28	②	3	
	問5	29	④	3	
第5問　自己採点小計					
第6問 (18)	問1	30	①	3	
	問2	31	③	3	
	問3	32	①	3	
	問4	33	④	3	
	問5	34	④	3	
	問6	35	④	3	
第6問　自己採点小計					
自己採点合計					

第1問　世界の自然環境と自然災害

問1　1　①

Aはプレートのせばまる境界に位置し，インド・オーストラリアプレートがユーラシアプレートの下に沈み込むところにスンダ海溝が形成されている。付近では津波被害が大きかった2004年のスマトラ沖地震など地震が頻発していることから，最も震源が多い①と判定できる。プレートはスンダ列島側に沈み込むので，震源は列島のある北東側ほど深くなっている。Bのオーストラリア大陸北東部にはプレート境界も火山もないため，震源がほとんどない④が該当する。Cのハワイ諸島は，プレートの中央部に位置するが，深部からマントル物質が上昇するホットスポットにあたり，火山島が並んでいる。現在火山活動が活発なのは，最大の島である南東端のハワイ島なので，南東部に震源の多い③が該当する。Dはプレートのずれる境界に位置し，横ずれ断層のサンアンドレアス断層が北西から南東へ走っている。せばまる境界のようにプレートは沈み込まないので震源は浅く，②が該当する。

問2　2　③

①正しい。日本の国立公園の多くは火山地帯にあり，温泉も多くの観光客をひきつけている。②正しい。地熱発電は，火山活動による地下の熱水や蒸気を利用している。③誤り。火山灰など火山噴出物に有機物は含まれていない。噴火後，火山灰や溶岩が風化し，植物が生育するようになると腐植が形成され，農業にも利用できるようになる。④正しい。火山噴出物はすき間が多く透水性が大きいため，雨水は浸透して地下水となり，山麓で湧水として利用される。

問3　3　②

植生の高さは気候と対応するので，植生が全くみられない①は，北回帰線付近でサハラ砂漠が広がるEが該当する。一方，植生の高さが大きい④は，赤道付近で年中高温多雨の熱帯雨林が広がるFである。②は，東部で植生がみられないので，紅海沿いに砂漠がみられるHが該当する。中央部のエチオピア高原から西部にかけては，雨季と乾季が明瞭で，熱帯雨林に比べると植生の高さは小さい。③も植生の高さは小さく，雨季と乾季が明瞭なサバナ気候が広がるGが該当する。

問4　4　⑤

Jのアルプス山脈には，かつて氷河が拡大し，山麓には氷食作用によって形成されたU字谷に水がたまった細長い氷河湖が多くみられるので，ウが該当する。図4のJはスイス北部のチューリヒ湖で，湖畔にはスイス最大の都市チューリヒが立地し，アルプス山脈から離れているため，衛星画像からわかるように付近には高峻な山々はみられない。Kの北海道には，火山噴火によって形成された凹地であるカルデラ内に水がたまったカルデラ湖が多くみられるので，アが該当する。図4のKの洞爺湖のほか，支笏湖や屈斜路湖，阿寒湖などもカルデラ湖である。Lのニュージーランドの湖は，残ったイの堰き止め湖で，衛星画像からわかるように，河川が堰き止められて，険しい山々を刻む谷沿いに水がたまって形成された。なお，ニュージーランド北島には火山が多く，カルデラ湖もみられるので注意しておこう。

問5　5　①

低緯度地方では，赤道低圧帯に向けて亜熱帯高圧帯から貿易風(北半球側では北東風，南半球側では南東風)が吹きこむが，赤道低圧帯は南半球の夏である1月には南半球側に，北半球の夏である7月には北半球側に位置するので，貿易風が吹き込むところが北半球側のWが7月，南半球側のXが1月である。赤道低圧帯がもたらす多雨地帯も気圧帯の南北移動に対応して移動するので，月降水量200 mm 以上の地域が北半球側にあるYが7月，南半球側にあるZが1月である。赤道は，南アメリカ大陸ではアマゾン川の河口付近を通ることを地図帳で確認しておこう。また，チリ中南部では，偏西風がアンデス山脈にぶつかって降雨をもたらすが，偏西風帯が北上する7月は，月降水量200 mm 以上の地域も北上し，チリ中部の地中海性気候地域が雨季となっている。

問6　6　①

エジプトは，ほぼ全域が砂漠気候で，人口も約9千万人と多いので，1人当たり水資源賦存量が最も少ない①と判定する。また，国内を流れる外来河川のナイル川は，南のスーダンから流れ込むので，国外水資源賦存量の割合が非常に高い。①に次いで国外水資源賦存量の割合が高く9割を超える③は，インドから流れ込むガンジス・ブラマプトラ川の河口部に位置するバングラデシュである。残った②と④は，1人当たり水資源賦存量の少ない②が人口の多い中国，多い④が人口の少ないチリである。両国とも隣接国から流入する河川は少ない。

第2問　世界の工業

問1　7　③

①正しい。アは，アメリカ合衆国のアパラチア炭田を背景としたピッツバーグ，イギリスのミッドランド炭田を背景としたバーミンガム，ドイツのルール炭田を背景としたルール地方，ポーランドのシロンスク炭田を背景としたシロンスク地方で，いずれも原料立地型の鉄鋼業が発達した。②正しい。イは，アメリカ合衆国のメキシコ湾岸油田を背景としたヒューストン，イギリスの北海油田からパイプラインが延びるミドルズブラで，どちらも石油化学工業が発達している。③誤り。ウは，アメリカ合衆国のシアトルとフランスのトゥールーズで，どちらも航空機工業が発達している。④正しい。エは，アメリカ合衆国のサンノゼ(シリコンヴァレー)とボストン(エレクトロニクスハイウェー)，イギリスのロンドン，フランスのパリで，いずれも研究開発機能が集積しており，先端技術産業が発達した。

問2　8　④

①正しい。アパレル製品は，企画やデザインは情報が集まる大都市に立地し，製造は，安価で豊富な労働力が得られる地方や発展途上国に立地する傾向がある。②正しい。アルミニウム製錬には大量の電力が必要とされるので，安価で大量の電力が得られる地域に立地する傾向がある。③正しい。大量生産される電気機械は，組

立に多くの労働力を必要とするので，安価で豊富な労働力を求めて**発展途上国**に立地する傾向がある。④誤り。ビール工業は，原料の大麦やホップより水の方が重量としてはるかに大きく，水はどこでも得られるため，輸送費を節約できる消費地の**大都市**付近に立地する傾向がある。

問3　9　⑥

カ〜**ク**のうち，**ク**は，欧米諸国と日本が上位を占めているので，科学技術の発達した先進国で多い技術貿易の受取額と判定する。一方，**キ**は中国が世界一で，インドやロシア，ブラジルなどの発展途上国が上位に多いことから，工業部門の二酸化炭素排出量と判定する。発展途上国では，先進国に比べて生産工程における省エネルギー化が進められていないため，二酸化炭素の排出量が多い。**カ**は，日本が世界一であることから，産業用ロボットの稼働台数と判定する。日本では，早くから自動車工業の自動化を進めるため溶接や塗装で産業用ロボットを使用し，合理化を進めてきた。近年は，電子電気機械工業で組み立てに使用されるロボットが増加している。

問4　10　②

製造業の雇用者１人当たりの工業付加価値額は，経済水準に対応する。５か国の１人当たりGDP(2013年)は，スイス85,854ドル，日本38,528ドル，韓国26,482ドル，メキシコ10,293ドル，中国6,626ドルの順で，①〜④もこれに従い，①スイス，②韓国，③メキシコ，④中国である。また，GDPに占める鉱工業の割合は，**工業化**とともに高まり，工業製品の輸出が盛んな中国と韓国は，その割合が高い。一方，先進国では**脱工業化**，**サービス経済化**が進んで第３次産業の割合が高まるので，スイスと日本では低下している。

問5　11　④

中国は，現在世界の工場として多くの国に安価な機械類を大量に輸出しているため，いずれの国・地域に対しても貿易黒字となっている**Q**である。一方，アメリカ合衆国は，工業の海外移転が進んで工業製品の輸入が多く，**世界一の貿易赤字国**となっているので，いずれの国・地域に対しても貿易赤字の**P**である。残った**R**はASEANで，近年はマレーシアやタイなどを中心に工業化が進み，機械類の輸出も増加している。

問6　12　④

①誤り。サハラ以南のアフリカは工業化が遅れているため，内陸部の鉱産資源は沿岸部に運ばれ，大部分は加工されずに輸出されている。②誤り。中央・南アメリカでは，先端的な知識集約型・創造型の小企業であるベンチャービジネスはあまり発達していない。また，**輸出加工区**は，発展途上国が，安価で豊富な労働力を利用して先進国から労働集約型の工業を中心に誘致する地区であり，ベンチャービジネスの進出には適していない。③誤り。発展途上国の工業化は，工業製品の輸入に必要な外貨を節約するため，輸入していた軽工業製品を中心に国内で製造する**輸入代替型工業化**から始まり，その後，安価で豊富な労働力を背景に先進国の資本と技術

を導入して工業製品を生産，輸出して外貨を得る**輸出指向型工業化**へと転換していく。④正しい。日本のアニメやゲームなどを制作するコンテンツ産業は，国際競争力があり，人材の確保や情報の収集に有利な都市部を中心に集積している。

第3問　都市・村落と生活文化

問1　13　②

都市人口率は，一般的に工業化とともに上昇し，先進国で高く，発展途上国で低い。①は1人当たりGDPが最も多いことから，先進国のイギリスである。一方，最も経済水準が低く，都市人口率も低い④は，ナイジェリアである。②と③は，2010年の1人当たりGDPがほぼ同じであるが，③の方が1990年からの伸びが大きく，近年経済発展が続いていることが読みとれる。これは，東南アジア諸国の中でも工業化が進んでいるマレーシアで，工業が発達し雇用が増加した都市への人口流入が進んでいるため，都市人口率も上昇している。②はアルゼンチンで，経済水準の割に都市人口率が高いことが読みとれる。これはラテンアメリカ諸国に広くみられる特徴で，ヨーロッパ人が開発拠点として都市を建設して入植したことが背景にある。また，アルゼンチンは，第二次世界大戦前はパンパの農牧業が経済を支え，先進国であったため，都市人口率が早くから高かった。

問2　14　①

①正しい。中国の東北に位置するターチンには国内最大の**ターチン油田**があり，石油関連産業が発達している。②誤り。ニースは，フランスの観光保養都市であるが，**コートダジュール**とよばれる地中海沿岸に位置し，スキーリゾートではなく，当初は貴族の避寒地として発達した。③誤り。パナマシティは，地中海と紅海を結ぶ**スエズ運河**沿いでなく，太平洋とカリブ海を結ぶ**パナマ運河**の太平洋側に位置する交通都市である。④誤り。**モントリオール**はカナダ第二の都市で，フランス系住民が多い**ケベック州**の最大都市である。計画的に建設された首都**オタワ**は，カナダ最大の都市**トロント**のあるオンタリオ州とケベック州との境界に位置している。

問3　15　②

図2は愛知県の一宮市を示している。アは，JRと私鉄が乗り入れるターミナル駅周辺が高位であることから，市街地が広がり人口が多いと考えて人口密度と判定する。イとウは，どちらも市の周辺部で高位の地域が多いが，イはターミナル駅周辺でも高位がみられるので，古くから市街地に居住している人も多いと考えて老年人口割合と判定する。ウは，農地が広がる市の周辺部に多い農業・林業就業者割合である。

問4　16　④

①正しい。戦後に農作業や交通に便利なように圃場整備が行われ，耕地の区画や道路が直線状に整備された。②正しい。写真からわかるように，家屋は**屋敷林**に囲まれている。屋敷林は，枝葉が燃料や肥料に利用され，冬の北西季節風を防ぐ役割

を持っている。③正しい。**集村**では，各農家の耕地は集落から離れたところに配置されることが多いが，**散村**では，耕地が自宅の周囲に配置されることが多い。④誤り。アメリカ合衆国など新大陸の先進国では各農家の経営規模が大きく，散村が農業経営に適している。

問5　17　②

①正しい。カナダ北部の北極海沿岸地域には先住民の**イヌイット**が居住し，冬季に氷や雪をドーム状に積み上げた**イグルー**とよばれる住居がみられる。②誤り。乾燥地域では，土や日干しレンガ，石が建材として使用され，日射や熱風を避けるために外壁の開口部は小さい。③正しい。朝鮮半島では，冬季寒冷なため**オンドル**とよばれる床暖房の仕組みがみられ，近年は温水パイプが利用されている。④正しい。高温多湿な東南アジアでは，通気性を高め，獣や虫の侵入を防ぐための**高床式住居**がみられる。

問6　18　③

イギリス領であった南アジアでは，独立時に**ヒンドゥー教中心のインド**，**イスラーム中心のパキスタン**，**仏教中心のスリランカ**(当時はセイロン)に分かれ，東西に分かれていたパキスタンは，1971年に東パキスタンが**バングラデシュ**として分離独立した。よって，仏教の割合が高い③がスリランカである。①と②の判定は難しいが，インドに取り囲まれたバングラデシュは，ヒンドゥー教徒がパキスタンより多いことから②が該当し，①がパキスタンである。ネパールは，南部ではインドと同様にヒンドゥー教が信仰されているが，チベットに接する北部では仏教(**チベット仏教**)が信仰されているので，④が該当する。

第4問　ヨーロッパ

問1　19　③

①はCで，**ポー川**の堆積作用によって形成された沖積平野(パダノ・ベネタ平野)が広がり，温暖なため**稲作**が行われていることがポイントである。ヨーロッパでは，イタリアとスペインで米の生産が多く，それぞれリゾットとパエリアという米料理がある。②はBで，**パリ盆地**では，緩やかに傾いた硬軟の互層が侵食を受けて緩斜面と急斜面が交互に現れる**ケスタ**がみられる。付近はフランス最大の小麦生産地域である。③はDで，**石灰岩**が二酸化炭素を含む雨や地下水で溶かされて形成された**カルスト地形**が発達しており，その名称はスロベニア西部のカルスト地方に由来している。溶食による凹地は，**ドリーネ**，**ウバーレ**，**ポリエ**の順に発達し，溶食盆地のポリエには集落が立地し，農耕も行われている。④はAで，スコットランド地溝帯と呼ばれ，グラスゴーやエディンバラが位置する低地帯では混合農業や酪農が行われ，冷涼な周辺の高地では牧羊が行われている。

問2　20　②

①はLの**ウィーン**で，第一次世界大戦前はオーストリア＝ハンガリー帝国の首都

として発展した。かつてモーツァルトやベートーヴェンが活躍して「音楽の都」と呼ばれ，クラシック音楽の中心となっている。②はJの**デュッセルドルフ**で，ヨーロッパ最大の工業地域である**ルール地方**の経済の中心である。ルール地方には，エッセンやドルトムントなど多くの都市があり，市街地が連続して一体化した連接都市(**コナーベーション**)の例として有名である。③はKの**ストラスブール**で，フランスとドイツの国境係争地域であった**アルザス地方**の中心都市で，第二次世界大戦前はドイツに，現在はフランスに属している。EU の**ヨーロッパ議会**はこの都市に置かれている。④はMの**ベオグラード**で，かつてはユーゴスラビア連邦の首都であったが，東西冷戦の終結後，連邦は解体されて7か国に分かれ，現在はセルビアの首都となっている。

問3　21　⑤

アとウは，経済水準の低い東ヨーロッパ諸国が低位なので，農業生産額に関連する指標と考える。アは，オランダやベルギー，デンマークが高位となっており，面積の狭い国では集約的農業が行われ，**土地生産性**が高い傾向にあることから，農地面積1 ha当たりの農業生産額と判定する。ウは，農業人口1人当たりの農業生産額で，ヨーロッパで穀物生産が最も多いフランスや，肉類生産が最も多いドイツなどが上位に入っている。イは農産物の輸出入比で，小麦輸出が多いフランス，園芸農業が盛んで野菜輸出が多いオランダ，地中海式農業が盛んでオレンジ類など果物の輸出が多いスペインなどが上位に入っている。

問4　22　①

カ～ケのうち，ケは，外国人の失業率より自国民の失業率が高いことから，雇用と高賃金を求めて外国人労働者が多く流入する西ヨーロッパ諸国ではないと考えて，東ヨーロッパの④ハンガリー，ポーランドと判定する。カは，自国民，外国人とも失業率が非常に高いことから，西ヨーロッパの中では経済水準が低く，近年経済が停滞している南部の②ギリシャ，スペインである。一方，失業率が最も低いクは，経済水準が高く，雇用が安定している③スイス，ノルウェーで，キは，残った①オランダ，フランスである。

問5　23　③

サはドイツで，東西ドイツの統一により，社会主義経済体制をとっていた旧東ドイツの経済は発展したが，依然として旧西ドイツ地域との経済格差が存在している。シはイタリアで，平野が広がり**ミラノ**，**トリノ**，**ジェノヴァ**を中心として工業が発達してきた北部と，平野が少なく工業化が遅れた南部との経済格差を解消するために，南部の**タラント**に製鉄所を建設するなどの政策がとられたが，格差は解消していない。スはベルギーで，炭田のある南部(**フランス語地域**)では産業革命期に鉄鋼業などが発達し，繊維工業が発達していた北部(**オランダ語地域**)より経済的に優位にあった。しかし，第二次世界大戦後は，石炭の枯渇などにより工業が衰退した南部に対し，臨海工業地域が発達した北部が優位となった。このことが，南部と北部の言語対立にも関係している。

問6 24 ②

①正しい。EUでは，人，モノ，資本の移動の自由化を進め，多くの国で国境管理を廃止するシェンゲン協定が結ばれたため，国境を越えた通勤や買物行動が活発になった。②誤り。東欧はEU加盟による経済発展で有力な市場となり，また安価な労働力が得られることから，ヨーロッパ域内だけでなく域外からも直接投資が増加した。③正しい。山間部の農業地域は平地に比べると生産性が低く，耕作放棄地の増加がみられたりしたが，伝統的な農村景観や文化・自然を求めて滞在するグリーンツーリズムが人気を集め，観光客が増加している。④正しい。炭田などを背景に立地した伝統的な工業地域では，資源の枯渇や産業構造の転換などによって衰退しているところが多く，ヨーロッパ最大の工業地域であるルール工業地域では，閉鎖された工場群や炭坑が産業遺産として世界遺産に登録され，地域経済の再生に活用されている。

第5問　インドと南アフリカ共和国

問1 25 ③

①誤り。Aには大インド砂漠，Eにはナミブ砂漠が広がり，乾燥しているが，カカオは熱帯で栽培され，乾燥地域で灌漑による栽培は行われていない。②誤り。Bは，夏季に南西季節風が背後の山脈にぶつかり多雨となる熱帯モンスーン気候で，稲作が行われている。Fは，冬季に偏西風の影響で多雨となる地中海性気候で，ブドウの大規模栽培が行われ，ワイン生産も盛んである。③正しい。Cのデカン高原西部は，南西季節風に対して山脈の風下側で少雨となりステップ気候となっており，肥沃なレグールが分布するため綿花栽培が盛んである。Gは北側のカラハリ砂漠に接しステップ気候で，綿花栽培が行われている。④誤り。ライ麦はヨーロッパ北部やカナダなどの冷涼地域で栽培され，DやHのような温暖地域では栽培されていない。

問2 26 ②

4か国のうち，インドは工業化が最も遅れ，経済水準も低いので，1人当たりGDPが最低の②が該当する。ただし，インドは近年工業化が進み，繊維品や衣類などの軽工業製品に加え，機械類や自動車などの輸出も増加しており，輸出額に占める工業製品の割合は上昇している。輸出額に占める工業製品の割合が非常に高い①は中国で，近年急速に工業化が進み，機械類や衣類，繊維品が輸出額の上位を占めている。③と④は，1人当たりGDPが多い④をロシアと判定する。ロシアは工業も発達しているが，輸出額上位品目は，原油，石油製品，天然ガスで，鉱産資源輸出への依存度が高く工業製品の割合は低い。③はブラジルでメキシコとともにラテンアメリカNIEsとされるが，輸出額1位は鉄鉱石，2位は大豆で，工業製品の割合が低くなっている（以上，統計は2013年）。なお，図2の1人当たりGDPは，購買力平価（それぞれの通貨で買える財やサービスの量が等しくなるように計算して求められるもの)換算によるもので，４か国とも，一般的に使われる**第３問図１**の名目GDPより多くなっている。

問３ 27 ①

すず鉱の生産上位国は中国，インドネシア，ペルー，クロムの生産上位国は南アフリカ共和国，カザフスタン，インド(2012年)で，アにはクロムが該当する。南アフリカ共和国はクロムやマンガンなどレアメタルの生産が多い。ダイヤモンドは，中・南アフリカの国々で産出が多く，南アフリカ共和国は生産が世界７位(2012年)で，輸出額では10位(2013年)に入っている。インドは，**ダイヤモンド加工業**が盛んで，輸出額では石油製品に次いで２位に入り，原石を輸入するため輸入額では４位に入っている(2013年)。

問４ 28 ②

①誤り。インドの輸出相手先１位はアメリカ合衆国，輸入相手先１位は中国であり，南アフリカでは輸出入とも中国が最大の相手先である(2013年)。②正しい。イギリス連邦は，イギリスと旧イギリス領の多くの国々で構成される緩やかな国家連合で，両国とも加盟している。③誤り。インドでは連邦公用語である**ヒンディー語**を含む22の言語が公用語で，英語は準公用語である。南アフリカ共和国ではズールー語など11の言語が公用語で，英語も含まれている。④誤り。南アフリカ共和国は1910年に南アフリカ連邦として独立したが，アフリカで他に第二次世界大戦前に独立していたのは，**エチオピア**，**リベリア**，**エジプト**だけである。南アジアの旧イギリス領インドは，第二次世界大戦後，宗教の違いから，ヒンドゥー教のインド，イスラームのパキスタン，仏教のスリランカ(当時はセイロン)に分かれて独立し，1971年には東パキスタンがバングラデシュとして分離独立した。

問５ 29 ④

①正しい。**カースト制**は，身分の上下関係を示す階層が特定の職業と結びついた制度である。②正しい。人口増加による農村の貧困な余剰人口が，就業機会の多い都市へ流入するのは，インドをはじめ発展途上国一般にみられる状況である。③正しい。**アパルトヘイト**は黒人など有色人種に対する隔離政策で，少数派の白人の優位が維持されていた。④誤り。都心部では以前から商業施設やオフィスが立地しており，アパルトヘイト撤廃後は，黒人の貧困層向けに郊外で住宅供給が進められている。

第６問　岩手県北上市とその周辺の地域調査

問１ 30 ①

①は，手前と左側に山があり，その間に扇状地がみられるので，エが該当する。②は，右手に低い山があり，その左側には低地が広がっているので，アが該当する。③は，左手前に山があり，その右側には低地が広がっているので，イが該当する。④は右側に低い丘陵地がみられ，左側奥には扇状地がみられるので，ウが該当する。

問2　31　③

会話文に，矢印で示された二つの史跡を結んだ線より北西側が南部藩領，南東側が伊達藩領とあるので，**カ**は，夏油川沿いに水田が広がる北西の南部藩側，**キ**は溜池がみられる南東の伊達藩側である。また，南西部の伊達藩(**ク**)側の農地には針葉樹林がみられるが，南部藩(**ケ**)側にはみられない。

問3　32　①

サは，農地の向こうに一戸建ての住宅がみられるので，市の中心から離れた**A**である。**シ**は，道路沿いに商業施設が間隔を置いて並んでいるので，郊外の**B**である。**ス**は，道路沿いに建物が密集し，屋根のある歩行者用道路もあるので，市街地中心部の**C**である。

問4　33　④

タは，高度経済成長期の1960年に3位であったが，その後順位を下げているので，伝統工業も含む窯業・土石製品である。**チ**は，1985年と2010年に1位となっている。高度経済成長期には，太平洋ベルトの工業化が進み，東北地方では，その後，安価な労働力を求めて労働集約的な工業が進出したため，**チ**は電気機械器具である。**ツ**は，自動車工業を中心とする輸送用機械器具で，岩手県では1990年代に自動車工場が進出し，その後，関連部品工場も進出した。

問5　34　④

ミは，県庁所在都市の盛岡市が高位であることから，1 km^2 当たりの事業所数である。**マ**は，盛岡市を取り囲む市町村に高位が多いことから，通勤・通学者数に占める他市町村への通勤・通学者の割合である。**ム**は1世帯当たりの自動車保有台数で，主に鉄道網が未発達で公共交通機関が利用しにくい地域で多くなる。

問6　35　④

①正しい。**図形表現図**は，外国人客数のような絶対値を示すのに適している。②正しい。**階級区分図**は，地区別バス利用者数の割合のような相対値を示すのに適している。③正しい。**ドットマップ**は，小売店の位置するところに点(ドット)を打つことで分布状況を示すことができる。④誤り。駐車場収容台数は**図形表現図**で示すのが適している。**流線図**は，人や物の移動方向を矢印で，移動量をその太さで示すものである。

●写真提供・協力

藤田屋写真館／ユニフォトプレス

MEMO

2015
本試験

地理B

（2015年１月実施）

受験者数　146,846

平 均 点　　58.59

地理B

解答・採点基準

（100点満点）

問題番号(配点)	設問	解答番号	正解	配点	自己採点
第1問(16)	問1	1	⑥	2	
	問2	2	④	3	
	問3	3	④	3	
	問4	4	③	2	
	問5	5	①	3	
	問6	6	⑥	3	
第1問　自己採点小計					
第2問(17)	問1	7	①	3	
	問2	8	⑤	2	
	問3	9	④	3	
	問4	10	⑤	3	
	問5	11	③	3	
	問6	12	③	3	
第2問　自己採点小計					
第3問(17)	問1	13	①	3	
	問2	14	③	2	
	問3	15	⑥	3	
	問4	16	③	3	
	問5	17	③	3	
	問6	18	①	3	
第3問　自己採点小計					
第4問(17)	問1	19	①	3	
	問2	20	③	2	
	問3	21	①	3	
	問4	22	②	3	
	問5	23	③	3	
	問6	24	③	3	
第4問　自己採点小計					

問題番号(配点)	設問	解答番号	正解	配点	自己採点
第5問(16)	問1	25	①	3	
	問2	26	③	3	
	問3	27	②※	2	
		28	④※	2	
	問4	29	②	3	
	問5	30	④	3	
第5問　自己採点小計					
第6問(17)	問1	31	②	3	
	問2	32	①	2	
	問3	33	②	3	
	問4	34	②	3	
	問5	35	③	3	
	問6	36	③	3	
第6問　自己採点小計					
自己採点合計					

※の正解は順序を問わない。

第1問　世界の自然環境と自然災害

問1　1　⑥

アは，地殻変動がほとんど起きていないことから安定陸塊で，玄武岩からなる溶岩台地であるCのデカン高原が該当する。イは，古生代に地殻変動が起きたことから古期造山帯で，最高峰が1,895 mと低くなだらかなBのウラル山脈が該当する。ウは，現在も地殻変動が活発な変動帯であることから新期造山帯で，北アメリカ大陸最高峰のマッキンリー山(6,194 m)が位置するAのアラスカ山脈が該当する。

問2　2　④

Eの経線上の北回帰線(北緯23.4度)付近には年中乾燥したサハラ砂漠がみられるが，Fの経線上の北回帰線付近は，夏季に季節風(モンスーン)や熱帯低気圧の台風の影響を受けて多雨となり，乾燥気候はみられない。よって，20°N付近の降水量が少ない③と④がEに該当する。赤道付近に雨をもたらす赤道低圧帯は，1月には南半球側に，7月には北半球側に移動するため，赤道より北側で多雨となる③は7月，南側で多雨となる④は1月である。また，赤道低圧帯の南北移動にあわせて亜熱帯高圧帯や亜寒帯低圧帯も移動するので，40°N付近の地中海周辺では，1月は南下した亜寒帯低圧帯の影響で多雨，7月は北上した亜熱帯高圧帯の影響で少雨となっている。①と②はFに該当するが，Eと同様に，赤道付近の多雨地域が北半球側にある①が7月，南半球側にある②が1月である。Fの経線上のユーラシア大陸北東部では，冬季はシベリア高気圧の影響で少雨となり，夏季は海洋から吹き込む季節風の影響で多雨となることから，①を7月，②を1月と判定してもよい。南回帰線付近のオーストラリア中央部は乾燥しているため，①，②とも少雨となっている。

問3　3　④

①は冬季寒冷で年較差が大きいことから，4地点の中で最も緯度が高く内陸に位置するLが該当する。残り3地点の緯度はあまり変わらないが，Jは寒流のカナリア海流が沖合を南下しており，夏季は気温が低く，冬季も気温はあまり下がらないので③が該当する。②と④の判定は難しいが，Mは内陸に位置することから年較差が大きいと考えて②を選び，Kは④である。

問4　4　③

①正しい。Pは温暖湿潤気候で，混合林が分布し，岩石が風化した砂や粘土に，落葉が微生物により分解され形成された腐植が混じった褐色森林土がみられる。②正しい。Qは亜寒帯湿潤気候で，針葉樹林が分布し，寒冷なため腐植作用が十分進まず酸性となり，鉄分が酸性の水に溶けて地下に流され(溶脱され)，酸性の水に溶けにくい石英が表層に残留して灰白色となったポドゾルがみられる。③誤り。Rは半乾燥気候の草原地帯で，枯れ草が厚い黒色の腐植層となった肥沃な黒色土(チェルノーゼム)が分布する。この文は植生の乏しい砂漠に分布する砂漠土の説明である。④正しい。Sは高温多雨の熱帯で，水溶性の物質は溶脱され，表層には水に溶けない鉄とアルミニウムが残留し，その酸化物で赤色となったラトソルが分布

する。

問5　5　①

Xは，コロラド高原のモニュメントヴァレーで，硬い岩石が侵食から取り残されて形成されたテーブル状のメサや塔状のビュートがみられる。よって，カは「侵食されにくい」が当てはまる。Yは，華南のコイリン(桂林)で，石灰岩が二酸化炭素を含む雨や地下水に溶かされて(溶食されて)形成されるカルスト地形が発達している。スロベニアのカルスト地方や山口県の秋吉台ではドリーネなどの凹地が多くみられるが，亜熱帯地域では，侵食が進んで塔状の岩山が林立するタワーカルストもみられる。よって，キは「石灰岩の溶食」が該当する。

問6　6　⑥

サは，赤道付近では発生しておらず，赤道の周辺で発生が多いことから熱帯低気圧と判定する。熱帯低気圧は，熱帯の海水温の高い海域で発生・発達し，中緯度方面に向かうが，赤道では，低気圧を発生させる地球の自転に伴う回転運動が生じないため，熱帯低気圧は発生・発達しない。熱帯低気圧は，カリブ海周辺ではハリケーン，インド洋やオーストラリア周辺ではサイクロン，北西太平洋では台風とよばれる。シとスは，地震・津波か火山噴火であるが，中国やインド付近には活動的な火山がみられないことから，シは地震・津波，スは火山噴火と判定する。地震・津波による災害に比べて，火山噴火による災害はかなり少なく，発生地域も，アルプス・ヒマラヤ造山帯には少なく，環太平洋造山帯に集中している。

第2問　世界の農業

問1　7　①

①誤り。農場の国有化はかつて社会主義国で行われ，イタリアをはじめ先進資本主義国で国有化が推進されたことはない。イタリアは山がちで平野が少ないため小麦栽培は盛んではなく，地中海式農業による果樹の栽培や温暖な気候を利用した野菜の栽培が盛んである。②正しい。緑の革命は発展途上地域の食料不足を解決するために進められ，高収量品種の導入が行われたが，灌漑や化学肥料，農薬の使用が必要とされた。③正しい。カナダの小麦栽培地域は内陸の半乾燥地域にあり，小麦生産の北限に位置しているため，低温や干ばつの被害を受けやすい。④正しい。フランスでは，パリ盆地周辺で大規模な小麦栽培が行われて生産性が高く，生産は世界4位(2012年)，輸出は世界2位(2011年)である。

問2　8　⑤

プランテーション作物は，特徴的な生産上位国を覚えておこう。まず，イにはケニアとスリランカが含まれることから茶と判定する。上位4か国のうち，中国を除くインド，ケニア，スリランカは旧イギリス領で，かつてイギリスが茶の貿易を独占していたことが背景にある。アとウは上位国の顔ぶれが似ているが，アは，インドネシアとマレーシアで世界生産の8割以上を占めることからパーム油で，ウは天然ゴムである。マレーシアはかつて天然ゴム生産世界一であったが，老木化や合成ゴムとの競合によって，需要が拡大していた植物性油脂のパーム油を採取する油ヤシへの転換が進められた。このため，天然ゴム生産は減少し，パーム油生産1位となったが，近年はインドネシアが1位となっている。

問3　9　④

農地1ha当たりの農業生産額は，経営規模が小さく**集約的**な農業が行われている国で多い傾向があり，農業人口1人当たりの農業生産額は，農業人口率が低く経営規模が大きい先進国で多い傾向がある。オランダは，国土は小さいが低地が広がり，人口密度がヨーロッパ主要国で最も高く，農業も集約的な**園芸農業**や**酪農**が行われている。野菜やチューリップなどの花卉，肉類，乳製品の輸出が盛んで，農産物輸出額はアメリカ合衆国に次ぐ世界2位(2011年)である。よって，農地1ha当たりの農業生産額が最も多い④が該当する。①はアメリカ合衆国で，経営規模は大きいが**粗放的**な農業が行われるため，農業人口1人当たりの農業生産額は多いが，農地1ha当たりの農業生産額は少ない。②はイギリスで，国土面積に占める牧場・牧草地の割合が46%と高く，羊の放牧が盛んで，農業は穀物栽培が中心であるため，西ヨーロッパ諸国の中では農地1ha当たりの農業生産額，農業人口1人当たりの農業生産額ともに少ない。③はマレーシアで，先進国より農業人口率が高いため農業人口1人当たりの農業生産額は少ないが，プランテーションで油ヤシや天然ゴムなどの生産が盛んで，農地1ha当たりの農業生産額はやや多い。

問4　10　⑤

アメリカ合衆国の農業地域区分図をみながら以下を読んでほしい。カは，d付近で果樹栽培が卓越することから，**地中海式農業**が行われる西岸のカリフォルニア州にdが位置するLが該当する。このルート上のbは**トウモロコシ地帯**，cは**冬小麦地帯**と放牧・灌漑農業地帯の境界付近に位置している。キは，c付近で綿花栽培が行われていることから，南部の**綿花地帯**にcが位置するMが該当する。このルート上のbはトウモロコシ地帯(耕作と畜産を組み合せた**混合農業**が行われる)に位置し，d付近では温暖な気候を利用した作物の栽培が行われている。クは，b付近が**酪農地帯**であることから，冷涼で氷食によるやせた土地が広がり酪農が盛んな五大湖周辺にbが位置するKが該当する。このルート上のcは**春小麦地帯**に位置するが，春小麦は冷涼な地域で栽培され，春に播種され夏から秋に収穫される。冬小麦は温暖な地域で栽培され，秋に播種され初夏に収穫される。dのシアトル付近も地中海性気候であるが，緯度が高く冷涼なため酪農も行われている。

問5　11　③

タイは，**米**と**天然ゴム**の輸出は世界一，砂糖の輸出は世界2位であり(2011年)，農産物自給率は高いので，輸入額が少ない③が該当する。④は，輸出額が少ないことから，日本と判定できる。①と②の判定は難しいが，ドイツは，肉類や小麦，乳製品などの輸出が多く，アメリカ合衆国，オランダに次ぐ農産物輸出国であることから①が該当し，②は近年の経済発展で農産物輸入額が増加している中国である。

問6　12　③

①正しい。アメリカ合衆国ではアグリビジネス(農業関連産業)が発達し，その代表である穀物メジャーは，種子の開発から穀物の集荷，輸出などを手がける巨大穀物商社で，農産物価格の決定に大きな影響力をもっている。②正しい。オーストラリアは，農産物輸出を含めて旧宗主国のイギリスとの経済的関係が強かったが，イギリスの経済力の世界的地位の低下やアジア諸国の経済成長などを背景に，輸出先として日本や中国，韓国などが重要視されるようになった。③誤り。日本は農業の経営規模が小さく，国際競争力が弱いため，農産物市場の対外開放にともなって大規模化を進める政策をとっている。④正しい。EU の共通農業政策では，食料自給率を高めるために国際価格より高い域内共通価格を設定し，域外からの安価な輸入農産物に対してはその価格差を課徴金として徴収したため，それらの国との間で貿易摩擦が発生した。

第3問　都市と村落

問1　13　①

①はドイツのハンブルクで，エルベ川の三角江(エスチュアリー)の奥に立地している。イギリスのロンドンもテムズ川の三角江に立地している。②はイタリアのベネチア(ヴェネツィア)で，潟湖(ラグーン)の中の島に建設された都市であるが，地盤沈下などにより高潮の被害を受けやすくなっている。③はエジプトのカイロで，ナイル川の三角州(デルタ)の頂点(基部)に位置し，河川はそこからいくつにも分かれ，円弧状三角州を形成している。④はノルウェーのベルゲンで，U字谷が沈水した両岸が急傾斜の入り江であるフィヨルドに位置しており，古くから港湾都市として栄えてきた。

問2　14　③

①スペインのマドリード，②タイのバンコク，④メキシコのメキシコシティはいずれも国内で人口第1位の都市であるが，③ニュージーランドの首都ウェリントンは，人口が約20万人で，北島北部に位置するオークランド(約150万人)が最大都市である。

問3　15　⑥

アの囲郭都市は，都市を防御する城壁で囲まれ，現在は城壁の跡が環状の道路となっていることが多い。よって，都市をリング状に取り囲む道路がみられるCが該当する。イのイスラームの都市は，外敵からの防御のための迷路状の街路が特徴的で，西アジアや北アフリカの乾燥地域の強い日差しをさえぎるため，道幅は狭くなっている。AとBは，どちらも行き止まりの袋小路が多く，迷路状になっているが，左下の距離尺をみればわかるように，Bは道幅が狭いので，これが該当する。Aは，ウのイギリスの計画都市であるニュータウンで，袋小路の先には住宅があり，道幅は広く自動車交通に対応している(Bでは自動車は通れない)。ヨーロッパによくみられるロータリーとよばれるリング状の交差点も判定のヒントになる。

問４　16　③

①は国際金融拠点からニューヨークと判定する。エンパイア・ステート・ビルは1931年に完成し，周囲のマンハッタン地区には超高層ビルが林立している。②は，近年世界都市として急成長していることからシャンハイと判定する。東方明珠塔は，シャンハイで1990年代から開発が始まった浦東新区に1994年に建設されたタワーで，付近には500 m 前後の高層ビル群が形成されている。③は，伝統的景観を損なうとの批判から，伝統的な街並みが残されているパリと判定する。エッフェル塔は1889年の万国博覧会用に建設され，現在はパリの観光名所となっている。パリやローマなどヨーロッパの古い都市の多くは，景観保全のために都心部では高層ビルが建設されていない。④は，冷戦期に近隣諸国の政治的影響下にあったことから，東ヨーロッパのポーランドの首都ワルシャワと判定する。文化科学宮殿は，当時のソ連の指導者スターリンからの贈り物として1955年に完成し，反発も招いたが，ポーランドで最も高い建築物として観光名所となっている。

問５　17　③

①正しい。過疎地域では高齢化の進行とともに若い世代が少なくなり，祭りなどの伝統的な文化や地縁的な社会組織の引き継ぎが困難になっている。②正しい。農業就業人口の高齢化や減少にともない，民間企業の農業への参入が認められるようになっている。③誤り。地産地消は推進されているが，高齢化や廃業による耕作放棄地は近年増加しており，2010年には耕地面積の９％を占めている。④正しい。水田は貯水機能をもつなど自然環境の保全に役立ち，棚田などの伝統的な農村景観は観光資源となり，農山漁村に滞在するグリーンツーリズムも盛んになっている。

問６　18　①

転出先は，距離が近く交通が便利で移動しやすい大都市圏が多いので，大阪圏の割合が最も高い③は中国，東京圏の割合が最も高く，名古屋圏，大阪圏の割合が最も低い④は東北と判定できる。甲信越のうち，新潟県と山梨県は東京，長野県は東京と名古屋への鉄道の便があるので，東京圏の割合が最も高く，大阪圏より名古屋圏の割合の方が高い②が甲信越に該当する。北陸は，距離的には名古屋に近く，鉄道は大阪との便が多いので，大阪圏と名古屋圏の割合がともに比較的高い①が該当する。

第４問　南アメリカ地誌

問１　19　①

図１中のＡ～Ｃは，ペルーの首都リマ付近からアンデス山脈を越えてアマゾン川流域の低地に至るコースである。リマ付近は，沖合を北上する寒流のペルー海流の影響で下層の大気が冷やされて上昇気流が生じないため雨が降らず，赤道に近いものの海岸砂漠が広がっている。背後のアンデス山脈は幅が狭く，6,000 m 前後の高

峻な山々が連なり，氷河も発達している。一方，アマゾン川流域は標高が低く，熱帯となっている。よって，アは，砂漠が広がることからA，イは，氷河のある高山と森林限界を超えた草原がみられることからB，ウは，常緑広葉樹の密林，すなわち熱帯雨林がみられることからCとわかる。

問2 20 ③

①正しい。赤道直下のアマゾン盆地には**熱帯雨林のセルバ**が広がり，その北側の**オリノコ川**流域には**リャノ**，南側の**ブラジル高原**には**カンポ**とよばれる**サバナ**が広がっている。Eは，オリノコ川の河口で，三角州が発達している。②正しい。Fは，**新期造山帯**の**環太平洋造山帯**に属する**アンデス山脈**で，6,000 m 前後の火山がみられる。③誤り。Gは，**安定陸塊**に属するブラジル高原の北部である。南アメリカ大陸は太平洋側のアンデス山脈が新期造山帯，その東側の大部分は安定陸塊に属し，古期造山帯はほとんどみられない。④正しい。Hはアンデス山脈南部で，**偏西風**が山脈にぶつかり降水量が多く，緯度が高く冷涼なため大規模な山岳氷河が発達している。氷期には海岸にまで氷河が達したため，チリ南部には氷食によるU字谷が沈水した**フィヨルド**がみられる。

問3 21 ①

Kはアンデス山脈北部のコロンビアで，コーヒー豆は生産世界4位，輸出世界3位であり，バナナは輸出が世界4位なので，②が該当する。Lは，ボリビアの首都ラパス付近に広がるアルティプラノとよばれる標高4,000 m 前後の高原で，**アンデス原産のジャガイモ**の栽培や，アンデス特有の家畜である**リャマ**などの放牧が行われていることから③が該当する。Mはサバナが広がるブラジル高原で，かつては粗放的な牧畜が行われていたが，近年は農業技術の進歩や灌漑設備の導入によって**大豆**や**トウモロコシ**の大生産地となり，穀物メジャーも進出し，ブラジルは大豆の生産・輸出とも世界2位，トウモロコシの生産・輸出とも世界3位となっている。よって，①が該当する。Nは，**ラプラタ川**下流域周辺に広がる温帯草原の**パンパ**の西部にあたり，乾燥しているため牛や羊の放牧が盛んである。ラテンアメリカにはスペインやポルトガルから持ち込まれた**大土地所有制**が残存し，農牧地をアルゼンチンでは**エスタンシア**，ブラジルでは**ファゼンダ**，その他の多くの国では**アシエンダ**とよぶ。よって，④が該当する(以上，生産は2012年，輸出は2011年)。

問4 22 ②

カは，天然ゴムからアマゾン川中流に位置するP(マナオス)と判定する。アマゾン地方は**天然ゴムの原産地**で，かつては世界の生産の中心であったが，現在は東南アジア諸国が生産上位を占めている。アマゾン地方は経済発展が遅れていたため，マナオスは免税特典のある自由貿易港に指定され，企業の進出が進んだ。QとRは接近していて判定が難しいが，クは**計画都市**として建設された首都の**ブラジリア**で，北部開発のために内陸に置かれたことを知っていれば，Qと判定できる。ブラジルでは，二大都市の**サンパウロ**と**リオデジャネイロ**をはじめ南東部に人口，産業が集積していたため，国土の均衡ある発展をめざして，リオデジャネイロからブラジリアに遷都された。キはR(ベロオリゾンテ)で，付近にはイタビラをはじめ多くの鉄鉱山があって鉄の四辺形地帯とよばれ，鉄鋼業も発達している。イタビラ鉄山近くのイパチンガには，日本資本も参加した製鉄所が立地している。

問5　23　③

MERCOSUR(メルコスール，南米南部共同市場)は，1995年に域内貿易を盛んにするため結成された自由貿易市場で，加盟国は，アルゼンチン，ブラジル，パラグアイ，ウルグアイ，ボリビア，ベネズエラである。よって，これらのうちブラジルとベネズエラを除く4か国が25%以上となっている③が該当する。②は，太平洋に面するチリとペルー以外は5%未満なので，南アメリカと距離が遠く，歴史的にも関係が薄い日本である。④は，北部の国で割合が高いことから，距離の近いアメリカ合衆国と判定する。アメリカ合衆国は原油輸入が多く，25%以上のベネズエラ，コロンビア，エクアドルはいずれも原油が輸出1位である。残った①はEUであるが，各国の輸出先はさまざまで，旧宗主国のスペインやポルトガルが必ずしも上位にあるわけではない。

問6　24　③

メキシコ以南のラテンアメリカは，大航海時代以降スペインとポルトガルの植民地となり，先住民(インディオ)と入植した白人，奴隷としてアフリカから連行された黒人が居住するようになった。①誤り。南部のアルゼンチンやウルグアイには温帯が広がり，ヨーロッパと類似した農業が営めることから白人が家族で入植したため，白人の割合が高くなっている。19世紀の独立後もヨーロッパからの移民は流入したが，北アメリカからの移民は少ない。②誤り。ラテンアメリカでポルトガル語が公用語となっているのは，ポルトガル領であったブラジルだけで，その他の多くの国はスペイン領となったため，スペイン語が公用語となっている。低緯度の熱帯を中心とする地域では，鉱山開発やプランテーション経営で男性が単身で入植することが多く，白人と先住民の混血であるメスチソが多い。③正しい。最初に植民地化されたカリブ海諸国では，先住民がプランテーション労働力となったが，過酷な労働やヨーロッパ人が持ち込んだ免疫を持たない感染症によって人口が減少し，アフリカから黒人が連行されたため，ハイチやジャマイカのように黒人が大部分を占める国が多い。南アメリカでも，アフリカに近い東部では黒人が多く連行されたため，ブラジルやベネズエラでは白人と黒人の混血であるムラートの割合が高い。④誤り。アマゾンの奥地やアンデスの高地のように自然環境が厳しい地域にはヨーロッパ人の入植が少なく，また，アンデス地方にはインカ帝国が栄えていたため，ペルーとボリビアでは先住民の割合が高く，先住民の言語がスペイン語とともに公用語となっている。しかし，宗教は，スペイン・ポルトガル領となった他のラテンアメリカ諸国と同様に，カトリックが大部分を占める。

第5問　現代世界の諸課題

問1　25　①

人口1,000人当たりの病床数が最も少ない④は発展途上国のフィリピンである。摂取熱量も過剰ではないため，肥満の人の割合は低い。一方，病床数が多い②と③は，先進国のアメリカ合衆国かデンマークであるが，アメリカ合衆国は，公的医療保険制度が未整備で医療費が高く，公的支出の割合が低いので，②が該当し，摂取熱量が多いため肥満の人の割合は高い。③はデンマークで，高福祉国家であり，医療費に占める公的支出の割合が高い。①は，原油輸出国で西アジアの運輸・物流・金融などの中心となるドバイの位置するアラブ首長国連邦である。西アジアの産油国では，糖分摂取量が多く，肥満の人の割合の高い国が多い。

問2　26　③

中部アフリカにはアフリカの中でも低所得国が多く，出生率，死亡率ともに依然として高い国が多いことから，アが該当する。出生率と死亡率の差である自然増加率も高いため，図1の人口増加指数も高い。北部アフリカと南部アフリカは，アフリカの中では高所得地域で，イとウは，出生率と死亡率の推移も類似していたが，1990年代以降，ウでは死亡率が上昇し，自然増加率が低下している。これは南部アフリカで，HIVの感染率が高いためである。人口増加指数が北部アフリカより低いことから判定してもよい。

問3　27・28　②・④

①正しい。中国では**改革開放経済**への転換によって，輸出入に便利な沿海部に外資が進出し工業化が進んだが，内陸部との経済格差が拡大し，内陸部から出稼ぎ労働者が大量に流入した。**シェンチェン**(深圳)は，最初に外資に開放された**経済特区**の一つで，**ホンコン**に隣接し，急成長を遂げた。②誤り。シンガポールは韓国，台湾，ホンコンとともに**アジアNIEs**の一つに数えられ，近年は東南アジアの拠点として多国籍企業の地域統括会社の立地が進んでいる。③正しい。デリーなど発展途上国の大都市では，雇用機会を求めて流入する人口が多いが，道路や鉄道，上下水道，電気などのインフラ整備が追いつかず，交通渋滞などの問題が生じている。④誤り。ニューヨークなどアメリカ合衆国の大都市では，モータリゼーションの進行とともに，よりよい居住環境を求めて高所得者層が都心周辺のインナーシティから郊外へ移住し，インナーシティでは，**スラム化**や低所得者層の流入による治安の悪化，税収の減少などの**インナーシティ問題**が進行している。⑤正しい。パリでは，旧植民地のアルジェリアなど北アフリカ系の移民が多いが，都心周辺の市街地には伝統的な街並みが残り景観が保全されているため，低所得者層は安価な住宅のある郊外に多く居住している。⑥正しい。発展途上国で貧困層が集住するスラムは空き地を不法占拠して形成されるため，市街地周辺の居住環境の悪い地域に多くみられる。

問4　29　②

カは，過放牧による割合が高いので，サハラ砂漠周辺など乾燥地域で人口増加にともなう家畜飼育頭数の増加による植生破壊で**砂漠化**が進行しているアフリカと判定する。キは，森林破壊の割合が高いので，アマゾンの**熱帯林破壊**が進んでいる南アメリカと判定する。クは，農業の割合が高いので，大型農業機械を利用した穀物栽培で土地を酷使し，雨や風で表土が流出する**土壌侵食**や，乾燥地域における灌漑で土壌の**塩性化**の被害が深刻なアメリカ合衆国を含む北・中央アメリカと判定する。

問5　30　④

二酸化硫黄は，石炭や石油などの化石燃料の燃焼によって発生するので，近年工業が急速に発達している中国は，排出量が急増している①が該当する。早くから工業化が進んでいた先進国では排出量が以前から多かったが，近年は省エネルギー化や排煙の脱硫化などにより排出量は減少傾向にある。排出量が多い②は，人口が多く工業化の進んだアメリカ合衆国で，1950～60年代に多く，その後減少している④は，世界で最初に産業革命が起こり，早くから排出量が多かったイギリスである。③はオーストラリアで，先進国の中では人口増加率が高く，二酸化硫黄の排出量が多い石炭がエネルギー消費の中心であるため，排出量が近年増加傾向にある。なお，日本では，高度経済成長期の急速な工業化で大気汚染が深刻化したため，脱硫化などの対策が進められ，1970年代以降は排出量が減少している。

第6問　富良野市とその周辺地域の地域調査

問1　31　②

①誤り。P駅からQ駅の間の鉄道沿いの地域は，ほとんどが畑で，市街地は見えない。②正しい。Q駅とR駅の間の鉄道の東側には富良野岳がそびえ，山麓には緩やかに広がる火山の斜面が見える。③誤り。R駅の東側には水田，西側には畑が広がり，市街地や公共施設(町役場)が見えるのは次の中富良野駅への到着直前である。④誤り。R駅とS駅の間の鉄道の東側には一面に水田が広がっている。

問2　32　①

①の太陽電池が付いた時計は，日射を利用するためで，積雪に対応したものではない。②の縦型の信号機は積雪の重さを避けるため，③の標識は積雪時にわかりにくくなる道路の境界(端)を示すため，④の消火栓は積雪に埋まらないようにするためのものである。

問3　33　②

①正しい。市街地は1921年には駅の西側に形成されており，その後西側を中心に拡大し，市役所や裁判所，警察署，消防署，官公署などがつくられた。②誤り。空知川は一部流路が改修されたが，鉄道の位置は変わっていないし，郵便局は旧河道からは離れたところにつくられている。③正しい。吉野團體とその周辺には，北の峰町や富良野スキー場，ゴルフ場がつくられた。④正しい。東部には湿地が広がっていたが，水田に変わっている。

問4　34　②

①正しい。米は低湿地に向くため，河川沿いの盆地に農家が多い。冷涼地に適した品種が開発され，北海道の米の生産量は新潟県に次いで国内２位である(2013年)。②誤り。ジャガイモは広く栽培されており，盆地にも農家はみられる。③正しい。乳牛を飼養する農家は，低湿な盆地の東側の山麓の緩斜面や西側の丘陵地に分布している。④正しい。東部の火山山麓には上富良野演習場もあり，農家が少ない。

問５ 35 ③

樹木は気温の低下とともに常緑広葉樹，落葉広葉樹，針葉樹へと変化し，冷帯(亜寒帯)の低緯度側では，針葉樹と落葉広葉樹(サ)の混交林，高緯度側では針葉樹林(タイガ)が分布する。また，表１から，国内消費量に対する国内生産量の割合が高まり，輸入量の割合が低くなっていることが読み取れるので，自給率は上昇(シ)傾向にある。

問６ 36 ③

①正しい。1970年度に比べ1980年度には冬季の観光客数が急増している。②正しい。1990年度には，冬季の観光客も増加しているが，夏季の観光客が増加し，ピークが二つ現れている。③誤り。2000年度には，冬季の観光客が減少し，夏季の観光客の方が多くなったが，冬季(１～３月)の合計が70万人程度であるのに対し，夏季(７～９月)の合計は90万人程度で２倍以上にはなっていない。④正しい。2010年度には，2000年度に比べて４～６月，９～11月の観光客が増加している。

●写真提供・協力

ユニフォトプレス／Anazawa/アフロ

地理Ａ

（2024年１月実施）

受験者数　2,070

平 均 点　55.75

地理A

解答・採点基準

（100点満点）

問題番号(配点)	設問	解答番号	正解	配点	自己採点
第1問 (20)	問1	1	②	3	
	問2	2	③	3	
	問3	3	③	3	
	問4	4	⑥	4	
	問5	5	⑥	3	
	問6	6	④	4	
第1問　自己採点小計					
第2問 (20)	問1	7	③	3	
	問2	8	④	3	
	問3	9	②	4	
	問4	10	②	4	
	問5	11	⑥	3	
	問6	12	②	3	
第2問　自己採点小計					
第3問 (20)	問1	13	①	4	
	問2	14	③	3	
	問3	15	④	3	
	問4	16	③	3	
	問5	17	⑤	4	
	問6	18	②	3	
第3問　自己採点小計					

問題番号(配点)	設問		解答番号	正解	配点	自己採点
第4問 (20)	A	問1	19	⑤	3	
		問2	20	①	4	
	B	問3	21	③	3	
		問4	22	③	3	
		問5	23	②	4	
		問6	24	⑤	3	
第4問　自己採点小計						
第5問 (20)	問1		25	⑤	3	
	問2		26	⑥	4	
	問3		27	④	4	
	問4		28	②	3	
	問5		29	③	3	
	問6		30	③	3	
第5問　自己採点小計						
自己採点合計						

第1問　地図の読み取りと活用，および日本の自然災害と防災

問1　1　②

図2は手前が平坦で，噴火している火口の**右側に最高峰がある**ので，描いた地点はAである。現在の湖沼は，火口ではなく河川が流れている谷にみられるので，イが当てはまり，崩壊した山体の一部が，河道の一部を塞いだことにより形成された**堰止湖**である。1888年に噴火した火山は福島県の磐梯山である。

問2　2　③

①誤り。老人ホームと小・中学校の分布は市内の地域の平均年齢と関係していない。②誤り。地形の起伏からコンビニエンスストアの商圏(集客が見込める範囲)の人口はわからない。③正しい。過去の集落の輪郭を現在の地形図に重ねると，集落の拡大や縮小を把握することができる。④誤り。消火栓は消防自動車が給水しやすいように道路脇や歩道上に設置されているが，その分布から年間火災発生件数はわからない。

問3　3　③

①正しい。**右岸**は，川の**上流から下流に向かって眺めたときの右側**で，図3の1923年には河川Sの左側の右岸に集落と水田が分布している。②正しい。1923年の河川Sの右側の左岸には丘陵の麓に集落が多い。③誤り。**自然堤防**は河川沿いの微高地で，1971年の工場は河川から離れた後背湿地にみられる。④正しい。2020年の左岸では丘陵地にも低地にも宅地造成が進んでいる。

問4　4　⑥

光合成は植物の多いところで活発なので，Dは都市部で植物が少ないため光合成の活発度が低いクである。Eは水田で，**田植え後に稲が成長する夏**に光合成の活発度が高いキである。Fは針葉樹林帯で，年間を通じて光合成の活発度が高いカである。

問5　5　⑥

Jは，本州付近に雲が東西に広がっているので，**梅雨前線**や**秋雨前線**の停滞による多雨があり，スが該当する。Kは，本州の南に**台風**がみられるので，強風と多雨となり，シが該当する。Lは，**北西季節風**が暖流の北上する日本海で水蒸気を供給されて発生する**筋状の雲**がみられるので，日本海側で大雪となり，サが該当する。

問6　6　④

①正しい。地点N周辺は洪水の3m未満の浸水深地域なので，その域外の指定避難所xまで安全に避難できない。②正しい。その日の深夜に台風の接近が予想されていたので，夜間に指定避難所xまで避難するのは危険である。③正しい。地点Nは海に近く津波の5m以上10m未満の浸水深地域なので，強い地震による津波が自宅まですぐに到達する可能性がある。④誤り。津波避難タワーz付近はy付近より浸水深は低いが，3m未満の浸水深地域なので，大津波警報が発表されれば浸水しないと判断できない。

第2問　家畜に関する世界の生活・文化

問1　7　③

アは，アメリカが多く，アフリカとオセアニアが少ないので豚，**イ**は，アメリカが少なく，アフリカとオセアニアが多いので羊である（表①参照）。**a**は豚も羊も飼育頭数が多いのでアジアであり，**b**は豚の飼育頭数が多いヨーロッパである。

表①　羊，豚，牛の飼育頭数の上位国　（単位：万頭）

	羊		豚		牛	
1位	中国	17,310	中国	40,650	ブラジル	21,815
2位	インド	6,810	アメリカ合衆国	7,731	インド	19,448
3位	オーストラリア	6,353	ブラジル	4,112	アメリカ合衆国	9,379
4位	ナイジェリア	4,774	スペイン	3,280	エチオピア	7,029
5位	イラン	4,659	ドイツ	2,607	中国	6,098
6位	エチオピア	4,292	ロシア	2,516	アルゼンチン	5,446

統計年次は2020年。『世界国勢図会2022／23年版』により作成。

問2　8　④

カはサハラ砂漠などの乾燥帯で飼育頭数が多いのでラクダである。**ヤクはチベットやヒマラヤ山脈などの高地**で飼育されている。地点**A**は**サハラ砂漠南側のサヘル地域**で，気温が高いので高山気候ではなくステップ気候である。

問3　9　②

表1の**K**は，ブラジル高原で牧草地が拡大されて牛の飼育頭数が**インドを上回って世界一**となったブラジルで（表①参照），**J**はアメリカ合衆国，**L**はヨーロッパで飼育頭数が最も多いフランスである。**サ**はアメリカ合衆国で，**西経100度**付近の中央部では牧牛が盛んで，**フィードロット**（肥育場）で肥育され，牛肉生産量は世界一である。また，19世紀後半には**大陸横断鉄道**が敷設され，西部開拓が行われた。**シ**はフランスで，中世の三圃式農業から近世に**混合農業**に移行した。**酪農**も盛んで，山岳地域では牛乳を加工した乳製品のチーズが生産されている。**ス**はブラジルで，ブラジル高原やアマゾン川流域において放牧地や耕地の拡大に伴う**森林破壊**が問題となっている。

問4　10　②

肉類の1人当たり年間供給量は経済水準が高い国で多く，**P**は日本で，第二次世界大戦後に**食生活が洋風化**し肉類の1人当たり年間供給量が増加した。**Q**は中国で，1980年代以降の増加が著しく，2000年代には日本を上回っている。**R**はインドで，**ヒンドゥー教**では**牛を神聖なものとして肉を食べず**，菜食主義者も多いので，（タ）には**h**が当てはまる。ただし，インドでは牛乳・乳製品は供給され，牛乳の生産はアメリカ合衆国に次いで世界2位，**バターの生産は世界一**である（2020年）。

問5 11 ⑥

天幕住居は解体して持ち運びのできる組み立て式の移動住居で，**X**は，内部の煙を外に出す構造になっていることから，住居の上部が空いている**ム**が当てはまる。**Y**は，骨組みを羊毛のフェルトで覆い，外側には綿布をかけることから，モンゴルの遊牧民の移動式住居の**ゲル**と同様に中国内陸部で利用されているテント式住居の**パオ**の**ミ**が当てはまる。**Z**は，熱を放散しやすく，天幕の内側の温度は外側より低くなることから，屋根の下が空いている**マ**が当てはまる。

問6 12 ②

①正しい。日本では自動車や農業機械の普及に伴って，牛が運搬や農耕に用いられることはほとんど無くなった。②誤り。イスラム諸国では**イスラム教**で許された**ハラールフード**しか食べられず，許されていないハラームは食べることはできない。③正しい。サハラ砂漠南縁の**サヘル**では，人口急増に伴う**過耕作**や**過放牧**，**過伐採**などによる植生破壊が**砂漠化**の人為的要因となっている。④正しい。ヨーロッパでは，豚肉，牛肉，鶏肉の供給量が多く，伝統的な食材として利用され，近年は農山漁村に滞在する**グリーンツーリズム**(農村観光)も盛んになっている。

第3問　アフリカ

問1 13 ①

アは**アトラス山脈**が西南西から東北東へと走っているので，②が該当する。**イ**はアトラス山脈の南側に平坦な砂漠が広がっているので，④が該当する。**ウ**は**アフリカ大地溝帯**の西部地溝帯付近なので，西側に急な崖がみられる①が該当する。**エ**は東側が北東から南西に走る**ドラケンスバーグ山脈**の北端付近なので，③が該当する。

問2 14 ③

Aは**赤道付近の南北で雨季と乾季が異なる**ので，草食の動物群が水場を求めて長距離を移動している**キ**が該当する。**B**は**ナミブ砂漠**で，沖合を北上する**寒流**により下層の空気が冷やされて霧が発生するので，昆虫が霧から水分を得ている**カ**が該当する。**C**は**地中海性気候**なので，夏季の乾燥や火災とある**ク**が該当する。

問3 15 ④

Eは，女性の教員が顔だけを出す服を着ているので**イスラム教**国の**a**のエジプトで，**旧イギリス領**であることから公用語の**アラビア語**の他に英語も使われるため**サ**が該当する。**F**は男性の教員が黒人なので赤道直下の**b**のケニアで，英語と**スワヒリ語**が公用語なので**シ**が該当する。

問4 16 ③

アフリカで工業が最も発達している国は南アフリカ共和国であり，同国が人口の9割を占める南部アフリカは第2次産業の割合が高い**タ**で，**K**は**経済成長により割合が高くなっている第3次産業**である。西部アフリカは貧困で商工業が未発達なため第2次産業の割合が低い**チ**で，割合が高い**L**は第1次産業である。

問5 17 ⑤

都市人口率は，第１次産業の割合が高い国で低く，第２次・第３次産業の割合が高い国で高いので，工業化が進み人口の少ない(3,746万人，2022年)Ｐのモロッコは**ム**，人口がアフリカ最大(21,854万人)のＱのナイジェリアは**マ**，農業中心のＲのタンザニア(6,550万人)は**ミ**である。

問６ 18 ②

固定電話は回線工事が必要で設備投資費が高価なため，先進国では普及していたが，発展途上国では普及していなかった。**携帯電話は設備投資費が安価なため発展途上国でも普及が進み，先進国では携帯電話の普及によって固定電話の契約数が減少**している。したがって，百人当たりの契約数が最も多い①は北アメリカの携帯電話，次に多い②はサハラ以南アフリカの携帯電話，低下している③は北アメリカの固定電話，契約数がずっと少ない④はサハラ以南アフリカの固定電話である。

第４問　世界の結びつきと地球的課題

問１ 19 ⑤

アは**E**の**ASEAN(東南アジア諸国連合)**で，ベトナム戦争時の1967年に当時の資本主義国５か国(タイ，マレーシア，シンガポール，インドネシア，フィリピン)により結成され，経済成長と平和を目的としている。1984年にはイギリスから独立したブルネイが加盟し，東西冷戦終結後の1995年にはベトナム，1997年にはラオス，ミャンマー，1999年にはカンボジアが加盟し，東ティモール以外の10か国(2024年１月)で構成されている。**イ**は**F**の**NAFTA(北米自由貿易協定)**で，３か国の貿易障壁を緩和するために1994年に結成されたが，トランプ政権下の2020年にはNAFTAに代わり，自動車分野などでの原産地規則を強化する**USMCA(アメリカ・メシキコ・カナダ協定)**が発効した。**ウ**は**D**の**OPEC(石油輸出国機構)**で，**資源ナショナリズム**を背景に，欧米の**国際石油資本(石油メジャー)**に対抗するため1960年に結成された。原加盟国はイラク，イラン，クウェート，サウジアラビア，ベネズエラで，その後加盟国と脱退国があり，現加盟国は12か国(2024年１月にアンゴラが脱退)である。

問２ 20 ①

①は1980年に総輸入額に占める割合が高いので，石油危機後の原油価格上昇により総輸入額が多かった西アジアである(表②参照)。②は総輸出額と総輸入額に占める割合が低いのでアフリカである。③は2018年に総輸出額と総輸入額に占める割合がとても高くなっているので，中国や韓国などの東アジアである。④は1980年には総輸出額と総輸入額に占める割合が高かったので，アメリカ合衆国を中心とする北アメリカである。

表②　1980年と2018年の日本の輸出入額上位国　（単位：百億円）

	1980年				2018年			
	輸出額		輸入額		輸出額		輸入額	
1位	アメリカ合衆国	712	アメリカ合衆国	556	中国	1,590	中国	1,919
2位	ドイツ	130	サウジアラビア	443	アメリカ合衆国	1,547	アメリカ合衆国	901
3位	韓国	123	インドネシア	300	韓国	579	オーストラリア	505
4位	台湾	117	アラブ首長国連邦	185	台湾	468	サウジアラビア	373
5位	中国	114	オーストラリア	159	香港	383	韓国	355
6位	サウジアラビア	110	カナダ	107	タイ	356	アラブ首長国連邦	305
世界計		2,938		3,200		8,148		8,270

『日本の100年』により作成。

問3　21　③

①正しい。太陽光発電は日照時間の長い昼に発電量が多く，夜には発電できない。②正しい。風力発電は風速により発電量が変化するので，日々の発電量が安定しない。③誤り。火力発電は太陽光発電や風力発電より発電量が少ない時間帯がある。④正しい。ヨーロッパでは**電力の輸出入**が行われている。

問4　22　③

aは**b**より人口が少ないが，世界各地域で増加しているので，65歳以上の老年人口である。**b**は0～14歳の年少(幼年)人口であるが，世界的な少子高齢化で2050年には**a**と**b**の人口の差が小さくなっている。**Q**は人口が多いアジアで，中国などでも少子高齢化が進んでいる。**P**は0～14歳人口が増加しているので，出生率が高く人口が増加しているアフリカである。

問5　23　②

食料の廃棄は**食品ロス**と言われ，**先進国では消費者での割合が高く**，**発展途上国では生産者での割合が高い**ので，図5で廃棄量の割合が消費段階で高い**X**はヨーロッパ，生産・貯蔵・加工段階で高い**Y**はサハラ以南アフリカである。果実・野菜類は乳製品よりも**長期保存が難しい**ので，廃棄量の割合の大きい**キ**が果実・野菜類である。

問6　24　⑤

ODAの供与額の上位5か国(2019年)はアメリカ合衆国，ドイツ，イギリス，日本，フランスで，アメリカ合衆国は中南アフリカや中東・北アフリカ，中南米への供与額が多いので**サ**，日本はアジアへの供与額が多いので**ス**，スペインは供与額が少なく，旧植民地の中南米への供与額が目立つので**シ**である。

第５問　島根県石見地方の浜田市の地域調査

地理Ｂ第５問を参照。

●写真提供・協力

ALOS 全球数値地表モデル（JAXA）／ Alamy/アフロ／ HEMIS/アフロ／
猪ノ口写真館／合同会社じばさん石見

地理A

（2023年１月実施）

受験者数　2,062

平 均 点　55.19

地理A

解答・採点基準

(100点満点)

問題番号(配点)	設問	解答番号	正解	配点	自己採点
第1問 (20)	問1	1	④	3	
	問2	2	③	3	
	問3	3	④	4	
	問4	4	③	4	
	問5	5	⑤	3	
	問6	6	④	3	
第1問　自己採点小計					
第2問 (20)	問1	7	③	3	
	問2	8	②	3	
	問3	9	②	2	
		10	④	2	
	問4	11	②	3	
	問5	12	③	3	
	問6	13	③	4	
第2問　自己採点小計					
第3問 (20)	問1	14	⑥	3	
	問2	15	①	3	
	問3	16	①	4	
	問4	17	②	3	
	問5	18	④	4	
	問6	19	③	3	
第3問　自己採点小計					

問題番号(配点)	設問	解答番号	正解	配点	自己採点
第4問 (20)	問1	20	②	4	
	問2	21	⑤	3	
	問3	22	③	3	
	問4	23	⑥	3	
	問5	24	③	4	
	問6	25	②	3	
第4問　自己採点小計					
第5問 (20)	問1	26	⑤	3	
	問2	27	②	3	
	問3	28	⑤	4	
	問4	29	③	4	
	問5	30	②	3	
	問6	31	③	3	
第5問　自己採点小計					
自己採点合計					

第1問　地理的技能とその活用，および日本の自然環境や自然災害

問1　1　④

①正しい。**メルカトル図法**では，緯度が高いほど距離と面積が拡大されるので，地球上の実際の面積はaより低緯度側のbの方が大きい。②正しい。メルカトル図法は，**正角図法**で緯線と経線は直交している。③正しい。任意の地点間を結んだ直線は**等角コース**で，等角航路ともいわれ，経線に対して一定の角度を保つ航路である。④誤り。アの**大圏コース**は最短コースで，イの等角コースは最短コースではないから，地球上の実際の距離はアの方が短い。

問2　2　③

写真1には，遠方に四つの山が見え，そのうち左側の三つの山は，図2中の東側に北から並ぶ1543m，1452m，1584mの山で，撮影地点はBである。また，写真1の中央の手前には細く白い道がみられ，図2中の地点Bの矢印の方向には徒歩道が山頂まで続いている。図2中の山頂部には周囲を岩がけで囲まれた円形のおう地があり，その周辺では等高線が同心円状に広がる斜面がみられ，湿地がみられる中腹部では傾斜が緩やかになっているので，写真1と図2に示される地形は火山地形(e)である(青森県の八甲田山)。**カルスト地形**は石灰岩が二酸化炭素を含む水(雨水や地下水)の溶食作用によってできた地形で，小おう地の**ドリーネ**が多く，地形図では，おう地や小おう地の記号がみられる。

問3　3　④

図3中の①は，気温の年較差(最暖月と最寒月の平均気温の差)で，高緯度と内陸で大きくなるため，北海道や東北地方，中部地方の内陸などが高位で，本州・四国の太平洋岸や九州の沿岸部，南西諸島などが低位である。②は，日最大風速15m/秒以上の年間日数で，台風や発達した低気圧は海洋上で強い風が吹き，内陸では弱くなるので，強風を受ける沿岸部が高位，内陸が低位である。③は，真夏日の年間日数で，低緯度と内陸で多くなるため，関東地方の内陸や東海地方から西の各地，南西諸島が高位で，太陽高度が低い北海道や東北地方北部は低位である。④は，年間の日照時間で，冬には寒冷で乾燥した北西季節風が暖流の対馬海流が北上する日本海で水蒸気を供給されて雪雲ができ，脊梁山脈の風上側の日本海側では降水量が多く，風下側の太平洋側では好天になる。一方，春から秋にかけては日照時間の地域差は小さいので，太平洋側が高位，日本海側が低位である。海に囲まれた島々も，海からの湿潤な風が山地にぶつかると雲ができるので低位である。

問4　4　③

①誤り。干拓地では北部の方が南部より3日以上の範囲が広く，浸水継続時間が長い。②誤り。盛土地・埋立地では干拓地に比べると3日以上の範囲がとても少なく，浸水継続時間は短い。③正しい。後背湿地では，浸水継続時間が3日以上となる範囲が大部分を占めている。④誤り。浸水継続時間が12時間以上3日未満である範囲は，台地ではみられないが，砂州・砂丘では多くを占めている。

問5　5　⑤

カはKで，図6には陰影をつけて地形の起伏が表現してあり，避難場所Kの手前の避難経路沿いには色の濃い起伏の大きなところがあり，崖崩れに遭遇する危険性が最も高い経路である。キはLで，避難場所Lは5ｍの等高線の南側で地点tより低く，三つの避難場所の中で最も標高が低いので，最も浸水深が大きくなる可能性が高い。クはJで，避難場所Jは，10ｍの等高線より高いところにあって三つの避難場所の中で最も標高が高く，地点tからJに向かう避難経路は，最初は河川sと平行しており，上流方向へ移動する。

問6　6　④

①正しい。火山は噴火によって大きな被害をもたらしてきたが，成層火山の富士山や溶岩円頂丘の昭和新山，カルデラ湖の十和田湖など多く火山地形は観光資源となり，国立公園となっている。②正しい。河川は氾濫によって洪水被害などをもたらしてきたが，土砂の堆積により形成された沖積平野の扇状地，氾濫原，三角州では，有機物の混ざった肥沃な土壌が生み出された。③正しい。山地でみられる積雪は，斜面で雪崩などによって被害をもたらすが，春には雪融け水で河川が増水し，農業用水に利用されている。④誤り。竜巻は強風で建物の倒壊などの被害をもたらすが，風力発電所は風が強すぎると安全確保のために止まってしまい，竜巻や台風の強風で破壊されることもある。

第2問　世界の生活・文化

問1　7　③

図1中のAは，発展途上地域のアフリカで割合が高いので農業用であり，Bは先進国中心のヨーロッパで割合が高いので工業用である。アはAの農業用の割合が高く，年間水使用量が多いので，発展途上国で人口が多い中国を中心とする東アジアであり，イは工業用の割合が高いので，アメリカ合衆国を中心とする北アメリカである。

問2　8　②

写真1は見づらいが，主食となる作物はタロイモで，家屋は**高床式住居**なので熱帯雨林気候地域であり，図2では最寒月平均気温18℃以上で年中高温多雨のEが該当する。Dは高温で少雨の砂漠気候，Fは最寒月平均気温－3℃以上18℃未満の温帯で雨季と乾季のある気候かステップ気候，Gは年中湿潤な温帯で最暖月平均気温22℃以上の温暖湿潤気候である。

問3　9　②・10　④

カは，イギリスのウェールズの北東にある河川の上にかかる運河の世界遺産ポントカサステ水路橋で船舶が通っている。写真からわかるように，付近には起伏のある地形があり，②に当てはまる。キは，ボリビアの首都ラパスと近郊都市を結ぶ都市型ロープウェイで，世界で標高が最も高い首都のラパスは標高差が大きく(都心は3,600ｍ，近郊都市は4,100ｍ)，都市圏の人口は100万人を超えており，交通渋滞解消を目的として複数の路線が建設された。よって，キは②と④に当てはまり，

①と③は，**カ**と**キ**のどちらにも当てはまらない。

問4　11　②

写真**3**の**サ**は多くの言語で書かれており，**中国語**もみられるので，マレー系6割，中国系2割，インド系1割のマレーシアであるが，公用語はマレー語だけである。**シ**は下に英語があるので，アメリカ合衆国に隣接したメキシコであるが，公用語はスペイン語だけである。**ス**の上はアラビア文字なので，西アジアのカタールである。図**3**で東京との週当たり往復旅客便数が最も多い**J**は，**サ**に**日本語**が書いてあることからもわかるように，東京から最も近いマレーシアである。**K**は**J**に次いで週当たり往復旅客便数が多く，マレーシアとも多いので，西アジアのカタールである。**L**は3か国の中で東京から最も遠いメキシコである。

問5　12　③

Xは，**フィヨルド**で**サケ・マス類の養殖**を行い輸出量が多い**ノルウェー**と**チリ**が入っているので輸出量であり，**Y**は，**日本**が入っているので輸入量である。**タ**は，輸出量が多いノルウェーから輸入している近くのヨーロッパ諸国で割合が高いので，鮮魚・冷蔵品であり，**チ**は，遠方の日本などで割合が高いので冷凍品である。表①に示したように，ノルウェーとチリは水産物輸出額が上位で，輸入額が上位の日本では，サケ・マスが品目別輸入の1位なので，両国からの輸入額が多い。

表①　水産物輸出入上位国(単位：億ドル)と日本の魚介類輸入先と品目別輸入(単位：億円)

	輸出国		輸入国		日本の輸入先		品目別輸入	
1位	中国	203	アメリカ	235	チリ	1,387	サケ・マス	2,200
2位	ノルウェー	120	中国	183	ロシア	1,373	マグロ	1,824
3位	ベトナム	87	日本	155	アメリカ	1,294	エビ	1,784
4位	インド	69	スペイン	81	中国	1,166	カニ	673
5位	チリ	67	フランス	67	ノルウェー	1,107	イカ	570

統計年次は，世界の水産物輸出入上位国が2019年，日本の魚介類輸入先と品目別輸入が2021年。『データブック　オブ・ザ・ワールド』により作成。

問6　13　③

Pは出荷額が多く，輸送用機械の割合が高いので，工業化が進んで賃金の高い先進国と考えられ，対応する文は，製造にかかる人件費の高さ，付加価値が高く生産に高度な技術や知識を必要とする製造業と書かれている**ミ**である。**Q**は石油製品の割合が高いので，原油生産の多い国と考えられ，対応する文は，国内で豊富にとれる天然資源を加工して輸出する製造業が中心と書かれている**マ**である。**R**は繊維・衣類の割合が非常に高いので，賃金が低く外国企業の進出が多い発展途上国と考えられ，対応する文は，低賃金で雇用できる国内の豊富な労働力をいかした，外国向けの安価な製品の生産が製造業の中心と書かれている**ム**である。

第3問　北アメリカ

問1　14　⑥

Aはカナダのウッド・バッファロー国立公園で，亜寒帯に位置しているので，写真1では針葉樹林がみられるウが該当する。Bはメキシコとの国境に近いサワロ国立公園で，乾燥帯に位置しているので，写真1では巨大サボテンのザグアロがみられるイが該当する。Cはカナダ大西洋側のニューファンドランド島のグロスモーン国立公園で，この島は最終氷期に北アメリカの大陸氷河(氷床)に覆われていたので，写真1では，U字谷に海水が浸入して形成された両岸が絶壁のフィヨルドがみられるアが該当する。

問2　15　①

ブドウは地中海式農業地域での生産が多いので，アメリカ合衆国のワイン生産の中心である太平洋側のカリフォルニア州の割合が高い①が該当する。トウモロコシは，五大湖南西側のプレーリーでの生産が多いので，③が該当する。綿花は黒人奴隷を利用した温暖な南部でのプランテーションから発展し，近年は灌漑により生産されるテキサス州での生産が最も多いので，④が該当する。②は落葉高木のサトウカエデの樹液を煮詰めた食品のメープルシロップで，冷涼なカナダのケベック州が世界生産の中心で，アメリカ合衆国ではそこに近い北東部での生産が多い。

問3　16　①

アジア系はカリフォルニア州など太平洋側の西部に多いので，カが西部である。アフリカ系は奴隷貿易期に南部の綿花地帯の労働者として流入し，現在も多いのでキが南部である。先住民は入植したヨーロッパ人によって西部に追われ，ミシシッピ川以西を中心にインディアン居留地が設けられているので，西部に多い。クは北東部で，中西部よりアジア系，アフリカ系が多いのは，メガロポリスのニューヨークやボストン，フィラデルフィアなど雇用の多い大都市が多いからである。

問4　17　②

①正しい。サの店舗には韓国のハングル文字が書かれており，韓国では箸やスプーンを用いて食事をする。②誤り。牛を神聖視して食肉用としないのは**ヒンドゥー教**であるが，シはキリスト教会である。③正しい。スは丸い屋根と尖塔(ミナレット)が特徴の**イスラーム**の教会モスクで，**ハラール食材**はイスラームで許されたものである。④正しい。セは中国の漢字が書かれた中国人街(チャイナタウン)で，中国では1月下旬の旧暦の旧正月(春節)が1年で最も重要な祝祭日とされており，新年が盛大に祝われている。

問5　18　④

タは，生産工程従事者と運輸業従事者の割合がやや高いので，**自動車工業**の中心として発達したデトロイトであるが，近年は衰退し，2013年には財政破綻したので，その割合は低下している。チは，情報処理・通信技術者の割合が高いので，**シリコンヴァレー**に位置するサンノゼで，ICT(情報通信技術)関連企業が多く立地しているが，生産の中心ではなく，知的財産や技術革新に特化しているので，生産工程従事者の割合は高くない。よって，現在のアメリカ合衆国の中でも経済発展が著しい都市の空欄Eには，**チ**のサンノゼが当てはまる。サンノゼは周辺を山に囲まれて住宅を建てることができる土地が比較的少なく，シリコンヴァレーで働く高所得者が多く住むようになり，地価が高くなっているので，空欄Fには住居費が当てはまる。

問6　19　③

2015年に就任した首相は，性の平等性に配慮し，様々な背景のある議員を閣僚に任命したと書いてあり，図5のNはMより女性と先住民，マイノリティの閣僚が多いので，空欄マに該当する2015年を示している図はNである。カナダは，公用語が**英語**と**フランス語**であるが，移民の流入によって民族構成が多様化し，2国語・2文化主義から**多文化主義**に移行したので，空欄ミには多文化主義が当てはまる。

第4問　環境問題

問1　20　②

①正しい。グループAには，オセアニアの低平な**サンゴ礁**の島の国が多く，温暖化による**海面上昇**の影響を受けやすいので，温室効果ガスの高い排出削減目標を主張している。②誤り。グループBには，西アジアやアフリカなどの**産油国**が多く，温暖化対策が進展すると温室効果ガスの二酸化炭素の排出源となる化石燃料の需要が激減するので，石油の経済的価値は低下する。③正しい。グループCは，2000年代以降に著しい経済成長を遂げたBRICSの中国，インド，ブラジル，南アフリカ共和国で，二酸化炭素排出量は中国・インドが世界1・3位と多く，温暖化対策も推進しているが，経済成長を優先する傾向があるので，先進国と同等の負担を強いられるべきではないとして，先進国に支援を要求している国もある。④正しい。グループDは，ヨーロッパ諸国で，**風力発電**や**太陽光発電**など再生可能エネルギーの利用を増やして環境対策に積極的に取り組み，温室効果ガスの排出削減目標の厳格化を掲げている国が多い。

問2　21　⑤

資料1の文章に中国が2017年に輸入を厳しく制限したとあるので，輸入量が激減している**イ**が中国で，Fは2010年，Gは2019年である。中国に多く輸出していた**ア**はアメリカ合衆国，輸入が増加している**ウ**はマレーシアであるが，東南アジア諸国でも2018年以降，輸入規制が進んでいる。ペットボトルなどのプラスチックごみは，リサイクルを目的に先進国から発展途上国に輸出され，溶融されて下敷き，防草シート，作業服，洗剤ボトルなどの製品に加工されていた。しかし，プラスチックは石油を原料とし，燃焼による二酸化炭素の排出，海に流れ込み漂うプラスチックごみが波などで削られてマイクロプラスチックとなり，海洋汚染や，エサと間違えて誤飲する海洋生物の死などのプラスチック問題がみられる。

問3　22　③

Jは，資料2の右図から正しいと読み取れる。Kは，右図で，有害物質の濃度の最大値の流出した日からの時間経過が，地点a－b間では約2日，地点b－c間では約1日で，移動の速度は約2倍だから誤っている。**L**は，右図から正しいと読み取れる。

問4　23　⑥

Pは，**サトウキビ**を原料としてガソリンの代わりに利用される**バイオエタノール**を生産しているブラジルで，栽培地域がアマゾン川流域まで拡大し，熱帯雨林の破壊も進んでいる。**Q**は，**アブラヤシ**を原料とする**パーム油**の生産が世界一のインドネシアで，アブラヤシは軽油に似た燃料のバイオディーゼルに用いられる。**R**は，世界最大のトウモロコシ生産国のアメリカ合衆国で，**トウモロコシ**を原料とする**バイオエタノール**の生産が増加したことで，飼料用の供給量が減り，穀物価格の高騰につながる。

問5　24　③

図2の**X**は人口密度が高いから中心都市で，**Y**は周辺都市である。中心都市では公共交通機関の利用が多く，駐車場代が高いため自家用車利用の割合が低い。よって，空欄**カ**には**Y**が当てはまる。図3の自宅から職場まで自家用車だけを利用する通勤ルートは40 kmで，二酸化炭素の排出量は150×40＝6000 g，駅まで自家用車で行って鉄道を使うルートの二酸化炭素の排出量は150×4＝600 gと20×30＝600 gの和の1200 gで，5倍の差があるので，空欄**キ**には5が当てはまる。

問6　25　②

①正しい。先進国から発展途上国へのプラスチックごみの移動は，**問2**で中国や東南アジア諸国での規制が書かれている。②誤り。有害物質の流出事故による国際河川の汚染の拡大は，**問3**で，ライン川で発生した有害物質の流出事故の原因として，スイスにある薬品倉庫で火災が発生し，水銀などの有害物質が大量に流出したと書かれており，国際河川からはきれいな飲用水の供給はされていない。③正しい。バイオ燃料の導入拡大に伴う食料や生態系への影響は，**問4**で3か国について書かれており，生ごみや家畜の排泄物などの廃棄物はバイオガス(メタン)，草木などの廃材はバイオエタノールに用いられる。④正しい。日常生活における過度な自家用車利用による環境負荷は，**問5**で鉄道を利用した方が二酸化炭素の排出量が少ないと書かれている。

第5問　利根川下流域の地域調査

地理B第5問を参照。

●写真提供・協力

第1問問2写真1　東奥日報2019年10月4日掲載／ユニフォトプレス／
マレーシア政府観光局／ロイター／アフロ／河口信雄／アフロ／
独立行政法人水資源機構 利根川下流総合管理所 利根川河口堰管理所／
岡崎務『体験取材！ 世界の国ぐに―10 ミクロネシア連邦』株式会社ポプラ社

地理Ａ

（2022年１月実施）

受験者数　2,187

平 均 点　51.62

地理A

解答・採点基準

（100点満点）

問題番号(配点)	設問	解答番号	正解	配点	自己採点
第1問 (20)	問1	1	③	3	
	問2	2	③	3	
	問3	3	①	4	
	問4	4	①	4	
	問5	5	②	3	
	問6	6	③	3	
第1問　自己採点小計					
第2問 (20)	問1	7	③	3	
	問2	8	⑥	4	
	問3	9	④	3	
	問4	10	②	3	
	問5	11	③	3	
	問6	12	④	4	
第2問　自己採点小計					
第3問 (20)	問1	13	③	3	
	問2	14	⑤	3	
	問3	15	③	4	
	問4	16	①	3	
	問5	17	③	3	
	問6	18	④	4	
第3問　自己採点小計					
第4問 (20)	問1	19	①	3	
	問2	20	③	4	
	問3	21	④	3	
	問4	22	②	4	
	問5	23	③	3	
	問6	24	④	3	
第4問　自己採点小計					
第5問 (20)	問1	25	③	3	
	問2	26	③	4	
	問3	27	④	3	
	問4	28	⑥	3	
	問5	29	③	4	
	問6	30	②	3	
第5問　自己採点小計					
自己採点合計					

第1問　地図の読み取りと活用，日本の自然災害

問1 [1] ③

①誤り。国道の西側は東側より等高線の間隔が狭く傾斜が大きい。②誤り。国道の西側には**針葉樹林**が広がり，果樹園はない。③正しい。国道の西側の大谷川沿いには，同心円状の等高線がみられ**扇状地**が形成されている。国道の東側の大物，荒川付近は**扇端**で地下水が得られ，その下流側には平坦な**氾濫原**が広がり，河口部には三角州がみられるので水が得やすく，集落や水田が分布している。④誤り。等高線をみると扇状地の大谷川沿いは標高が低いことがわかり，河床の高い天井川ではなく，河川は国道と鉄道の下を通っている。この地図は，琵琶湖西岸の比良山地の山麓で，河川は琵琶湖に注いでいる。

問2 [2] ③

ア：**フェーン現象**は，湿潤な風が山脈にぶつかり上昇気流が発生する風上側で降水し，風下側には**高温で乾燥した風**が吹き下ろすので，山地から下るが当てはまる。**イ**：フェーン現象の影響を受けやすいのは，山脈の風下側に近い**A**が当てはまる。

問3 [3] ①

距離別人口割合は，図**3**をみると，**カ**は周囲の人口が多いが，**キ**は周囲の人口が少なく，特に3km以上先は人口がほとんどみられないので，図**4**では3km以上の人口割合がみられない**a**が該当し，**カ**は**b**である。考え方は，**キ**は人口の多い現在の役所の支所から離れていて，役所の支所への移動に時間がかかるので，居住地の公平性を重視し，移動にかかる負担の住民間の差をできるだけ減らす**D**が当てはまる。**カ**は現在の役所の支所の近くであるが，新しい支所が配置されると，より便利になるので，効率性を重視し，高い利便性を享受できる住民をできるだけ増やす**E**が当てはまる。

問4 [4] ①

J：図**6**では**K**と**L**より標高が高く，図**5**では溶岩流と火砕流の範囲に入っていないが，火砕流周辺の熱風の範囲には入っているので，**サ**が当てはまる。**K**：火砕流の範囲に入っていて，図**6**では谷に沿って流れて来る溶岩流の範囲との間に標高の高いところがみられるので，**シ**が当てはまる。**L**：図**6**では想定火口位置との間に尾根があり，溶岩流の範囲と火砕流の範囲に入っていないので，**ス**が当てはまる。この火山は大分県別府市の西側の鶴見岳である。

問5 [5] ②

地盤が固い宅地は，住宅地造成後の地表面が，住宅地造成前の地表面より低い②と造成前の地表面と同じ④で，①と③は，住宅地造成前の地表面に柔軟な盛り土があるため地盤が柔らかく，地震発生時には揺れやすい。②と④では，②は③の宅地の下に位置し，崖崩れの可能性があるので，これが正解である。

問6 [6] ③

①正しい。海岸沿いにマツの植栽を行うと，海からの飛砂や風の被害を防ぐ**防砂林**，**防風林**となる。②正しい。斜面に森林があると大雨による土壌侵食が少ないが，

森林がないと雨が地表面に当たって土壌侵食が多く，斜面崩壊による土砂災害が発生しやすいので，植林地が荒廃しないように継続的に管理することが重要である。③誤り。堤防沿いに竹を植栽しない方が洪水時にあふれた水を早く排出することができ，下流の洪水被害を軽減するには，洪水時にあふれた水を一時的に滞留させる**遊水地**(遊水池)の設置が有効である。④正しい。上述したように，水田を遊水地として利用することで，河川水量が減少し，付近から下流側の洪水被害を軽減する。

第2問　世界の生活・文化

問1　7　③

①誤り。アメリカ合衆国は，生産量は多いが1人当たり年間消費量は少ないので，国内向けに生産されているわけではない。②誤り。単位面積当たりの収量が多いのは，面積が狭く人口の多い地域での集約的農業地域で，中国とインドは当てはまらず，人口が多いため国内消費量が多くほとんどが輸出向けとはなっていない。③正しい。ジャガイモは**アンデス原産**で．冷涼でやせている土地での生産に適しており，冷涼な東ヨーロッパでは生産量が多く，1人当たり年間消費量も多い。④誤り。ジャガイモの原産地のアンデス付近は**スペインの植民地**だったので，15世紀末にスペインに持ち込まれた。

問2　8　⑥

図2で，年降水量が多く気温の年較差が小さい**A**は，熱帯なので，東南・南アジアなどに多い水牛，気温の年較差が大きく年降水量が少ない**B**は，高緯度なのでトナカイ，年降水量が非常に少ない**C**は乾燥帯なのでラクダである。文の**ア**は乾燥に強いのでラクダ，**イ**は寒さに強いのでトナカイ，**ウ**は農地の耕作や運搬にも使われるので水牛である。

問3　9　④

カは夏の暑さをしのぐためとあるので，図**3**では緯度が低い内陸の乾燥帯で夏が暑い**G**のイラン高原である。**キ**は強風対策に避難用シェルターが設置されているので，世界で最も**竜巻(トルネード)**の被害が大きい**E**のアメリカ合衆国中央部である。**ク**は卓越風が明瞭な地域なので，大陸西岸で卓越風の偏西風が吹く**F**のヨーロッパの西岸海洋性気候地域である。

問4　10　②

①正しい。アラビア半島は砂漠気候なので，砂嵐が発生し夏が暑いため，建物を密集させることで，建物の間で砂嵐の被害を防ぎ，建物の間の日陰を利用して暑さを避けている。②誤り。古都の世界遺産なので，伝統的な高層の建物はコンクリートではなく，レンガで造られている。③正しい。城壁は防衛の役割があり，砂漠気候であるが夏には熱帯収束帯の北上でアラビア半島南部には少し雨が降り，隣接する河川で発生する洪水から都市を守る。④正しい。砂漠には大量の降水があったときだけ水流がある涸川の**ワジ**があり，水流がないときは交通路に利用されている。

問5　11　③

写真２はスペイン第二の都市**バルセロナ**の教会のサグラダファミリアで，スペインは**ラテン語派**で**カトリック**であるが，写真の建築物を知らないと地域はわからないので，解きにくい。

問６ 12 ④

オーストラリアでは，建国時から実施していた有色人種の移民を制限する**白豪主義政策**を，アジア諸国との貿易拡大などによって1970年代に廃止し，その後はアジア系移民が増加している。したがって，表１ではアジア諸国を出生地とする人口割合が高い**a**が2016年，低い**b**が1996年なので，**サ**は**b**から**a**である。図５では，アジアなどからの移民は雇用機会が多い大都市に流入するので，家庭での使用言語は，シドニー大都市圏では英語以外のその他の割合が高い**Y**が**シ**に当てはまる。

第３問　東アジア

問１ 13 ③

東アジアでは，夏には海洋からの**南東季節風**の影響を受け多雨，冬には大陸からの**北西季節風**の影響を受け少雨となるので，降水量が多い沿岸部に位置するプサンとタイペイは**ウ**か**エ**で，緯度の高いプサンは気温が低い**ウ**であり，タイペイは気温が高い**エ**である。ラサは**チベット高原**の標高3650 m に位置するため，気温が低い**ア**であり，黄河流域のシーアンはラサより緯度が高く気温の年較差が大きい**イ**であるが，両都市とも内陸で降水量は少ない。

問２ 14 ⑤

中国では黄河と長江の間のチンリン山脈とホワイ川を結ぶ**年降水量1000 mm**の線を境界として，北側では小麦などの**畑作地域**，南側では**稲作地域**になっているので，**A**では主に小麦が生産されラーメンをつくり，黄河上流域のイスラム教徒が中心の**ニンシヤ回族自治区**があるので，**キ**が該当する。**B**の朝鮮半島北部は寒冷な亜寒帯冬季少雨気候なので，低温に強いソバが生産され，辛い漬物のキムチをつくっているので，**ク**が該当する。**C**の九州北部は**カ**で，一年間に二つの農作物を同一耕地に栽培する**二毛作**で，米と小麦を生産し，小麦粉からうどんがつくられている。

問３ 15 ③

日本では米が主食であるが，戦後の食生活の洋風化で小麦や肉類，牛乳・乳製品の供給量も増えて，米の供給量は減少したため，**E**と**F**がどちらも増加している**シ**は経済成長の盛んな中国，**サ**は日本で，日本で大きく減少している**E**が米，少し増加している**F**が小麦である。

問４ 16 ①

図４で，日本の輸入が多い**J**は野菜で，中国は最大の輸入先(輸入額の48.4%，2020年)なので**チ**が該当し，韓国は**タ**である。**K**は日本の輸出が多い自動車で，**チ**の中国はアメリカ合衆国(輸出額の36.2%，2020年)に次ぐ２位(9.5%)の輸出先である。

問５ 17 ③

東アジアで最先端の日本は，知的財産使用料の収支は受取額が支払額を大きく上回り黒字で，表1では金額の多いマが該当し，近年急速な経済成長が続いている中国が金額の多いMである。ミは文化・娯楽等サービスの収支で，Nの韓国には支払額が多く赤字になっているが，これは韓国のドラマや音楽などの受け入れが多いためである。

問6 18 ④

図5では，訪日旅行者数が2000年代最初に多かったラが先進国となった韓国で，その後急増してラを上回ったリが，経済成長で中高所得者が増加し，2015年からビザ緩和が行われた中国である。図6では，韓国は距離の近い九州への訪日旅行者数が多いのでPが該当し，中国は日本に買い物に来て大都市で爆買いする人が多いので，三大都市圏が含まれる関東，中部，近畿で割合の高いQが該当する。

第4問　地球的課題

問1 19 ①

先進国ではたとえばトウモロコシを主に飼料として使用するように，穀物の消費量に占める飼料用途が食料用途より割合が高く，発展途上国では食料用途の割合の方が高いので，アジアで割合が低いAが飼料用途，高いBが食料用途である。アは飼料用途の割合の方が高いからヨーロッパで，イは食料用途の割合がアジアより高いからアフリカである。

問2 20 ③

①正しい。注からわかるように，フードマイレージは，生産地から消費地までの輸送距離が長いほど大きくなるので，使用食材をすべて国内産に変更すると，食材の重量が倍増しても，海外からの輸入品を使用している食事DとEともにフードマイレージは小さくなる。②正しい。食事Dは大豆だけが海外産で，食事Eは牛肉・小麦粉・コーヒー豆が海外産なので，フードマイレージは食事Dよりも食事Eの値が大きい。③誤り。食事Eの海外産の使用食材は，アメリカ合衆国産の牛肉やカナダ産の小麦粉のように大規模経営による生産で国内産より価格が安いため，使用食材をすべて国内産に変更すると，食事をつくるのに必要な単価は上昇する。なお，コーヒー豆は，日本では沖縄などの南西諸島と小笠原諸島で少し生産されているが，海外産より価格は高い。④正しい。フェアトレード(公正な貿易)は，発展途上国などの輸入農産物の販売価格が流通システムにより上昇し，現地の生産者からは不当に低い価格で購入されることが多いため，公正な価格で購入して貧困な生産者の生活を支えようとするので価格は上昇する。したがって，フェアトレードの仕組みを活用することによってコーヒー豆の単価は上昇するが，その上昇分が生産者に還元されることになる。

問3 21 ④

表1のJは，メガシティ数が最も多いので，中国やインドに大都市が多いアジアである。Kはメガシティ数が2030年には2018年より多くなるので，人口増加率が高

いアフリカであり，**L**は人口増加率が低い先進国の北アメリカである。下の文の**カ**は先進国の問題で，急速に進む高齢化や早くから建設された道路や鉄道，上下水道などの社会基盤の老朽化がみられる。**キ**は発展途上国の問題で，メガシティには農村地域からの人口の流入が多いが，人口増加に見合うだけの工業発達がないので職が得にくく，低収入で住宅不足のため，市街地周辺などの空地を不法占拠して**スラム**を形成している。また，人口増加に対応する社会基盤の開発や環境対策が不十分なため，大気汚染など居住環境も悪化している。したがって，中央・南アメリカのメガシティの問題の**a**には**キ**が当てはまる。

問4　22　②

人口千人当たりの自動車保有台数は増加を続けているので，**X**は1990年，**Y**は2015年である。アメリカ合衆国は千人当たりの自動車保有台数が世界最上級なので，**ス**が該当する。窒素酸化物は硫黄酸化物とともに大気汚染や酸性雨の原因となり，先進国では環境問題の対策として排出量は減少していることから，**X**を1990年，**Y**を2015年と判定することもできる。アメリカ合衆国に次いで1990年の千人当たりの自動車保有台数が多く，千人当たりの窒素酸化物排出量が減少している**シ**は日本である。ポーランドは**サ**で，東西冷戦後に社会主義経済から資本主義経済に変わり，2004年にはEUに加盟して経済成長が続き，千人当たりの自動車保有台数が急増している。

問5　23　③

①正しい。タンタルは**レアメタル**(希少金属)で，産出量上位2か国のコンゴ民主共和国とルワンダの割合が高く，産出国はアフリカ中心で，世界的に広く産出国がある金より偏りがある。②正しい。金の方が産出国が多く，レアメタルのタンタルは産出量が金より少ない。③誤り。金はアメリカ合衆国やカナダ，オーストラリアのような政情不安が少ない先進国などでも産出量が多いが，タンタルはアフリカ諸国や中国，ロシアなどの政情不安が多い国で産出量が多く，産出国の政情不安が世界全体の産出量に影響を与えやすい。④正しい。情報通信機器は世界的に普及が進んでいるので，原料となるタンタルの需要は増加している。レアメタルは先端技術産業に不可欠な金属なので，需要の増加が続いているが，政治的に不安定な地域に偏在しているため，文章の最後にもあるように，利用国側では姿勢が問われており，日本など先進国では備蓄などが行われている。

問6　24　④

Pは南回帰線付近で内陸に**カラハリ砂漠**があり，先住民族のサン族は狩猟・採集民族で，移動しながら行ってきたが，ボツワナ政府は観光のために野生動物保護区を設置し，先住民族は定住化や保護区からの移住が進んでいるので，**チ**が該当する。**Q**はインドネシア，マレーシア，ブルネイが位置するカリマンタン島(ボルネオ島)で，先住民族のダヤック族は熱帯雨林で**焼畑農業**を行ってきたが，近年は**パーム油**の原料となる油ヤシの栽培を行うために熱帯雨林破壊が進み，森林の生物多様性が損なわれているので，**ツ**が該当する。**R**はハワイ諸島で，先住民のハワイ人はポリネシア系である。ハワイ州は，1959年にアメリカ合衆国の50番目の最後の州となり，ハワイ語は1978年に英語に加えてハワイ州の公用語になり，観光にも活用されたので，タが該当する。

第５問　北海道苫小牧市とその周辺の地域調査

地理Ｂ第５問を参照。

●写真提供・協力

ユニフォトプレス

地理A

（2021年1月実施）

受験者数　1,952

平 均 点　59.98

地理A

解答・採点基準

(100点満点)

問題番号(配点)	設問	解答番号	正解	配点	自己採点
第1問 (20)	問1	1	③	3	
	問2	2	①	3	
	問3	3	④	4	
	問4	4	②	3	
	問5	5	⑤	4	
	問6	6	②	3	
第1問　自己採点小計					
第2問 (20)	問1	7	④	3	
	問2	8	①	3	
	問3	9	②	4	
	問4	10	③	3	
	問5	11	①	4	
	問6	12	③	3	
第2問　自己採点小計					
第3問 (20)	問1	13	⑤	3	
	問2	14	③	4	
	問3	15	④	3	
	問4	16	④	3	
	問5	17	①	3	
	問6	18	④	4	
第3問　自己採点小計					

問題番号(配点)	設問	解答番号	正解	配点	自己採点
第4問 (20)	問1	19	①	3	
	問2	20	⑤	3	
	問3	21	③	4	
	問4	22	②	4	
	問5	23	④	3	
	問6	24	③	3	
第4問　自己採点小計					
第5問 (20)	問1	25	③	3	
	問2	26	②	3	
	問3	27	②	3	
	問4	28	⑥	4	
	問5	29	④	4	
	問6	30	①	3	
第5問　自己採点小計					
自己採点合計					

第1問　地図と地理情報

問1　1　③

1985年の地形図から，①は等高線が密で尾根と谷のあるC，②は河川沿いの低地に水田が広がるB，③は果樹園と水田がみられるA，④は建物が多くみられるDと読み取れる。

問2　2　①

氾濫原には，河川沿いに砂質で微高地の**自然堤防**が形成され，その背後には泥質で低湿な**後背湿地**が広がる。自然堤防は周囲より高く水害を受けにくいので集落が立地し，砂質で水はけが良いので**畑**や**果樹園**などに利用される。よって，標高の高いFとaが該当し，図2の自然堤防は現在の河川沿いに位置していないので，旧河道に沿って形成されたものである。標高の低いGとbは後背湿地で，**水田**に利用されている。

問3　3　④

Jは，所要時間が午前8時頃出発と午後2時頃出発が同じなので，鉄道を利用する経路である。Kは経路の長さは短いが所要時間は長いので，一般道のみを利用する経路で，朝は渋滞するため所要時間が長い。LはKより経路の長さが長いが所要時間が短いので，高速道路を利用する経路で，一般道より朝の渋滞は少ない，また，鉄道はLのように直角に曲がる経路はないので，道路と考えることもできる。

問4　4　②

統計地図には，人口のような絶対値を表現する**絶対分布図**と，人口密度のような相対値を表現する**相対分布図**がある。②の**階級区分図**は相対分布図で，10万人以上と5万人～10万人の市はそれぞれ二つあるが，同じ市町村別人口を表現した絶対分布図の③の**図形表現図**と比べると，面積の大きい市の方が人口が多いような印象を与えてしまうので，適していない。①は**メッシュマップ**で，方眼(メッシュ)ごとに人口を階級区分して表現するので，方眼ごとの人口密度の高低がわかる。④は**ドットマップ**で，人口の分布をドット(点)で表現している。他に，気温や降水量のような連続的に変化する値を表現する等値線図，人口移動のような移動数と方向を表現する流線図，統計値の大小に応じて地図を変形した**カルトグラム**を教科書で見ておこう。

問5　5　⑤

カはQで，山地から離れて等高線間隔が広い緩傾斜地なので土砂災害の危険性は低いが，北側の河川沿いは浸水の危険性がある区域である。キはRで，急傾斜の山地の麓に位置し，河川から離れているので浸水の危険性は低いが，周囲は土砂災害の危険性がある区域で，崖崩れや土石流が発生しやすい。クはPで，等高線に囲まれ周囲より標高が高く，浸水と土砂災害の危険性がある区域には入っていないが，周囲は両方の危険性のある区域である。

問6　6　②

②のステッカーの作成と，その貼り付けは地理情報とGIS(地理情報システム)の

活用による対策ではないので誤りである。①は地形図などで公共施設を探すことができる。③は地理院地図などで距離を計測することができる。④はGISで作成されるハザードマップで危険性のある区域を知ることができる。

第2問　食文化

問1　7　④

Aは茶で，アジアが生産の中心であるが，アフリカのケニアでも生産が多い。Bはキャッサバで，タロイモやヤムイモとともに熱帯の**焼畑農業**で主に栽培され，アフリカの熱帯で人口が多いナイジェリアとコンゴ民主共和国の生産が多い。Cはサトウキビで，冷涼地域で生産されるテンサイより生産量が多いサトウキビの生産上位国が砂糖の生産上位国となっている。

問2　8　①

①誤り。日本では国内の酪農家を守るためにバターやチーズに関税をかけ，フランス産のチーズは高価であったが，2018年にEUと締結された経済連携協定によって関税が段階的に引き下げられるようになり，少し安価に輸入されるようになった。原産地を表示する制度は，たとえばカマンベールチーズやシャンパンなどの地域ブランドを明示することで，原産地の伝統や文化，地理に深く根付いた製品を保護し，一般の製品より高値で取引されるので生産者の収益が向上し，消費者も品質が保証されたものを購入できるというメリットがある。②正しい。**自由貿易協定**(FTA)は，日本では，関税の撤廃や軽減の他，サービス・投資・電子商取引など様々な分野での連携を強化する**経済連携協定**(EPA)とされ，オーストラリアとは2015年に締結されたので，牛肉が低い関税で輸入されるようになった。③正しい。南半球のニュージーランドは日本と季節が逆で，輸送技術の向上により，日本で生産されない**端境期**に生産されるカボチャが輸入されるようになり，他にもチリからのブドウなどいくつかの農作物が端境期に輸入されている。④正しい。ノルウェーでは氷河地形の**フィヨルド**でサーモンの養殖が行われ，日本は一年中輸入しているが，サケ・マスの輸入量は同じくフィヨルドで養殖されているチリからの方が多い。

問3　9　②

ヨーロッパで1人当たり年間供給量が多いEはコーヒーで，栽培起源地域の**エチオピア高原**とヨーロッパとの間には北アフリカ・西アジアのイスラームの地域がある。Fは栽培起源地域が**中国南部**の雲南省の茶で，ヨーロッパには栽培地の中国やインドなどから中央・西アジア経由の陸路やアフリカ南端を経由した海路で運ばれた。ヨーロッパで1人当たり年間供給量が0のGはキャッサバで，生産量が多い熱帯の焼畑農業地域では主食となっている。栽培起源地域の**中央・南アメリカ**からは，大航海時代の16世紀に大西洋を経由して奴隷貿易商やポルトガル人によりヨーロッパやアフリカに運ばれ，18世紀には東南アジアへも広まった。

問4　10　③

カ～クの飲み方はわからなくても，カは食事の際に飲むので，茶の生産・消費が多い**M**の中国である。**キ**は写真にケーキなどが写っているので，紅茶を飲む**L**のイギリスで，ケーキやサンドイッチなどを食べて紅茶を飲むアフタヌーンティーの習慣がある。**ク**は入植者に広まったことから，ヨーロッパ人が入植した**N**のパラグアイなどの南アメリカである。これはマテ茶で，現地でモチノキ科の灌木のマテの葉や枝を乾燥させたものである。

問5　11　①

aは，世界の様々なものだから，日本の郷土料理店の外国人観光客への対応の**チ**ではなく，複数の国の料理店がみられるという**タ**が該当する。**b**は，その地域に特有の食べ物だから，どこでも同じ原料の牛乳から生産されるヨーグルトの**ミ**ではなく，いろいろなものを巻いた各地域特有の寿司の**マ**が該当する。

問6　12　③

①正しい。地元の農産物を地元で消費する**地産地消**を学習することで，農産物からは風土，食文化からは伝統文化を理解することができる。②正しい。発展途上国への食料援助を行う際には，乾燥地域などで水不足の場合は井戸の整備が必要で，自然環境や宗教などの違いによる伝統的な食生活に対応した食材の援助が必要である。③誤り。**穀物メジャー**と呼ばれる巨大穀物商社は，農産物の生産・流通や種子・肥料開発などを手がける**アグリビジネス**の代表的な組織で，多国籍企業なので国境を越えた農業投資で投資先の農地を使用することも多い。安価な穀物を供給すると，被援助国の農業生産は増加せず，国内市場の穀物価格の低下により農業生産が低下したり，新しい食習慣の定着により伝統的な農産物の需要がなくなって農業の発展を阻害したりすることもある。④正しい。アフリカでは外貨獲得のために輸出型のプランテーション作物の栽培が続けられてきたために自給作物の生産が増加せず食料不足となり，食料が輸入されてきた国が多いので，自給作物の栽培を進め，安定的に食料を確保することは重要である。

第3問　南アジア

問1　13　⑤

インドでは海洋からの**南西季節風**が吹く夏は雨季，大陸からの**北東季節風**が吹く冬は乾季となるが，インドとパキスタンの国境には**大インド砂漠**があり，その東縁に位置する**A**(ジャイプル)は，降水量が少ない**ウ**(BS)である。ベンガル湾に面する**C**(コルカタ)は，南西季節風の影響が強く夏の降水量が多い**ア**(Aw)である。スリランカの**B**(コロンボ)も夏の南西季節風で多雨となるが，海洋に位置するため冬は大陸のインドのようには少雨とならないので**イ**(Af)である。米は年降水量1000 mm 以上，小麦は500～1000 mm 前後の地域で主に栽培されるため，降水量が少ない**E**州では小麦の生産量が多い。

問2　14　③

カは，セナの話の前のトモの話にあるように，図**3**では灌漑面積の割合とともに生産量も増えているので，灌漑面積が当てはまる。**キ**は，インドでは**緑の革命**によって導入された**高収量品種**の栽培で米と小麦の生産が増加したので，改良した品種が当てはまる。

問3 [15] ④

小麦は**西アジア原産**で，降水量が少ない地域で栽培され，高温多雨の熱帯では栽培されない。羊は牛より小さく粗食で，牧草の少ない乾燥地域で多く飼育される。したがって，**サ**は西アジアが当てはまる。コショウなどの香辛料は，南アジア・東南アジアで栽培され，古代ローマ時代からヨーロッパに伝えられ，大航海時代には香辛料貿易が始まったので，**シ**は南アジア・東南アジアが当てはまる。

問4 [16] ④

インドで信仰される**ヒンドゥー教**では，**牛**は神聖な動物なので肉を食べることは禁忌(タブー)とされ，不殺生の教えから肉食をしない菜食主義者が多いので，肉類の供給量は非常に少ない。しかし，牛乳はたんぱく源として重要で，インドは牛乳生産量はアメリカに次ぐ世界2位，バター生産量は世界一である(2018年)。近年は経済成長により乳製品の原料としての消費が急増し，牛乳生産の増加は**白い革命**と呼ばれている。したがって，2010年の1人当たり年間供給量が最も多い**J**は牛乳で，肉類供給量の多い先進国でも牛乳・乳製品の方が肉類より供給量は多い。肉類では，豚は牛とは反対に不浄な動物とみなされ食べられないが，鶏は宗教的制約を受けないため，近年消費が急増し，養鶏業の発達による鶏肉の生産増加はピンクの革命と呼ばれている。よって，1970年に比べて供給量が急増している**K**が家禽の肉で，増加していない**L**は牛肉である。

問5 [17] ①

タ：**サリー**はゆとりのある形で，インドは高温なので保温性は必要でなく，通気性が高い。**チ**：毛織物は羊毛を原料とし，冷涼なヨーロッパで毛織物工業が発展した。高温な地域では毛織物は必要でなく，綿花生産が多く伝統的に綿工業が盛んなインドでは，綿織物がつくられてきた。

問6 [18] ④

①正しい。インドでは1991年の経済自由化以降，外国からの投資が急増し，自動車生産は2019年には中国・アメリカ・日本・ドイツに次ぐ5位となり，ソフトウェア開発などの情報通信技術(ICT)産業も急成長している。②正しい。**X**州は都市人口率が高く失業率が低いので，雇用機会が豊富である。③正しい。図**5**では，**Y**州を含む東部や内陸部の1人当たり州内総生産は下位で，経済発展が遅れている。④誤り。**Y**州では，都市人口率が少し高くなっているが，人口増加率はそれ以上に高くなっているので，農村部の人口も増加している。

第4問　世界の結びつきと地球的課題

問1 [19] ①

コンテナ貨物取扱量上位港は，中国の工業化とともに中国で増加し，日本の港は順位が低下しているので，中国で上位港が多い**A**が2018年で，東京が入っている**B**

は2000年である。コンテナ貨物取扱量は，以前から**中継貿易**が盛んなシンガポールと香港が世界最上位で，中国最大の貿易港シャンハイも入っている**ア**が1～5位で，**イ**は6～10位である。

問2 20 ⑤

海外旅行客は，遠距離より近距離の方が多く，ヨーロッパでは域内での移動が盛んなので，相互の旅行客が多い**キ**と**ク**がイギリスかイタリアである。ヨーロッパでは夏のバカンスでスペインやイタリアなど地中海に面した国への北部からの旅行客が多いため，**キ**がイギリスで**ク**がイタリアである。**カ**はオーストラリアで，イギリスから独立し，イギリス連邦に加盟しているので，イギリスへの旅行客が多い。

問3 21 ③

在留外国人のうち，ブラジル人は，**バブル経済**による労働力不足を背景に入国管理法が改正された1990年から**日系人**の就労が認められたので増加したが，2008年のリーマンショック後の不況や東日本大震災の影響で減少しているので，図**3**では**J**である。ベトナム人は**K**で，**技能実習生**としての入国が近年増加しており，2019年の国籍別在留外国人数の上位国は中国・韓国・ベトナム・フィリピン・ブラジルの順である。ブラジル人は自動車産業などの製造業従事者が多く，工業の中心の愛知県で最も多いので，図**4**では**N**である。ベトナム人は**M**で，東京都に最も多い。技能実習生は多くの職種で受け入れられているが，主な職種は食品製造関係，機械・金属関係，建設関係で，三大都市圏を中心に全国各地に居住している。

問4 22 ②

都市人口率は工業化が早くから進んだ先進国で高く，1人当たり1次エネルギー消費量は，国土が広くエネルギー生産量が多い新大陸の先進国で多いので，②がドイツ，④がアメリカ合衆国である。2015年に1人当たり1次エネルギー消費量がアメリカ合衆国を上回っている③は産油国のサウジアラビアで，石油危機後に経済発展が続いて都市人口率が上昇している。①は中国で，工業化が急速に進展したのは1990年代以降である。

問5 23 ④

砂漠化が深刻化したサハラ砂漠南縁の**サヘル**などで人為的要因として重要な**過放牧**・**過耕作**・**過伐採**による植生破壊や大規模灌漑の要因は，人口増加による食料や燃料の消費の増加であり，**サ**の家族計画の推進は少子化を進めるので該当しない。**シ**は重要な要因ではないが，市場経済の拡大による資源需要の増加も関係している。植生が減少すると，雨が直接地面に当たり，水がたくさん流れて土壌が運び去られるので，**X**は**土壌侵食**の増加である。地下水位の上昇・蒸発量の増加は，灌漑によるもので，乾燥地域では灌漑用水が地下へ浸透すると地中の塩類を溶かし，蒸発により塩類が地表に集積する**塩類化**(**塩害**)が進むので，**Y**は塩類の集積である。

問6 24 ③

①誤り。自動車の排出ガスには**温室効果ガス**の二酸化炭素が含まれるので，排出ガス抑制は地球温暖化対策である。②誤り。生物の多様性を守る**生物多様性条約**は

1992年にリオデジャネイロで開催された「環境と開発に関する国際連合会議」で採択され，2010年には遺伝子資源の利用から生じる利益の公正な配分に関する名古屋議定書が採択されたが，遺伝子資源が多い熱帯林などの自然資源を医薬品開発などに利用してきた先進国と，利用資源をもち利益の配分を求める発展途上国との対立がみられる。③正しい。発展途上国の農産物などが流通システムで先進国により不当に低い価格で取引されるのを避けるため，公平(フェア)な価格で購入して生産者の生活改善を目指す**フェアトレード**が行われている。④誤り。まだ食べられるのに廃棄される食品の量が多い食品ロスが問題となっているのは先進国で，卸・小売などの流通の過程で廃棄される食品を減らすため，商品の賞味期限を延ばすことなどが行われている。

第５問　宮津市の地域調査

地理Ｂ第５問を参照。

●写真提供・協力

丹後織物工業組合／ユニフォトプレス／ Alamy/アフロ

MEMO

MEMO

MEMO

MEMO

MEMO

MEMO

MEMO

MEMO

MEMO

河合出版ホームページ
https://www.kawai-publishing.jp
E-mail
kp@kawaijuku.jp

表紙デザイン　河野宗平

2025大学入学共通テスト
過去問レビュー
地理総合，地理探究

発　行　2024年5月20日

編　者　河合出版編集部

発行者　宮本正生

発行所　**株式会社　河合出版**
［東　京］〒160-0023
東京都新宿区西新宿7－15－2
［名古屋］〒461-0004
名古屋市東区葵3－24－2

印刷所　名鉄局印刷株式会社

製本所　民由社

ISBN 978-4-7772-2832-4

河合塾
SERIES

2025 大学入学

共通テスト
過去問レビュー

地理総合, 地理探究

●問題編●

河合出版

▶問題編◀

地理B

（2024年１月実施）

60分　100点

2024
本試験

（解答番号 1 〜 30 ）

第1問 世界の自然環境と自然災害に関する次の問い（問1〜6）に答えよ。（配点 20）

問1 次の図1中の**ア**と**イ**は，イギリスとニュージーランドのいずれかにおける国土の標高別面積割合を示したものである。また，後の図2は，イギリスとニュージーランドにおける国土の土地利用割合を示したものであり，凡例**A**と**B**は，森林と牧草地のいずれかである。ニュージーランドに該当する図と牧草地に該当する凡例との正しい組合せを，後の①〜④のうちから一つ選べ。 1

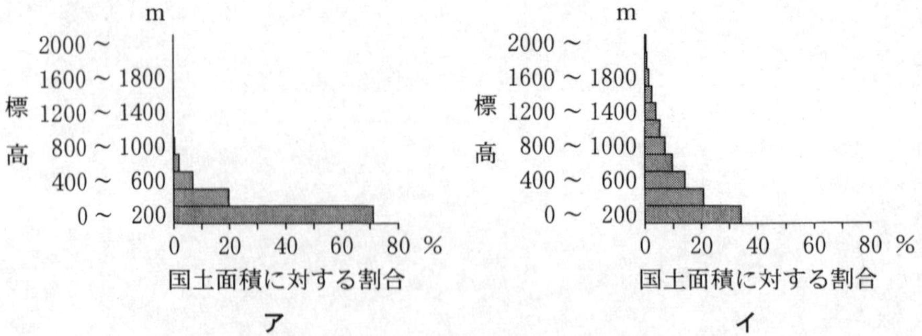

m
標高
2000〜
1600〜1800
1200〜1400
800〜1000
400〜600
0〜200
0 20 40 60 80 %
国土面積に対する割合
ア

m
標高
2000〜
1600〜1800
1200〜1400
800〜1000
400〜600
0〜200
0 20 40 60 80 %
国土面積に対する割合
イ

General Bathymetric Chart of the Oceans の資料により作成。

図 1

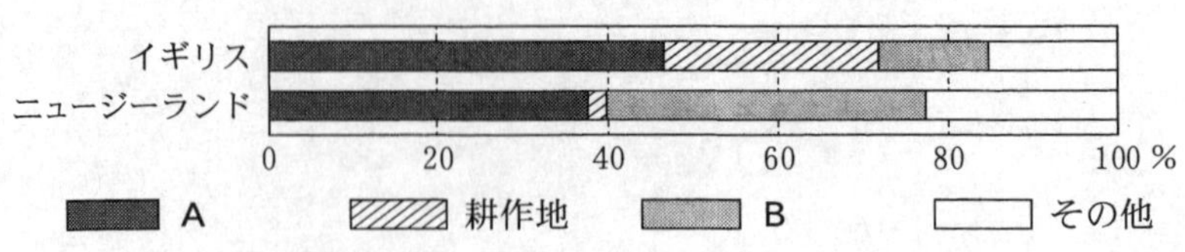

A　耕作地　B　その他

統計年次は2018年。FAOSTAT により作成。

図 2

	①	②	③	④
ニュージーランド	ア	ア	イ	イ
牧草地	A	B	A	B

問 2　地球上の寒冷な地域には，永久凍土と氷河・氷床が分布する。次の図3は，北緯30度から80度における，緯度ごとの陸地に占める永久凍土と氷河・氷床の割合を示したものである。図3に関することがらについて述べた文として**適当でないもの**を，後の①～④のうちから一つ選べ。 2

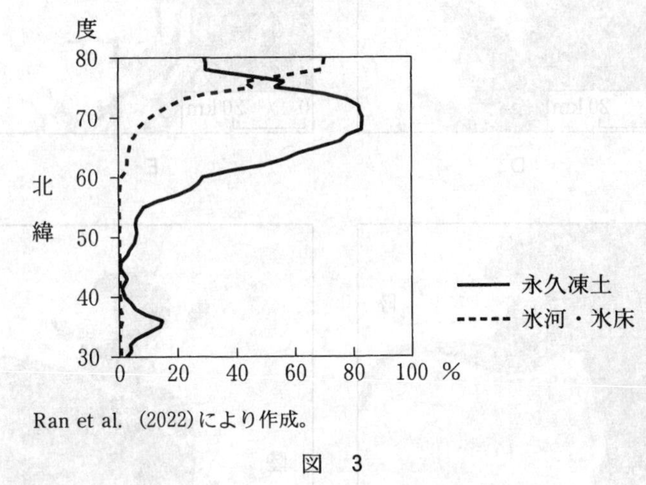

Ran et al. (2022) により作成。

図 3

① 北緯30度から45度における永久凍土の分布は，チベット高原やヒマラヤ山脈などアジアの高山地帯が中心である。

② 北緯45度から70度にかけて永久凍土の割合が増加する原因には，主に高緯度側ほど日射量や年平均気温が低下することがあげられる。

③ 北緯60度から80度にかけて氷河・氷床の割合が増加する原因には，主に高緯度側ほど降雪量が多くなることがあげられる。

④ 北緯70度から80度の氷河・氷床に覆われていない陸地では，ほとんどの地域で永久凍土が分布する。

問 3　次の図 4 中のD～Gは，ヨーロッパのいくつかの地域でみられる海岸付近の地形を示したものである。また，後の文①～④は，図 4 中のいずれかの地域における海岸の特徴について述べたものである。Eに該当するものを，①～④のうちから一つ選べ。 3

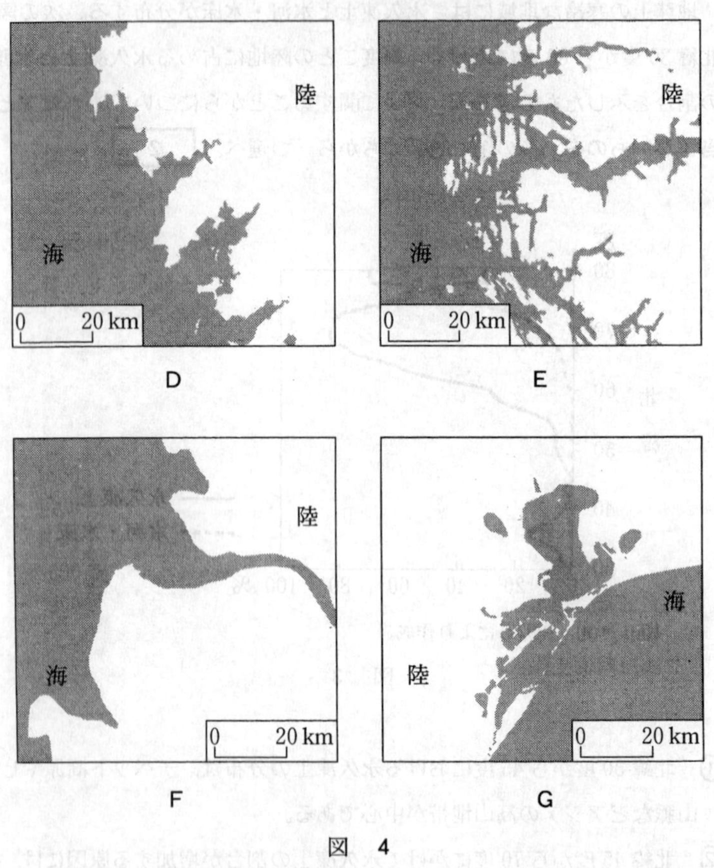

図　4

① 沿岸流で運ばれてきた土砂の堆積により，入り江の閉塞が進行している。
② 河川の侵食で形成された谷が沈水し，海岸線が複雑な入り江が連なる。
③ 大河川の河口部が沈水してできた深い入り江がみられる。
④ 氷食谷が沈水してできた深い入り江がみられる。

問 4　世界の各都市の日照時間は，都市が位置する緯度や気候によって異なる。次の図5は，いくつかの都市における1月と7月の1日当たりの日照時間を示したものであり，①～④は，オスロ，シドニー，ムンバイ（ボンベイ），ローマのいずれかである。ムンバイに該当するものを，図5中の①～④のうちから一つ選べ。 **4**

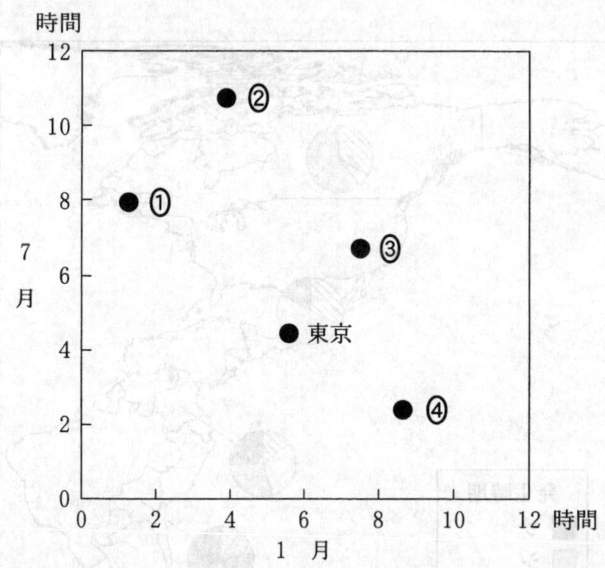

図　5

問 5 次の図6は，カナダ，コロンビア，ボリビア，メキシコにおける洪水災害*の時期別発生割合を示したものであり，凡例**サ**～**ス**は，3～5月，9～11月，12～2月のいずれかである。発生時期と**サ**～**ス**との正しい組合せを，後の①～⑥のうちから一つ選べ。 5

*死者10名以上，被災者100名以上，非常事態宣言の発令，国際援助の要請のいずれか一つ以上をもたらしたもの。

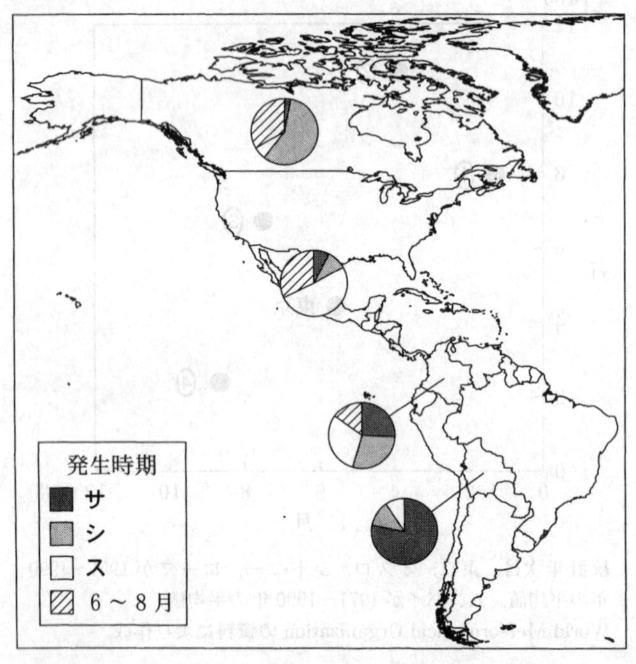

統計年次は1991～2020年。EM-DATにより作成。

図 6

	①	②	③	④	⑤	⑥
3～5月	サ	サ	シ	シ	ス	ス
9～11月	シ	ス	サ	ス	サ	シ
12～2月	ス	シ	ス	サ	シ	サ

問 6　次の図 7 は，日本国内の 1976 年から 2021 年における，いくつかの気象観測項目の最大記録*が上位 20 位までの地点を示したものであり，凡例**タ**～**ツ**は，最高気温，最大風速，日降水量のいずれかである。項目名と**タ**～**ツ**との正しい組合せを，後の①～⑥のうちから一つ選べ。　6

*全国のアメダスと気象官署等の日別観測値のうち，それぞれの地点における最大の値。

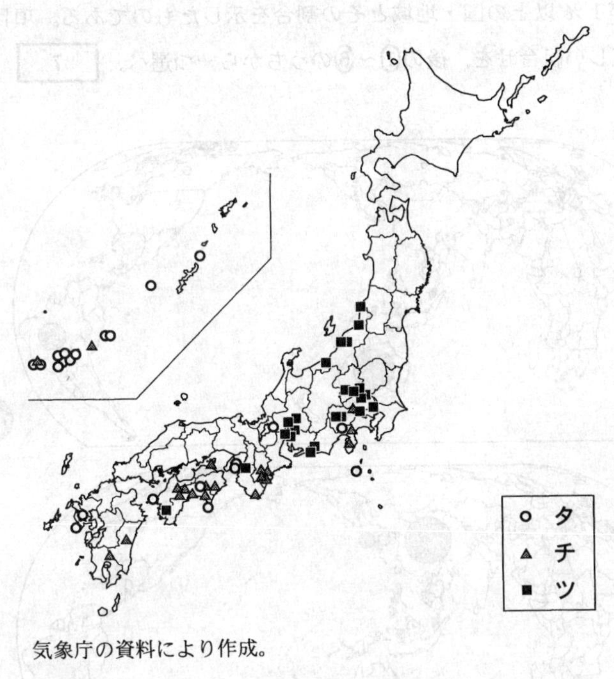

気象庁の資料により作成。

図　7

	①	②	③	④	⑤	⑥
最高気温	タ	タ	チ	チ	ツ	ツ
最大風速	チ	ツ	タ	ツ	タ	チ
日降水量	ツ	チ	ツ	タ	チ	タ

第2問 ヨシエさんたちは，地理の授業で鉄鋼業を手掛かりに，世界と日本の資源と産業の変化について探究した。この探究に関する次の問い(**問1～6**)に答えよ。(配点 20)

問1 授業の冒頭で，先生は次の図1を示した。図1中の**A～C**は，鉄鋼の原料となる鉄鉱石の産出量，輸出量，輸入量のいずれかについて，世界全体に占める割合が1％以上の国・地域とその割合を示したものである。項目名と**A～C**との正しい組合せを，後の①～⑥のうちから一つ選べ。 7

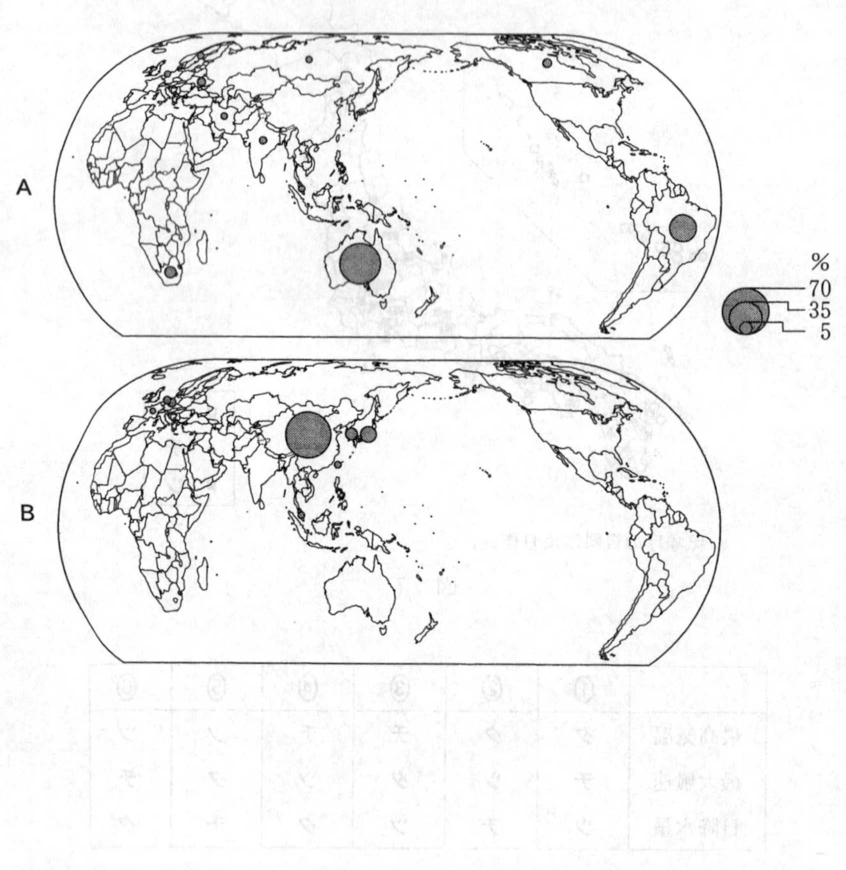

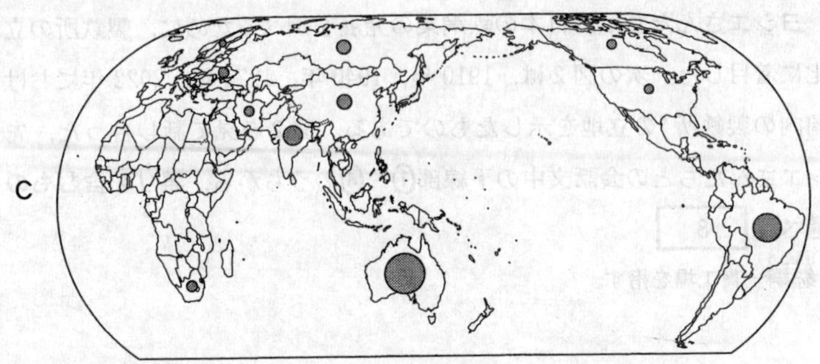

中国の数値には台湾，ホンコン，マカオを含まない。
統計年次は 2017 年。World Steel Association の資料により作成。

図　1

	①	②	③	④	⑤	⑥
産出量	A	A	B	B	C	C
輸出量	B	C	A	C	A	B
輸入量	C	B	C	A	B	A

問 2　ヨシエさんたちは，日本の鉄鋼業の発展を調べるために，製鉄所の立地の変化に着目した。次の図 2 は，1910 年，1940 年，1974 年，2022 年における日本国内の製鉄所*の立地を示したものである。図 2 を見て話し合った，先生とヨシエさんたちとの会話文中の下線部①～④のうちから，**誤りを含むものを一つ**選べ。　8

*銑鋼（せんこう）一貫工場を指す。

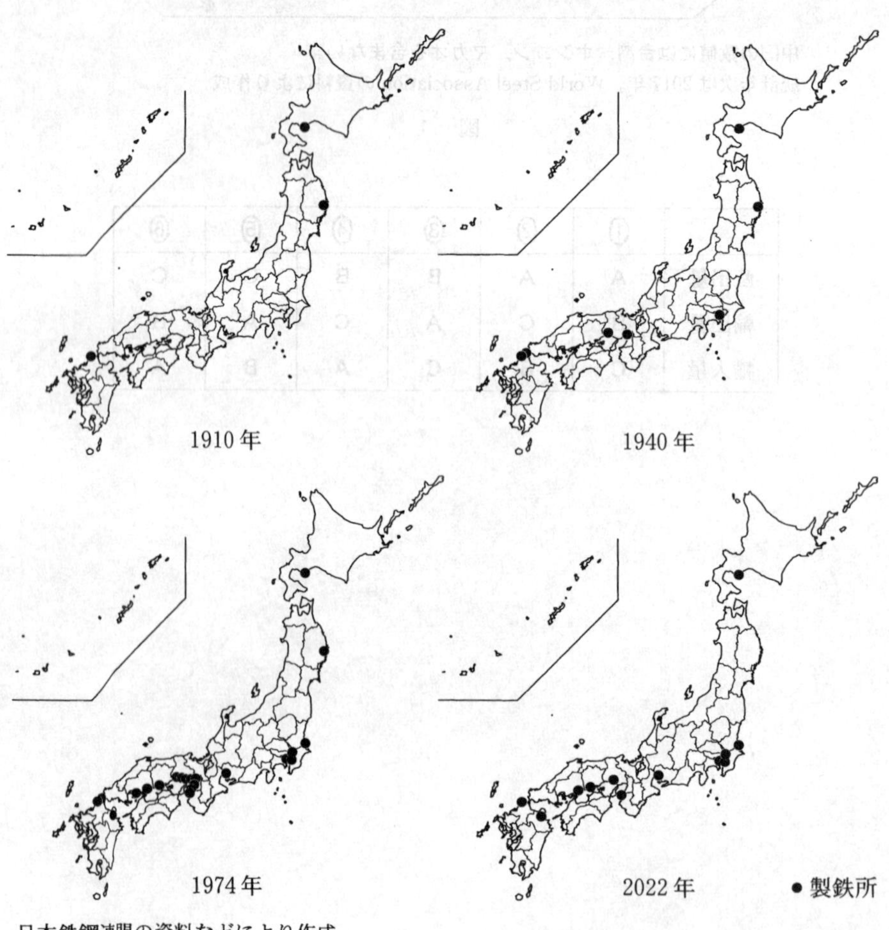

日本鉄鋼連盟の資料などにより作成。

図　2

先　生　「製鉄所の立地の変化には，どのような特徴がありますか」

ヨシエ　「1910 年の図を見ると，製鉄所はいずれも原料や燃料の産出地の近くに立地していたことが分かるよ」

マキオ　「製鉄に使われる原料や燃料の重量と製品の重量を比べると，①原料や燃料の方が重く，産出地の近くに立地することで輸送費を安くすることができるためだね」

ヨシエ　「1940 年の図を見ると，東京湾岸や大阪湾岸にも製鉄所が立地していたよ」

マキオ　「大市場の港湾近くに立地するようになったのは，②国内に埋蔵される原料や燃料が枯渇して，国外から輸入する傾向が強まったからだね」

ヨシエ　「1974 年の図を見ると，三大都市圏や瀬戸内の臨海部で製鉄所が増加しているね」

マキオ　「こうした製鉄所は主に，③臨海部に造成された埋立地に建設されたと思うよ」

ヨシエ　「2022 年の図を見ると，1974 年と比べて製鉄所が減少しているね」

マキオ　「外国との競争などによる，④経営の合理化や企業の再編が影響していると考えられるよ」

問 3　ヨシエさんたちは，鉄鋼業などで原料や燃料として用いられる石炭の輸入相手国に着目した。次の図3は，日本におけるいくつかの国からの石炭輸入量の推移を示したものであり，E～Gは，アメリカ合衆国，インドネシア，オーストラリアのいずれかである。また，後の文章ア～ウは，図3中のE～Gのいずれかにおける石炭の生産や消費の特徴を述べたものである。E～Gとア～ウとの組合せとして最も適当なものを，後の①～⑥のうちから一つ選べ。 9

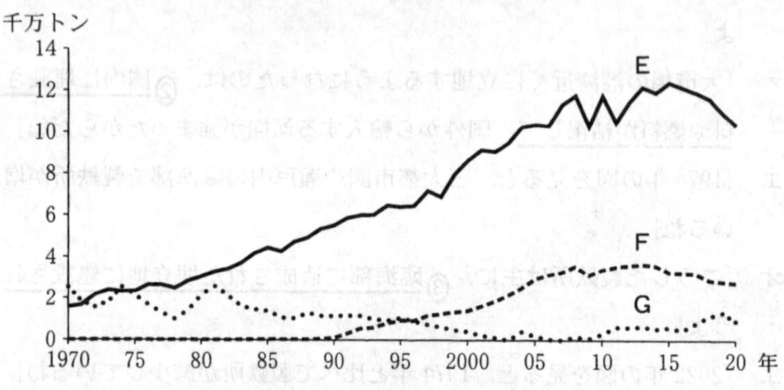

財務省貿易統計などにより作成。

図　3

ア　採掘技術の進歩などによって石炭産出量が急増したことで，輸出量が増加した。この国の国内でも火力発電を中心に消費量が増加している。

イ　世界有数の資源大国で，石炭は大規模な露天掘りによって大量に採掘されている。国内市場は小さく，採掘された石炭の多くが輸出されている。

ウ　石炭の確認埋蔵量は世界で最も多い。国内市場の大きさを背景に，この国の国内における消費量も世界有数である。

	①	②	③	④	⑤	⑥
E	ア	ア	イ	イ	ウ	ウ
F	イ	ウ	ア	ウ	ア	イ
G	ウ	イ	ウ	ア	イ	ア

問 4　ヨシエさんたちは，製造業が発展するためには，付加価値の高い製品の開発が重要だと学習した。次の図 4 は，いくつかの国における，1990 年と 2018 年の人口 1 人当たりの製造業付加価値額*と，GDP に占める製造業の割合を示したものであり，①～④は，イギリス，中国**，ドイツ，ベトナムのいずれかである。ドイツに該当するものを，図 4 中の①～④のうちから一つ選べ。

10

*生産額から，賃金以外の生産に必要な諸経費を引いた，新たに作り出された価値の金額。

**台湾，ホンコン，マカオを含まない。

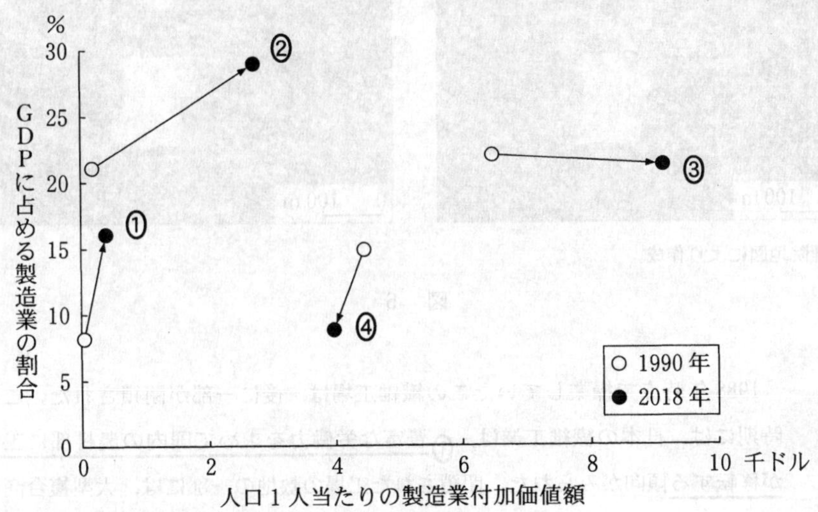

World Bank の資料により作成。

図　4

問 5　ヨシエさんたちは，日本国内での製造業の変化と地域への影響について調べた。次の図5は，日本の大都市圏のある地域における1988年と2008年の同範囲の空中写真である。図5に関することがらについて述べた文章中の下線部①～④のうちから，**適当でないものを一つ選べ**。 11

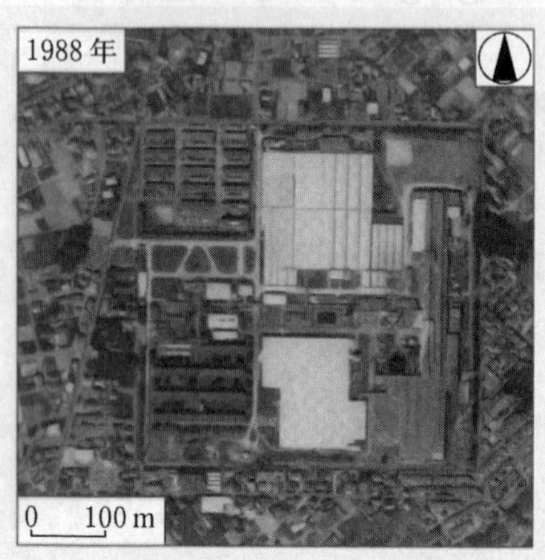

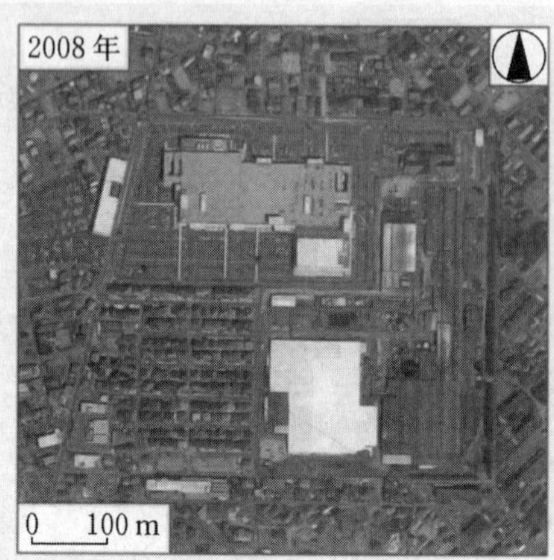

地理院地図により作成。

図　5

1988年時点で操業していたこの繊維工場は，後に一部が閉鎖された。この時期には，日本の繊維工業は，①豊富な労働力を求めて国内の農村部に工場が移転する傾向がみられた。閉鎖された工場の敷地の一部には，大型複合商業施設が開業し，②単独で立地するスーパーマーケットよりも広範囲から買い物客が訪れている。一方で，2008年時点でも工場の一部は残っており，その西側は，③戸建ての住宅地へと変化している。大都市圏に残った工場の中には，高付加価値製品の生産や，④製品や技術の研究開発を行う拠点に転換するものもみられる。

問 6　最後にヨシエさんたちは，製造業が地域社会に様々な影響を及ぼしてきたことに着目した。次の資料1は，日本において製造業が盛んないくつかの地域における，資源や産業をめぐる新しい取組みについて，ヨシエさんたちがまとめたものである。資料1中の空欄P～Rには，具体的な取組みを述べた文サ～スのいずれかが当てはまる。P～Rとサ～スとの組合せとして最も適当なものを，後の①～⑥のうちから一つ選べ。 12

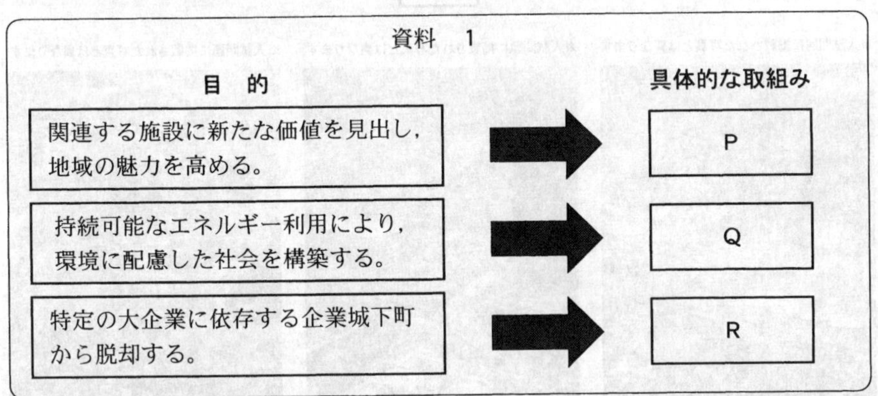

資料　1
目　的
具体的な取組み
関連する施設に新たな価値を見出し，地域の魅力を高める。
P
持続可能なエネルギー利用により，環境に配慮した社会を構築する。
Q
特定の大企業に依存する企業城下町から脱却する。
R

具体的な取組み

サ　地元の中小企業が地域の大学や他企業と連携して，製造業の新たな分野に進出する。

シ　照明がともされた稼働中の工場群を，夜景として観賞できる機会を提供する。

ス　生ごみや間伐材（かんばつ）を利用して発電する施設を建設し，地域の電力自給率を向上させる。

	①	②	③	④	⑤	⑥
P	サ	サ	シ	シ	ス	ス
Q	シ	ス	サ	ス	サ	シ
R	ス	シ	ス	サ	シ	サ

第3問　都市と生活文化に関する次の問い（問1～6）に答えよ。（配点　20）

問1　次の写真1中のA～Cは，日本のある大都市圏における都心，郊外，臨海地域のいずれかについて，1960年代の景観を撮影したものである。また，後の文章ア～ウは，A～Cのいずれかの地域における1960年代以降の様子について述べたものである。A～Cとア～ウとの組合せとして最も適当なものを，後の①～⑥のうちから一つ選べ。 13

※入試問題に掲載された写真とは異なります

※入試問題に掲載された写真とは異なります

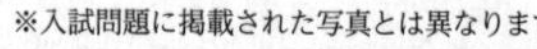

※入試問題に掲載された写真とは異なります

A　B　C

写真1

ア　この地域では，1960年代から1980年代にかけて，地価上昇などにより人口が減少していた。1990年代後半以降になると，地価下落や通勤の利便性を背景に，人口が増加に転じた。

イ　この地域では，1960年代当時，核家族世帯の転入が急増した。現在では高齢化が進んでいる場所がみられる一方，建て替えも進み，新たな転入者が増えている場所もある。

ウ　この地域では，1960年代当時，多数の人々が働いていた。現在では，広大な空き地を利用して大規模なレジャー施設が立地している。

	①	②	③	④	⑤	⑥
A	ア	ア	イ	イ	ウ	ウ
B	イ	ウ	ア	ウ	ア	イ
C	ウ	イ	ウ	ア	イ	ア

問 2　次の表1は，日本のいくつかの市区における昼夜間人口比率*と，それぞれの市区への通勤・通学者**が利用する主要な交通手段***の割合を示したものである。表1中の①～④は，秋田市，東京都心の中央区，東京郊外の調布(ちょうふ)市，福岡市のいずれかである。福岡市に該当するものを，①～④のうちから一つ選べ。 14

*昼間人口÷夜間人口× 100。
**15 歳以上の自宅外就業者・通学者。
***複数回答を含む。

表　1

	昼夜間人口比率	通勤・通学者が利用する主要な交通手段の割合(%)		
		鉄　道	乗合バス	自家用車
①	456.1	91.6	10.5	3.9
②	109.8	33.2	17.3	30.0
③	103.7	5.2	4.9	70.8
④	83.9	49.7	12.8	10.9

統計年次は 2020 年。国勢調査により作成。

問 3　次の図1は，2015年における世界の人口500万人以上の都市圏について，1990年と2015年の人口を先進国*，BRICS，発展途上国に分けて示したものであり，凡例**カ**と**キ**は，先進国とBRICSのいずれかである。また，後の文章は，図1に関することがらについて述べたものであり，空欄**x**には，金融業と小売業・サービス業のいずれかが当てはまる。凡例**キ**に該当する語句と空欄**x**に当てはまる語句との組合せとして最も適当なものを，後の①～④のうちから一つ選べ。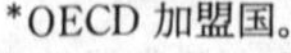

*OECD加盟国。

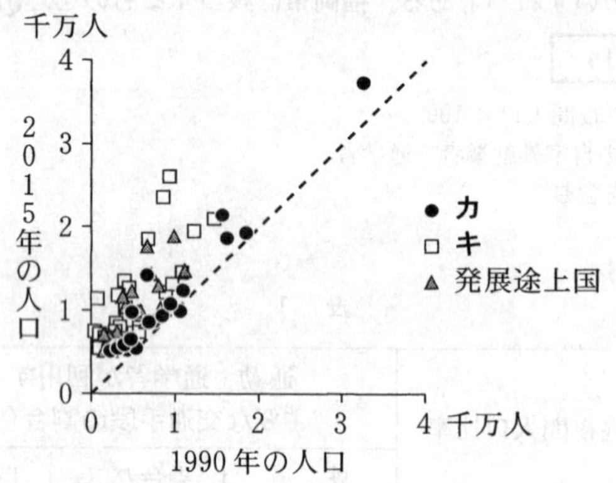

World Urbanization Prospects により作成。

図　1

図1中に示した発展途上国の都市圏において，人口が急増してきた要因の一つとして，農村部から人々が都市圏に流入したことがあげられる。そうした人々は，（　**x**　）に従事することが多い。

	①	②	③	④
キ	先進国	先進国	BRICS	BRICS
x	金融業	小売業・サービス業	金融業	小売業・サービス業

問 4　次の図2は，いくつかの国における都市圏の人口規模*を，1位から10位まで示したものである。図2中の**サ**～**ス**は，イタリア，オーストラリア，バングラデシュのいずれかである。国名と**サ**～**ス**との正しい組合せを，後の①～⑥のうちから一つ選べ。 **16**

*人口規模は，各国における人口規模1位の都市圏人口を100とした指数。

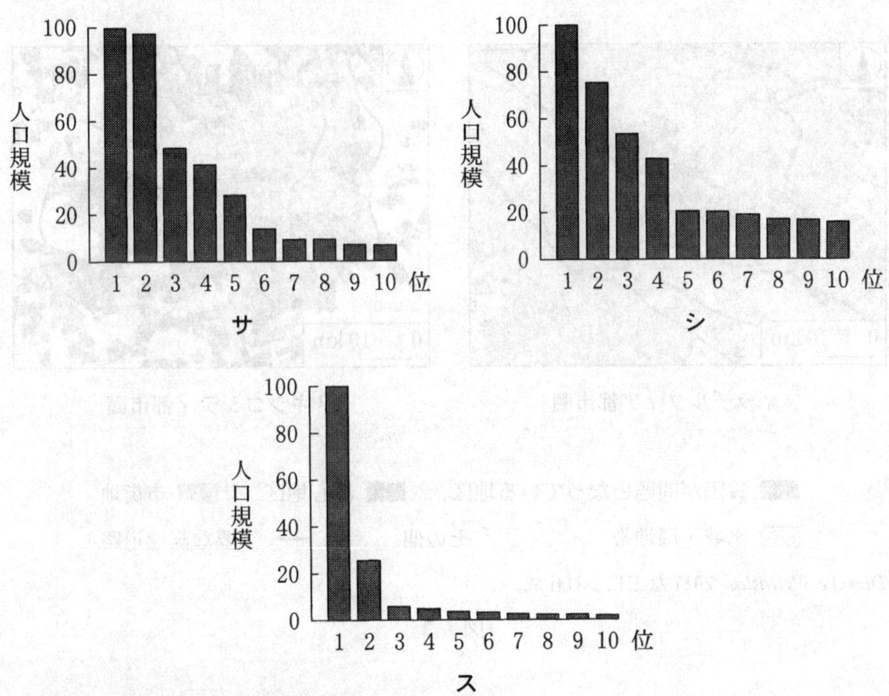

統計年次は2015年。*World Urbanization Prospects* により作成。

図　2

	①	②	③	④	⑤	⑥
イタリア	サ	サ	シ	シ	ス	ス
オーストラリア	シ	ス	サ	ス	サ	シ
バングラデシュ	ス	シ	ス	サ	シ	サ

問 5 次の図 3 は，アメリカ合衆国のフィラデルフィア都市圏とメキシコのメキシコシティ都市圏において，貧困が問題となっている地区*の分布を示したものである。図 3 に関することがらについて述べた文として**適当でないものを**，後の①～④のうちから一つ選べ。 17

*フィラデルフィア都市圏は，1 世帯当たり所得中央値が下位 10 分の 1 の地区。メキシコシティ都市圏は，低級住宅地区。

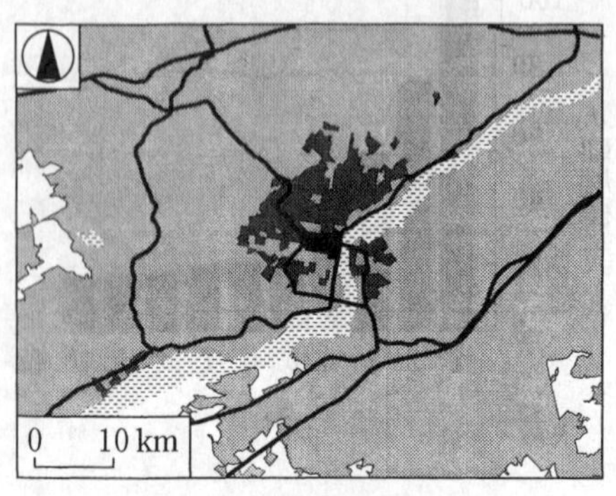

フィラデルフィア都市圏

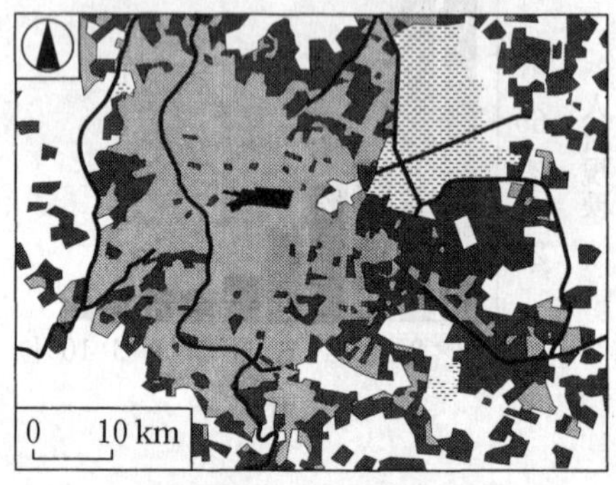

メキシコシティ都市圏

貧困が問題となっている地区　都心地区　市街地
水域・湿地帯　その他　主要な高速道路

Diercke Weltatlas, 2017 などにより作成。

図 3

① フィラデルフィア都市圏において貧困が問題となっている地区は，早期から都市化したが，現在は住宅の老朽化や製造業の衰退がみられる。

② メキシコシティ都市圏において貧困が問題となっている地区は，上下水道などの社会基盤(インフラ)が十分に整備されていない場所に広がる。

③ 貧困が問題となっている地区の分布を比較すると，フィラデルフィア都市圏の方が都市圏中心部に集中している。

④ 貧困が問題となっている地区は，両都市圏ともに主要な高速道路に沿って放射状に広がっている。

問 6　次の図 4 は，アメリカ合衆国のいくつかの都市において家庭で使用されている主要な言語の割合を示したものである。図 4 中の①～④は，後の図 5 中のシアトル，ミネアポリス，ロサンゼルス，マイアミのいずれかである。シアトルに該当するものを，図 4 中の①～④のうちから一つ選べ。 18

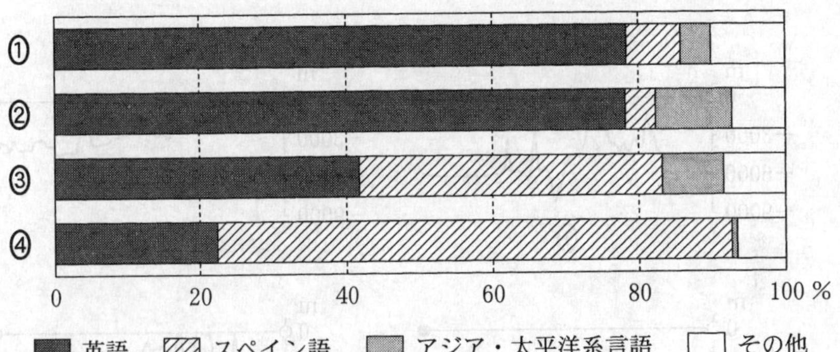

アジア・太平洋系言語には，インド・ヨーロッパ系言語を含まない。
統計年次は 2020 年。American Community Survey により作成。

図　4

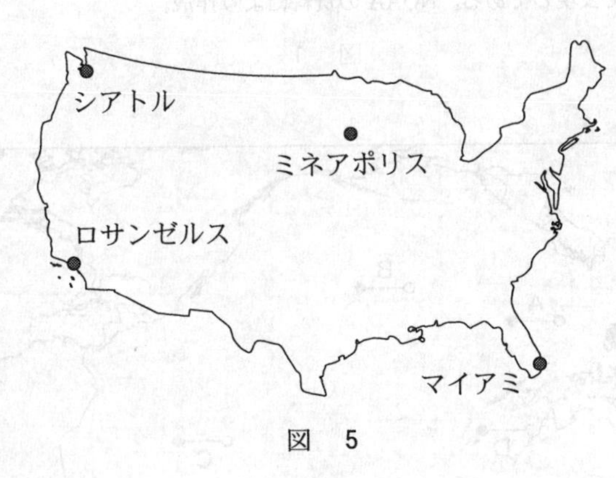

図　5

第4問　環太平洋の地域に関する次の問い(問1～6)に答えよ。(配点　20)

問 1　太平洋には多様な海底地形がみられる。次の図1は，後の図2中の線A～Dのいずれかに沿った地形断面を示したものである。線Bに該当するものを，図1中の①～④のうちから一つ選べ。 19

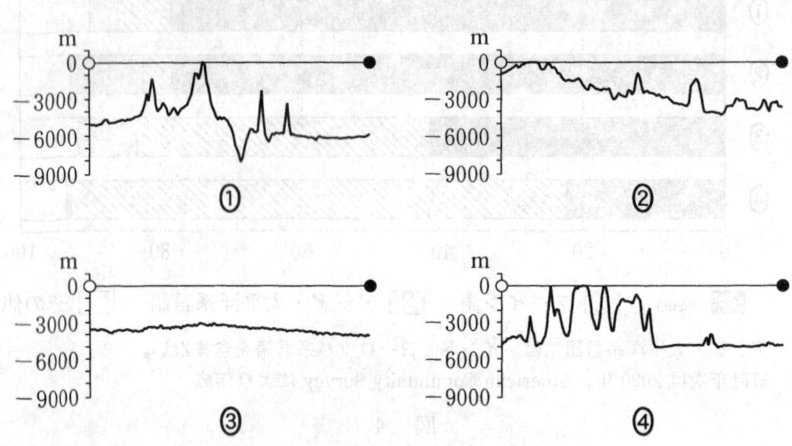

高さは強調して表現してある。NOAA の資料により作成。

図　1

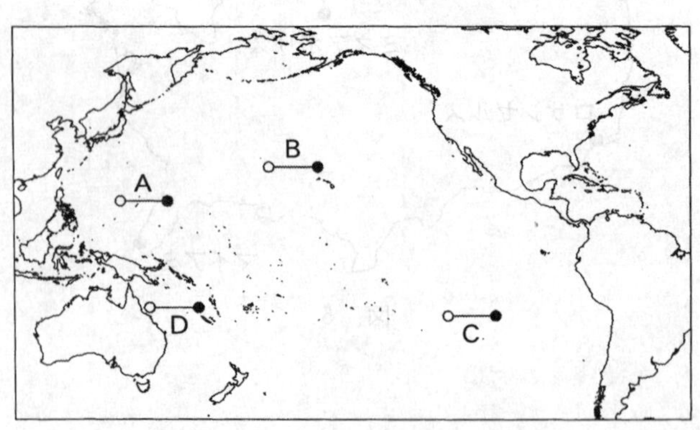

線A～Dの実距離は等しい。

図　2

問 2　環太平洋の地域には様々な民族衣装がみられ，その素材や機能は地域の気候の特徴を反映している。次の図3中のF～Hは，環太平洋のいくつかの地点における月平均気温と月降水量をハイサーグラフで示したものであり，後の文ア～ウは，図3中のF～Hのいずれかの地点とその周辺でみられる民族衣装を説明したものである。F～Hとア～ウとの組合せとして最も適当なものを，後の①～⑥のうちから一つ選べ。 **20**

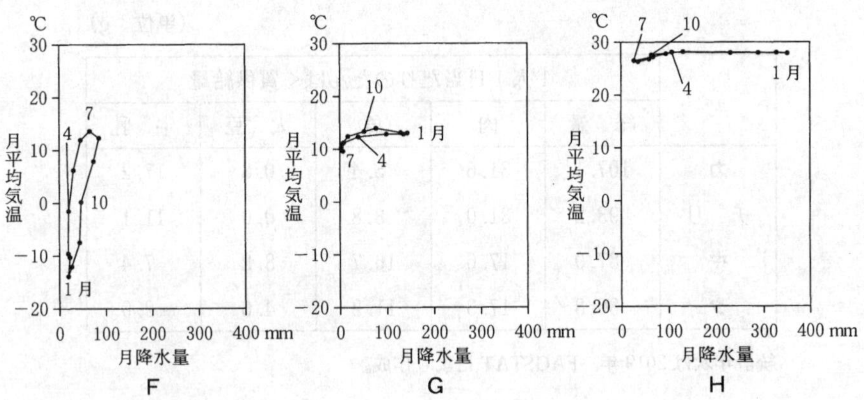

気象庁の資料により作成。

図　3

ア　アルパカの毛を用い，防寒性に優れた，頭からかぶる着脱が容易な衣服。

イ　トナカイの毛皮や皮を用い，保温性と断熱性に優れた，全身を覆う衣服。

ウ　木綿を用い，通気性と吸湿性に優れた，腰に巻く衣服。

	①	②	③	④	⑤	⑥
F	ア	ア	イ	イ	ウ	ウ
G	イ	ウ	ア	ウ	ア	イ
H	ウ	イ	ウ	ア	イ	ア

問 3　環太平洋の地域の食文化は，人々の摂取する栄養量を通してみえてくる。次の表 1 は，いくつかの国における 1 人 1 日当たりのたんぱく質供給量を，肉，魚，大豆，牛乳別に示したものであり，**カ**～**ク**は，日本，カナダ，ベトナムのいずれかである。国名と**カ**～**ク**との正しい組合せを，後の①～⑥のうちから一つ選べ。 21

表　1

（単位：g）

	1 人 1 日当たりのたんぱく質供給量				
	総　量	肉	魚	大　豆	牛　乳
カ	107.1	31.6	5.4	0.8	17.2
チ　リ	93.2	31.0	3.8	0.0	11.1
キ	87.9	17.6	16.7	8.2	7.4
ク	86.8	17.3	11.2	4.6	2.0

統計年次は 2019 年。FAOSTAT により作成。

	①	②	③	④	⑤	⑥
日　本	**カ**	**カ**	**キ**	**キ**	**ク**	**ク**
カナダ	**キ**	**ク**	**カ**	**ク**	**カ**	**キ**
ベトナム	**ク**	**キ**	**ク**	**カ**	**キ**	**カ**

問 4　環太平洋の島嶼（とうしょ）国・地域には，世界各地から観光客が来訪する。次の図 4 は，いくつかの国・地域における 2019 年の観光客数を出発地域別の割合で示したものである。図 4 中の**サ**～**ス**は，後の図 5 中のグアム，ハワイ，フィジーのいずれか，凡例 J と K はアジアとヨーロッパ*のいずれかである。グアムとヨーロッパとの正しい組合せを，後の①～⑥のうちから一つ選べ。 22

*ヨーロッパの数値にはロシアを含む。

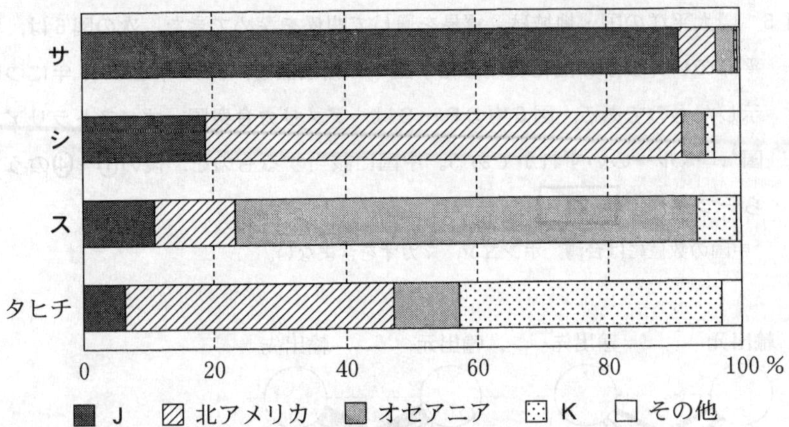

統計年次は2019年。Hawai'i Tourism Authority の資料などにより作成。

図　4

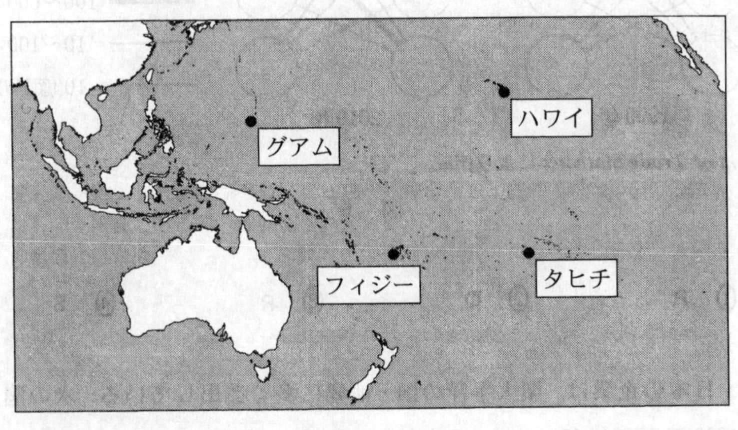

図　5

	①	②	③	④	⑤	⑥
グアム	サ	サ	シ	シ	ス	ス
ヨーロッパ	J	K	J	K	J	K

問 5 環太平洋の国・地域は，貿易を通じて関係を深めてきた。次の図6は，環太平洋のいくつかの国における相手国への輸出額を，1999年と2019年について示したものである。図6中のP～Sは，アメリカ合衆国，オーストラリア，中国*，ペルーのいずれかである。中国に該当するものを，後の①～④のうちから一つ選べ。 23

*中国の数値には台湾，ホンコン，マカオを含まない。

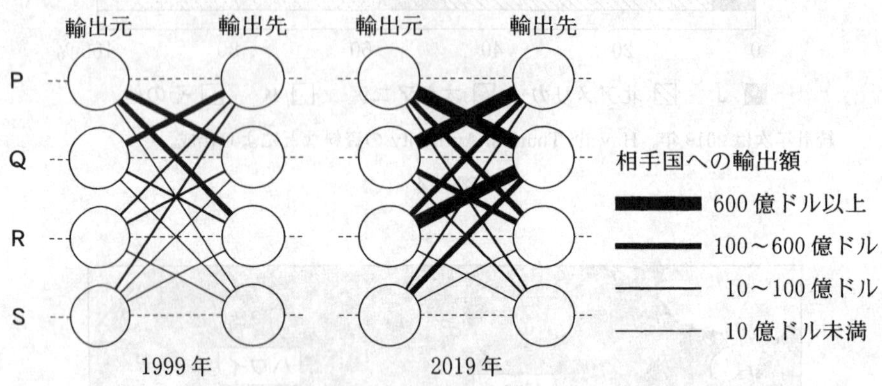

Direction of Trade Statistics により作成。

図 6

① P　　② Q　　③ R　　④ S

問 6 日本の企業は，環太平洋の国・地域に多く進出している。次の図7は，1999年と2019年における日本企業の現地法人数を国・地域別に示したものである。図7に関することがらについて述べた文章中の下線部①～④のうちから，**適当でないもの**を一つ選べ。 24

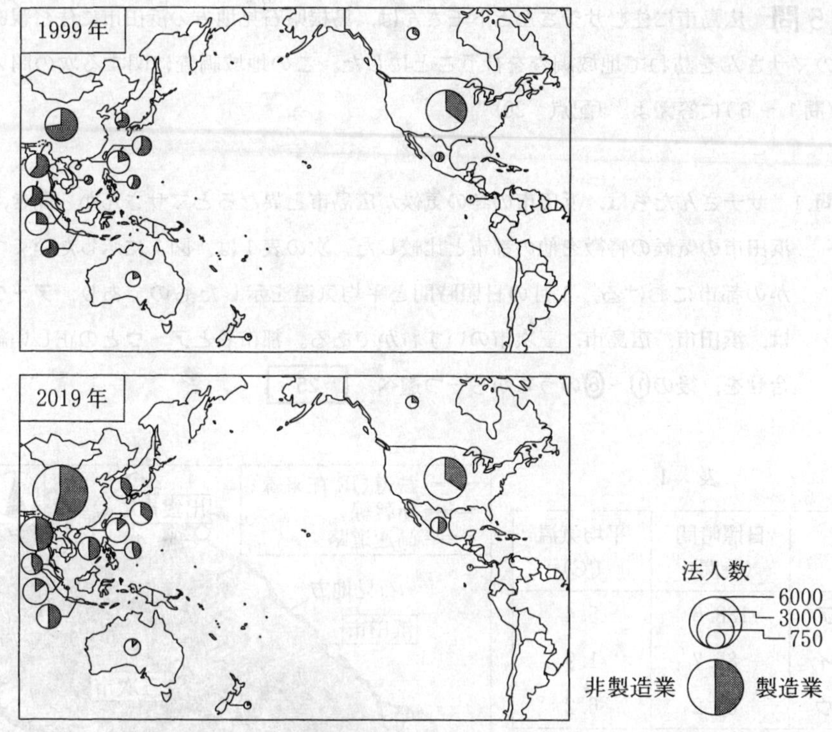

製造業・非製造業の数が開示されている国・地域のうち，1999年と2019年の法人数がいずれも100未満である国・地域を除いている。
中国の数値には台湾，ホンコン，マカオを含まない。
『海外進出企業総覧(国別編)』により作成。

図　7

1999年から2019年にかけて，日本の企業は新たに，①北アメリカよりもアジアに多く進出した。また，この間の法人数の内訳の変化をみると，②アジアで非製造業の割合が高まった。北アメリカに進出している日本の企業には，③ソフトウェアや人工知能(AI)の開発に関わる企業が含まれる。一方，アジアに進出している日本の製造業として自動車産業がある。日本の自動車企業は，④進出先の工場において部品の生産から完成車の組立てまでを一貫して行っている。

第5問　広島市に住むサチさんとトモさんは，島根県石見(いわみ)地方の浜田(はまだ)市に住む親戚のマサさんを訪ねて地域調査を行うことにした。この地域調査に関する次の問い(問1～6)に答えよ。(配点　20)

問1　サチさんたちは，浜田市の冬の気候が広島市と異なるとマサさんから聞き，浜田市の気候の特徴を他の都市と比較した。次の表1は，図1に示したいくつかの都市における，1月の日照時間と平均気温を示したものであり，**ア**～**ウ**は，浜田市，広島市，三次(みよし)市のいずれかである。都市名と**ア**～**ウ**との正しい組合せを，後の①～⑥のうちから一つ選べ。　**25**

表　1

	日照時間(時間)	平均気温(℃)
ア	138.6	5.4
イ	85.7	1.9
ウ	64.2	6.2

1991～2020年の平年値。
気象庁の資料により作成。

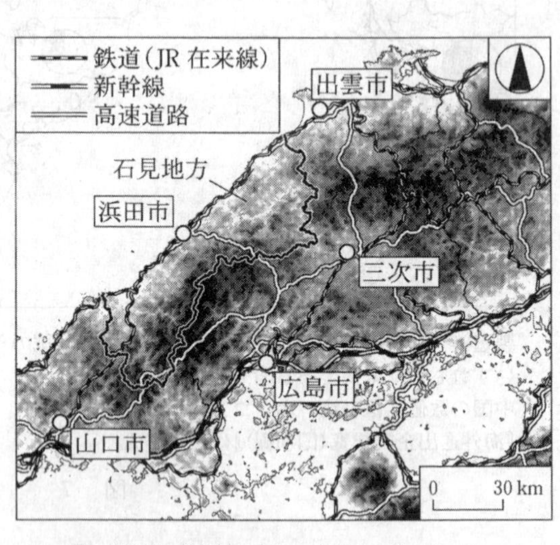

色の濃い部分ほど標高の高い地域を示している。
国土数値情報などにより作成。

図　1

	①	②	③	④	⑤	⑥
浜田市	ア	ア	イ	イ	ウ	ウ
広島市	イ	ウ	ア	ウ	ア	イ
三次市	ウ	イ	ウ	ア	イ	ア

問 2　サチさんたちは，広島市と浜田市の間にバスが毎日多く運行されていることに興味をもち，生活の中における様々な地域への移動を調べた。次の図2は，図1中の石見地方の各地区*におけるいくつかの商品やサービスの主な購買・利用先を示したものであり，**カ～ク**は，衣料品・身回品（みのまわりひん），娯楽・レジャー**，食料品のいずれかである。項目名と**カ～ク**との正しい組合せを，後の①～⑥のうちから一つ選べ。［26］

*1969年時点での市町村。

**身回品は靴やカバンなどを，娯楽・レジャーは旅行などを指す。

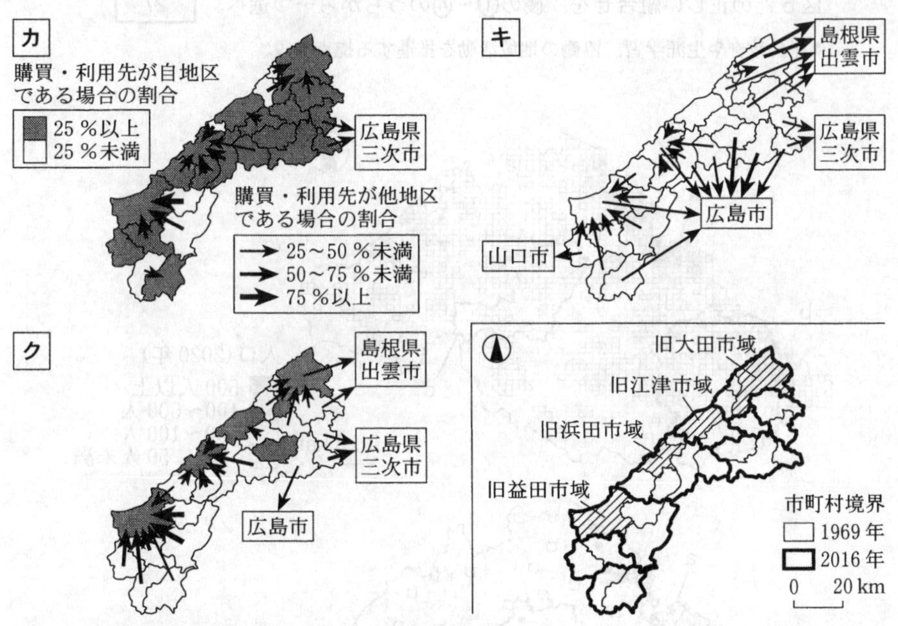

購買・利用先に関する凡例は，**カ～ク**で共通である。
統計年次は2016年。『島根県商勢圏実態調査報告書』などにより作成。

図　2

	①	②	③	④	⑤	⑥
衣料品・身回品	カ	カ	キ	キ	ク	ク
娯楽・レジャー	キ	ク	カ	ク	カ	キ
食料品	ク	キ	ク	カ	キ	カ

問 3　マサさんと合流後，市役所を訪れたサチさんたちは，浜田市が地域住民による活動を推進するためにまちづくりセンター*を設置していることを知り，その立地を他の施設と比較した。次の図3は，浜田市における人口分布といくつかの施設の立地を示したものである。また，後の図4は，図3中の小学校区a～cのいずれかにおける最寄りの施設への距離別人口割合を示したものであり，図4中のXとYはコンビニエンスストアとまちづくりセンターのいずれか，サとシは小学校区bとcのいずれかである。まちづくりセンターと小学校区bとの正しい組合せを，後の①～④のうちから一つ選べ。 **27**

*社会教育や生涯学習，協働の地域活動を推進する拠点施設。

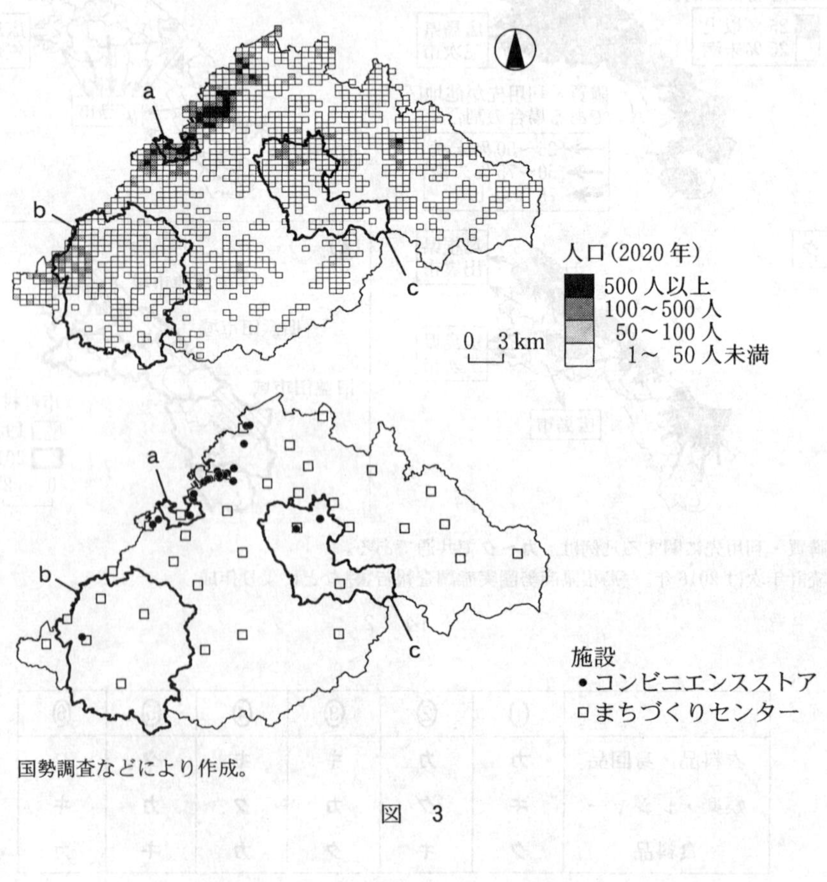

国勢調査などにより作成。

図　3

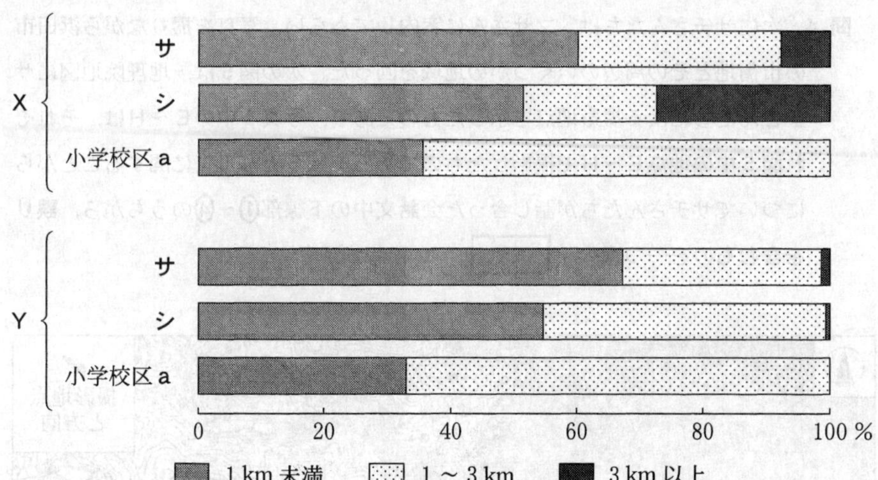

施設への距離は，直線で計測した。
国勢調査などにより作成。

図　4

	①	②	③	④
まちづくりセンター	X	X	Y	Y
小学校区 b	サ	シ	サ	シ

問 4 次にサチさんたちは，マサさんに案内してもらい，写真を撮りながら浜田市の市街地とその周辺のいくつかの地域を回った。次の図 5 は，地理院地図にサチさんたちによる撮影地点を示したものであり，写真 1 中の E ～ H は，それぞれ図 5 中の地点 E ～ H で撮影したものである。図 5 と写真 1 に関することがらについてサチさんたちが話し合った会話文中の下線部①～④のうちから，**誤りを含むもの**を一つ選べ。 28

図 5

※入試問題に掲載された写真とは異なります

※入試問題に掲載された写真とは異なります

※入試問題に掲載された写真とは異なります

※入試問題に掲載された写真とは異なります

H

写真　1

マ　サ　「港町として栄えていたことが，浜田城築城の一因なんだよ。城の麓（ふもと）には城下町が広がっていたんだ」

サ　チ　「かつてEのあたりが港の中心であったのは，①内湾のため，波が穏やかで船を安全に停泊させることができたからだね」

ト　モ　「Fには，古くからの街道が通っているよ。写真では，②モータリゼーションに対応した大規模な再開発がされているね」

マ　サ　「土地の改変状況はどのようになっているかな」

サ　チ　「山が海岸に迫っていて，平地が少ないね。漁業関連の施設が集積しているGのあたりは，③広い土地を造成するため，海を埋め立てて造られたと考えられるよ」

ト　モ　「住宅地であるHは，④高台にあり，切土や盛り土をして造成されたことが読み取れるね」

問 5 市内の資料館を訪れたサチさんたちは，浜田に関する商品流通の歴史に興味をもち，次の資料１を作成した。資料１をもとにサチさんたちが話し合った会話文中の空欄**タ**と**チ**に当てはまる語句の組合せとして最も適当なものを，後の①～④のうちから一つ選べ。 29

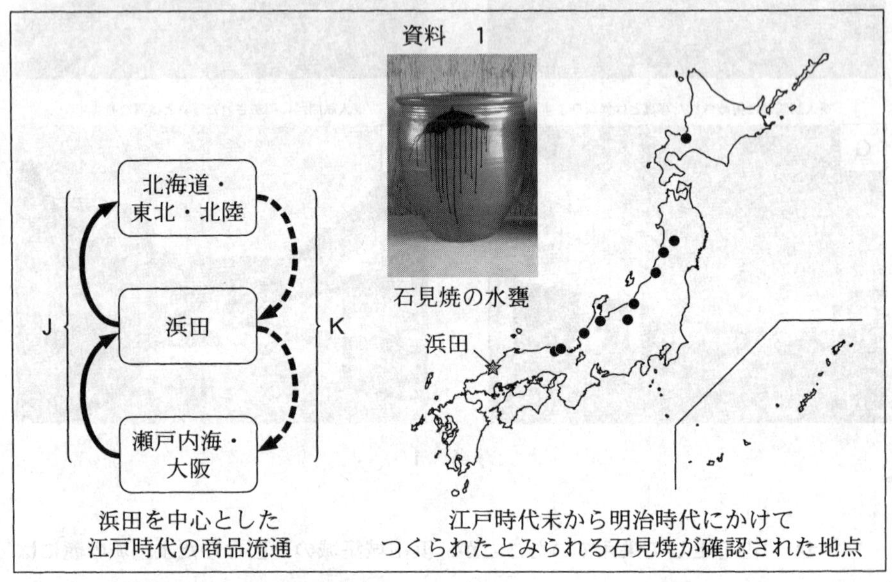

『ふるさと浜田の歩み』などにより作成。

※資料１は入試問題に掲載された写真とは異なります

マ　サ「浜田は，かつて物流の拠点の一つとして，にぎわっていたんだよ」

ト　モ「江戸時代の商品流通をみると，瀬戸内海・大阪から北海道・東北・北陸に向かう経路Ｊでは，浜田へ（　**タ**　）などが運ばれていたんだね」

マ　サ「浜田をはじめとする石見地方の特産品の一つに，甕（かめ）などの陶器があったよ。この陶器は，石見地方で採れる粘土などを原料としたもので，石見焼と呼ばれて明治時代に最盛期を迎えたといわれているよ」

サ　チ「浜田から東北・北陸地方へは，主に（　**チ**　）で運ばれたと考えられるね」

	①	②	③	④
タ	米・昆布	米・昆布	砂糖・塩	砂糖・塩
チ	海　路	陸　路	海　路	陸　路

問 6　サチさんたちは，石見地方が現在では過疎問題に直面していることを知り，その発生要因と解決に向けた取組みについて，次の資料 2 にまとめた。資料 2 中の①～④は，P～Sを目的とする石見地方での取組みのいずれかの具体例である。Pを主な目的とする具体例として最も適当なものを，①～④のうちから一つ選べ。 **30**

資料　2

なぜ過疎問題が発生するのか？

・雇用の少なさ
・生活環境の不便さ
・大都市からの遠さ
・地域への関心の低下
・魅力のアピール不足

過疎問題の解決のために必要なことは？

【地域内の人々に向けて】

P　地域文化に対する愛着の醸成（じょうせい）

Q　日常生活における利便性の向上

【地域外の人々に向けて】

R　移住者の働く場所の確保

S　魅力ある地域産品の宣伝

【石見地方でみられる取組みの具体例】

① 交通空白地域における乗合タクシーの運行
② 地元で水揚げされる水産物のブランド化
③ 伝統行事の保存・継承に対する支援
④ 廃校を利用したサテライトオフィスの整備

MEMO

地理B

（2023年１月実施）

60分　100点

2023
本試験

(解答番号 1 ～ 31)

第1問 自然環境と自然災害に関する次の問い(問1～6)に答えよ。(配点 20)

問1 自然環境に関する様々な現象の理解には，それぞれの時間スケールと空間スケールの認識が必要になる。次の図1は，気候や気象に関するいくつかの現象についておおよその時間スケールと空間スケールを模式的に示したものであり，①～④は，エルニーニョ・ラニーニャ現象，地球温暖化，低気圧・台風，モンスーンのいずれかである。モンスーンを示したものとして最も適当なものを，図1中の①～④のうちから一つ選べ。 1

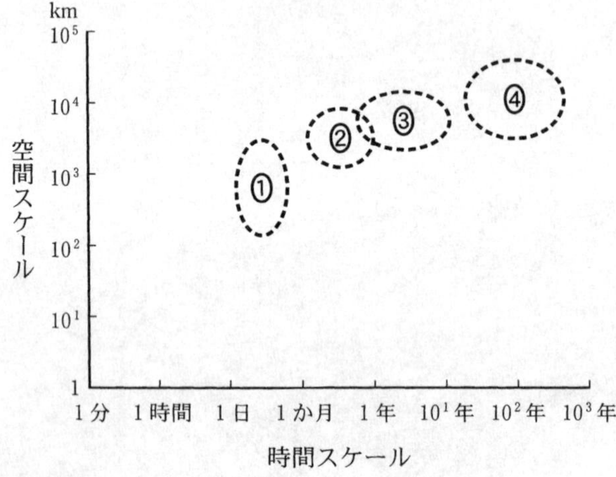

日本気象学会編『新教養の気象学』などにより作成。

図 1

問 2 サンゴ礁やマングローブの分布は，海水温，海水の塩分，海水の濁度（だくど）などの影響を受ける。次の図2中の**ア**と**イ**は，南北アメリカにおけるサンゴ礁とマングローブのいずれかの分布を示したものである。また，後の図3は，主な海流を示したものである。マングローブと海流の向きとの正しい組合せを，後の①～④のうちから一つ選べ。 2

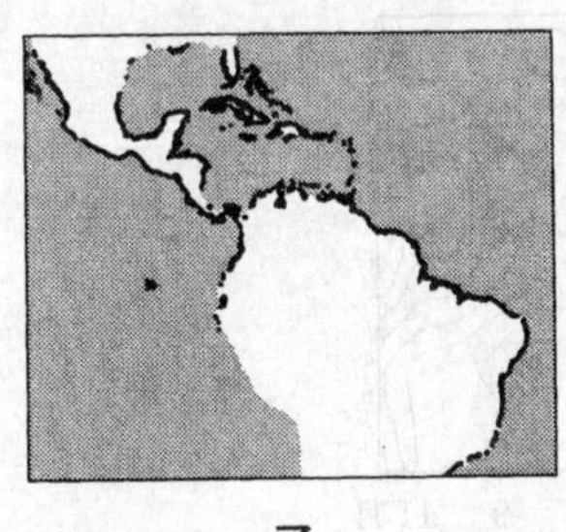

ア

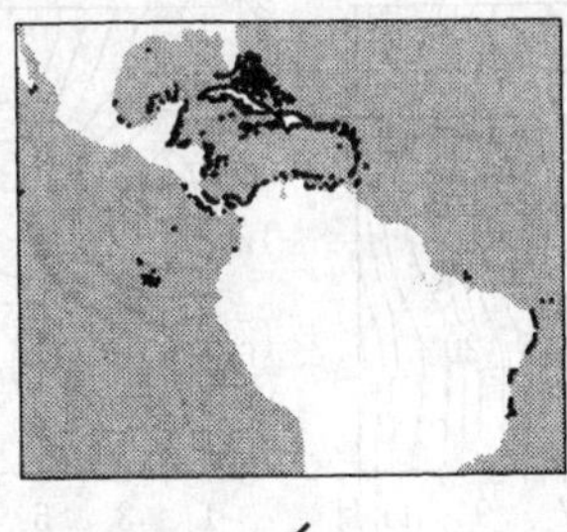

イ

サンゴ礁または
マングローブ

UN Environment Programme World Conservation Monitoring Centre の資料などにより作成。

図　2

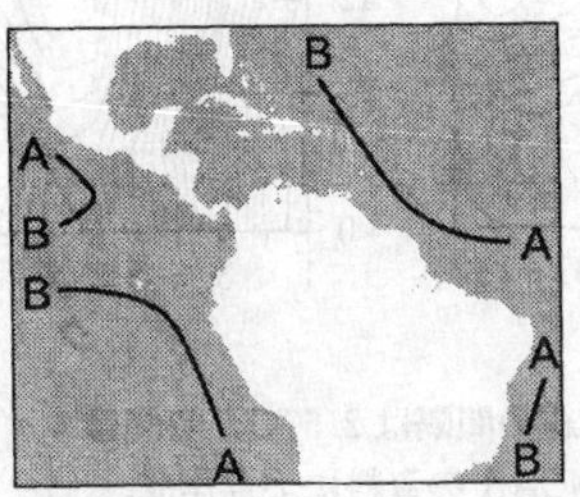

AとBを結ぶ実線は海流を示す。

図　3

	①	②	③	④
マングローブ 海流の向き	ア AからB	ア BからA	イ AからB	イ BからA

問 3　次の図4は，東京といくつかの都市における月別・時間別の気温分布を等値線で示したものであり，**カ〜ク**は，オーストラリアのパース，ロシアのヤクーツク，ボリビアのラパスのいずれかである。都市名と**カ〜ク**との正しい組合せを，後の①〜⑥のうちから一つ選べ。 3

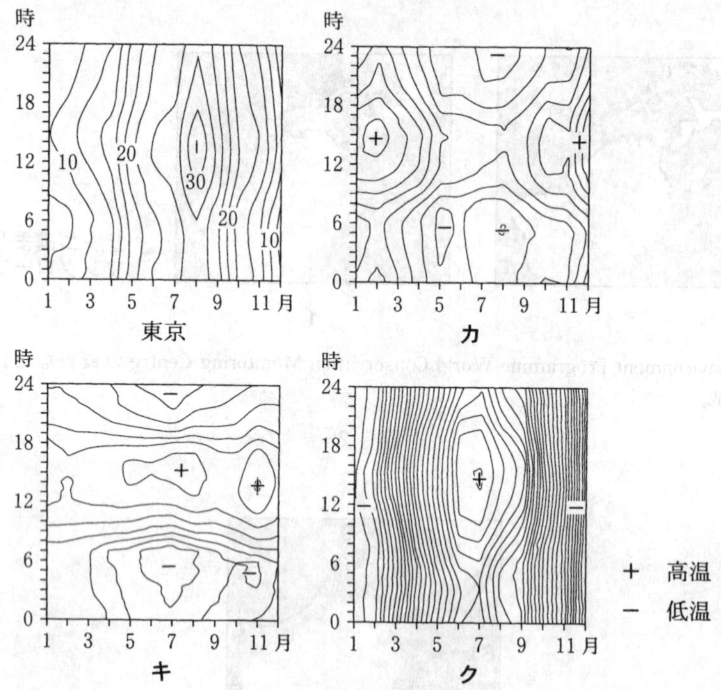

気温の単位は℃。等値線の間隔は 2.5 ℃。時間はすべて現地時間。
統計年次は 2020 年。NOAA の資料により作成。

図　4

	①	②	③	④	⑤	⑥
パース	カ	カ	キ	キ	ク	ク
ヤクーツク	キ	ク	カ	ク	カ	キ
ラパス	ク	キ	ク	カ	キ	カ

問 4　次の図5中の①～⑤は，自然災害の影響を受ける大西洋周辺のいくつかの地域を示したものである。また，後の文JとKは，いくつかの地域で発生する自然災害について述べたものである。これらのうち，**JとKの両方**が当てはまる地域と，**Jのみ**が当てはまる地域を，図5中の①～⑤のうちから一つずつ選べ。

JとKの両方　[4]　・**Jのみ**　[5]

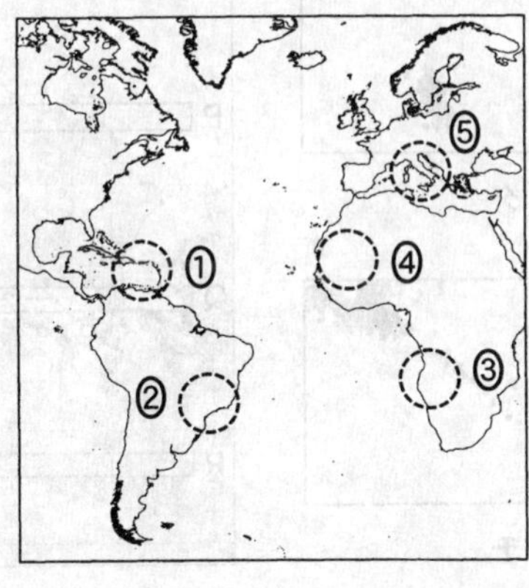

図　5

J　火山が分布し，噴火に伴う噴出物や火砕流などによる災害が発生する。

K　熱帯低気圧が頻繁に襲来し，強風や大雨，高潮などによる災害が発生する。

問 5　次の図 6 中の**タ～ツ**は，図 7 中のP～Rのいずれかの範囲において発生した地震*の震源について，東西方向の位置と深度を示したものである。**タ～ツ**とP～Rとの正しい組合せを，後の①～⑥のうちから一つ選べ。　6

*2012～2020 年に発生したマグニチュード 3 以上の地震。

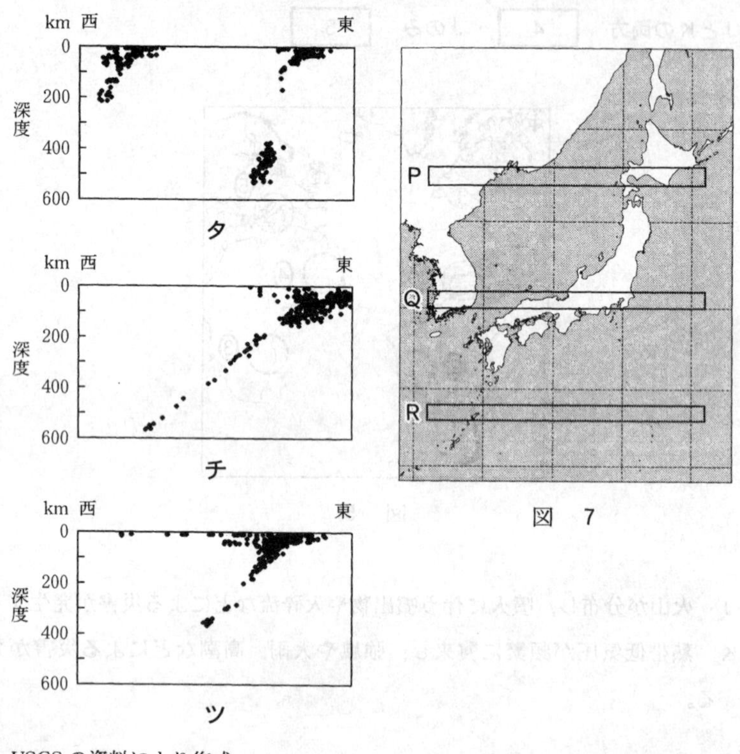

USGS の資料により作成。

図 6

図 7

	①	②	③	④	⑤	⑥
タ	P	P	Q	Q	R	R
チ	Q	R	P	R	P	Q
ツ	R	Q	R	P	Q	P

問 6　次の図8は，日本の都市内を流れる小規模な河川について，短時間の豪雨の降水量と河川の水位の変化を模式的に示したものであり，凡例XとYは，都市化の前と後のいずれかである。また，後の文章は，図8に関することがらについて述べたものである。空欄**マ**に当てはまる語句と，空欄**ミ**に当てはまる文との組合せとして最も適当なものを，後の①～④のうちから一つ選べ。 7

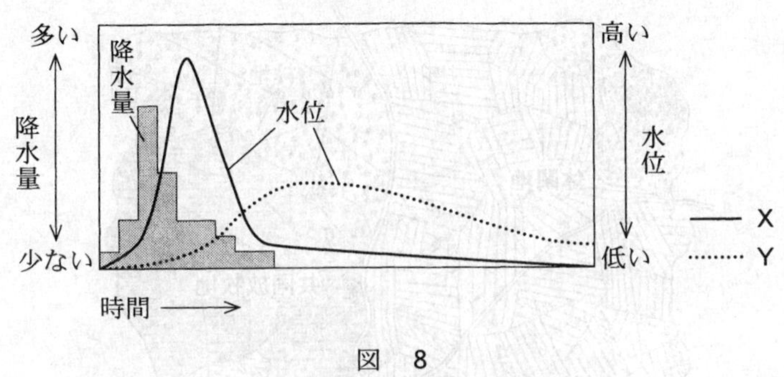

図　8

雨の降り方が同じであっても，都市化の前と後では河川の水位の変化が異なり，都市化によって（　マ　）のように変化する。これは，（　ミ　）ことが主な要因である。

（　ミ　）に当てはまる文

m　河道が改修され，遊水地や放水路が造られた

n　森林や田畑が減少し，地表面が舗装された

	①	②	③	④
マ	XからY	XからY	YからX	YからX
ミ	m	n	m	n

第２問　資源と産業に関する次の問い（問１～６）に答えよ。（配点　20）

問１　次の図１は，中世ヨーロッパにおける村落の模式図である。この村落の形態や農業に関することがらについて述べた文として最も適当なものを，後の①～④のうちから一つ選べ。　8

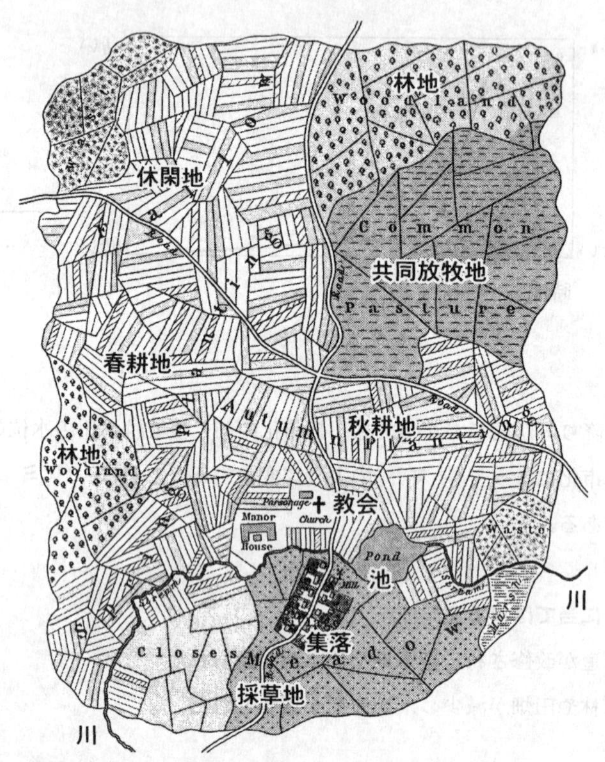

William R. Shepherd, *Historical Atlas* により作成。

図　1

① 教会や集落は，防御のための濠（ほり）に囲まれていた。

② 耕作地を春耕地，秋耕地，休閑地に分けて輪作していた。

③ 土壌侵食を防ぐため，耕作地を短冊状に分割して利用していた。

④ 農民は，耕作地に隣接した場所に分散して居住していた。

問 2　次の図2は，いくつかの地域における耕作地に占める灌漑(かんがい)面積の割合と，1 ha 当たりの穀物収量を示したものであり，①～④は，アフリカ，中央・西アジア，東アジア，ヨーロッパのいずれかである。東アジアに該当するものを，図2中の①～④のうちから一つ選べ。 9

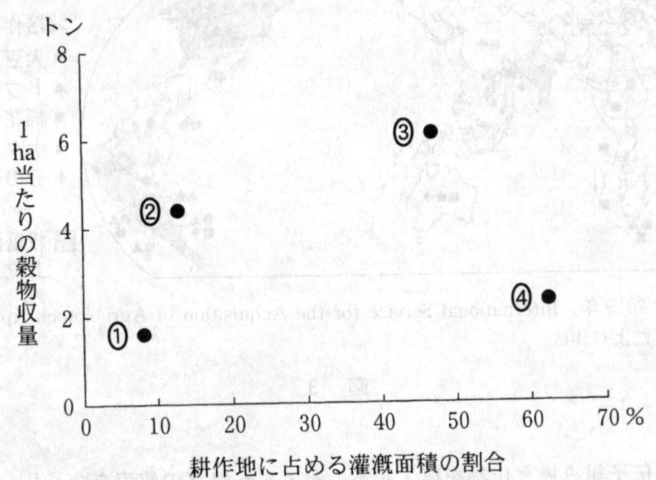

統計年次は2017年。AQUASTAT などにより作成。

図　2

問 3　次の図 3 は，世界における遺伝子組み換え作物の栽培状況と栽培面積の上位 5 か国を示したものである。図 3 に関することがらについて述べた文章中の下線部①～④のうちから最も適当なものを一つ選べ。　10

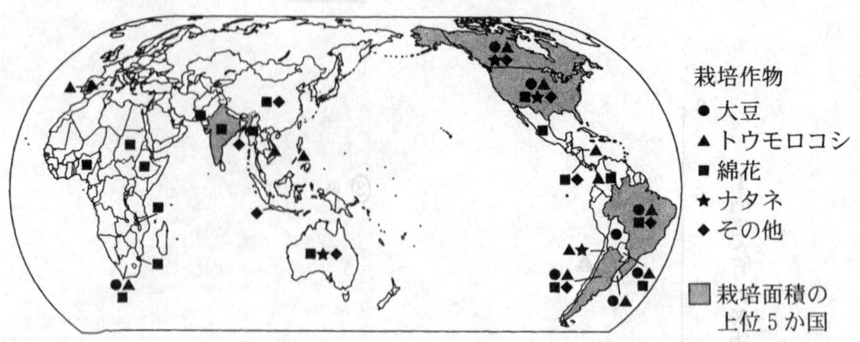

統計年次は 2019 年。International Service for the Acquisition of Agri-biotech Applications の資料などにより作成。

図　3

遺伝子組み換え作物を導入することで，①農薬の使用をなくし，単位面積当たりの収量を向上させることができるため，その栽培面積は拡大している。②栽培国数の内訳をみると，発展途上国よりも OECD 加盟国の方が多い。遺伝子組み換え作物の栽培拡大の背景には，多国籍アグリビジネスの存在がある。③栽培面積の上位 5 か国は，国土面積が広く，いずれの国でも企業的な大規模農業が中心に行われている。また，世界では，④遺伝子組み換え作物の栽培を食用の作物以外に限定したり，栽培自体を行わない国がみられる。

問 4　後の図 4 は，いくつかの食肉について，世界に占める生産量が 1 ％以上の国・地域における生産量に占める輸出量の割合を示したものである。図 4 中の A～C は，牛肉，鶏肉，羊肉のいずれかである。品目名と A～C との正しい組合せを，後の①～⑥のうちから一つ選べ。　11

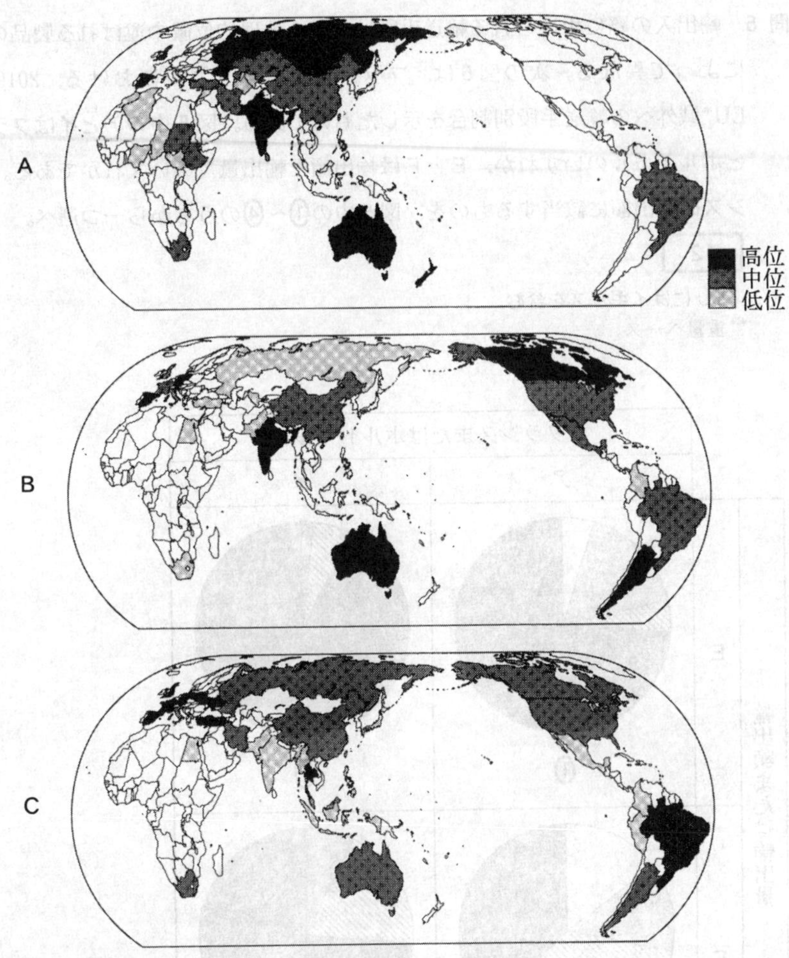

加工品などを含む。牛肉には，水牛，ヤクなどの肉を含む。
統計年次は 2019 年。FAOSTAT により作成。

図　4

	①	②	③	④	⑤	⑥
牛　肉	A	A	B	B	C	C
鶏　肉	B	C	A	C	A	B
羊　肉	C	B	C	A	B	A

問 5　輸出入の際に用いられる輸送手段は，国の地理的位置や運ばれる製品の性質によって異なる。次の図5は，フランスとポルトガルにおける，2019年のEU*域外への輸送手段別割合を示したものである。図5中の**ア**と**イ**はフランスとポルトガルのいずれか，EとFは輸出額と輸出量**のいずれかである。フランスの輸出額に該当するものを，図5中の①～④のうちから一つ選べ。 12

*EUにはイギリスを含む。
**重量ベース。

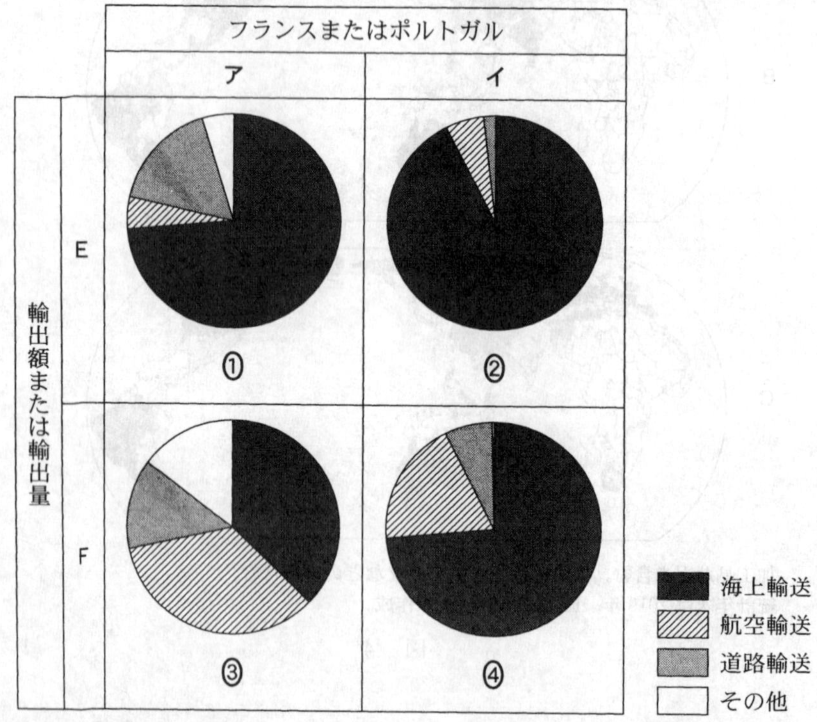

その他には鉄道などを含む。*Eurostat* により作成。

図 5

問 6　環境意識の高まりや技術開発により，紙の生産には，木材から作られるパルプに加え，古紙の再生利用が進められている。次の図 6 は，いくつかの国におけるパルプと古紙の消費量を示したものである。図 6 中の**カ**～**ク**はアメリカ合衆国，カナダ，ドイツのいずれか，凡例**X**と**Y**はパルプと古紙のいずれかである。ドイツとパルプとの正しい組合せを，後の①～⑥のうちから一つ選べ。**13**

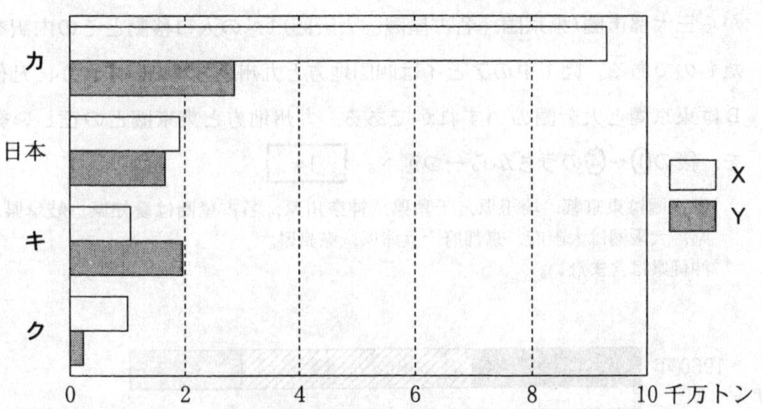

統計年次は 2019 年。FAOSTAT により作成。

図　6

	①	②	③	④	⑤	⑥
ドイツ	カ	カ	キ	キ	ク	ク
パルプ	X	Y	X	Y	X	Y

第3問 東京都に住む高校生のミノルさんは，祖父のカヲルさんが住む鹿児島県を訪ねたことをきっかけに，日本の人口や都市をめぐる諸問題について考えた。この探究に関する次の問い(問1～6)に答えよ。(配点　20)

問1 鹿児島県で生まれたカヲルさんは，1960年代前半に大学進学のため県外へ移動した。その話を聞いたミノルさんは，地方から大都市圏への人口移動について調べた。次の図1は，1960年と2018年における，日本のいくつかの地方から三大都市圏(東京圏，名古屋圏，大阪圏)*への人口移動とその内訳を示したものである。図1中の**ア**と**イ**は四国地方と九州地方**のいずれか，凡例**A**と**B**は東京圏と大阪圏のいずれかである。九州地方と東京圏との正しい組合せを，後の①～④のうちから一つ選べ。 14

*東京圏は東京都，埼玉県，千葉県，神奈川県，名古屋圏は愛知県，岐阜県，三重県，大阪圏は大阪府，京都府，兵庫県，奈良県。
**沖縄県は含まない。

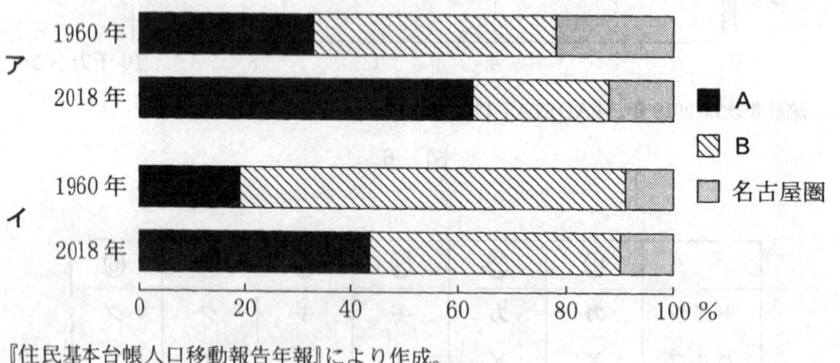

『住民基本台帳人口移動報告年報』により作成。

図　1

	①	②	③	④
九州地方	ア	ア	イ	イ
東京圏	A	B	A	B

問 2　大学を卒業したカヲルさんは東京で働いていたが，現在の東京は大きく変わったとミノルさんに話した。次の図 2 は，東京都区部のいくつかの指標の推移について，1970 年を 100 とした指数で示したものである。図 2 中の**カ**～**ク**は，工業地区の面積，住宅地の平均地価，4 階以上の建築物数のいずれかである。項目名と**カ**～**ク**との正しい組合せを，後の①～⑥のうちから一つ選べ。

15

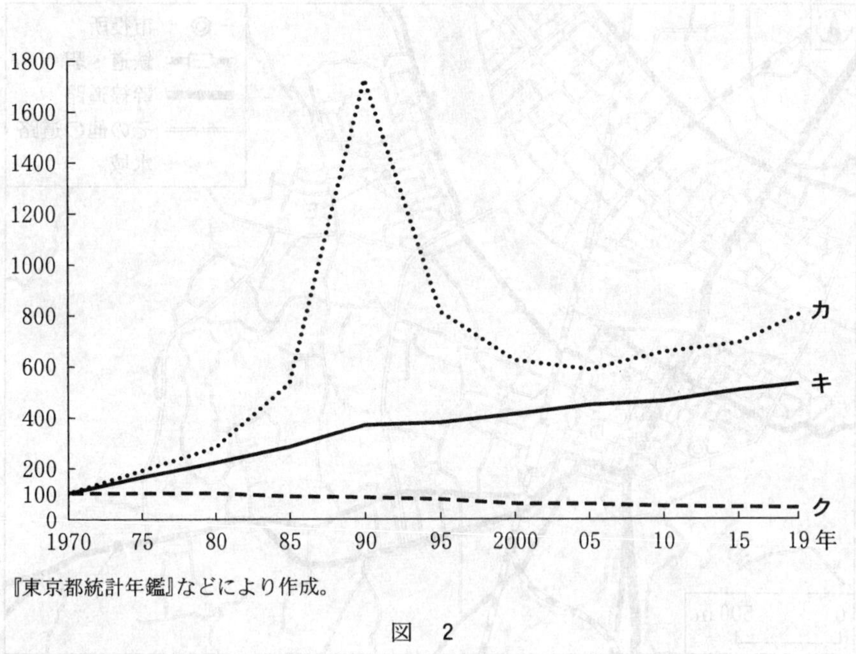

図　2

	①	②	③	④	⑤	⑥
工業地区の面積	カ	カ	キ	キ	ク	ク
住宅地の平均地価	キ	ク	カ	ク	カ	キ
4 階以上の建築物数	ク	キ	ク	カ	キ	カ

問 3　カヲルさんは，1980 年代に転職にともなって鹿児島県へ戻った。次の図 3 は，カヲルさんが現在住んでいるある地方都市の様子を示したものである。また，後の会話文**サ**～**ス**は，図 3 中の地点 D ～ F のいずれかの地点における，周辺の景観について話し合ったものである。D ～ F と**サ**～**ス**との組合せとして最も適当なものを，後の①～⑥のうちから一つ選べ。 16

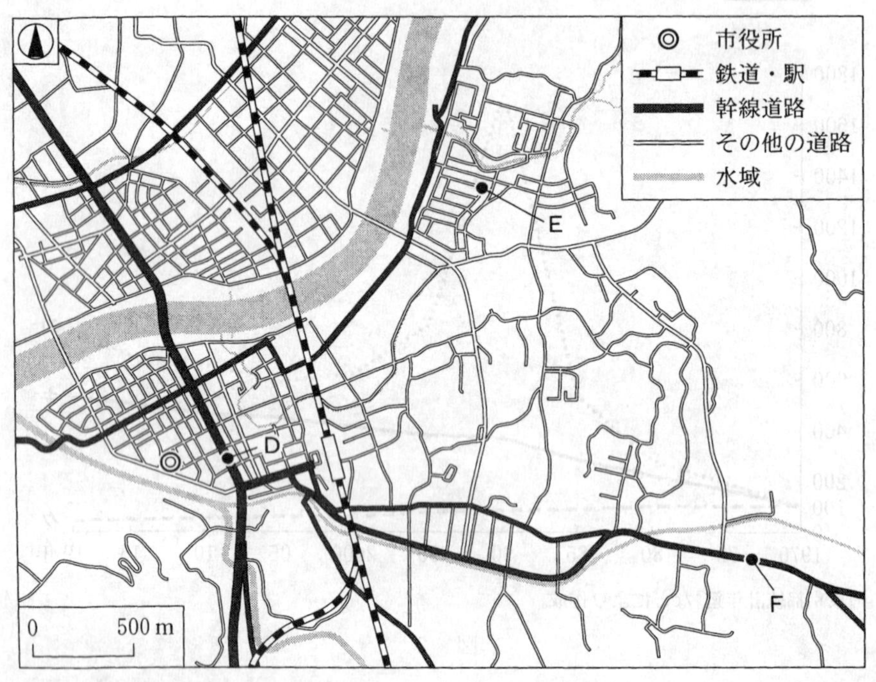

地理院地図により作成。

図　3

【会話】

<table>
<tr><td rowspan="2">サ</td><td>カヲル</td><td>「1980 年代以前から幹線道路が整備されていたけれど，2000 年代前半までは，周辺には水田や畑が広がっていたんだ」</td></tr>
<tr><td>ミノル</td><td>「現在は，道路沿いに全国チェーンの店舗がみられるよ。店舗には広い駐車場があるね」</td></tr>
</table>

<table>
<tr><td rowspan="2">シ</td><td>カヲル</td><td>「1980 年代以前は，水田や畑が広がっていたけれど，近年は市内でも人口が大きく増えている地域の一つなんだ」</td></tr>
<tr><td>ミノル</td><td>「現在は，開発が進んで住宅が増えているね」</td></tr>
</table>

<table>
<tr><td rowspan="2">ス</td><td>カヲル</td><td>「1980 年代中頃までは，百貨店やスーパーマーケットがあって，大変にぎわっていたんだ」</td></tr>
<tr><td>ミノル</td><td>「現在は，自動車は走っているけれど人通りは少ないね。シャッターが閉まったままの店舗もあるよ」</td></tr>
</table>

	①	②	③	④	⑤	⑥
D	サ	サ	シ	シ	ス	ス
E	シ	ス	サ	ス	サ	シ
F	ス	シ	ス	サ	シ	サ

問 4　ミノルさんは，カヲルさんから過疎化の進行によって全国で様々な問題が起きていることを聞いた。次の図 4 は，過疎市町村*の面積が都道府県面積に占める割合，老年人口の増加率，老年人口に占める食料品へのアクセスが困難な人口**の割合を示したものである。図 4 を見てミノルさんたちが話し合った会話文中の下線部①～④のうちから，**誤りを含むものを一つ選べ**。 17

*総務省が定める要件を満たす市町村。

**自宅から店舗まで 500 m 以上，かつ自動車利用が困難な老年人口。

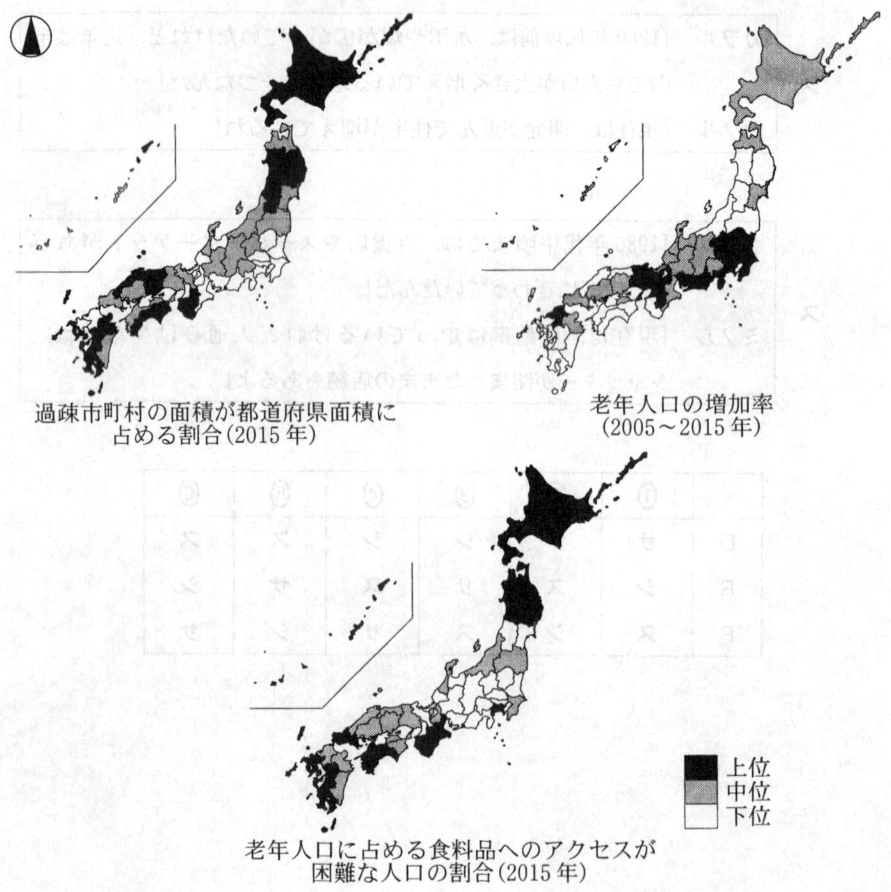

国勢調査などにより作成。

図 4

ミノル　「過疎市町村は，人口減少率や高齢化の進展度合いなどで決まると学校で習ったよ。全体的な傾向として，①過疎市町村の面積が都道府県面積に占める割合は，三大都市圏よりも三大都市圏以外の地域で高い傾向にあるね」

カヲル　「最近の老年人口の増加率は，三大都市圏の方が高い傾向にあるね」

ミノル　「②三大都市圏における老年人口の増加傾向は，三大都市圏以外からの高齢者の流入が主な原因であると考えられるよ」

カヲル　「老年人口に占める食料品へのアクセスが困難な人口の割合が高い都道府県は，三大都市圏以外に多いよ」

ミノル　「農山村地域では，③移動が困難な高齢者のために，食料品を積んで集落を回る移動販売車があると聞いたよ」

カヲル　「老年人口に占める食料品へのアクセスが困難な人口の割合が高い都道府県は，神奈川県などの三大都市圏にもみられるね」

ミノル　「これは，④駅から離れた丘陵地に1970年代前後に開発された住宅地に住む高齢者が多いことも理由の一つだと思うよ」

カヲル　「過疎化・高齢化に伴う問題の解決は，日本全体の課題といえるね。高齢化は，日本の人口構造の変化とも関係しているよ。調べてみたらどうかな」

問 5 東京に戻ったミノルさんは，少子高齢化に伴う労働力不足を考える指標として，従属人口指数*があることを先生から聞き，次の図5を作成した。図5は，いくつかの国における，将来予測を含む従属人口指数の推移を示したものであり，①～④は，日本，エチオピア，中国**，フランスのいずれかである。日本に該当するものを，図5中の①～④のうちから一つ選べ。 18

*(年少人口 ＋ 老年人口) ÷ 生産年齢人口 × 100 で算出。従属人口指数が 60 の場合，100 人の生産年齢人口で 60 人の年少人口と老年人口を支えることを意味する。
**台湾，ホンコン，マカオを含まない。

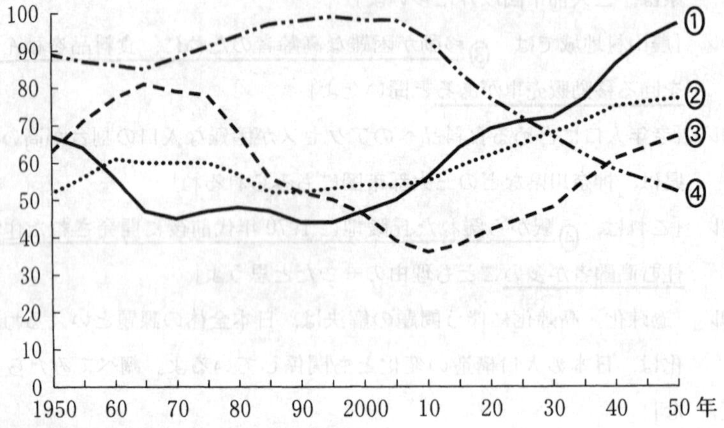

2020 年以降は予測値。
World Population Prospects により作成。

図 5

問 6 ミノルさんは，労働力の不足を補うために外国から労働者を受け入れている国があることを学んだ。次の表1は，イギリスにおける1990年，2005年，2019年の外国生まれの人口について上位5か国を示したものである。表1中の**マ**～**ム**は，アイルランド，インド，ポーランドのいずれかである。国名と**マ**～**ム**との正しい組合せを，後の①～⑥のうちから一つ選べ。 19

表　1

（単位：万人）

順位	1990年		2005年		2019年	
1位	**マ**	61.2	**ミ**	54.9	**ミ**	91.8
2位	**ミ**	40.0	**マ**	46.3	**ム**	91.4
3位	パキスタン	22.8	パキスタン	38.0	パキスタン	60.5
4位	ドイツ	21.3	**ム**	32.9	**マ**	44.3
5位	アメリカ合衆国	14.2	ドイツ	26.1	ドイツ	34.8
総計		365.0		592.6		955.2

総計には6位以下も含む。
International Migrant Stock 2019 により作成。

	①	②	③	④	⑤	⑥
アイルランド	**マ**	**マ**	**ミ**	**ミ**	**ム**	**ム**
インド	**ミ**	**ム**	**マ**	**ム**	**マ**	**ミ**
ポーランド	**ム**	**ミ**	**ム**	**マ**	**ミ**	**マ**

第4問　インドと中国は地理的に連続しており，ともに人口が多く経済発展を遂げている。この地域に関する次の問い(**問1～6**)に答えよ。(配点　20)

問 1　次の図1は，インドと中国周辺の地形を示したものであり，後の表1は，図1中のA～Dのいずれかの範囲における耕地，草地・裸地，森林の面積割合を示したものである。図1中のCに該当するものを，表1中の①～④のうちから一つ選べ。　20

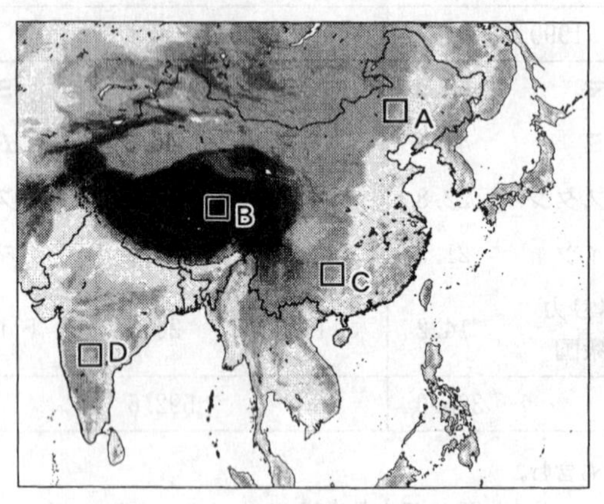

色の濃い部分ほど標高の高い地域を示している。
国土地理院の資料により作成。

図　1

表　1

(単位：%)

	耕　地	草地・裸地	森　林	その他
①	96.3	0.4	0.8	2.5
②	50.4	45.7	0.8	3.1
③	15.9	0.3	72.5	11.3
④	10.2	88.6	0.1	1.1

国土地理院の資料により作成。

問 2　次の図2は，インドと中国*の行政区**を作付総面積に占める小麦と米の割合により区分したものであり，凡例a～dは，行政区ごとの小麦と米の作付面積の割合により設定したグループを示したものである。また，図3は，図2中の凡例a～dのグループの設定基準を示したものであり，a～cは，**ア～ウ**のいずれかである。a～cと**ア～ウ**との正しい組合せを，後の①～⑥のうちから一つ選べ。 21

*台湾，ホンコン，マカオを含まない。
**インドの州には連邦直轄地を含み，島嶼(とうしょ)部を除く。中国の省には，省に相当する市・自治区を含む。いずれも国境係争地を除く。

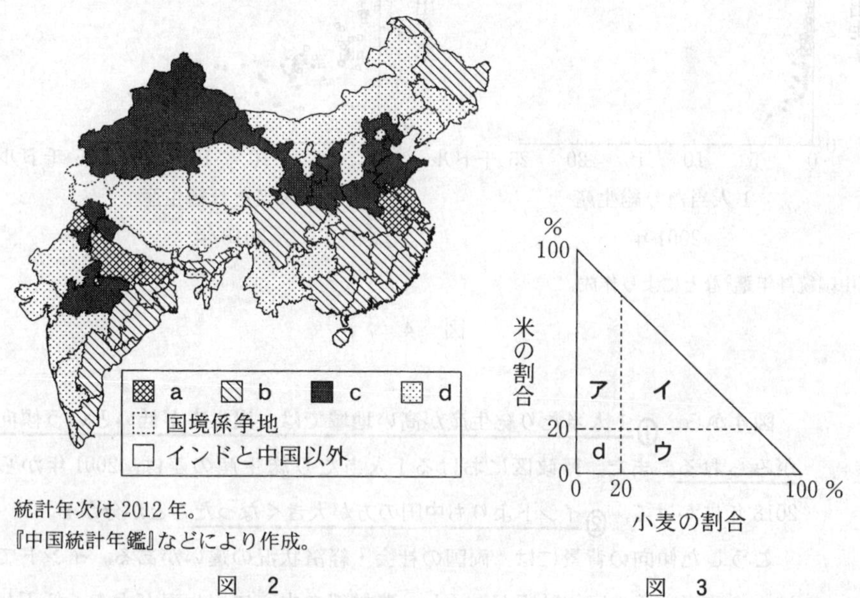

統計年次は2012年。
『中国統計年鑑』などにより作成。

図　2

図　3

	①	②	③	④	⑤	⑥
a	ア	ア	イ	イ	ウ	ウ
b	イ	ウ	ア	ウ	ア	イ
c	ウ	イ	ウ	ア	イ	ア

問 3 次の図4は，インドと中国*の行政区**について，2001年と2018年の1人当たり総生産と出生率を示したものである。図4に関することがらについて述べた文章中の下線部①～④のうちから，**適当でないもの**を一つ選べ。 22

*台湾，ホンコン，マカオを含まない。
**インドの州には連邦直轄地を含み，島嶼部を除く。中国の省には，省に相当する市・自治区を含む。いずれも国境係争地を除く。

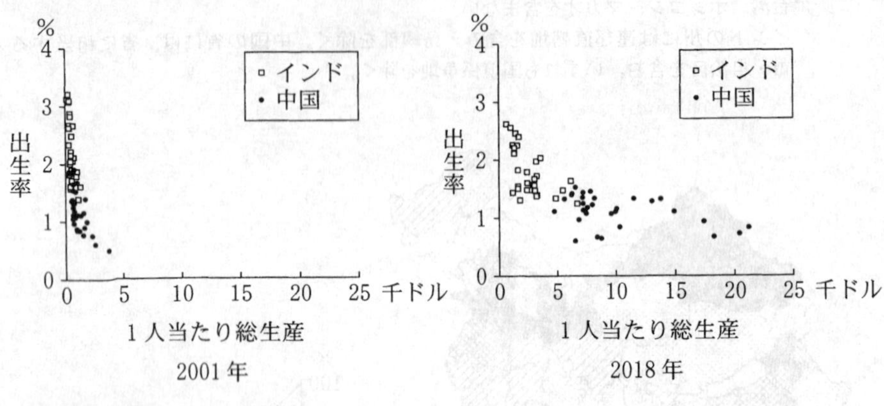

『中国統計年鑑』などにより作成。

図 4

図4から，①<u>1人当たり総生産が高い地域では，出生率が低いという傾向がみられる</u>。また，行政区における1人当たり総生産の差は，2001年から2018年にかけて，②<u>インドよりも中国の方が大きくなった</u>ことが分かる。

こうした傾向の背景には，両国の社会・経済状況の違いがある。インドでは，③<u>政府主導の家族計画が浸透し，農村部を中心に出生率が大きく低下した</u>。中国では政府による経済特区や外国企業による投資などの偏在により，④<u>沿岸部と内陸部との経済格差が大きくなっている</u>。

問 4　次の図5は，インドと中国*における2000年と2017年の産業別GDPの割合を示したものである。図5中のJとKはインドと中国のいずれか，凡例サとシは運輸・通信業と農林水産業のいずれかである。インドと運輸・通信業との正しい組合せを，後の①～④のうちから一つ選べ。 23

*台湾，ホンコン，マカオを含まない。

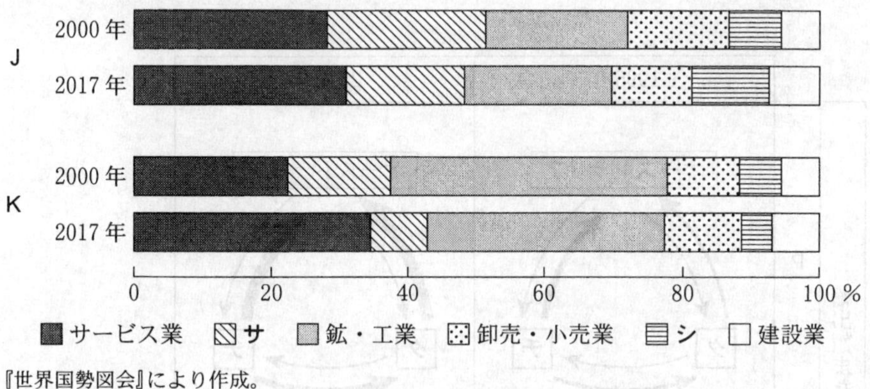

『世界国勢図会』により作成。

図　5

	①	②	③	④
インド	J	J	K	K
運輸・通信業	サ	シ	サ	シ

問 5 次の図6は，インド，中国*，オーストラリアについて，1995年と2019年における3か国間の輸出額と移民の送出数を示したものである。図6中の**タ**と**チ**はインドと中国のいずれか，**P**と**Q**は輸出額と移民の送出数のいずれかである。中国と輸出額との正しい組合せを，後の①～④のうちから一つ選べ。 24

*台湾，ホンコン，マカオを含まない。

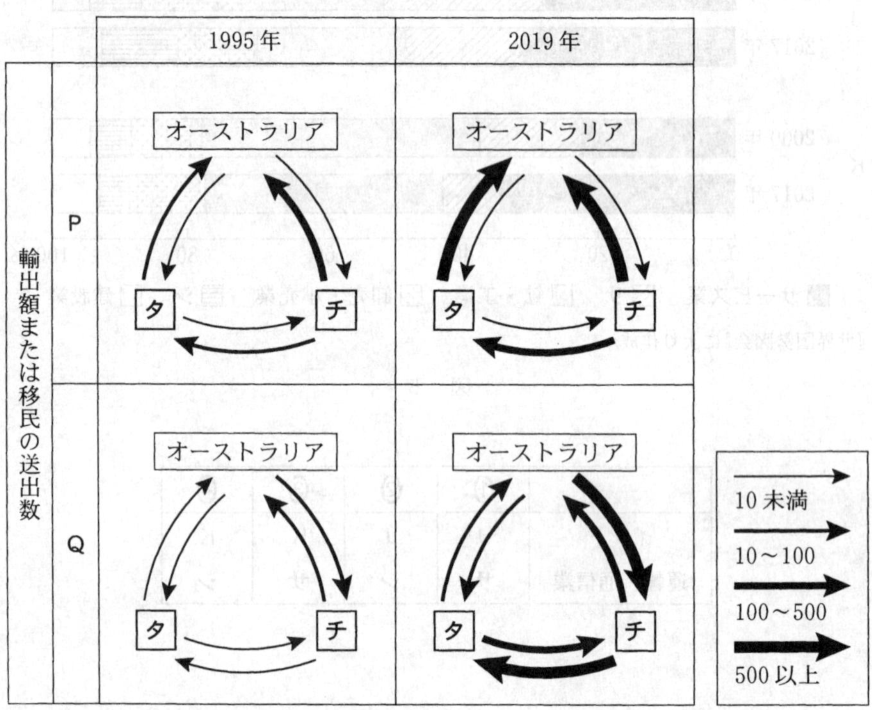

単位は輸出額が億ドル，移民の送出数が千人。UN Comtradeなどにより作成。

図 6

	①	②	③	④
中　国	タ	タ	チ	チ
輸出額	P	Q	P	Q

問 6　次の図7は，インドと中国周辺におけるPM 2.5*の地表面での濃度を示したものであり，SとTは，2018年の1月と7月のいずれかである。図7に関することがらについて述べた文章中の空欄**マ**と**ミ**に当てはまる語句の組合せとして最も適当なものを，後の①～④のうちから一つ選べ。 **25**

*大気中に浮遊している直径2.5 μm(マイクロメートル)以下の微粒子。

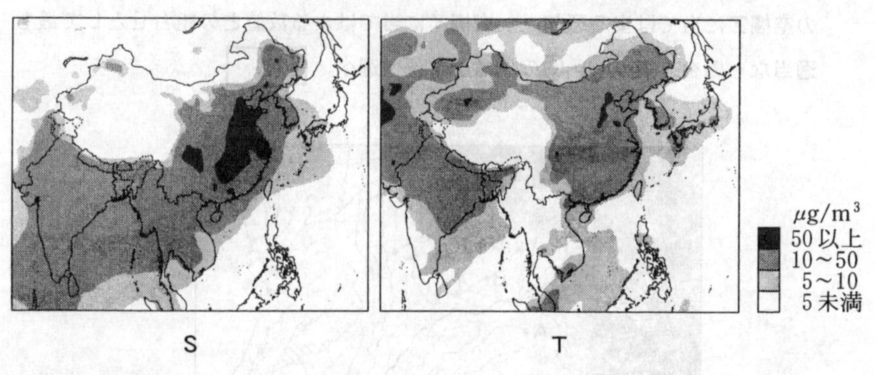

SPRINTARS開発チームの資料により作成。

図　7

インドと中国では，工場などからの煤煙(ばいえん)や自動車からの排ガスによる大気汚染が問題となっている。原因物質の一つであるPM 2.5は，季節によって広がりに違いがあり，図7中のSが(　**マ**　)を示したものである。近年，日本ではユーラシア大陸から飛来するPM 2.5が問題となっており，国際的な対応が求められている。このように，原因となる物質が複数の国にまたがって拡大していく環境問題の例としては，(　**ミ**　)があげられる。

	①	②	③	④
マ	1 月	1 月	7 月	7 月
ミ	海洋ごみの漂着	土地の塩性化 (塩類化)	海洋ごみの漂着	土地の塩性化 (塩類化)

第5問　東京の高校に通うユキさんは，友人のツクシさんと利根川(とねがわ)下流域の地域調査を行った。この地域調査に関する次の問い(**問1～6**)に答えよ。(配点　20)

問1　現地調査の前に，ユキさんたちは利根川の特徴を調べた。次の図1は，関東地方の主な河川の分布といくつかの地点A～Cを示したものである。また，後の文章は，利根川の特徴についてユキさんたちがまとめたものである。文章中の空欄**ア**に当てはまる語句と，空欄**イ**に当てはまる数値との組合せとして最も適当なものを，後の①～⑥のうちから一つ選べ。 **26**

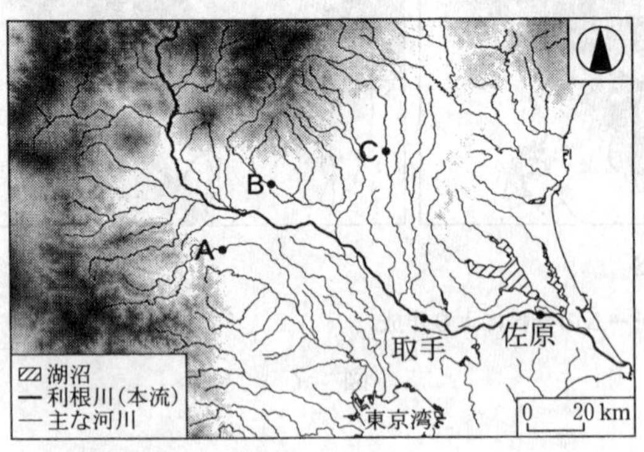

色の濃い部分ほど標高の高い地域を示している。
国土数値情報などにより作成。

図　1

利根川の流域面積は，日本最大である。かつて東京湾に流れていた利根川の本流は，江戸時代に現在の流路に変更された。現在の利根川の流域には，図1中の地点(　**ア**　)が含まれている。また，利根川下流域は，かつて広大な潟湖(せきこ)になっていたが，土砂の堆積や干拓によって現在では大部分が陸地になった。図1中の取手(とりで)から佐原(さわら)までの区間における河川の勾配は，1万分の1程度であり，取手と佐原の河川付近の標高差は，約(　**イ**　)である。

①　AとB ― 4 m	②　AとB ― 40 m	③　AとC ― 4 m
④　AとC ― 40 m	⑤　BとC ― 4 m	⑥　BとC ― 40 m

問 2　ツクシさんは，利根川下流域の土地利用を調べた。次の図2は，陰影をつけて地形の起伏を表現した地図であり，後の図3中の①～④は，図2中のE～Hのいずれかの範囲における土地利用の割合を示したものである。Fに該当するものを，図3中の①～④のうちから一つ選べ。 27

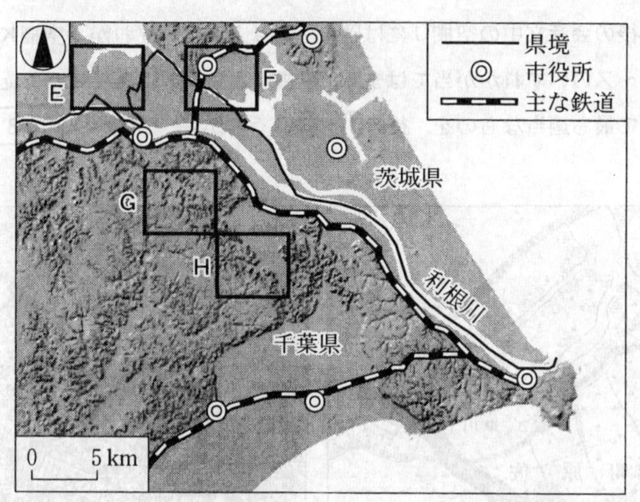

地理院地図により作成。

図　2

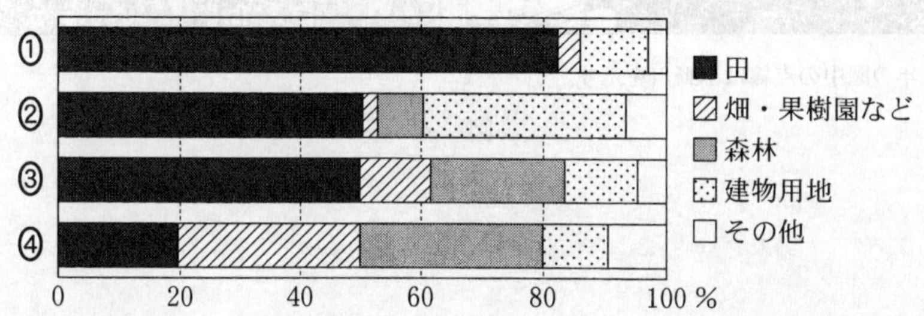

河川・湖沼を除いた値。統計年次は2017年。国土数値情報により作成。

図　3

問 3　ユキさんたちは，利根川下流域での都市の発展や交通手段の変遷について調べた。次の図 4 は，佐原周辺のある地域における，1931 年と 2019 年に発行された 2 万 5 千分の 1 地形図(原寸，一部改変)である。また，後の図 5 は，取手から河口までの利根川本流における渡船と橋のいずれかの分布を示したものであり，**サ**～**ス**は，1932 年の橋，1981 年の渡船，1981 年の橋のいずれかである。後の会話文中の空欄 J には図 4 中の a と b のいずれか，空欄 K には図 5 中の**サ**～**ス**のいずれかが当てはまる。空欄 J と空欄 K に当てはまる記号の組合せとして最も適当なものを，後の①～⑥のうちから一つ選べ。 **28**

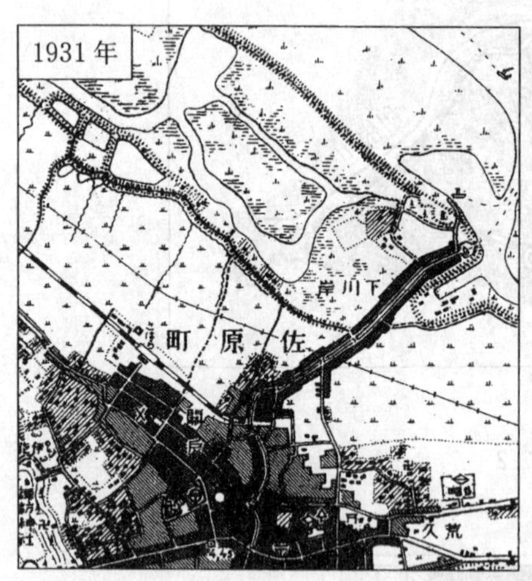

2019 年の図中の点線は小野川を示す。

図　4

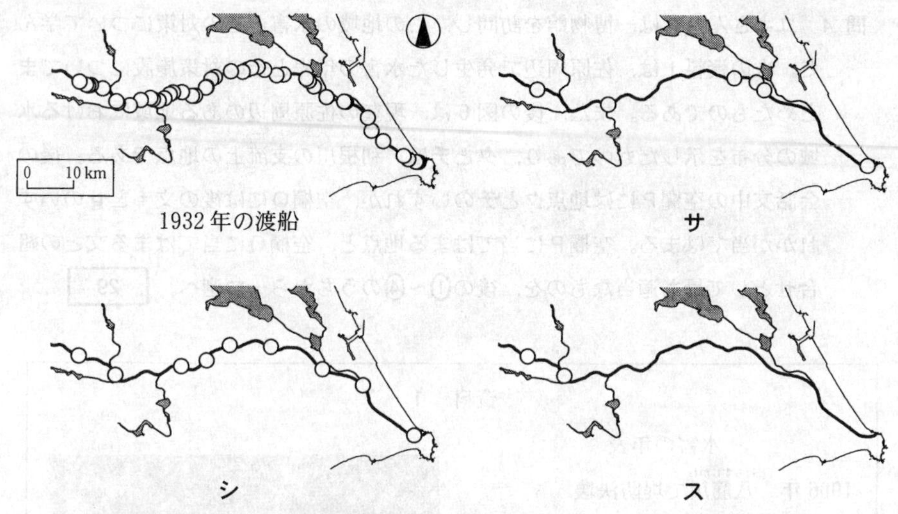

○ 渡船または橋　■ 湖沼　― 利根川本流　― その他の河川

橋には鉄道と高速道路を含まない。海岸線と河川・湖沼は現在のものである。
千葉県立大利根博物館編『水郷の生活と船』などにより作成。

図　5

ユ　キ　「1931 年と 2019 年の地形図を比較して佐原周辺の都市の発達を調べたよ。佐原周辺は，江戸時代の水運によって発展し始めたんだ」

ツクシ　「図 4 中の a と b は，どちらも 2019 年に市街地になっているけれど，より古くから中心地として発達していたのは(　J　)だね」

ユ　キ　「1930 年代以降，この地域では他にどのような変化があったかな」

ツクシ　「1932 年と 1981 年における渡船と橋の分布を図 5 にまとめたよ。1932 年には，多くの地点で渡船が利用されているね。1932 年に橋が架かっていた地点は，川幅が比較的狭い所に限られていたそうだよ」

ユ　キ　「自動車交通の増加に対応して道路網が整備されてきたことを考えると，1981 年の橋の分布は，(　K　)の図であるとわかるね」

① a ― サ　　② a ― シ　　③ a ― ス
④ b ― サ　　⑤ b ― シ　　⑥ b ― ス

問 4　ユキさんたちは，博物館を訪問し，この地域の水害とその対策について学んだ。次の資料１は，佐原周辺で発生した水害の年表とその対策施設についてまとめたものである。また，後の図６は，現在の佐原周辺のある地域における水域の分布を示したものであり，**タ**と**チ**は，利根川の支流上の地点である。後の会話文中の空欄Ｐには地点**タ**と**チ**のいずれか，空欄Ｑには後の文ｆとｇのいずれかが当てはまる。空欄Ｐに当てはまる地点と，空欄Ｑに当てはまる文との組合せとして最も適当なものを，後の①～④のうちから一つ選べ。 **29**

資料　1

水害の年表

1906 年　八筋川（はちすじかわ）で堤防決壊

1910 年　十六島（じゅうろくしま）で堤防決壊

1938 年　十六島で浸水被害

1941 年　十六島で浸水被害

1921 年に完成した水害対策施設

十六島実年同好会編『新島の生活誌』などにより作成。

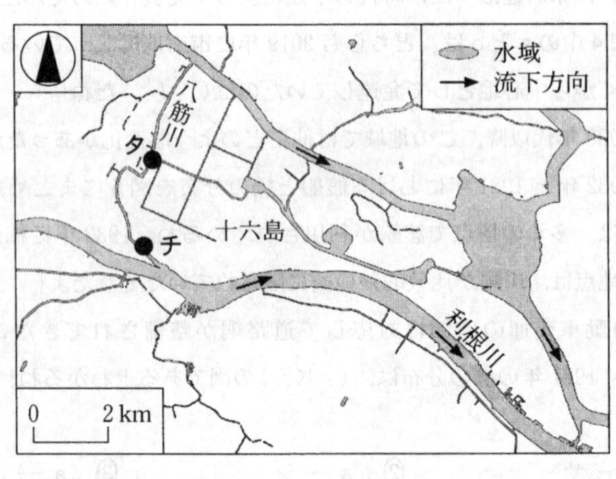

地理院地図により作成。

図　6

学芸員「かつてこの地域では，利根川の支流への逆流などにより，水害が発生していました。このような被害を防ぐために，1921年に図6中の（　P　）の位置に，資料1中の写真のような水門が設置されました。さらに，1940年以降に排水ポンプの設置が進んだことにより，現在では浸水被害も少なくなりました」

ツクシ「この地域は，安心して住めるようになったのですね」

学芸員「ただし，数年前に台風が接近した際に，避難指示が出されました。利根川のような大きな河川の下流域では，今後も洪水に備えるための取組みを進めていくことが必要です」

ユ　キ「大きな河川の下流域では，（　Q　）などの取組みが行われていますね」

（　Q　）に当てはまる文

f　決壊を防ぐため，堤防を補強する

g　土砂の流出や流木を防ぐため，ダムを建設する

	①	②	③	④
P	タ	タ	チ	チ
Q	f	g	f	g

問 5　利根川下流域でウナギ漁が盛んであったことを知ったツクシさんは，ウナギの現状について調べ，次の資料2にまとめた。資料2中の**マ**と**ミ**は，国内の養殖生産量と，国外からの輸入量のいずれかである。また，後の写真1中の**s**と**t**は，利根川下流域の河川周辺において撮影したものであり，資料2中の空欄**X**には，**s**と**t**のいずれかが当てはまる。国内の養殖生産量に該当する記号と，空欄**X**に当てはまる写真との組合せとして最も適当なものを，後の①～④のうちから一つ選べ。 30

資料　2

ニホンウナギの生態と水産資源としてのウナギの現状

ニホンウナギは，河川などで成長した後，海へ下り産卵するといわれている。1970年代以降，日本国内のウナギの漁獲量は減少し，現在，日本国内で消費されるウナギのほとんどは，国内での養殖生産と輸入によってまかなわれている。近年，利根川下流域では，写真1中の(　X　)にみられるような取組みが行われており，ニホンウナギや川魚などの水産資源の回復に寄与することが期待されている。

日本国内におけるウナギの供給量の推移

（単位：トン）

	国内漁獲量	マ	ミ	合　計
1973年	2,107	15,247	6,934	24,288
1985年	1,526	39,568	41,148	82,242
2000年	765	24,118	133,211	158,094
2015年	70	20,119	31,156	51,345

水産庁の資料により作成。

※入試問題に掲載された写真とは異なります

s　石材を用いて整備された護岸

t　本流の堰(せき)のそばに設置された流路

写真　1

	①	②	③	④
国内の養殖生産量	マ	マ	ミ	ミ
X	s	t	s	t

問 6　ユキさんたちは，さらに考察を深めるために，先生のアドバイスを参考にして新たに課題を探究することにした。次の表1は，新たな探究課題に関する調査方法を，ユキさんたちがまとめたものである。探究課題の調査方法としては**適当でないもの**を，表1中の①～④のうちから一つ選べ。 31

表　1

新たな探究課題	調査方法
地域の都市化により，農地の分布はどのように変化したか？	①　撮影年代の異なる空中写真を入手し，年代別の土地利用図を作成する。
橋の開通により，住民の生活行動はどのように変化したか？	②　聞き取り調査により，周辺住民に生活行動の変化を尋ねる。
防災施設の整備により，住民の防災意識はどのように変化したか？	③　GIS を用いて，防災施設から一定距離内に住む人口の変化を調べる。
環境の変化により，利根川流域の漁獲量はどのように変化したか？	④　図書館やインターネットで資料を入手し，漁獲量の推移を調べる。

MEMO

地理B

（2022年１月実施）

60分　100点

2022
本試験

（解答番号 1 ～ 31 ）

第1問　世界の自然環境や自然災害に関する次の問い（問1～6）に答えよ。（配点　20）

問1　大陸棚*は大陸プレートの縁辺部に広がる。次の図1中のaとbのいずれかは東南アジア周辺，また，アとイのいずれかは中央アメリカ周辺の大陸棚の分布を正しく示したものである。東南アジア周辺と中央アメリカ周辺の大陸棚を正しく示した記号の組合せを，後の①～④のうちから一つ選べ。 1

*水深200mより浅い海域を大陸棚とする。

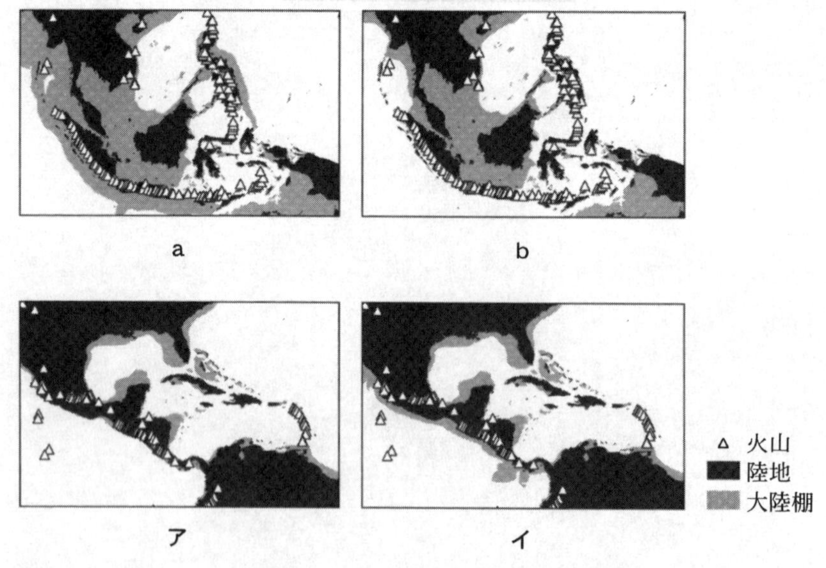

火山はすべて正しい位置にある。NOAAの資料などにより作成。

図　1

① aとア　② aとイ　③ bとア　④ bとイ

問 2　土砂供給や海面変動などの影響を受けて，河口には特徴的な地形がつくられることがある。次の図2中のAとBは，ヨーロッパの二つの河川の主な河道を示したものであり，後の表1中の**カ**と**キ**は，河川AとBのいずれかにおける年平均流量と河道の標高の割合*を示したものである。また，後の文**x**と**y**は，図2中の河川AとBのいずれかにおける河口にみられる地形の特徴について述べたものである。河川Bに該当する記号と文との正しい組合せを，後の①～④のうちから一つ選べ。 **2**

*それぞれの河川の主な河道の長さを 100 % とした場合の値。

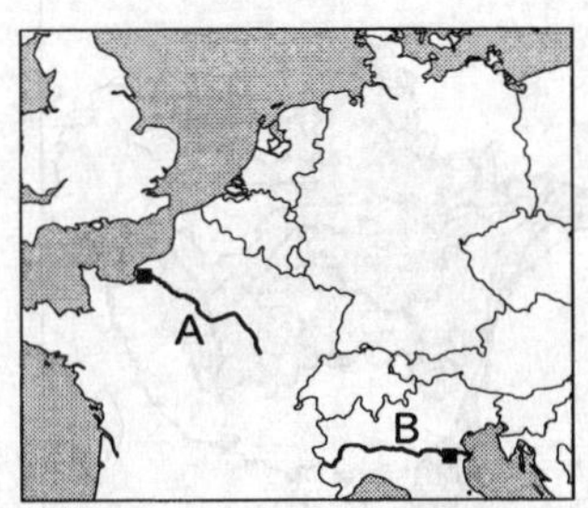

Natural Earth などにより作成。

図　2

表　1

	年平均流量 (m^3/秒)	河道の標高の割合(%)			
		100 m 未満	100～500 m	500～1,000 m	1,000 m 以上
カ	1,539	70.5	26.3	1.7	1.5
キ	467	79.8	20.2	0.0	0.0

NOAA の資料などにより作成。

x　過去に形成された谷に海水が侵入してできたラッパ状の地形

y　河川によって運搬された砂や泥などが堆積してできた低平な地形

	①	②	③	④
記　号	**カ**	**カ**	**キ**	**キ**
文	**x**	**y**	**x**	**y**

問 3 地形や気候の影響を受けて，世界の大河川の流域には様々な植生がみられる。次の図3中のE～Hは，チベット高原に源流をもついくつかの河川の流域と主な河道を示したものである。また，後の表2は，図3中のE～Hのいずれかにおける，流域面積全体に占めるいくつかの植生などの面積割合を示したものである。Gに該当するものを，表2中の①～④のうちから一つ選べ。 3

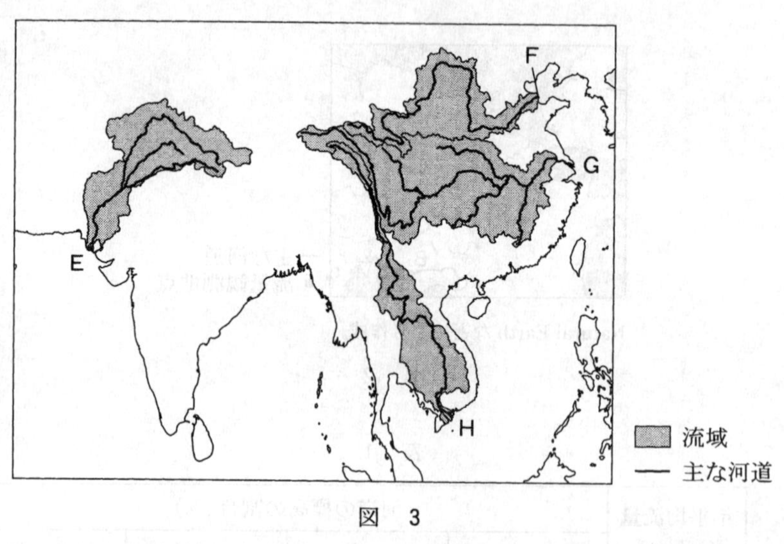

図 3

表 2

(単位：%)

	常緑広葉樹林の割合	落葉広葉樹林の割合	低木・草地の割合	裸地(砂や岩など)の割合
①	31.0	10.3	7.4	0.0
②	14.5	13.7	13.0	0.0
③	0.7	0.5	38.0	18.3
④	0.4	4.1	28.9	8.9

Geospatial Information Authority of Japan, Chiba University and collaborating organizations の資料などにより作成。

問 4 次の図4は，オーストラリアにおける1月の気温，1月の降水量，7月の気温，7月の降水量のいずれかを等値線で示したものである。図4中のPとQは気温と降水量のいずれか，サとシは1月と7月のいずれかである。1月の気温に該当するものを，図4中の①～④のうちから一つ選べ。 4

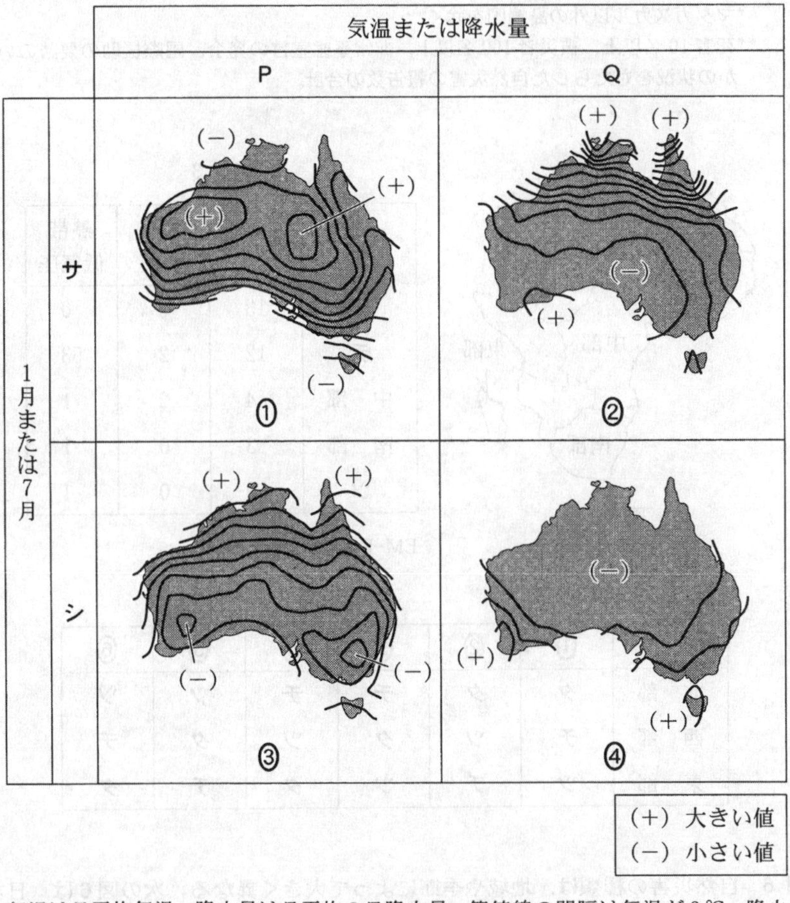

		気温または降水量	
		P	Q
1月または7月	サ	(－) (＋) (＋) (－) ①	(＋) (＋) (－) (＋) ②
	シ	(＋) (＋) (－) (－) ③	(－) (＋) (＋) ④

(＋) 大きい値
(－) 小さい値

気温は月平均気温，降水量は月平均の日降水量。等値線の間隔は気温が2℃，降水量が1 mm/日。NOAA の資料により作成。

図 4

問 5　次の図5は，アフリカを5地域に区分*して示したものである。また，表3は，この5地域について，1990年から2019年の期間における地震，火山噴火，熱帯低気圧による自然災害の発生数**を集計したものであり，**タ**～**ツ**は，北部，西部，東部のいずれかである。地域と**タ**～**ツ**との正しい組合せを，後の①～⑥のうちから一つ選べ。 **5**

*マダガスカル以外の島嶼(とうしょ)国を除く。
**死者10名以上，被災者100名以上，非常事態宣言の発令，国際援助の要請のいずれかの状況をもたらした自然災害の報告数の合計。

図　5

表　3

	地　震	火山噴火	熱帯低気圧
タ	13	0	0
チ	12	2	53
中　部	4	2	1
南　部	3	0	1
ツ	0	0	1

EM-DATにより作成。

	①	②	③	④	⑤	⑥
北　部	タ	タ	チ	チ	ツ	ツ
西　部	チ	ツ	タ	ツ	タ	チ
東　部	ツ	チ	ツ	タ	チ	タ

問 6　自然災害の種類は，地域や季節によって大きく異なる。次の図6は，日本における土砂災害*と雪崩による被害の発生状況を時期ごとに示したものであり，**マ**～**ム**は，3～5月，6～8月，9～11月のいずれかである。時期と**マ**～**ム**との正しい組合せを，後の①～⑥のうちから一つ選べ。 **6**

*崖崩れ，地すべり，土石流。

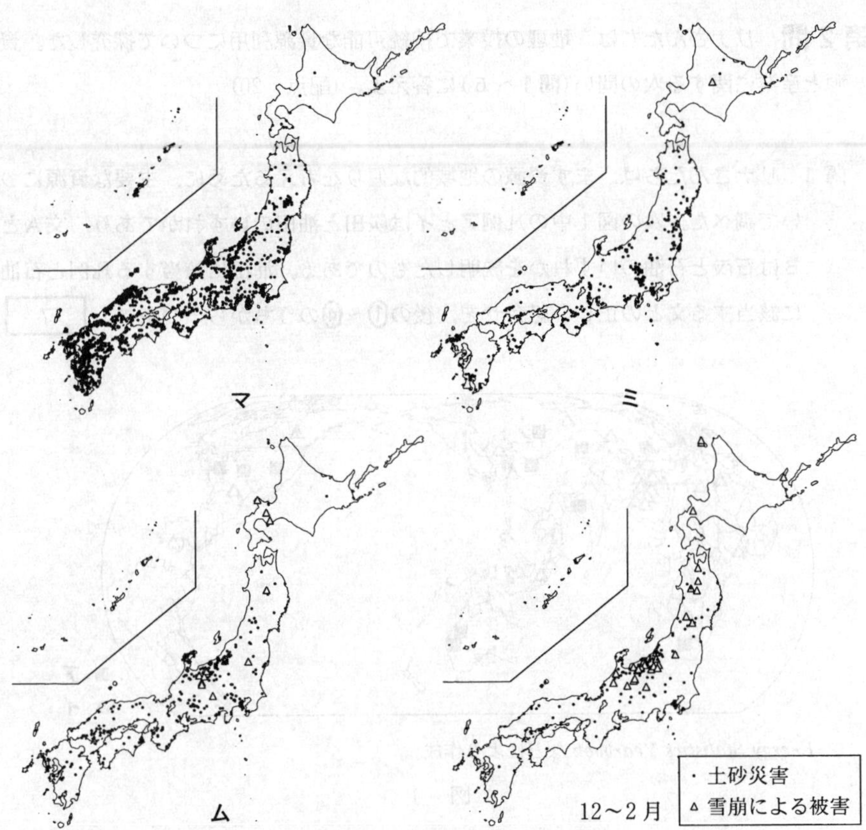

該当する災害が1回以上発生した5kmメッシュの代表点の分布。
統計年次は2006～2009年。国土交通省の資料により作成。

図　6

	①	②	③	④	⑤	⑥
3～5月	マ	マ	ミ	ミ	ム	ム
6～8月	ミ	ム	マ	ム	マ	ミ
9～11月	ム	ミ	ム	マ	ミ	マ

第2問　リナさんたちは，地理の授業で持続可能な資源利用について探究した。資源と産業に関する次の問い(**問1～6**)に答えよ。(配点　20)

問1　リナさんたちは，まず資源の地域的な偏りを考えるために，主要な資源について調べた。次の図1中の凡例**ア**と**イ**は炭田と油田のいずれかであり，文**A**と**B**は石炭と石油のいずれかを説明したものである。油田に該当する凡例と石油に該当する文との正しい組合せを，後の①～④のうちから一つ選べ。 7

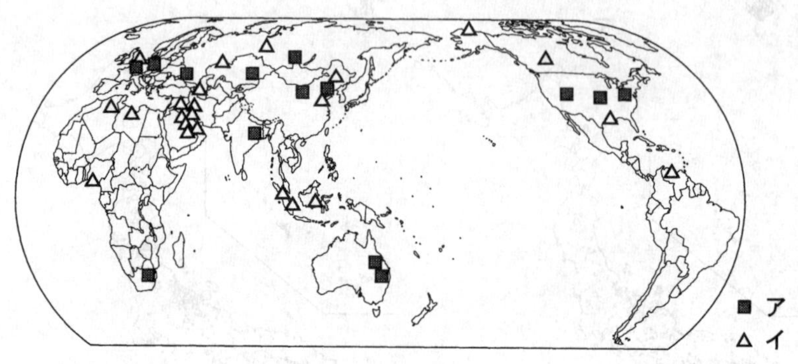

Energy Statistics Yearbook などにより作成。

図　1

A　この資源は，生産量上位10か国の世界に占める割合が9割を超えており，世界最大の生産国と消費国が同一である。

B　この資源は，世界のエネルギー供給量の約3分の1を占めており，確認されている埋蔵量の約半分が特定の地域に偏っている。

	①	②	③	④
凡　例	ア	ア	イ	イ
文	A	B	A	B

問 2　次にリナさんたちは，先生から配られた資料１をもとに，世界の地域別の資源利用とその環境への影響について考えた。資料１中の図２は，世界の人口と世界の１次エネルギー消費量の推移を示したものであり，凡例**カ**と**キ**は，アフリカとヨーロッパのいずれかである。凡例**キ**に該当する地域名と，資料１中の文章の空欄**X**に当てはまる語句との正しい組合せを，後の①～④のうちから一つ選べ。 **8**

資料　1

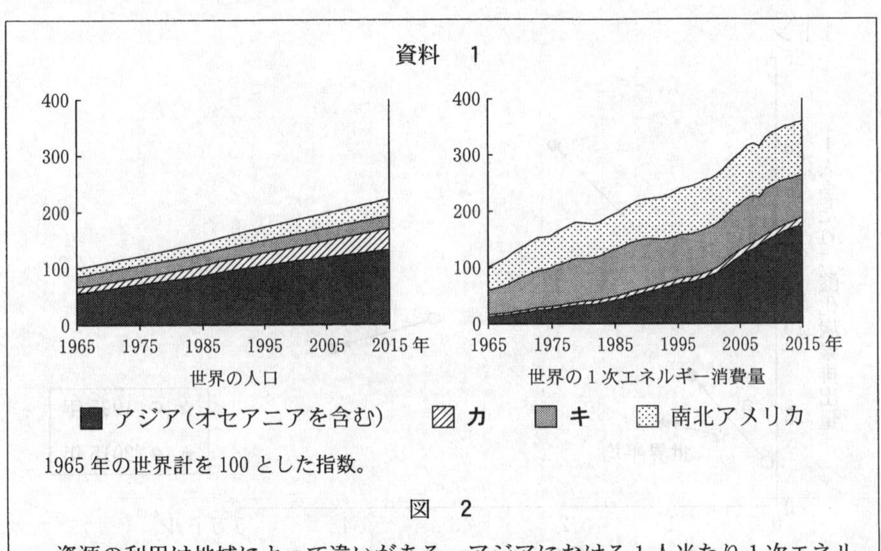

1965年の世界計を100とした指数。

図　2

資源の利用は地域によって違いがある。アジアにおける１人当たり１次エネルギー消費量は(　X　)ことをグラフから読み取ることができる。人口増加に伴う資源の需要増加は，環境にどのような影響を与えるだろうか？

World Population Prospects などにより作成。

	①	②	③	④
キ	アフリカ	アフリカ	ヨーロッパ	ヨーロッパ
X	増えている	変化していない	増えている	変化していない

問 3 次にリナさんたちは，1995 年と 2015 年における各国のデータを調べて，経済発展が環境へ及ぼす影響について考察した。次の図 3 は，いくつかの国 **a** ～ **c** と世界平均について，1 人当たり GDP と 1 人当たり二酸化炭素排出量の変化を示したものである。また，後の文**サ**～**ス**は，図 3 中の **a** ～ **c** のいずれかにおける変化の背景をリナさんたちが整理したものである。**a** ～ **c** と**サ**～**ス**との組合せとして最も適当なものを，後の①～⑥のうちから一つ選べ。 9 。

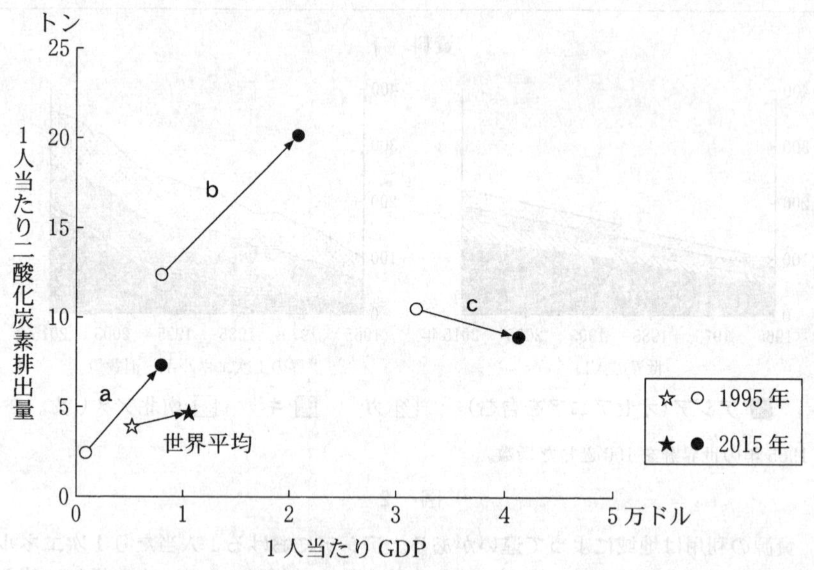

World Development Indicators により作成。

図 3

サ　産業構造の転換に伴い脱工業化が進み，再生可能エネルギーの普及も進んだ。

シ　資源が豊富にあるため，国内の燃料消費のコストが低いことや，世界的な資源需要の高まりを背景に経済成長が進んだ。

ス　農業や軽工業が中心であったが，その後は工業化が進み，重工業の比率が高まった。

	①	②	③	④	⑤	⑥
a	サ	サ	シ	シ	ス	ス
b	シ	ス	サ	ス	サ	シ
c	ス	シ	ス	サ	シ	サ

問 4　リナさんたちは，経済発展が環境へ及ぼす影響についての考察をふまえ，化石燃料と再生可能エネルギーの発電量について調べた。次の表1は，いくつかの国における化石燃料と再生可能エネルギーについて，発電量と総発電量*に占める割合を示したものである。表1をもとに環境への負荷について話し合った，先生とリナさんたちとの会話文中の下線部e～gについて，正誤の組合せとして正しいものを，後の①～⑧のうちから一つ選べ。 10

*化石燃料と再生可能エネルギーのほか，原子力などを含む。

表　1

	化石燃料		再生可能エネルギー	
	発電量 (億 kWh)	総発電量に 占める割合(%)	発電量 (億 kWh)	総発電量に 占める割合(%)
中　国	46,783	70.5	16,624	25.1
アメリカ合衆国	26,915	62.8	7,182	16.8
日　本	8,199	76.7	1,682	15.7
ドイツ	3,461	52.9	2,163	33.1
カナダ	1,247	18.9	4,322	65.6
世界全体	165,880	64.5	62,695	24.4

再生可能エネルギーは，水力，太陽光，地熱，風力などの合計。中国の数値には台湾，ホンコン，マカオを含まない。
統計年次は2017年。『世界国勢図会』により作成。

先　生「環境への負荷を，化石燃料と再生可能エネルギーの二つから考えてみましょう。化石燃料による発電は環境への負荷が大きく，再生可能エネルギーによる発電は環境への負荷がきわめて小さいとした場合，表1から環境への負荷はどのように考えられますか」

リナ「e 国別でみた環境への負荷は，中国が最も大きくなるのではないでしょうか」

ナオキ「人口を考慮して環境への負荷を考えると，f 1人当たりでみた環境への負荷は，アメリカ合衆国が最も大きくなると思います」

カオル「近年は再生可能エネルギーも普及しているので，国ごとで評価するときには，発電量の大小ではなく構成比で考えるのが重要だと思います。g 発電量の構成比でみると，ドイツが環境への負荷が最も小さい構成比であると考えます」

エミコ「持続可能な資源利用に向けて環境への負荷を軽減する方法を考えていくことが重要ですね」

	①	②	③	④	⑤	⑥	⑦	⑧
e	正	正	正	正	誤	誤	誤	誤
f	正	正	誤	誤	正	正	誤	誤
g	正	誤	正	誤	正	誤	正	誤

問 5 リナさんたちは，環境への負荷の軽減に寄与する森林資源に注目し，資源とその利用についてまとめた。次の図 4 は，いくつかの国における森林面積の減少率，木材輸出額，木材伐採量を示したものであり，K～Mはエチオピア，ブラジル，ロシアのいずれか，凡例タとチは薪炭材(しんたんざい)と用材*のいずれかである。ブラジルと薪炭材との正しい組合せを，後の①～⑥のうちから一つ選べ。 11

*製材・ベニヤ材やパルプ材などの産業用の木材。

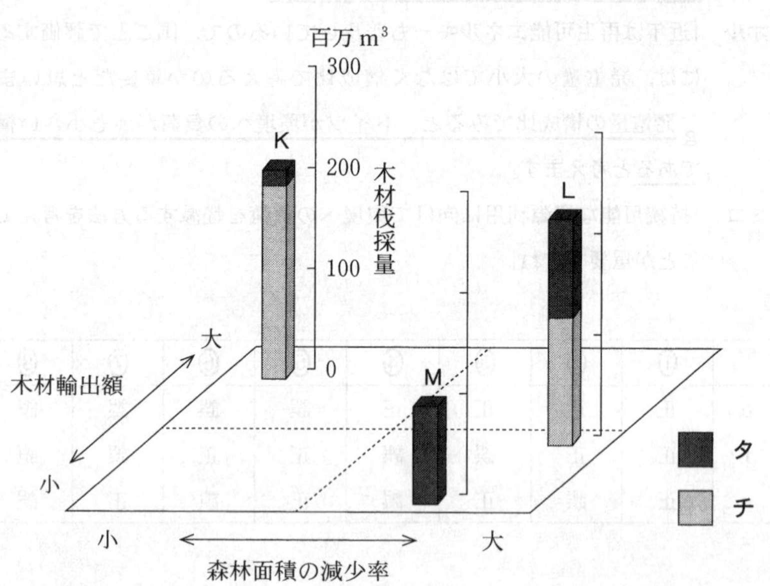

森林面積の減少率は 1995 年から 2015 年までの変化。森林面積の減少率と木材輸出額は相対的に示してある。統計年次は 2017 年。FAOSTAT などにより作成。

図 4

	①	②	③	④	⑤	⑥
ブラジル	K	K	L	L	M	M
薪炭材	タ	チ	タ	チ	タ	チ

問 6　リナさんたちは，これまで調べたことをもとに，循環型社会に向けた持続可能な資源利用の課題と取組みについて資料 2 にまとめた。各国でみられる取組みのうち，循環型社会に寄与するものとして**適当でないもの**を，資料 2 中の①～④のうちから一つ選べ。 12

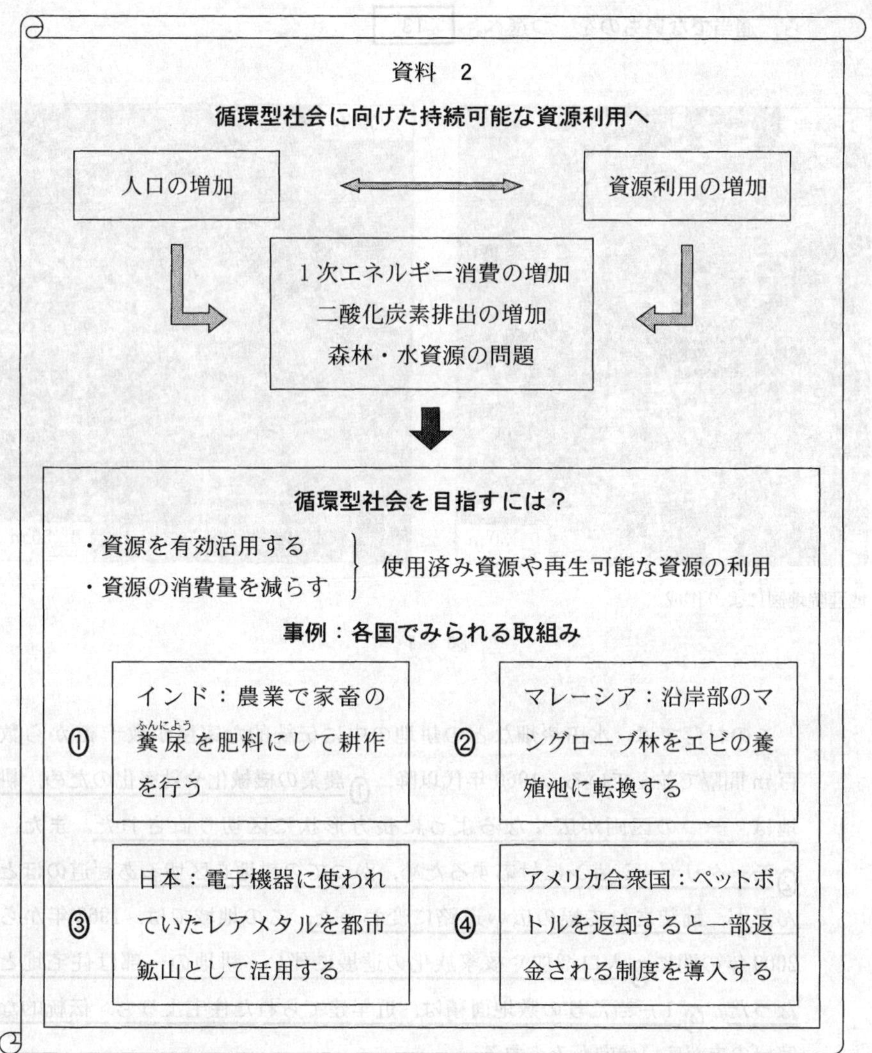

第3問　村落・都市と人口に関する次の問い(問1～6)に答えよ。(配点　20)

問 1　社会や経済の変化は，伝統的な村落にも影響を及ぼす。次の図1は，富山県の砺波(となみ)平野のある地域における，1963年と2009年の同範囲の空中写真である。図1に関連することがらについて述べた文章中の下線部①～④のうちから，適当でないものを一つ選べ。 13

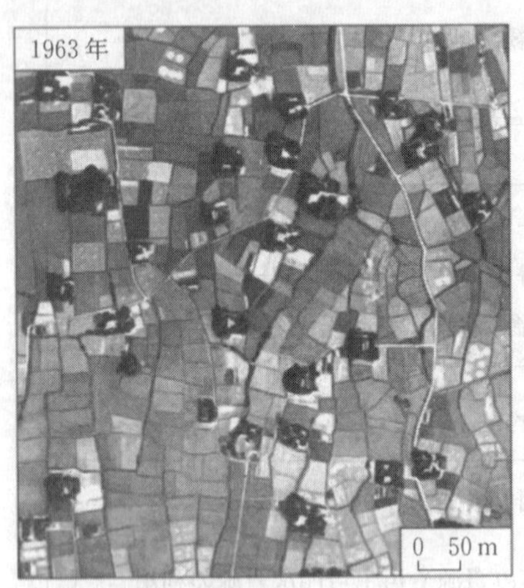

地理院地図により作成。

図　1

この村落では，水田や畑などの耕地の中に伝統的な家屋が数十mから数百m間隔で並んでいる。1960年代以降，①<u>農業の機械化や効率化のため，耕地は，一つの区画が広くなるように長方形状に区切り直された</u>。また，②<u>モータリゼーションに対応するため，かつての耕地を区切るあぜ道のほとんどが，舗装されて幅の広い道路に変わった</u>。この地域では，1963年から2009年の間に③<u>人口増加や核家族化の進展に伴い，耕地の一部は住宅地となった</u>。④<u>1戸当たりの敷地面積は，近年建てられた住宅よりも，伝統的な家屋の方が広い傾向がみられる</u>。

問 2　現代の都市では，生活を支える様々な公共サービスが提供されている。次の図 2 は，日本のある地域における人口分布といくつかの公共施設の立地を示したものであり，凡例**ア**～**ウ**は，交番・駐在所，ごみ処理施設*，500 席以上の市民ホールのいずれかである。公共施設名と**ア**～**ウ**との正しい組合せを，後の①～⑥のうちから一つ選べ。 14

*ごみ処理施設には，最終処分場を含み，し尿処理施設は含まない。

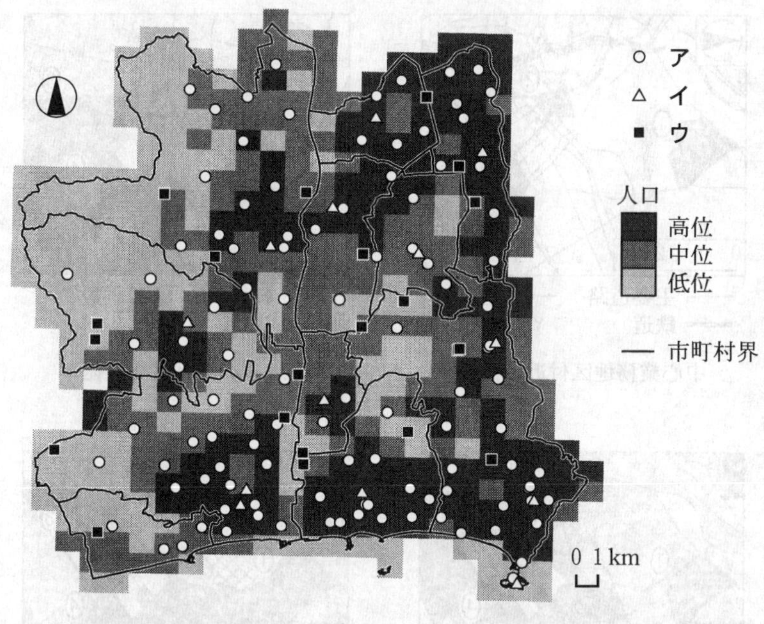

国土数値情報などにより作成。

図　2

	①	②	③	④	⑤	⑥
交番・駐在所	ア	ア	イ	イ	ウ	ウ
ごみ処理施設	イ	ウ	ア	ウ	ア	イ
市民ホール	ウ	イ	ウ	ア	イ	ア

問 3　先進国の大都市内部の衰退した地区において，専門的職業従事者などの経済的に豊かな人々の流入と地区の再生が進む現象は，ジェントリフィケーションという概念で説明される。次の図3は，ある先進国の大都市の中心業務地区付近の概要といくつかの指標を示したものである。ジェントリフィケーションがみられる地区として最も適当なものを，図3中の①～④のうちから一つ選べ。 **15**

中心業務地区付近の概要

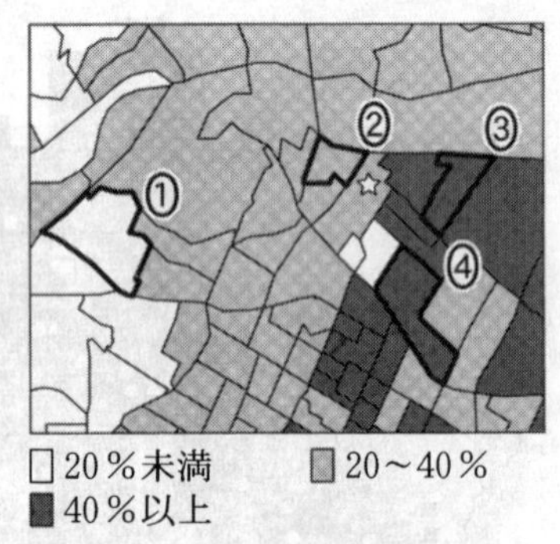

2000年の居住者の貧困率

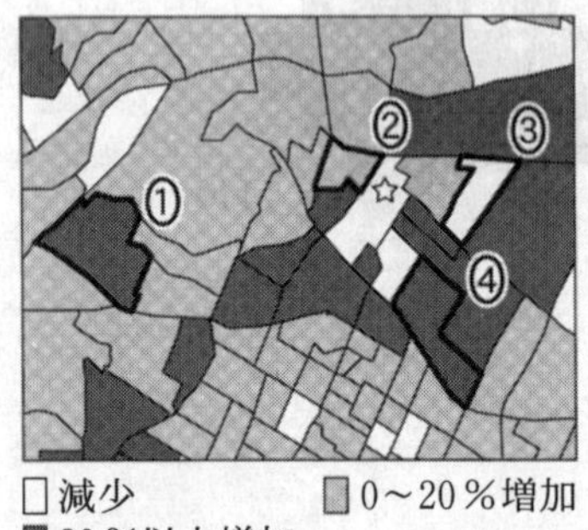

大学を卒業している居住者の増減
(2000～2015年)

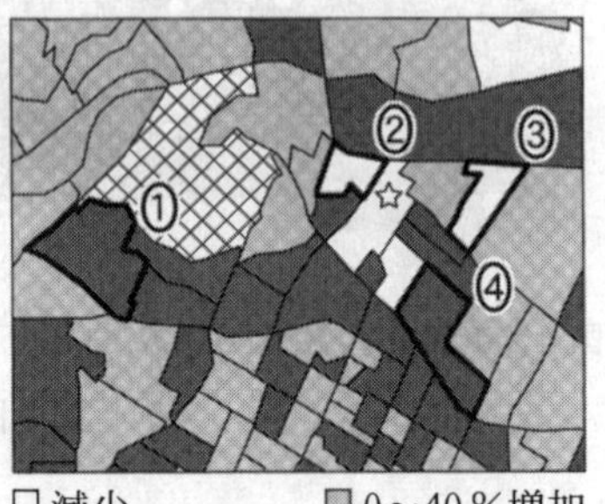

賃料の増減
(2000～2015年)

UCLA Lewis center の資料などにより作成。

図　3

問 4　次の図4は，ヨーロッパの主要な都市の空港*における，ヨーロッパ以外から到着する航空便の旅客数の内訳を，出発地域別に示したものである。図4中の**カ**～**ク**はパリ，フランクフルト，マドリードのいずれか，凡例AとBはアフリカと北アメリカ**のいずれかである。パリと北アメリカとの正しい組合せを，後の①～⑥のうちから一つ選べ。 16

*一つの都市に複数の空港が存在する場合は合計値。
**北アメリカにはメキシコを含まない。

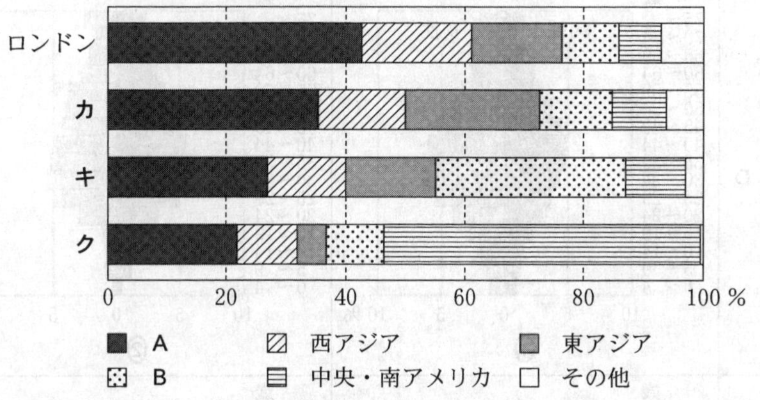

統計年次は2018年。
Eurostat により作成。

図　4

	①	②	③	④	⑤	⑥
パ　リ	カ	カ	キ	キ	ク	ク
北アメリカ	A	B	A	B	A	B

問 5　次の図5は，人口ピラミッドを示したものであり，**サ**と**シ**はシンガポールとドイツのいずれか，**D**と**E**は国全体と外国生まれのいずれかである。シンガポールの外国生まれに該当するものを，図5中の①～④のうちから一つ選べ。 17

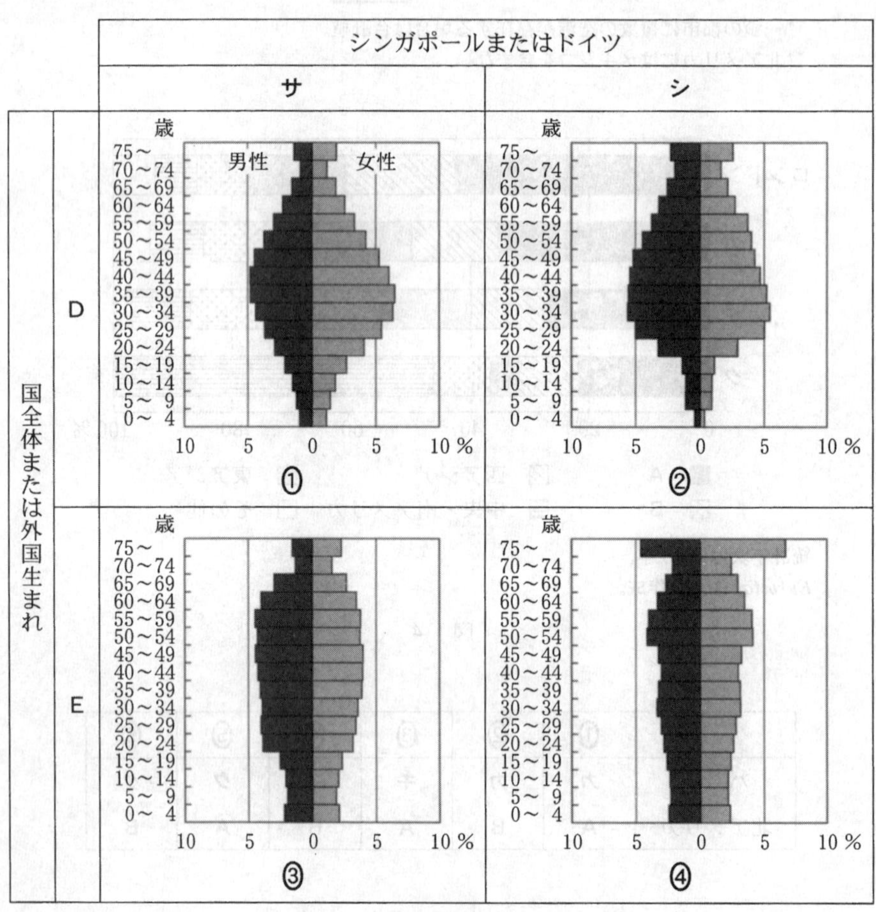

統計年次は2019年。*International migrant stock 2019* により作成。

図　5

問 6　人口増減は，国や地域により状況が異なる。次の図 6 は，いくつかの国における 1980 年，2000 年，2019 年の出生率と死亡率を示したものであり，①～④は，カナダ，韓国，バングラデシュ，マレーシアのいずれかである。マレーシアに該当するものを，図 6 中の①～④のうちから一つ選べ。 **18**

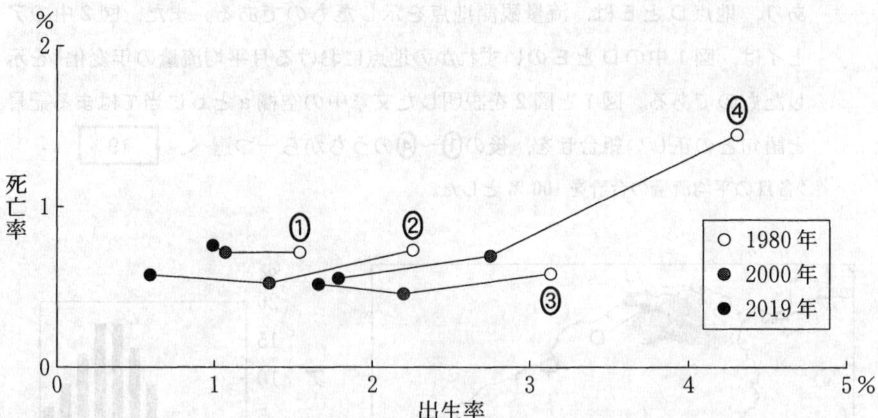

World Development Indicators により作成。

図　6

第4問　ラテンアメリカに関する次の問い(A・B)に答えよ。(配点　20)

A　ラテンアメリカの自然と社会に関する次の問い(問1～4)に答えよ。

問1　次の図1は，ラテンアメリカの二つの河川の流域と主な河道を示したものであり，地点DとEは，流量観測地点を示したものである。また，図2中のアとイは，図1中のDとEのいずれかの地点における月平均流量の年変化*を示したものである。図1と図2を説明した文章中の空欄aとbに当てはまる記号と語句との正しい組合せを，後の①～④のうちから一つ選べ。 19

*各月の平均流量の合計を100％とした。

図　1

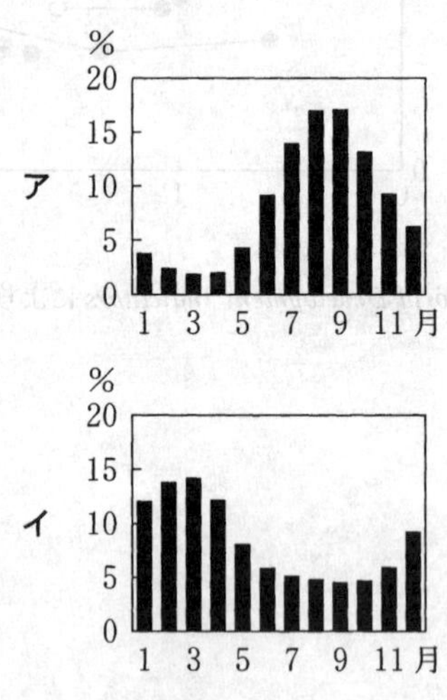

Global Runoff Data Centre の資料などにより作成。

図　2

河川の流量とその季節変化は，流域の気候の影響を受けている。地点Dの月平均流量の年変化を示す図は(　a　)となる。地点DとEを流れる河川の年平均流量には10倍以上の差があり，地点Eを流れる河川の年平均流量は，地点Dを流れる河川よりも(　b　)。

	①	②	③	④
a	ア	ア	イ	イ
b	多　い	少ない	多　い	少ない

問 2　各国の電力の供給源は，経済力や得られる資源などにより異なる。次の図3は，ラテンアメリカのいくつかの国におけるエネルギー源別の発電量の割合を示したものであり，凡例J～Lは，火力，再生可能エネルギー*，水力のいずれかである。エネルギー源とJ～Lとの正しい組合せを，後の①～⑥のうちから一つ選べ。 20

*太陽光，地熱，風力などを含み，水力を除く。

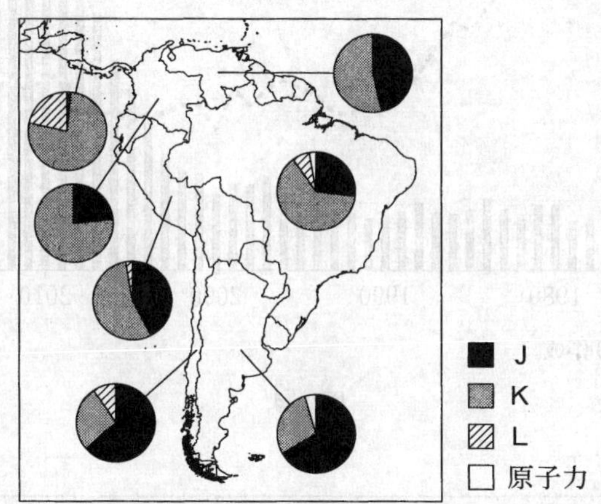

統計年次は2017年。
Energy Statistics Yearbook などにより作成。

図　3

	①	②	③	④	⑤	⑥
火　力	J	J	K	K	L	L
再生可能エネルギー	K	L	J	L	J	K
水　力	L	K	L	J	K	J

問 3 次の図4は，ブラジルの農産物の輸出額と，輸出総額に占める農産物の割合の推移を示したものであり，後の図5は，1971年と2019年におけるブラジルの農産物の輸出品目の内訳を示したものである。図4と図5から読み取れることがらとその背景について述べた文章中の下線部①～④のうちから，**適当でないものを一つ選べ。** 21

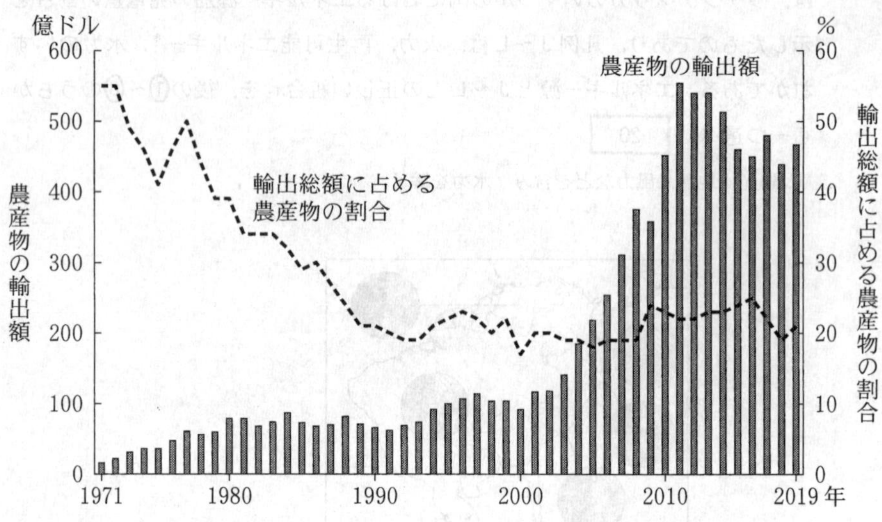

UN Comtrade により作成。

図 4

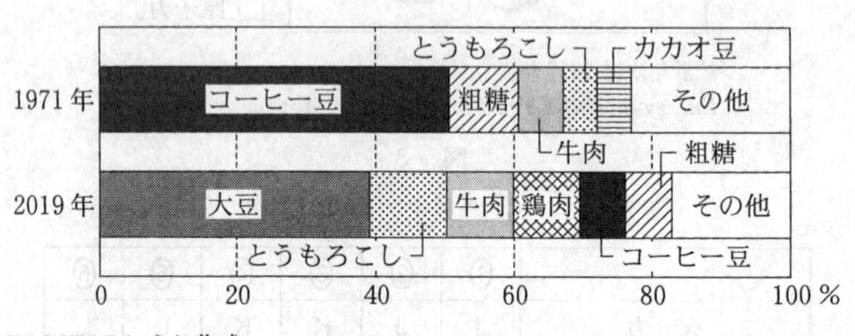

FAOSTAT により作成。

図 5

ブラジルでは，農産物が重要な外貨獲得源であり，1970年代初頭の農産物の輸出は，①大土地所有制を背景とした商品作物の生産に支えられていた。1990年代にかけては，②工業化が進展して輸出に占める農産物の割合は低下した。2000年代には，③農業が輸出指向型産業の性格を強めていった。1971年と比較すると，2019年には穀物や肉類の輸出額が増加するとともに，④コーヒー豆の輸出額は減少し，モノカルチャー経済からの脱却が進んでいる。

問 4　次の図6は，ラテンアメリカのいくつかの国における，GNI（国民総所得）に占める所得上位10％層の所得の割合と，1人当たりGNIを示したものであり，**カ**～**ク**は，アルゼンチン，ブラジル，ボリビアのいずれかである。国名と**カ**～**ク**との正しい組合せを，後の①～⑥のうちから一つ選べ。 **22**

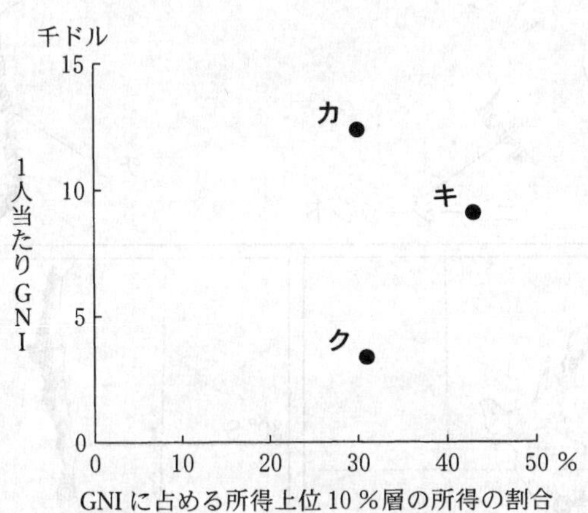

統計年次は2018年。World Bankの資料により作成。

図　6

	①	②	③	④	⑤	⑥
アルゼンチン	カ	カ	キ	キ	ク	ク
ブラジル	キ	ク	カ	ク	カ	キ
ボリビア	ク	キ	ク	カ	キ	カ

B 南太平洋の東部と西部に位置するチリとニュージーランドに関する次の問い（問5～6）に答えよ。

問5 次の図7に示したチリとニュージーランドには，自然条件において共通する点と異なる点がある。後の①～④の文は，両国の自然条件の特徴を述べたものである。これらのうち，**チリのみ**に当てはまるものと，**ニュージーランドのみ**に当てはまるものを，①～④のうちから一つずつ選べ。

チリ **23** ・ニュージーランド **24**

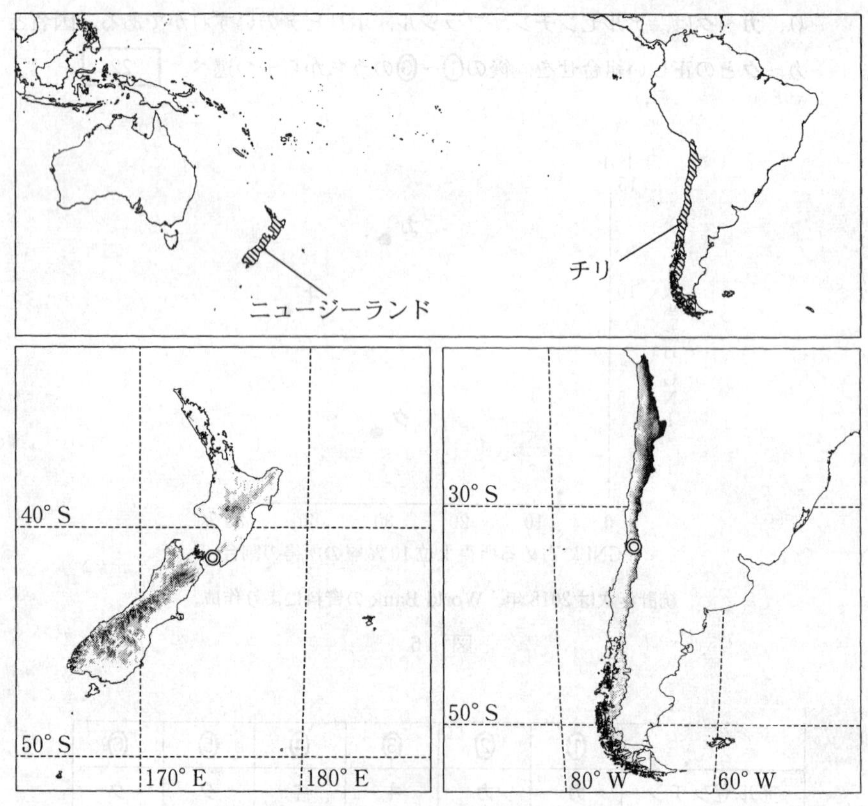

色の濃い部分ほど標高の高い地域を示している。◎は首都の位置を示している。

図　7

① 寒流の影響で，1年を通して降雨のほとんどない地域がある。

② 首都は，偏西風の影響を受けて年中湿潤な地域に位置している。

③ フィヨルドなどの氷河地形や，山岳氷河がみられる地域がある。

④ 変動帯に位置しているため，国内に火山があり，地震が頻発する。

問 6 チリとニュージーランドでは，貿易を通じた他地域との結びつきが変化している。次の表1は，チリとニュージーランドの輸出総額に占める鉱産物の割合と，1985年と2018年における輸出総額の地域別割合を示したものである。表1中の**サ**と**シ**はチリとニュージーランドのいずれか，**X**と**Y**は北アメリカ*と西ヨーロッパ**のいずれかである。チリと西ヨーロッパとの正しい組合せを，後の①～④のうちから一つ選べ。 **25**

*メキシコを含まない。
**アイルランド，イギリス，イタリア，オーストリア，オランダ，スイス，スペイン，ドイツ(1985年は西ドイツと東ドイツとする)，フランス，ベルギー，ポルトガル，ルクセンブルク。

表　1

(単位：%)

	鉱産物の割合(2018年)	輸出総額の地域別割合					
		1985年			2018年		
		東アジア	X	Y	東アジア	X	Y
サ	30.4	17.3	23.8	35.5	50.5	15.2	10.8
シ	2.2	21.3	16.2	19.5	37.4	10.9	8.1

東アジアの数値は，日本，韓国，台湾，中国，ホンコン，マカオの合計。
UN Comtrade により作成。

	①	②	③	④
チ リ	サ	サ	シ	シ
西ヨーロッパ	X	Y	X	Y

第５問 東北地方に住む高校生のリサさんとユイさんは，北海道苫小牧市とその周辺の地域調査を行った。この地域調査に関する次の問い(**問１～６**)に答えよ。(配点 20)

問１ リサさんたちは，調査に出発する前に次の図１を見て，苫小牧市周辺の景観の特徴について考えた。図１から考えられることがらについて述べた文として最も適当なものを，後の①～④のうちから一つ選べ。 26

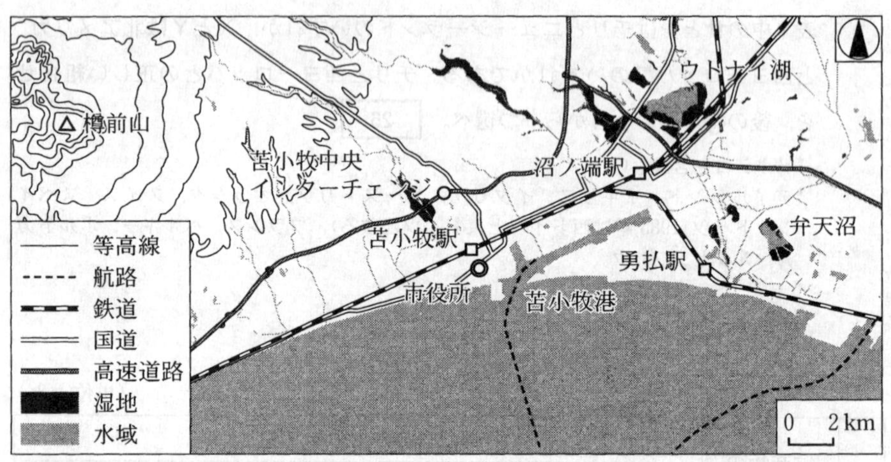

地理院地図により作成。

図 1

① 南側からフェリーで苫小牧港に近づくと，進行方向に向かって右側に市街地と樽前山が見えるだろう。

② 列車で勇払駅から東に向かうと，左側に弁天沼やウトナイ湖の水面が見えるだろう。

③ 沼ノ端駅のそばを通る国道を北西方向に歩いていくと，その先に湿地の見える場所があるだろう。

④ バスで苫小牧中央インターチェンジから高速道路を西に向かうと，右側には市街地が，左側には樽前山が見えるだろう。

問 2　先生から借りた過去の5万分の1地形図(原寸，一部改変)を見たリサさんたちは，次の図2のように，苫小牧市周辺で多くの川が河口付近で屈曲し，流路が頻繁に変化していることに気づいた。川の流路が変化している理由を知るために，リサさんたちは，苫小牧市内の博物館を訪問して学芸員に質問した。リサさんたちと学芸員との会話文中の空欄**ア**～**ウ**に当てはまる語句の組合せとして最も適当なものを，後の①～⑧のうちから一つ選べ。 27

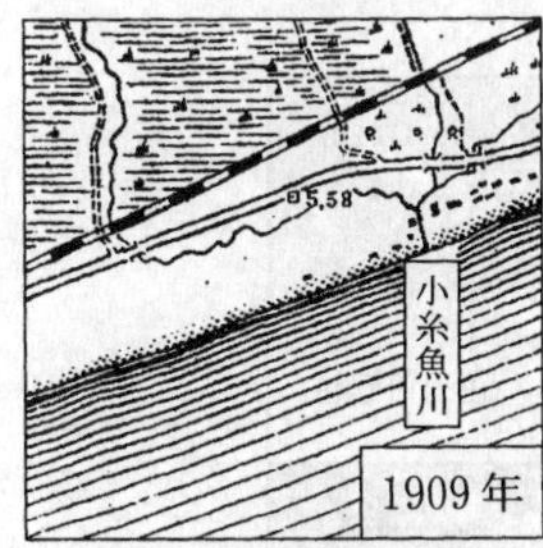

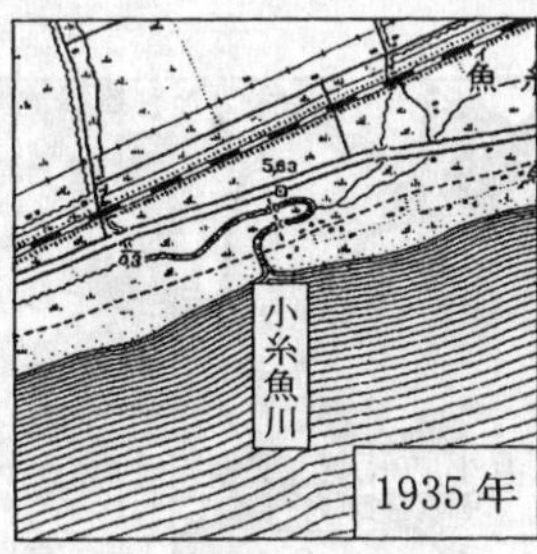

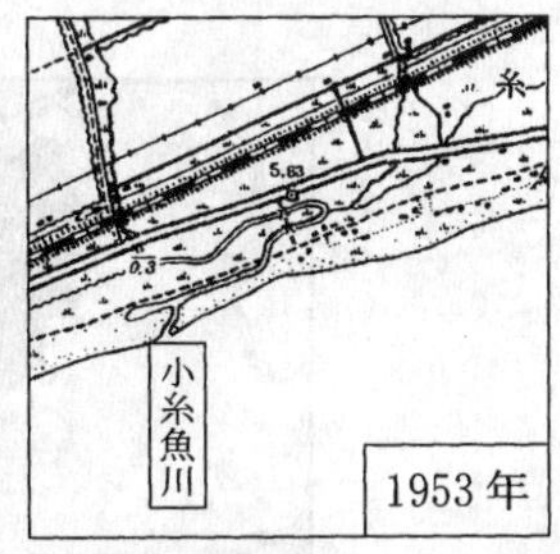

図　2

リ　サ　「なぜ，この地域では図2のように多くの川が河口付近で曲がり，海岸線と平行に流れるのですか」

学芸員　「苫小牧市の海岸は，直線的に砂浜が続くのが特徴です。これは，(　**ア**　)によって運ばれる砂の堆積が最も大きな理由です。他方で，この地域では(　**イ**　)になると，河川の流量が大幅に減少するため，河口付近が砂でふさがれて，川の流路がたびたび変わるのです」

ユ　イ　「(　**イ**　)には，河川よりも海の運搬・堆積作用の方が(　**ウ**　)なるということですね」

	①	②	③	④	⑤	⑥	⑦	⑧
ア	沿岸流	沿岸流	沿岸流	沿岸流	潮　汐	潮　汐	潮　汐	潮　汐
イ	夏　季	夏　季	冬　季	冬　季	夏　季	夏　季	冬　季	冬　季
ウ	大きく	小さく	大きく	小さく	大きく	小さく	大きく	小さく

問 3　リサさんたちは，苫小牧港の整備と苫小牧市の発展について，市役所の職員から話を聞いた。次の図 **3** は，苫小牧市周辺の概要と，陰影をつけて地形の起伏を表現した苫小牧港と室蘭（むろらん）港の地図である。また，後の図 **4** は苫小牧港と室蘭港の海上貨物取扱量の推移を，図 **5** は2018年における両港の海上貨物取扱量の内訳を示したものである。これらの図をもとにした，リサさんたちと職員との会話文中の下線部①～④のうちから，**誤りを含むもの**を一つ選べ。 28

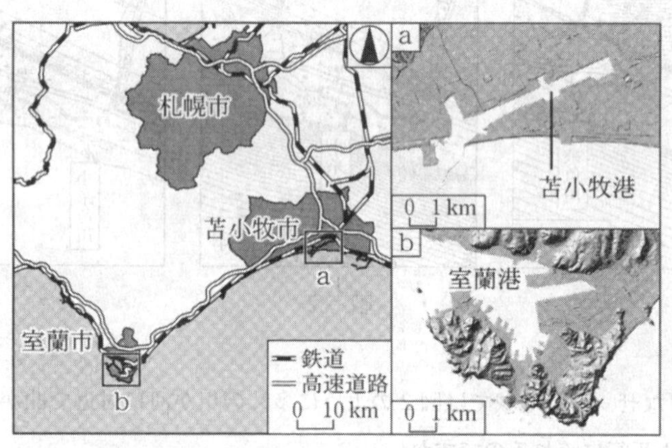

地理院地図などにより作成。

図 3

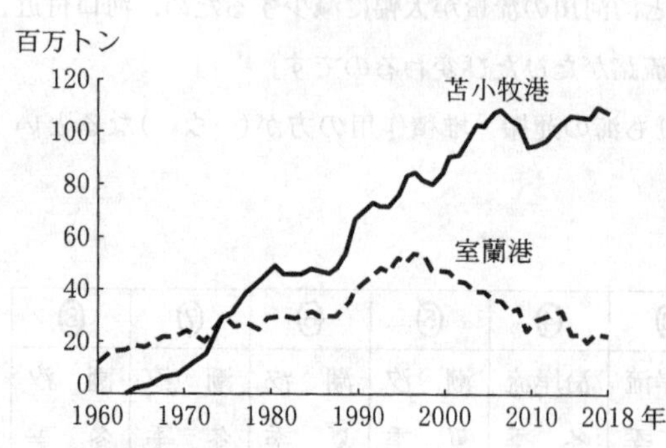

苫小牧港統計年報などにより作成。

図 4

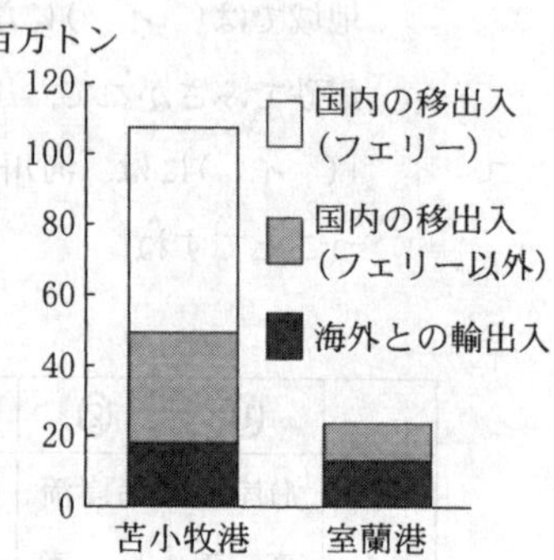

苫小牧港統計年報などにより作成。

図 5

職　員「室蘭港は，1960 年代まで工業製品や北海道の内陸部で産出されたエネルギー資源を本州に積み出す，北海道でも有数の港湾でした」

リ　サ「①室蘭港が，内湾に面していて波が穏やかな天然の良港だからですね」

職　員「一方で，現在の苫小牧港は，1963 年に大規模な掘り込み式の港湾として整備されてから，急速に海上貨物取扱量を増やしていきます」

ユ　イ「苫小牧港が発展したのは，②人口が多い札幌市やその周辺の地域に近いことと，北海道の中央部からの輸送距離が短縮できたためでしょうね」

職　員「かつての苫小牧市では，戦前に立地した一部の大工場がみられる程度でした。苫小牧港が整備されて以降，港湾に関連する産業も成長しました。人口も増え，苫小牧市は北海道内で屈指の工業都市となりました」

リ　サ「苫小牧市で港湾関連の産業が発達したのは，③港の近くが平坦で，巨大な倉庫や工場を造りやすかったことも関係していますね」

職　員「2018 年時点で苫小牧港は，北海道で最も海上貨物取扱量が多い港湾です。苫小牧港は，フェリーが海上貨物取扱量の半分以上を占めているのが特徴です」

ユ　イ「フェリーを除いた海上貨物取扱量をみると，④苫小牧港は，海外との貿易の占める割合が室蘭港よりも高いですね。苫小牧港は，北海道の重要な海の玄関口となっているのですね」

問 4　市役所の職員の話に興味をもったリサさんたちは，苫小牧港整備以降の工業の変化を統計で確認した。次の表1は，製造業のいくつかの業種の変化について，北海道の製造品出荷額に占める苫小牧市の割合と，苫小牧市の製造品出荷額に占める各業種の割合を示したものである。また，表1中のA～Cは，食料品，石油製品・石炭製品，パルプ・紙・紙加工品のいずれかである。業種とA～Cとの正しい組合せを，後の①～⑥のうちから一つ選べ。 29

表 1

（単位：%）

	北海道の製造品出荷額に占める苫小牧市の割合		苫小牧市の製造品出荷額に占める各業種の割合	
	1971 年	2018 年	1971 年	2018 年
A	28.6	31.6	54.1	9.6
B	3.7	69.5	0.7	56.1
C	0.9	0.4	5.8	0.7

『工業統計表』などにより作成。

	①	②	③	④	⑤	⑥
食料品	A	A	B	B	C	C
石油製品・石炭製品	B	C	A	C	A	B
パルプ・紙・紙加工品	C	B	C	A	B	A

問 5　リサさんたちは，苫小牧市内のいくつかの住宅地区を歩き，建物や街並みの特徴をメモした資料1と，1995 年と 2015 年の年齢別人口構成を示す図6を作成した。図6中の**カ**と**キ**は，資料1中の地区dとeのいずれかにおける人口構成の変化を示したものであり，X年とY年は，1995 年と 2015 年のいずれかである。地区dに該当する図と 1995 年との正しい組合せを，後の①～④のうちから一つ選べ。 30

資料　1

地区ｄ　市中心部の社員用住宅地区

工場従業員とその家族向けの住宅団地。空き部屋もいくつかある。冬に洗濯物を乾かせるよう，ベランダに覆いがつけられている。

地区ｅ　郊外の戸建て住宅地区

30年ほど前に造成された地区。車が２台以上ある家が目立つ。北向きの玄関には，屋根や覆いのある家が多い。

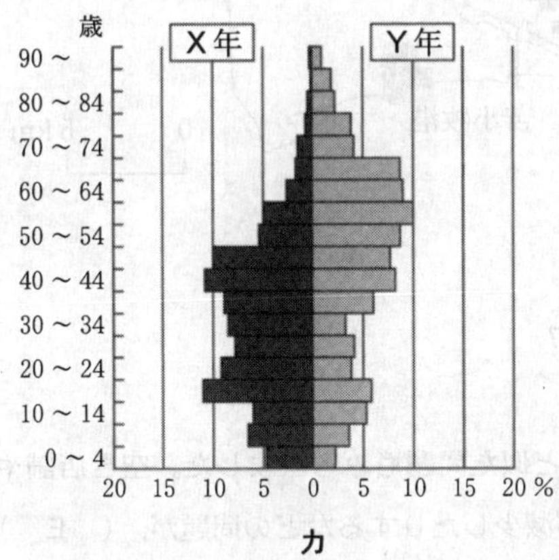

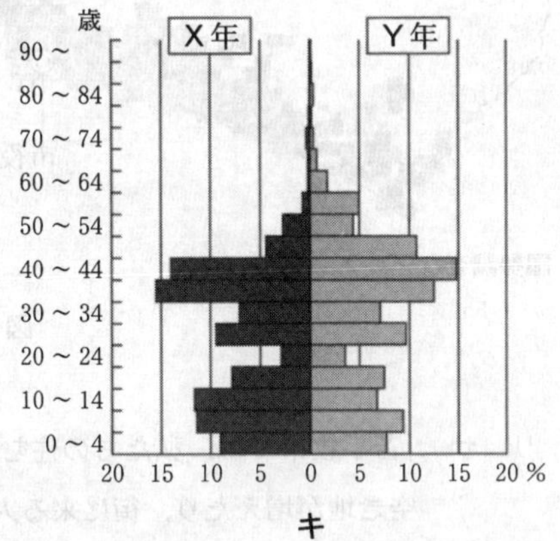

国勢調査により作成。

図　6

	①	②	③	④
地区ｄ	カ	カ	キ	キ
1995年	Ｘ　年	Ｙ　年	Ｘ　年	Ｙ　年

問 6　現地での調査を終えたリサさんたちは，学校に戻り調査結果と地域の問題について次の図7を見ながら先生と話し合った。図7は，1995年から2015年にかけての人口増減を示したものである。また，会話文中の空欄**E**には語句**サ**と**シ**のいずれか，空欄**F**には文**タ**と**チ**のいずれかが当てはまる。空欄**E**と**F**に当てはまる語句と文との組合せとして最も適当なものを，後の①～④のうちから一つ選べ。 31

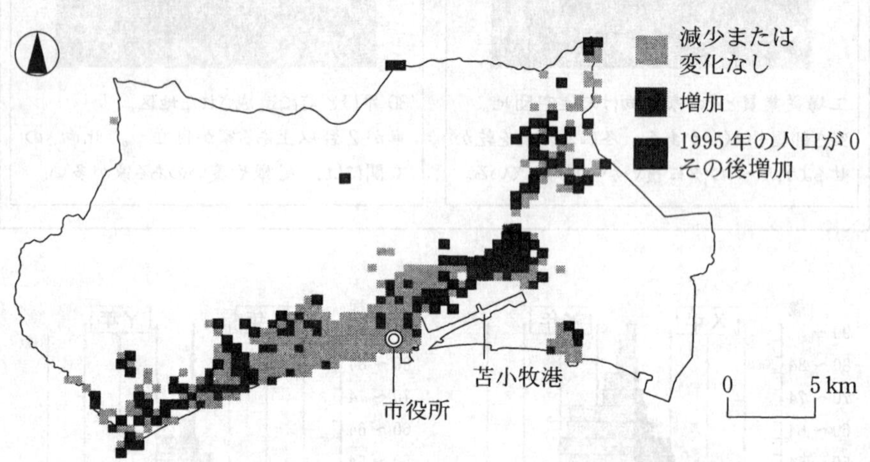

国勢調査などにより作成。

図　7

リ　サ「苫小牧市では，私たちの住む市と似た問題もみられました。空き店舗や空き地が増えたり，街に来る人が減少したりするなどの問題が，（　E　）側の市街地ではみられます」

先　生「同じような問題は，全国の地方都市でも共通してみられます。では，この問題の解決に向けた取組みを，構想してみてください」

ユ　イ「この問題の解決には，（　F　）が考えられるのではないでしょうか。この取組みは，温室効果ガスの削減にもつなげられると思います」

先　生「いいですね。今回の調査と考察を私たちの住む市でも活用してください」

(　E　)に当てはまる語句

サ　市役所の西

シ　苫小牧港の北

(　F　)に当てはまる文

タ　郊外で大型の駐車場を備えたショッピングセンターの開発や，大規模なマンションの建設を進めること

チ　利用者の予約に応じて運行するバスの導入や，公共交通機関の定時運行によって利便性を高めること

	①	②	③	④
E	サ	サ	シ	シ
F	タ	チ	タ	チ

MEMO

地理B

（2021年１月実施）

60分　100点

2021
第1日程

（解答番号 1 ～ 32）

第1問 世界の自然環境に関する次の問い（A・B）に答えよ。（配点 20）

A 地理の授業で世界の気候と自然災害について学んだコハルさんのクラスは，気候の成り立ちやその変動の影響について各班で探究することにした。世界の気候と自然災害に関する次の問い（**問1～3**）に答えよ。

問1 各地の雨温図の特徴に影響を与える気候因子を確認するために，コハルさんの班は，仮想的な大陸と等高線および地点**ア～カ**が描かれた次の資料1を先生から渡された。これらの地点から2地点を選択して雨温図を比較するとき，海からの距離による影響の違いが強く現れ，それ以外の気候因子の影響ができるだけ現れない組合せとして最も適当なものを，下の①～④のうちから一つ選べ。 1

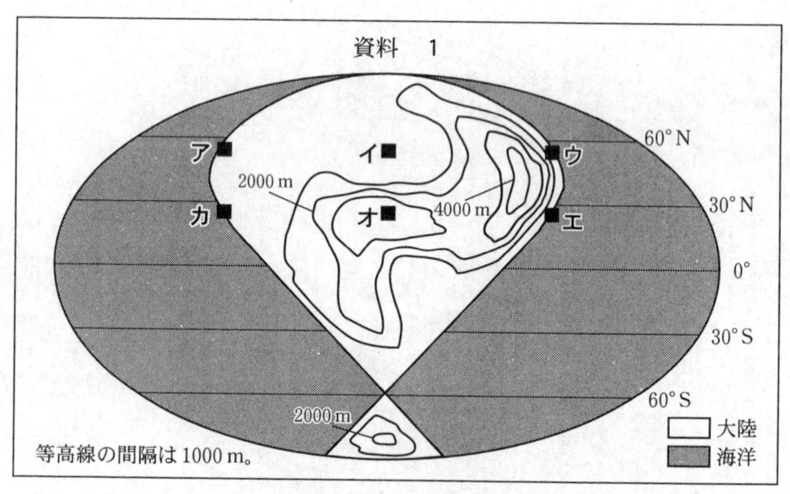

① アとイ　② イとウ　③ エとオ　④ オとカ

問 2　次に，コハルさんの班は，ある地点ＤとＥの二つの雨温図が描かれた次の資料２を先生から渡されて，雨温図に示された気候の特徴とその原因となる大気大循環について話し合った。下の会話文中の空欄**サ**と**シ**に当てはまる語の正しい組合せを，下の①～④のうちから一つ選べ。 **2**

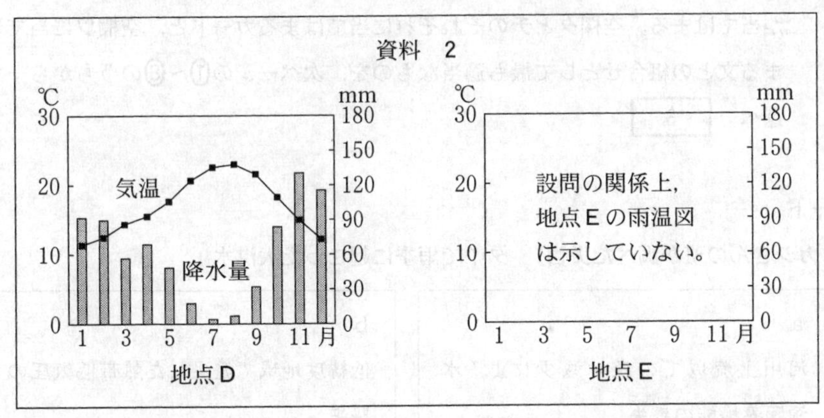

気象庁の資料により作成。

コハル　「地図帳で調べてみると，地点ＤとＥはどちらも沿岸にあり，地点Ｅは地点Ｄからほぼ真南に約 800 km 離れているようだね」

イズミ　「最暖月や最多雨月は，それぞれ両地点で現れる時期がほぼ同じだね」

ミツハ　「地点ＤとＥが位置する緯度帯では，降水量が多い時期の雨は，主に(　**サ**　)という気圧帯の影響を強く受けていることを授業で習ったよ」

コ　ウ　「月降水量 30 mm 以上の月が続く期間に注目すると，地点Ｅの方が地点Ｄよりも(　**シ**　)のは，この気圧帯の移動を反映していると考えられるね」

	①	②	③	④
サ	亜寒帯低圧帯 (高緯度低圧帯)	亜寒帯低圧帯 (高緯度低圧帯)	熱帯収束帯 (赤道低圧帯)	熱帯収束帯 (赤道低圧帯)
シ	長　い	短　い	長　い	短　い

問 3 コハルさんたちはまとめとして，気候変動などに関連した世界各地の自然災害の原因について，各班で調べてカードに書き出した。次の**a**～**d**は，タカシさんの班とコハルさんの班のカードであり，次ページの会話文は，その内容について意見交換したときのものである。会話文中の空欄**タ**には**a**と**b**のいずれか，空欄**チ**には**c**と**d**のいずれか，空欄**ツ**には次ページの文**G**と**H**のいずれかが当てはまる。空欄**タ**と**チ**のそれぞれに当てはまるカードと，空欄**ツ**に当てはまる文との組合せとして最も適当なものを，次ページの①～⑧のうちから一つ選べ。 3

カード

【タカシさんの班が調べた災害】 タイで雨季に起こった大洪水

a	b
河川上流域での森林減少による水源涵養(かんよう)機能の喪失(そうしつ)	低緯度地域で発生した熱帯低気圧の襲来

【コハルさんの班が調べた災害】 東アフリカで飢餓(きが)をもたらした大干ばつ

c	d
貯水・給水施設の不足や内戦に伴う農地の荒廃	ラニーニャ現象を一因とした大気の循環の変化

タカシ　「自然災害には複数の原因があり，“災害のきっかけ”と“災害に対する弱さ”に分けられそうだよ」

コハル　「なるほど。そうすると，“災害に対する弱さ”に対応するのは，タイの洪水についてはカード（　**タ**　），東アフリカの大干ばつについてはカード（　**チ**　）だね」

タカシ　「被害を軽減するためには，“災害に対する弱さ”への対策を講じるとともに，“災害のきっかけ”が起こる状況を事前に知っておく必要がありそうだね」

コハル　「タイの洪水については，例えば，タイの雨季に降水量が多かった事例と（　**ツ**　）事例とで周辺の気圧配置や気流などを比較すると，タイでの“災害のきっかけ”を考えるヒントが得られそうだよ」

（　ツ　）に当てはまる文

G　雨季に降水量が少なかった

H　乾季に降水量が多かった

	①	②	③	④	⑤	⑥	⑦	⑧
タ	a	a	a	a	b	b	b	b
チ	c	c	d	d	c	c	d	d
ツ	G	H	G	H	G	H	G	H

B　地理の授業で，世界の代表的な山を教材に取りあげて，世界の自然環境やその変化を考えることにした。次の図１と下の図２を見て，下の問い(**問４～６**)に答えよ。

※入試問題に掲載された写真とは異なります

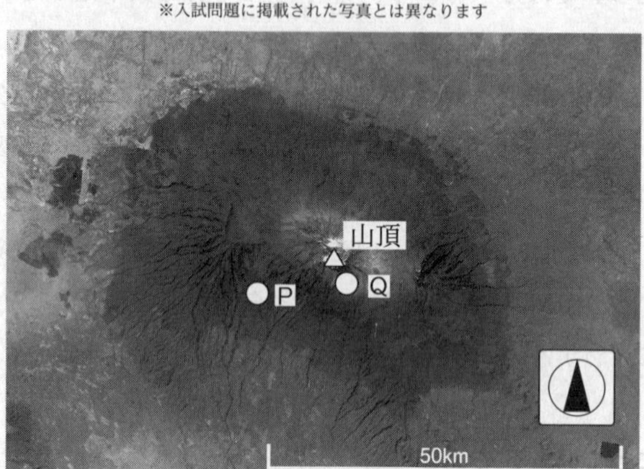

Google Earth により作成。

図　1

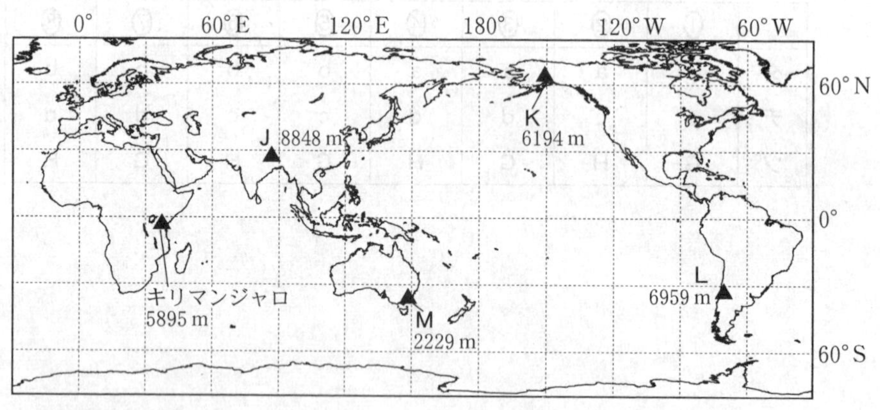

『理科年表』などにより作成。

図　2

問 4 次の先生と生徒たちの会話文中の空欄**マ**と**ミ**に当てはまる正しい数字を，下の①～④のうちから一つずつ選べ。ただし，同じものを繰り返し選んでもよい。**マ** [4]・**ミ** [5]

先　生「学校の休みを利用して，図1に示したアフリカ大陸最高峰のキリマンジャロに登ってきました。キリマンジャロは，標高が 5895 m で，山頂付近には小規模な氷河がある火山です。図2はキリマンジャロと，ユーラシア，北アメリカ，南アメリカ，オーストラリアの各大陸における最高峰の山J～Mの位置と標高を示しています。図1や図2からどのようなことが考えられるでしょうか」

アズサ「現在の変動帯に位置している山は，山J～Mの中で(　**マ**　)つあります」

チヒロ「氷河が分布している山は，山J～Mの中で(　**ミ**　)つあります」

先　生「なるほど。みなさん様々な視点から山をとらえることができていますね」

①　1　　②　2　　③　3　　④　4

問 5　次の写真1は，図1中の地点PとQで先生が登山中に撮影したものであり，下の生徒たちの発言**ヤ**と**ユ**は，写真1を見て両地点の自然環境を比較したものである。生徒たちの発言**ヤ**と**ユ**の内容について**誤りを含むものをすべて**選び，その組合せとして正しいものを，下の①～④のうちから一つ選べ。 **6**

地点　P

地点　Q

写真　1

生徒たちの発言

ヤ　「森林の有無は降水量のみで決まるので，地点Pの方が地点Qに比べて降水量が多いと考えられます」

ユ　「標高が高くなるにつれて気温は下がるので，地点Pは地点Qよりも気温が高いと考えられます」

① ヤとユ
② ヤ
③ ユ
④ 誤りを含むものはない

問 6　生徒たちは，世界の山岳氷河の中に，急激に縮小しているものがあることを教わった。そこで，氷河の縮小に伴って，氷河に覆われた流域から流出する水の構成要素やその変化，それが生活に与える影響を調べ，次の資料3に模式図としてまとめた。資料3中の空欄ラには下の図3中のf～hのいずれか，空欄リには下の文XとYのいずれかが当てはまる。空欄ラとリに当てはまる図と文との組合せとして最も適当なものを，下の①～⑥のうちから一つ選べ。 7

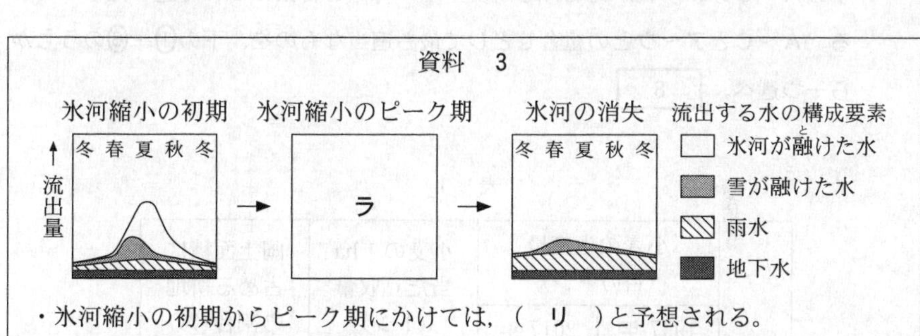

IPCCの資料などにより作成。

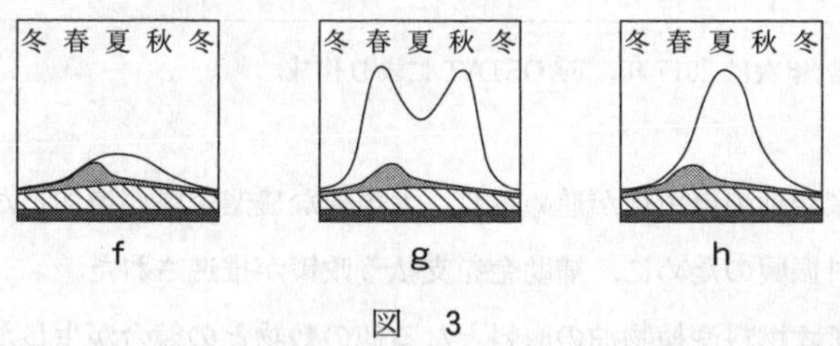

図　3

X　発電や農業などに利用できる水の量が一時的に増える

Y　氷河が融けた水によって発生する洪水の頻度が減少する

	①	②	③	④	⑤	⑥
ラ	f	f	g	g	h	h
リ	X	Y	X	Y	X	Y

第２問　産業に関する次の問い(問１～６)に答えよ。(配点　20)

問１　次の表１は，小麦の主要輸出国について，小麦の生産量，小麦の１ha 当たり収量，国土面積に占める耕地の割合を示したものであり，**Ａ**～**Ｃ**は，アメリカ合衆国，フランス，ロシアのいずれかである。また，下の文**ア**～**ウ**は，表１中の**Ａ**～**Ｃ**のいずれかにおける小麦生産の特徴と背景について述べたものである。**Ａ**～**Ｃ**と**ア**～**ウ**との組合せとして最も適当なものを，下の①～⑥のうちから一つ選べ。［８］

表　１

	小麦の生産量(百万トン)		小麦の１ha 当たり収量(トン)	国土面積に占める耕地の割合(%)
	1997 年	2017 年		
Ａ	67.5	47.4	3.1	17.5
Ｂ	44.3	86.0	3.1	7.5
Ｃ	33.8	38.7	7.3	35.5

統計年次は 2017 年。FAOSTAT により作成。

ア　生産活動の自由化が進められ，大規模な農業企業が増加した。

イ　農村振興のために，補助金を支払う政策が推進された。

ウ　バイオ燃料や植物油の原料となる他の穀物との競合が生じた。

	①	②	③	④	⑤	⑥
Ａ	ア	ア	イ	イ	ウ	ウ
Ｂ	イ	ウ	ア	ウ	ア	イ
Ｃ	ウ	イ	ウ	ア	イ	ア

問 2 次の図1中の**カ**と**キ**は，2000年と2017年のいずれかについて，漁獲量*と養殖業生産量の合計の上位8か国を示したものであり，凡例EとFは，漁獲量と養殖業生産量のいずれかである。2017年の図と養殖業生産量の凡例との正しい組合せを，下の①～④のうちから一つ選べ。 9

*養殖業生産量を含まない。

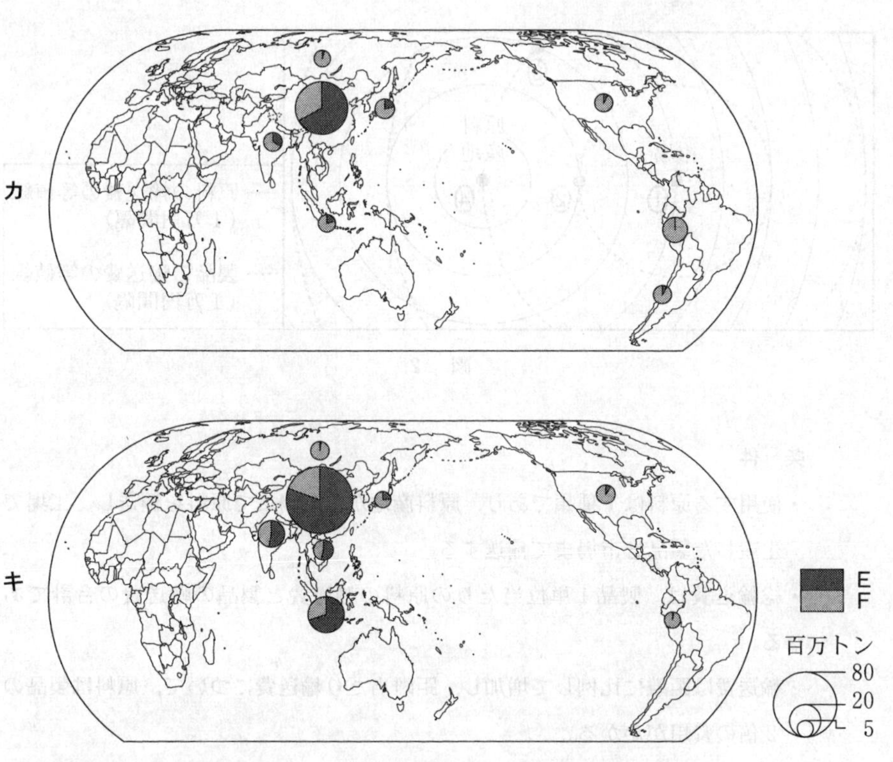

中国の数値には台湾，ホンコン，マカオを含まない。FAOSTATにより作成。

図 1

	①	②	③	④
2017年	カ	カ	キ	キ
養殖業生産量	E	F	E	F

問 3 工場は，原料や製品の輸送費が小さくなる地点に理論上は立地するとされている。次の図 2 は，原料産地から工場までの原料の輸送費と，市場で販売する製品の輸送費を示した仮想の地域であり，下の条件を満たす。また，図 2 中の①～④の地点は，工場の建設候補地を示したものである。総輸送費が最小となる地点を，図 2 中の①～④のうちから一つ選べ。 10

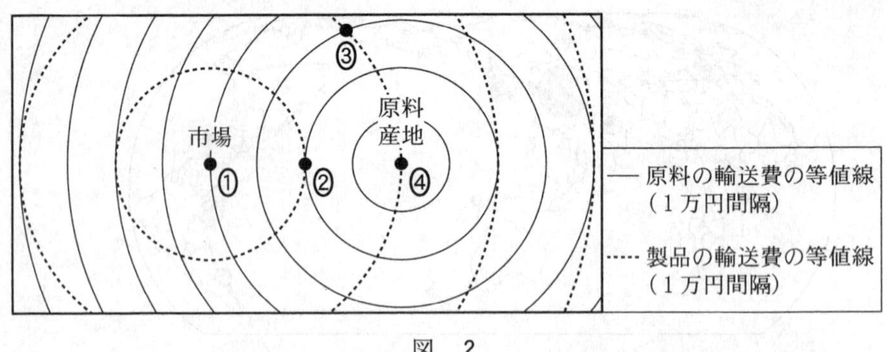

図 2

条 件

・使用する原料は 1 種類であり，原料産地から工場まで原料を輸送し，工場で生産した製品を市場まで輸送する。

・総輸送費は，製品 1 単位当たりの原料の輸送費と製品の輸送費の合計である。

・輸送費は距離に比例して増加し，距離当たり輸送費について，原料は製品の 2 倍の費用がかかる。

・市場や原料産地にも工場を建設できる。

問 4　工業の立地には原料や製品の輸送費が影響し，主な原料が同じであっても製品の性質によって工場の立地パターンが異なる場合がある。次の文**サ**～**ス**は，飲用牛乳，バター，アイスクリーム*のいずれかの輸送費について述べたものであり，下の表2中の**J**～**L**は，東日本に立地する工場数をそれぞれ地域別に示したものである。**サ**～**ス**と**J**～**L**との正しい組合せを，下の①～⑥のうちから一つ選べ。 11

*乳脂肪分8％以上のもので，原料は生乳のほかクリーム，バター，脱脂粉乳など。

サ　製品に比べて原料の輸送費が多くかかる。

シ　原料と製品の輸送費はほとんど変化しない。

ス　原料に比べて製品の輸送費が多くかかる。

表　2

	J	K	L
北海道	51	29	4
東　北	50	6	17
関　東	60	11	26

年間生産量5万リットル未満のアイスクリーム工場は含まない。
統計年次は2018年。『牛乳乳製品統計調査』により作成。

	①	②	③	④	⑤	⑥
サ	J	J	K	K	L	L
シ	K	L	J	L	J	K
ス	L	K	L	J	K	J

問 5 日本の企業は，経済のグローバル化に伴い，海外への直接投資を積極的に増やしてきた。次の図3は，日系海外現地法人の売上高のうち，製造業の売上高について主な国・地域別の構成比の推移を示したものであり，**タ**～**ツ**は，ASEAN*，アメリカ合衆国，中国**のいずれかである。国・地域名と**タ**～**ツ**との正しい組合せを，下の①～⑥のうちから一つ選べ。 12

*インドネシア，タイ，フィリピン，マレーシアの4か国の値。

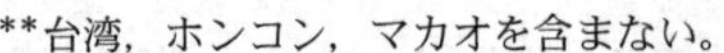
**台湾，ホンコン，マカオを含まない。

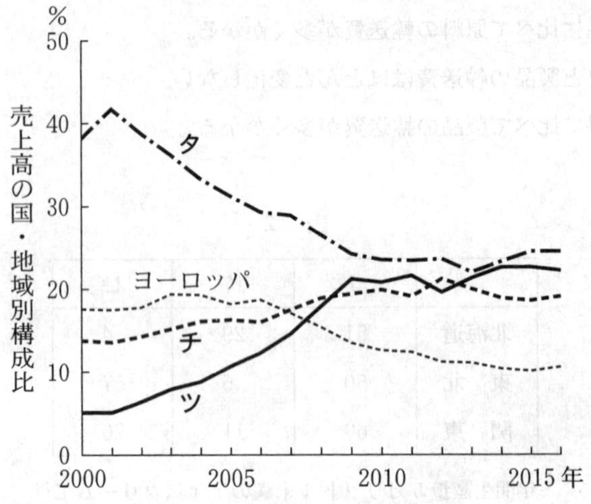

経済産業省の資料により作成。

図 3

	①	②	③	④	⑤	⑥
ASEAN	タ	タ	チ	チ	ツ	ツ
アメリカ合衆国	チ	ツ	タ	ツ	タ	チ
中　国	ツ	チ	ツ	タ	チ	タ

問 6　次の図4は，日本のいくつかの商業形態の店舗数について，立地する地区の特徴別の割合を示したものであり，X～Zは，大型総合スーパー*，コンビニエンスストア，百貨店のいずれかである。また，図4中の凡例マとミは，住宅街とロードサイド**のいずれかである。コンビニエンスストアとロードサイドとの正しい組合せを，下の①～⑥のうちから一つ選べ。 13

*衣食住にわたる各種商品を販売し，売場面積 3,000 m^2 以上(特別区及び政令指定都市は 6,000 m^2 以上)のもの。
**国道など主要道路の沿線。

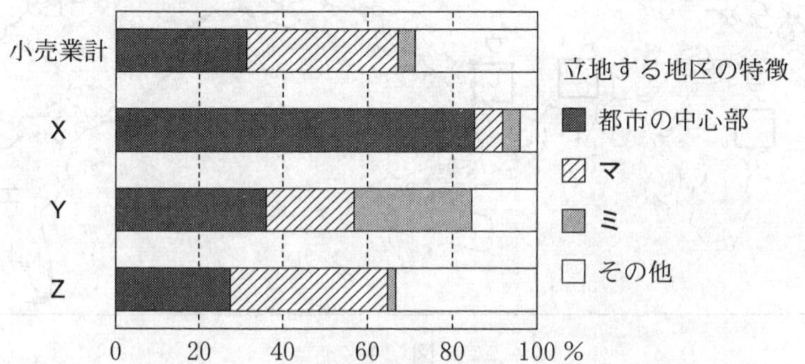

都市の中心部は，駅周辺と市街地の商業集積地区およびオフィス街地区。
統計年次は2014年。商業統計表により作成。

図　4

	①	②	③	④	⑤	⑥
コンビニエンスストア	X	X	Y	Y	Z	Z
ロードサイド	マ	ミ	マ	ミ	マ	ミ

第3問 都市と人口に関する次の問い(**問**1～6)に答えよ。(配点 20)

問 1 都市は，社会・経済的条件だけでなく，様々な自然条件のもとで立地している。下の図2中の①～④は，図1中の**ア**～**エ**のいずれかの範囲における人口100万人以上の都市の分布を示したものである。**イ**に該当するものを，図2中の①～④のうちから一つ選べ。 14

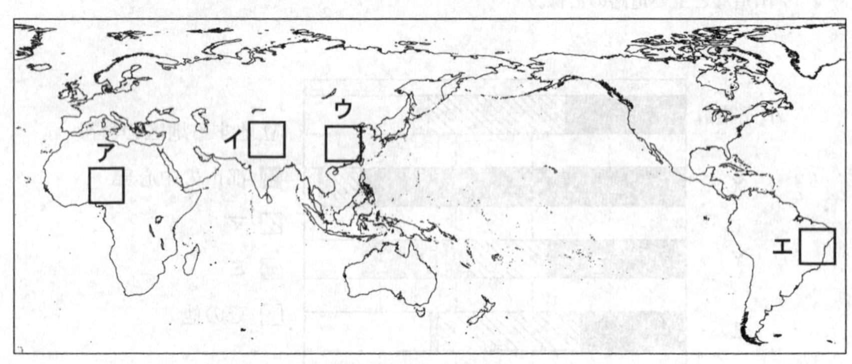

図 1

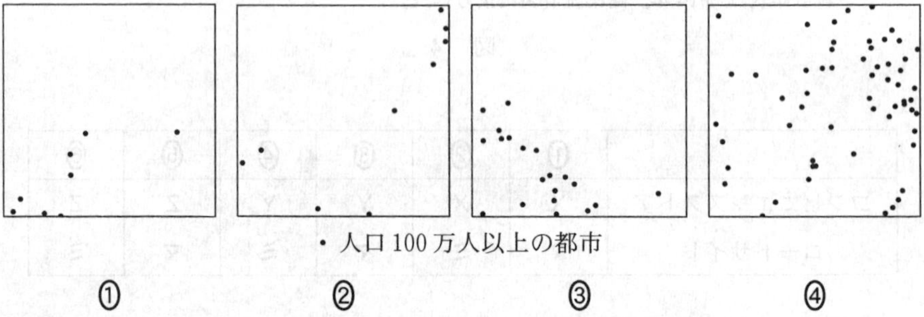

・人口100万人以上の都市

① ② ③ ④

統計年次は2015年。*World Urbanization Prospects*により作成。

図 2

問 2　次の図 3 中の**カ**～**ク**は，オーストラリア，韓国，ケニアのいずれかの国における，国全体の人口および人口第 1 位の都市の人口に占める，0 ～14 歳，15～64 歳，65 歳以上の人口の割合を示したものであり，a と b は，国全体あるいは人口第 1 位の都市のいずれかである。オーストラリアの人口第 1 位の都市に該当する正しい組合せを，下の①～⑥のうちから一つ選べ。 15

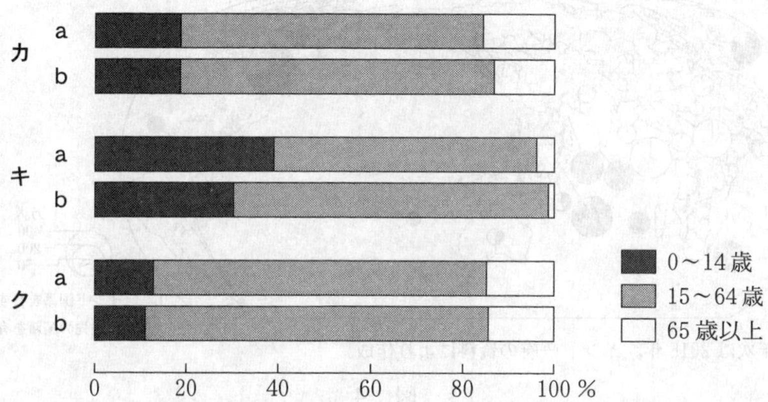

統計年次は，オーストラリアが 2016 年，韓国が 2018 年，ケニアが 2019 年。
Australian Bureau of Statistics の資料などにより作成。

図　3

① カ―a　　② カ―b　　③ キ―a
④ キ―b　　⑤ ク―a　　⑥ ク―b

問 3　次の図 4 は，インド系住民*の人口上位 20 か国とその国籍別の割合を示したものである。図 4 とそれに関連することがらについて述べた文として最も適当なものを，下の①～④のうちから一つ選べ。 16

*インド国籍を有する者と，インド出身者またはその子孫で移住先の国籍を有する者との合計。

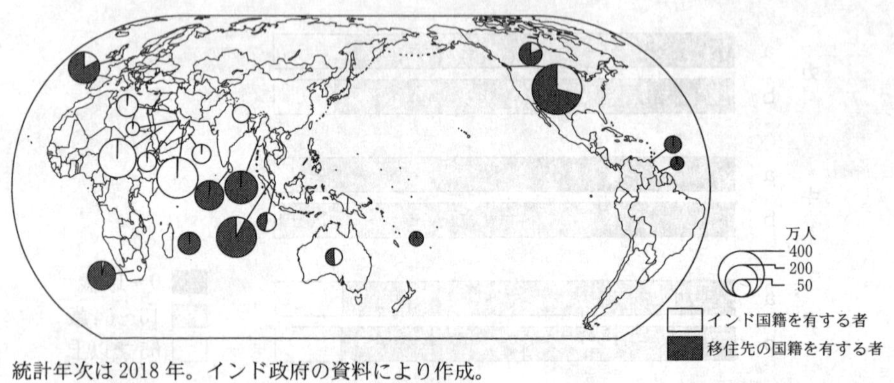

統計年次は 2018 年。インド政府の資料により作成。

図　4

① インド系住民のうち，移住先の国籍を有する者は，英語を公用語とする国やイギリスの植民地であった国に多く分布する。

② 東南アジアやラテンアメリカには，第二次世界大戦以前に，観光業に従事するために移住したインド出身者の子孫が多く居住している。

③ 1970 年代のオイルショック以降に増加した西アジアのインド系住民の多くは，油田開発に従事する技術者である。

④ 1990 年代以降，インド国内の情報通信技術産業の衰退に伴い，技術者のアメリカ合衆国への移住が増加している。

問 4　大都市圏の内部では，人口分布の時系列変化に一定のパターンがみられる。次の図5は，島嶼(とうしょ)部を除く東京都における2010年の市区町村と1925年の人口密集地*を示したものである。また，下の表1中の**サ**～**ス**は，図5中の**A**～**C**のいずれかの市区町村における1925～1930年，1965～1970年，2005～2010年の人口増加率を示したものである。**A**～**C**と**サ**～**ス**との正しい組合せを，下の①～⑥のうちから一つ選べ。 **17**

*1925年時点の市区町村のうち，人口密度が4,000人/km^{2}以上のもの。

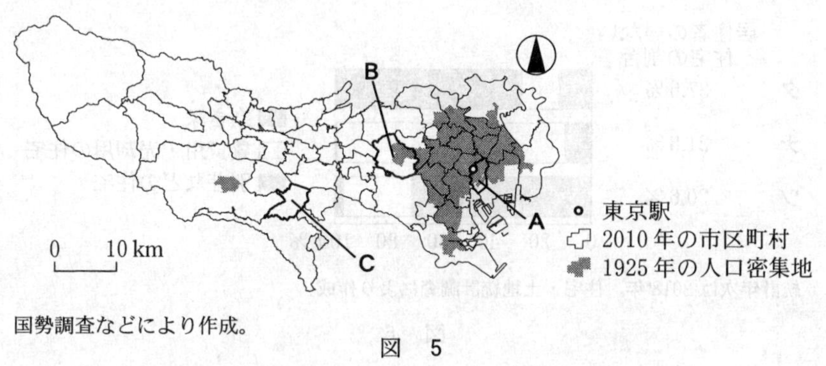

国勢調査などにより作成。

図　5

表　1

（単位：%）

	1925～1930年	1965～1970年	2005～2010年
サ	103.9	3.0	4.0
シ	6.3	− 18.9	24.8
ス	2.6	65.3	1.2

国勢調査により作成。

	①	②	③	④	⑤	⑥
A	サ	サ	シ	シ	ス	ス
B	シ	ス	サ	ス	サ	シ
C	ス	シ	ス	サ	シ	サ

問 5　近年，日本の都市や農村の多くで，居住者のいない住宅が増加している。次の図6は，日本のいくつかの市区町村について，居住者のいない住宅の割合とその内訳を，空き家*，賃貸用・売却用の住宅，別荘などの住宅に分けて示したものである。また，下の文E～Gは，図6中の**タ**～**ツ**のいずれかの市区町村の特徴について述べた文である。E～Gと**タ**～**ツ**との正しい組合せを，下の①～⑥のうちから一つ選べ。 18

*人が長期間住んでいない住宅や取り壊すことになっている住宅。

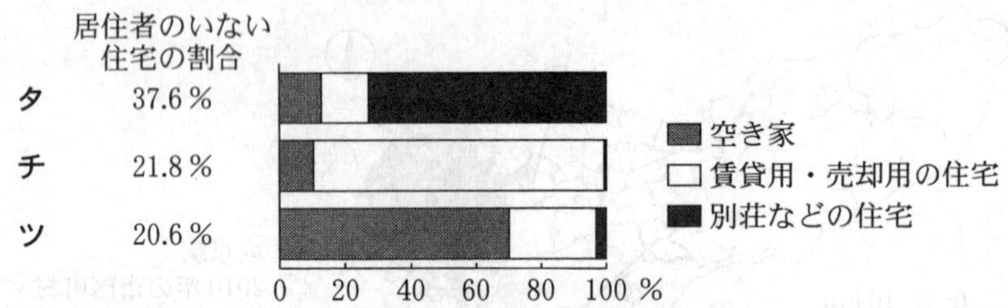

統計年次は2018年。住宅・土地統計調査により作成。

図　6

E　観光やレジャーのために多くの人々が来訪する。

F　高齢化や過疎化によって人口減少が進んでいる。

G　転出者や転入者の多い大都市圏に含まれる。

	①	②	③	④	⑤	⑥
E	タ	タ	チ	チ	ツ	ツ
F	チ	ツ	タ	ツ	タ	チ
G	ツ	チ	ツ	タ	チ	タ

問 6　急速に経済発展した台湾のタイペイ(台北)では，交通網の再編成が政策上の課題になっている。次の図7は，タイペイのバス専用レーンの分布を設置時期別に示したものであり，図8は，地下鉄路線とバス路線の長さの推移について，1998年の値を100とした指数で示したものである。図7と図8に関連することがらについて述べた下の文章中の下線部xとyの正誤の組合せとして正しいものを，下の①～④のうちから一つ選べ。 19

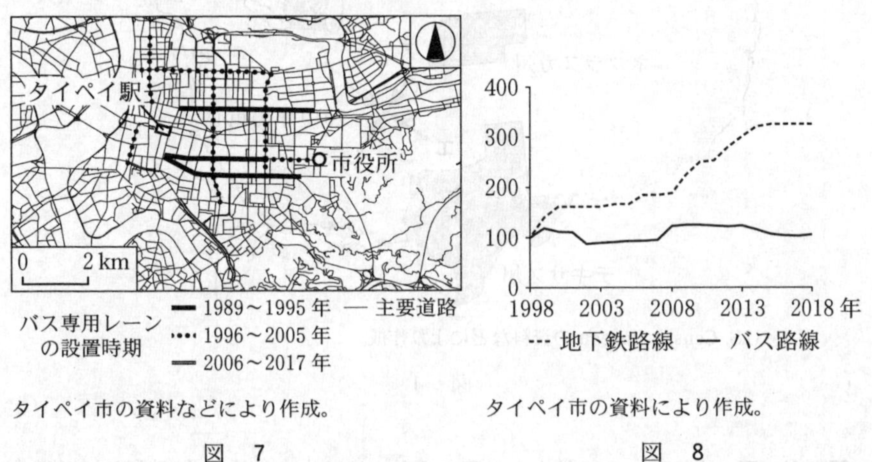

タイペイ市の資料などにより作成。

図　7

タイペイ市の資料により作成。

図　8

タイペイの従来の都心部はタイペイ駅周辺であり，市役所周辺にも副都心が計画的に整備された。都心部・副都心の周辺におけるバス専用レーンは，主に$_x$都心部・副都心と郊外を結ぶ道路から順に整備されてきた。

市民の移動にかかる環境負荷が小さい都市交通体系への再編が求められるようになり，2000年代半ば以降，$_y$大量輸送の可能な地下鉄路線が拡充してきた。

	①	②	③	④
x	正	正	誤	誤
y	正	誤	正	誤

第4問　アメリカ合衆国に関する次の問い(A・B)に答えよ。(配点　20)

A　次の図1を見て，アメリカ合衆国に関する下の問い(**問1～4**)に答えよ。

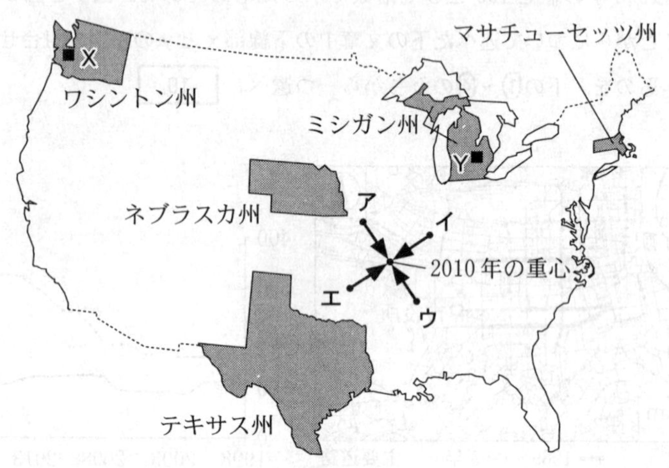

U.S. Census Bureau の資料などにより作成。

図　1

問 1(1)　図1中の**ア～エ**の地点と矢印のうち，1950年の人口分布の重心と2010年の重心への移動方向を示したものとして最も適当なものを，次の①～④のうちから一つ選べ。 20

①　**ア**　　②　**イ**　　③　**ウ**　　④　**エ**

(2)　(1)で示された，1950年から2010年にかけての重心の移動が生じた要因として最も適当なものを，次の①～④のうちから一つ選べ。 21

①　安価な労働力を指向した工場の進出と先端技術産業の成長
②　製鉄業や自動車産業の成長と雇用の増加
③　大陸横断鉄道の開通と開拓の進展
④　農村部から大都市圏への大規模な人口の移動

問 2　次の表1は，図1中に示したいくつかの州における取水量の水源別の割合と使用目的別の割合を示したものであり，表1中の**カ**～**ク**は，テキサス州，ネブラスカ州，マサチューセッツ州のいずれかである。州名と**カ**～**ク**との正しい組合せを，下の①～⑥のうちから一つ選べ。 22

表　1

（単位：％）

	水源別の割合		使用目的別の割合		
	地下水	地表水	工業用水	生活用水	農業用水
カ	61.3	38.7	31.3	3.1	65.6
キ	27.0	73.0	40.8	48.5	10.6
ク	33.8	66.2	58.6	14.2	27.2

統計年次は2015年。USGSの資料により作成。

	①	②	③	④	⑤	⑥
テキサス州	カ	カ	キ	キ	ク	ク
ネブラスカ州	キ	ク	カ	ク	カ	キ
マサチューセッツ州	ク	キ	ク	カ	キ	カ

問 3　図1中のミシガン州とワシントン州は，ほぼ同緯度に位置しており，面積もほぼ同じである。次の図2中の**サ**と**シ**は，図1中の**X**と**Y**のいずれかの地点における月平均気温と月降水量をハイサーグラフで示したものである。また，下の表2中の**G**と**H**は，ミシガン州とワシントン州のいずれかにおける小麦とテンサイの年間生産量を示したものである。地点**X**に該当するハイサーグラフとワシントン州に該当する作物の年間生産量との正しい組合せを，下の①～④のうちから一つ選べ。 23

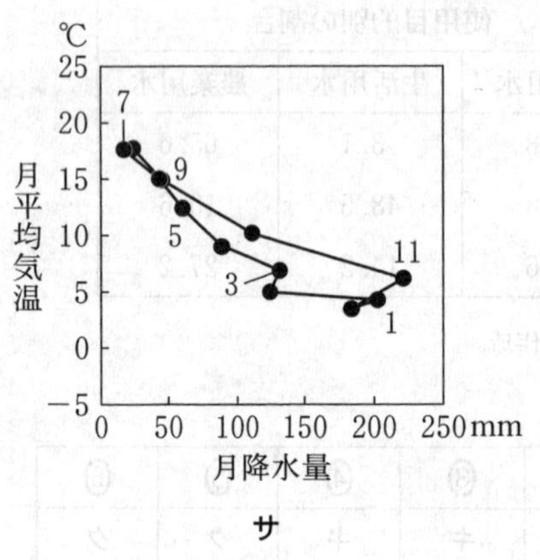

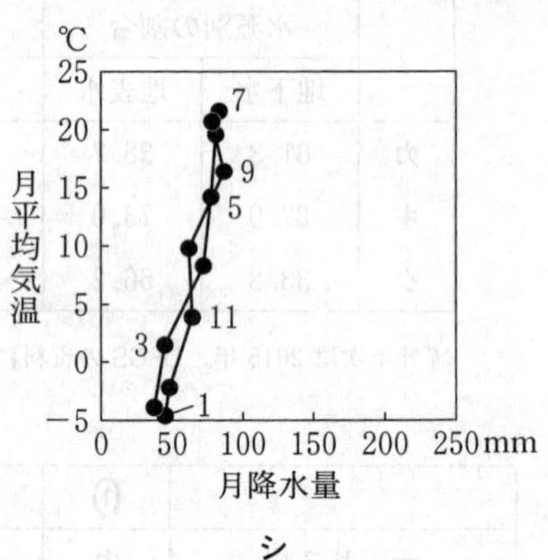

気象庁の資料により作成。

図　2

表　2

	小麦(万ブッシェル)	テンサイ(千トン)
G	15,321	87
H	3,572	4,278

ブッシェルは穀物の計量単位で，1ブッシェルは約35リットルに相当する。
統計年次は2017年。USDAの資料により作成。

	①	②	③	④
ハイサーグラフ	サ	サ	シ	シ
作物の年間生産量	G	H	G	H

問 4　次の図3は，ミシガン州とワシントン州の州全体，およびミシガン州とワシントン州の人口最大都市であるデトロイト市とシアトル市における，人種・民族別人口割合を示したものである。図3中の**タ**と**チ**は，ミシガン州とワシントン州のいずれか，ＪとＫは，州全体と人口最大都市のいずれかである。ミシガン州の州全体に該当するものを，図3中の①～④のうちから一つ選べ。 24

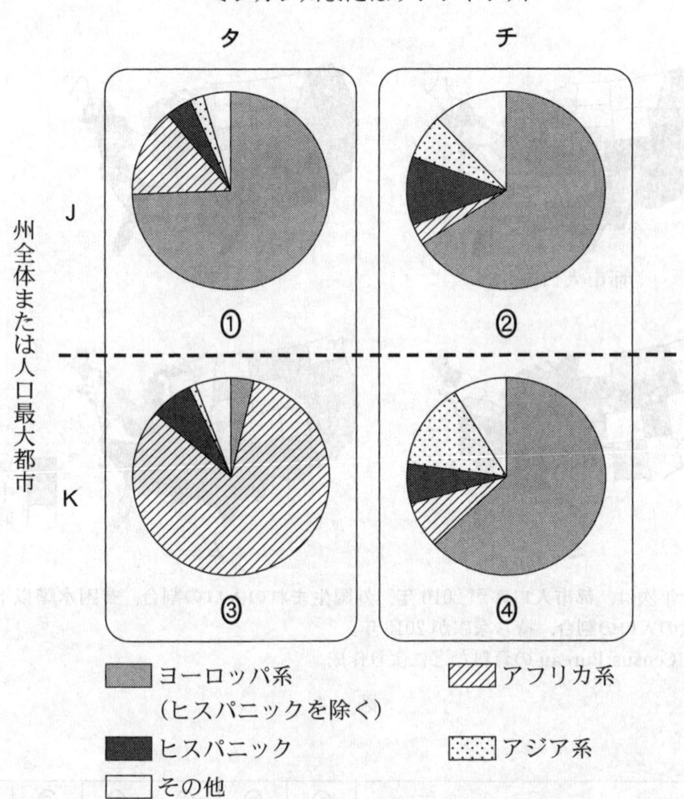

統計年次は2010年。U.S. Census Bureau の資料により作成。

図　3

B アメリカ合衆国の社会と経済の多様性に関する次の問い(**問5・6**)に答えよ。

問 5 次の図4は，アメリカ合衆国の各州*における都市人口率と，社会経済にかかわるいくつかの指標を示したものであり，図4中の**マ**～**ム**は，外国生まれの人口の割合，貧困水準以下の収入の人口の割合，持ち家率のいずれかである。指標名と**マ**～**ム**との正しい組合せを，下の①～⑥のうちから一つ選べ。 25

*コロンビア特別区(ワシントンD.C.)を含み，アラスカ州とハワイ州を除く。

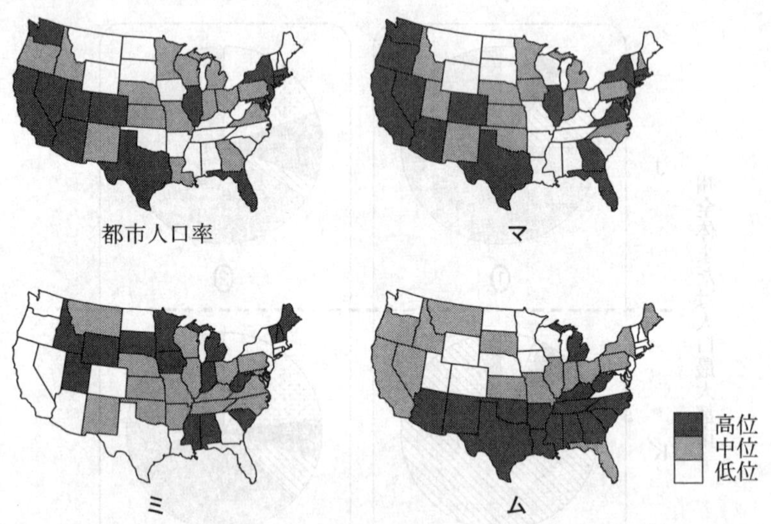

統計年次は，都市人口率が2010年，外国生まれの人口の割合，貧困水準以下の収入の人口の割合，持ち家率が2016年。
U.S. Census Bureau の資料などにより作成。

図 4

	①	②	③	④	⑤	⑥
外国生まれの人口の割合	マ	マ	ミ	ミ	ム	ム
貧困水準以下の収入の人口の割合	ミ	ム	マ	ム	マ	ミ
持ち家率	ム	ミ	ム	マ	ミ	マ

問 6　次の図5は，2012年と2016年のアメリカ合衆国の大統領選挙における，各州*の選挙人**の数と選挙人を獲得した候補者の政党を示したものである。図5から読み取れることがらとその背景について述べた下の文章中の空欄**ラ**と**リ**に当てはまる語句の正しい組合せを，下の①～④のうちから一つ選べ。 26

*コロンビア特別区(ワシントンD.C.)を含み，アラスカ州とハワイ州を除く。
**有権者が投票で大統領選挙人を選出し，この選挙人が大統領を選出する。一部の州を除いて，各州で最も得票の多い候補者が，その州のすべての選挙人を獲得する。

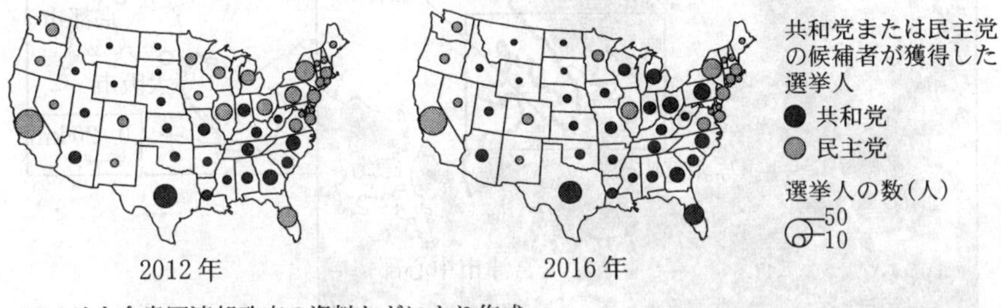

アメリカ合衆国連邦政府の資料などにより作成。

図　5

図5を見ると，両時点とも民主党の候補者が選挙人を獲得した州は(　ラ　)に多い。この要因として，地域の産業構造の特徴や有権者の社会経済的特性などがあげられる。五大湖沿岸の地域では，2012年の民主党に代わって，2016年には共和党の候補者が選挙人を獲得した州が多く分布する。これは，グローバル化の影響で衰退したこの地域の製造業について，共和党の候補者が(　リ　)政策を主張したことなどが大きく影響したと考えられている。

	①	②	③	④
ラ	南部や中西部	南部や中西部	ニューイングランドや西海岸	ニューイングランドや西海岸
リ	移民労働力を増やす	工場の海外移転を抑制する	移民労働力を増やす	工場の海外移転を抑制する

第5問　京都市に住む高校生のタロウさんは，京都府北部にある宮津(みやづ)市の地域調査を行った。次の図1を見て，この地域調査に関する下の問い(問1～6)に答えよ。(配点　20)

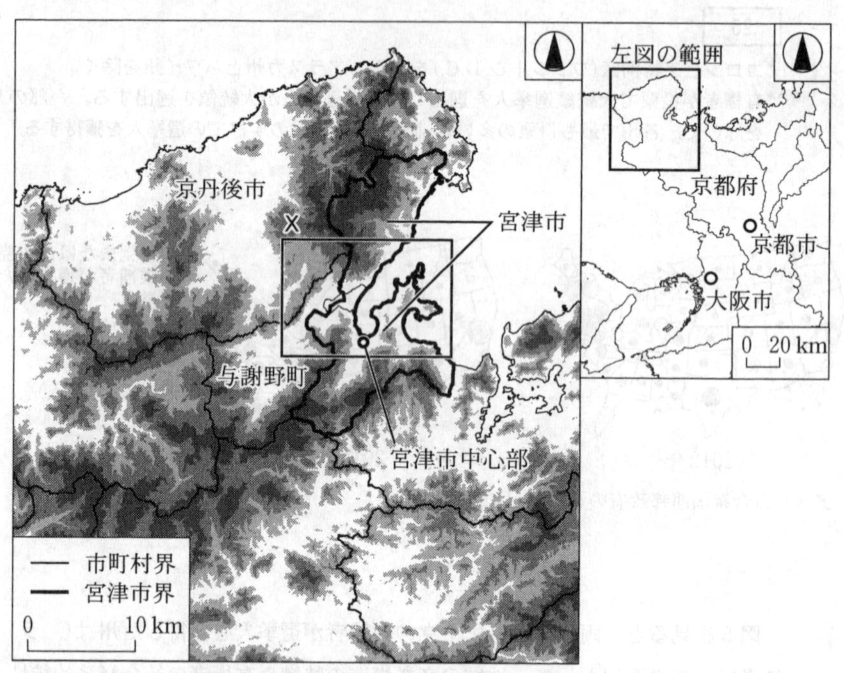

左図の陸地では，色の濃い部分ほど標高の高い地域を示している。
宮津市界の一部は水面上にある。
国土数値情報などにより作成。

図　1

問1　タロウさんは，京都府における人口変化の地域差と京都市との関係を調べるために，主題図を作成した。次の図2は，京都府の各市町村について，1990～2015年の人口増減率と2015年の京都市への通勤率を示したものである。図2から読み取れることがらを述べた文として正しいものを，下の①～④のうちから一つ選べ。　27

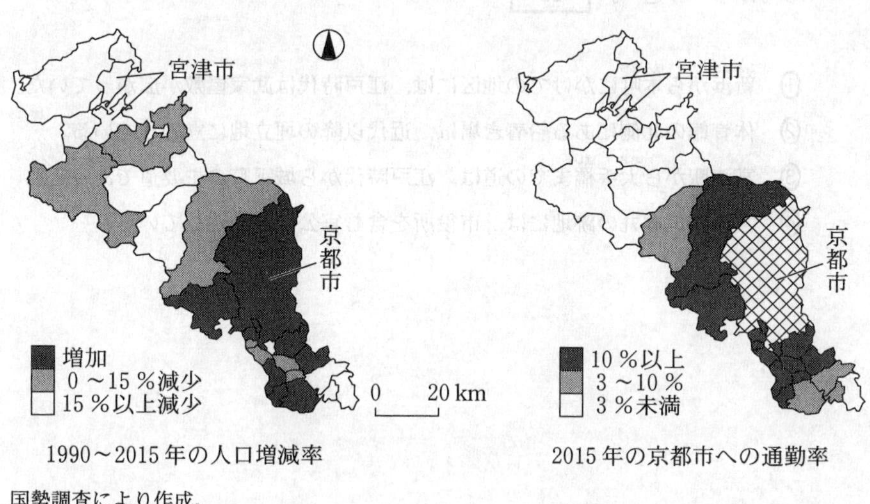

国勢調査により作成。

図　2

① 宮津市とその隣接市町村では，すべての市町村で人口が15％以上減少している。

② 京都市への通勤率が10％以上の市町村では，すべての市町村で人口が増加している。

③ 京都市への通勤率が3～10％の市町村の中には，人口が増加している市町村がある。

④ 京都市への通勤率が3％未満の市町村の中には，人口が増加している市町村がある。

問 2 タロウさんは，宮津市の中心部が城下町であったことに関心をもち，現在の地形図と江戸時代に描かれた絵図を比較して，地域の変化を調べることにした。次ページの図 3 中の**ア**は，宮津市中心部の現在の地形図であり，**イ**は，**ア**とほぼ同じ範囲の江戸時代に描かれた宮津城とその周辺の絵図を編集したものである。図 3 から読み取れることがらとして最も適当なものを，次の①～④のうちから一つ選べ。 28

① 新浜（しんはま）から本町（ほんまち）にかけての地区には，江戸時代は武家屋敷が広がっていた。
② 体育館の北側にある船着き場は，近代以降の埋立地に立地している。
③ 宮津駅から大手橋（おおてばし）までの道は，江戸時代から城下町の主要道であった。
④ 宮津城の本丸の跡地には，市役所を含む官公庁が立地している。

地理院地図により作成。

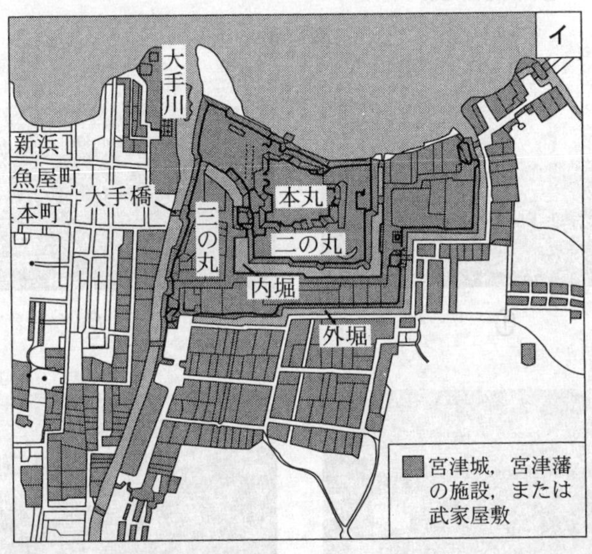

弘化 2 (1845) 年に描かれた絵図を編集したものであるため歪みがある。
『宮津市史』をもとに作成。

図　3

問 3　宮津湾と阿蘇(あそ)海の間にある砂州は天橋立(あまのはしだて)と呼ばれ，有名な観光地であることを知ったタロウさんは，様々な地点から天橋立の写真を撮影した。次の図 4 は，図 1 中の X の範囲を示したものであり，下の写真 1 は，図 4 中の地点 A ～ D のいずれかから矢印の方向に撮影したものである。地点 A に該当するものを，写真 1 中の①～④のうちから一つ選べ。 **29**

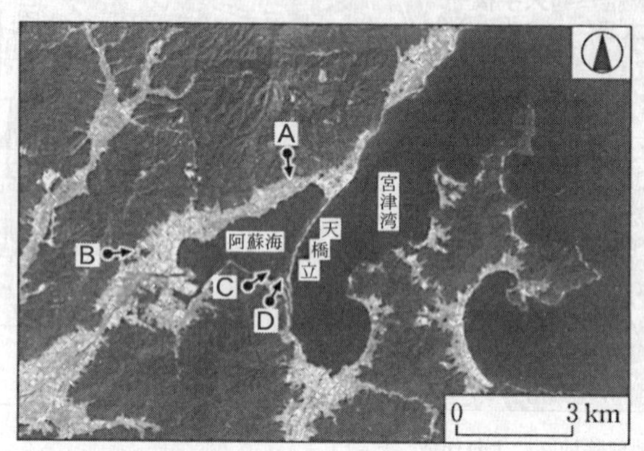

地理院地図により作成。

図　4

写真　1

問 4　天橋立近くの土産物店で丹後(たんご)ちりめんの織物製品が数多く売られているのを見たタロウさんは，丹後ちりめんについて調べ，次の資料1にまとめた。資料1中の空欄**カ**～**ク**に当てはまる語の正しい組合せを，下の①～⑧のうちから一つ選べ。 30

資料　1

●丹後ちりめんの特徴

・生地に細かい凹凸のある絹織物。

・しわが寄りにくく，風合いや色合いに優れる。

・主要な産地は京都府の京丹後(きょうたんご)市と与謝野(よさの)町で，冬季の（　**カ**　）季節風が生産に適する。

●丹後ちりめんの動向

・1960～70年代：豊富な労働力や広い土地を求めた京都市の西陣織(にしじんおり)の業者から仕事を請け負い，生産量が多かった。

・1980～90年代：和服を着る機会が減少したことと（　**キ**　）な織物製品の輸入が急増したことで，生産が縮小した。

・2000年以降：洋服の生地や，スカーフ，インテリア用品などの商品開発を進めるとともに，（　**ク**　）により海外市場へ進出しつつある。

	カ	キ	ク
①	乾いた	安　価	大量生産
②	乾いた	安　価	ブランド化
③	乾いた	高　価	大量生産
④	乾いた	高　価	ブランド化
⑤	湿った	安　価	大量生産
⑥	湿った	安　価	ブランド化
⑦	湿った	高　価	大量生産
⑧	湿った	高　価	ブランド化

問 5 タロウさんは，宮津市北部の山間部にある集落で調査を行った。次の資料 2 は，ある集落の住民に対してタロウさんが実施した聞き取り調査の結果を整理したものと，その内容から考察したことをまとめたものである。タロウさんの考察をまとめた文として**適当でないもの**を，資料 2 中の①～④のうちから一つ選べ。 31

資料 2

【聞き取り調査の結果】

●小学校（分校）の廃校

・かつては集落に子どもが多かったため，分校が設置されていた。

・廃校に伴い，集落の小学生は，遠くの学校に通うことになる。

●伝統的な文化や技術の継承

・春祭りで行われていた太刀振り（たちふ）神事が途絶えてしまった。

・集落にある植物を用いた織物や和紙がつくられてきた。

●都市と農村の交流

・NPO や地元企業などにより，棚田の保全が進められている。

・集落の周辺で，ブナ林や湿地などをめぐるツアーが行われている。

●移住者の増加

・米作りや狩猟を行うことを目的として移住してきた人がいる。

・移住者の中には，古民家を改修して居住する人がいる。

【考察】

① 小学校の廃校は，若年層の継続的な流出や少子化が背景にある。

② 住民の高齢化により，伝統的な文化や技術の担い手が減少している。

③ 自然環境への関心の高まりにより，都市と農村の交流が進められている。

④ 移住者の増加は，宮津市における人口の郊外化が背景にある。

問 6　天橋立で多くの外国人を見かけたタロウさんは，外国人観光客の動向を調べることにした。次の図5は，2018年の外国人延べ宿泊者数*と，その2013年に対する比を都道府県別に示したものである。また，下の文章は，図5から読み取れることがらとその背景について述べたものであり，空欄**サ**には大阪府と沖縄県のいずれか，空欄**シ**には下の文FとGのいずれかが当てはまる。空欄**サ**に当てはまる府県名と空欄**シ**に当てはまる文との組合せとして最も適当なものを，下の①～④のうちから一つ選べ。 **32**

*宿泊者数×宿泊数。

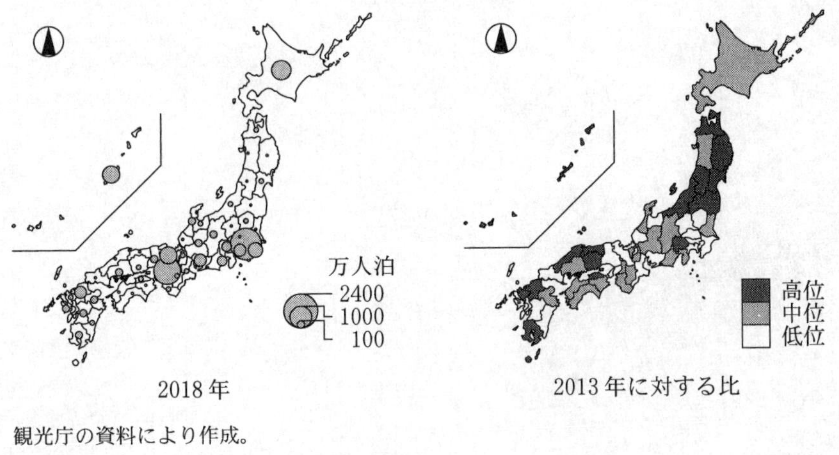

観光庁の資料により作成。

図　5

2018年の外国人延べ宿泊者数をみると，東京都が最多であり，次に多いのが(　**サ**　)である。また，2013年に対する比をみると，外国人延べ宿泊者数が少ない県で高位を示すところが多く，この背景として，(　**シ**　)外国人旅行者が増加し，外国人の宿泊地が多様化したことが考えられる。

F　温泉や農山漁村を訪れて体験型の観光を楽しむ

G　ショッピングや大型テーマパークを楽しむ

①　大阪府 ― F　　②　大阪府 ― G　　③　沖縄県 ― F　　④　沖縄県 ― G

MEMO

地理B

（2021年１月実施）

60分　100点

2021
第2日程

（解答番号 1 ～ 30）

第1問　世界の自然環境と災害に関する次の問い(**A**・**B**)に答えよ。(配点　20)

A　マキさんたちは，2005～2014年に報告された土砂災害発生地点を，次の図1のようにまとめ，世界で発生している土砂災害についてクラスで探究することになった。世界の土砂災害と人間活動に関する下の問い(**問1～3**)に答えよ。

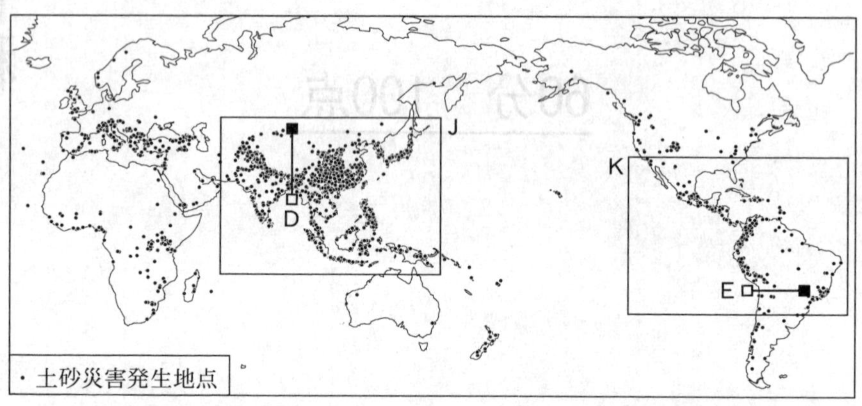

Froude and Petley (2018)により作成。

図　1

問1　マキさんたちは，図1から「土砂災害を発生させる要因は山脈の地形的特徴にあるのではないか」という仮説を立て，世界の山脈について調べることにした。次の図2中の**ア**と**イ**は，図1中の線DとEのいずれかに沿った地形断面である。また，下の文GとHは，図1中の線DとEのいずれかが横断する山脈について述べたものである。図1中の線Dに該当する図と文との組合せとして最も適当なものを，下の①～④のうちから一つ選べ。 1

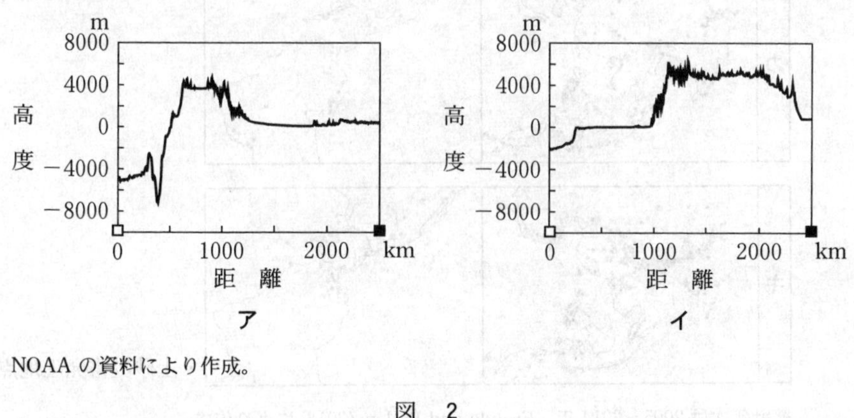

NOAA の資料により作成。

図　2

G　海洋プレートが沈み込む変動帯にあり，火山が多い。

H　大陸プレートどうしが衝突する変動帯にあり，褶曲（しゅうきょく）や断層が多い。

	①	②	③	④
図	ア	ア	イ	イ
文	G	H	G	H

問2　マキさんたちは，降雨と土砂災害との関係について考察するために，いくつかの地域における月別の土砂災害発生地点の違いを調べた。次の図3中の**カ**と**キ**は，図1中のJとKの範囲における，1月と7月のいずれかの土砂災害発生地点を示したものである。図3をもとに話し合った，下の会話文中の下線部①～④のうちから，**誤りを含むもの**を一つ選べ。 2

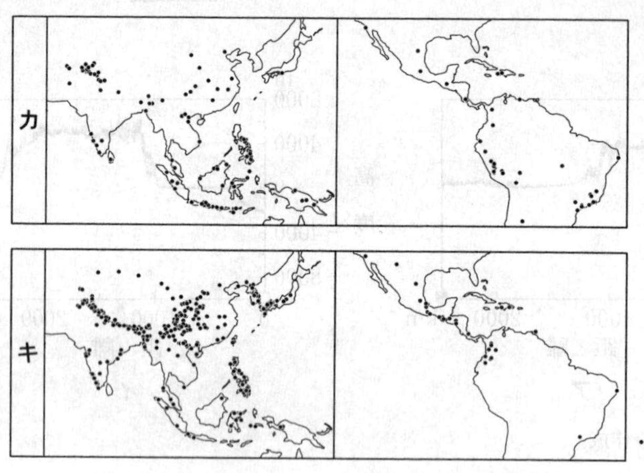

統計年次は2005～2014年。Froude and Petley (2018)により作成。

図　3

マ　キ「アジアでは，**カ**の時期に土砂災害が少ないようだね。南アジアに①<u>北西から季節風(モンスーン)</u>が吹き寄せて，乾季になる時期だね」

チナツ「ペルー付近は，**カ**の時期に土砂災害が多発する傾向にあるよ。**キ**の時期よりも②<u>熱帯収束帯(赤道低圧帯)が南に位置</u>して，降水量が増える時期だね」

マ　キ「**キ**の時期は，日本で土砂災害が多発しているね。この時期の日本は，③<u>海上から吹く暖かく湿った風の影響</u>を受けているね」

チナツ「中央アメリカで**キ**の時期に土砂災害が多いのは，④<u>熱帯低気圧の襲来</u>も影響しているようだよ」

問3　マキさんたちは，土砂災害が多発している東アジアにおける人間の営みと土砂の流出との関係について調べることにした。先生から提示された次の図4は，黄河から海への土砂流出量の変化を示したものである。図4で示された土砂流出量の変化について，その背景と影響をマキさんたちがまとめた下のカード①～④のうちから，**適当でないものを一つ選べ**。 3

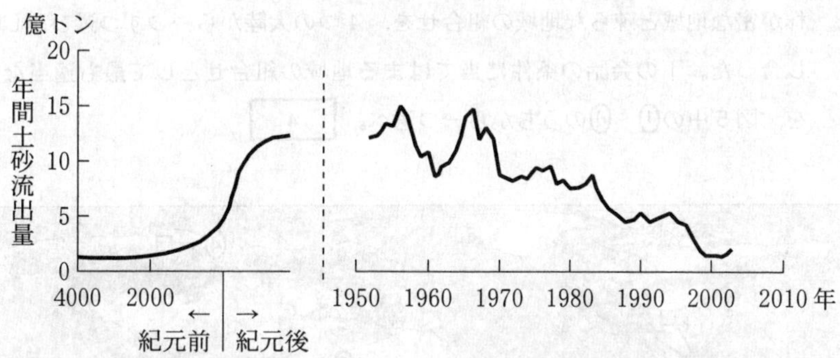

Wang et al. (2007)により作成。

図　4

①
紀元後に黄河流域における人間活動が活発化し，土砂流出量の増加をもたらした。

②
1960年代半ば以降に土砂流出量の減少傾向が続き，海岸侵食のリスクが増大した。

③
黄河流域における水力発電需要の増加が，土砂の流出を促進した。

④
黄土高原における植林などの土壌保全が，土砂の流出を抑制した。

B　高校生のフミさんたちは，国の研究所の研究員から地球規模の森林の分布とそれらの特徴，森林における災害についての特別授業を受けた。世界の森林に関する次の問い(**問4〜6**)に答えよ。

問 4　最初に，研究員は人工衛星の観測から得られた世界の森林分布を示し，その特徴について考えてみようと提案した。フミさんたちは，次の図5のように森林が密な地域と疎(まば)らな地域の組合せを，4つの大陸から一つずつ選び出して話し合った。下の会話の条件に当てはまる地域の組合せとして最も適当なものを，図5中の①〜④のうちから一つ選べ。 **4**

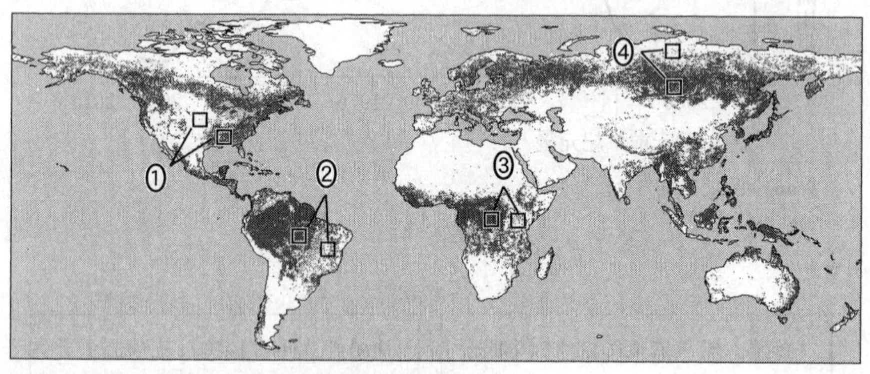

点は森林の分布を示す。JAXAの資料により作成。

図　5

フ　ミ「地図帳を見ると，森林が密な地域よりも，疎らな地域は標高が低いようだね」

ユ　ウ「森林が密な地域と疎らな地域の年降水量を比べると，この4つの組合せの中で最も差が小さいようだよ」

サ　キ「森林が疎らな地域よりも，密な地域の方が年平均気温は高いね。そのことが，この地域において，森林が密か疎らかの違いの主な要因となっているようだね」

問 5 次に，研究員は，世界の森林のうち，熱帯雨林，温帯林，亜寒帯林を対象に森林の違いを考えてみようと提案した。次の資料1は，世界全体におけるそれぞれの森林の炭素量を，植物と土壌が占める割合に分けて研究員が示したものである。資料1をもとに，森林の特徴についてフミさんたちがまとめた文として下線部が最も適当なものを，下の①～④のうちから一つ選べ。 5

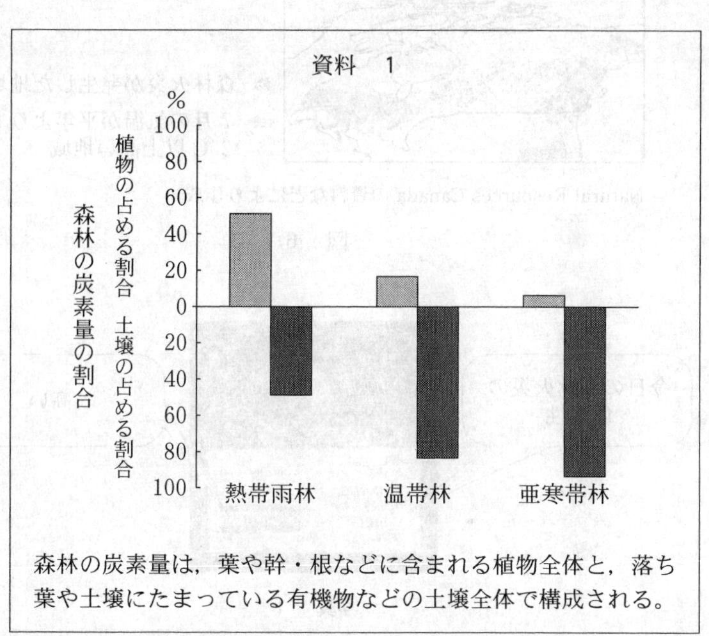

USDA の資料などにより作成。

① 熱帯雨林の土壌の炭素量の割合が最も小さいのは，主に<u>落ち葉などの分解が速いため</u>と考えられる。

② 温帯林の植物の炭素量の割合が熱帯雨林に比べて小さいのは，<u>近年の人為的な開発の影響を強く受けているため</u>と考えられる。

③ 亜寒帯林の植物の炭素量の割合が最も小さいのは，主に<u>降水量が少ないことによって成長が制限されているため</u>と考えられる。

④ 植物と土壌の炭素量の割合を比較すると，<u>緯度が低い地域の森林ほど，有機物を含む土壌層が厚く，樹木の成長がよい</u>と考えられる。

問 6　最後に，研究員とフミさんたちは，世界の森林で起きる災害の一つとして，カナダの森林火災を取り上げ，次の図 6 と下の写真 1 を見ながら話し合った。次ページの会話文中の空欄 P と Q に当てはまる語句と文との組合せとして最も適当なものを，次ページの①～④のうちから一つ選べ。 6

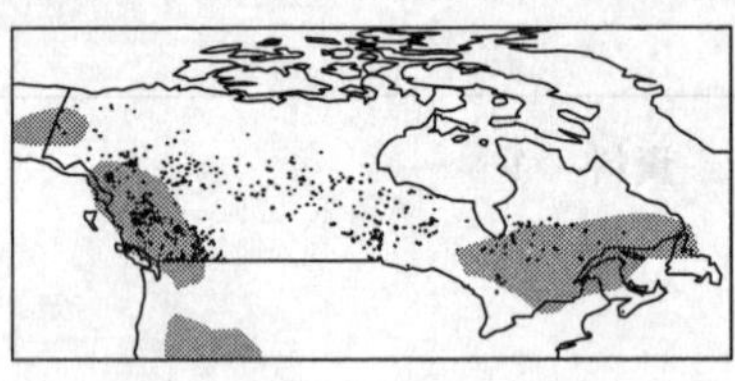

Natural Resources Canada の資料などにより作成。

図　6

写真　1

研究員　「森林面積が広いカナダでは，森林火災が大きな災害の一つです。図6は，2018年に森林火災が発生した地域と7月の気温が平年よりも2℃以上高い地域を重ねて示したものです」

フ　ミ　「気温が平年よりも高い地域で火災が多いようですが，そうではない地域でも火災がみられますね」

研究員　「森林火災が発生したり，拡大したりする要因として，気温の高さ以外にどのようなことが考えられますか」

サ　キ　「森林火災の発生や拡大には，(　P　)も影響していると思います」

研究員　「そうですね。現地では写真1のような表示で森林火災の危険性が予報されています。これらの図や写真から，火災の危険性を予報する意味を考えてみましょう」

フ　ミ　「この地域の森林では，(　Q　)だと思います」

研究員　「皆さん，しっかりと考察できましたね」

(　P　)に当てはまる語句

サ　雨がほとんど降っていない日数の多さ

シ　風が弱い日数の多さ

(　Q　)に当てはまる文

タ　落ち葉や土壌の表層も燃えて広がりやすいため，消火が困難になる危険性を知らせる必要があるから

チ　焼畑をしていると燃え広がりやすくなるため，農業従事者に危険性を知らせる必要があるから

	①	②	③	④
P	サ	サ	シ	シ
Q	タ	チ	タ	チ

第2問　産業と貿易に関する次の問い(問1～6)に答えよ。(配点　20)

問1　産業の立地と地域の人口は深く結びついているが，その関係は産業の特性によって異なる。次の図1は，都道府県の人口と産業別就業者数を示したものであり，**ア**～**ウ**は，農林業，製造業，小売業のいずれかである。産業と**ア**～**ウ**との正しい組合せを，下の①～⑥のうちから一つ選べ。 7

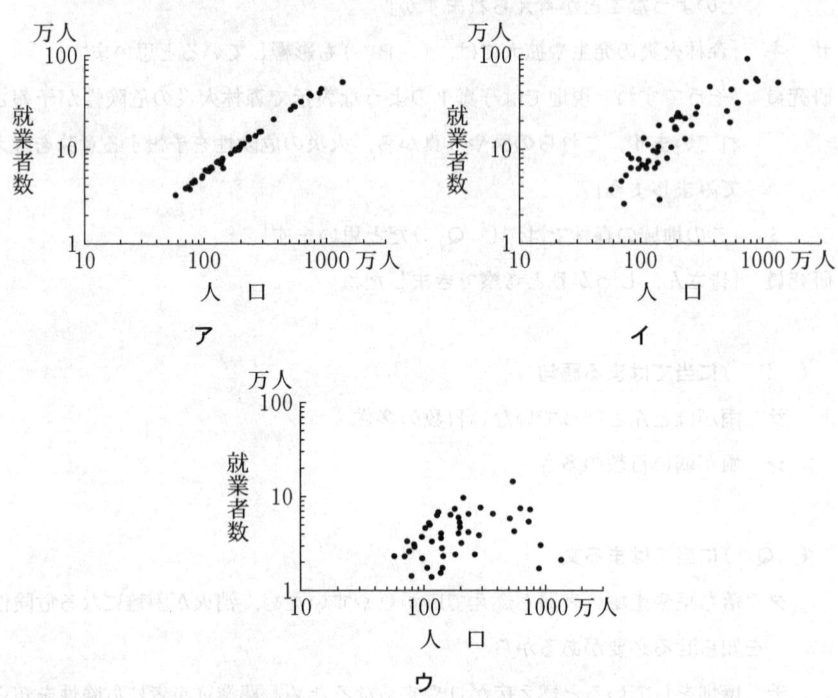

統計年次は2015年。国勢調査により作成。

図　1

	①	②	③	④	⑤	⑥
農林業	ア	ア	イ	イ	ウ	ウ
製造業	イ	ウ	ア	ウ	ア	イ
小売業	ウ	イ	ウ	ア	イ	ア

問 2　農業の立地には，地域の自然条件のほか，市場からの距離が重要な要因となる。市場からの距離と農業地域の形成を説明した仮想のモデルに関する次の条件と下の説明文を読んで，空欄**カ**に当てはまるものを，下の図2中の①～④のうちから一つ選べ。 8

条　件

・市場が一つだけ存在する。
・自然条件はどこも同じで，生産にかかる費用は一定である。
・作物を市場へ運ぶ輸送費は距離に比例する。
・農地面積当たり収益は，作物の販売価格から生産にかかる費用と輸送費を引いて求める。

説明文

図2は，横軸に市場からの距離を，縦軸に作物別に見込める農地面積当たり収益を示したものである。作物Aは作物Bより輸送費が多くかかるが，市場での販売価格は高い。より収益の高い作物が選択されるならば，横軸の線上で生産される作物の分布は（　**カ**　）のようになる。

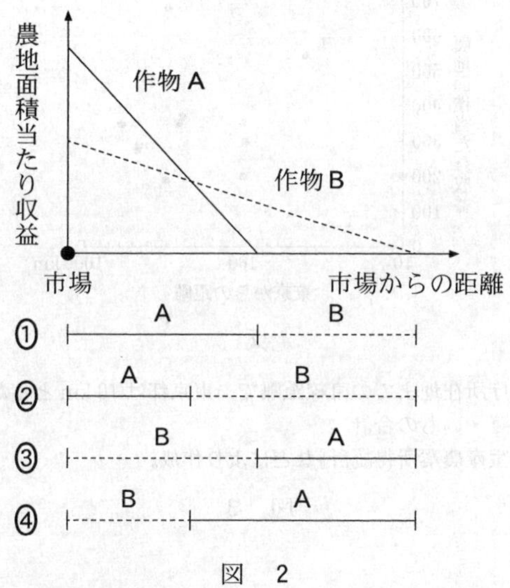

図　2

問 3　農業の立地には市場からの距離に加え様々な要因が作用する。次の図3中の**サ**～**ス**は，米，野菜，果樹のいずれかについて，東日本の14都県における，東京からの距離と農地面積当たり収益の推計値*を示したものである。また，次ページの図4中の**D**～**F**は，田，畑，樹園地のいずれかについて，その14都県の農地面積の構成比を指数で示したものである。野菜と畑との正しい組合せを，次ページの①～⑨のうちから一つ選べ。　**9**

*農地面積当たり収益は，作物別農業産出額を田，畑，樹園地の面積で割った値。

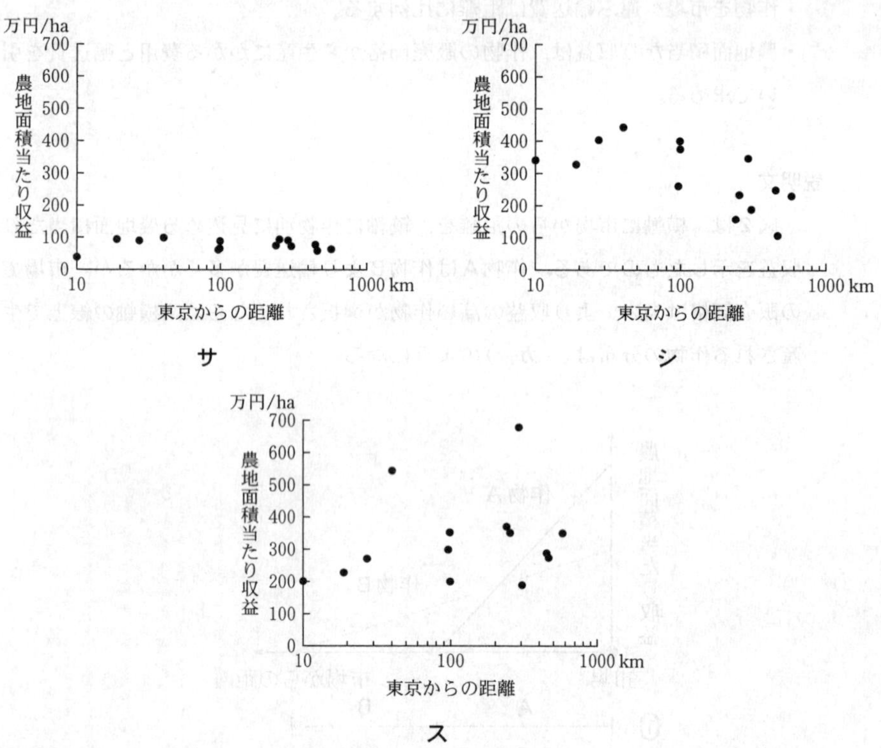

東京からの距離は各県庁所在地までの直線距離で，東京都は10 kmとした。
野菜の産出額は野菜・豆・いもの合計。
統計年次は2017年。『生産農業所得統計』などにより作成。

図　3

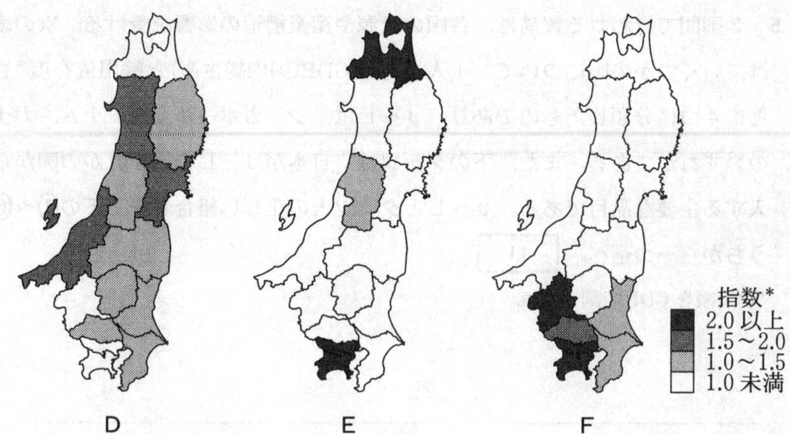

*各都県の農地面積に占める田，畑，樹園地の構成比を，それぞれ全国の構成比で割ったもの。
統計年次は2017年。『作物統計調査』により作成。

図　4

	①	②	③	④	⑤	⑥	⑦	⑧	⑨
野　菜	サ	サ	サ	シ	シ	シ	ス	ス	ス
畑	D	E	F	D	E	F	D	E	F

問 4　次の①～④の文は，世界各地の産業の立地について述べたものである。このうち，市場からの距離の近さが立地に強く影響している例として最も適当なものを，①～④のうちから一つ選べ。 10

① アメリカ合衆国のシアトルには，航空機組立産業が立地している。
② イタリアのフィレンツェには，付加価値の高い繊維産業が立地している。
③ インドのバンガロールには，英語対応のコールセンターが立地している。
④ 東京には，出版や印刷に関係する産業が立地している。

問 5　2国間で行われる貿易は，各国の資源や産業構造の影響を受ける。次の表1は，いくつかの国について，1人当たりGDP(国内総生産)と輸出依存度*をもとに4つに分類したものであり，J～Lは，シンガポール，ベトナム，カナダのいずれかである。また，下のタ～ツは，日本がJ～Lのいずれかの国から輸入する主要な品目である。J～Lとタ～ツとの正しい組合せを，下の①～⑥のうちから一つ選べ。 11

*輸出額をGDPで割った値。

表　1

		輸出依存度	
		50％未満	50％以上
1人当たりGDP	2万ドル未満	インドネシア	J
	2万ドル以上	K	L

統計年次は2016年。『世界国勢図会』により作成。

タ　機械類(集積回路など)や医薬品

チ　機械類(電気機器など)や衣類

ツ　石炭や肉類

	①	②	③	④	⑤	⑥
J	タ	タ	チ	チ	ツ	ツ
K	チ	ツ	タ	ツ	タ	チ
L	ツ	チ	ツ	タ	チ	タ

問 6　次の図5は，ある3か国の2017年における訪日観光客数と，1人当たり旅行消費額およびその内訳を示したものであり，**マ**～**ム**は，アメリカ合衆国，韓国，中国*のいずれかである。また，図5中の凡例PとQは，買い物代と宿泊費のいずれかである。アメリカ合衆国と買い物代との正しい組合せを，下の①～⑥のうちから一つ選べ。 12

*台湾，ホンコン，マカオを含まない。

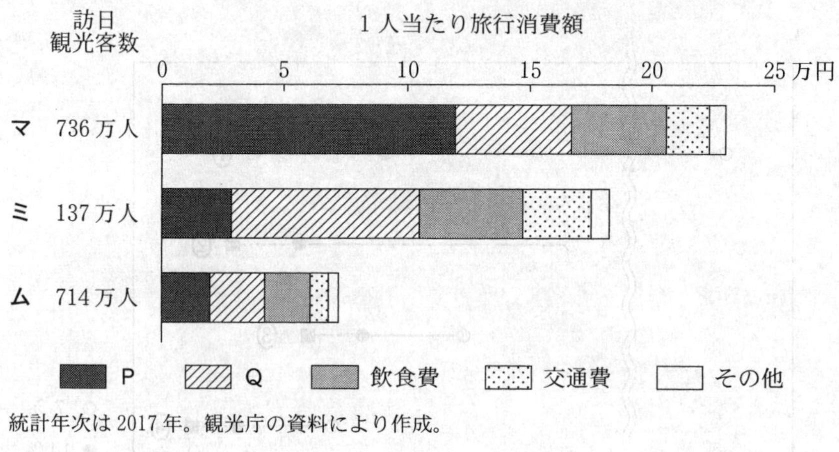

統計年次は2017年。観光庁の資料により作成。

図　5

	①	②	③	④	⑤	⑥
アメリカ合衆国	マ	マ	ミ	ミ	ム	ム
買い物代	P	Q	P	Q	P	Q

第3問 人口と村落・都市に関する次の問い(問1～6)に答えよ。(配点　20)

問1 次の図1は，いくつかの国について，老年人口率が7％，14％，21％に達した年，または達すると予測されている年を示したものであり，①～④は，カナダ，中国*，日本，フランスのいずれかである。カナダに該当するものを，図1中の①～④のうちから一つ選べ。 13

*台湾，ホンコン，マカオを含まない。

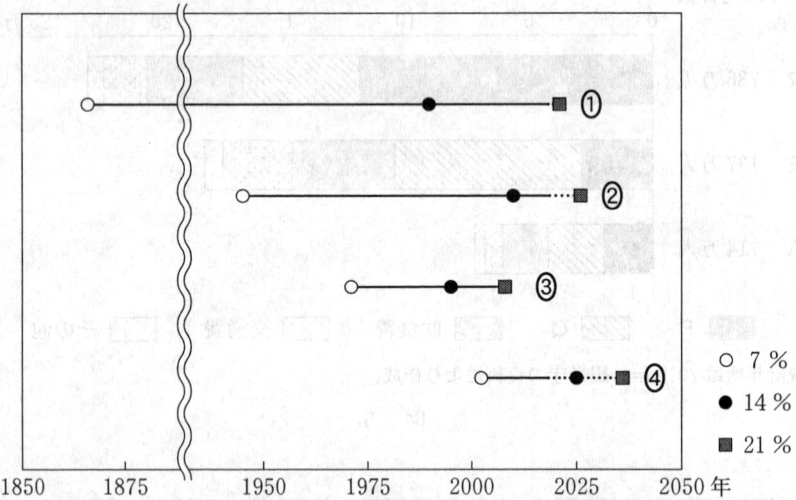

図中の点線は予測を示す。*World Population Prospects* などにより作成。

図 1

問 2　次の図2は，いくつかの国における女性の労働力率を年齢階級別に示したものであり，凡例**ア**～**ウ**は，アメリカ合衆国，韓国，フィンランドのいずれかである。国名と**ア**～**ウ**との正しい組合せを，下の①～⑥のうちから一つ選べ。

14

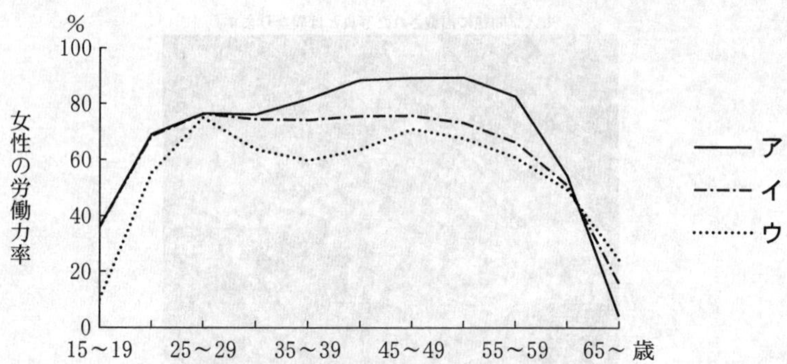

アメリカ合衆国の15～19歳は16～19歳の値。
統計年次は2017年。『世界の統計』により作成。

図　2

	①	②	③	④	⑤	⑥
アメリカ合衆国	ア	ア	イ	イ	ウ	ウ
韓　国	イ	ウ	ア	ウ	ア	イ
フィンランド	ウ	イ	ウ	ア	イ	ア

問 3　次の写真1は，ある集落の景観を撮影したものである。下の文**カ**と**キ**のいずれかは，写真1のような形態の集落が分布する地域について述べたものであり，文aとbのいずれかは，このような形態の利点を説明したものである。写真1のような形態の集落に該当する文の組合せとして最も適当なものを，下の①～④のうちから一つ選べ。 15

※入試問題に掲載された写真とは異なります

Googleマップにより作成。

写真　1

分布する地域

カ　開発の歴史が新しく，村落が計画的につくられた地域

キ　平野部で農業生産性が高く，外敵への備えが必要であった地域

形態の利点

a　各農家の近くに耕地が集まっており，耕作や収穫の利便性が高い。

b　教会や広場があり，農業や社会生活などで共同作業を行いやすい。

	①	②	③	④
分布する地域	カ	カ	キ	キ
形態の利点	a	b	a	b

問 4　次の図3は，ある三つの国**A**～**C**における都市人口率の推移を示したものであり，下の文**サ**～**ス**は，**A**～**C**のいずれかの国における社会・経済的な状況について述べたものである。**A**～**C**と**サ**～**ス**との組合せとして最も適当なものを，下の①～⑥のうちから一つ選べ。 **16**

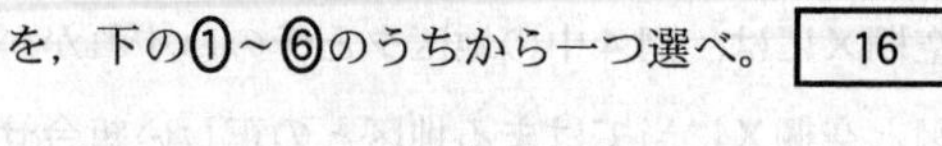

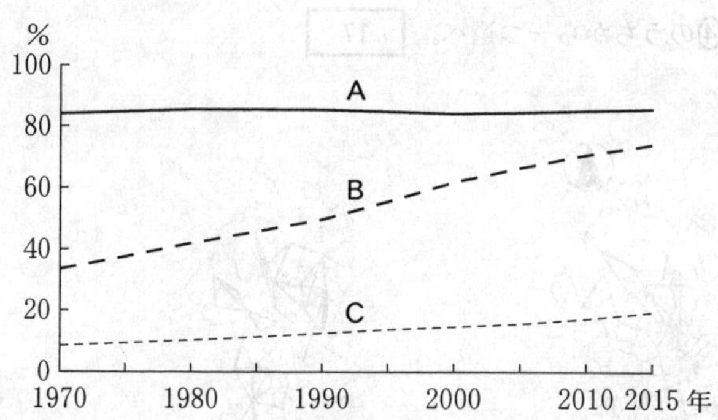

World Urbanization Prospects により作成。

図　3

サ　植民地支配のもとで多数のプランテーションが開発されたものの，ルックイースト政策などにより外国資本の導入が進み，工業化の進展が著しい。

シ　長期的な植民地支配を受けることはなかったものの，モノカルチャー経済の傾向が残っており，近年でも最大の輸出品目はコーヒー豆である。

ス　鉄鉱石・石炭などの鉱産資源や農畜産物の輸出額が大きいものの，脱工業化が進み，就業人口に占める第3次産業就業者の割合が高い。

	①	②	③	④	⑤	⑥
A	サ	サ	シ	シ	ス	ス
B	シ	ス	サ	ス	サ	シ
C	ス	シ	ス	サ	シ	サ

問 5　次の図4は，ある大都市における主な鉄道網と，いくつかの移動手段について，出勤目的の移動者数が多い地区間を線で結んだものであり，**E**と**F**は，自動車と鉄道のいずれかである。また，下の文章は，図4から読み取れることがらを述べたものであり，空欄**X**には，図4中の地区**タ**と**チ**のいずれかが当てはまる。自動車に該当する図と空欄**X**に当てはまる地区との正しい組合せを，下の①～④のうちから一つ選べ。 **17**

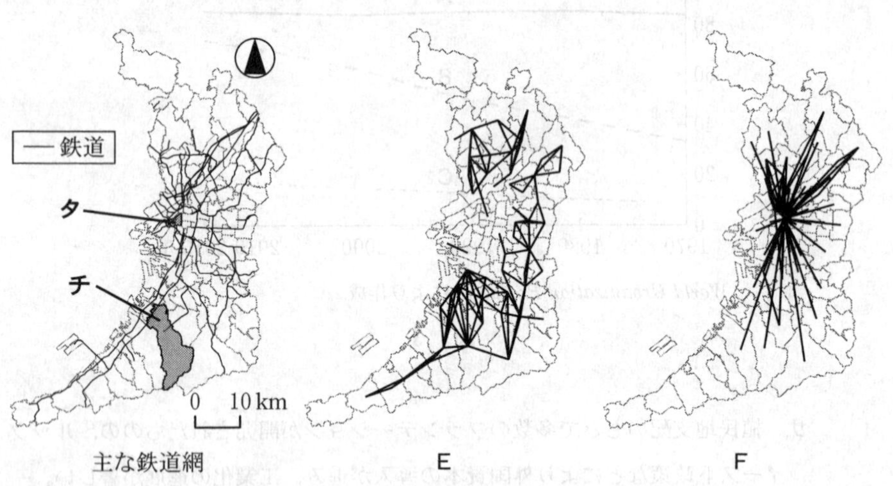

地区間の移動者数が，自動車は500人以上，鉄道は2,000人以上を示した。
統計年次は2010年。国土数値情報などにより作成。

図　4

大都市では，道路網や鉄道網の発達により，都市内部の人口分布は昼間と夜間で大きく異なる。夜間人口100人に対する昼間人口を示す昼夜間人口指数について，図4中の地区**タ**と**チ**を比べると，（　**X**　）の方が大きな値を示す。

① **E**―**タ**　　② **E**―**チ**　　③ **F**―**タ**　　④ **F**―**チ**

問 6　次の図5は，日本のある県庁所在都市の中心部におけるいくつかの施設の立地を示したものであり，凡例**マ**～**ム**は，公立中学校，コンビニエンスストア，ビジネスホテルのいずれかである。施設名と**マ**～**ム**との正しい組合せを，下の①～⑥のうちから一つ選べ。 18

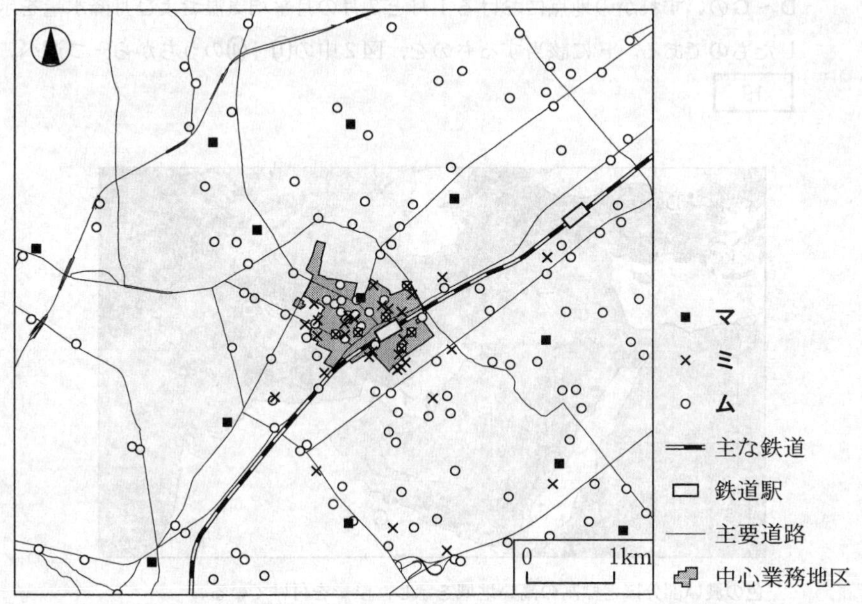

総務省の資料などにより作成。

図　5

	①	②	③	④	⑤	⑥
公立中学校	マ	マ	ミ	ミ	ム	ム
コンビニエンスストア	ミ	ム	マ	ム	マ	ミ
ビジネスホテル	ム	ミ	ム	マ	ミ	マ

第4問　西アジアに関する次の問い(A・B)に答えよ。(配点　20)

A　西アジアの自然環境や社会経済に関する次の問い(問1～4)に答えよ。

問1　次の図1は，西アジアの地形を示したものであり，下の図2は，図1中のD～Gのいずれかの地点における1月と7月の月平均気温および月降水量を示したものである。Fに該当するものを，図2中の①～④のうちから一つ選べ。 19

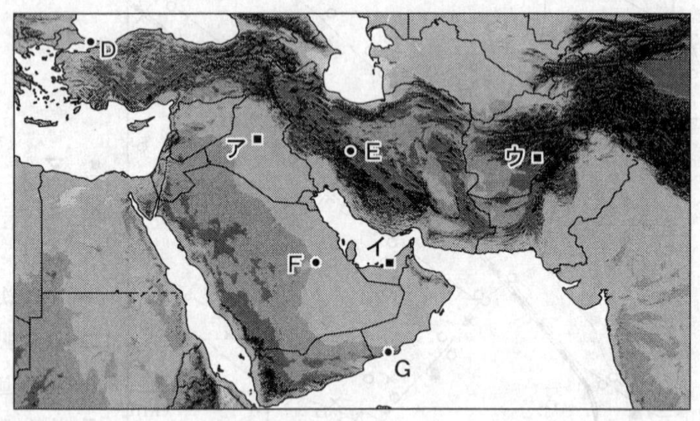

色の濃い部分ほど標高の高い地域を示し，陰影を付けている。

図　1

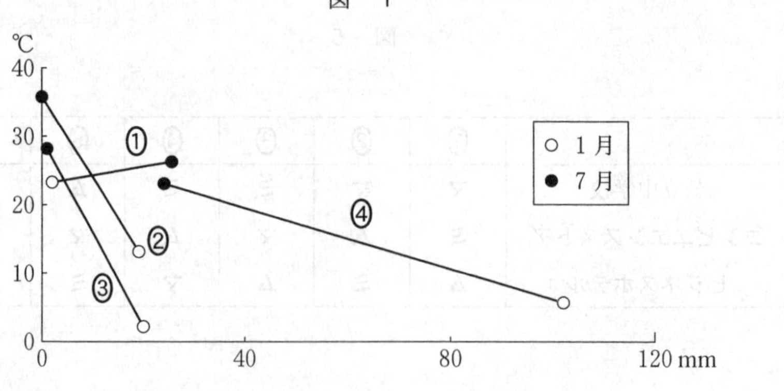

気象庁の資料などにより作成。

図　2

問 2　次の写真1中のJ～Lは，図1中の**ア**～**ウ**のいずれかの地点における水資源の確保に関する景観を撮影したものである。J～Lと**ア**～**ウ**との正しい組合せを，下の①～⑥のうちから一つ選べ。 20

※入試問題に掲載された写真とは異なります

J　外来河川

※入試問題に掲載された写真とは異なります

K　淡水化施設

※入試問題に掲載された写真とは異なります

L　地下水路

Google Earthにより作成。

写真　1

	①	②	③	④	⑤	⑥
J	ア	ア	イ	イ	ウ	ウ
K	イ	ウ	ア	ウ	ア	イ
L	ウ	イ	ウ	ア	イ	ア

問 3　次の図3は，1人当たりGNI(国民総所得)と1日当たり原油生産量によって西アジアの国々を**a**～**d**の4つのグループに分けたものであり，下の図4は，各グループの分布を示したものである。図4中の凡例**カ**～**ク**は，図3中の**a**～**c**のいずれかである。**a**～**c**と**カ**～**ク**との正しい組合せを，次ページの①～⑥のうちから一つ選べ。 **21**

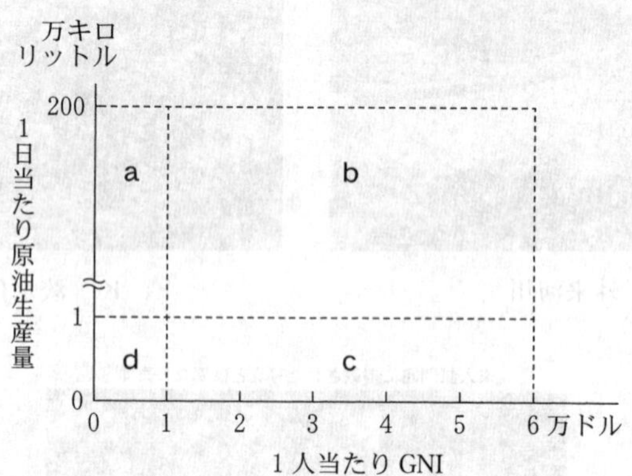

統計年次は2016年。『世界国勢図会』などにより作成。

図　3

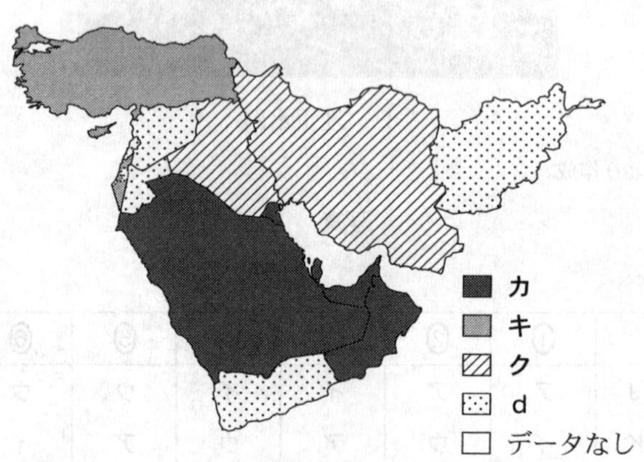

統計年次は2016年。『世界国勢図会』などにより作成。

図　4

	①	②	③	④	⑤	⑥
a	カ	カ	キ	キ	ク	ク
b	キ	ク	カ	ク	カ	キ
c	ク	キ	ク	カ	キ	カ

問 4　次の図5は，アラブ首長国連邦のドバイにおける人口の推移を示したものであり，図6は，2015年のドバイにおける人口ピラミッドを示したものである。図5と図6をもとに考えられる,2000年以降のドバイの人口増加に寄与している要因として最も適当なものを，下の①～④のうちから一つ選べ。 22

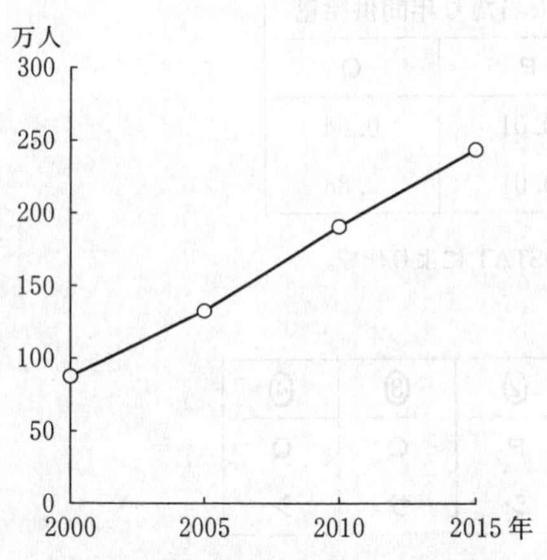

Dubai Statistics Centerの資料により作成。

図　5

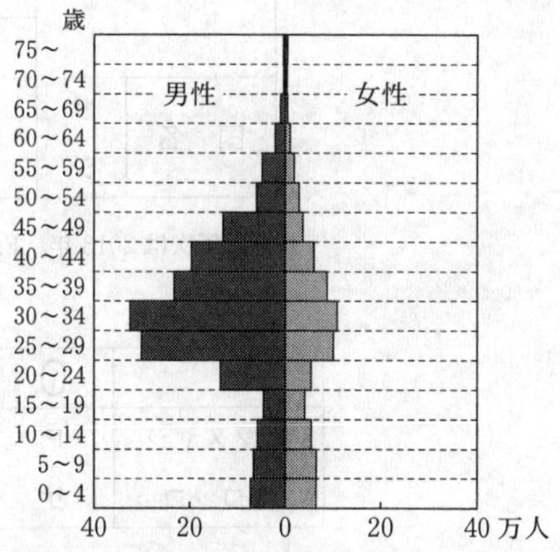

Dubai Statistics Centerの資料により作成。

図　6

① イスラーム(イスラム教)の聖地への外国からの巡礼
② 外国出身者における高い出生率
③ 建設工事の増加に伴う外国からの労働者の流入
④ 都市と農村の所得格差に伴う国内の人口移動

B　西アジアのトルコと北アフリカのモロッコは，ともに地中海に面し，ヨーロッパとの結びつきも強い。両国に関する次の問い(**問**5・6)に答えよ。

問 5　次の表2は，いくつかの食料品について，トルコとモロッコの1人当たり年間供給量を示したものであり，PとQはナツメヤシと豚肉のいずれか，**サ**と**シ**はトルコとモロッコのいずれかである。ナツメヤシとモロッコとの正しい組合せを，下の①～④のうちから一つ選べ。 23

表　2

(単位：kg)

		1人当たり年間供給量	
		P	Q
国　名	**サ**	0.01	0.64
	シ	0.01	2.88

統計年次は2013年。FAOSTATにより作成。

	①	②	③	④
ナツメヤシ	P	P	Q	Q
モロッコ	**サ**	**シ**	**サ**	**シ**

問 6　人口の国際移動には，教育・雇用機会の獲得や紛争からの逃避など，様々な背景がある。次ページの図7中の凡例SとTは，ヨーロッパ各国に居住するトルコ人とモロッコ人の数のいずれかを示したものである。また，次ページの図8中の**タ**と**チ**は，トルコとモロッコのいずれかが受け入れている難民数の推移を示したものである。モロッコに該当する正しい組合せを，次ページの①～④のうちから一つ選べ。 24

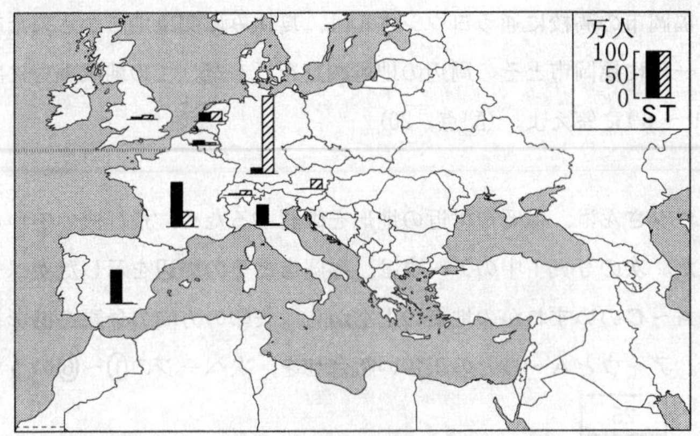

ヨーロッパ各国のうち，居住するトルコ人とモロッコ人の合計が10万人以上の国を示した。
統計年次は2017年。UN Population Division の資料により作成。

図　7

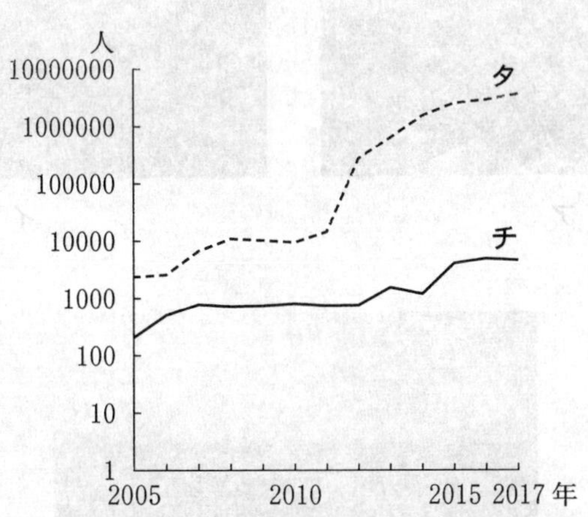

UNHCR の資料により作成。

図　8

	①	②	③	④
ヨーロッパ各国に居住するモロッコ人の数	S	S	T	T
モロッコが受け入れている難民数	タ	チ	タ	チ

第５問 福岡市の高校に通うヨウジさんは，夏休みに関東地方から来た友人のユウタさんと一緒に福岡市とその周辺の地域調査を行った。この地域調査に関する次の問い(**問１～６**)に答えよ。(配点 20)

問１ ユウタさんは，福岡市付近の地形を確認するため，飛行機の中から写真を撮影した。次の写真１中の**ア～ウ**は，福岡市とその周辺を示した次ページの図１中のＡ～Ｃのいずれかの地点の上空から，矢印の方向の景観を撮影したものである。**ア～ウ**とＡ～Ｃとの正しい組合せを，次ページの①～⑥のうちから一つ選べ。 25

ア

イ

ウ

写真　１

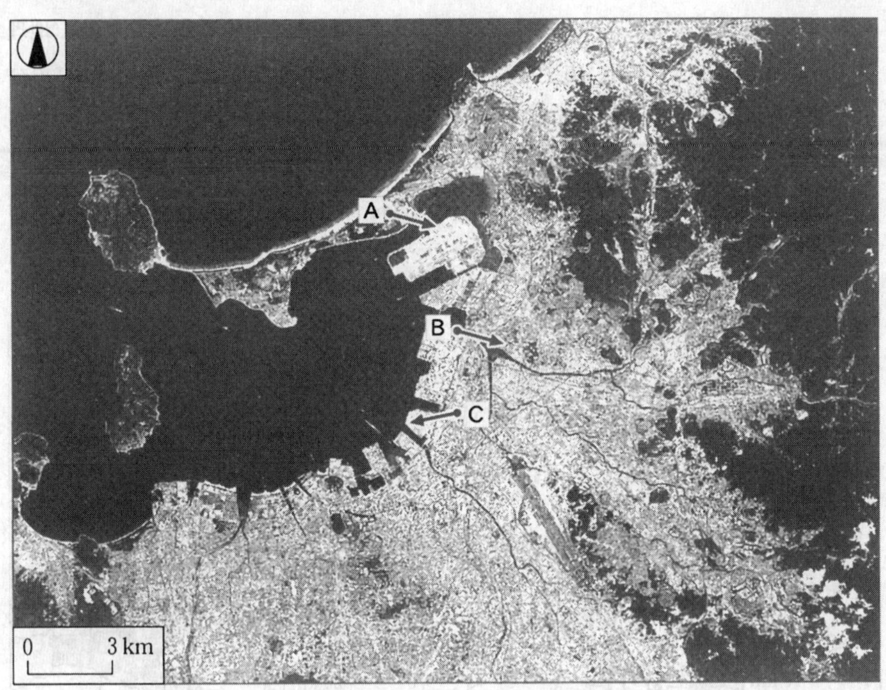

地理院地図により作成。

図　1

	①	②	③	④	⑤	⑥
ア	A	A	B	B	C	C
イ	B	C	A	C	A	B
ウ	C	B	C	A	B	A

問 2 ヨウジさんは，ユウタさんに福岡市の都市圏を説明するために，GIS(地理情報システム)を用いて主題図を作成した。次の図 2 は，人口集中地区*の分布と福岡市への通勤・通学率を示したものである。図 2 に関連することがらを述べた文として最も適当なものを，下の①～④のうちから一つ選べ。 26

*国勢調査において人口密度が 4,000 人/km² 以上，かつ隣接した地域の人口が 5,000 人以上を有する地域を指す。

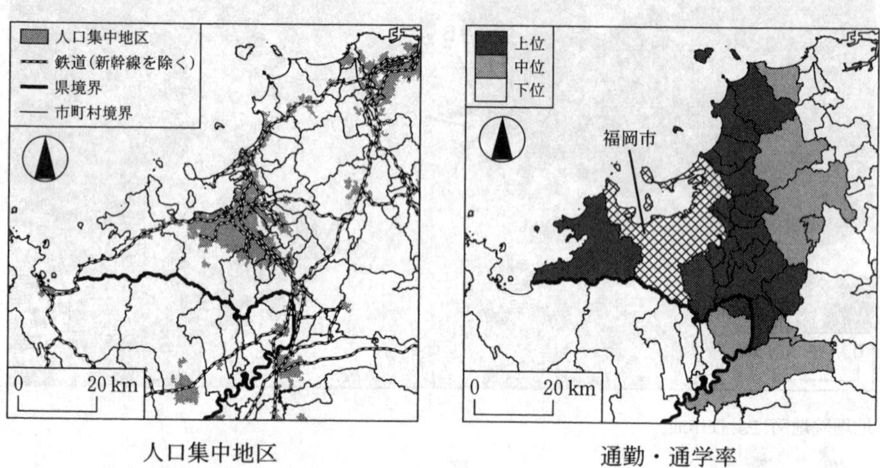

統計年次は 2015 年。国勢調査などにより作成。

図 2

① 福岡市への通勤・通学率が上位の市町村には，学校や企業が福岡市よりも多く立地していると考えられる。

② 福岡市への通勤・通学率が上位の市町村は，福岡県外の福岡市に隣接した市町村にも広がっている。

③ 福岡市への通勤・通学率が中位の市町村には，人口集中地区はみられない。

④ 福岡市を含む人口集中地区の広がりから，鉄道沿線では住宅地などの開発が進んできたと考えられる。

問 3　福岡市の産業に関心を持ったヨウジさんたちは，市役所を訪問し，職員から詳しい話を聞いた。次の表1は，産業別の就業者数の上位3業種を示したものであり，EとFは全国と福岡市のいずれかである。また，下の会話文中の空欄**カ**には，下の語句XとYのいずれかが当てはまる。福岡市に該当する記号と**カ**に当てはまる語句との組合せとして最も適当なものを，下の①～④のうちから一つ選べ。 27

表　1

順　位	E	F
1　位	製造業	卸売業・小売業
2　位	卸売業・小売業	医療・福祉
3　位	医療・福祉	その他サービス業*

*産業大分類での名称は，サービス業(他に分類されないもの)である。
統計年次は2015年。国勢調査により作成。

職　員「産業別の就業者数の順位を示した表1を見てください。福岡市と全国の就業者数の順位には違いがあります」

ヨウジ「福岡市の産業にはどのような特徴がありますか」

職　員「福岡市は古くからの港町であり，現在も交通の拠点となっています。このため，広域に商品などを供給する大企業の支店が立地しています」

ユウタ「そのような大企業の支店数を，九州地方の他都市と比較することで，福岡市の(　**カ**　)としての特性を推測できますね」

X　経済の中心地

Y　政治・行政の中心地

	①	②	③	④
福岡市	E	E	F	F
カ	X	Y	X	Y

問 4　ヨウジさんたちは，福岡市都心の始発駅から電車に乗り，景観の変化を調べてみた。次の写真２中のＪ～Ｌは，ヨウジさんたちがいくつかの駅の周辺で景観を撮影したものである。また，次ページの表２中の**サ～ス**は，Ｊ～Ｌの写真を撮影した地点を含む市区町村のいずれかにおける，2005年から2015年の人口増加率と老年人口増加率を示したものである。Ｊ～Ｌと**サ～ス**との正しい組合せを，次ページの①～⑥のうちから一つ選べ。 28

Ｊ　始発駅から数分で着く駅であり，新しいマンションが建ち並んでいた。

Ｋ　始発駅から30分ほどで着く駅であり，丘の上に古い戸建ての住宅が並んでいた。

Ｌ　始発駅から１時間ほどで着く駅であり，駅周辺に田畑が広がっていた。

写真　2

表　2

(単位：%)

	人口増加率	老年人口増加率
サ	15.3	46.2
シ	−0.7	24.1
ス	3.6	49.0

統計年次は2005〜2015年。
国勢調査により作成。

	①	②	③	④	⑤	⑥
J	サ	サ	シ	シ	ス	ス
K	シ	ス	サ	ス	サ	シ
L	ス	シ	ス	サ	シ	サ

問 5　福岡市の海岸線に埋立地が多いことに気が付いたヨウジさんたちは，地理院地図に1950年頃の海岸線を書き入れた次の図3を見ながら付近を歩いて，土地利用を観察した。ヨウジさんたちが話し合った下の会話文中の下線部①～④のうちから，**誤りを含むもの**を一つ選べ。 29

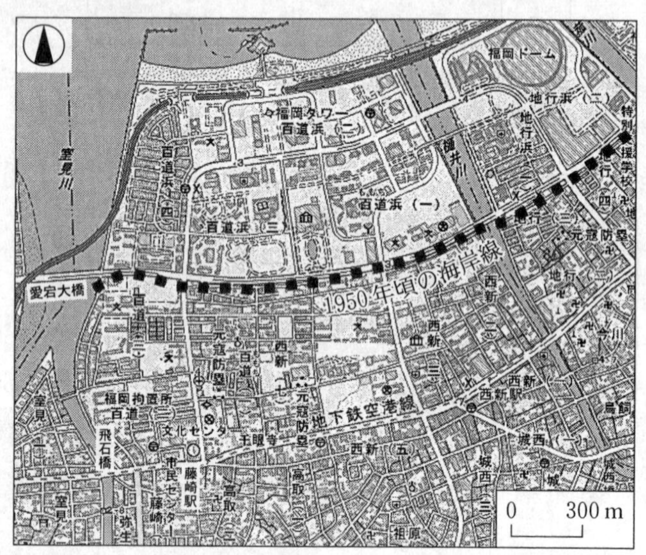

地理院地図により作成。

図　3

ヨウジ「藤崎駅(ふじさきえき)を出てすぐに元寇防塁(げんこうぼうるい)があったね」

ユウタ「①<u>史跡や寺社は，古くから人々が住んでいたことを示していることが多いよ</u>」

ヨウジ「愛宕大橋(あたごおおはし)から飛石橋(とびいしばし)にかけては，河道がカーブしていたね。②<u>河道の形状は古くからの土地かどうかを判別する手掛かりになるよ</u>」

ユウタ「百道浜(ももちはま)の方に歩いていくと整然とした住宅地が広がっていたね」

ヨウジ「建物の密度や区画の広さをみると，③<u>埋立地では計画的な都市開発が行われてきたことが分かるよ</u>」

ユウタ「④<u>古くからの土地か埋立地なのかは，地図で公共施設や学校の有無を見ると判断できるよ</u>」

問 6　福岡市での地域調査を通じて地方中心都市の役割に関心を持ったユウタさんは，福岡市からみた日本の人口移動について考えた。次の図4は，各都道府県から福岡市への転入者数の方が多い場合は転入超過とし，福岡市から各都道府県への転出者数の方が多い場合は転出超過として，その超過人数を示したものである。図4に関連することがらを述べた文として下線部が**適当でないもの**を，下の①～④のうちから一つ選べ。 30

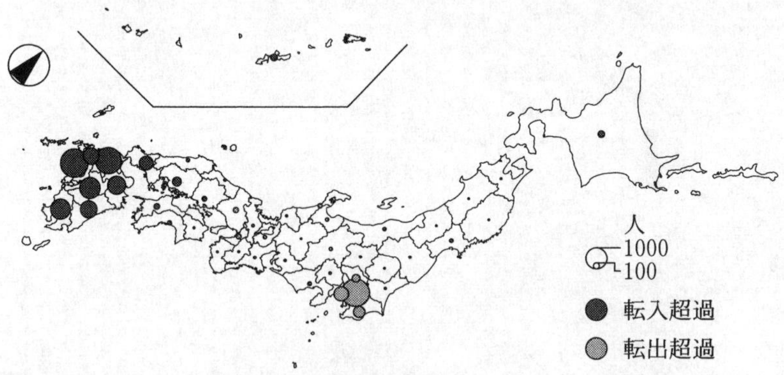

統計年次は2018年。『福岡市統計書』により作成。

図　4

① 九州地方の各県からの転入超過は，<u>進学や就職をきっかけにした人口移動による</u>と考えられる。

② 中国・四国地方のうち転入超過を示す地域は，<u>人口の増加率が高い</u>と考えられる。

③ 大阪圏や名古屋圏への転出超過や転入超過が少ないのは，<u>転出者数と転入者数が均衡しているため</u>と考えられる。

④ 東京圏への大幅な転出超過は，<u>日本全体における人口の東京一極集中を反映している</u>と考えられる。

MEMO

地理B

（2020年 1 月実施）

60分　100点

2020
本試験

（解答番号 1 ～ 35）

第１問 次の図１を見て，世界の自然環境と自然災害に関する下の問い（**問１～６**）に答えよ。（配点 17）

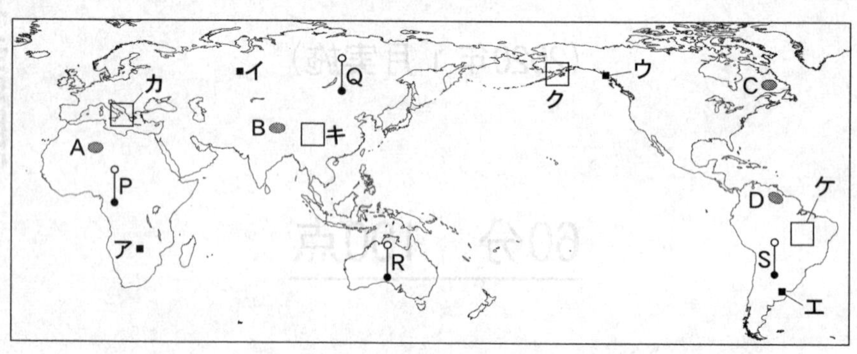

図 1

問１ 次の①～④の文は，図１中のA～Dのいずれかの高地にみられる自然環境の特徴について述べたものである。Cに該当するものを，次の①～④のうちから一つ選べ。 1

① 標高が約 500～1000 m で，氷河の削った侵食地形がみられる。
② 標高が約 900～3000 m で，ワジやオアシスがみられる。
③ 標高が約 2000～3000 m で，テーブル状の山が分布している。
④ 標高が約 4000～5000 m で，永久凍土が分布している。

問 2　次の図 2 中の①～④は，図 1 中の**ア**～**エ**のいずれかの地点における月平均気温と月降水量をハイサーグラフで示したものである。**ウ**に該当するものを，図 2 中の①～④のうちから一つ選べ。 **2**

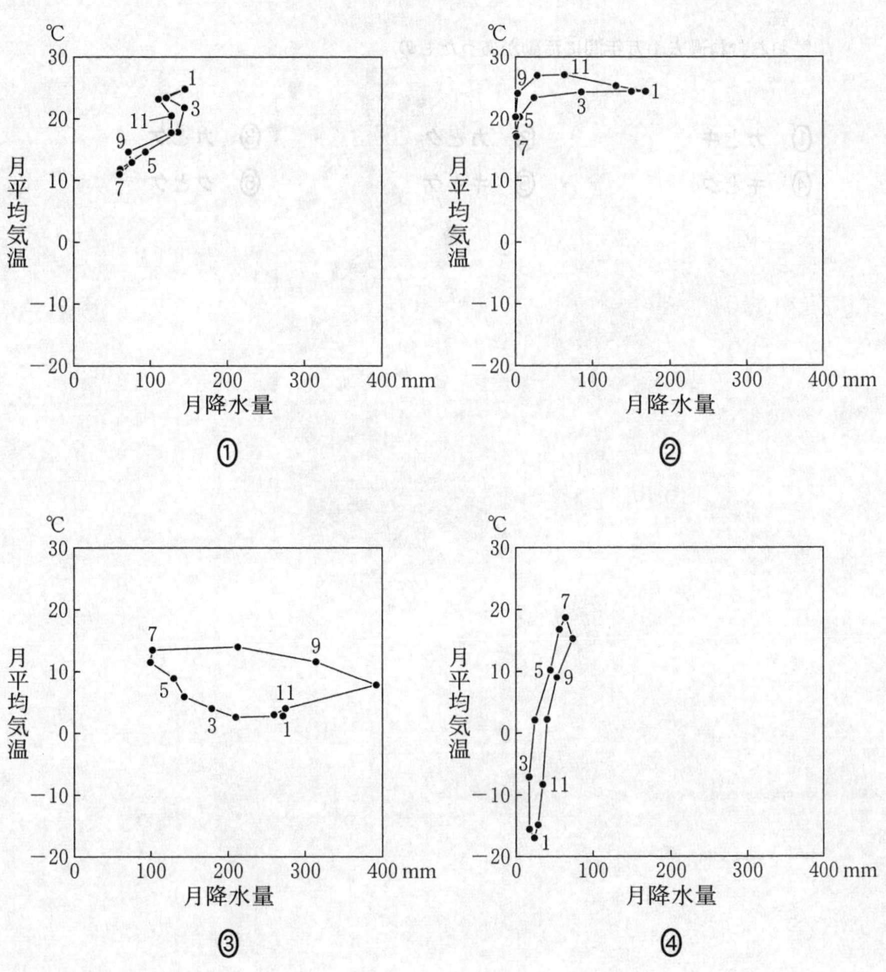

気象庁の資料により作成。

図　2

問 3 地震*の震源や火山**の分布は，プレート境界の分布と関係している。図1中の**カ**～**ケ**の地域のうち，地震の震源と火山の両方が分布する地域の組合せとして正しいものを，次の①～⑥のうちから一つ選べ。 3

*1991～2010年に発生した，震源が地下100kmより浅いマグニチュード4以上の地震。

**おおむね過去1万年間に活動があったもの。

① **カ**と**キ**　② **カ**と**ク**　③ **カ**と**ケ**
④ **キ**と**ク**　⑤ **キ**と**ケ**　⑥ **ク**と**ケ**

問 4　次の図 3 は，1 月と 7 月に特徴的にみられる気圧帯の位置を模式的に示したものである。図 3 から読み取れることがらやその背景について述べた文として下線部が**適当でないもの**を，下の①～④のうちから一つ選べ。 4

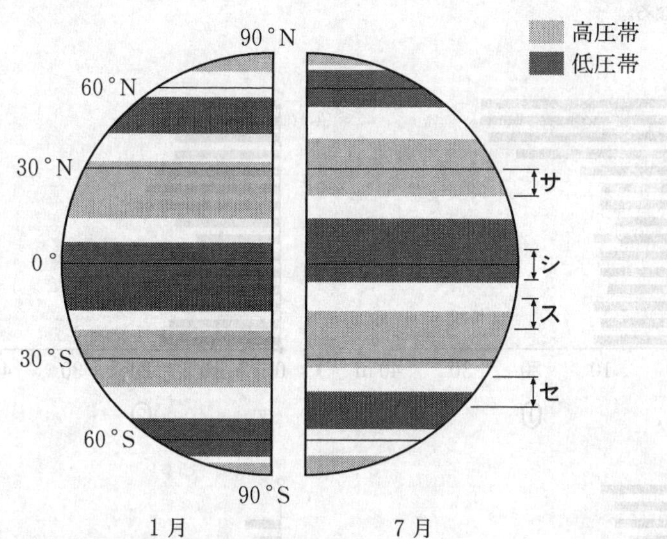

福井英一郎ほか編『日本・世界の気候図』などにより作成。

図　3

① サの緯度帯では，下降気流の影響で，年間を通じて雨が降りにくい。
② シの緯度帯では，上昇気流の影響で，年間を通じて多量の雨が降りやすい。
③ スの緯度帯では，1 月ごろに雨季のみられる気候が形成されやすい。
④ セの緯度帯では，7 月ごろに高温で乾燥する気候が形成されやすい。

問 5 次の図 4 中の①～④は，図 1 中の P ～ S のいずれかの経線に沿った樹木の高さ*を示したものである。Q に該当するものを，図 4 中の①～④のうちから一つ選べ。 5

*その地域の植生を構成する樹木の最大の高さ。樹木の生育していない地域では 0 m となる。

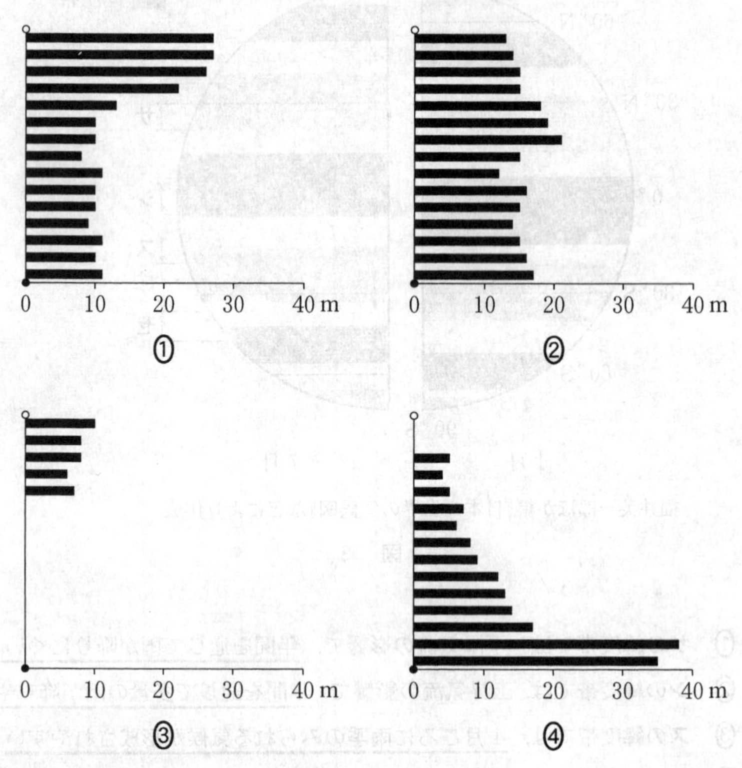

データは緯度 1 度ごと。
NASA の資料により作成。

図 4

問 6　自然災害の種類やその発生頻度は，各地域の自然環境の特徴や生活と密接に結びついている。次の図5は，いくつかの自然災害*について，南北アメリカにおける2008〜2017年の発生数**を国別に示したものであり，**タ**〜**ツ**は，地震，森林火災，熱帯低気圧のいずれかである。災害名と**タ**〜**ツ**との正しい組合せを，下の①〜⑥のうちから一つ選べ。 6

*死者10名以上，被災者100名以上，非常事態宣言の発令，国際援助の要請のいずれか一つ以上をもたらしたもの。

**一つの災害が複数の国に被害をもたらした場合は，それぞれの国に発生数が加算される。

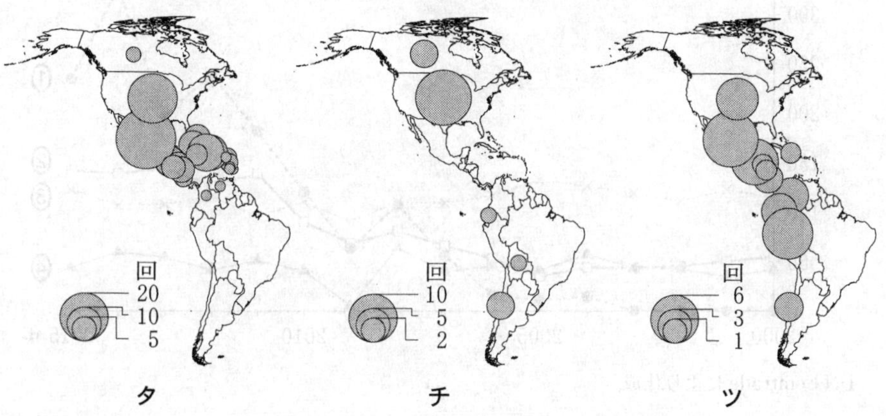

Université Catholique de Louvain の資料により作成。

図　5

	①	②	③	④	⑤	⑥
地　震	タ	タ	チ	チ	ツ	ツ
森林火災	チ	ツ	タ	ツ	タ	チ
熱帯低気圧	ツ	チ	ツ	タ	チ	タ

第２問　資源と産業に関する次の問い（問１～６）に答えよ。（配点　17）

問１　レアメタルの一つであるマンガンは，鉄鋼の生産など様々な工業で用いられてきた。次の図１は，いくつかの国におけるマンガン鉱の輸入量の推移を示したものであり，①～④は，インド，韓国，スペイン，日本のいずれかである。韓国に該当するものを，図１中の①～④のうちから一つ選べ。　7

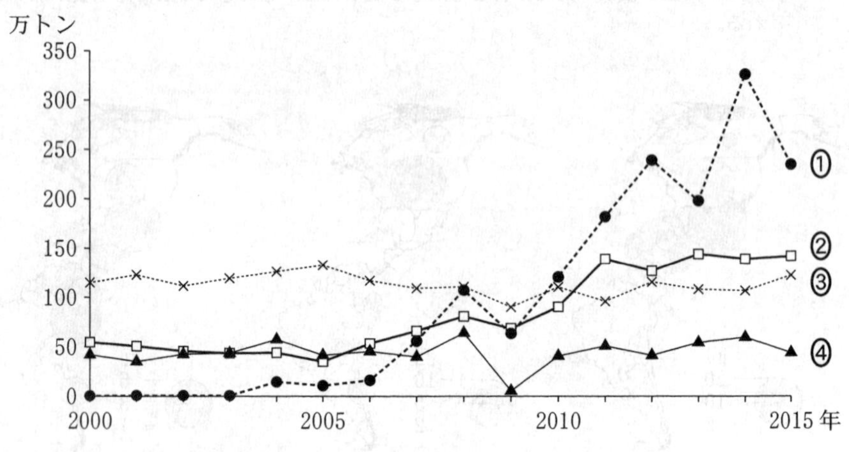

UN Comtrade により作成。

図　1

問２　水産業と水産資源に関連することがらについて述べた文として下線部が**適当でないもの**を，次の①～④のうちから一つ選べ。　8

① 1980年代後半から1990年代半ばにかけて，日本では水産物の輸入量が増加した。

② 世界各国で水産資源の需要が高まる中で，2000年と比べて2015年の世界の漁獲量に占める養殖業の割合は増加した。

③ 世界の好漁場の多くは，大陸棚のある海域に分布している。

④ 日本では，排他的経済水域の設定の影響で沖合漁業の漁獲量が激減した。

問 3　産業構造の変化は輸出品目の内訳に反映される。次の表 1 は，1990 年と 2015 年におけるシンガポールとトルコの輸出品目について，上位 5 品目とそれらが輸出総額に占める割合を示したものであり，**ア**～**ウ**は，衣類，果実類，電気機械のいずれかである。品目名と**ア**～**ウ**との正しい組合せを，下の①～⑥のうちから一つ選べ。 **9**

表　1

（単位：%）

順　位	シンガポール				トルコ			
	1990 年		2015 年		1990 年		2015 年	
1　位	**ア**	24.4	**ア**	34.1	**イ**	20.3	輸送機械	12.1
2　位	一般機械	23.4	一般機械	14.7	鉄　鋼	10.3	**イ**	10.3
3　位	石油製品	17.5	石油製品	12.1	**ウ**	7.7	一般機械	8.6
4　位	**イ**	3.0	有機化合物	4.5	革製品	5.2	**ア**	5.8
5　位	プラスチック製品	2.3	精密機械	4.5	綿	4.5	金	5.1

UN Comtrade により作成。

	①	②	③	④	⑤	⑥
衣　類	**ア**	**ア**	**イ**	**イ**	**ウ**	**ウ**
果実類	**イ**	**ウ**	**ア**	**ウ**	**ア**	**イ**
電気機械	**ウ**	**イ**	**ウ**	**ア**	**イ**	**ア**

問 4　次の図2中の**カ**～**ク**は，米の生産量，輸出量，輸入量のいずれかについて，上位12か国・地域とそれらが世界全体に占める割合を示したものである。項目名と**カ**～**ク**との正しい組合せを，次ページの①～⑥のうちから一つ選べ。 10

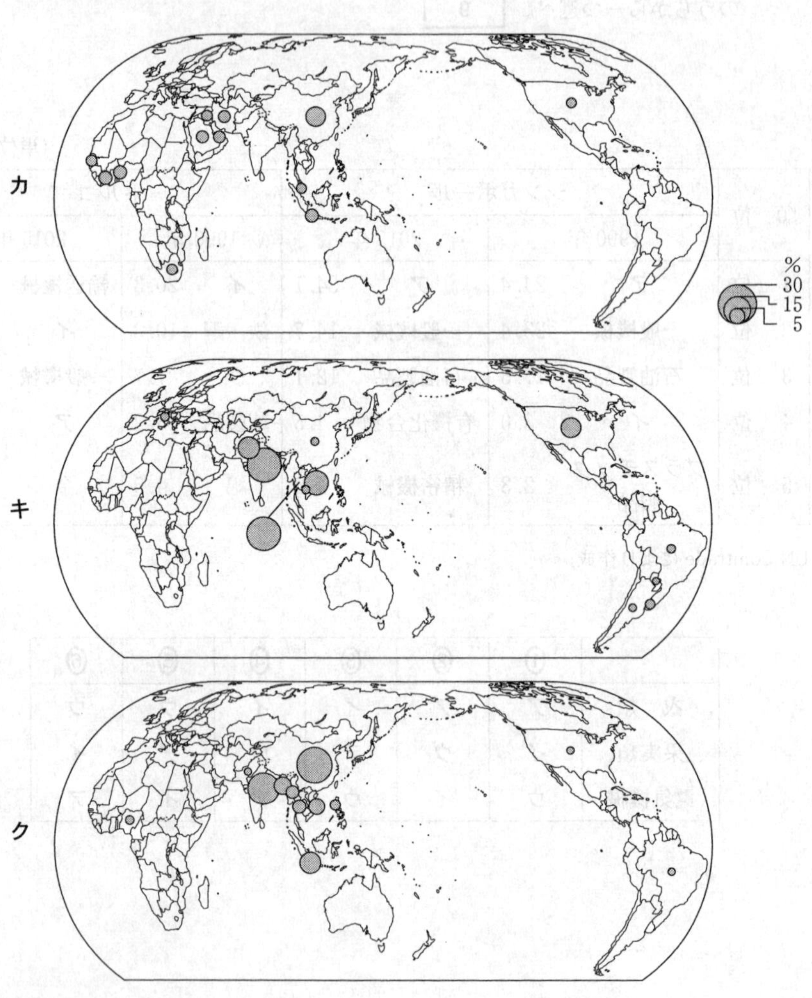

中国の数値には台湾，ホンコン，マカオを含まない。
統計年次は2015年。
FAOSTATにより作成。

図　2

	①	②	③	④	⑤	⑥
生産量	カ	カ	キ	キ	ク	ク
輸出量	キ	ク	カ	ク	カ	キ
輸入量	ク	キ	ク	カ	キ	カ

問 5　近年，世界各地で自然環境をいかした発電方法が導入されつつある。2015年における年間発電量のうち，総発電量に占める風力の割合が 20 % を超える国・地域に該当するものを，次の①～④のうちから一つ選べ。 11

① イラン　② カナダ　③ 台湾　④ ポルトガル

問 6　経済のサービス化や知識産業化の進展の度合いは，国や地域によって異なる特徴を示す。次の表 2 は，いくつかの国における人口 1 人当たり GNI(国民総所得)，人口 1 人当たり研究開発費*，労働人口に占める金融・保険業の従業者割合を示したものであり，①～④は，アラブ首長国連邦，スイス，日本，ハンガリーのいずれかである。日本に該当するものを，表 2 中の①～④のうちから一つ選べ。 12

*国内での研究開発に投じられた費用の総額。

表　2

	人口 1 人当たり GNI(ドル)	人口 1 人当たり研究開発費(ドル)	労働人口に占める金融・保険業の従業者割合(%)
①	82, 681	2, 126	5. 2
②	40, 469	630	1. 9
③	35, 939	1, 328	3. 0
④	11, 771	366	2. 2

統計年次は，人口 1 人当たり GNI と人口 1 人当たり研究開発費が 2015 年，労働人口に占める金融・保険業の従業者割合が 2016 年。
ILOSTAT などにより作成。

第3問　都市と村落に関する次の問い(問1～6)に答えよ。(配点　17)

問1　次の図1は，北半球を赤道から緯度15度ごとに区切った範囲を示したものであり，下の表1中の①～④は，図1中のア～エのいずれかの範囲における人口300万人以上の都市*の数の推移を示したものである。ウに該当するものを，表1中の①～④のうちから一つ選べ。 13

*各時点での各国の統計上の定義による。

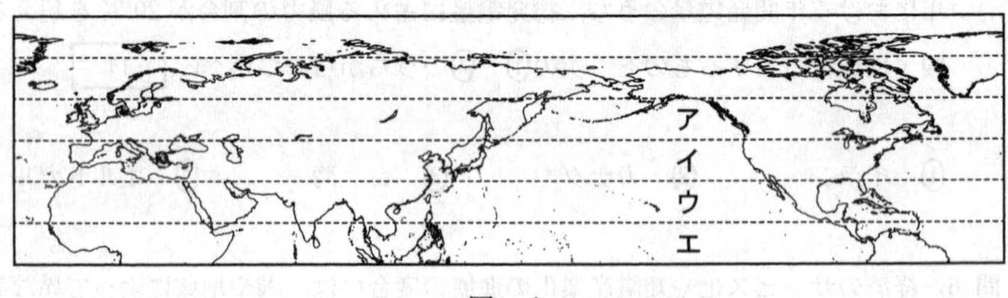

図　1

表　1

	1975年	1995年	2015年
①	21	33	54
②	6	19	39
③	6	8	9
④	4	8	15
世界全体	44	79	141

World Urbanization Prospects により作成。

問2　国内での都市の人口規模の違いは，その国の歴史や政治・経済状況と関係がある。人口規模第1位の都市の人口*が，第2位の都市の人口*の2倍未満である国に該当するものを，次の①～④のうちから一つ選べ。 14

*統計年次は2011年，2015年，2016年のいずれか。

① エチオピア　　② オーストラリア
③ 韓　国　　④ チェコ

問 3　都市の経済発展や都市への人口集中は，様々な都市問題を発生させる。都市問題やその対策について述べた文として下線部が**適当でないもの**を，次の①～④のうちから一つ選べ。 15

① インドのムンバイ(ボンベイ)では，人口流入が続き，不良住宅地(スラム)に居住している人も多い。

② ドイツのフライブルクでは，路面電車などの公共交通網を整備し，中心市街地への自家用車の流入を抑制してきた。

③ ニューヨークの都心部では，近年の再開発によって住宅が改装・建設され，高所得者層が減少した。

④ ペキンでは，工場での石炭使用や自家用車の急増などから，大気汚染が深刻な状況となってきた。

問 4　1997年に中国に返還されたホンコンでは，政治体制や経済情勢の変化が住民の構成にも影響している。次の表2は，ホンコンにおける，1996年と2016年の労働者総数，2016年の労働者総数に占める管理職・専門職*従事者の割合を国籍**別に示したものであり，①～④は，イギリス，タイ，日本，フィリピンのいずれかである。フィリピンに該当するものを，表2中の①～④のうちから一つ選べ。 16

*看護師，小学校教員，土木技術者などを含む。
**調査の際に回答された第1の国籍。

表　2

	労働者総数(人)		労働者総数に占める管理職・専門職従事者の割合(%)
	1996年	2016年	
①	115,102	177,984	2.6
②	96,272	19,468	83.6
③	9,663	5,589	81.9
④	9,444	6,145	8.6

1996年の値には，ホンコン居留権のみの保有者は含まない。
香港政府統計処の資料により作成。

問 5　地域間の人口移動には，地域間の結びつきやそれぞれの地域の社会経済的な状況などが大きく影響している。次の表3は，日本のいくつかの都府県間における1年間の人口転出入数*を示したものであり，**カ**～**ケ**は，宮城県，秋田県，鳥取県，岡山県のいずれかである。鳥取県に該当するものを，下の①～④のうちから一つ選べ。 **17**

*同一の都府県内の移動を含まない。

表　3

（単位：人）

転出前の住所地	転入後の住所地					
	東京都	大阪府	**カ**	**キ**	**ク**	**ケ**
東京都	—	17,439	6,483	2,163	1,872	655
大阪府	25,390	—	1,073	3,158	140	1,038
カ	9,499	1,269	—	155	1,683	54
キ	3,453	3,611	204	—	36	873
ク	3,035	190	2,482	32	—	13
ケ	1,034	1,218	38	908	4	—

統計年次は2017年。
総務省の資料により作成。

① **カ**　　② **キ**　　③ **ク**　　④ **ケ**

問 6　都市が成長するにつれて，都市内部では機能が分化し，人口構成にも差異が生じる。次の図２は，人口 50 万人規模の日本のある県庁所在都市について，その概要と，いくつかの人口に関する指標をメッシュで示したものであり，**サ**〜**ス**は，総人口に占める居住期間が５年未満の人口*割合，総世帯数に占める核家族世帯割合および第１次産業就業者世帯割合のいずれかである。指標名と**サ**〜**ス**との正しい組合せを，下の①〜⑥のうちから一つ選べ。 **18**

*出生時からの居住者は含まない。

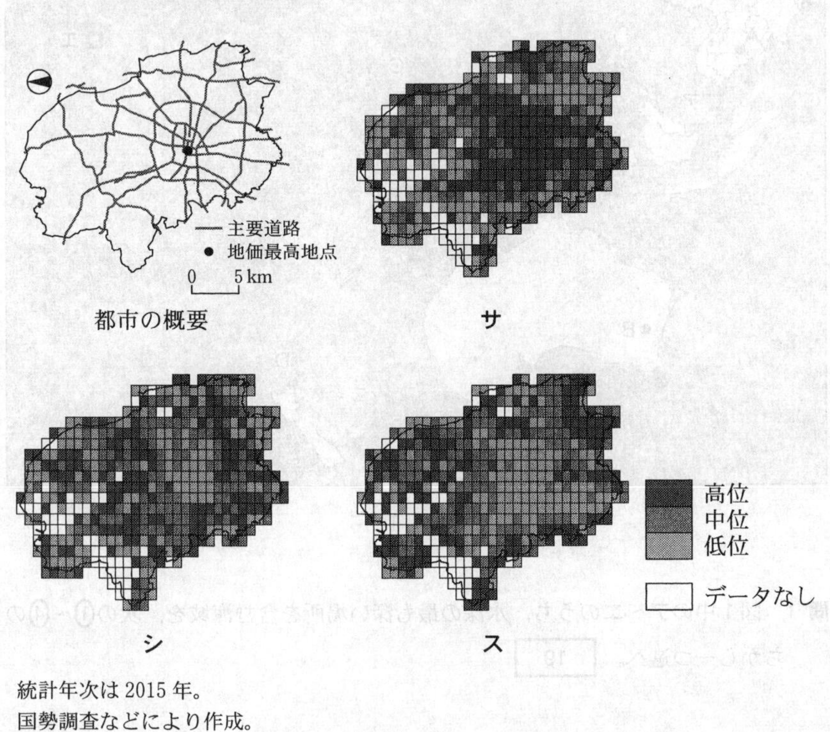

統計年次は 2015 年。
国勢調査などにより作成。

図　2

	①	②	③	④	⑤	⑥
居住期間が５年未満の人口割合	サ	サ	シ	シ	ス	ス
核家族世帯割合	シ	ス	サ	ス	サ	シ
第１次産業就業者世帯割合	ス	シ	ス	サ	シ	サ

第4問 次の図1を見て，東南アジアとオセアニアに関する下の問い(**問1～6**)に答えよ。(配点　17)

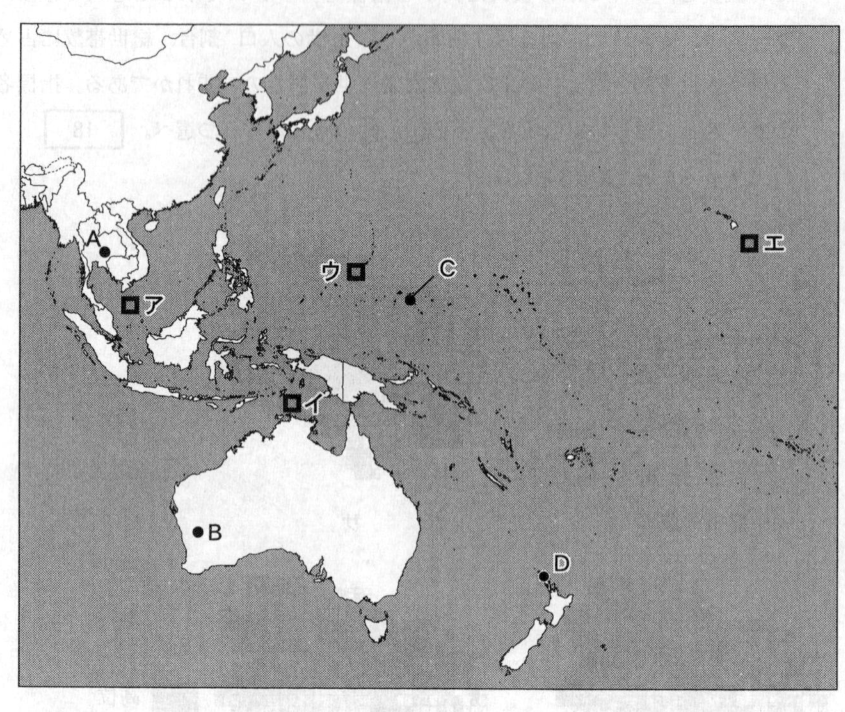

図　1

問1 図1中の**ア**～**エ**のうち，水深の最も深い場所を含む海域を，次の①～④のうちから一つ選べ。 19

① **ア**　　② **イ**　　③ **ウ**　　④ **エ**

問 2　次の図 2 は，図 1 中のＡ～Ｄのいずれかの地点における月平均気温と月降水量を示したものである。Ｄに該当するものを，図 2 中の①～④のうちから一つ選べ。 20

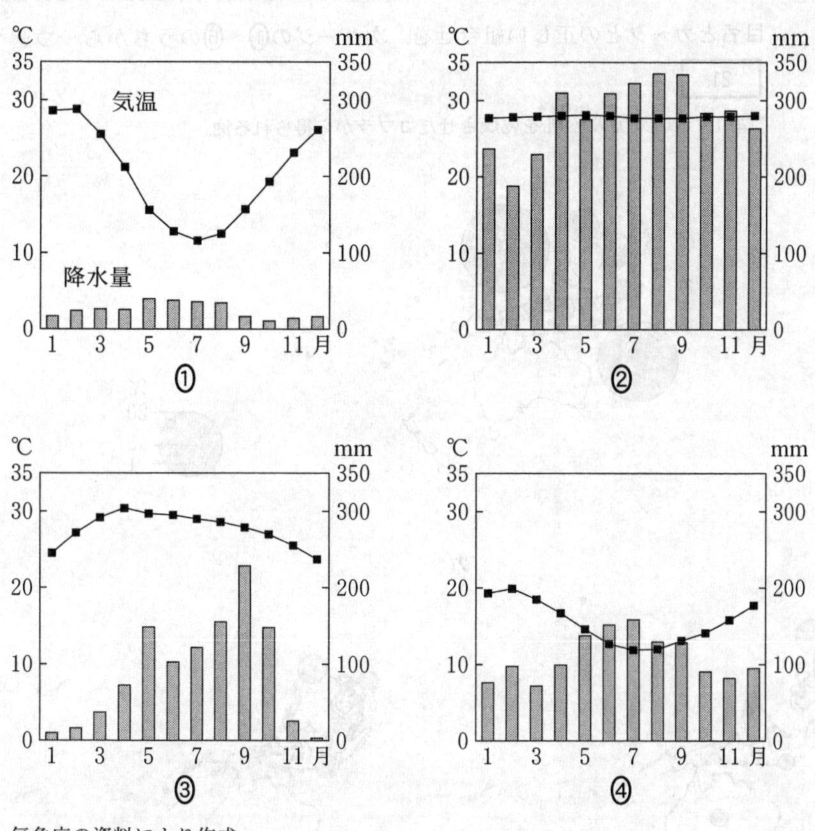

気象庁の資料により作成。

図　2

問 3　東南アジアとオセアニアで行われているプランテーション農業の作物やその加工品は，いくつかの国の特徴的な輸出産品となっている。次の図 3 中の**カ**～**ク**は，東南アジアとオセアニアにおけるコプラ油*，サトウキビ，茶のいずれかの生産量について，世界に占める割合を国・地域別に示したものである。品目名と**カ**～**ク**との正しい組合せを，次ページの①～⑥のうちから一つ選べ。 **21**

*ココヤシの果実の胚乳(はいにゅう)を乾燥させたコプラから得られる油。

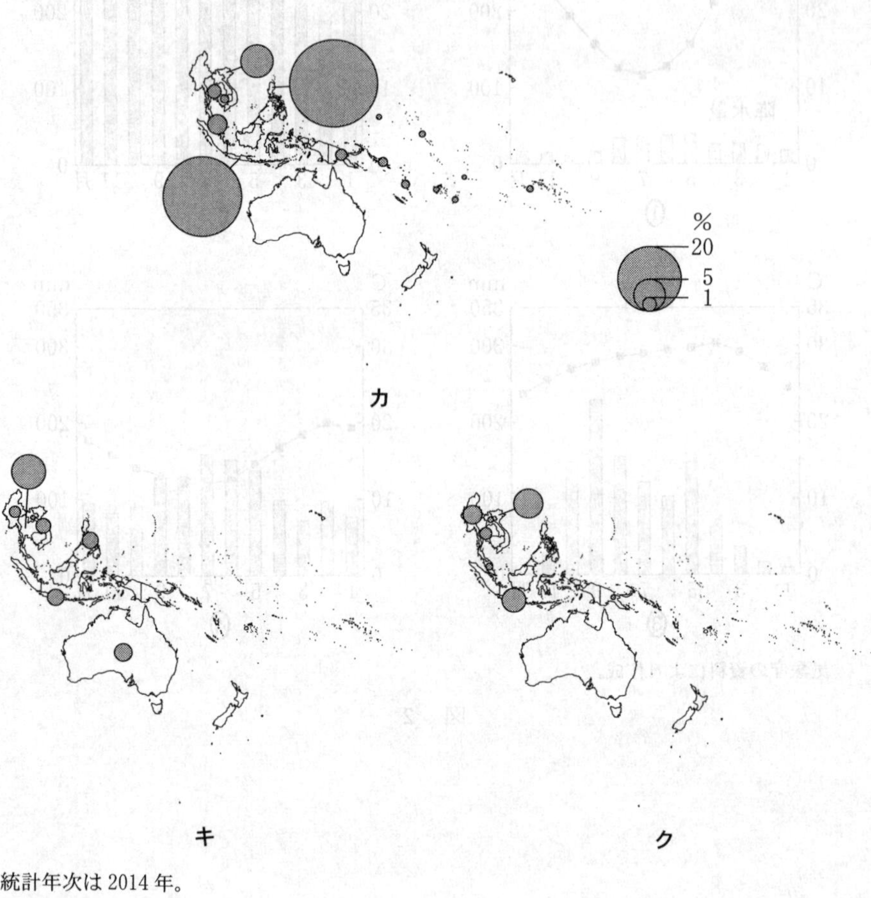

統計年次は 2014 年。
FAOSTAT により作成。

図　3

	①	②	③	④	⑤	⑥
コプラ油	カ	カ	キ	キ	ク	ク
サトウキビ	キ	ク	カ	ク	カ	キ
茶	ク	キ	ク	カ	キ	カ

問 4　東南アジアとオセアニアの豊富な鉱産資源は，外貨の獲得に寄与している。次の表 1 は，いくつかの鉱産資源について，世界の産出量に占める割合を地域・国別に示したものであり，①～④は，すず，鉄鉱石，ニッケル，ボーキサイトのいずれかである。ボーキサイトに該当するものを，表 1 中の①～④のうちから一つ選べ。 22

表　1

（単位：%）

	①	②	③	④
東南アジア（大陸部）	14.1	1.5	0.4	0.2
東南アジア（島嶼部）	19.3	29.9	11.8	0.2
オーストラリア	2.4	9.7	27.1	34.7
オセアニア（オーストラリアを除く）	0.0	9.3	0.2	0.1

東南アジア（島嶼部）は，マレーシアを含む。
統計年次は 2015 年。
USGS の資料により作成。

問 5　次の図4は，いくつかの国について，それぞれの国に対する輸出額を示したものであり，**サ～セ**は，オーストラリア，タイ，中国*，ラオスのいずれかである。オーストラリアに該当するものを，下の①～④のうちから一つ選べ。　23

*台湾，ホンコン，マカオを含まない。

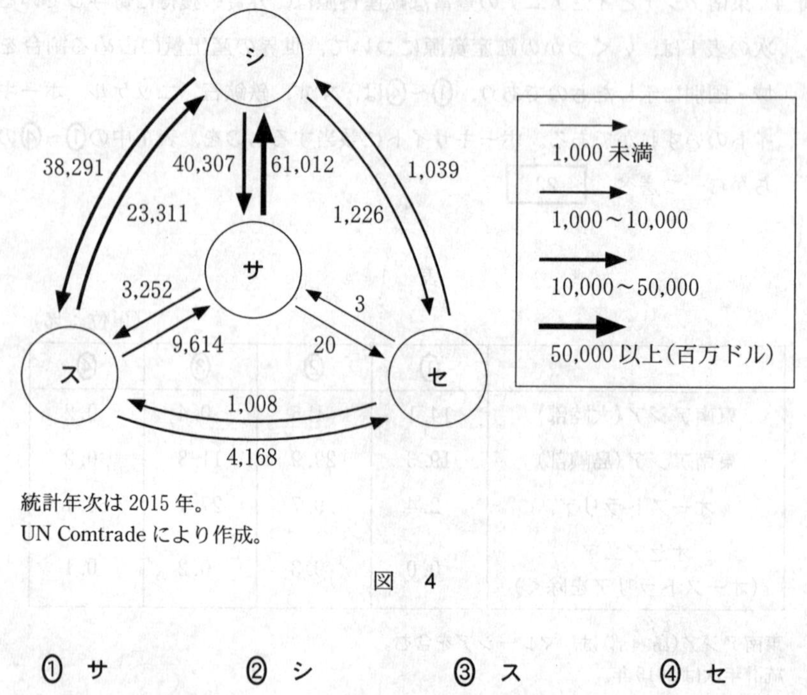

統計年次は 2015 年。
UN Comtrade により作成。

図　4

①　サ　　②　シ　　③　ス　　④　セ

問 6　東南アジアとオセアニアの国々には，歴史的経緯から多様な文化がみられる。東南アジアとオセアニアの国・地域の生活文化と民族・宗教について述べた文として**適当でないもの**を，次の①～④のうちから一つ選べ。　24

① インドネシアのバリ島では，ムスリム(イスラム教徒)が人口の多数を占めている。

② オーストラリアでは，1970 年代に白豪主義政策が廃止された後，世界各地からの移民と共生する多文化主義がとられてきた。

③ シンガポールでは，学校教育や行政・ビジネスの場で，主として英語が共通語として用いられている。

④ ベトナムでは，かつて宗主国であったフランスの影響から，コーヒーやパンを飲食する習慣が広まった。

第5問　中国とブラジルに関する次の文章を読み，下の図1を見て，下の問い(問1～5)に答えよ。(配点　14)

中国とブラジルには，ともに<u>ⓐ世界有数の大河</u>が流れている。両国は，国土面積が広くかつ同程度で，<u>ⓑ農業が盛ん</u>であり，資源も豊富である。そして，両国は，インド，南アフリカ共和国，ロシアとともに経済成長が注目されており，これら5か国は<u>ⓒBRICS</u>とよばれている。一方，中国とブラジルの<u>ⓓ社会基盤(インフラ)の整備状況</u>には違いがみられる。また，歴史的経緯や社会的条件などを背景に，両国では<u>ⓔ他国との結びつき</u>が構築されてきた。

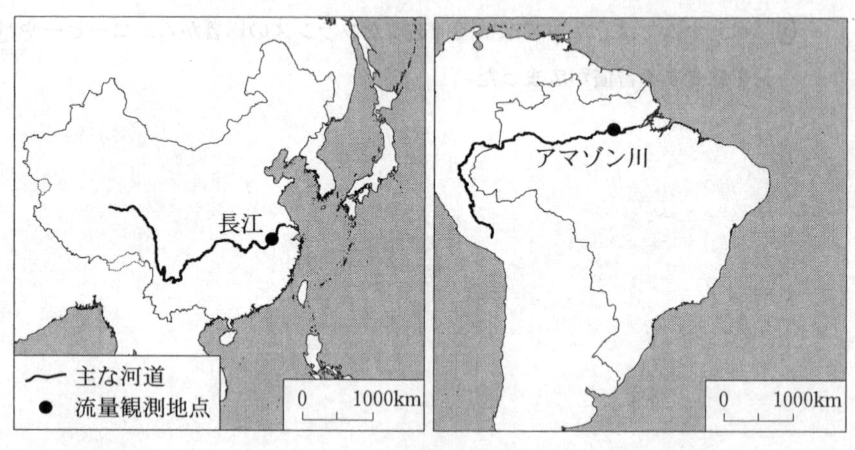

図　1

問1　下線部ⓐに関して，次ページの図2中の**ア**と**イ**は，図1中の長江とアマゾン川のいずれかの河川の勾配(こうばい)を示したものであり，次ページの図3中のAとBは，いずれかの河川の流量観測地点における月平均流量を示したものである。図2中の**ア**と**イ**および図3中のAとBのうち，長江に該当する正しい組合せを，次ページの①～④のうちから一つ選べ。［25］

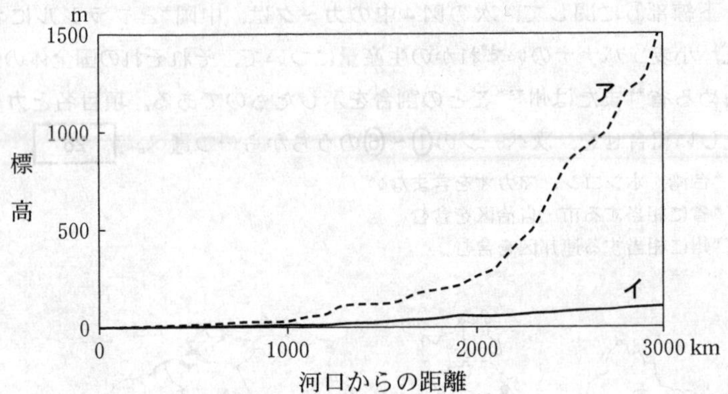

この図では，河口から 3000 km まで，標高 1500 m までの範囲が示されている。
USGS の資料などにより作成。

図　2

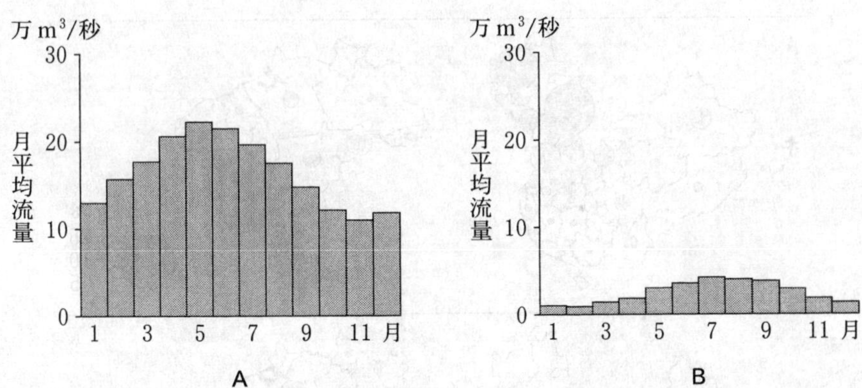

Global Runoff Data Centre, University of New Hampshire の資料により作成。

図　3

	①	②	③	④
河川の勾配	ア	ア	イ	イ
月平均流量	A	B	A	B

問 2　下線部ⓑに関して，次の図 4 中の**カ**～**ク**は，中国*とブラジルにおける牛乳，小麦，バナナのいずれかの生産量について，それぞれの国全体の生産量に占める省**または州***ごとの割合を示したものである。項目名と**カ**～**ク**との正しい組合せを，次ページの①～⑥のうちから一つ選べ。 **26**

*台湾，ホンコン，マカオを含まない。
**省に相当する市・自治区を含む。
***州に相当する連邦区を含む。

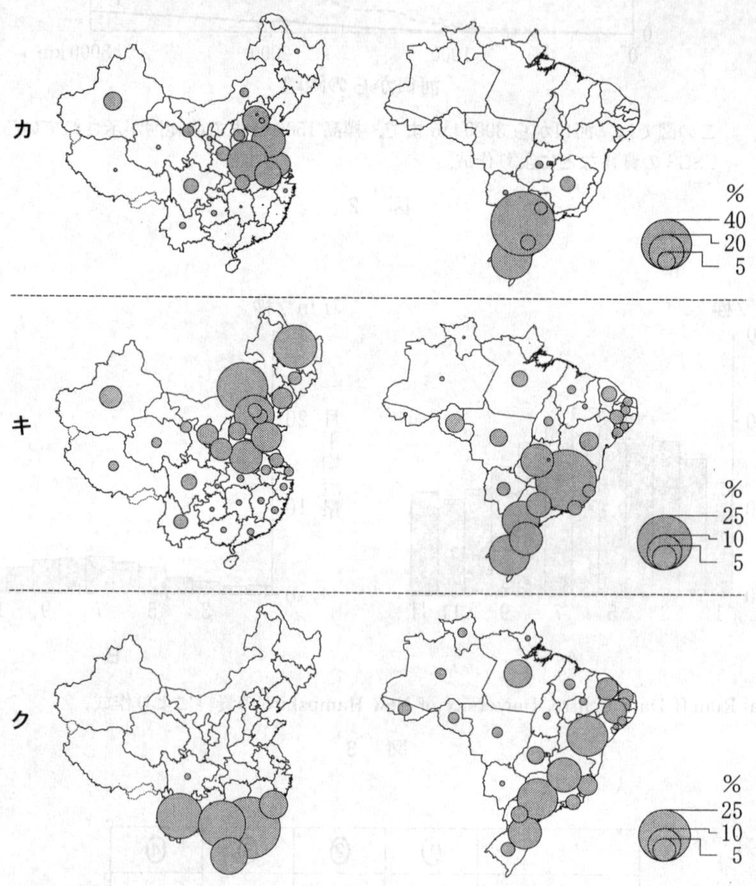

統計年次は，ブラジルの牛乳が 2017 年度，ブラジルのバナナが 2016 年度，それ以外は 2014 年度。
『中国統計年鑑 2015 年版』などにより作成。

図　4

	①	②	③	④	⑤	⑥
牛　乳	カ	カ	キ	キ	ク	ク
小　麦	キ	ク	カ	ク	カ	キ
バナナ	ク	キ	ク	カ	キ	カ

問 3　下線部ⓒに関して，BRICS の国々の中でも産業構造や工業の発展過程には違いがみられる。次の図 5 は，インド，中国*，ブラジル，ロシアにおける製造業生産額全体に占める品目別の割合を示したものであり，**サ**～**セ**は，機械類，食料品・飲料，石油製品，繊維品のいずれかである。食料品・飲料に該当するものを，下の①～④のうちから一つ選べ。 **27**

*台湾，ホンコン，マカオを含まない。

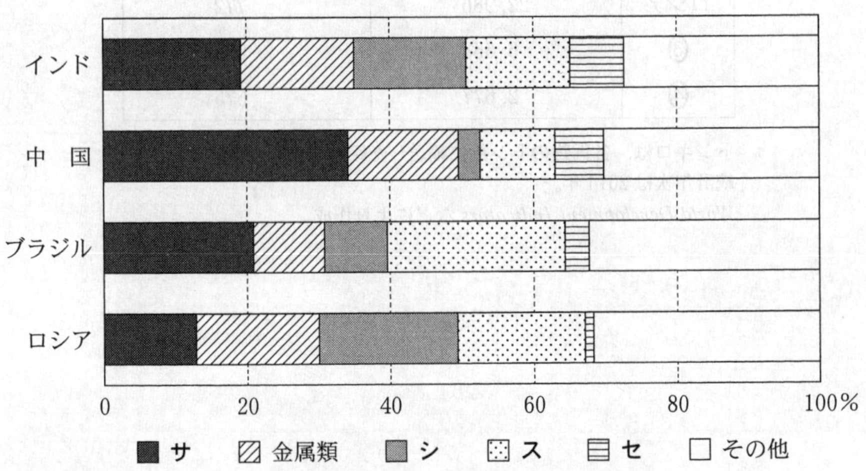

統計年次は 2015 年。
UNIDO, *International Yearbook of Industrial Statistics* により作成。

図　5

①　サ　　　②　シ　　　③　ス　　　④　セ

問 4　下線部ⓓに関して，中国とブラジルでは，交通網の発達や輸送手段に違いがみられる。次の表1は，両国を含む国土面積の広大ないくつかの国について，鉄道貨物輸送量と国内航空貨物輸送量を示したものであり，①～④は，アメリカ合衆国，インド，中国*，ブラジルのいずれかである。中国に該当するものを，表1中の①～④のうちから一つ選べ。 28

*台湾，ホンコン，マカオを含まない。

表　1

	鉄道貨物輸送量（億トンキロ）	国内航空貨物輸送量（百万トンキロ）
①	27,027	15,619
②	23,087	5,948
ロシア	22,986	772
③	6,658	620
④	2,677	575

トンキロは，各貨物のトン数に輸送した距離を乗じた値。
統計年次は2014年。
World Development Indicators などにより作成。

問 5　下線部ⓔに関して，国外への移住は，その国の歴史や社会・経済状況を背景とする。次の図 6 は，日本における中国*またはブラジル国籍をもつ居住者数の推移について，図 7 は，中国*またはブラジルにおける日本出身の居住者数**の推移について，それぞれ 1990 年の値を 100 とした指数で示したものである。図 6 中の**タ**と**チ**および図 7 中の X と Y は，それぞれ中国またはブラジルのいずれかである。ブラジルに該当する正しい組合せを，下の①～④のうちから一つ選べ。 **29**

*台湾，ホンコン，マカオを含まない。
**中国においては日本国籍をもつ居住者数，ブラジルにおいては日本で生まれた居住者数。

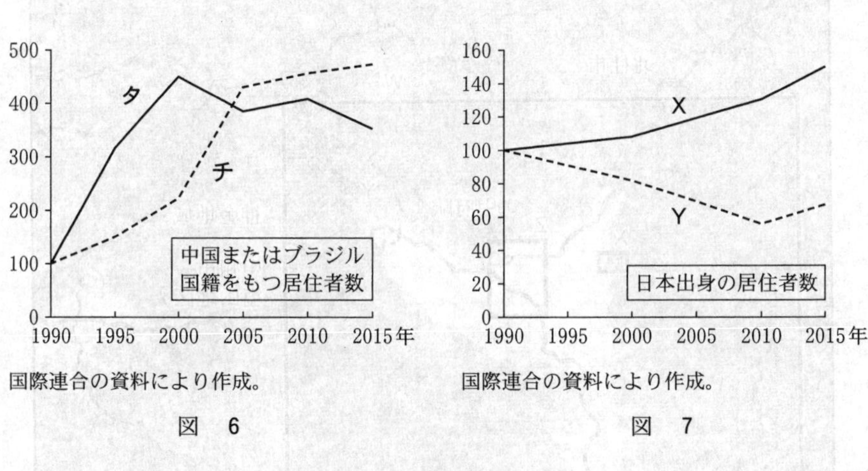

国際連合の資料により作成。

図　6

国際連合の資料により作成。

図　7

	①	②	③	④
中国またはブラジル国籍をもつ居住者数	タ	タ	チ	チ
日本出身の居住者数	X	Y	X	Y

第6問　東京の高校に通うスミさんは，教科書で見た山梨県の扇状地に興味をもち，甲府盆地とその周辺地域の調査を行った。次の図1を見て，この地域調査に関する下の問い(問1～6)に答えよ。(配点　18)

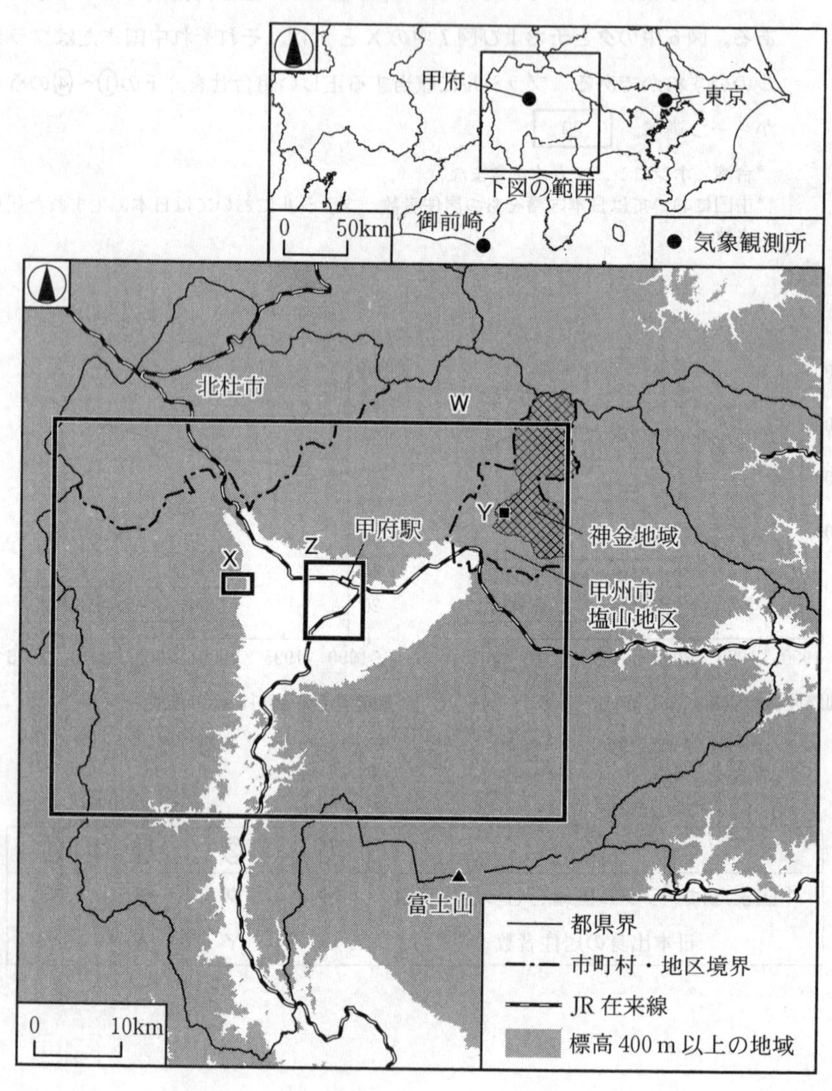

図　1

問 1　事前調査として，スミさんはいくつかの指標から甲府の気候を他地域と比較した。次の表 1 は，図 1 中に示した甲府を含む 3 地点の気象観測所における，夏季の気温の日較差*と，冬季の総降水量**を示したものであり，**ア**～**ウ**は，御前崎（おまえざき），甲府，東京のいずれかである。気象観測所と**ア**～**ウ**との正しい組合せを，下の①～⑥のうちから一つ選べ。　30

*6 月，7 月，8 月の平均値。
**1 月，2 月，12 月の合計値。

表　1

	夏季の気温の日較差(℃)	冬季の総降水量(mm)
ア	9.4	118.4
イ	6.5	159.4
ウ	5.1	248.7

気象庁の資料により作成。

	①	②	③	④	⑤	⑥
御前崎	ア	ア	イ	イ	ウ	ウ
甲　府	イ	ウ	ア	ウ	ア	イ
東　京	ウ	イ	ウ	ア	イ	ア

問 2 スミさんは，甲府盆地の地形的特徴を知るために，数値標高データを使って鳥瞰図（ちょうかん）を作成した。次の図 **2** は，図 **1** 中の **W** の範囲における甲府盆地とその周辺の地形を 200 m 間隔の等高線で表現したものであり，下の図 **3** は，図 **2** 中の**カ**の範囲について，図 **2** 中に示す①～④のいずれかの方向から見下ろした鳥瞰図である。図 **3** のように見える方向に該当するものを，図 **2** 中の①～④のうちから一つ選べ。 31

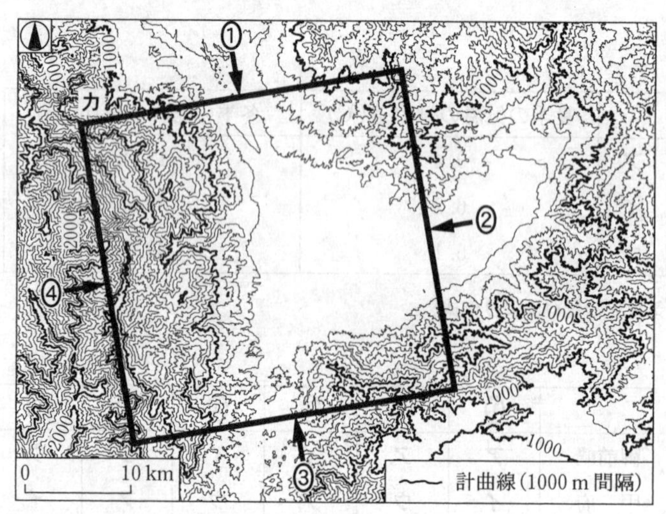

基盤地図情報により作成。

図　2

標高が高いほど濃く，高さは強調して表現してある。

図　3

問 3　スミさんは，古くから氾濫の多い河川として知られる御勅使川(みだいがわ)の扇状地を歩き，地域の土地利用について住民から話を聞いた。次の図4は，図1中のXの範囲における2008年発行の2万5千分の1地形図(原寸，一部改変)に，1916年発行の2万5千分の1地形図に描かれた石積みの堤防の分布を重ねたものである。また，下の①～④の文は，図4中のA～Dのいずれかの地点における土地利用の特徴について，スミさんが作成したメモである。Dの特徴を説明した文として最も適当なものを，下の①～④のうちから一つ選べ。 32

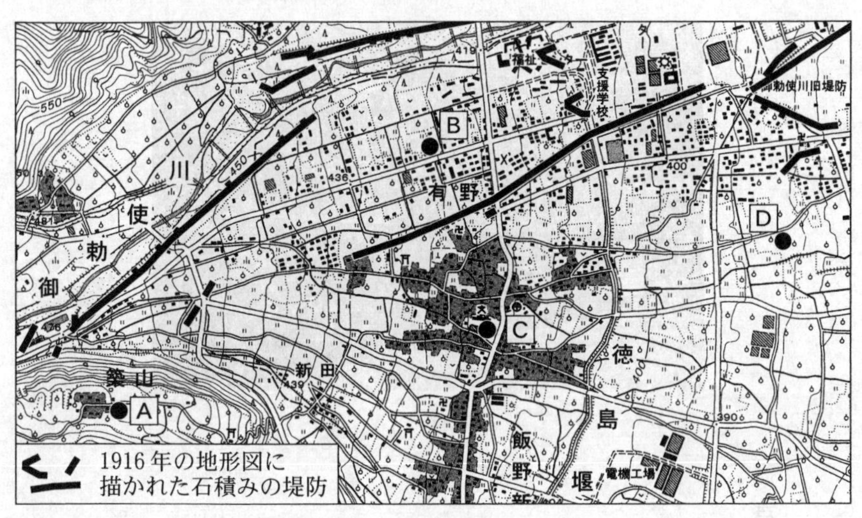

図　4

① 1916年ごろには御勅使川の河道に位置していたが，直線的な道路が整備されるなど開発が進み，住宅や農地がみられるようになった。

② かつては水を得にくい土地だったが，用水路である徳島堰(とくしませぎ)から地形の高低差を利用して水を引くことにより，果樹栽培が広くみられるようになった。

③ 扇状地よりも高い位置にあり，住宅や農地は，かつてたびたび発生した御勅使川の氾濫の被害を免れてきた。

④ 古くからの集落であり，等高線に沿うように延びる主要道路に面して，公共施設がみられる。

問 4　甲府盆地で養蚕(ようさん)業が盛んであったことを知ったスミさんは，かつて養蚕をしていた図1中の甲州(こうしゅう)市塩山(えんざん)地区の山間部にある神金(かみかね)地域を訪れ，住民に話を聞いた。次の写真1は，神金地域内に位置する図1中の地点Yにおいてスミさんが家屋を撮影したものであり，下の図5は，神金地域における養蚕戸数と，それが塩山地区の養蚕戸数に占める割合の推移を示したものである。次ページのスミさんと住民との会話文中の空欄**サ**と**シ**に当てはまる語句の正しい組合せを，次ページの①～④のうちから一つ選べ。 **33**

写真　1

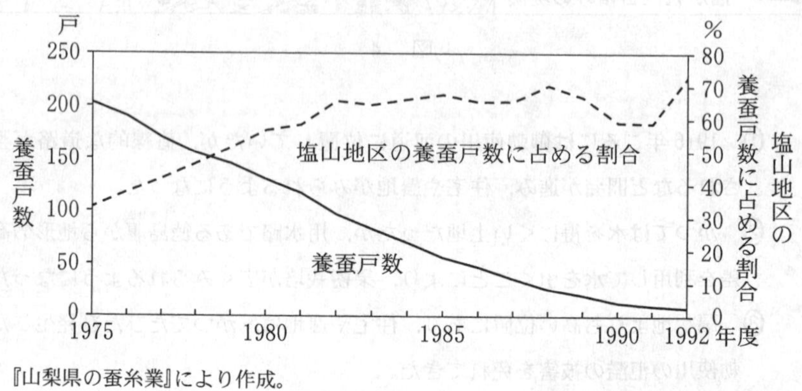

『山梨県の蚕糸業』により作成。

図　5

スミ「写真1のような，屋根の中央部を突き上げるように高くした家屋がこの周辺には多いですね。なぜこのような形をしているのですか」

住民「養蚕が始まった当初は，このような屋根ではなかったのですが，自宅内で養蚕を行うスペースを広げるために，屋根と屋根裏を改修しました。その際に，屋根の中央部は（　サ　）と採光を重視した構造となりました。このような伝統的家屋には，現在は文化財として保存されているものもあります」

スミ「養蚕業は主要な産業だったのですね。いつごろ養蚕業が盛んだったのですか」

住民「神金地域では，明治から昭和の中ごろにかけて養蚕業が盛んに行われていました。しかし，図5からもわかるように，1990年ごろまでに，養蚕戸数が大きく減少しました。神金地域と塩山地区内の他地域を比べると，神金地域は養蚕業が（　シ　）地域でした」

スミ「現在は，養蚕に必要な桑園（そうえん）はほとんど残っていないのですか」

住民「そうですね。ほとんどが果樹園にかわりました」

スミ「時代とともに地域の主要な産業が変化してきたのですね。ありがとうございました」

	①	②	③	④
サ	通気性	通気性	防音性	防音性
シ	遅くまで行われていた	早くに縮小した	遅くまで行われていた	早くに縮小した

問 5　スミさんは，甲府駅南側の中心市街地に向かう途中に多くの大型小売店があることに気づき，甲府市とその周辺地域の商業の変化について調べた。次の図6は，図1中のZの範囲における1991年と2017年の大型小売店*の分布を店舗面積別に示したものである。図6の範囲から読み取れることがらを説明した文として下線部が最も適当なものを，下の①～④のうちから一つ選べ。 34

*店舗面積が1,000 m² 以上の店舗。

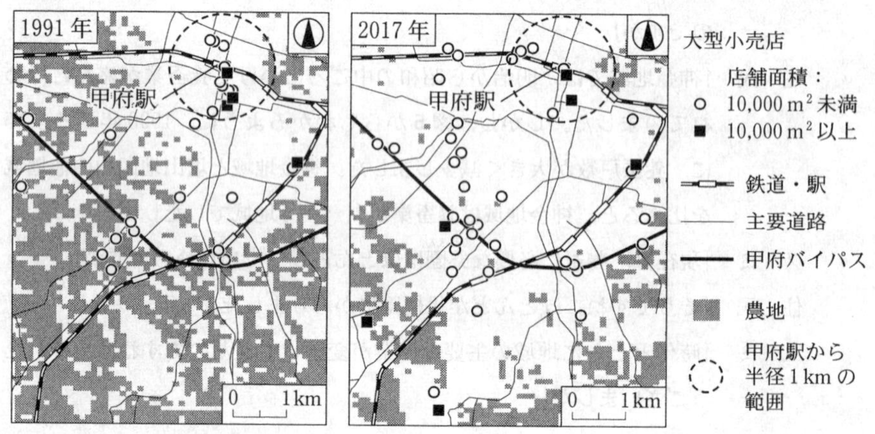

2017年の図中の農地については，2016年時点のデータを用いた。
国土数値情報などにより作成。

図　6

① 1991年時点での店舗面積10,000 m² 以上の大型小売店数は，甲府駅から半径1kmの範囲内よりも範囲外の方が多い。

② 1991年時点と2017年時点を比べると，2017年の方が甲府駅から半径1kmの範囲内において店舗面積10,000 m² 未満の大型小売店数が多い。

③ 2017年時点での甲府バイパスより南側にある店舗面積10,000 m² 以上の大型小売店は，1991年時点に農地であった場所に立地している。

④ 2017年時点での甲府バイパスより南側にある店舗面積10,000 m² 以上の大型小売店は，それぞれの最寄りの駅から500 m以内に立地している。

問 6　図1中の北杜(ほくと)市が，近年，積極的に移住促進の取組みをすすめていることを知ったスミさんは，移住の実態を調べてみた。次の図7は，北杜市における人口の自然増加率と社会増加率の推移を示したものであり，図8は，北杜市への転入者数*が上位の4都県からの転入者の年齢別割合を示したものである。図7と図8から読み取れることがらについて説明した文として下線部が**適当でないもの**を，下の①～④のうちから一つ選べ。 35

*2015年の北杜市の居住者のうち，2010年に北杜市以外に居住していた者の数。

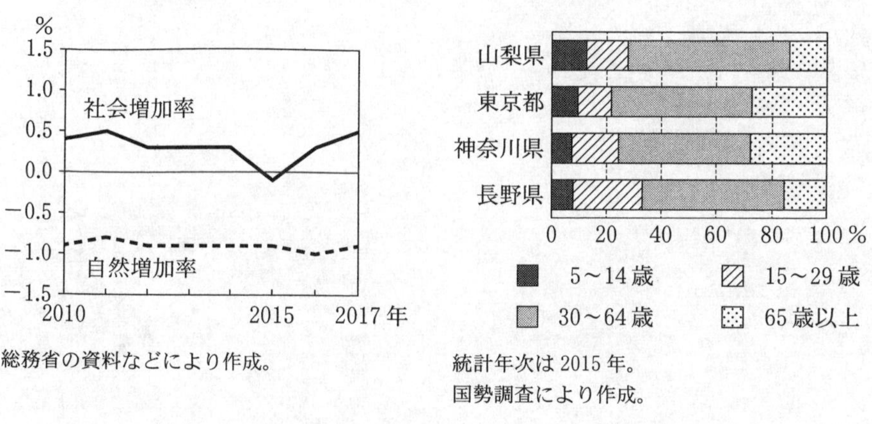

総務省の資料などにより作成。

図　7

統計年次は2015年。
国勢調査により作成。

図　8

① 自然増加率と社会増加率との関係からみて，2010年から2017年にかけて<u>北杜市の総人口は増加している</u>。

② 北杜市では，2015年を除いて<u>転入者の数が転出者の数を上回っている</u>。

③ 東京都と神奈川県からは，2015年時点における<u>転入者に占める高齢者の割合</u>が他の2県に比べて高い。

④ 山梨県内からは，2015年時点における<u>中学生以下の子どもと同居する世帯単位の転入の割合</u>が他都県より高いことがうかがえる。

MEMO

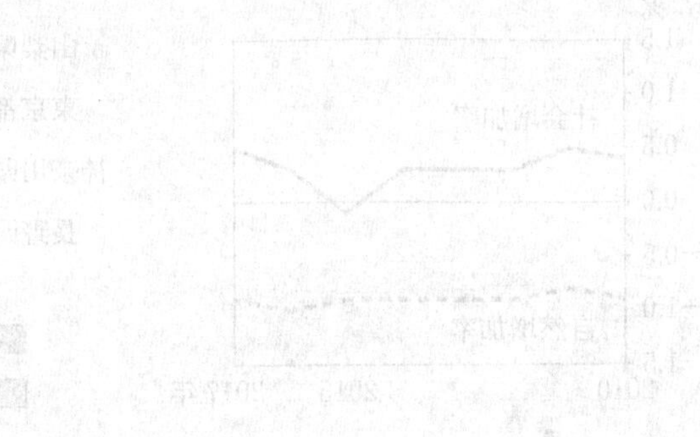

地理B

（2019年１月実施）

60分　100点

(解答番号 1 ～ 35)

第1問 次の図1を見て，世界の自然環境と自然災害に関する下の問い(**問1～6**)に答えよ。(配点 17)

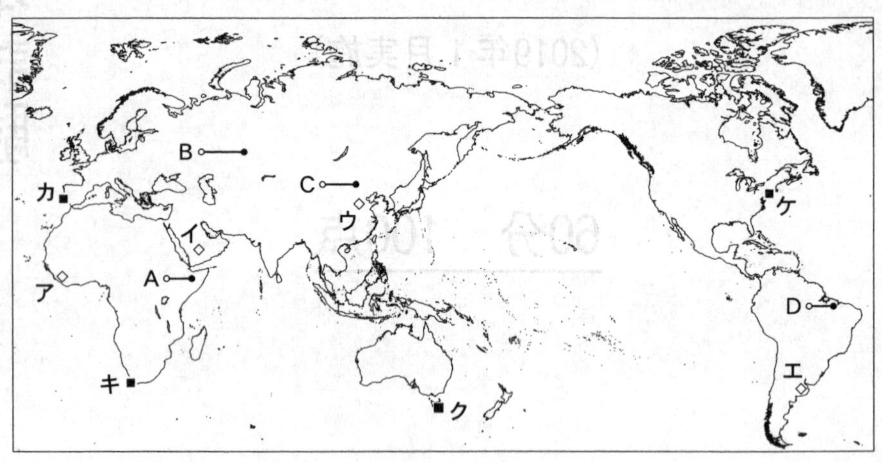

線 A～D の実距離は等しい。

図 1

問 1 図1中の**ア～エ**の地域で特徴的にみられる土壌と植生について述べた文として**適当でないもの**を，次の①～④のうちから一つ選べ。 1

① **ア**の地域では，腐植による栗色(くりいろ)の土壌と丈の低い草原がみられる。

② **イ**の地域では，主に岩石や砂からなる乾燥した色の薄い土壌と荒原がみられる。

③ **ウ**の地域では，腐植の集積した褐色の土壌と混交林がみられる。

④ **エ**の地域では，肥沃な黒色の土壌と丈の高い草原がみられる。

問 2　次の図 2 中の①～④は，図 1 中の線 A～D のいずれかに沿った地形断面を示したものである。線 B に該当するものを，図 2 中の①～④のうちから一つ選べ。 2

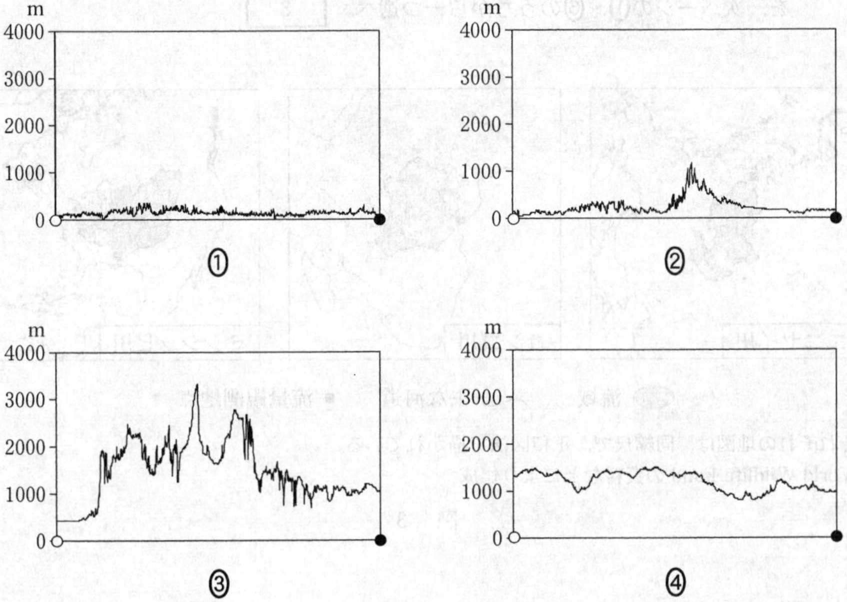

USGS の資料により作成。

図　2

問 3　河川流量の年変化は，流域の気候環境などを反映する。次の図 3 は，エニセイ川，コンゴ川，ミシシッピ川の流域と主な河道および流量観測地点を示したものであり，下の図 4 中の F～H は，図 3 中のいずれかの河川の流量観測地点における月平均流量を示したものである。河川名と F～H との正しい組合せを，次ページの①～⑥のうちから一つ選べ。 **3**

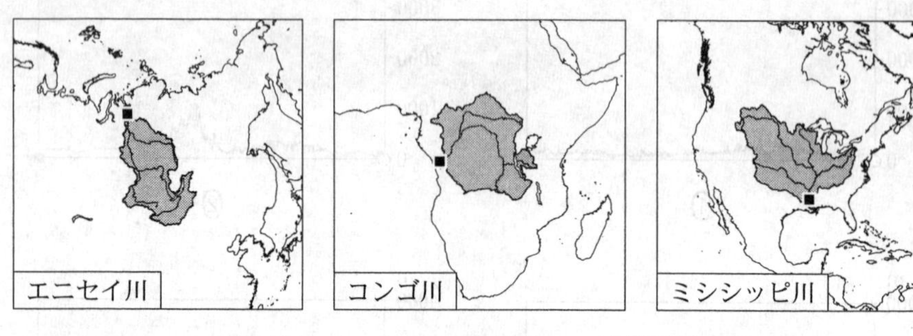

それぞれの地図は，同縮尺で，正積図法で描かれている。
World Wildlife Fund の資料などにより作成。

図　3

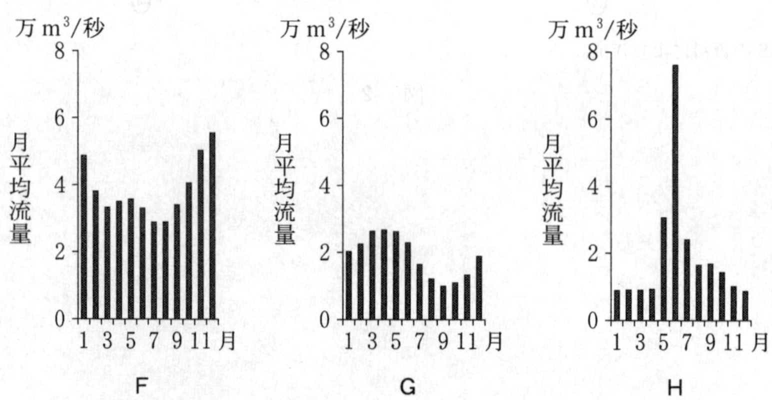

Global Runoff Data Centre, University of New Hampshire の資料により作成。

図　4

	①	②	③	④	⑤	⑥
エニセイ川	F	F	G	G	H	H
コンゴ川	G	H	F	H	F	G
ミシシッピ川	H	G	H	F	G	F

問 4　次の図 5 中の①～④は，図 1 中の**カ**～**ケ**のいずれかの地点における月平均気温と月降水量をハイサーグラフで示したものである。**キ**に該当するものを，図 5 中の①～④のうちから一つ選べ。 **4**

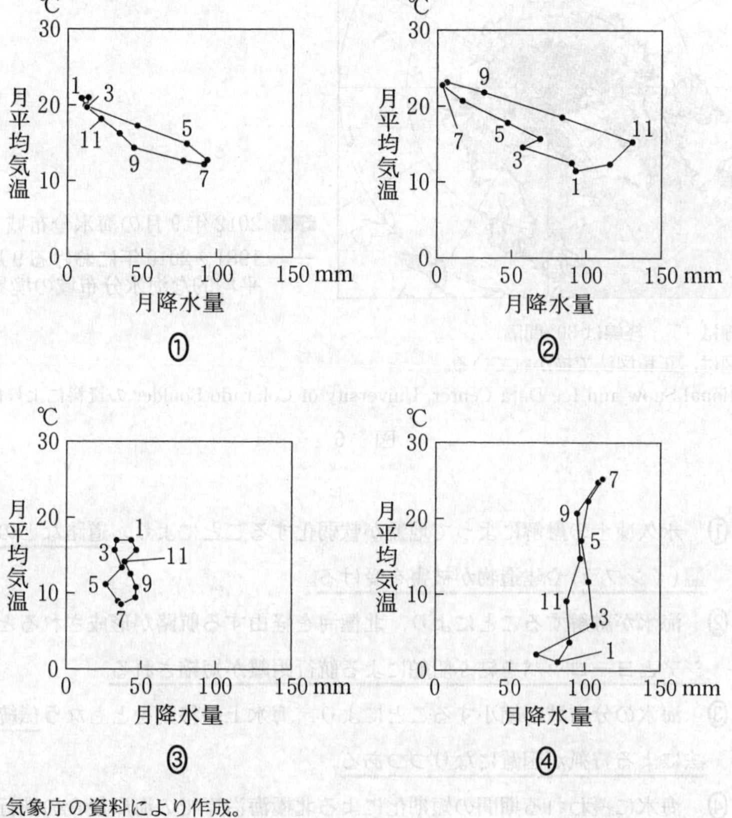

気象庁の資料により作成。

図　5

問 5 北極海の海氷分布域は季節変動し，9月に最小となる。次の図**6**は，北極海および周辺地域における海氷分布について，2012年9月の分布域と，1981～2010年における9月の平均的な分布域の境界線*を示したものである。図**6**に関して，北極海および周辺地域の環境変化やその影響について述べた文として下線部が**適当でないもの**を，下の①～④のうちから一つ選べ。 **5**

*中央値を用いて推定したもの。

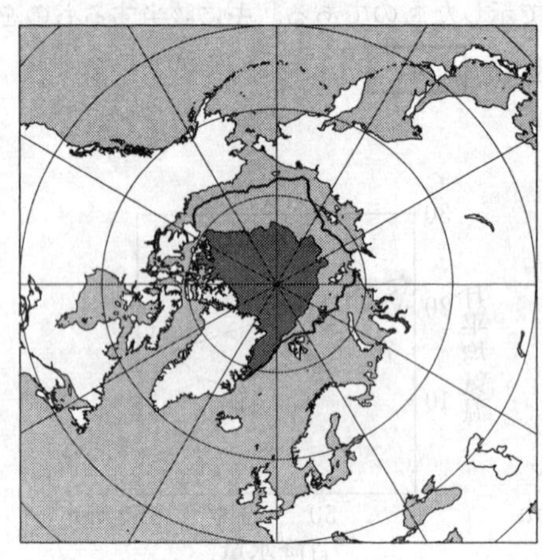

■ 2012年9月の海氷分布域
── 1981～2010年における9月の平均的な海氷分布域の境界線

緯線は15°，経線は30°間隔。
地図は，正積図法で描かれている。
National Snow and Ice Data Center, University of Colorado Boulder の資料により作成。

図 6

① 永久凍土の融解によって地盤が軟弱化することにより，道路などの社会基盤(インフラ)や建造物が被害を受ける。

② 海氷が融解することにより，北極海を経由する航路が形成されると，東アジアとヨーロッパを結ぶ船舶による航行距離が短縮される。

③ 海氷の分布域が縮小することにより，海氷上の移動をともなう伝統的な方法による狩猟が困難になりつつある。

④ 海氷に覆われる期間の短期化による北極海沿岸での海岸侵食の進行は，東シベリアよりもグリーンランド北部で著しくなる。

問 6　熱帯低気圧や台風は，東・東南アジア地域に甚大な被害をもたらしてきた。次の図7は，2013年の7～10月に発生した一部の熱帯低気圧・台風の経路を示したものである。図7から読み取れることがらと熱帯低気圧・台風による災害の特徴について述べた下の文章中の下線部①～④のうちから，**適当でないもの**を一つ選べ。 6

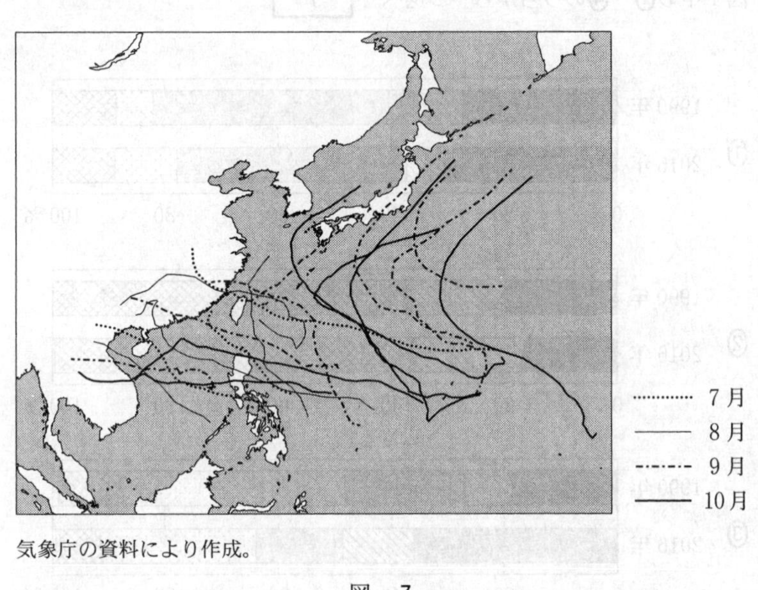

気象庁の資料により作成。

図 7

熱帯低気圧は，地球の自転の影響で①赤道上では発生しない。熱帯低気圧・台風は，低緯度地域から大陸方面に進むものと，中緯度地域にまで達するものがある。中緯度地域では，②卓越風の影響で西向きに進む傾向がある。図7の期間のうち，日本への台風の接近および上陸が多いのは，日本付近に③秋雨前線が停滞する時期である。中緯度地域に達する一部の台風は，日本付近に停滞する前線へ④暖かく湿潤な空気を供給する。そのため，台風が日本から離れていても，大雨に警戒する必要がある。

第2問　資源と産業に関する次の問い(問1～6)に答えよ。(配点　17)

問1　次の図1は，いくつかの農作物について，1990年と2016年の世界における生産量の割合を地域別に示したものであり，①～④は，オリーブ，オレンジ類，コーヒー，トウモロコシのいずれかである。コーヒーに該当するものを，図1中の①～④のうちから一つ選べ。　7

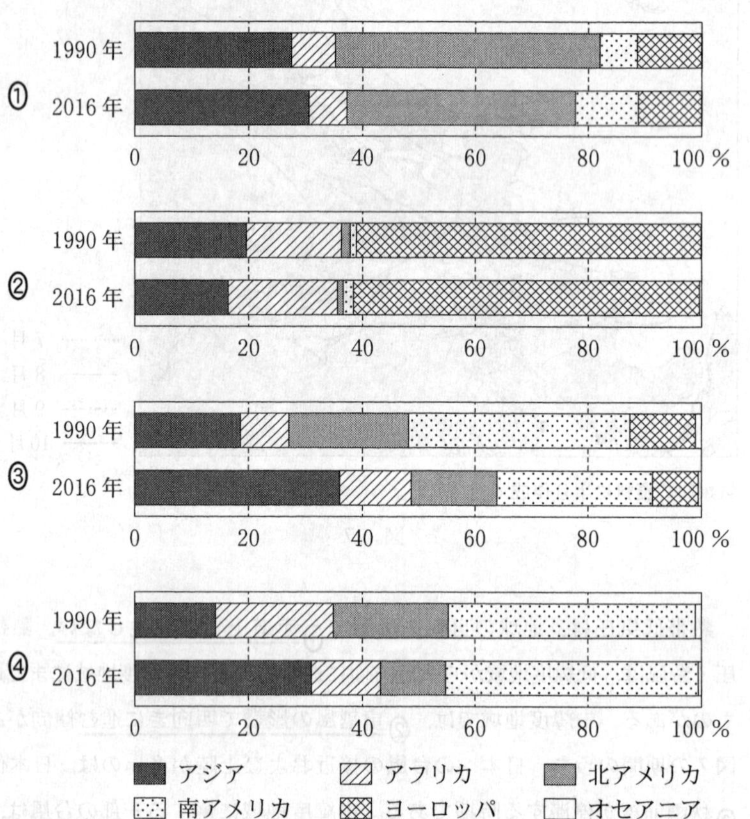

北アメリカには，メキシコからパナマまでの諸国およびカリブ海諸国が含まれる。
FAOSTATにより作成。

図　1

問 2　コーヒーの一種であるアラビカ種の栽培には，標高 500～2000 m の高地が適している。コーヒーの主要な種となっているアラビカ種の原産地(栽培起源地)に該当するものを，次の①～④のうちから一つ選べ。 **8**

① アラブ首長国連邦　　② ウルグアイ
③ エチオピア　　④ ジャマイカ

問 3　次の図 2 は，アフリカ産のコーヒー豆がイギリスで販売されるまでの流通過程と取引の価格を模式的に示したものである。図 2 に関連することがらについて述べた文として下線部が**適当でないもの**を，下の①～④のうちから一つ選べ。 **9**

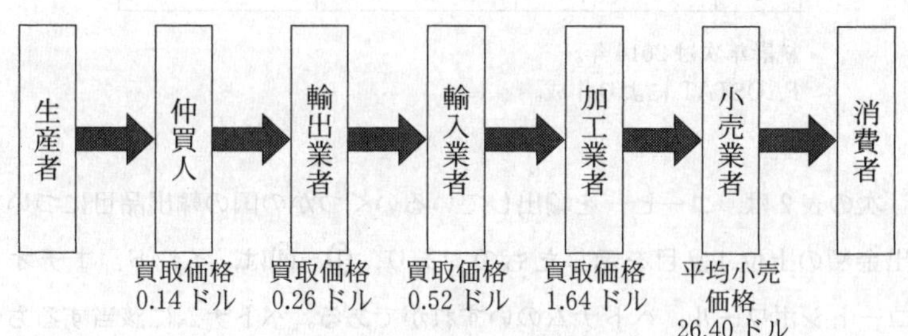

各段階での 1 キログラム当たりの価格を示している。
オックスファム・インターナショナル『コーヒー危機』により作成。

図　2

① アフリカのコーヒー輸出国には，輸出金額に占めるコーヒーの割合が大きい国があり，国家の経済が<u>世界的な価格変動の影響を受けやすい</u>。
② コーヒーの取引価格は，<u>消費国での流通過程において</u>，より上昇する。
③ 生産者の労働環境や所得水準を向上させるため，<u>フェアトレードが注目されている</u>。
④ 世界的な流通に長い歴史をもつコーヒーは，フードシステム(食料供給体系)を統括する拠点が<u>消費国よりも生産国にある場合が多い</u>。

問 4　コーヒーには，砂糖やミルクが供されることも多い。次の表1は，いくつかの国について，牛乳，サトウキビ，テンサイの生産量を示したものであり，①～④は，アメリカ合衆国，日本，ブラジル，ロシアのいずれかである。アメリカ合衆国に該当するものを，表1中の①～④のうちから一つ選べ。 10

表　1

（単位：万トン）

	牛　乳	サトウキビ	テンサイ
①	9,346	2,760	2,838
②	3,512	73,610	0
③	3,051	0	3,351
④	733	116	357

統計年次は2014年。
FAOSTATにより作成。

問 5　次の表2は，コーヒーを輸出しているいくつかの国の輸出品目について，輸出金額の上位4品目を示したものであり，①～④は，インド，エチオピア，コートジボワール，ベトナムのいずれかである。ベトナムに該当するものを，表2中の①～④のうちから一つ選べ。 11

表　2

	①	②	③	④
1　位	カカオ豆・同関連品	コーヒー豆	電子機器・機械	宝石・貴金属
2　位	石　油	植物油用種子類	衣料品	石油製品
3　位	天然ゴム	金　鉱	はきもの	衣料品
4　位	金　鉱	豆　類	産業用機械	輸送機械

統計年次は2016年。
UN Comtradeにより作成。

問 6　次の図3中の**ア**～**ウ**は，いくつかの産業における事業所について，全国に占める各都道府県の事業所数の割合を示したものであり，**ア**～**ウ**は，喫茶店*，牛乳処理場・乳製品工場，水産食料品製造業のいずれかである。項目名と**ア**～**ウ**との正しい組合せを，下の①～⑥のうちから一つ選べ。 12

*カフェを含む，飲料や簡単な食事などをその場で提供する飲食店。

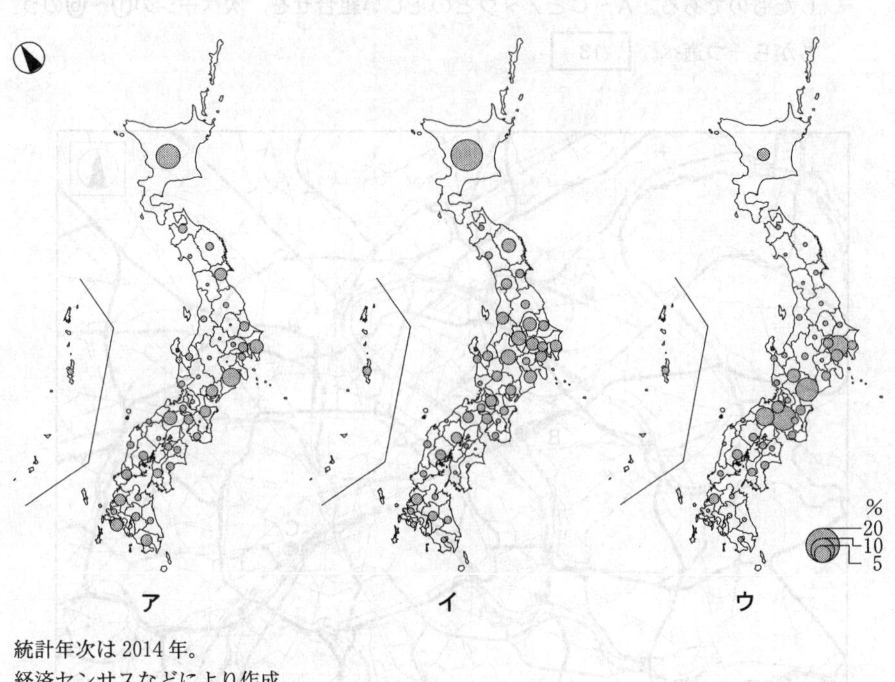

統計年次は2014年。
経済センサスなどにより作成。

図　3

	①	②	③	④	⑤	⑥
喫茶店	ア	ア	イ	イ	ウ	ウ
牛乳処理場・乳製品工場	イ	ウ	ア	ウ	ア	イ
水産食料品製造業	ウ	イ	ウ	ア	イ	ア

第3問 都市と村落，生活文化に関する次の問い（問1～6）に答えよ。（配点 17）

問1 都市内部の各地区の景観には，その地区のもつ機能が反映されている。次の図1は，パリとその周辺地域の交通網を模式的に示したものであり，次ページの写真1中のア～ウは，図1中のA～Cのいずれかの地点における景観を撮影したものである。A～Cとア～ウとの正しい組合せを，次ページの①～⑥のうちから一つ選べ。 13

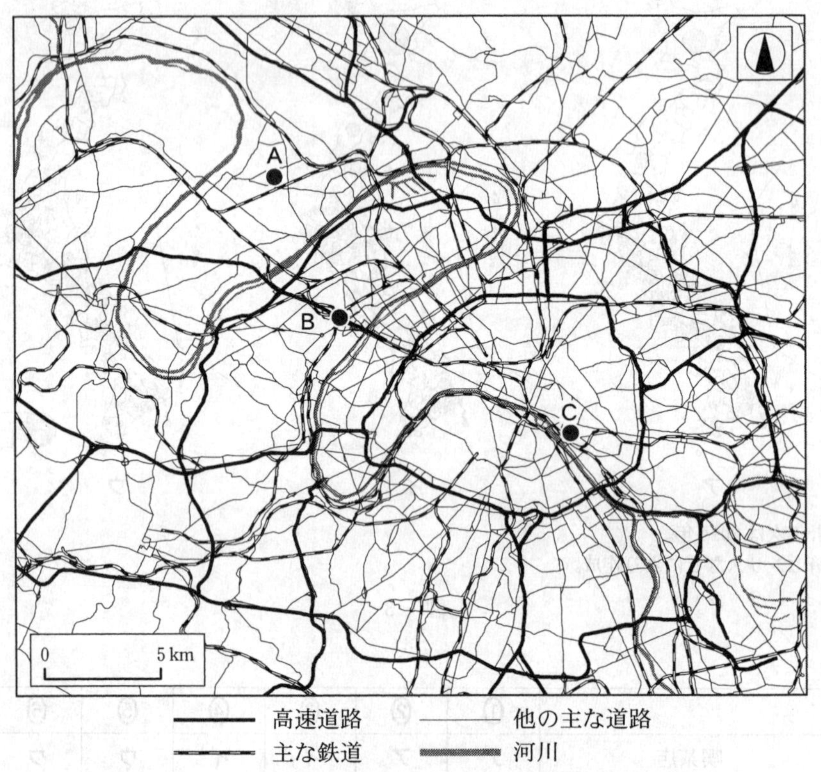

Institut National de l'Information Géographique et Forestière の資料により作成。

図 1

※入試問題に掲載された写真とは異なります

ア　現代的なオフィスビルや商業施設が集まる新都心地区

※入試問題に掲載された写真とは異なります

イ　第二次世界大戦後に開発・整備された住宅地区

※入試問題に掲載された写真とは異なります

ウ　歴史的な街並みを残す旧市街地区

写真　1

	①	②	③	④	⑤	⑥
A	ア	ア	イ	イ	ウ	ウ
B	イ	ウ	ア	ウ	ア	イ
C	ウ	イ	ウ	ア	イ	ア

問 2 首都が有する政治・経済的機能やその集積の度合いには，都市によって異なる特徴がみられる。次の表 1 は，いくつかの首都における，巨大企業*の本社数，国の総人口に占める人口割合，国際会議**の年間開催件数を示したものであり，①～④は，キャンベラ，クアラルンプール，ソウル，ペキンのいずれかである。クアラルンプールに該当するものを，表 1 中の①～④のうちから一つ選べ。 14

*総利益が世界上位 500 位以内の企業。
**国際機関が主催した会議のうち，一定規模以上で定期的に開催されたもの。

表 1

	巨大企業の本社数（社）	国の総人口に占める人口割合（%）	国際会議の年間開催件数（件）
①	51	1.5	113
②	13	19.5	137
③	1	5.5	68
④	0	1.8	8

統計年次は，巨大企業の本社数が 2014 年，国の総人口に占める人口割合が 2010 年または 2015 年，国際会議の年間開催件数が 2016 年。
中国の数値には台湾，ホンコン，マカオを含まない。
UN, *Demographic Yearbook* などにより作成。

問 3　都市の形成には，河川が重要な役割を果たしてきた。次の①～④の文は，ヴァラナシ(ベナレス)，チョンチン(重慶)，ヤンゴン，リヴァプールのいずれかの都市の河川とのかかわりについて説明したものである。ヤンゴンに該当するものを，次の①～④のうちから一つ選べ。 15

① 河口から約 2,500 km に位置する水運の要衝(ようしょう)として繁栄し，近年ではダム建設や資源開発により，内陸部の物流や工業の拠点としてさらなる発展がみられる。

② 河口の三角州(デルタ)地帯に位置する旧首都で，米や木材などの交易による繁栄を経て，近年は工業開発や都市整備により著しく発展している。

③ かつて奴隷(どれい)や砂糖などが運ばれた三角貿易によって栄えた河口の貿易都市で，その後に綿織物の輸出港として発展し，近年では歴史的な港湾施設の活用による観光開発がすすめられている。

④ 宗教的に神聖とされる河川の流域に位置する都市で，人々が川で沐浴(もくよく)するための場所が設置されており，多くの巡礼者が訪れる。

問 4　ヨーロッパ諸国の植民地であった国々では，人々の信仰する宗教が旧宗主国の影響を受ける場合がある。信仰する人々が最も多い宗教が共通する，旧宗主国と植民地であった国との正しい組合せを，次の①～④のうちから一つ選べ。
16

① イタリアとリビア
② オランダとインドネシア
③ スペインとアルゼンチン
④ フランスとベトナム

問 5　次の図2は，奈良盆地における1997年発行の2万5千分の1地形図(原寸，一部改変)であり，**カ**～**ク**は，それぞれ異なる時期に形成された集落や街区，建造物などの特徴をよく表す区域を示したものである。**カ**～**ク**の区域の特徴が形成された時代を古いものから順に並べたものとして正しいものを，下の①～⑥のうちから一つ選べ。 17

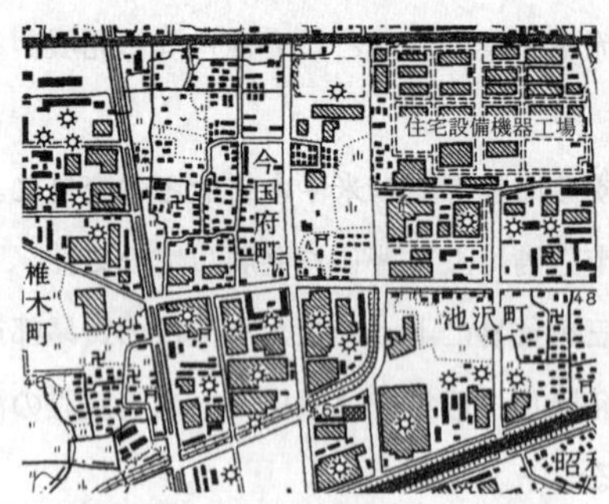

カ　中央分離帯のある幅の広い道路や大規模な工場がみられる。

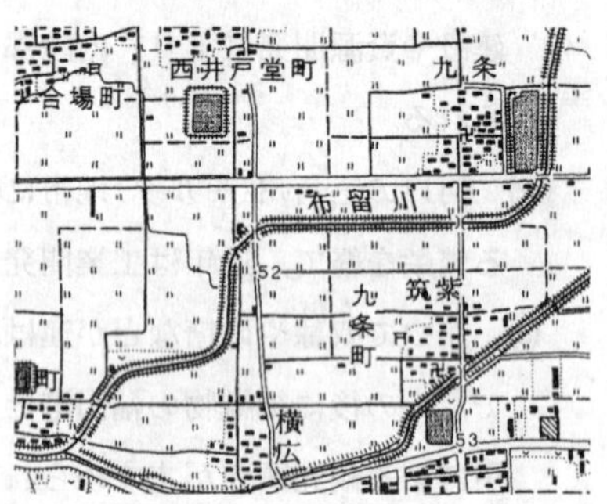

キ　直交する格子状の道路や四角形のため池がみられる。

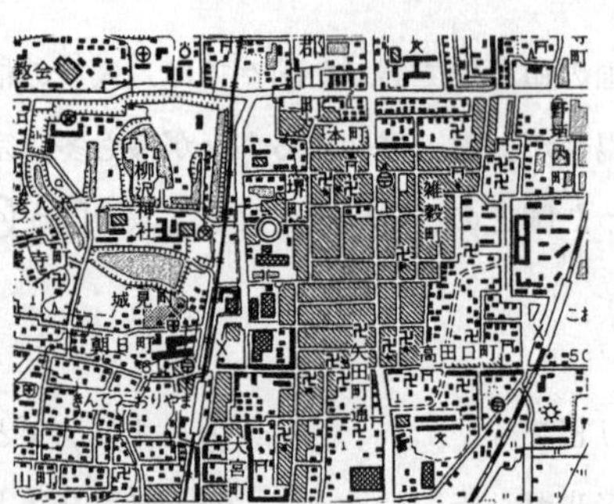

ク　堀や丁字路(ていじろ)，寺社の立地が集中している場所がみられる。

図　2

① カ→キ→ク　② カ→ク→キ　③ キ→カ→ク
④ キ→ク→カ　⑤ ク→カ→キ　⑥ ク→キ→カ

問 6　文化・レジャーにかかわる施設や文化財の分布には，自然環境や歴史，都市規模によって様々な傾向がみられる。次の図3中の**サ**～**ス**は，公立の劇場・音楽堂*，国宝(建造物)，国立公園の広報・展示施設**のいずれかの分布を示したものである。指標名と**サ**～**ス**との正しい組合せを，下の①～⑥のうちから一つ選べ。 18

*客席数 1,500 以上のホールをもつ施設であり，国立の施設を含まない。
**環境省直轄の施設に限る。

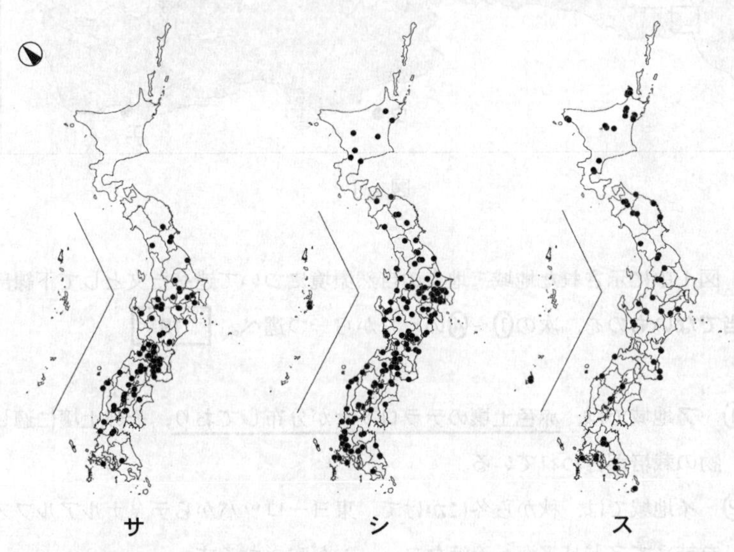

統計年次は，公立の劇場・音楽堂と国宝(建造物)が 2016 年，国立公園の広報・展示施設が 2015 年。
文化庁の資料などにより作成。

図　3

	①	②	③	④	⑤	⑥
公立の劇場・音楽堂	サ	サ	シ	シ	ス	ス
国宝(建造物)	シ	ス	サ	ス	サ	シ
国立公園の広報・展示施設	ス	シ	ス	サ	シ	サ

第4問　次の図1を見て，地中海沿岸地域に関する下の問い(**問**1～6)に答えよ。(配点　17)

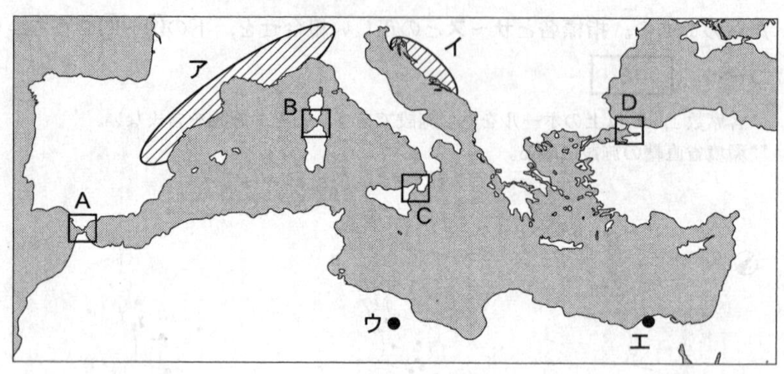

図　1

問 1　図1中に示された地域・地点の自然環境について述べた文として下線部が**適当でないもの**を，次の①～④のうちから一つ選べ。 19

① **ア**地域では，赤色土壌のテラロッサが分布しており，その土壌に適した作物の栽培が行われている。

② **イ**地域では，秋から冬にかけて，東ヨーロッパからディナルアルプス山脈を越えてアドリア海へ冷涼なフェーンが吹きおろす。

③ **ウ**地点は，1年を通して亜熱帯高圧帯(中緯度高圧帯)の影響下にあり，砂漠がひろがっている。

④ **エ**地点は，地中海に流入する外来河川の河口に位置し，大きな三角州(デルタ)が形成されている。

問 2　地中海は，沿岸の地域間の交流の舞台となってきた。なかでも海峡は，人々や物資の往来において，また軍事上の要所として重要な役割をになってきた。図1中のA～Dの地域にみられる特徴について述べた次ページの文章中の下線部①～④のうちから，**適当でないもの**を一つ選べ。 20

大西洋と地中海をつなぐ玄関口にあたるAの海峡には，現在も海峡をはさんで①スペインとイギリスの軍港がおかれている。Bの海峡は，②フランスとイタリアの国境となっており，フェリーなどによる人の往来がある。Cの海峡は，③両岸が同じ国に属している。また，海峡西側の港湾都市のメッシーナ（メッシナ）は，交易の拠点として栄えた。Dの海峡は，アジアとヨーロッパを隔てており，④ギリシャとトルコの国境となっている。

問 3　地中海沿岸地域では，各地の自然環境をいかして農作物が栽培されている。次の図2中の**カ**～**ク**は，コルクガシ，テンサイ，ナツメヤシのいずれかについて，それらの主な産地を示したものである。農作物名と**カ**～**ク**との正しい組合せを，下の①～⑥のうちから一つ選べ。 21

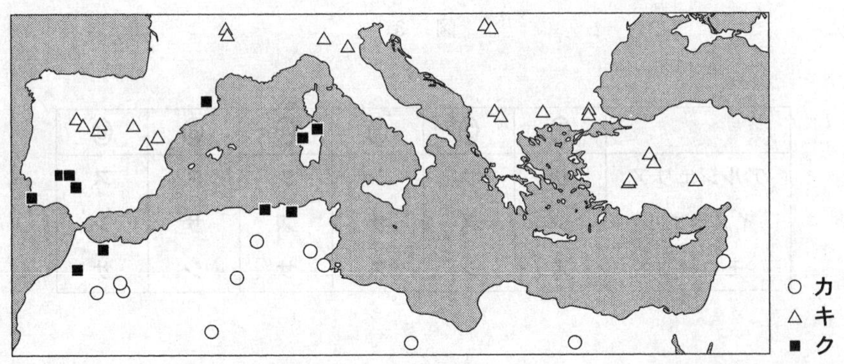

Diercke Weltatlas, 2015により作成。

図　2

	①	②	③	④	⑤	⑥
コルクガシ	カ	カ	キ	キ	ク	ク
テンサイ	キ	ク	カ	ク	カ	キ
ナツメヤシ	ク	キ	ク	カ	キ	カ

問 4 次の図３中の**サ**～**ス**は，アルジェリア，イスラエル，モロッコのいずれかの国における総輸出額に占める品目別の割合を示したものである。国名と**サ**～**ス**との正しい組合せを，下の①～⑥のうちから一つ選べ。 22

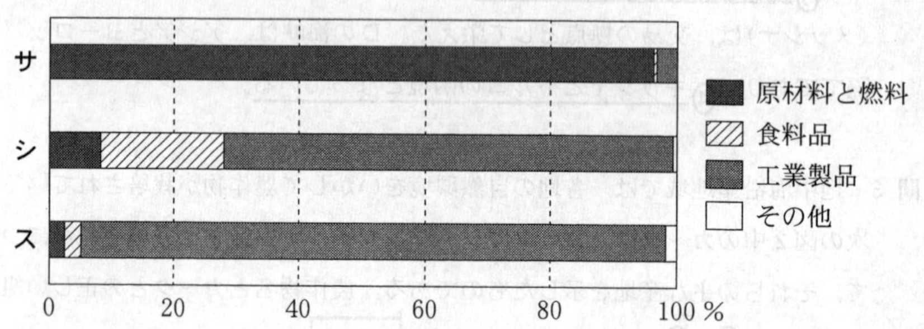

統計年次は，アルジェリアが 2015 年，イスラエルとモロッコが 2016 年。
『国際連合貿易統計年鑑』により作成。

図 3

	①	②	③	④	⑤	⑥
アルジェリア	サ	サ	シ	シ	ス	ス
イスラエル	シ	ス	サ	ス	サ	シ
モロッコ	ス	シ	ス	サ	シ	サ

問 5　地中海沿岸地域の都市の成り立ちや社会経済状況について述べた文として下線部が**適当でないもの**を，次の①～④のうちから一つ選べ。 23

① 北アフリカの中心都市の一つであるカイロでは，19 世紀後半から開発された新市街に迷路型の道路網が発達している。

② 古代都市国家として発展したアテネは，近代にギリシャの首都として再出発したが，近年，国の債務危機に端を発する経済の混乱に見舞われた。

③ 長らくフランスの保護国であったモナコでは，19 世紀半ばに高級リゾート地として開発がすすめられ，観光収入が国の主要な財源となっている。

④ 貿易中継地として栄えたジェノヴァは，トリノやミラノとともにイタリアの主要な工業地帯を形成し，鉄鋼や造船などの工業の発展で知られる。

問 6　次の表 1 中の①～④は，イタリア，ギリシャ，スペイン，フランスのいずれかの国について，それらの国の国籍を新たに取得した人の，取得前の国籍の上位 3 か国とその人数を示したものである。イタリアに該当するものを，表 1 中の①～④のうちから一つ選べ。 24

表　1

(単位：人)

	1　位	2　位	3　位
①	アルバニア (54, 904)	ジョージア(グルジア) (774)	ウクライナ (665)
②	モロッコ (86, 894)	アルバニア (69, 953)	ルーマニア (25, 231)
③	モロッコ (86, 181)	エクアドル (60, 686)	コロンビア (57, 367)
④	モロッコ (53, 823)	アルジェリア (45, 927)	チュニジア (18, 861)

統計年次は 2013～2015 年の合計。
OECD, *International Migration Outlook* により作成。

第5問　ウクライナとウズベキスタンは，旧ソ連諸国の中で，国土面積や人口規模が相対的に近い。両国に関する下の問い(**問1～5**)に答えよ。(配点　14)

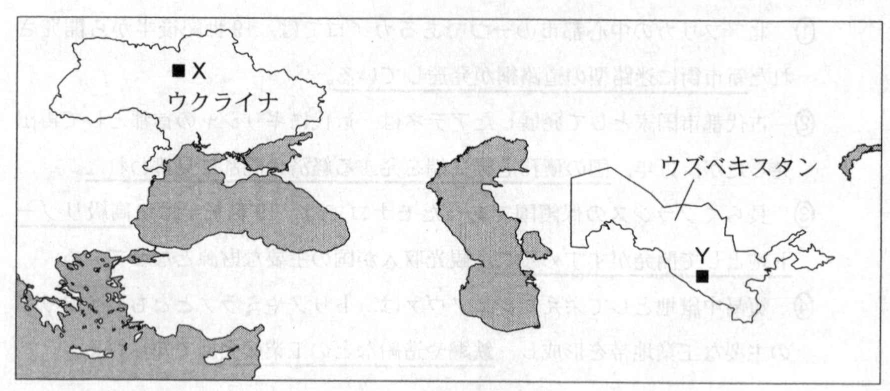

図　1

問1　ウクライナとウズベキスタンの自然環境の違いに関して，次ページの表1中の**ア**と**イ**は，ウクライナとウズベキスタンのいずれかにおける高度別面積の割合を示したものであり，次ページの図2中の**A**と**B**は，図1中の**X**と**Y**のいずれかの地点における月平均気温と月降水量を示したものである。表1中の**ア**と**イ**および図2中の**A**と**B**のうち，ウズベキスタンに該当する正しい組合せを，次ページの①～④のうちから一つ選べ。 25

表　1

（単位：％）

標　高	ア	イ
2000 m 以上	2.5	0.0
1500 ～ 2000 m	1.6	0.0
1000 ～ 1500 m	2.7	0.8
500 ～ 1000 m	9.3	2.3
500 m 未満	83.9	96.9

USGSの資料により作成。

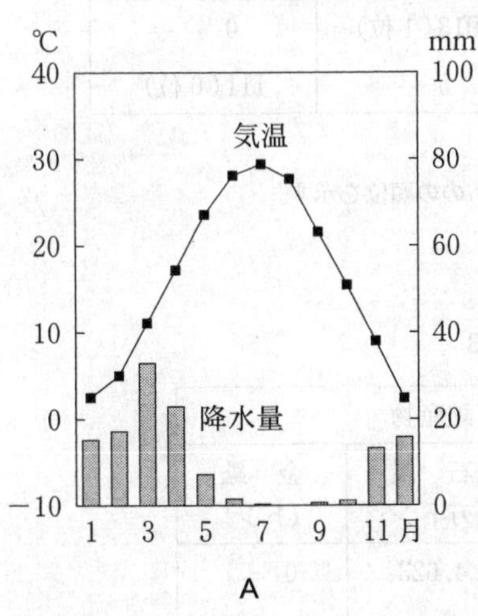

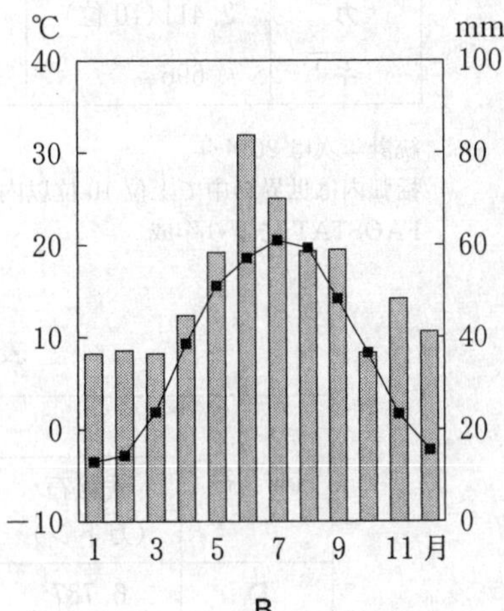

気象庁の資料により作成。

図　2

	①	②	③	④
高度別面積の割合	ア	ア	イ	イ
月平均気温・月降水量	A	B	A	B

問 2　次の表 2 と表 3 は，ウクライナとウズベキスタンで生産されるいくつかの農産物と鉱産物の生産量を示しており，表 2 中の**カ**と**キ**および表 3 中のDとEは，それぞれウクライナとウズベキスタンのいずれかである。ウズベキスタンの農産物と鉱産物に該当する正しい組合せを，下の①～④のうちから一つ選べ。 26

表　2

(単位：万トン)

国　名	農産物		
	小　麦	ヒマワリ種子	綿　花
カ	2,411(10 位)	1,013(1 位)	0
キ	696	5	111(6 位)

統計年次は 2014 年。
括弧内は世界の中で上位 10 位以内のものの順位を示す。
FAOSTAT により作成。

表　3

国　名	鉱産物		
	鉄鉱石(万トン)	石　炭(万トン)	金　鉱(トン)
D	6,787	4,623	0
E	0	225	100(9 位)

統計年次は 2014 年。
括弧内は世界の中で上位 10 位以内のものの順位を示す。
USGS の資料などにより作成。

	①	②	③	④
農産物	カ	カ	キ	キ
鉱産物	D	E	D	E

問 3　ウクライナとウズベキスタンの経済の変化に関して，次の図 3 は，1990 年以降の 1 人当たり GDP(国内総生産)の変化を示したものである。両国の経済活動の変化とその要因について説明した下の文章中の下線部①～④のうちから，**適当でないものを一つ選べ。** 27

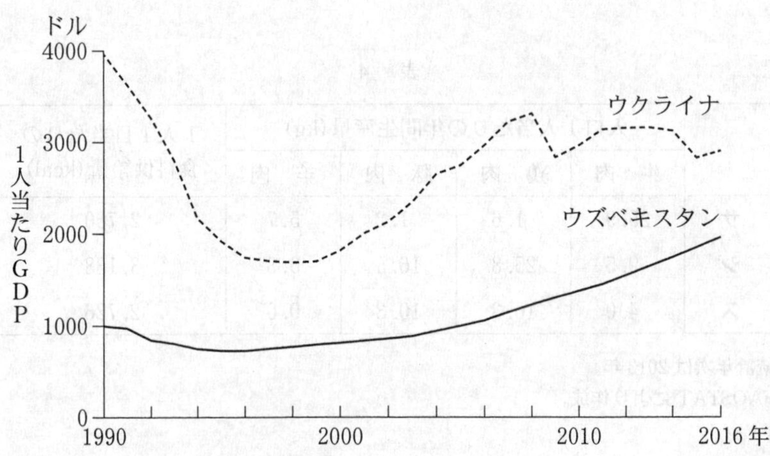

World Development Indicators により作成。

図　3

1991 年のソ連解体直後は，旧ソ連諸国では①市場経済から計画経済への移行期の混乱によって経済活動が低下した。しかし，ウズベキスタンでは政治の安定と国家による経済管理により，ウクライナよりも②経済活動の低下の度合いは小さく，回復も早かった。1990 年代末以降は，両国の経済は鉱産物や農産物の価格上昇などによって安定的に成長してきたが，ウクライナでは 2008 年の国際的な金融危機や，近年の③ロシアとの関係悪化などによって，経済活動は停滞している。ウクライナとウズベキスタンとの経済水準の差は④2011 年以降，縮小する傾向がみられる。

問 4　ウクライナとウズベキスタンでは，食生活の違いに関連して畜産業にも違いがみられる。次の表 4 中の**サ**～**ス**は，ウクライナ，ウズベキスタン，日本のいずれかにおける牛肉，鶏肉，豚肉，羊肉の人口 1 人当たりの年間生産量，および 1 人 1 日当たりの食料供給量を示したものである。国名と**サ**～**ス**との正しい組合せを，下の①～⑥のうちから一つ選べ。 28

表　4

	人口 1 人当たりの年間生産量(kg)				1 人 1 日当たりの食料供給量(kcal)
	牛　肉	鶏　肉	豚　肉	羊　肉	
サ	25.9	1.6	1.2	5.7	2,760
シ	9.5	25.8	16.5	0.3	3,138
ス	4.0	16.3	10.3	0.0	2,726

統計年次は 2013 年。
FAOSTAT により作成。

	①	②	③	④	⑤	⑥
ウクライナ	サ	サ	シ	シ	ス	ス
ウズベキスタン	シ	ス	サ	ス	サ	シ
日　本	ス	シ	ス	サ	シ	サ

問 5　次の表5は，1～4の数字をいくつかの言語で示したものであり，**タ**と**チ**は，ウクライナ語とウズベク語のいずれかである。また，下の写真1中のGとHは，図1中のXとYのいずれかの地点における街並みを撮影したものである。ウクライナ語とXの地点における街並みとの正しい組合せを，下の①～④のうちから一つ選べ。 29

表　5

	数　字			
	1	2	3	4
トルコ語	bir	iki	üç	dört
タ	bir	ikki	uch	to'rt
ロシア語	odin	dva	tri	četyre
チ	odin	dva	tri	čotiri

一部の言語の文字はラテン文字に置き換えている。
吉村大樹『トルコ語のしくみ』などにより作成。

※入試問題に掲載された写真とは異なります

G

※入試問題に掲載された写真とは異なります

H

写真　1

	①	②	③	④
ウクライナ語	**タ**	**タ**	**チ**	**チ**
Xの地点における街並み	G	H	G	H

第6問 大阪市に住むヒナタさんは，高校で地理クラブに所属している。ヒナタさんは，祖父母がかつて新婚旅行で訪れた宮崎市とその周辺に興味をもち，連休を利用して地域調査を行うことにした。次の図1を見て，下の問い(**問**1～6)に答えよ。(配点　18)

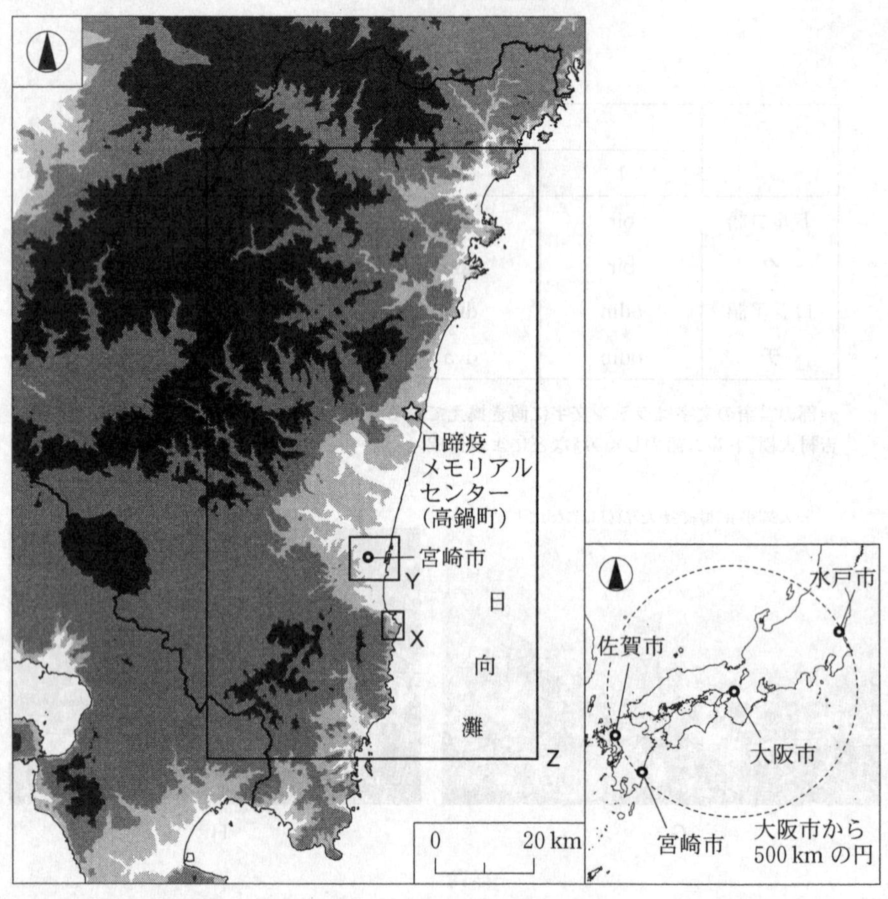

左図の陸地では，色の濃い部分ほど標高の高い地域を示している。

図　1

問 1　ヒナタさんは，祖父母が「新婚旅行で訪れた1969年当時は東海道新幹線しかなくて，大阪から宮崎までは鉄道で長い時間がかかったよ」と言っていたことを思い出し，交通の発達による都市のつながりの変化を調べてみた。次の表1は，大阪市と大阪市からの直線距離がおおむね等しいいくつかの都市との間における，1969年と2016年の鉄道所要時間*を示したものであり，**ア**～**ウ**は，水戸市，佐賀市，宮崎市のいずれかである。都市名と**ア**～**ウ**との正しい組合せを，下の①～⑥のうちから一つ選べ。 **30**

*大阪駅から水戸駅，佐賀駅，宮崎駅の各駅までの乗換時間を含まない最短乗車時間。

表 1

	鉄道所要時間	
	1969年4月	2016年4月
ア	4時間58分	3時間36分
イ	9時間22分	2時間55分
ウ	13時間28分	5時間49分

臨時列車を除く。
『日本交通公社時刻表』などにより作成。

	①	②	③	④	⑤	⑥
水戸市	ア	ア	イ	イ	ウ	ウ
佐賀市	イ	ウ	ア	ウ	ア	イ
宮崎市	ウ	イ	ウ	ア	イ	ア

問 2 宮崎空港に着いたヒナタさんは，「南国」らしさをアピールする観光案内に興味をもち，宮崎市への観光客数の特徴を気候との関係から調べてみることにした。次の図2は，宮崎市を訪れる月別の観光客数を宮崎県内と県外で分けて示したものであり，図3は，月別の日照時間の平年値を宮崎市と全国平均*について示したものである。図2と図3から読み取れることがらとその背景について述べた下の文章中の下線部①～④のうちから，**適当でないもの**を一つ選べ。 31

*都道府県庁所在地(47か所)の平均値。一部を除き1981～2010年の平均。

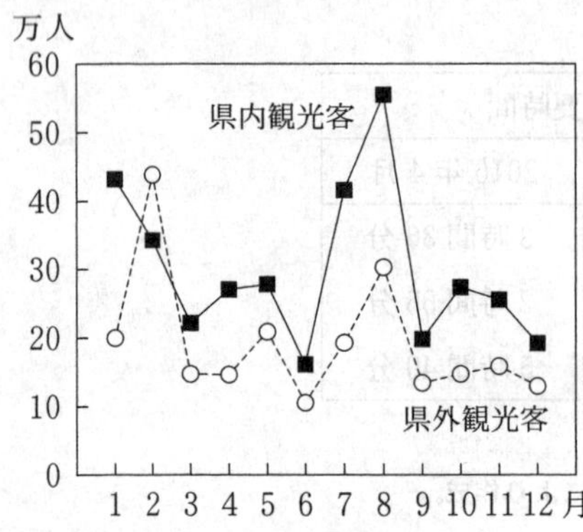

統計年次は2013～2015年の平均。
『宮崎市観光統計』により作成。

図 2

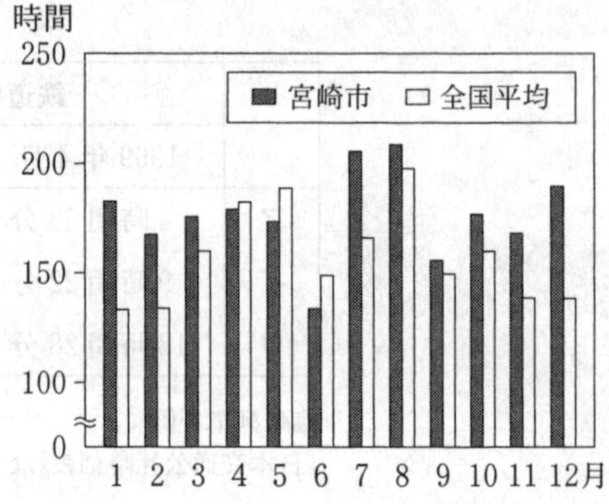

気象庁の資料により作成。

図 3

宮崎市への県内・県外観光客数を合計すると，①冬季の1・2月と夏季の7・8月に大きく上昇していることがわかる。2月のみ県外観光客数が県内観光客数を上回っている理由の一つには，②全国平均よりも日照時間が長く，温暖な気候によってプロスポーツのキャンプが行われることがあげられる。冬季におけるこうした特徴的な気候は，主に③南東からの季節風によってもたらされる。一方，④梅雨などによる悪天候は，1年のうち6月に観光客数が最も落ち込む原因の一つになっていると考えられる。

問 3　ヒナタさんはその後，祖父母の思い出の地である青島(あおしま)とその周辺を訪れた。次の図4は，図1中のXの範囲を示した2006年発行の5万分の1地形図(原寸，一部改変)と，A～Dの地点でヒナタさんが撮影した写真，および周辺の自然環境や土地利用について説明した文である。A～Dを説明した図4中の文の下線部①～④のうちから，**適当でないものを一つ選べ。** 32

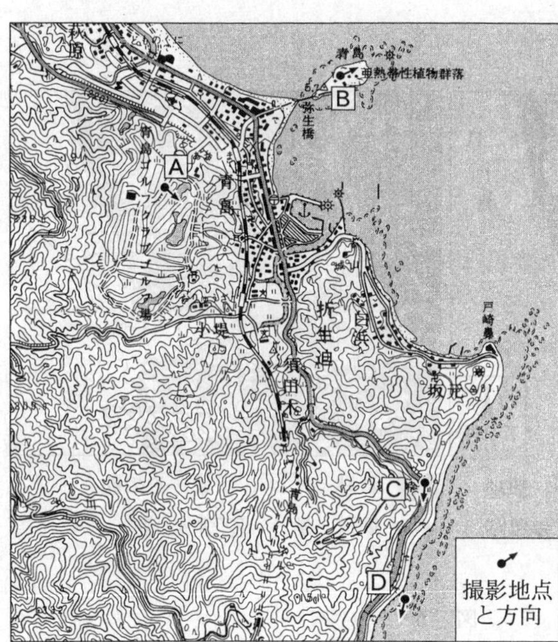

※入試問題に掲載された写真とは異なります

A

※入試問題に掲載された写真とは異なります

B

※入試問題に掲載された写真とは異なります

C

※入試問題に掲載された写真とは異なります

D

A　なだらかに見えるゴルフ場は，丘陵部が①切土や盛り土をされることでつくられた。

B　島内の亜熱帯性植物の中には，②黒潮(日本海流)によって種子が運ばれ，温暖な気候のもとで生育したとみられるものがある。

C　多雨の季節では③高潮により冠水する可能性が高く，たびたび通行止めになってきた。

D　特徴的な海岸地形は，砂岩と泥岩が④主に波の営力で侵食されてできた。

図　4

問 4　宮崎市の市街地の変化に興味をもったヒナタさんは，図書館でGIS(地理情報システム)などを用いて土地利用の変化を確認することにした。次の図5は，図1中のＹの範囲における1976年と2014年の土地利用のうち，建物用地，農地，森林を示したものである。図5から読み取れることがらについて述べた文として**適当でないもの**を，下の①～④のうちから一つ選べ。 33

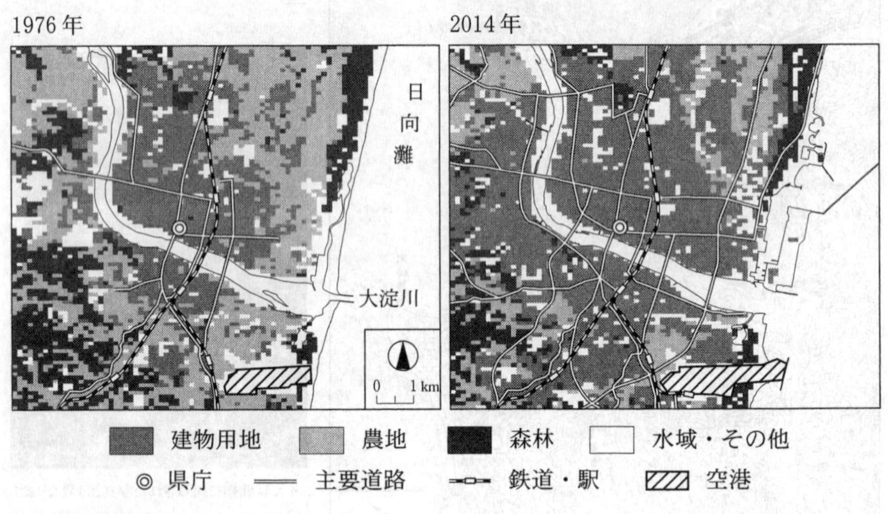

国土数値情報などにより作成。

図　5

① 1976年時点での市街地周辺の農地が建物用地となり，市街地がひろがった。

② 大淀川の河口部北側では，海岸線の人工的な改変により港湾が整備された。

③ 空港の周辺では，市街地化が進んだ。

④ 森林の伐採は，内陸部よりも海岸部で進んだ。

問 5　県庁近くの朝市で地元産の様々な農林産物を見たヒナタさんは，宮崎県の農林業の地域的特徴を，統計データや図１の地形の情報からとらえようとした。次の図６は，耕地面積当たり農業産出額*と，乾燥シイタケの生産量，キュウリの作付面積，早場米**の作付面積のいずれかについて宮崎県全体に占める割合を市町村別に示したものである。品目名と**カ**～**ク**との正しい組合せを，下の①～⑥のうちから一つ選べ。 **34**

*畜産物と加工農産物を除く推計値。
**通常の水稲よりも早い時期に作付け・収穫する米。

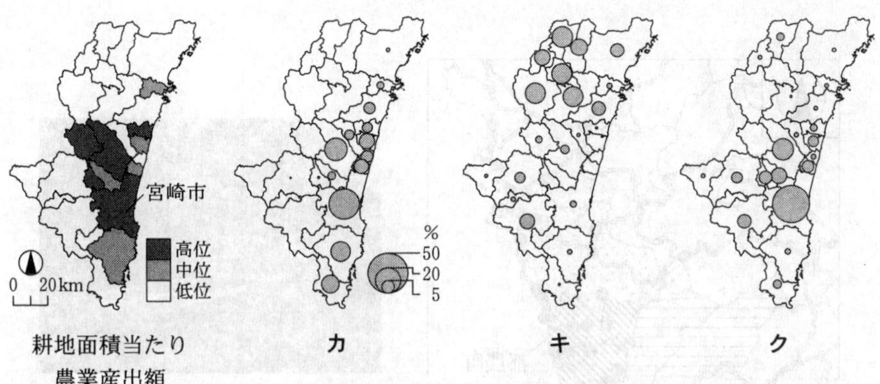

統計年次は，乾燥シイタケが2014年，耕地面積当たり農業産出額，キュウリ，早場米が2015年。
農林業センサスなどにより作成。

図　6

	①	②	③	④	⑤	⑥
乾燥シイタケ	カ	カ	キ	キ	ク	ク
キュウリ	キ	ク	カ	ク	カ	キ
早場米	ク	キ	ク	カ	キ	カ

問 6　ヒナタさんは，宮崎県の特産物を調べる中で，2010 年に発生した口蹄疫(こうていえき)*によって畜産農家が大きな被害を受けたことを知り，高鍋町(たかなべちょう)にある口蹄疫メモリアルセンターを訪れた。次の図 7 は，図 1 中の **Z** の範囲における各自治体で口蹄疫が最初に確認された月と主な消毒ポイント**の位置を示したものであり，写真 1 は，消毒ポイントに設置された消毒設備の例である。図 7 と写真 1 に関連する次ページのヒナタさんと職員との会話文中の空欄**サ**と**シ**に当てはまる語の正しい組合せを，次ページの①～④のうちから一つ選べ。 35

*牛・豚などに感染し，発熱や皮膚のただれを引き起こす病気。
**宮崎県による消毒槽の設置場所および消毒噴霧の実施場所。

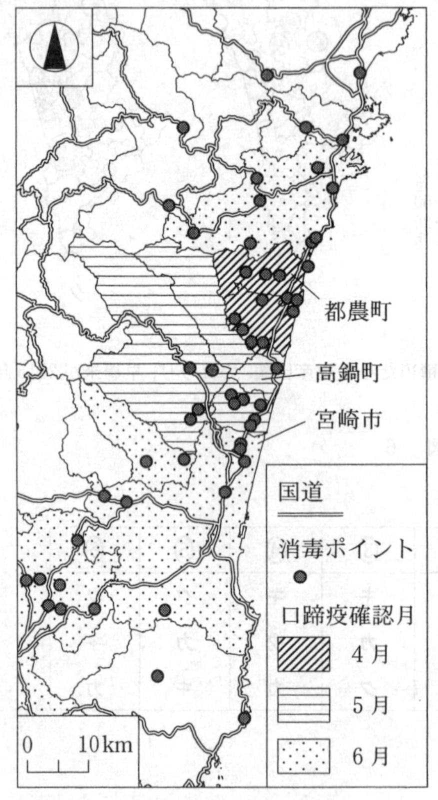

宮崎県の資料などにより作成。

図　7

消毒槽の例

消毒噴霧の例

写真　1

ヒナタ　「この施設に来て，口蹄疫によって多数の牛や豚が殺処分されたことを知りました。口蹄疫はどのようにひろがるのでしょうか」

職　員　「インフルエンザのように接触や空気中へのウイルス飛散によって感染し，感染力が非常に強いという特徴があります。そのため，農場どうしが近接している度合いが(　サ　)と，感染してひろがるリスクが高くなります」

ヒナタ　「発生の際にはどのように対応したのでしょうか」

職　員　「まず，家畜の移動・搬出を制限する区域を，発生農場からの距離にもとづいて設定しました。そして，ウイルスは人や自動車の往来で拡散する危険性が高いため，写真1のように消毒ポイントを設置しました」

ヒナタ　「消毒ポイントの設置場所にはどのような特徴があるのでしょうか」

職　員　「図7を見てください。2010年の発生時には，都農町で最初に確認された後，県内の複数の自治体に感染がひろがりました。例えば時間的な経過でみると，(　シ　)に最初に確認された自治体では，国道以外の場所でも消毒ポイントがより密に設置されています。このように，地域ごとの発生状況をふまえた対応が大切です」

ヒナタ　「被災から対策を含めて，過去の経験を受け継いでいくことの重要性が分かりました。ありがとうございました」

	①	②	③	④
サ	高い	高い	低い	低い
シ	4月	6月	4月	6月

MEMO

地理Ｂ

（2018年１月実施）

60分　100点

2018
本試験

（解答番号 1 ～ 35 ）

第1問 次の図1を見て，世界の自然環境と自然災害に関する下の問い（**問1～6**）に答えよ。（配点 17）

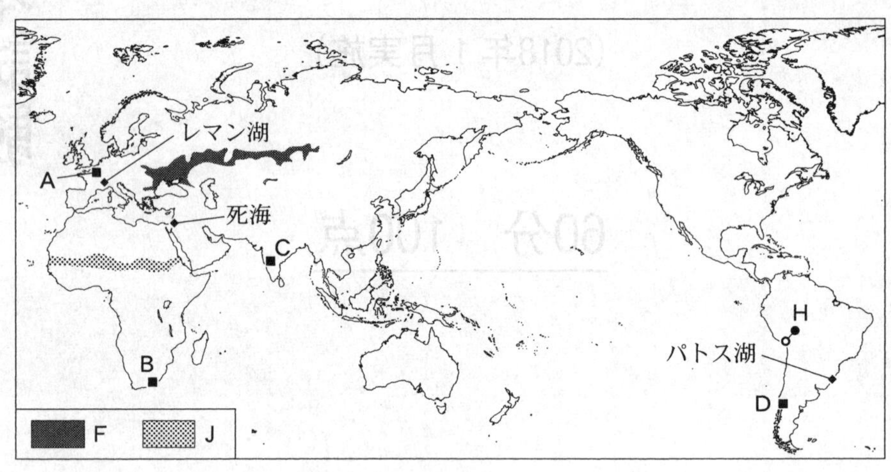

Diercke Weltatlas, 2015 などにより作成。

図 1

問1 図1中のA～D付近のいずれかにみられる特徴的な地形について説明した文として**適当でないもの**を，次の①～④のうちから一つ選べ。 1

① Aの盆地では，ケスタがみられる。

② Bの山脈には，活火山が点在する。

③ Cの高原には，溶岩からなる台地が広く分布する。

④ Dの山脈では，氷食地形がみられる。

問 2　湖沼は，様々な自然要因によって形成される。次の表1は，いくつかの湖の特徴を示したものであり，表1中の**ア**～**ウ**は図1中の死海，パトス湖，レマン湖のいずれかである。湖名と**ア**～**ウ**との正しい組合せを，下の①～⑥のうちから一つ選べ。 [2]

表　1

	湖面標高(m)	最大水深(m)	主な成因
ア	372	310	氷食谷を流れる河川が堰(せ)き止められた。
イ	1	5	入江が砂州によって閉じられた。
ウ	−400	426	地殻変動によって地溝帯が形成された。

『理科年表』などにより作成。

	①	②	③	④	⑤	⑥
死　海	ア	ア	イ	イ	ウ	ウ
パトス湖	イ	ウ	ア	ウ	ア	イ
レマン湖	ウ	イ	ウ	ア	イ	ア

問 3　図1中のFは，ある土壌の主な分布域を示したものである。この土壌の特徴について説明した文として最も適当なものを，次の①～④のうちから一つ選べ。 [3]

① 風化した火山岩からなる赤紫色の間帯土壌である。

② 風化した石灰岩からなる赤色の間帯土壌である。

③ 腐植に乏しい灰白色の成帯土壌である。

④ 腐植に富む黒色の成帯土壌である。

問 4　次の図2は，図1中のHの線上にみられる植生の分布を模式的に示したものである。図2中の植生の分布とその主な要因について述べた文として**適当でないもの**を，下の①～④のうちから一つ選べ。 4

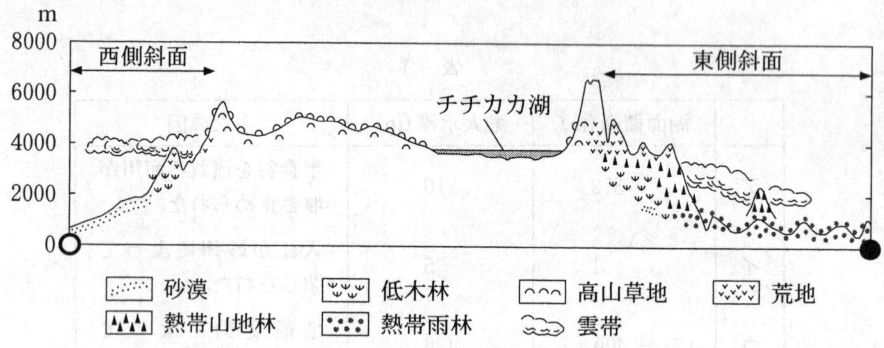

Troll, *Geo-ecology of the Mountainous Regions of the Tropical Americas* により作成。

図　2

① 東側斜面の標高4000 m以下の地域では，主に冬季の豊富な降水によって熱帯林が広がる。

② チチカカ湖より西側の標高4000～5500 mの地域では，主に寒冷で降水量の少ない気候によって草地が広がる。

③ 西側斜面の標高2000～3000 mの地域では，主に湿潤である期間の短い気候によって低木林が広がる。

④ 西側斜面の標高2000 m以下の地域では，主に寒流の影響によって砂漠が広がる。

問 5　図1中のJは，サヘルの範囲を示したものである。サヘルにおける干ばつや砂漠化について述べた次ページの文章中の下線部①～④のうちから，**適当でないもの**を一つ選べ。 5

サヘルでは，雨季・乾季が明瞭で，①年ごとの降水量の変動が大きいために，干ばつが起こりやすい。干ばつは，この地域の②砂漠化が進行する要因の一つであり，③環境難民が発生する要因の一つともなっている。サヘルにおける農地の拡大や家畜の増加は，④砂漠化の進行を抑制する。

問 6　次の図3は，エルニーニョ現象発生時の12～2月における気温と降水量の明瞭な変化傾向のみられる地域を示したものである。図3から読み取れる，エルニーニョ現象の発生が地域にもたらし得る気象への影響について述べた下の文章中の空欄**カ**と**キ**に当てはまる語の正しい組合せを，下の①～④のうちから一つ選べ。 6

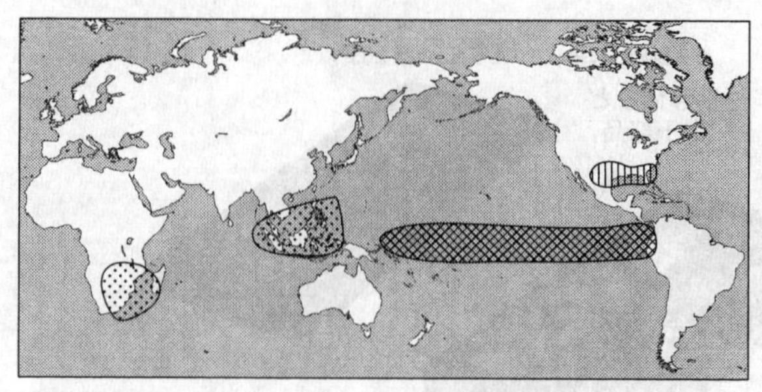

NOAA の資料により作成。

図　3

エルニーニョ現象は，太平洋東部の赤道付近における海面水温の上昇が数か月から一年以上にわたって生じる現象であるが，気象への影響は低緯度にとどまらず，さらに広範囲に生じる。この時期には，アフリカ南東部にも影響がみられる。エルニーニョ現象の発生時には，太平洋の低緯度地域で(　**カ**　)が弱まる。その際，南アメリカ北西部から太平洋中部，および北アメリカ南部では(　**キ**　)の発生する可能性が高まる。

	①	②	③	④
カ	偏西風	偏西風	貿易風	貿易風
キ	干ばつ	洪　水	干ばつ	洪　水

第2問　資源と産業に関する次の問い（問1～6）に答えよ。（配点　17）

問1　スマートフォンは，次の写真1に示すように各種の鉱産資源を原料とする部品が用いられ，また多くの技術が集約された通信機器である。これらの資源や技術に関して，下の図1中のア～ウは，国際特許出願件数*，アルミ合金ケースの原料となるボーキサイトの生産量，リチウムの生産量のいずれかについて，上位8位までの国・地域とそれらが世界全体に占める割合を示したものである。項目名とア～ウとの正しい組合せを，次ページの①～⑥のうちから一つ選べ。 7

*世界知的所有権機関の加盟国で有効な特許の出願。

※入試問題に掲載された写真とは異なります

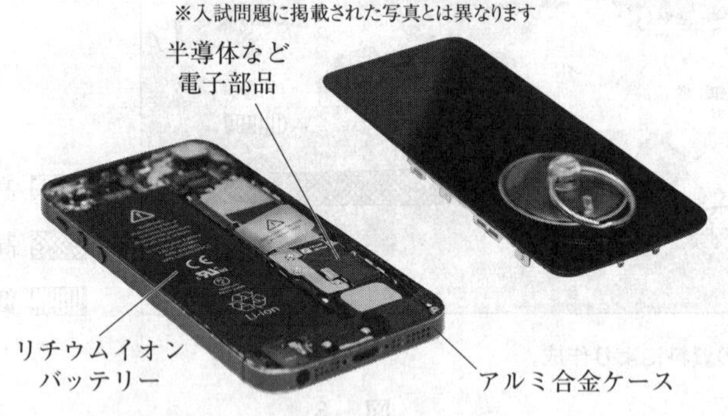

写真　1

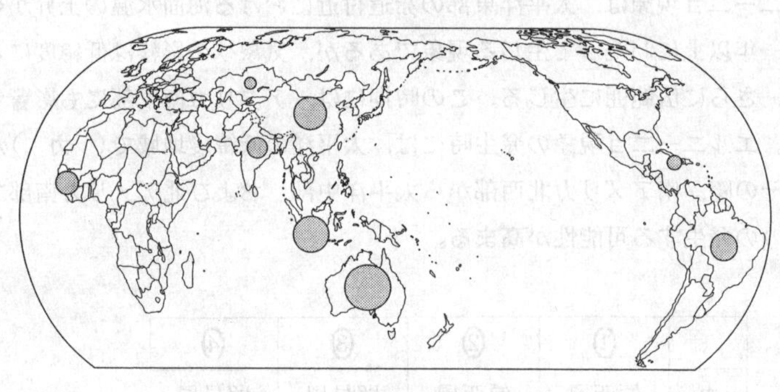

ア

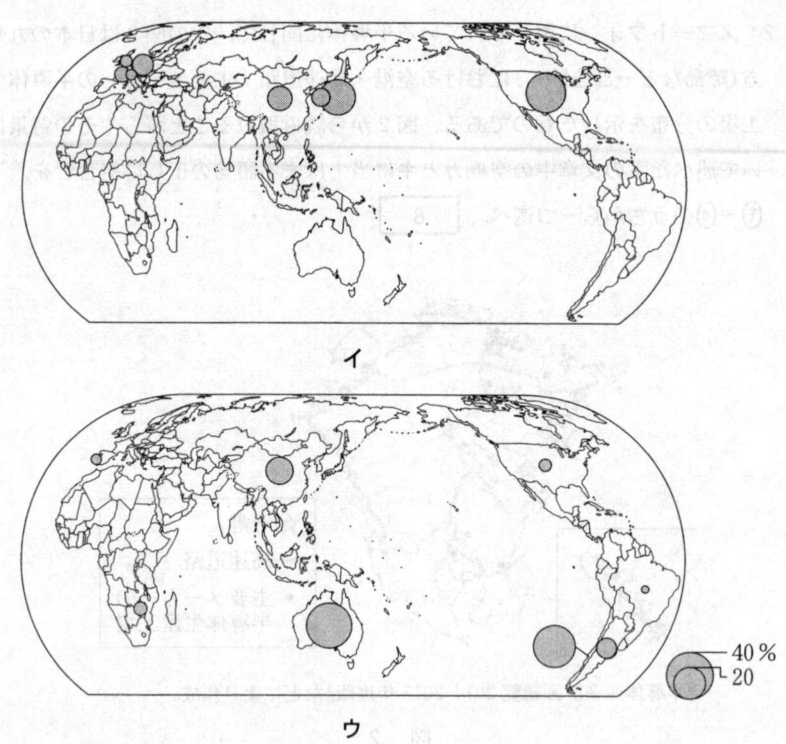

統計年次は 2013 年。
中国の数値には，台湾，ホンコン，マカオを含まない。
USGS の資料などにより作成。

図　1

	①	②	③	④	⑤	⑥
国際特許出願件数	ア	ア	イ	イ	ウ	ウ
ボーキサイトの生産量	イ	ウ	ア	ウ	ア	イ
リチウムの生産量	ウ	イ	ウ	ア	イ	ア

問 2　スマートフォンに用いられている半導体に関して，次の図 2 は日本の九州地方(離島など一部を除く)における空港・高速道路・主要メーカーの半導体生産工場の分布を示したものである。図 2 から読み取れることがらやその背景について述べた下の文章中の空欄**カ**と**キ**に当てはまる語句の正しい組合せを，下の①～④のうちから一つ選べ。 8

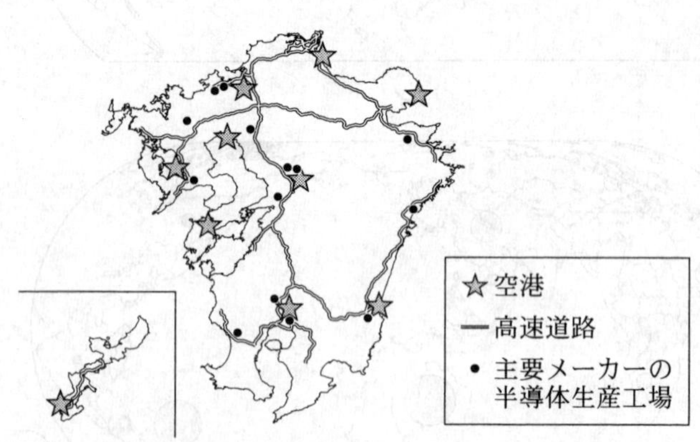

『半導体産業計画総覧 2014-2015 年度版』などにより作成。

図　2

「シリコンアイランド」と称されるように九州地方には半導体関連の工場が集中した。九州地方は，良質な水と広大な土地が豊富であるのに加え，東京圏に比べて人件費が安価であり，半導体生産が(　**カ**　)の立地を示すことが確認できる。図 2 を見ると，主要メーカーの半導体生産工場の多くが空港に近く，輸送の利便性が高い場所に位置している。これには，半導体が製品として軽量であり，生産費に占める輸送費の割合が(　**キ**　)ことが影響している。

	①	②	③	④
カ	市場指向型	市場指向型	労働力指向型	労働力指向型
キ	大きい	小さい	大きい	小さい

問 3　産業地域の発展は，技術の革新や移転と関連している。次の①～④の文は，アメリカ合衆国のシリコンヴァレー，イタリアのサードイタリー(第三のイタリア)，シンガポール，ドイツのルールのいずれかの産業地域について，その特徴を述べたものである。ルールに該当するものを，次の①～④のうちから一つ選べ。 9

① 技能をもつ職人や中小企業の集積をいかして，繊維や機械などの業種で市場に対応した多品種少量生産が盛んである。

② 大学や研究所から独立したベンチャー企業が多く，半導体やインターネット関連の新しい技術やサービスを生み出す世界的拠点である。

③ 炭田と結びついて鉄鋼業が発展したが，大気汚染や水質汚濁が深刻化し，環境問題に対処する技術を生み出す企業が集積している。

④ 輸出加工区を設けて外国資本を導入し工業化をすすめ，さらに金融センターや知識産業の拠点として成長している。

問 4　次の図3は，2000～2014年の日本の自動車メーカーの生産台数について国・地域別の割合を示したものであり，①～④は，日本，アジア(日本を除く)，北アメリカ，中央・南アメリカのいずれかである。アジア(日本を除く)に該当するものを，図3中の①～④のうちから一つ選べ。 10

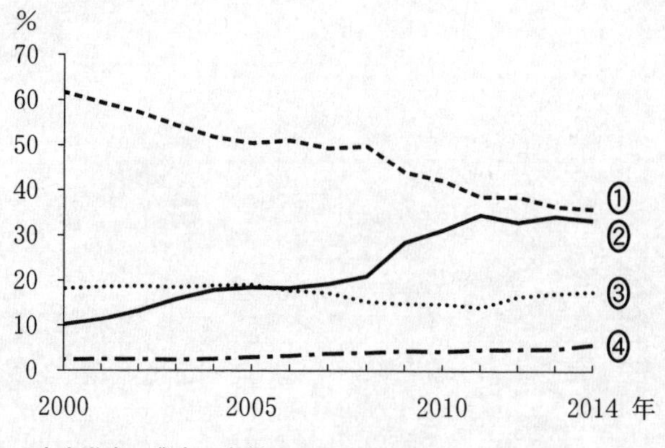

日本自動車工業会の資料により作成。

図　3

問 5 技術の革新と移転は，自然条件の制約を強く受ける農業分野においても変化をもたらしている。科学技術の進展と農業の変化について述べた文として下線部が**適当でないもの**を，次の①～④のうちから一つ選べ。 11

① 遺伝子組み換え作物は生産量が安定することから，自給的農業が盛んな国で導入がすすんでいる。

② 高収量品種による飼料生産や肉牛を集中的に肥育するフィードロットの導入など，アグリビジネスの展開にともない生産の大規模化がすすんでいる。

③ 日本の農業生産は機械化による省力化がすすみ，経営耕地面積の小さい農家では農業以外の収入を主とする副業的な農家が多い。

④ 冷凍船の就航は鮮度を保持しながらの遠距離輸送を可能とし，南半球において酪農や肉牛生産を発展させる契機となった。

問 6　経済活動の発展にともない，様々な種類のサービス業が成長することがある。次の図 4 中の**サ**～**ス**は，各都道府県における情報関連サービス業，道路貨物運送業，農業関連サービス業*のいずれかについて，事業所数が全国の合計に占める割合を示したものである。業種名と**サ**～**ス**との正しい組合せを，下の①～⑥のうちから一つ選べ。 12

*作物の栽培から出荷までのいずれか 1 種類以上の作業を請け負う事業。

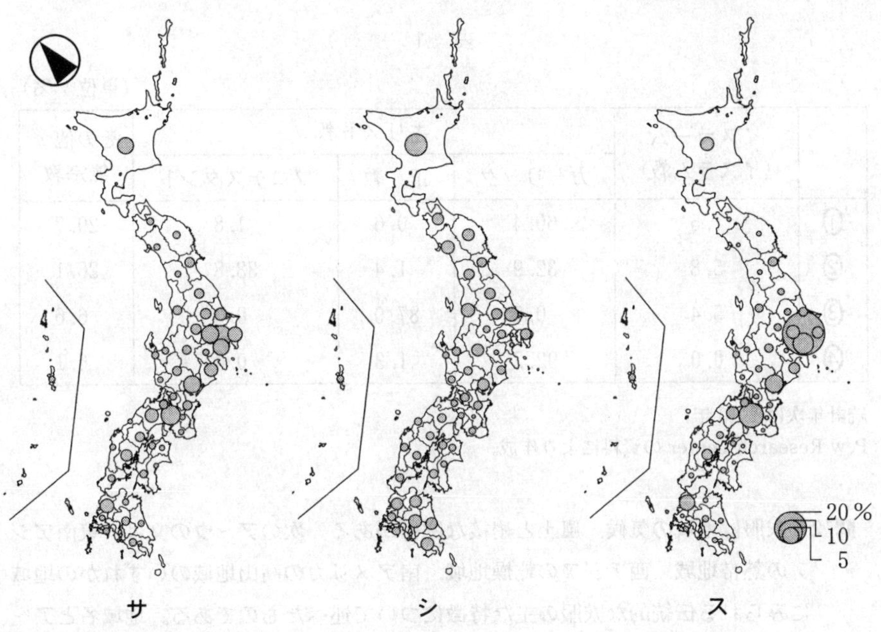

統計年次は 2012 年。
経済センサスにより作成。

図 4

	①	②	③	④	⑤	⑥
情報関連サービス業	サ	サ	シ	シ	ス	ス
道路貨物運送業	シ	ス	サ	ス	サ	シ
農業関連サービス業	ス	シ	ス	サ	シ	サ

第3問　生活文化と都市に関する次の問い(問1～6)に答えよ。(配点　17)

問1　次の表1はヨーロッパのいくつかの国における主要な宗教・宗派別人口割合*を示したものであり，①～④は，ギリシャ，ドイツ，フランス，ポーランドのいずれかである。ドイツに該当するものを，表1中の①～④のうちから一つ選べ。 13

*外国籍の住民を含む。

表　1

(単位：%)

	イスラーム(イスラム教)	キリスト教			その他・無宗教
		カトリック	正　教	プロテスタント	
①	7.5	60.4	0.6	1.8	29.7
②	5.8	32.9	1.4	33.8	26.1
③	5.4	0.7	87.0	0.3	6.6
④	0.0	92.2	1.3	0.4	6.1

統計年次は2010年。
Pew Research Center の資料により作成。

問2　衣服は地域の気候・風土と密接な関係がある。次の**ア**～**ウ**の文は，東南アジアの熱帯地域，西アジアの乾燥地域，南アメリカの高山地域のいずれかの地域にみられる伝統的な衣服の主な特徴について述べたものである。地域名と**ア**～**ウ**との正しい組合せを，次ページの①～⑥のうちから一つ選べ。 14

ア　この地域には，四角形の布の中央に頭の通る穴をあけた外衣があり，撥水性(はっすいせい)・断熱性に優れた毛織物でつくられている。

イ　この地域には，横にスリットのある上衣とズボンとの組合せを基本とした衣服があり，放熱性や吸水性に優れた麻や綿でつくられている。

ウ　この地域には，綿でつくられた袖と裾(すそ)の長い外衣と，頭部を覆う布があり，全身をこれらで覆うことで強い日差しから身を守る役割を果たしている。

	①	②	③	④	⑤	⑥
東南アジアの熱帯地域	ア	ア	イ	イ	ウ	ウ
西アジアの乾燥地域	イ	ウ	ア	ウ	ア	イ
南アメリカの高山地域	ウ	イ	ウ	ア	イ	ア

問 3　多民族国家として知られるマレーシアの取組みを説明した次の文中の空欄**カ**と**キ**に当てはまる語句の正しい組合せを，下の①～④のうちから一つ選べ。 15

マレーシアでは，マレー系住民に対して，雇用や教育の面を優遇する（　**カ**　）政策をとることで，国内において大きな経済力をもつ（　**キ**　）系住民とマレー系住民との格差縮小を図っている。

	①	②	③	④
カ	ブミプトラ	ブミプトラ	ルックイースト	ルックイースト
キ	アラブ	中　国	アラブ	中　国

問 4 次の図 1 は，いくつかの国における総人口に占める首位都市の人口割合と都市人口率を示したものであり，①～④は，イタリア，インド，カナダ，バングラデシュのいずれかである。バングラデシュに該当するものを，図 1 中の①～④のうちから一つ選べ。 16

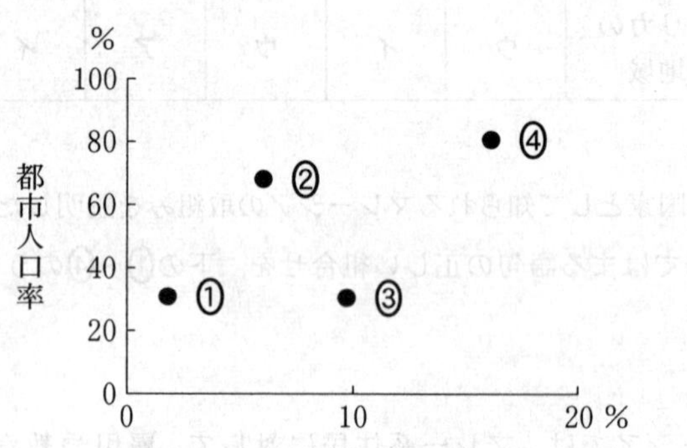

統計年次は 2010 年。
World Urbanization Prospects などにより作成。

図 1

問 5　次の図2は，城下町としての歴史をもつ日本のある都市の概略を示したものであり，下の①～④の文は，図2中のA～Dのいずれかの地点の状況について述べたものである。地点Cに該当するものを，下の①～④のうちから一つ選べ。 17

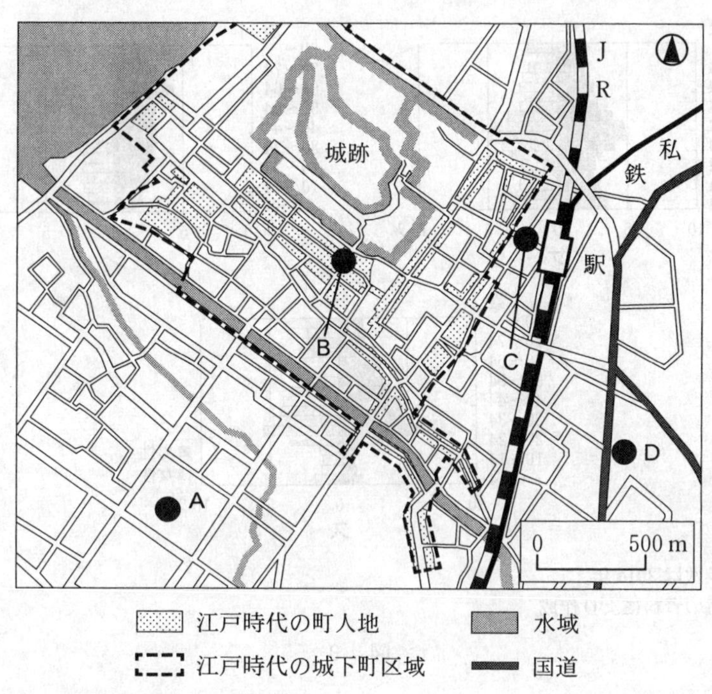

『日本図誌大系』などにより作成。

図　2

① 1970年代以降に開発された地区であり，住宅が建ち並んでいる。

② 江戸時代から続く商業中心地が衰退したことにより再開発がなされ，城下町の雰囲気を醸し出す景観整備が行われている。

③ 近代以降に発展した地区であり，商業施設や銀行などが建ち並ぶ一方，閉店している店舗もある。

④ 自動車交通が便利なため，ロードサイド型の店舗が建ち並んでいる。

問 6　次の図 3 中の**サ**～**ス**は日本の三つの市区の年齢階級別人口構成を男女別に示したものであり，下のX～Zの文は，いずれかの市区の特徴を説明したものである。**サ**～**ス**とX～Zとの正しい組合せを，下の①～⑥のうちから一つ選べ。 18

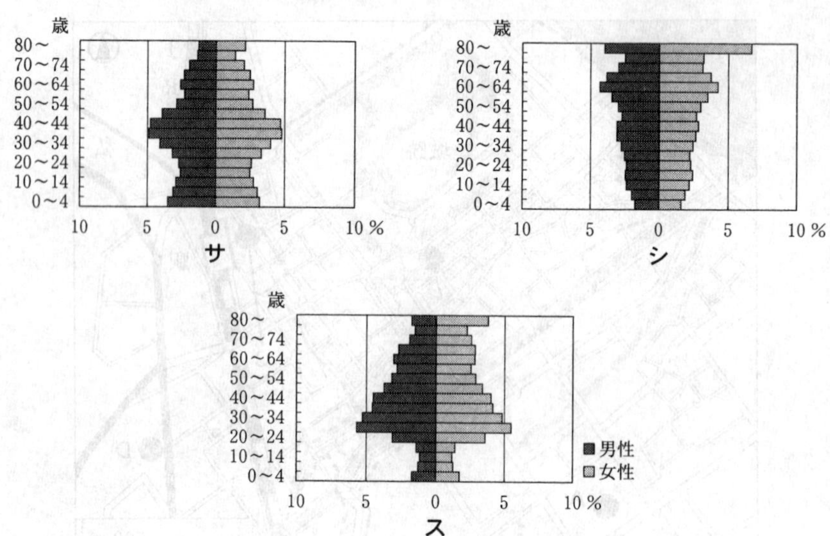

統計年次は 2014 年。
総務省の資料により作成。

図　3

X　大都市圏の都心に位置し，オフィスビルや百貨店が立地している。

Y　大都市圏の郊外に位置し，戸建て住宅を中心とした住宅地が多い。

Z　大都市圏の外側に位置し，森林や農地が大半を占めている。

	①	②	③	④	⑤	⑥
サ	X	X	Y	Y	Z	Z
シ	Y	Z	X	Z	X	Y
ス	Z	Y	Z	X	Y	X

第4問　次の図1を見て，西アジアとその周辺地域に関する下の問い(**問**1～6)に答えよ。(配点　17)

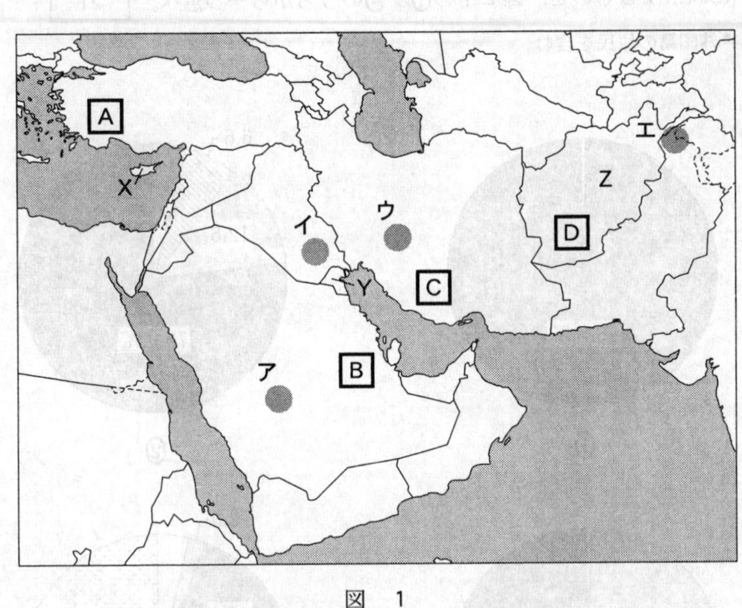

図　1

問 1　図1中の**ア**～**エ**の地域のうち，最も標高の高い地点を含むものを，次の①～④のうちから一つ選べ。 19

① **ア**　　② **イ**　　③ **ウ**　　④ **エ**

問 2　図1中に示したA～Dの地域でみられる農牧業について述べた文として下線部が**適当でないもの**を，次の①～④のうちから一つ選べ。 20

① A地域では，夏に乾燥する気候に適したオリーブが栽培されている。

② B地域では，大規模な灌漑(かんがい)施設を利用して小麦や野菜が栽培されている。

③ C地域では，ため池の水を利用してコーヒーが栽培されている。

④ D地域では，家畜を飼養して乳製品や羊毛が生産されている。

問 3 次の図 2 中の①～④は，アラブ首長国連邦，イスラエル，イラン，レバノンのいずれかにおける宗教別人口割合*を示したものである。アラブ首長国連邦に該当するものを，図 2 中の①～④のうちから一つ選べ。 21

*外国籍の住民を含む。

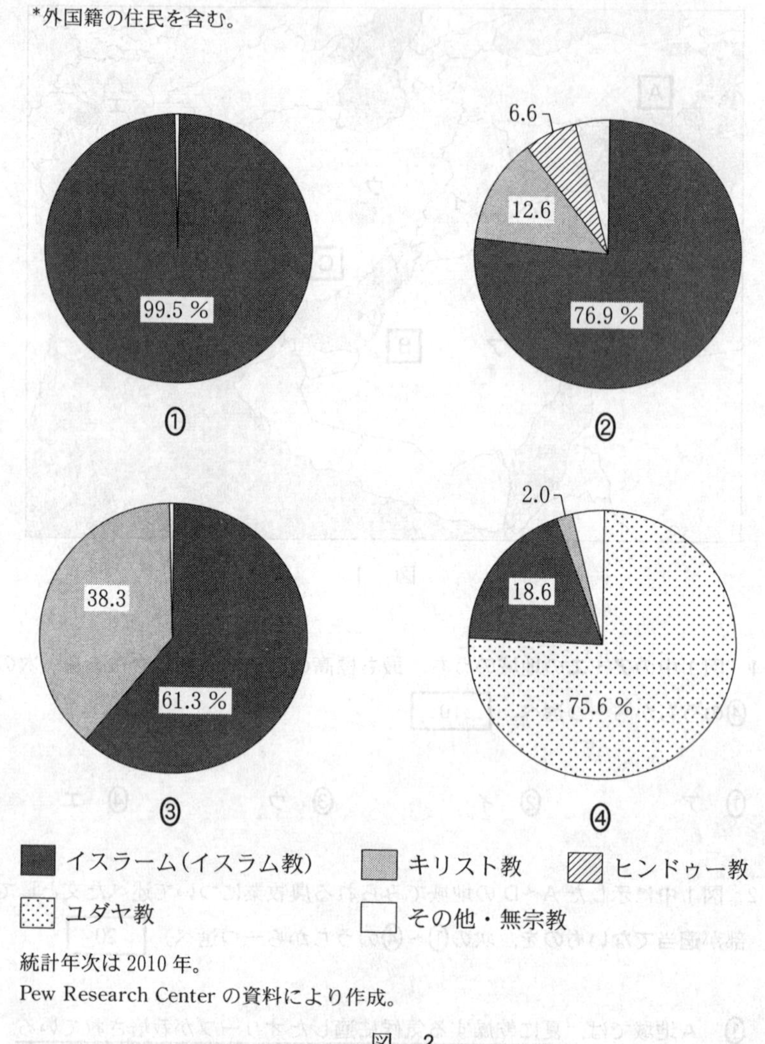

統計年次は 2010 年。

Pew Research Center の資料により作成。

図 2

問 4　次の図 3 中の**カ**～**ク**は，西アジアとその周辺における，GDP(国内総生産)に占める農林水産業の割合，人口 1 人当たり GNI(国民総所得)，輸出額に占める石油・石油製品の割合のいずれかの指標について，国・地域別に示したものである。指標名と**カ**～**ク**との正しい組合せを，下の①～⑥のうちから一つ選べ。 22

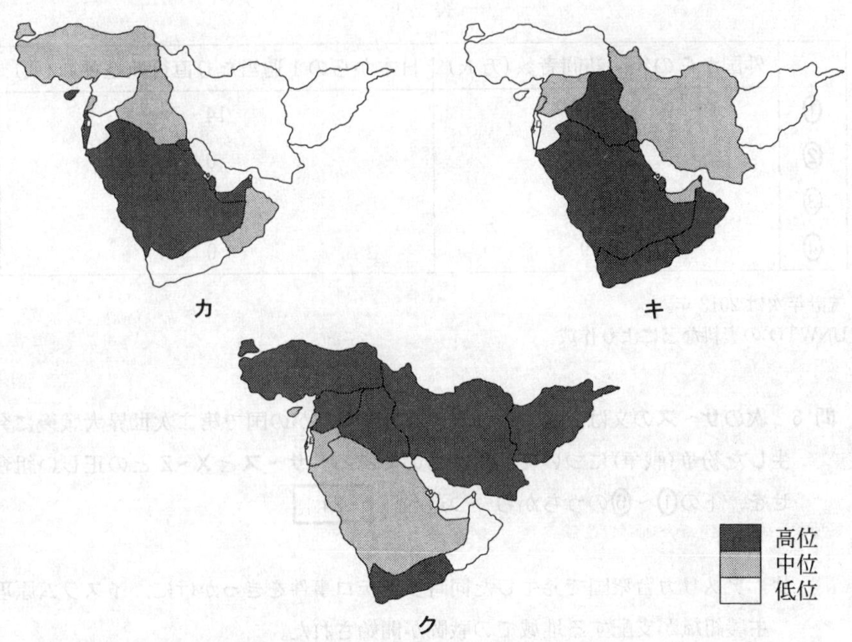

統計年次は，GDP に占める農林水産業の割合が 2012 年，人口 1 人当たり GNI が 2014 年，輸出額に占める石油・石油製品の割合が 2010～2013 年のいずれか。
FAOSTAT などにより作成。

図　3

	①	②	③	④	⑤	⑥
GDP に占める農林水産業の割合	カ	カ	キ	キ	ク	ク
人口 1 人当たり GNI	キ	ク	カ	ク	カ	キ
輸出額に占める石油・石油製品の割合	ク	キ	ク	カ	キ	カ

問 5　次の表1中の①～④は，イラク，カタール，サウジアラビア，トルコにおける，外国からの年間訪問者数*と日本からの1週当たり直行航空便数を示したものである。トルコに該当するものを，表1中の①～④のうちから一つ選べ。 23

*観光客以外の短期入国者を含む。

表　1

	外国からの年間訪問者数(万人)	日本からの1週当たり直行航空便数(便)
①	3,780	14
②	1,577	0
③	261	14
④	89	0

統計年次は2013年。
UNWTOの資料などにより作成。

問 6　次のサ～スの文は，図1中のX～Zのいずれかの国で第二次世界大戦後に発生した紛争(戦争)について述べたものである。サ～スとX～Zとの正しい組合せを，下の①～⑥のうちから一つ選べ。 24

サ　アメリカ合衆国で発生した同時多発テロ事件をきっかけに，イスラム原理主義組織が支配する地域での戦闘が開始された。

シ　北部のトルコ系住民と南部のギリシャ系住民との対立が激化し，ギリシャへの併合の動きに対するトルコ軍の介入によって北部が独立を宣言した。

ス　領土と資源をめぐって隣国の侵攻を受けたことから，アメリカ合衆国を中心とした多国籍軍が介入する大規模な戦争に発展した。

	①	②	③	④	⑤	⑥
サ	X	X	Y	Y	Z	Z
シ	Y	Z	X	Z	X	Y
ス	Z	Y	Z	X	Y	X

第5問　東京在住の高校生のヨシエさんは，次の図1に示すルートのように，デンマークを経由して，ノルウェー，スウェーデン，フィンランドを旅行した。そして，夏休みの宿題として3か国を比較したレポートを作成した。このレポートに関する下の問い(**問1～5**)に答えよ。(配点　14)

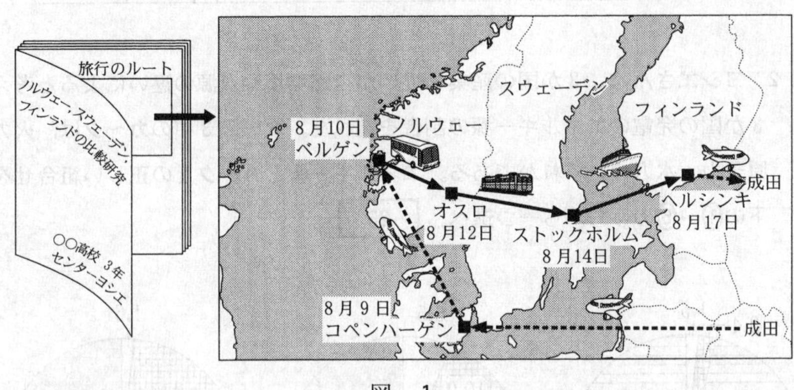

図　1

問1　ヨシエさんは，3か国を旅行中に風景や気温の違いを体験し，3か国の地形と気候の特徴を次の図2のようにまとめた。図2中の**ア**～**ウ**は，3か国の標高200m以下の面積*の割合と，ほぼ同じ緯度にある都市(ベルゲン，ストックホルム，ヘルシンキ)における最寒月と最暖月の月平均気温を示している。国名と**ア**～**ウ**との正しい組合せを，次ページの①～⑥のうちから一つ選べ。 25

*島嶼(とうしょ)部を除く。

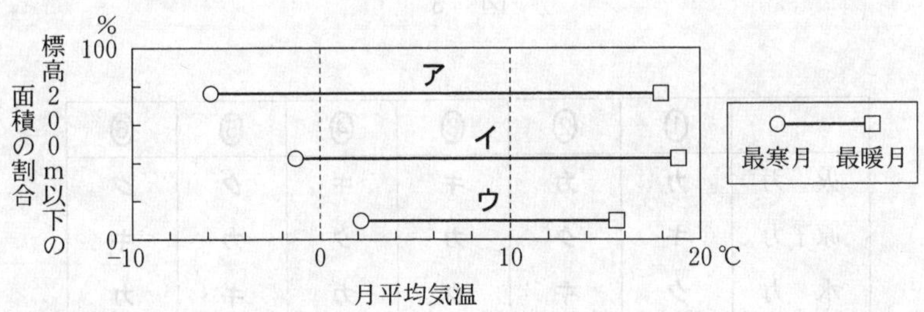

気象庁の資料などにより作成。

図　2

	①	②	③	④	⑤	⑥
ノルウェー	ア	ア	イ	イ	ウ	ウ
スウェーデン	イ	ウ	ア	ウ	ア	イ
フィンランド	ウ	イ	ウ	ア	イ	ア

問 2 ヨシエさんは，3か国の産業の違いが自然環境や資源の違いによると考え，3か国の発電のエネルギー源の割合を調べた。次の図3中の**カ**～**ク**は，火力，原子力，水力のいずれかである。エネルギー源と**カ**～**ク**との正しい組合せを，下の①～⑥のうちから一つ選べ。 **26**

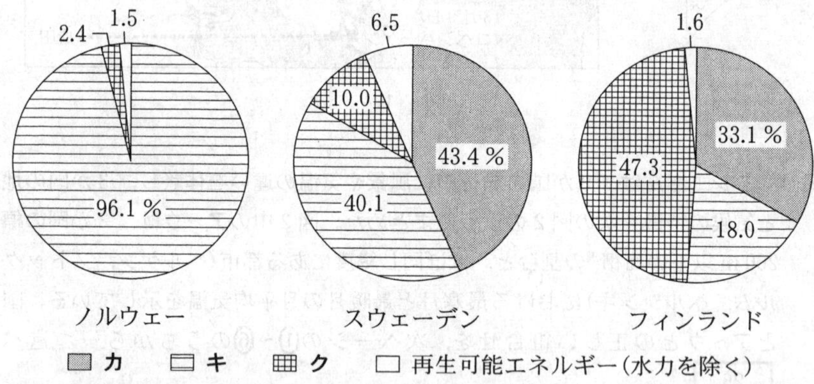

統計年次は2013年。
United Nations Energy Statistics Yearbook により作成。

図 3

	①	②	③	④	⑤	⑥
火　力	カ	カ	キ	キ	ク	ク
原子力	キ	ク	カ	ク	カ	キ
水　力	ク	キ	ク	カ	キ	カ

問 3　ヨシエさんは，3か国を旅行中に工場や店舗を見て，産業の違いに気づき，3か国の貿易について調べた。次の図4は3か国の総輸出額に占める品目別の割合，下の表1は3か国の輸出額上位3位までの国と，それらの国への輸出額が総輸出額に占める割合を示したものである。国名と図4中の**サ**～**ス**との正しい組合せを，下の①～⑥のうちから一つ選べ。 **27**

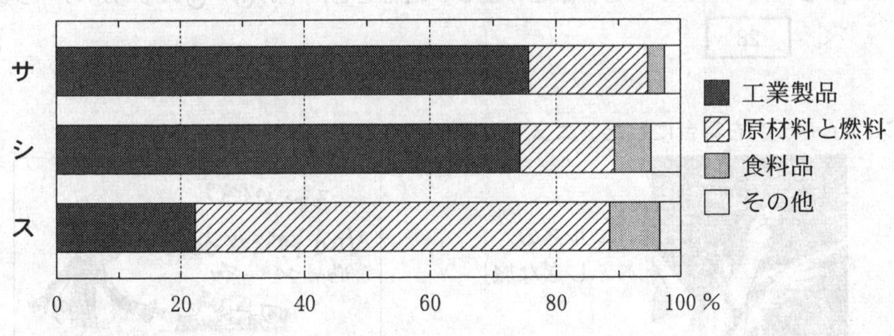

統計年次は2014年。
『国際連合貿易統計年鑑』により作成。

図　4

表　1

（単位：％）

順　位	サ	シ	ス
1位	シ　(11.1)	ス　(10.4)	イギリス　(24.6)
2位	ドイツ　(9.9)	ドイツ　(9.6)	ドイツ　(15.3)
3位	ロシア　(9.2)	イギリス　(7.0)	オランダ　(11.9)

統計年次は2014年。
『国際連合貿易統計年鑑』により作成。

	①	②	③	④	⑤	⑥
ノルウェー	サ	サ	シ	シ	ス	ス
スウェーデン	シ	ス	サ	ス	サ	シ
フィンランド	ス	シ	ス	サ	シ	サ

問 4 ヨシエさんは，3か国の街を散策して，言語の違いに気づいた。そして，3か国の童話をモチーフにしたアニメーションが日本のテレビで放映されていたことを知り，3か国の文化の共通性と言語の違いを調べた。次の図5中の**タ**と**チ**はノルウェーとフィンランドを舞台にしたアニメーション，**A**と**B**はノルウェー語とフィンランド語のいずれかを示したものである。フィンランドに関するアニメーションと言語との正しい組合せを，下の①～④のうちから一つ選べ。 28

スウェーデンを舞台にしたアニメーション　　　　スウェーデン語

「ニルスのふしぎな旅」

©Gakken

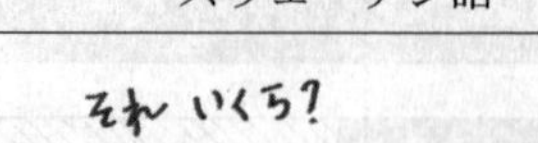

アニメーション　　　　言　語

タ

※入試問題に掲載された写真とは異なります

「ムーミン」

©Moomin Characters™

A

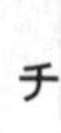

チ

「小さなバイキングビッケ」

©ZUIYO

B

いくらですか？
Paljonko se maksaa?
パリヨンコ セ マクサー

『旅の指さし会話帳㉚ スウェーデン』などにより作成。

図　5

	①	②	③	④
アニメーション	**タ**	**タ**	**チ**	**チ**
言　語	A	B	A	B

問 5　ヨシエさんは，旅行中に子どもや高齢者を見かけ，3か国の福祉に興味をもった。そして，3か国とOECD（経済協力開発機構）加盟国*のGDP（国内総生産）に対する公的社会支出の割合とGNI（国民総所得）に対する租税負担率を調べた。次の図6中の①～④は，二つの指標の平均値を原点として，各国の値を4象限に分割したものである。3か国が属する象限を，図6中の①～④のうちから一つ選べ。 **29**

*トルコを除く。

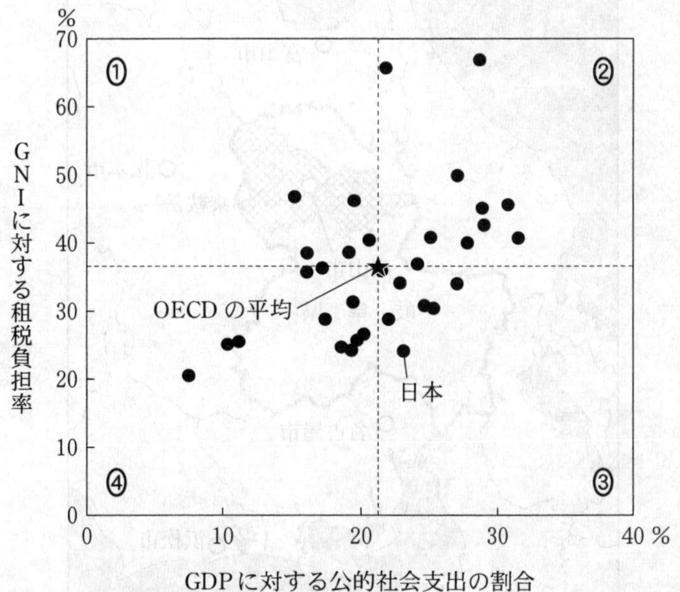

統計年次は，GDPに対する公的社会支出の割合が2012～2016年のいずれか。
GNIに対する租税負担率が2013年。
OECDの資料などにより作成。

図　6

第 6 問 高校生のイズミさんは，岐阜県高山(たかやま)市の自然環境や人間活動にかかわる地域調査を行った。次の図 1 を見て，イズミさんの調査に関する下の問い(**問 1 ～ 6**)に答えよ。(配点 18)

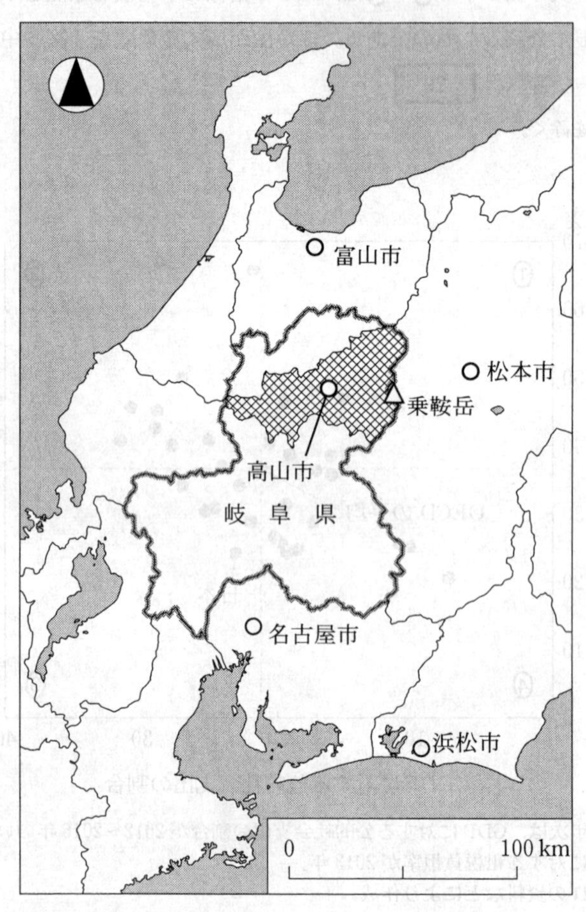

図 1

問 1　高山市に向かう前に，イズミさんはいくつかの指標から高山市の気候を他都市と比較した。次の表 1 は，図 1 中に示した高山市を含む 3 都市について，気温の年較差，冬季(12～ 2 月)の日照時間を示したものであり，**ア～ウ**は高山市，富山市，浜松(はままつ)市のいずれかである。都市名と**ア～ウ**との正しい組合せを，下の①～⑥のうちから一つ選べ。 **30**

表 1

	気温の年較差(℃)	冬季(12～ 2 月)の日照時間(時間)
ア	21.1	580.2
イ	23.9	230.2
ウ	25.5	297.4

『理科年表』により作成。

	①	②	③	④	⑤	⑥
高山市	ア	ア	イ	イ	ウ	ウ
富山市	イ	ウ	ア	ウ	ア	イ
浜松市	ウ	イ	ウ	ア	イ	ア

問 2　高山市は2005年に周辺の9町村を編入合併し，全国で最も面積の大きな市となった。イズミさんは，高山市内の人口の地域的差異について理解するために，統計データを用いて主題図を作成した。次の図2は，高山市の標高段彩図と旧市町村別の人口密度，老年人口割合*，平均世帯人員数を示したものである。これらの図から読み取れることがらとその背景について述べた下の文章中の下線部①～④のうちから，**適当でないもの**を一つ選べ。 31

*総人口に占める65歳以上人口の割合。

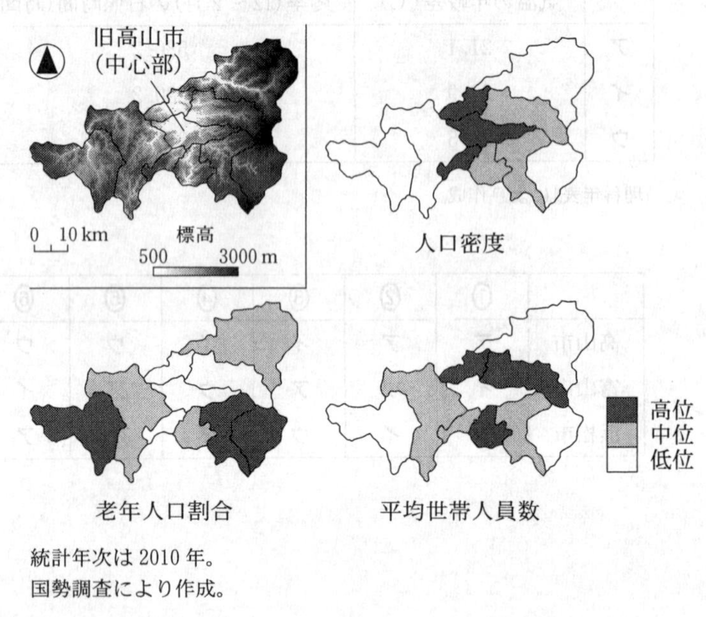

図　2

人口密度は，①盆地に位置する中心部とその隣接地域で高い値がみられる。老年人口割合は，②中心部から離れた標高の高い東西の地域で高い傾向にある。平均世帯人員数は，中心部と縁辺部において低位にある。その主な理由として，中心部では，③隣接地域と比べて核家族世帯や単身世帯の割合が低いことが予想され，縁辺部では，長期間にわたる④若年層の流出や高齢者の死亡にともなう世帯人員の減少が影響していると考えられる。

問 3　市内の朝市とスーパーマーケットを見学したイズミさんは，高山市の農林水産物の流通に関心をもった。イズミさんは市役所を訪問し，詳しい話を聞くことにした。イズミさんと市役所の職員との会話文中の空欄**カ**と**キ**に当てはまる語の正しい組合せを，下の①～④のうちから一つ選べ。 **32**

イズミ　「高山市の農業にはどのような特徴がありますか」

職　員　「高山市の農業産出額は県内最大であり，野菜と肉用牛の産地として有名です。現在は大都市圏を中心に出荷されていますが，交通網の整備される以前には，近郊の農家にとって朝市は農産物を販売する重要な場所でした」

イズミ　「当時は，大都市から離れていたことが，農産物の(　**カ**　)消費を促していたのですね。そういえば，スーパーマーケットで富山など北陸方面からの魚を多く見かけました。海産物は日本海側とのつながりが強いのですね」

職　員　「高山市を含む飛騨(ひだ)地方において，富山のブリは正月料理に欠かせない縁起物でした。さらに，高山まで運ばれたブリは，標高 1000 m を超える山脈の峠を越え，海の魚を食べることが困難な地域にも運ばれていました」

イズミ　「冷凍技術の発達していない時代に腐らないようにどうやって運んだのでしょうか」

職　員　「水揚げされた富山で保存のために塩を加える方法が一般的でした。高山から(　**キ**　)方面に運ばれたブリは『飛騨鰤(ぶり)』と呼ばれ，『鰤１本米１俵』と言われるほど高価なものでした」

	①	②	③	④
カ	域　外	域　外	域　内	域　内
キ	名古屋	松　本	名古屋	松　本

問 4 高山市の歴史に関心をもったイズミさんは，市街地を徒歩で観察した。次の図 3 は，高山市の中心市街地周辺を範囲とする 2011 年発行の 2 万 5 千分の 1 地形図(原寸，一部改変)である。図 3 から読み取れるこの地域の歴史的な特徴についてイズミさんの訪問した順路に沿って説明した文として下線部が**適当でないもの**を，下の①～④のうちから一つ選べ。 33

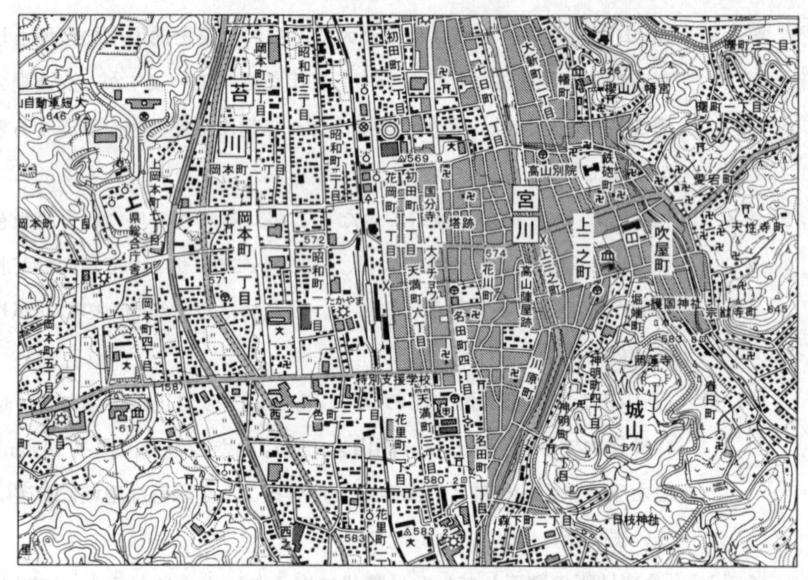

図 3

① 上二之町(かみにのまち)から南へ向かう通りでは，城下町の特徴の一つとして，戦時の敵の移動を遅らせるために，丁字路(ていじろ)がつくられている。

② 城山(しろやま)にはかつて城が築かれており，市内を南から北へ流れる宮川(みやがわ)は外堀の役割を果たしていた。

③ 吹屋町(ふきやまち)の北側から東側にかけては，寺院が集中しており，寺院に由来する町名のつけられている地区が確認できる。

④ 岡本町(おかもとまち)一丁目付近は，市街地が西部に拡大するなかで整備された地域であり，特徴の一つとして，苔川(すのりがわ)と並行する幹線道路に面して工業団地が造成されている。

問 5　高山市内をめぐり，観光についての興味を深めたイズミさんは，高山市の観光統計*を整理した。次の図4は高山市の旅行者数の推移を示したものであり，表2は2015年の高山市と全国の外国人旅行者の地域別割合を示したものである。図4と表2から読み取れることがらとその背景について述べた下の文章中の下線部①～④のうちから，**適当でないものを一つ選べ。** 34

*高山市は，旧高山市の値。

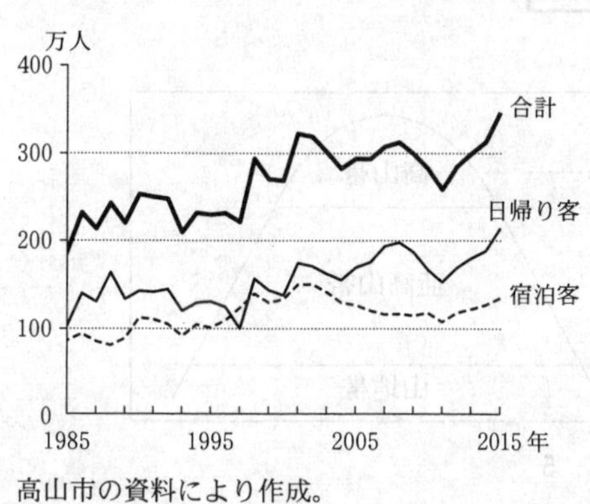

高山市の資料により作成。

図　4

表　2

		高山市	全　国
外国人旅行者数（万人）		26.8	1,973.7
地域別割合（%）	アジア	58.7	84.3
	ヨーロッパ	25.1	6.3
	南北アメリカ	9.2	7.0
	オセアニア	6.6	2.2
	その他	0.4	0.2

高山市の値は，宿泊客のみの数値。
統計年次は2015年。
高山市の資料などにより作成。

高山市の旅行者数は全体的に増加傾向にあり，その背景には，鉄道の高速化やトンネル・高速道路の開通などが考えられる。ただし，①<u>交通条件の改善は旅行者数の維持を保証するものではない。</u>

2015年の高山市を含む岐阜県全体の日帰り客数は3,731万人，宿泊客数は629万人となっており，高山市は②<u>県内市町村の中でも相対的に宿泊をともなわない通過型の観光地としての性格が強い。</u>

日本では国をあげて外国人の誘客に努めており，③<u>2015年の高山市の宿泊客数の約2割を外国人旅行者が占めている。</u>外国人旅行者の地域別割合をみると，高山市は全国に比べて，④<u>ヨーロッパやオセアニアの割合が高い。</u>

問 6　高山市の観光資源について調べていくなかで，イズミさんは長野県との県境にある乗鞍岳（のりくらだけ）に興味をもった。バスの車窓からイズミさんは，標高の高低によって植生に違いがみられることに気づいた。次の図5はイズミさんが乗鞍岳山頂付近の畳平（たたみだいら）（標高 2702 m）にある展示室で植生の分布について学んだことをまとめたメモである。また，下の写真1中のA～Cは，図5中の各植生帯の代表的な植生を撮影したものである。植生帯とA～Cとの正しい組合せを，下の①～⑥のうちから一つ選べ。 **35**

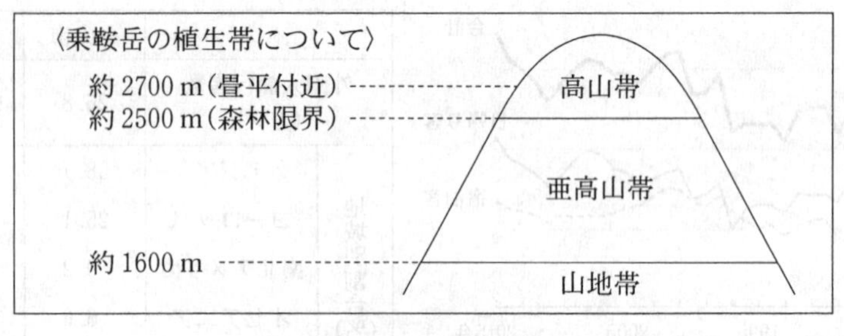

図　5

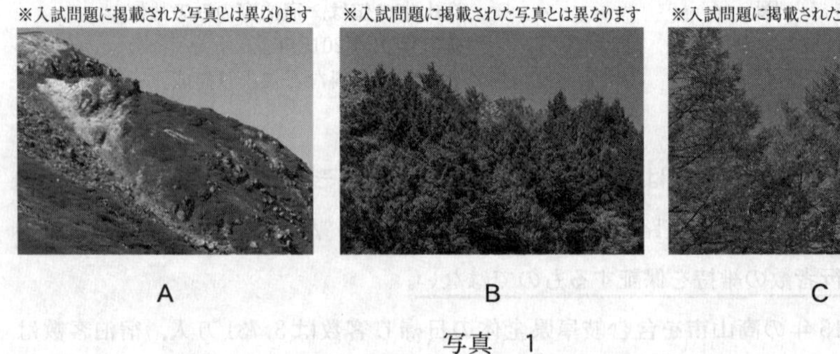

写真　1

	①	②	③	④	⑤	⑥
高山帯	A	A	B	B	C	C
亜高山帯	B	C	A	C	A	B
山地帯	C	B	C	A	B	A

地理B

（2017年１月実施）

60分　100点

（解答番号 1 ～ 35 ）

第1問 次の図1を見て，世界の自然環境と自然災害に関する下の問い（**問1～6**）に答えよ。（配点 17）

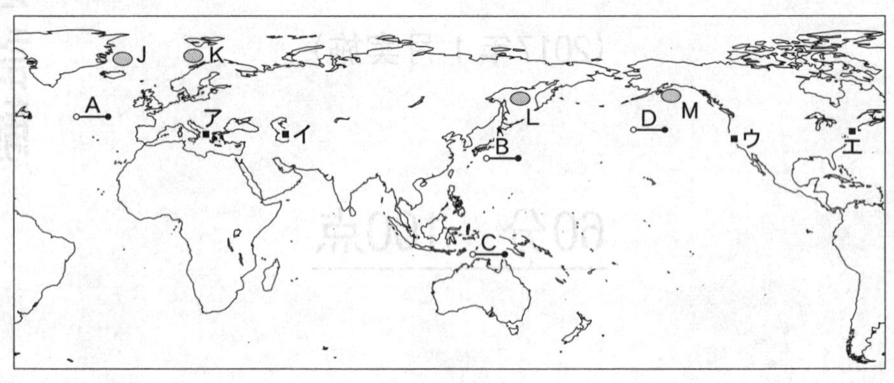

線A～Dの実距離は等しい。

図 1

問1 地球には多様な海底地形がみられる。次ページの図2中の①～④は，図1中の線A～Dのいずれかに沿った海底の地形断面を示したものである。線Bに該当するものを，図2中の①～④のうちから一つ選べ。ただし，深さは強調して表現してある。 1

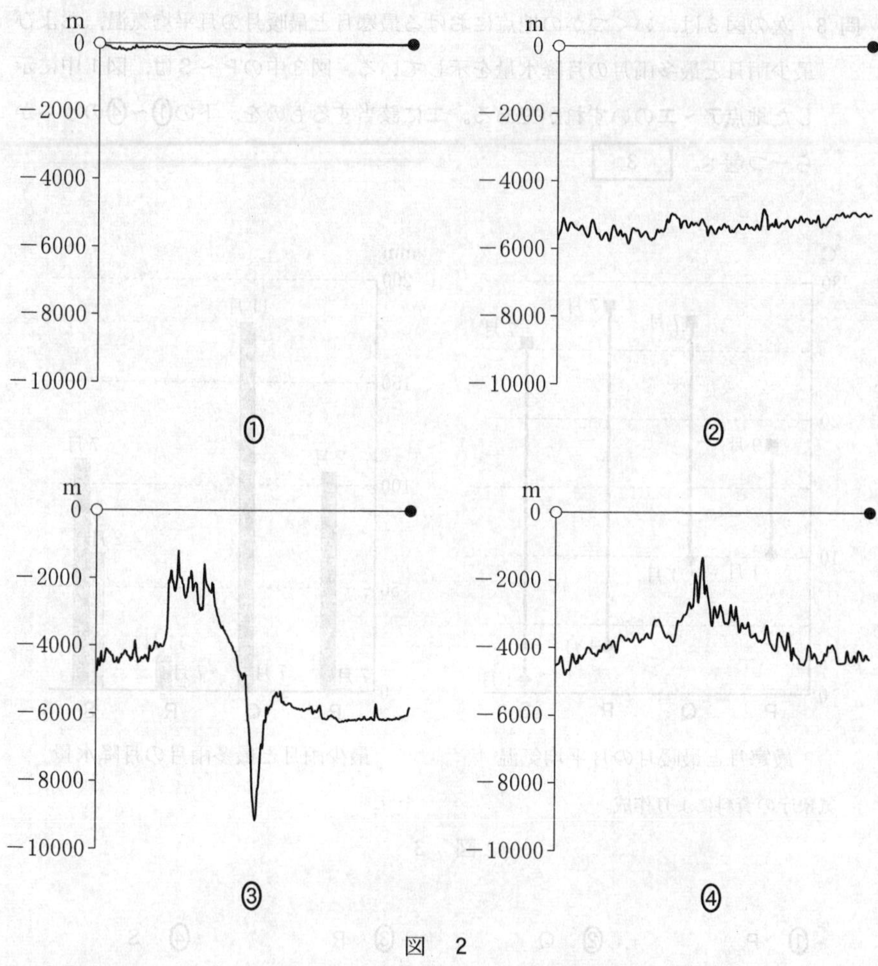

図　2

問 2　北半球の高緯度の海域では，海氷の分布に違いがみられる。図 1 中に示した海域 J ～ M のうち，海氷に覆われにくい海域の組合せとして最も適当なものを，次の①～⑥のうちから一つ選べ。 2

① J と K　　② J と L　　③ J と M
④ K と L　　⑤ K と M　　⑥ L と M

問 3　次の図 3 は，いくつかの地点における最寒月と最暖月の月平均気温，および最少雨月と最多雨月の月降水量を示している。図 3 中の P ～ S は，図 1 中に示した地点**ア**～**エ**のいずれかである。**エ**に該当するものを，下の①～④のうちから一つ選べ。 **3**

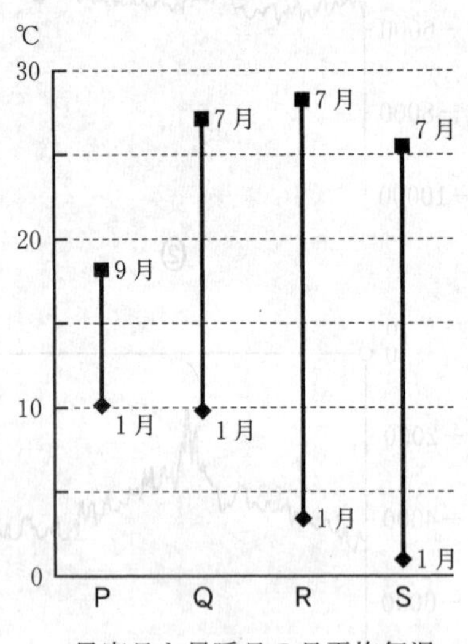

最寒月と最暖月の月平均気温

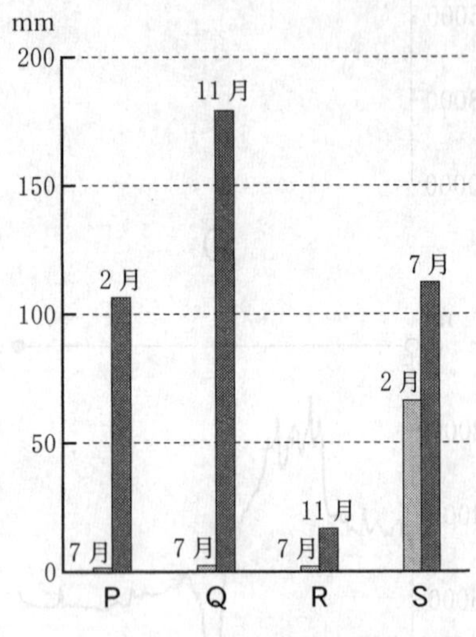

最少雨月と最多雨月の月降水量

気象庁の資料により作成。

図　3

① P　　② Q　　③ R　　④ S

問 4　次の図 4 は，アドリア海沿岸のヴェネツィア（ベネチア）周辺の地形を示したものである。図 4 に関連したことがらについて述べた下の文章中の下線部①～④のうちから，**適当でないもの**を一つ選べ。 4

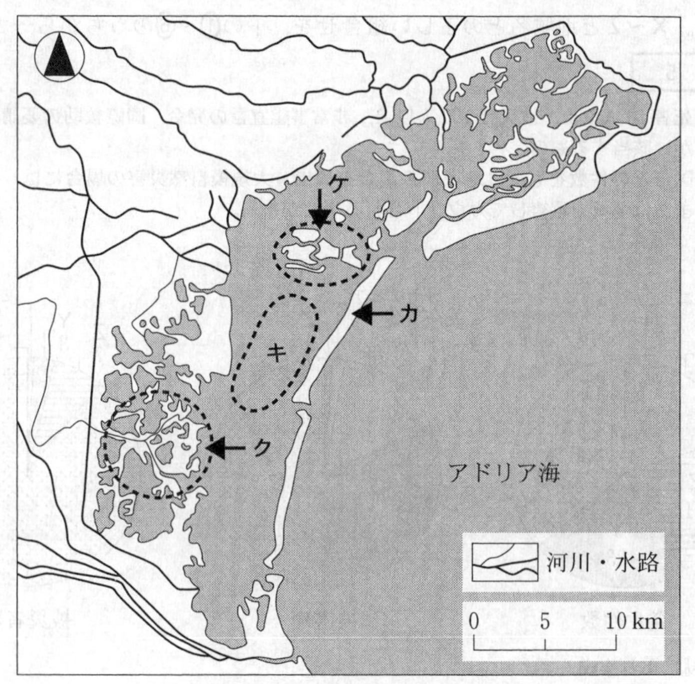

Diercke Weltatlas, 2008 により作成。

図　4

ヴェネツィア（ベネチア）周辺には，河川や海の営力によって形成された様々な地形がみられる。沿岸流で運ばれた砂や泥などによって構成される**カ**の①砂州がみられ，それによってアドリア海と隔てられた**キ**の水域は②潟湖（せきこ）（ラグーン）に位置する。この水域には，河川が運搬した砂や泥などによって形成された**ク**のような③陸繋島（りくけいとう）がみられる。**ケ**の島々に立地する旧市街地は，砂や泥が干潮時に現れる④干潟の高まりを利用して形成された。

問 5　自然災害にともなう被害は，各地域の自然環境とともに社会・経済状況などに影響される。次の図5は，1978年から2008年の期間に世界で発生した自然災害*について，発生件数**，被害額，被災者数の割合を地域別に示したものであり，図5中のX～Zは，アジア，アフリカ，南北アメリカのいずれかである。X～Zと地域名との正しい組合せを，下の①～⑥のうちから一つ選べ。 5

*死者10人以上，被災者100人以上，非常事態宣言の発令，国際救助の要請のいずれかに該当するもの。

**国ごとの件数をもとに地域別の割合を算出。大規模自然災害の場合には，複数の国または地域で重複してカウントされる場合がある。

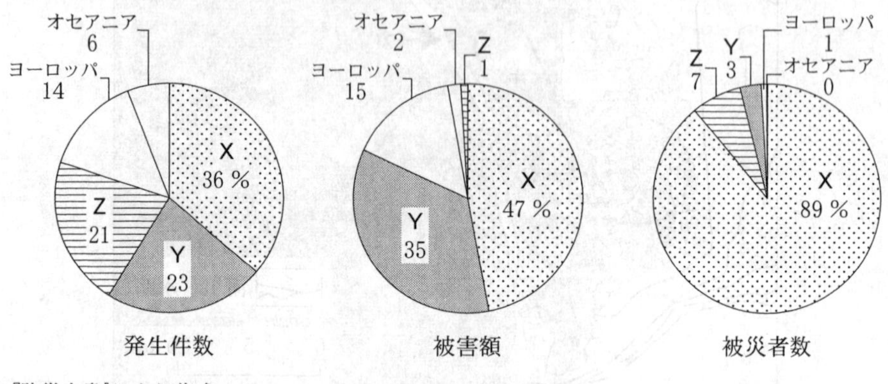

『防災白書』により作成。

図　5

	X	Y	Z
①	アジア	アフリカ	南北アメリカ
②	アジア	南北アメリカ	アフリカ
③	アフリカ	アジア	南北アメリカ
④	アフリカ	南北アメリカ	アジア
⑤	南北アメリカ	アジア	アフリカ
⑥	南北アメリカ	アフリカ	アジア

問 6　次の図6は，ある地域の火山防災マップである。図6から読み取れることがらを述べた文として下線部が**適当でないもの**を，下の①～④のうちから一つ選べ。 6

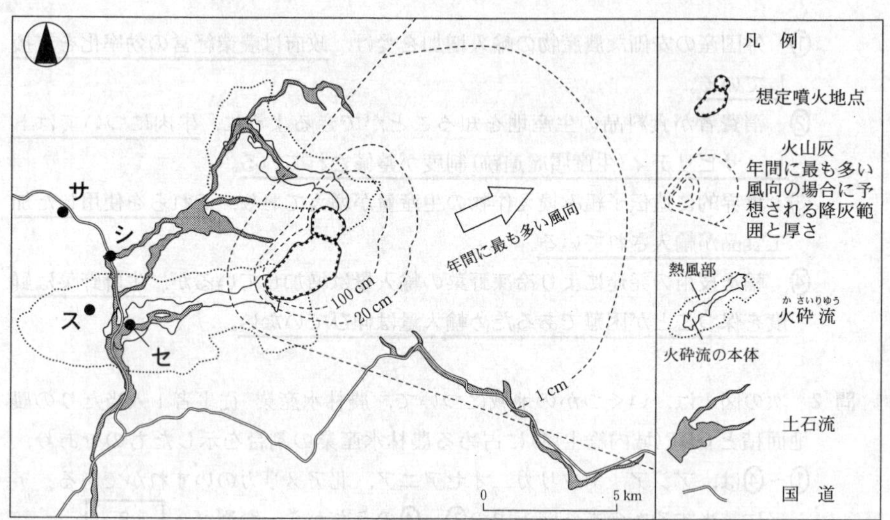

自治体の資料により作成。

図　6

① 地点**サ**の農地では，火山噴火が生じた場合，火山灰が降って農作物に被害が出る可能性がある。

② 地点**シ**の国道では，火山噴火が終わった後にも，土石流が発生して通行ができなくなる可能性がある。

③ 地点**ス**の家屋は，火山噴火にともなって生じる火砕流の熱風で焼失する可能性がある。

④ 地点**セ**の家屋は，土石流の影響によって損壊する可能性が低いのに対して，火砕流の被害を受ける可能性は高い。

第2問　資源と産業に関する次の問い(**問**1～6)に答えよ。(配点　17)

問 1　日本の農業とそれに関連したことがらについて述べた文として下線部が**適当でないもの**を，次の①～④のうちから一つ選べ。 7

① 外国産の安価な農産物の輸入増加を受け，政府は農業経営の効率化を支援している。

② 消費者が食料品の生産地を知ることができるように，牛肉についてはトレーサビリティ(生産履歴追跡)制度が整備されている。

③ 世界的に遺伝子組み換え作物の生産量が増えており，それらを使用した加工食品が輸入されている。

④ 輸送技術の発達により冷凍野菜の輸入量は増加しているが，生鮮野菜は鮮度を保つことが困難であるため輸入量は伸びていない。

問 2　次の図1は，いくつかの地域について，農林水産業*従事者1人当たりの農地面積とGDP(域内総生産)に占める農林水産業の割合を示したものであり，①～④は，アジア，アフリカ，オセアニア，北アメリカのいずれかである。アジアに該当するものを，図1中の①～④のうちから一つ選べ。 8

*狩猟業を含む。

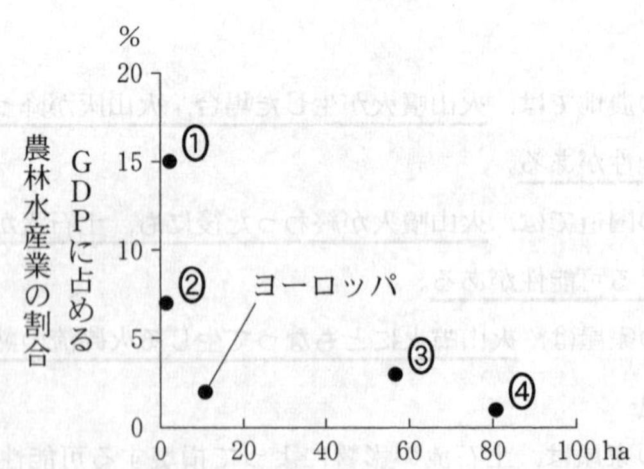

統計年次は2010年。
FAOSTATなどにより作成。

図　1

問 3　バイオマスエネルギーとその利用について述べた文として**適当でないもの**を，次の①～④のうちから一つ選べ。 9

① EU(欧州連合)では，環境負荷を減らすために木くずなどを発電用の燃料として利用することが推進されている。

② 食用の穀物がエネルギー源として利用されることもあるため，食料価格の高騰をまねくおそれがある。

③ 大規模な発電施設の開発を必要とするため，発展途上国ではほとんど利用されていない。

④ 燃焼しても大気中の二酸化炭素の総量に与える影響が小さいため，カーボンニュートラルなエネルギーとされる。

問 4　次の表1は，いくつかの国について，エネルギー輸入依存度*と鉱工業就業人口の割合を示したものであり，①～④は，イギリス，オーストラリア，ドイツ，日本のいずれかである。ドイツに該当するものを，表1中の①～④のうちから一つ選べ。 10

* 1次エネルギーの総供給量に対する輸出入量の比率で，マイナス値は輸出量が輸入量を上回っていることを示す。

表　1

（単位：％）

	エネルギー輸入依存度	鉱工業就業人口の割合
①	93.7	17.9
②	60.5	21.0
③	38.9	11.5
④	− 147.4	11.7

統計年次は，エネルギー輸入依存度が 2012 年，鉱工業就業人口の割合が 2013 年。
World Development Indicators などにより作成。

問 5 次の図2中の**ア**～**ウ**は，石炭の生産量，輸出量，消費量のいずれかについて，上位8か国・地域とそれらが世界に占める割合を示したものである。指標名と**ア**～**ウ**との正しい組合せを，次ページの①～⑥のうちから一つ選べ。 11

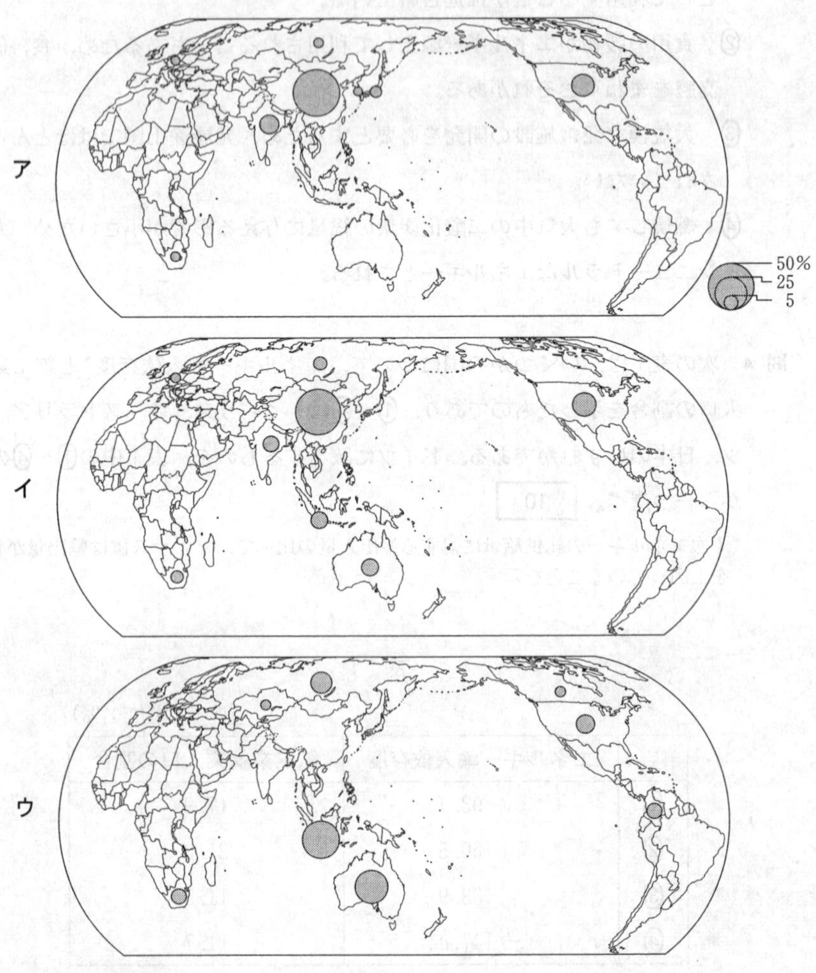

中国の数値には台湾，ホンコン，マカオを含まない。
統計年次は2013年。
IEA, *Coal Information* により作成。

図 2

	①	②	③	④	⑤	⑥
生産量	ア	ア	イ	イ	ウ	ウ
輸出量	イ	ウ	ア	ウ	ア	イ
消費量	ウ	イ	ウ	ア	イ	ア

問 6　次の**カ**～**ク**の文は，デトロイト，バンコク，ロッテルダム(ユーロポート)のいずれかを中心とする工業地域の特徴をそれぞれ述べたものである。地域名と**カ**～**ク**との正しい組合せを，下の①～⑥のうちから一つ選べ。 12

カ　20 世紀中頃に貨物輸送のための港湾施設が河川沿いに整備され，石油化学コンビナートが立地する大規模な臨海工業地域として発達した。

キ　水運をいかして，周辺地域で生産された粗鋼やエネルギー資源と結びつき，20 世紀初頭から大量生産方式により自動車が製造されてきた。

ク　都市の郊外に工業団地がつくられて外国からの投資による工業化が進展し，1990 年代以降は自動車組立工業が発達した。

	①	②	③	④	⑤	⑥
デトロイト	カ	カ	キ	キ	ク	ク
バンコク	キ	ク	カ	ク	カ	キ
ロッテルダム(ユーロポート)	ク	キ	ク	カ	キ	カ

第3問 都市・村落と生活文化に関する次の問い(問1～5)に答えよ。(配点 15)

問1 次の写真1中のア～エは，世界の都市でみられる住宅景観を示したものである。写真1中のア～エを説明した文として下線部が**適当でないもの**を，下の①～④のうちから一つ選べ。 13

※入試問題に掲載された写真とは異なります

ア

※入試問題に掲載された写真とは異なります

イ

※入試問題に掲載された写真とは異なります

ウ

※入試問題に掲載された写真とは異なります

エ

写真 1

① アはモスクワであり，<u>建物が整然と配置された集合住宅地区が郊外に形成されている。</u>

② イはロサンゼルスであり，<u>庭や車庫を持つ低層の戸建て住宅地区が都心部に形成されている。</u>

③ ウはアモイ(中国)であり，<u>さまざまな大きさや高さの建物が高密度に混在している。</u>

④ エはニュルンベルク(ドイツ)であり，<u>教会などの歴史的建築物や高さのそろった中層の建物からなる旧市街が保存されている。</u>

問 2　都市や村落の成り立ちについて述べた文として最も適当なものを，次の①〜④のうちから一つ選べ。 14

① 唐の長安を模して，放射・環状の街路網を特徴とする計画都市が，古代の日本にも建設された。

② 江戸時代の日本では，社会が安定したことで，主要な街道の中継点や分岐点に自治権をもつ自由都市が形成された。

③ 西部開拓時代のアメリカ合衆国では，タウンシップ制のもとで，直交する道路に沿って家屋が隣接する集村が形成された。

④ 近代には，産業革命の進展にともなって，マンチェスターやエッセンなどの工業都市が成長した。

問 3　次の図1は，いくつかの国における人口の偏在の度合い*と1人当たり総生産の国内地域間格差を示したものであり，①〜④は，オーストラリア，オランダ，南アフリカ共和国，メキシコのいずれかである。オーストラリアに該当するものを，図1中の①〜④のうちから一つ選べ。 15

*総人口のうち，人口密度の高い上位10％の地域に住む人口の比率。

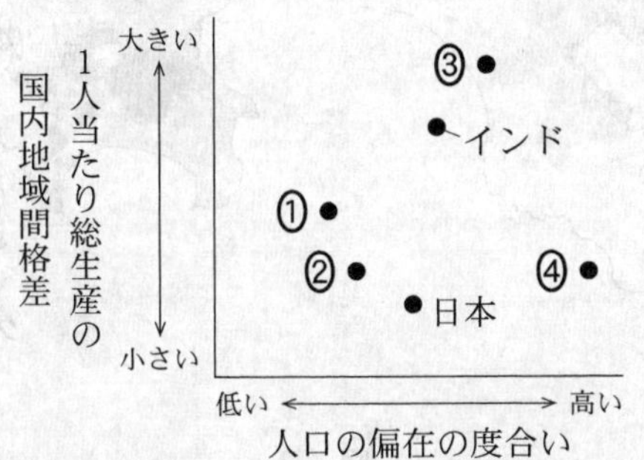

統計年次は，人口の偏在の度合いが2012年，1人当たり総生産の国内地域間格差が2010年。
OECD，*Regions at a Glance 2013* により作成。

図　1

問 4　次の図2は，いくつかの時期における東京圏(島嶼部を除く東京都，神奈川県，埼玉県，千葉県)の市区町村別人口増加率を示したものであり，**カ**～**ク**は，1985年～1990年，1995年～2000年，2005年～2010年のいずれかである。図2中の**カ**～**ク**について古いものから年代順に正しく配列したものを，下の①～⑥のうちから一つ選べ。 16

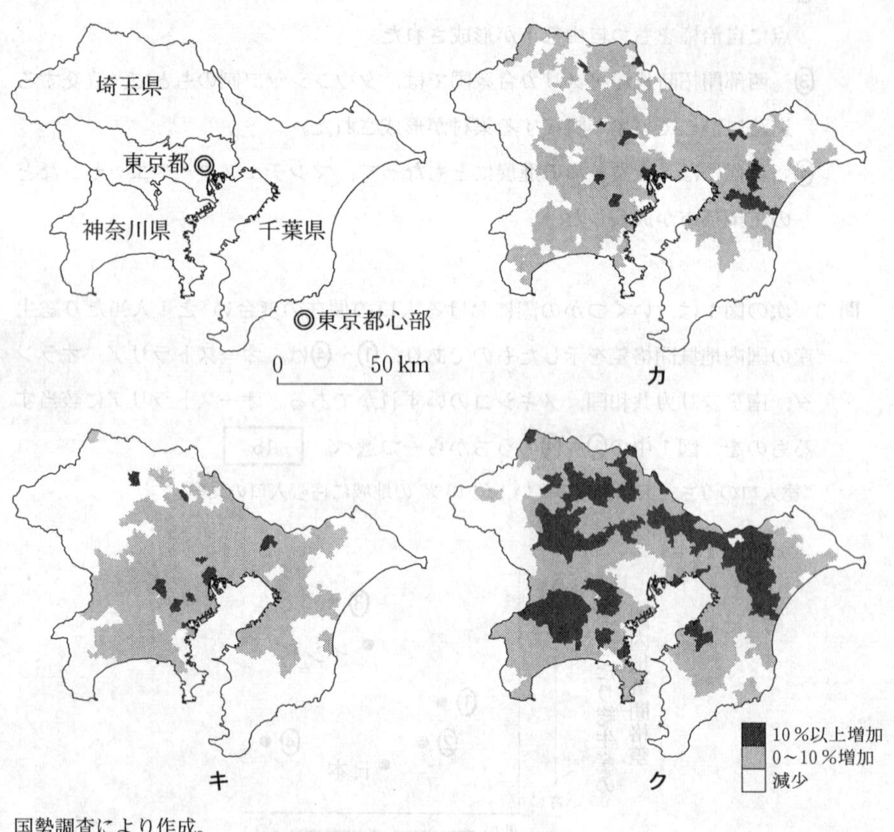

国勢調査により作成。

図　2

① **カ→キ→ク**　② **カ→ク→キ**　③ **キ→カ→ク**
④ **キ→ク→カ**　⑤ **ク→カ→キ**　⑥ **ク→キ→カ**

問 5 次の図 3 は，老年人口率*，老年人口の増加率，老年人口 1,000 人当たりの養護老人ホーム**定員数を都道府県別に示したものである。図 3 に関することがらについて述べた下の文章中の下線部①～④のうちから，**適当でないもの**を一つ選べ。 17

*総人口に占める 65 歳以上の人口の割合。
**自宅での介護が難しい高齢者が入所する介護施設。

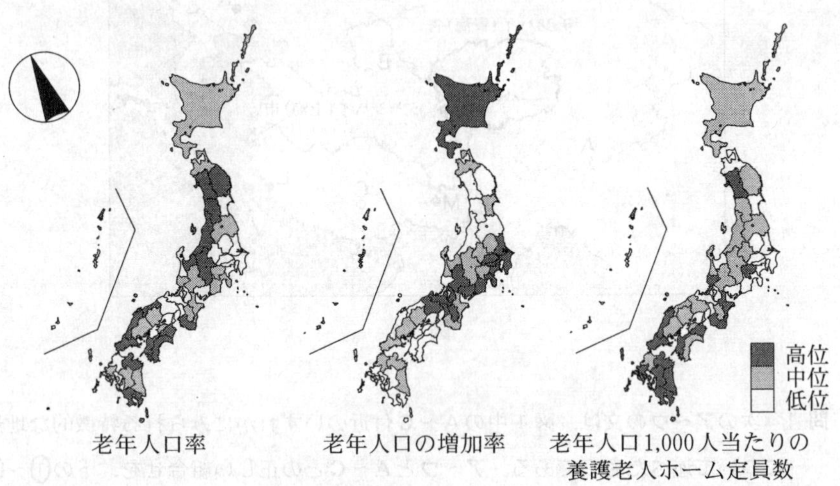

統計年次は，老年人口率，老年人口 1,000 人当たりの養護老人ホーム定員数が 2010 年，老年人口の増加率が 2000～2010 年。
国勢調査などにより作成。

図　3

日本では高齢化が進んでいるが，高齢化の進展には地域差がある。①老年人口率は，三大都市圏よりも非大都市圏で高い。また，非大都市圏に比べ，②老年人口の増加率が高い地域は三大都市圏に多く，③老年人口 1,000 人当たりの養護老人ホーム定員数も三大都市圏で多い傾向がある。三大都市圏では④高度経済成長期に流入した当時の若年層が高齢期に入り，さらなる老年人口の増加が見込まれる。

第４問　次の図１を見て，中国に関する下の問い（**問１～６**）に答えよ。（配点　17）

図　１

問１　次のア～ウの文は，図１中のＡ～Ｃ付近のいずれかにみられる特徴的な地形について述べたものである。ア～ウとＡ～Ｃとの正しい組合せを，下の①～⑥のうちから一つ選べ。 18

ア　風で運ばれたレスが厚く堆積している高原がみられる。

イ　石灰岩が侵食されたタワーカルストがみられる。

ウ　氷河によって形成されたモレーンがみられる。

	①	②	③	④	⑤	⑥
ア	A	A	B	B	C	C
イ	B	C	A	C	A	B
ウ	C	B	C	A	B	A

問 2　次の図 2 中の①～④は，図 1 中のＪ～Ｍのいずれかの都市における月平均気温と月降水量をハイサーグラフで示したものである。Ｍに該当するものを，図 2 中の①～④のうちから一つ選べ。 19

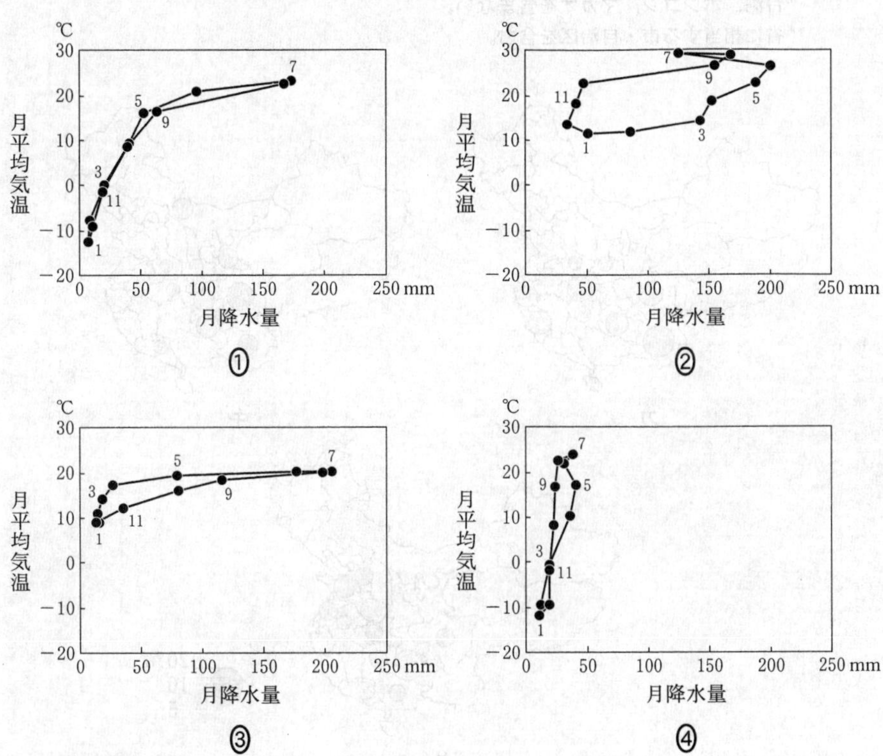

『理科年表』などにより作成。

図　2

問 3　次の図3は，いくつかの農作物の作付面積について，中国*全体に占める省**ごとの割合を上位10省まで示したものであり，**カ～ク**はイモ類，茶，野菜のいずれかである。**カ～ク**と品目名との正しい組合せを，下の①～⑥のうちから一つ選べ。 20

*台湾，ホンコン，マカオを含まない。
**省に相当する市・自治区を含む。

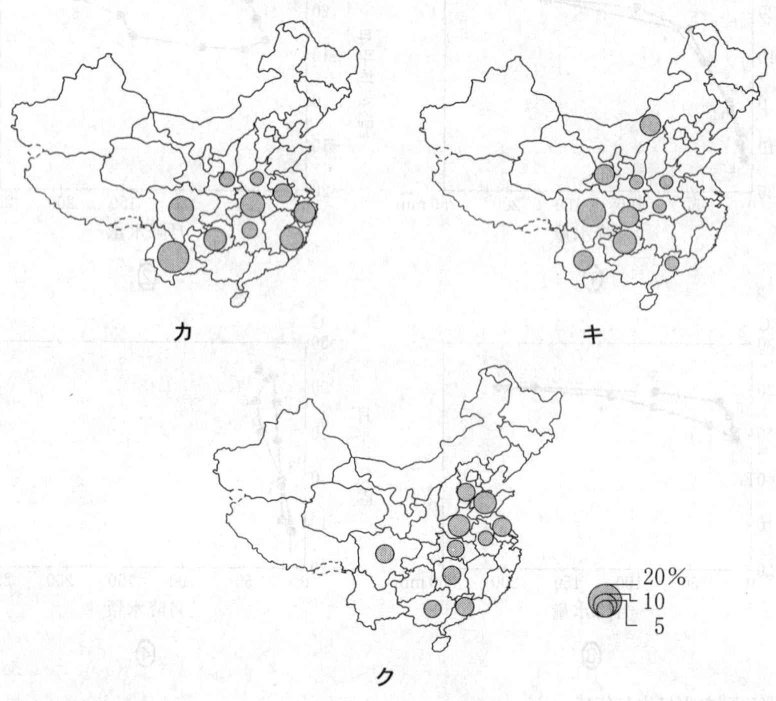

統計年次は2011年。
『中国統計年鑑』により作成。

図 3

	①	②	③	④	⑤	⑥
カ	イモ類	イモ類	茶	茶	野　菜	野　菜
キ	茶	野　菜	イモ類	野　菜	イモ類	茶
ク	野　菜	茶	野　菜	イモ類	茶	イモ類

問 4　次の図 4 は，中国各地の観測地点における，冬季の大気中の硫黄酸化物濃度を示したものである。図 4 から読み取れることがらとその背景について述べた下の文章中の下線部①～④のうちから，**適当でないもの**を一つ選べ。 21

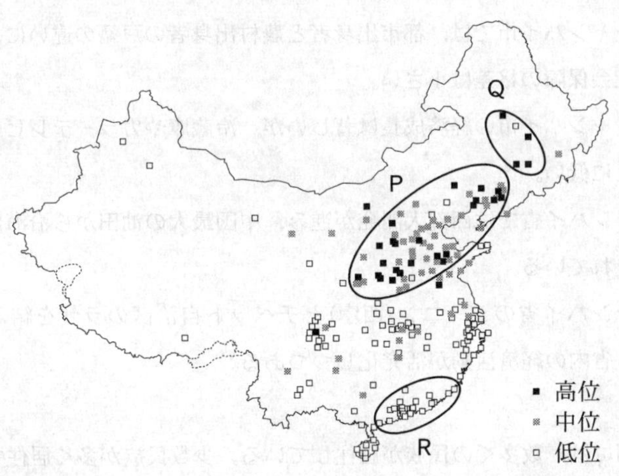

観測値は 2015 年 2 月のもの。
Harvard University Center for Geographic Analysis の資料により作成。

図　4

中国では大気汚染が深刻化しており，原因物質の一つである硫黄酸化物の排出には，石炭の燃焼が大きく影響している。冬季の硫黄酸化物濃度をみると，①古くから重工業が盛んなＰ地域に値の高い地点が多く，②冬季に暖房の使用が多い寒冷なＱ地域にも値の高い地点がみられる。また，経済特区の設置により経済発展が進む③温暖な気候のＲ地域では値が低い。硫黄酸化物濃度の高い地点から拡散する大気汚染物質は，④貿易風の風下に位置する朝鮮半島や日本列島の降水を酸性化させるなど，国境を越えた影響も引き起こしている。

問 5　中国では，沿海部と内陸部の経済発展に違いがある。図 1 中のシャンハイ(上海)市とチンハイ(青海)省にかかわることがらについて述べた文として最も適当なものを，次の①～④のうちから一つ選べ。 22

① シャンハイ市では，都市出身者と農村出身者の戸籍の違いによる医療などの社会保障の格差は小さい。

② シャンハイ市の経済成長は著しいが，冷蔵庫やカラーテレビの普及率はいまだに低い。

③ チンハイ省では西部大開発が進み，中国最大の油田から沿海部に石油が供給されている。

④ チンハイ省のシーニン(西寧)とチベット自治区のラサを結ぶ鉄道が開通し，省内の経済活動が活発化しつつある。

問 6　中国には，数多くの民族が居住している。少数民族が多く居住する地域にかかわることがらについて述べた文として**適当でないもの**を，次の①～④のうちから一つ選べ。 23

① 学校教育では，少数民族独自の言語の使用が認められていない。
② 漢族の人口が増加し，少数民族と漢族との摩擦や衝突が発生している。
③ 少数民族の風俗習慣には独自性があり，漢族と異なる信仰や食文化もみられる。
④ 地域独自の自然環境や文化が観光資源となり，観光客が増加している。

第5問　スペインとドイツに関する次の問い（問１～５）に答えよ。（配点　14）

問１　次の図１はスペインとドイツの国土を模式的に示したものである。また，下の図２中の**ア**と**イ**は，図１中のＸとＹのいずれかの経線*に沿った標高の分布を示したものであり，次ページの図３中のＡとＢは，図１中のＸとＹのいずれかの経線に沿った年降水量の分布を示したものである。図２中の**ア**と**イ**および図３中のＡとＢのうち，ドイツに該当する正しい組合せを，次ページの①～④のうちから一つ選べ。　**24**

*線Ｘ・Ｙの実距離は等しい。

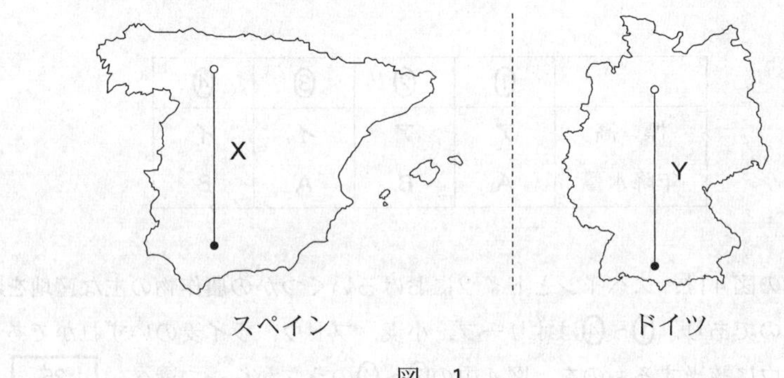

図　1

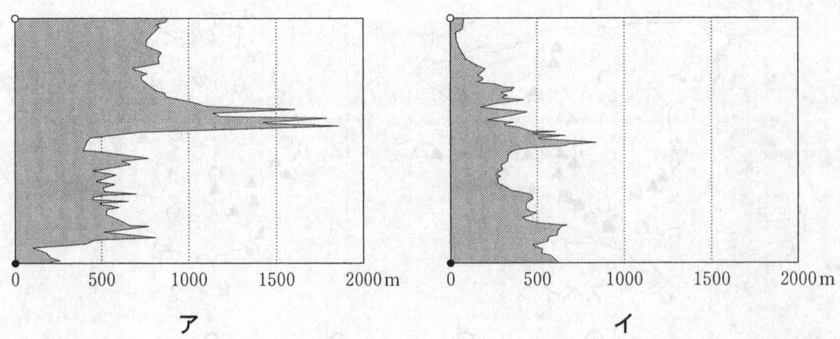

United States Geological Survey の資料により作成。

図　2

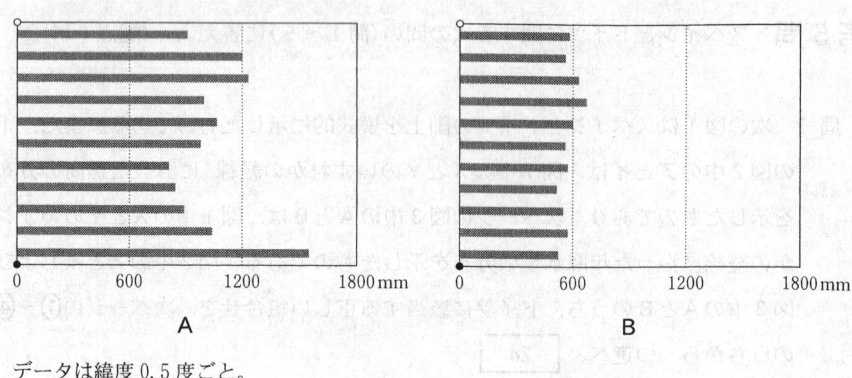

データは緯度 0.5 度ごと。
NOAA の資料により作成。

図　3

	①	②	③	④
標　高	ア	ア	イ	イ
年降水量	A	B	A	B

問 2　次の図 4 は，スペインとドイツにおけるいくつかの農作物の主な産地を示したものであり，①～④はオリーブ，小麦，ブドウ，ライ麦のいずれかである。ブドウに該当するものを，図 4 中の①～④のうちから一つ選べ。 25

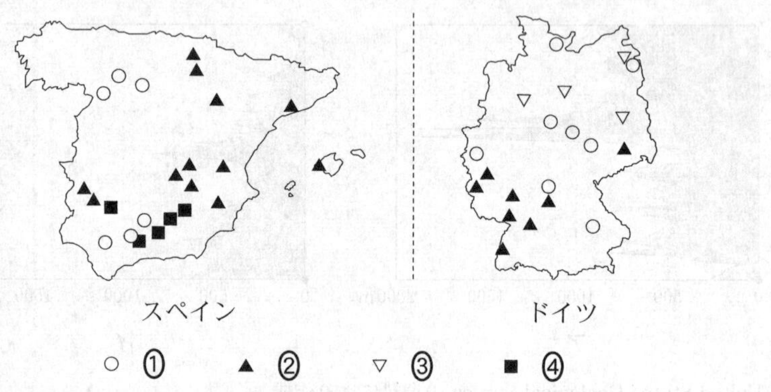

Diercke Weltatlas, 2008 により作成。

図　4

問 3　次の図5は，スペインとドイツの国土を四分割*したものであり，下の図6中の**カ**と**キ**は，図5のように分割した範囲に含まれるスペインとドイツのいずれかの人口規模上位20位までの都市について，都市数を示したものである。また，次ページの表1は，スペインとドイツの人口規模上位5都市における日系現地法人数**を示したものであり，DとEはスペインまたはドイツのいずれかである。図6中の**カ**と**キ**および表1中のDとEのうち，ドイツに該当する正しい組合せを，次ページの①～④のうちから一つ選べ。 26

*島嶼部を除いた大陸部分の国土を対象に正方位で四分割した。
** 日本企業の出資比率が10％以上(現地法人を通じた間接出資を含む)の現地法人数。

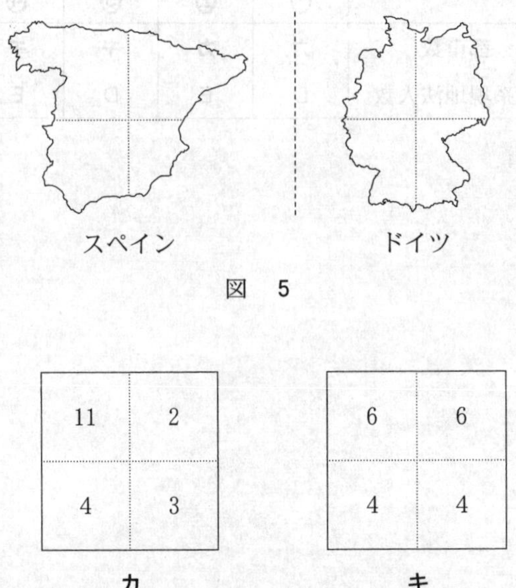

図　5

図　6

統計年次は，スペインが2012年，ドイツが2013年。
Demographic Yearbook 2013 などにより作成。

表　1

（単位：社）

	人口規模順位				
	1　位	2　位	3　位	4　位	5　位
D	58	64	2	0	1
E	8	33	32	12	36

統計年次は 2011 年。

『海外進出企業総覧　2012（国別編）』により作成。

	①	②	③	④
都市数	カ	カ	キ	キ
日系現地法人数	D	E	D	E

問 4　スペインとドイツはともにEU(欧州連合)諸国と密接な経済関係がある。次の図7は，いくつかの国におけるそれぞれの国に対する輸出額を示したものであり，**サ**～**セ**はスペイン，ドイツ，フランス，ポルトガルのいずれかである。スペインに該当するものを，下の①～④のうちから一つ選べ。　27

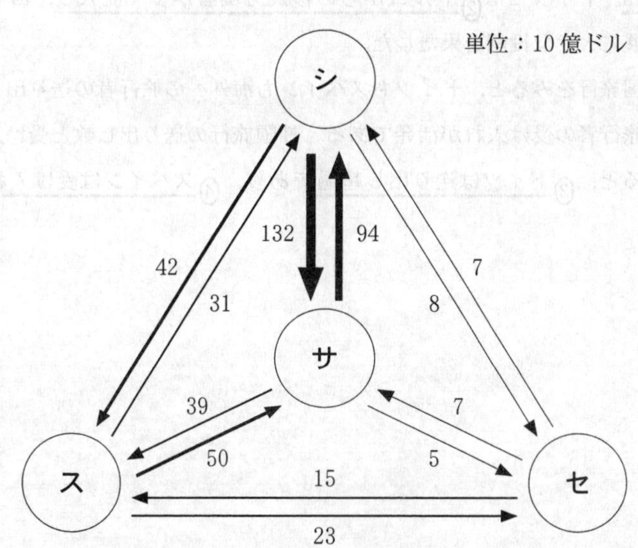

統計年次は2013年。
UN Comtradeにより作成。

図　7

①　サ　　②　シ　　③　ス　　④　セ

問 5　スペインとドイツの移民および外国旅行について述べた次の文章中の下線部①～④のうちから，**適当でないもの**を一つ選べ。 28

スペインには，歴史的経緯や文化の共通性により，①南アジアからの移民が多い。ドイツには②トルコからの移民労働者が多く流入し，西ドイツの経済発展に大きな役割を果たした。

外国旅行をみると，ドイツもスペインも海外への旅行者の送り出し，海外からの旅行者の受け入れが活発である。外国旅行の送り出し数と受け入れ数を比較すると，③ドイツは送り出し超過であり，④スペインは受け入れ超過である。

第6問　高校生のノゾミさんは，次の図1に示した壱岐島(長崎県壱岐市)の地域調査を行った。この地域調査に関する下の問い(**問**1～7)に答えよ。(配点　20)

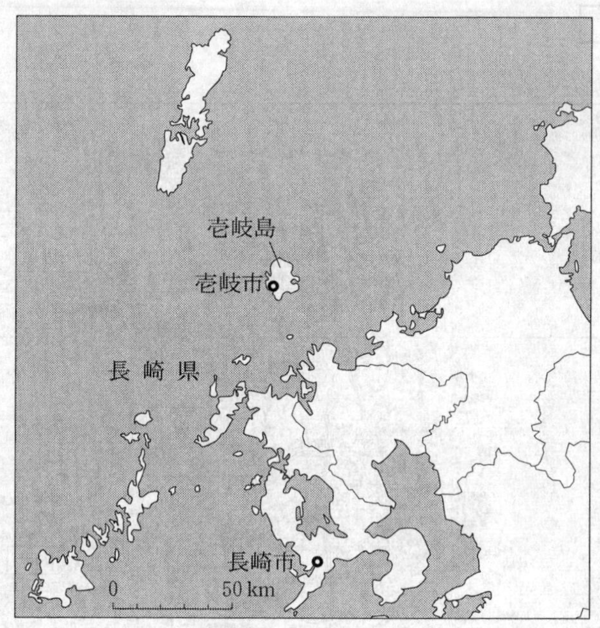

○は各市の市役所の位置。

図　1

問 1　ノゾミさんは，壱岐島に向かう前に，次の図 2 の 20 万分の 1 地勢図(原寸，一部改変)を使って壱岐島の地形を調べた。図 2 から読み取れる地形について説明した下の文章中の下線部①～④のうちから，**適当でないもの**を一つ選べ。 29

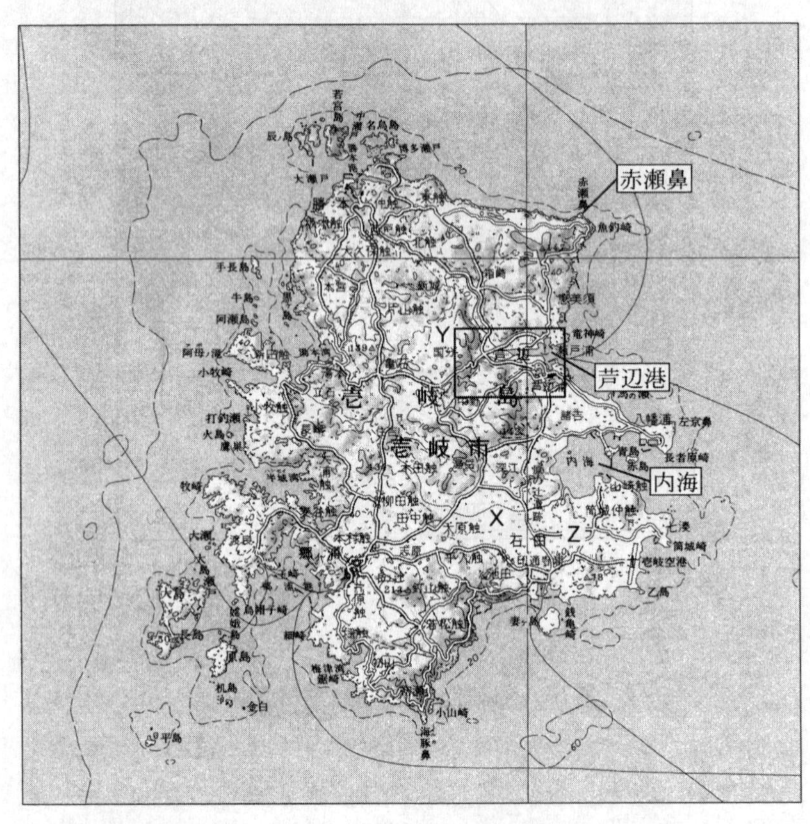

図　2

壱岐島は溶岩台地が広い範囲を占める平坦な島で，①<u>最も高い地点の標高は 100 m 以下である</u>。地点X付近は島内で最も広い沖積平野であり，②<u>内海（うちめ）に流入する河川の流域</u>に属する。③<u>島の西部にはリアス海岸がみられ</u>，また，④<u>島の北東部の赤瀬鼻（あかせばな）には海食崖が形成されている</u>。

問 2　芦辺港に着いたノゾミさんは周囲の景観を観察した。次の図 3 は，図 2 中のYの範囲における 1926 年と 2006 年に発行された 2 万 5 千分の 1 地形図(原寸，一部改変)である。図 3 から読み取れるこの地域の変化について述べた文として最も適当なものを，次ページの①～④のうちから一つ選べ。 30

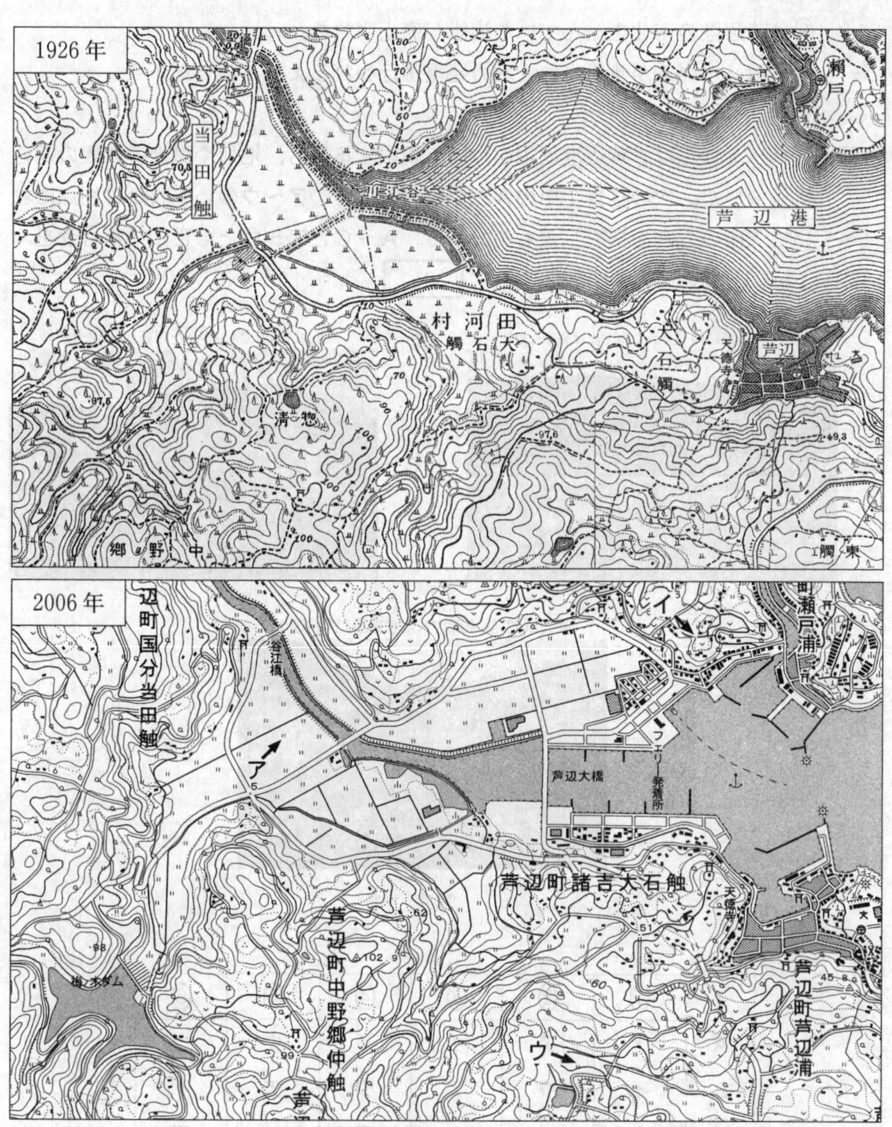

図　3

① 芦辺から当田触(とうだふれ)へ向かっていた主要道路は，他の道路の整備によって寸断されている。

② 芦辺港南北両岸の一部水域が新たに陸地化され，そこには両岸とも水田がみられる。

③ 芦辺港の南北を結んでいた渡船が廃止された。

④ 梅ノ木(うめのき)ダムが建設され，水力発電が行われるようになった。

問 3 ノゾミさんは，芦辺港周辺を歩いて観察するうち，地形や農地の景観の違いに気づいた。次の写真 1 中の **A** ～ **C** は，図 3 中の **ア** ～ **ウ** のいずれかの地点において矢印の方向を撮影したものである。**A** ～ **C** と **ア** ～ **ウ** との正しい組合せを，下の①～⑥のうちから一つ選べ。 31

※入試問題に掲載された写真とは異なります

A

※入試問題に掲載された写真とは異なります

B

※入試問題に掲載された写真とは異なります

C

写真 1

	①	②	③	④	⑤	⑥
A	ア	ア	イ	イ	ウ	ウ
B	イ	ウ	ア	ウ	ア	イ
C	ウ	イ	ウ	ア	イ	ア

問 4　バスで壱岐島を回ったノゾミさんは，図 2 中の Z 付近で，背後に樹林をともなった民家が数多くあることに気づき，図書館に立ち寄って収集した資料から，その樹林が背戸山（せどのやま）と呼ばれることを知った。次の図 4 は，その資料に掲載されていた，背戸山を備える伝統的な民家の模式図である。この背戸山が形成された主な目的を述べた文として最も適当なものを，下の①～④のうちから一つ選べ。 32

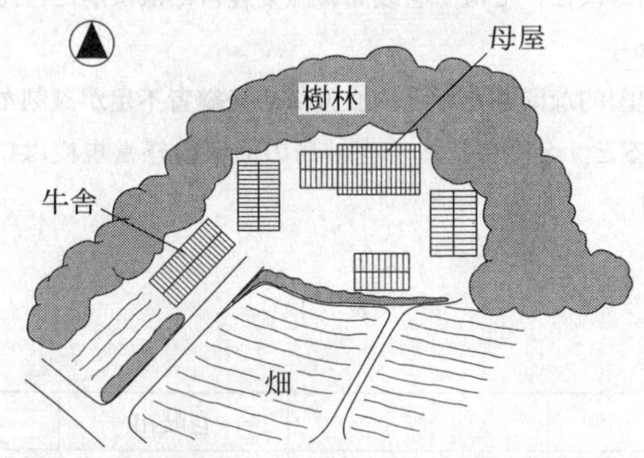

加藤仁美・加藤武弘「壱岐島における散居集落の研究」により作成。

図　4

① 竜巻による被害を軽減する。
② フェーン現象による高温の風を防ぐ。
③ 冬の季節風を防ぐ。
④ やませによる被害を軽減する。

問 5　芦辺港に戻って漁港を見学したノゾミさんは，漁業協同組合で話を聞くことにした。次ページのノゾミさんと漁業協同組合職員との会話文中の空欄**カ**と**キ**に当てはまる語の正しい組合せを，次ページの①～④のうちから一つ選べ。

33

ノゾミ「壱岐島では漁業が盛んなのですね。どんなものがとれるのですか」

職　員「ウニやマグロ，ブリも有名だけど，最も多いのはやっぱりイカだね。イカ釣り漁船がたくさん見えるだろう」

ノゾミ「壱岐島の周りは好漁場になっているということですか」

職　員「島の北西に七里ヶ曽根(しちりがそね)というバンク(浅堆)があって，そこが好漁場になっている。また(　**カ**　)が流れ込んでいるのも要因として大きいね。そのおかげで壱岐島では真珠も養殖されている」

ノゾミ「なるほど。では，壱岐島の漁業経営にはほかにどんな特徴がありますか」

職　員「全国的な問題だけど，漁獲減や後継者不足が深刻だね。また表1を見ると，全国に比べて壱岐島の漁家の経営規模は(　**キ**　)といえるね」

表　1

(単位：%)

		壱岐市	全　国
経営体*の漁業種区分	海面養殖業	1.2	15.8
	沿岸漁業	93.5	78.5
	沖合・遠洋漁業	5.3	5.7
1経営体*当たり漁船数**	1隻	93.6	85.4
	2～4隻	5.8	13.3
	5隻～	0.6	1.3

*企業なども含まれるが大半は個人経営の漁家。ただし，過去1年間における漁業の海上作業従事日数が30日未満の個人経営の漁家を除く。

**無動力漁船，船外機(取り外し可能なエンジン)付漁船を除く。

統計年次は2013年。

漁業センサスにより作成。

	①	②	③	④
カ	寒　流	寒　流	暖　流	暖　流
キ	大きい	小さい	大きい	小さい

問 6　壱岐島の離島としての特徴に関心をもったノゾミさんは，いくつかの社会的な指標から壱岐市と長崎県内の他の市町とを比較した。次の図5は，長崎県内の人口5万人以上の市の分布と，長崎県におけるいくつかの指標を市町ごとに示したものであり，E～Gは，居住する市町内で買い物をする割合*，小学校の複式学級率**，人口1,000人当たりの医師数のいずれかである。指標名とE～Gとの正しい組合せを，次ページの①～⑥のうちから一つ選べ。 34

*購入金額に占める割合。通信販売による購入は他の市町での買い物に含める。
**全児童数に占める複式学級（複数の学年をまとめて授業を行う学級）児童数の割合。

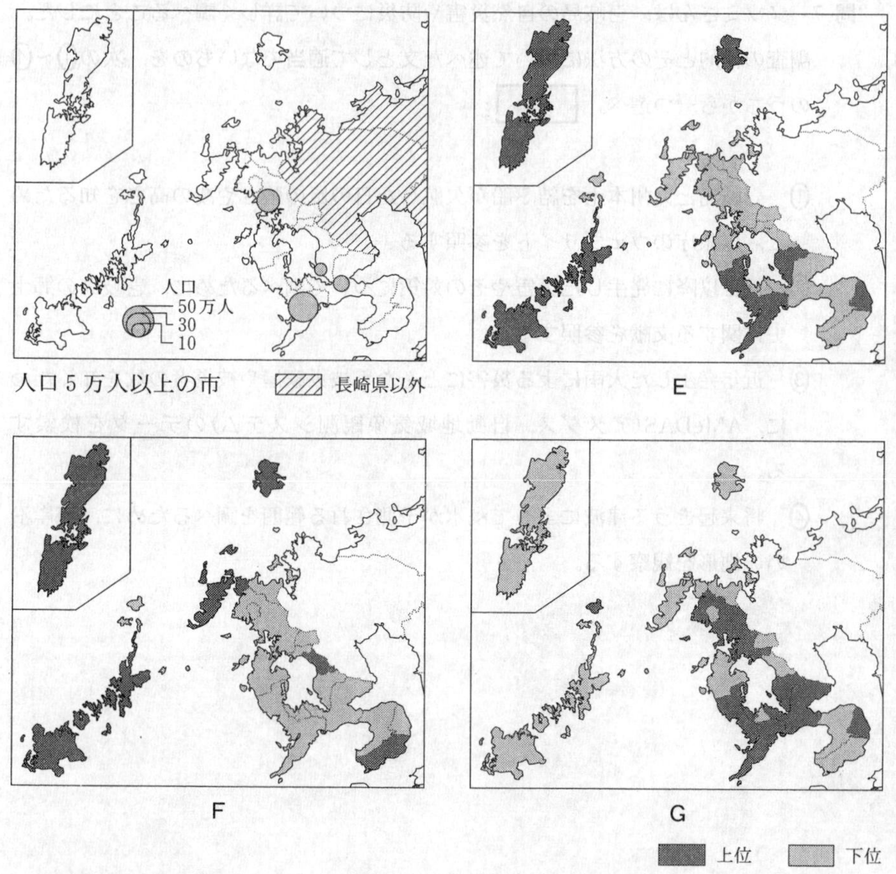

統計年次は2012年。
長崎県の資料により作成。

図　5

	①	②	③	④	⑤	⑥
居住する市町内で買い物をする割合	E	E	F	F	G	G
小学校の複式学級率	F	G	E	G	E	F
人口1,000人当たりの医師数	G	F	G	E	F	E

問 7 ノゾミさんは，壱岐島の自然災害や防災について詳しく調べることにした。調査の目的とその方法について述べた文として**適当でないもの**を，次の①～④のうちから一つ選べ。 35

① 壱岐島と九州本土を結ぶ船が欠航した日の風の強さや波の高さを知るために，気象庁のウェブサイトを参照する。

② 近世以降に発生した災害やその対策について調べるために，壱岐島の郷土史に関する文献を参照する。

③ 近年発生した大雨による災害にともなう被災家屋や被災者の数を知るために，AMeDAS(アメダス，自動地域気象観測システム)のデータを検索する。

④ 将来起きうる津波によって浸水が予測される範囲を調べるために，海岸沿いの地形を観察する。

地理B

（2016年１月実施）

60分　100点

2016
本試験

（解答番号 1 ～ 35 ）

第1問 次の図1を見て，世界の自然環境と自然災害に関する下の問い（**問1～6**）に答えよ。（配点 17）

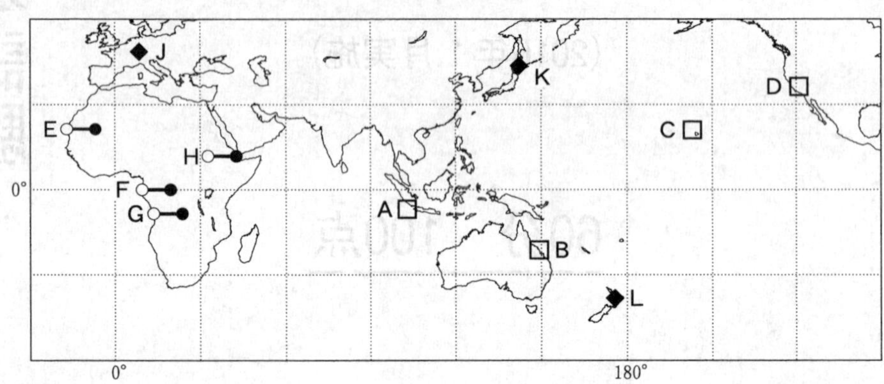

緯線・経線は 30° 間隔。

図 1

問 1 地震の発生頻度や震源の深さは，プレートの運動や火山活動の影響を受ける。次ページの図2は，いくつかの範囲*における地震**の震源分布を深さ別に示したものであり，①～④は図1中の**A**～**D**のいずれかである。**A**に該当するものを，図2中の①～④のうちから一つ選べ。 1

*緯度・経度ともに 6° の範囲。

**1981～2012 年に発生したマグニチュード 4 以上の地震。

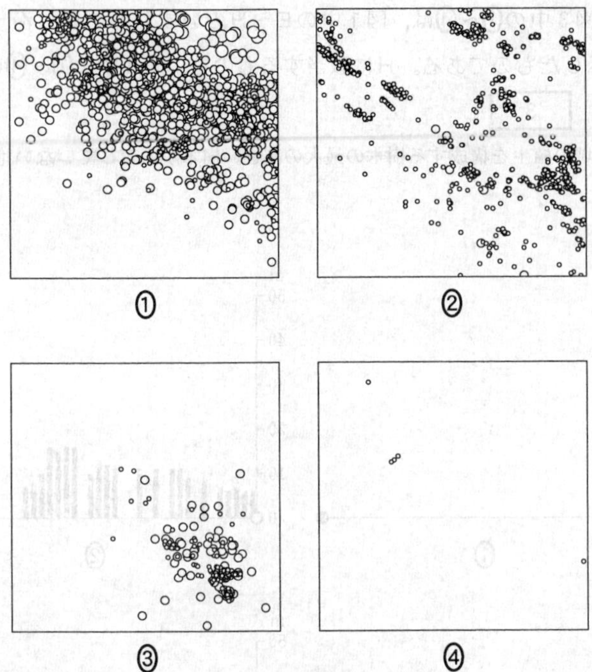

震源の深さ　・20 km 未満　○ 20～100 km　○ 100 km 以上

United States Geological Survey の資料により作成。

図　2

問 2　火山は自然災害を引き起こす一方で，人間生活を豊かにする側面もある。火山地域に関する事象について述べた文として**適当でないもの**を，次の①～④のうちから一つ選べ。 2

① 美しい風景や温泉などに恵まれているため，観光地化がみられる。
② 地熱エネルギーが豊富であるため，地熱発電による電力供給がみられる。
③ 噴火直後の火山灰に有機物が多く含まれるため，穀物生産に適している。
④ 豊富な地下水が存在するため，生活用水としての利用がみられる。

問 3 次の図3中の①～④は，図1中のE～Hのいずれかの線に沿った植生の高さ*を示したものである。Hに該当するものを，図3中の①～④のうちから一つ選べ。 3

*その地域の植生を構成する樹木の最大の高さ。樹木が生育していない地域では0mとなる。

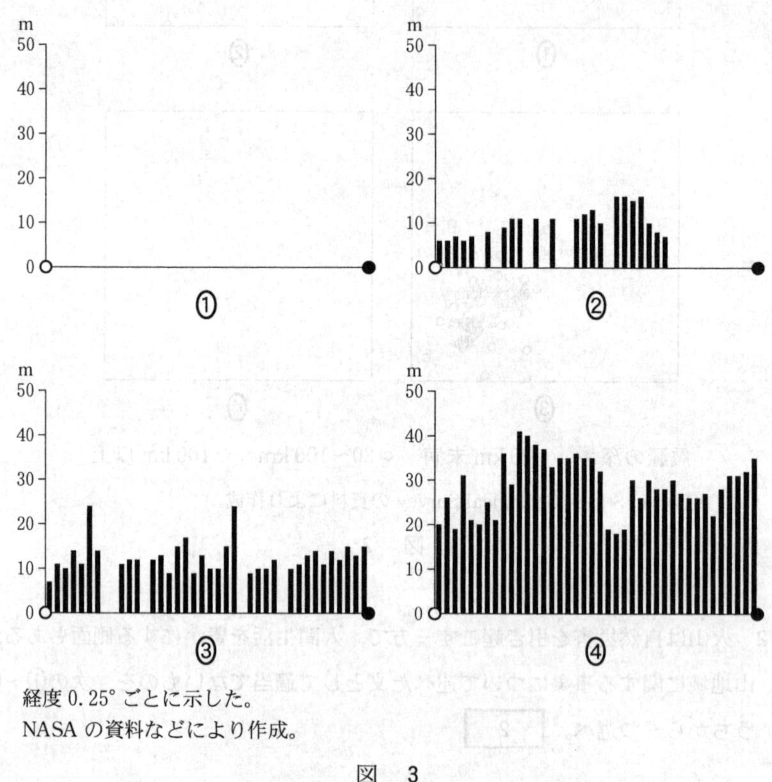

経度 0.25° ごとに示した。
NASA の資料などにより作成。

図 3

問 4 湖沼の成因は，湖岸線形状と周辺地形の特徴から特定できる場合がある。次ページの図4は，図1中のJ～Lにみられるいくつかの湖沼の衛星画像を示したものであり，次ページの**ア**～**ウ**の文は，J～Lのいずれかの成因を説明したものである。J～Lと**ア**～**ウ**との正しい組合せを，次ページの①～⑥のうちから一つ選べ。 4

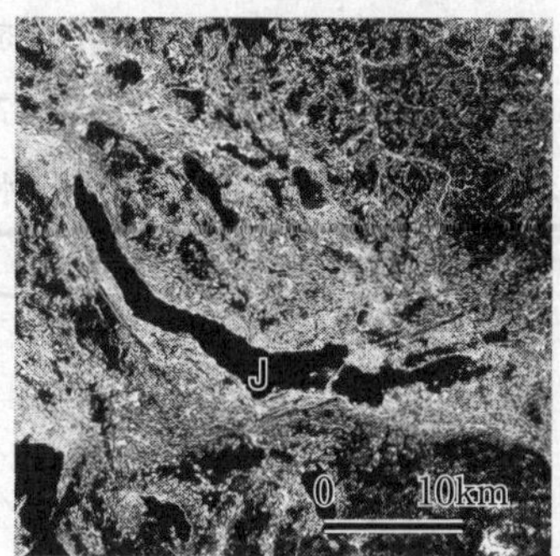

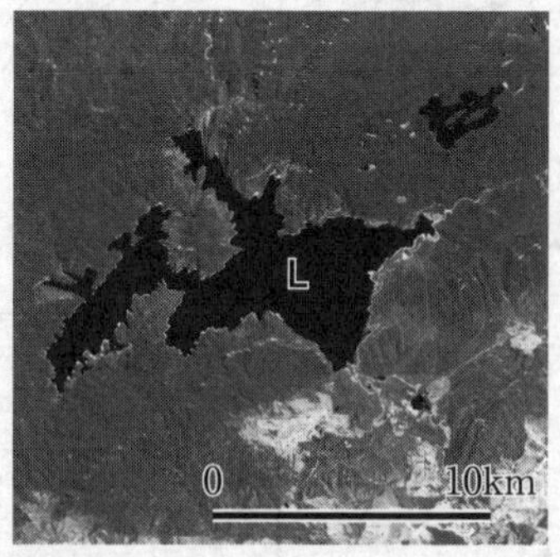

黒色の部分が水面にあたる。
United States Geological Survey の資料により作成。

図　4

ア　火山噴火によって形成されたカルデラ内に水がたまった。

イ　地すべりや山くずれによる土砂が河川を堰（せ）き止めた。

ウ　氷食作用によって形成された谷に水がたまった。

	①	②	③	④	⑤	⑥
J	ア	ア	イ	イ	ウ	ウ
K	イ	ウ	ア	ウ	ア	イ
L	ウ	イ	ウ	ア	イ	ア

問 5　次の図5は，南アメリカ大陸とその周辺地域における風向と降水量を示したものである。WとXは1月または7月の風向を，YとZは1月または7月の月降水量200 mm以上の地域を，それぞれ示している。7月の風向と降水量に該当する正しい組合せを，次ページの①～④のうちから一つ選べ。 5

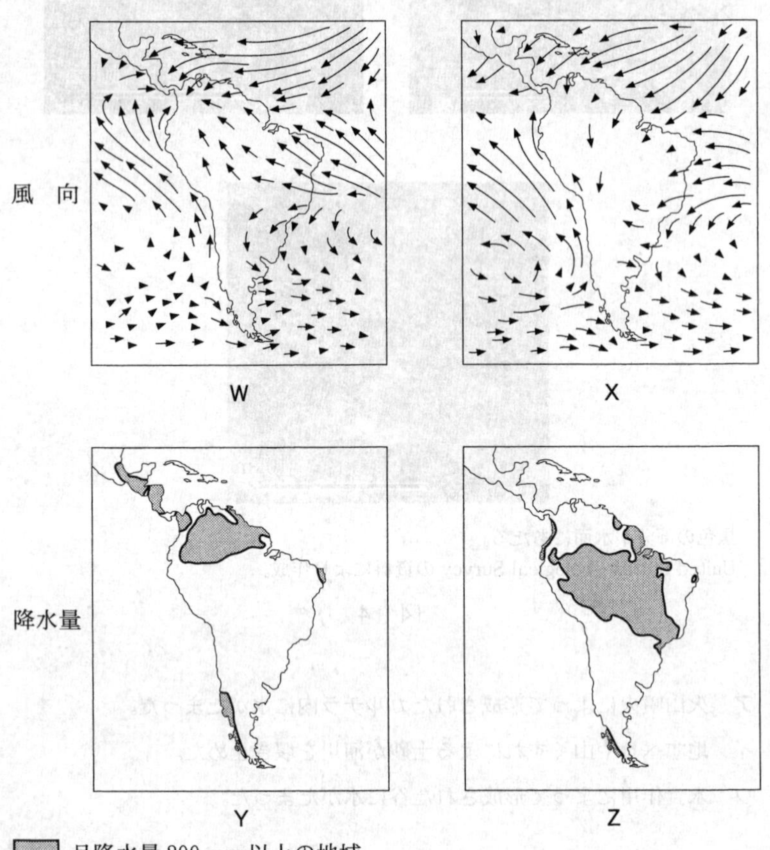

降水量は陸上のみ示した。
Diercke Weltatlas，2008により作成。

図　5

	①	②	③	④
風　向	W	W	X	X
降水量	Y	Z	Y	Z

問 6　次の表1は，いくつかの国における1人当たり水資源賦存量(ふぞん)*と，国外水資源賦存量**の割合を示したものであり，①～④はエジプト，中国，チリ，バングラデシュのいずれかである。エジプトに該当するものを，表1中の①～④のうちから一つ選べ。 6

*理論上，人間が最大限利用可能な水の量を指す。国内水資源賦存量と国外水資源賦存量の合計。

**隣接国から流入する河川水・地下水および国境をなす河川水の量。

表　1

	①	②	③	④
1人当たり水資源賦存量(m^3)	722	2,017	7,932	52,849
国外水資源賦存量の割合(%)	97	1	91	4

統計年次は2008年～2012年のいずれか。
AQUASTATにより作成。

第2問　世界の工業に関する次の問い(問1～6)に答えよ。(配点　17)

問1　次の図1中の**ア**～**エ**は，アメリカ合衆国とヨーロッパにおける主な工業地域を，その成り立ちの特徴ごとに示したものである。**ア**～**エ**を説明した文として**適当でないもの**を，下の①～④のうちから一つ選べ。 7

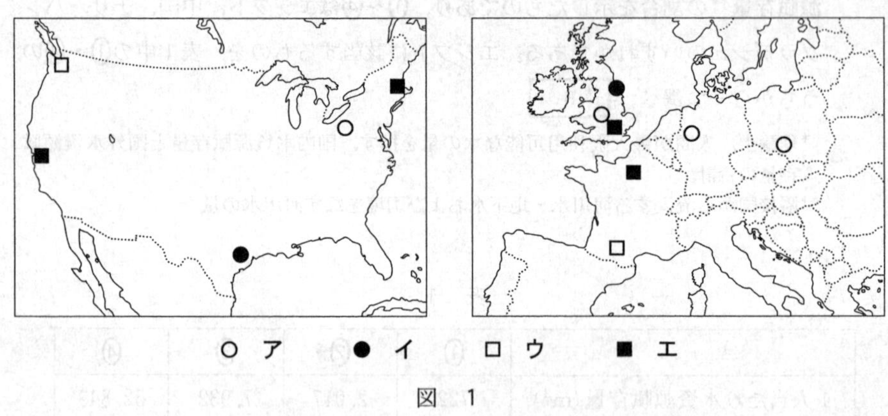

図1

① **ア**では，付近で産出される石炭を用いて鉄鋼業が発達した。

② **イ**では，付近で産出される原油を用いて石油化学工業が発達した。

③ **ウ**では，近隣に集積した部品製造の企業と結びついて自動車工業が発達した。

④ **エ**では，近隣に立地する大学や研究機関と結びついて先端技術産業が発達した。

問 2　工業立地に関することがらについて述べた文として**適当でないもの**を，次の①～④のうちから一つ選べ。 8

① アパレル(服飾)製品の企画やデザインを行う事業所は，消費市場の情報を求めて大都市に立地する傾向がある。

② アルミニウム工業は，大量の電力が安価に得られる地域に立地する傾向がある。

③ 電気機械工業は，安価で大量に生産される製品ほど，豊富な労働力を求めて先進国以外の地域に立地する傾向がある。

④ ビール工業は，原料の大麦やホップが豊富に得られる農山村地域に立地する傾向がある。

問 3　次の図2中の**カ**～**ク**は，技術貿易の受取額*，工業部門の二酸化炭素排出量，産業用ロボットの稼働台数のいずれかについて，上位8位までの国・地域とそれらが世界全体に占める割合を示したものである。指標名と**カ**～**ク**との正しい組合せを，次ページの①～⑥のうちから一つ選べ。 **9**

*研究開発により得られた技術など(特許権，商標権，意匠権，ノウハウおよび技術指導)を提供して受け取った金額。

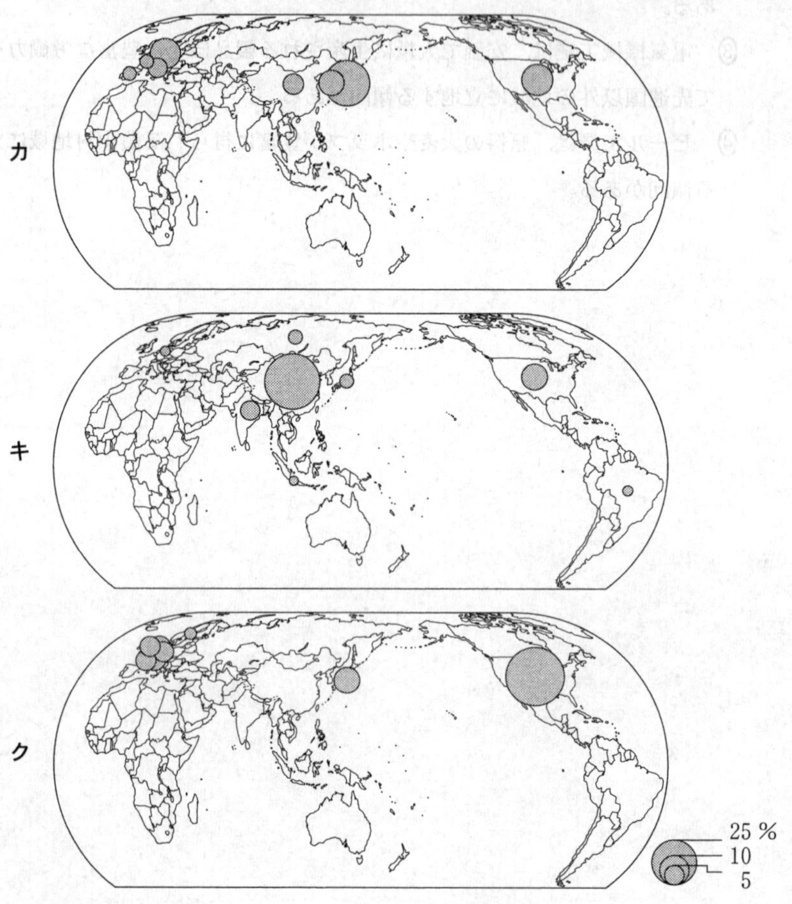

統計年次は2011年。
World Development Indicators などにより作成。

図　2

	①	②	③	④	⑤	⑥
技術貿易の受取額	カ	カ	キ	キ	ク	ク
工業部門の二酸化炭素排出量	キ	ク	カ	ク	カ	キ
産業用ロボットの稼働台数	ク	キ	ク	カ	キ	カ

問 4　次の表1は，いくつかの国について，製造業の雇用者1人当たりの工業付加価値額*とGDP(国内総生産)に占める鉱工業の割合を示したものであり，①～④は，韓国，スイス，中国**，メキシコのいずれかである。韓国に該当するものを，表1中の①～④のうちから一つ選べ。 10

*生産額から，賃金を除く原材料費などの諸費用を差し引いた，新たに作り出された価値の金額で，各国の経済発展と関係している。

**台湾，ホンコン，マカオを含まない。

表 1

	製造業の雇用者1人当たりの工業付加価値額(ドル)	GDPに占める鉱工業の割合(%)
①	10,110	21.5
日　本	7,374	20.5
②	6,046	33.5
③	1,482	31.3
④	1,063	39.8

統計年次は2011年。
International Yearbook of Industrial Statistics などにより作成。

問 5　次の図3は，輸出入品目の第1位が機械類である，いくつかの国・地域間における貿易額を示したものであり，P～Rは，ASEAN(東南アジア諸国連合)，アメリカ合衆国，中国*のいずれかである。P～Rと国・地域名との正しい組合せを，下の①～⑥のうちから一つ選べ。 11

*台湾，ホンコン，マカオを含まない。

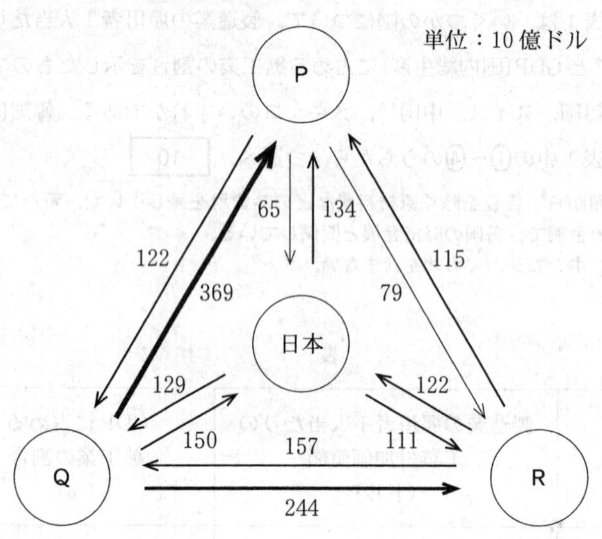

統計年次は2013年。
ジェトロの資料により作成。

図　3

	P	Q	R
①	ASEAN	アメリカ合衆国	中　国
②	ASEAN	中　国	アメリカ合衆国
③	アメリカ合衆国	ASEAN	中　国
④	アメリカ合衆国	中　国	ASEAN
⑤	中　国	ASEAN	アメリカ合衆国
⑥	中　国	アメリカ合衆国	ASEAN

問 6　世界の工業化と産業地域について説明した文として最も適当なものを，次の①～④のうちから一つ選べ。 12

① サハラ以南のアフリカでは，内陸部の鉱産資源を用いた重化学工業のコンビナートが沿岸部に発達している。

② 中央・南アメリカでは，ベンチャービジネスの集積地域として輸出加工区が発展している。

③ 東南アジアでは，輸出指向型から輸入代替型へ転換することで工業化が進展している。

④ 日本では，アニメや音楽，ゲームなどを制作するコンテンツ産業が都市部を中心に集積している。

第3問　都市・村落と生活文化に関する次の問い(問1～6)に答えよ。(配点　17)

問1　次の図1は，いくつかの国における1人当たりGDP(国内総生産)と都市人口率の推移を示したものであり，①～④はアルゼンチン，イギリス，ナイジェリア，マレーシアのいずれかである。アルゼンチンに該当するものを，図1中の①～④のうちから一つ選べ。 13

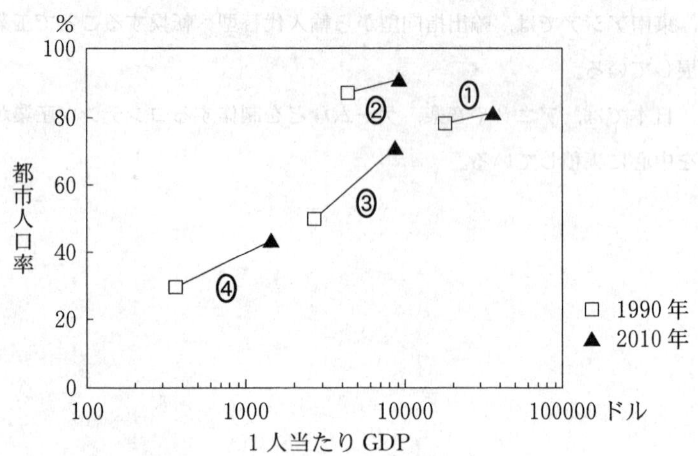

World Urbanization Prospects などにより作成。

図　1

問2　特定の機能が発達した都市について説明した文として最も適当なものを，次の①～④のうちから一つ選べ。 14

① ターチン(大慶)は，石油関連産業が発達した鉱工業都市である。
② ニースは，スキーリゾートを中心とした観光保養都市である。
③ パナマシティは，地中海と紅海を結ぶ運河沿いの交通都市である。
④ モントリオールは，首都として計画的に建設された政治都市である。

問 3　次の図２は，人口約 40 万人の日本のある都市を対象に，小地域*を単位として人口特性を示すいくつかの指標を地図で表現したものであり，**ア～ウ**は，人口密度，農業・林業就業者割合，老年人口割合**のいずれかである。指標名と**ア～ウ**との正しい組合せを，下の①～⑥のうちから一つ選べ。 15

*おおむね市区町村内の「△△町」「○○ 2 丁目」「字□□」などに対応する区域。
**総人口に占める 65 歳以上人口の割合。

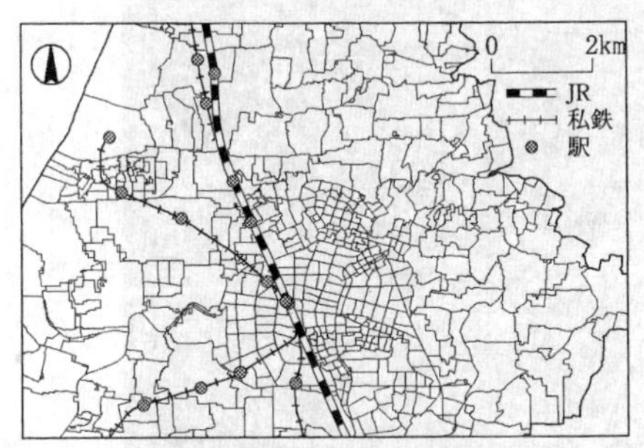

小地域の境界と鉄道路線

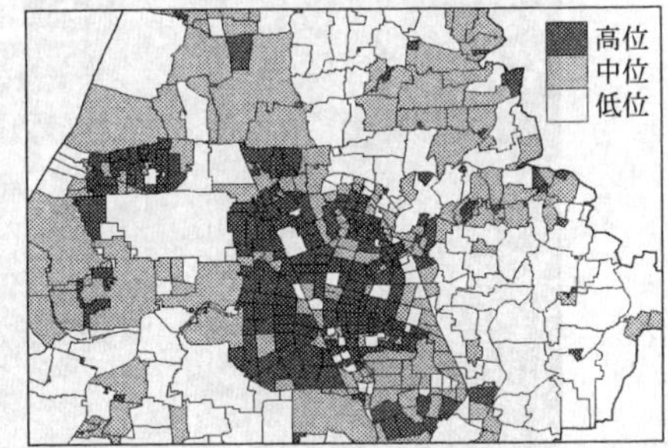

ア

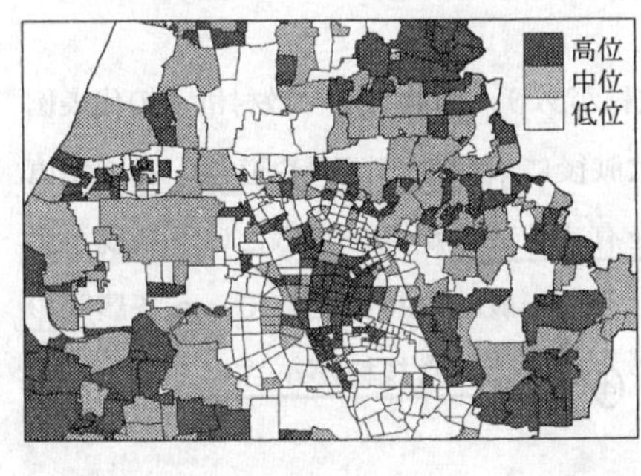

イ

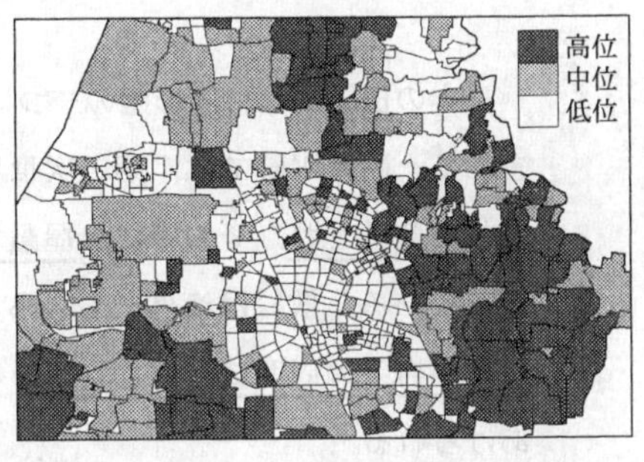

ウ

統計年次は 2010 年。
国勢調査により作成。

図　2

	①	②	③	④	⑤	⑥
人口密度	ア	ア	イ	イ	ウ	ウ
農業・林業就業者割合	イ	ウ	ア	ウ	ア	イ
老年人口割合	ウ	イ	ウ	ア	イ	ア

問 4　次の写真１は，富山県の砺波（となみ）平野の散村を撮影したものである。写真１から読み取れることがらとそれにかかわる散村の特徴について説明した下の文章中の下線部①～④のうちから，**適当でないもの**を一つ選べ。 16

※入試問題に掲載された写真とは異なります

写真　１

日本の伝統的な村落形態の一つに散村があり，砺波平野の散村はその代表例である。砺波平野では，第二次世界大戦後に①耕地の区画や道路の多くが直線状に整備され，その中に②屋敷林を有する家屋が点在するという景観が広がっている。散村は海外でもみられ，その一般的な特徴として，③各農家の耕地が自宅の周囲に配置されることや④農家の経営規模が小さいことなどがあげられる。

問 5　地域の気候にあわせた伝統的な住居について述べた文として下線部が**適当でないもの**を，次の①～④のうちから一つ選べ。 17

① カナダ北部の寒さが厳しい地域では，ブロック状に切り出した氷や雪をドーム状に積み上げた住居がみられる。

② 北アフリカの乾燥した地域では，石や土を建材に使用し，室内に熱がこもらないように外壁の開口部を大きくした住居がみられる。

③ 朝鮮半島の冬の寒さが厳しい地域では，炊事の煙を床下に通して，床から室内を暖める仕組みがみられる。

④ 東南アジアの高温多湿な地域では，建物を高床式にして通気性を高め，地面からの湿気などを避けるような工夫がみられる。

問 6　宗教は社会や人々の生活と大きくかかわるとともに，国家の成立にも影響を及ぼすことがある。次の表１はインドとその周辺諸国における宗教別人口割合を示したものであり，①～④は，スリランカ，ネパール，パキスタン，バングラデシュのいずれかである。スリランカに該当するものを，表１中の①～④のうちから一つ選べ。 18

表　1

（単位：％）

	イスラーム（イスラム教）	ヒンドゥー教	仏　教	その他
①	96.4	1.9	0.0	1.7
②	89.8	9.1	0.5	0.6
インド	14.4	79.5	0.8	5.3
③	9.8	13.6	69.3	7.3
④	4.6	80.6	10.3	4.5

統計年次は2010年。
Pew Research Center, *The Global Religious Landscape* により作成。

第４問　次の図１を見て，ヨーロッパに関する下の問い（**問１～６**）に答えよ。（配点　17）

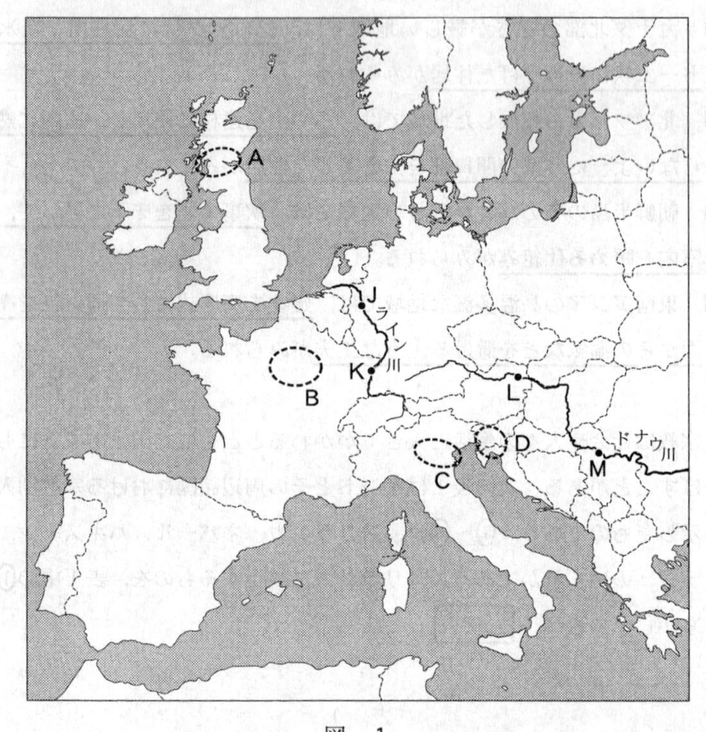

図　1

問 1　次の①～④の文は，図 1 中のＡ～Ｄのいずれかの地域における自然環境と土地利用について述べたものである。Ｄに該当するものを，次の①～④のうちから一つ選べ。 19

① 河川の堆積作用によって形成された平野で，稲作を含む穀物生産や酪農を中心に豊かな農業地域となっている。

② 侵食作用によって緩斜面と急斜面が交互に現れる地形を示し，緩斜面上では小麦の大規模栽培が行われている。

③ 石灰岩の分布する地域で，ポリエと呼ばれる溶食盆地が貴重な農耕地となって小麦やジャガイモの栽培が行われている。

④ 断層運動によって生じた低地帯では酪農や混合農業が発達し，高地では粗放的な牧羊などの土地利用がなされている。

問 2　次の①～④の文は，図 1 中のＪ～Ｍに示したライン川またはドナウ川に面する都市について述べたものである。Ｊに該当するものを，次の①～④のうちから一つ選べ。 20

① 強大な帝国の中心地として成長を遂げた都市で，各種工業が栄えたほか，今日では「音楽の都」として観光客を集めている。

② ヨーロッパでも有数の連接都市（コナベーション）を後背地にもち，外国企業や金融機関など中枢管理機能の集積がみられる。

③ 隣国との間で帰属の移り変わりがあった都市で，独自の文化が育まれ，多国籍企業や国際機関を引きつけてきた。

④ 連邦国家を構成していた時代からの首都で，1990 年代の政情不安や紛争により都市の経済発展は停滞した。

問 3　次の図2中のア～ウは，EU(欧州連合)加盟国について，農業人口1人当たりの農業生産額，農地面積1ha当たりの農業生産額，農産物の輸出入比*のいずれかの指標を示したものである。指標名とア～ウとの正しい組合せを，次ページの①～⑥のうちから一つ選べ。 21

*輸出額を輸入額で除した値。

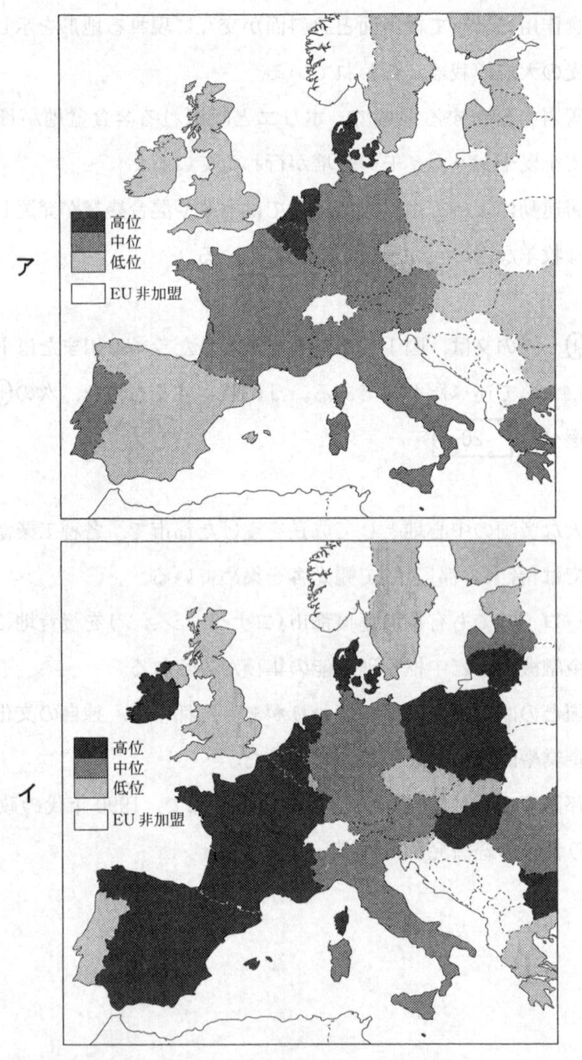

ウ

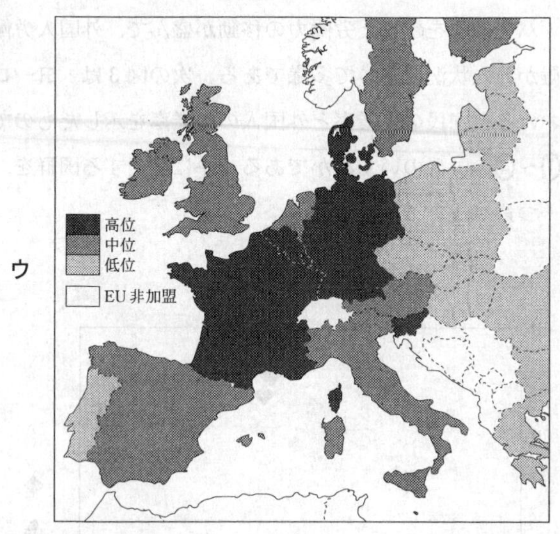

統計年次は，農業人口１人当たりの農業生産額と農地面積１ha 当たりの農業生産額が 2012 年，農産物の輸出入比が 2011 年。
FAOSTAT により作成。

図　2

	①	②	③	④	⑤	⑥
農業人口１人当たりの農業生産額	ア	ア	イ	イ	ウ	ウ
農地面積１ha 当たりの農業生産額	イ	ウ	ア	ウ	ア	イ
農産物の輸出入比	ウ	イ	ウ	ア	イ	ア

問 4 ヨーロッパでは国を越えた労働力の移動が盛んで，外国人労働者の就業状態は各国の置かれた状況に応じて多様である。次の図 3 は，ヨーロッパのいくつかの国における自国民の失業率と外国人の失業率を示したものであり，**カ**～**ケ**は，下の①～④の国群のいずれかである。**キ**に該当する国群を，下の①～④のうちから一つ選べ。 22

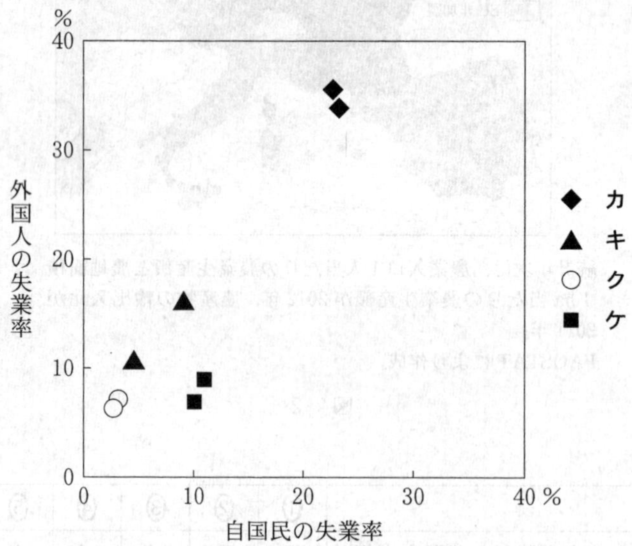

統計年次は 2012 年。
OECD の資料により作成。

図 3

① オランダ，フランス
② ギリシャ，スペイン
③ スイス，ノルウェー
④ ハンガリー，ポーランド

問 5　次の**サ〜ス**の文は，イタリア，ドイツ，ベルギーのいずれかの国内における地域間経済格差について述べたものである。国名と**サ〜ス**との正しい組合せを，下の①〜⑥のうちから一つ選べ。 23

サ　西側の資本主義経済体制をとる国に，東側の社会主義経済体制をとっていた国が編入された結果，東西の経済格差が生じている。

シ　北部で工業が発達したのに対し，南部では製鉄所などの国営による工場の建設がすすめられたものの，南部の経済発展が依然として立ち遅れている。

ス　北部では羊毛などの繊維工業，南部では石炭産業や鉄鋼業が発達していたが，南部の産業衰退によって北部の経済的優位が明瞭になった。

	①	②	③	④	⑤	⑥
イタリア	サ	サ	シ	シ	ス	ス
ドイツ	シ	ス	サ	ス	サ	シ
ベルギー	ス	シ	ス	サ	シ	サ

問 6　EU(欧州連合)発足後のヨーロッパの地域経済について述べた文として**適当でないもの**を，次の①〜④のうちから一つ選べ。 24

① EU 域内の人々の移動が自由化され，国境を越えた通勤や買物行動が活発になった。

② EU の東欧への拡大によって EU 域内の経済関係が強化され，ヨーロッパ域外からの直接投資が減少した。

③ 農業生産性が低い山間部の農業地域では，農業生産以外にも観光などの多面的機能が評価され，地域の活性化が図られている。

④ 古くからの重工業地域に残る産業遺産の文化的価値が認められて，これが地域経済の再生にも活用されている。

第5問 インドと南アフリカ共和国に関する次の文章を読んで，下の問い(**問1～5**)に答えよ。(配点　14)

インドと南アフリカ共和国は，三方を海に囲まれるといった ⓐ自然環境上の共通点をもつ。また，ともに ⓑ経済成長の著しい国として注目されているが，その背景の一つに ⓒ豊かな鉱産資源がある。さらに，ⓓイギリスの植民地であった歴史をもつことも共通している。その一方で，宗教や人種にかかわる ⓔ社会制度は大きく異なっている。

問1　下線部ⓐに関して，農業は自然環境の影響を受けることが多い。次の図1を見て，インドと南アフリカ共和国の自然環境と農業の特徴を述べた文として最も適当なものを，次ページの①～④のうちから一つ選べ。 **25**

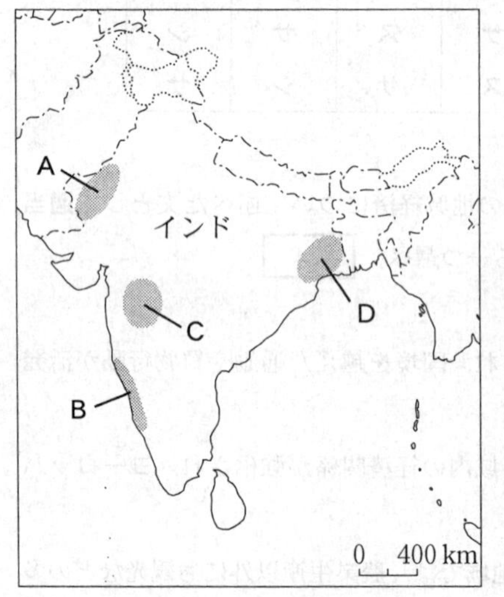

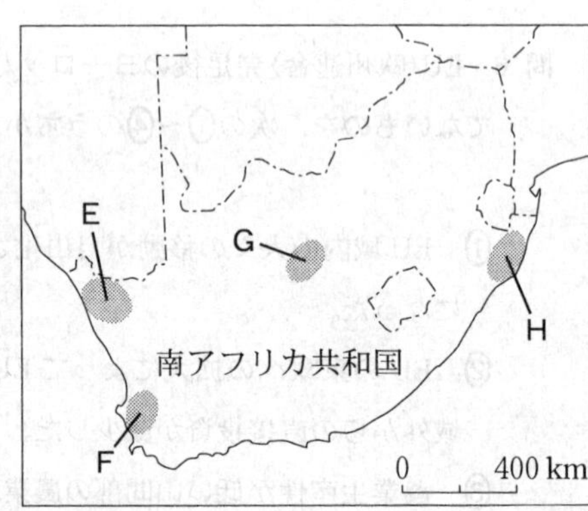

図　1

① AとEではほとんど雨が降らず，灌漑(かんがい)によるカカオ栽培がなされている。

② BとFでは冬に雨が多く，ブドウの大規模栽培がなされている。

③ CとGでは乾燥する期間が長く，綿花のプランテーション栽培がなされている。

④ DとHでは夏に雨が多く，ライ麦の高収量品種の栽培がなされている。

問 2 下線部ⓑに関して，近年は経済成長の著しいBRICs(ブラジル，ロシア，インド，中国)に南アフリカ共和国を加え，BRICSと表現することも多くなった。次の図2は，BRICS諸国の1人当たりGDP(国内総生産)と輸出額に占める工業製品の割合を示したものであり，①～④はブラジル，ロシア，インド，中国*のいずれかである。インドに該当するものを，図2中の①～④のうちから一つ選べ。 26

*台湾，ホンコン，マカオを含まない。

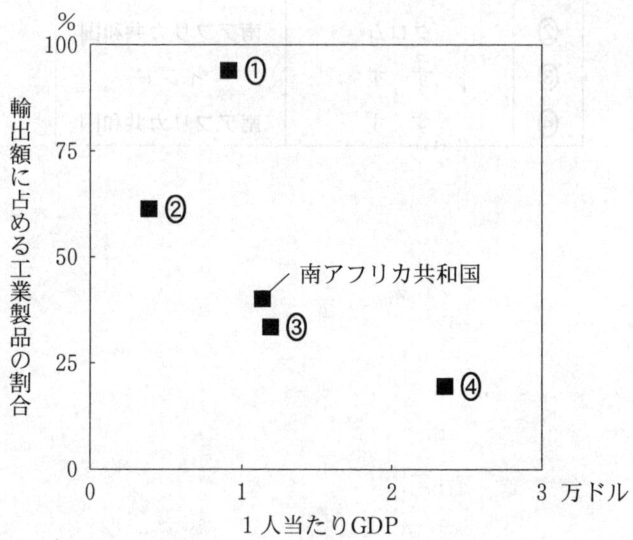

統計年次は2012年。
WTOの資料により作成。

図 2

問 3　下線部Ⓒに関して，インドと南アフリカ共和国の鉱産資源について述べた次の文章中の空欄**ア**と**イ**に当てはまる語の正しい組合せを，下の①～④のうちから一つ選べ。 27

インドと南アフリカ共和国は，ともに鉱産資源の豊富な国である。特に合金材料に使われる（　**ア**　）は，インドと南アフリカ共和国で合わせて世界の全産出量の約 50 % を占めている。

ダイヤモンドに関しては両国が世界で重要な役割を果たしているが，その役割は異なっている。ダイヤモンドは産出とカット・研磨加工との国際分業が進んでおり，（　**イ**　）の場合，現在の産出量は少ないが，世界的な加工地として知られている。

	ア	イ
①	クロム	インド
②	クロム	南アフリカ共和国
③	す　ず	インド
④	す　ず	南アフリカ共和国

問 4　下線部ⓓに関して，イギリスとの関係からみたインドと南アフリカ共和国に共通する点について述べた文として最も適当なものを，次の①～④のうちから一つ選べ。 28

① イギリスが最大の貿易相手国である。

② イギリス連邦に加盟している。

③ 英語は使用されているが公用語にはなっていない。

④ 第二次世界大戦前に独立した。

問 5　下線部ⓔに関して，インドと南アフリカ共和国の社会について説明した次の文章中の下線部①～④のうちから，**適当でないもの**を一つ選べ。 29

インドのヒンドゥー教社会は，①身分の上下関係と職業の分業が結びついたカースト制に規定されてきた。都市部では近年，カースト制にもとづかない職業が情報通信技術(ICT)産業に登場するなど，新たな動きが社会に影響を与えている。一方，就業機会を求めて②貧困層が農村部から都市部へ流入する状況がみられる。

南アフリカ共和国では，アパルトヘイト(人種隔離政策)が実施され，③白人の優位が維持されていたが，アパルトヘイトは1990年代初めに撤廃された。その結果，人種ごとに居住区が分けられていたヨハネスバーグでは都市構造の再編が起こり，④郊外から都心部への商業施設やオフィスの移転が進んだ。

第6問　東北地方の高校に通うケイタさんは，山地にはさまれた岩手県北上(きたかみ)市とその周辺の地域調査を行うことになった。次の図1の20万分の1地勢図(原寸，一部改変)を見て，ケイタさんの調査に関する下の問い(**問1～6**)に答えよ。
(配点　18)

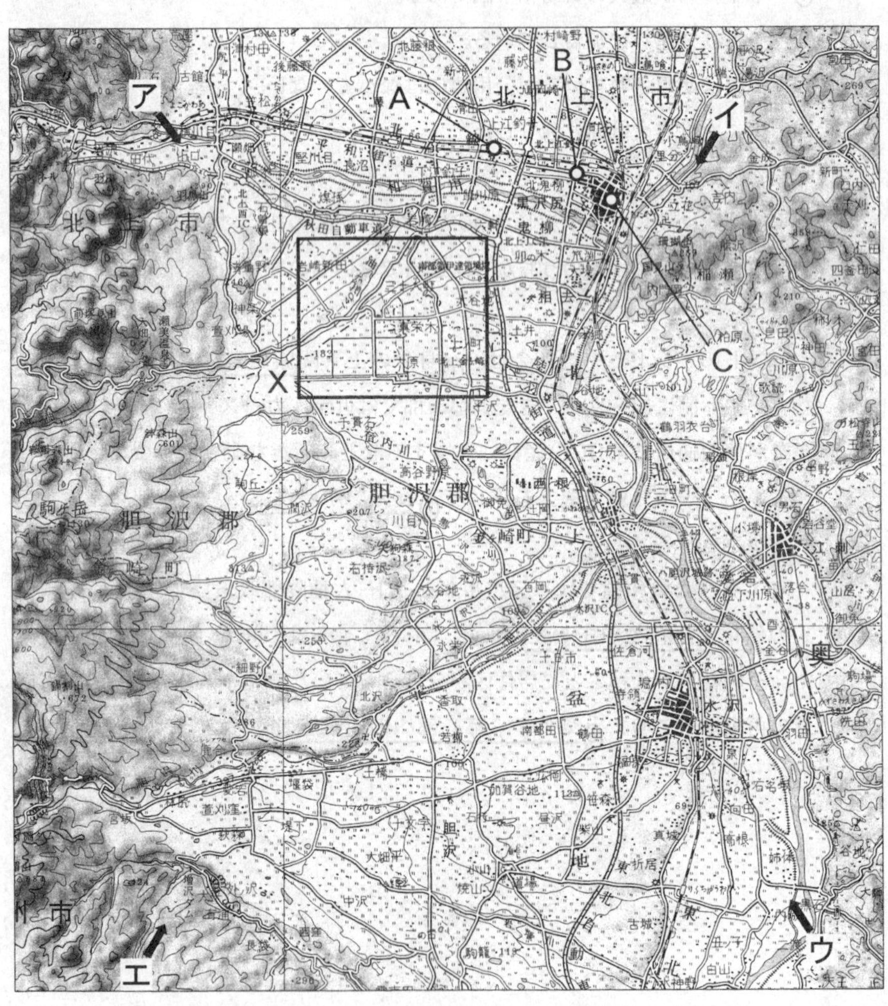

図　1

問 1　現地を訪れる前に，ケイタさんは数値標高データを用いた鳥瞰(ちょうかん)図*から，北上市周辺のおおまかな地形を確認することにした。次の図 2 中の①～④は，図 1 中の**ア**～**エ**のいずれかの地点の上空から矢印の方向に見た地形の様子を描いたものである。**エ**に該当するものを，図 2 中の①～④のうちから一つ選べ。 30

*高さは強調して表現してある。

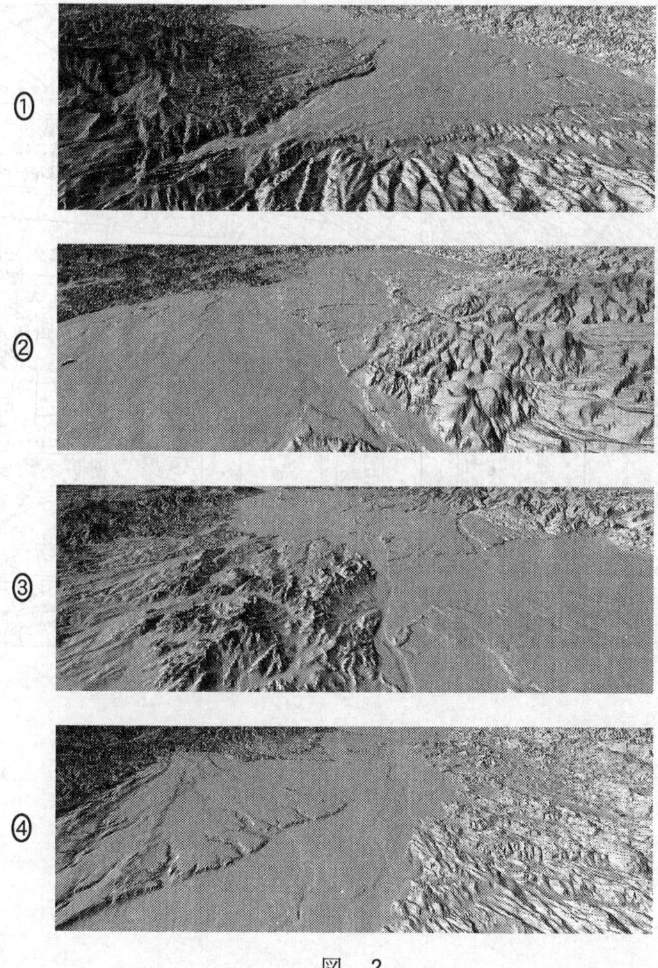

図　2

問 2 ケイタさんが夏油川(げとうがわ)周辺を調査していると，境塚(さかいづか)という史跡を見つけた。そこでその史跡を詳しく調べるため博物館を訪ねることにした。次の図 3 は図 1 中の **X** の範囲を示した 2008 年発行の 5 万分の 1 地形図(原寸，一部改変)である。図 3 に関する次ページのケイタさんと学芸員との会話文中の空欄 **カ**～**ケ** には，南部(なんぶ)藩，伊達(だて)藩のいずれかが当てはまる。伊達藩に該当する空欄の正しい組合せを，次ページの①～④のうちから一つ選べ。 31

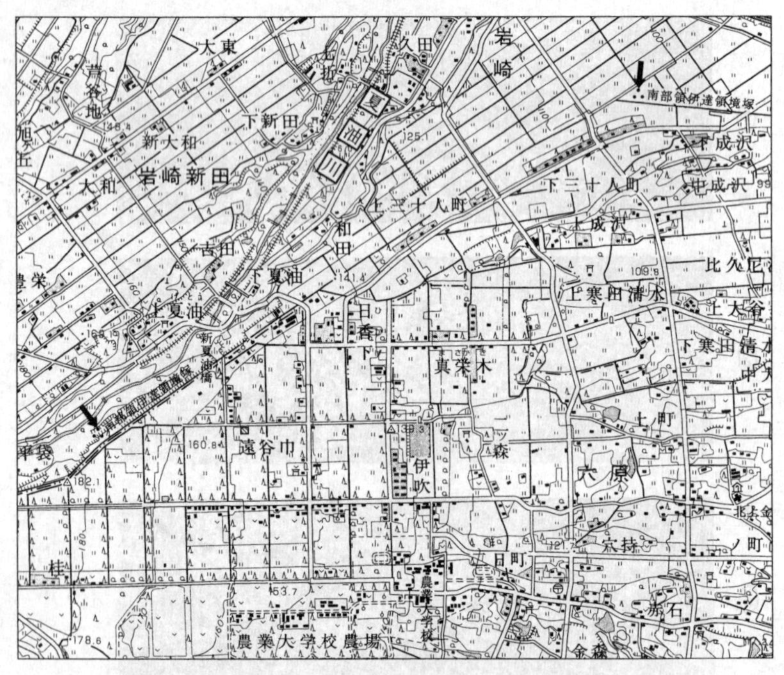

図 3

ケイタ　「境塚という史跡を見つけたのですが，詳しく教えていただけないでしょうか」

学芸員　「図3を見てください。二つの矢印で示したところに史跡記号があり，『南部領伊達領境塚』という名称が記されています。このあたりは南部藩と伊達藩の領地が接していた地域です。その境界を示すために各所に塚が設けられていたのですが，その塚跡が現在でも残っているんですよ」

ケイタ　「この史跡記号の2か所を結んだ線より北西側がかつての南部藩領，南東側が伊達藩領ということですか」

学芸員　「そのとおりです。図をよく見ると，この線を境に土地区画が異なっていますよね。ここから，（　**カ**　）側では領内を流れる川を灌漑(かんがい)に利用して農業を営んでいたのに対して，（　**キ**　）側では主に溜池(ためいけ)を利用した農業を営んでいたことが推測できますよ」

ケイタ　「なるほど。近世の土地利用は自然環境とのかかわりが大きいことがよくわかります」

学芸員　「そうですね。しかし，その後は灌漑設備の発達により，水が得にくい場所でも水田が開発できるようになりました」

ケイタ　「（　**ク**　）側には，方形の農地に沿って植樹がなされていますが，これは風を防ぐためでしょうか」

学芸員　「そのような役割も考えられます。しかし，（　**ケ**　）側にも方形の農地が広がっていますが，農地に沿った植樹はあまり見られませんね。なぜこのような違いがあるのか調べてみると新しい発見があるかもしれませんよ」

①　**カ**と**ク**　　②　**カ**と**ケ**　　③　**キ**と**ク**　　④　**キ**と**ケ**

問 3　ケイタさんは北上市内を散策し，場所によって道路沿いの景観が異なることに気がついた。次の写真1中の**サ**～**ス**は，図1中の**A**～**C**のいずれかの地点での景観を撮影したものである。**サ**～**ス**と**A**～**C**との正しい組合せを，下の①～⑥のうちから一つ選べ。 32

※入試問題に掲載された写真とは異なります

サ

※入試問題に掲載された写真とは異なります

シ

※入試問題に掲載された写真とは異なります

ス

写真　1

	①	②	③	④	⑤	⑥
サ	A	A	B	B	C	C
シ	B	C	A	C	A	B
ス	C	B	C	A	B	A

問 4　幹線道路沿いに工業団地が造成されていることに気づいたケイタさんは，次に北上市の工業の変遷について調べることにした。次の表1は，1960年，1985年，2010年の各年次について北上市における製造品出荷額の上位5業種と総従業者数を示したものであり，**タ〜ツ**は電気機械器具，輸送用機械器具，窯業(ようぎょう)・土石製品のいずれかである。業種名と**タ〜ツ**との正しい組合せを，下の①〜⑥のうちから一つ選べ。 **33**

表　1

順　位	1960年	1985年	2010年
1　位	木材・木製品 (55.6)	**チ** (30.6)	**チ** (41.8)
2　位	食料品 (17.7)	一般機械器具 (12.6)	**ツ** (14.3)
3　位	**タ** (13.5)	鉄　鋼 (11.6)	パルプ・紙・紙加工品 (12.3)
4　位	金属製品 (5.5)	パルプ・紙・紙加工品 (11.5)	一般機械器具 (8.7)
5　位	一般機械器具 (1.6)	**タ** (6.1)	金属製品 (8.3)
総従業者数(人)	1,432	8,224	13,909

括弧内の数値は，製造品出荷額全体に占める割合(%)を示す。
業種名は1985年時点の分類に統一してある。
『工業統計表』により作成。

	①	②	③	④	⑤	⑥
電気機械器具	タ	タ	チ	チ	ツ	ツ
輸送用機械器具	チ	ツ	タ	ツ	タ	チ
窯業・土石製品	ツ	チ	ツ	タ	チ	タ

問 5 交通網と地域の産業や生活とのかかわりをみるために，ケイタさんは岩手県全体の主題図を作成することにした。次の図 4 は岩手県の主な交通網と，岩手県におけるいくつかの指標を市町村別に示したものであり，**マ**～**ム**は 1 km^2 当たりの事業所数，1 世帯当たりの自動車保有台数，通勤・通学者数に占める他市町村への通勤・通学者の割合のいずれかである。指標名と**マ**～**ム**との正しい組合せを，次ページの①～⑥のうちから一つ選べ。 34

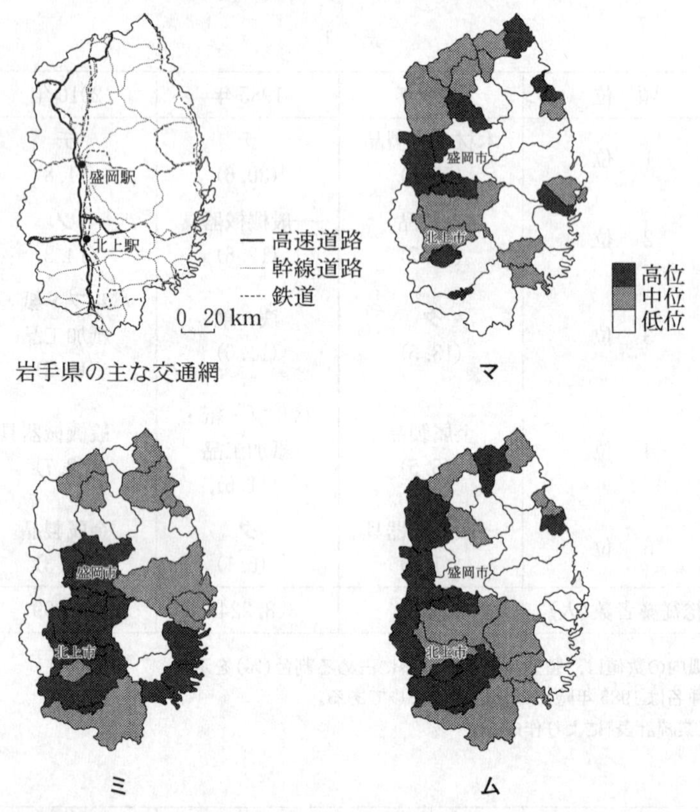

統計年次は，1 km^2 当たりの事業所数が 2009 年，1 世帯当たりの自動車保有台数と，通勤・通学者数に占める他市町村への通勤・通学者の割合が 2010 年。
岩手県の主な交通網は 2010 年時点。
経済センサスなどにより作成。

図 4

	①	②	③	④	⑤	⑥
1 km^2 当たりの事業所数	マ	マ	ミ	ミ	ム	ム
1 世帯当たりの自動車保有台数	ミ	ム	マ	ム	マ	ミ
通勤・通学者数に占める 他市町村への通勤・通学者の割合	ム	ミ	ム	マ	ミ	マ

問 6　調査結果を発表するために，ケイタさんは交通網の発達にともなう地域への影響を統計地図で表現することにした。地図表現の方法について述べた文として下線部が**適当でないもの**を，次の①～④のうちから一つ選べ。 35

① 近隣の花巻（はなまき）空港発着の国際チャーター便就航の影響を表現するため，異なる年次における市内観光地を訪れる外国人客数を図形表現図で示す。

② 自家用車の普及にともなうバス交通への影響を表現するため，異なる年次における地区別バス利用者の割合を階級区分図で示す。

③ 東北自動車道の開通が地域経済に与える影響を表現するため，開通前後における地区別の小売店数をドットマップで示す。

④ 東北新幹線開業にともなう通勤行動への影響を表現するため，開業前後における鉄道各駅周辺の駐車場収容台数を流線図で示す。

MEMO

地理B

（2015年１月実施）

60分　100点

2015
本試験

（解答番号 1 ～ 36）

第１問 次の図１を見て，世界の自然環境と自然災害に関する下の問い（**問１～６**）に答えよ。（配点 16）

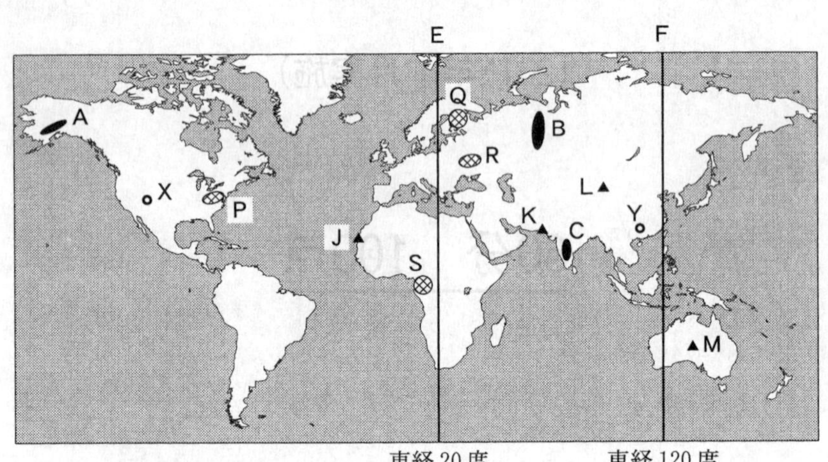

北緯 80 度～南緯 60 度の範囲を示す。

図 1

問１ 次の**ア**～**ウ**の文は，図１中の**Ａ**～**Ｃ**に位置するいずれかの山脈や高原にみられる地形の特徴を述べたものである。**ア**～**ウ**と**Ａ**～**Ｃ**との正しい組合せを，次ページの①～⑥のうちから一つ選べ。 1

ア 地殻変動がほとんど起きていない地域であり，玄武岩に覆(おお)われた起伏の小さな高原状の地形となっている。

イ 古生代に地殻変動が起きた地域であり，標高が低く起伏の小さな山脈となっている。

ウ 現在も地殻変動が活発な変動帯であり，急峻(きゅうしゅん)で起伏の大きな山脈となっている。

	①	②	③	④	⑤	⑥
ア	A	A	B	B	C	C
イ	B	C	A	C	A	B
ウ	C	B	C	A	B	A

問 2 次の図2は，図1中のE，Fの経線上の月降水量を示したものであり，図2中の①～④は，Eの1月，Eの7月，Fの1月，Fの7月のいずれかである。Eの1月に該当するものを，図2中の①～④のうちから一つ選べ。 2

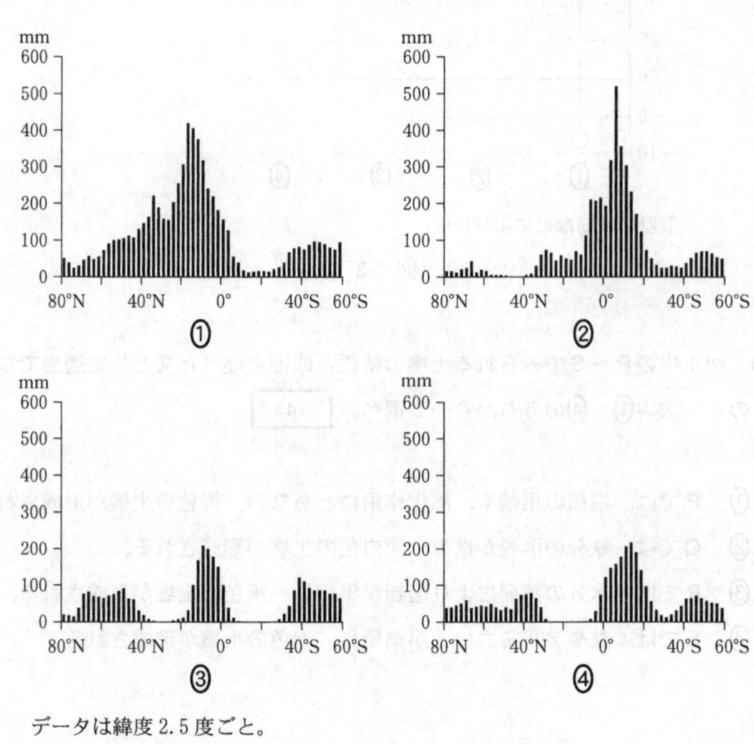

データは緯度2.5度ごと。
NOAAの資料により作成。

図　2

問 3　次の図3は，乾燥地域にあるいくつかの地点について，最暖月と最寒月の月平均気温を示したものであり，①～④は，図1中の地点J～Mのいずれかである。Kに該当するものを，図3中の①～④のうちから一つ選べ。　3

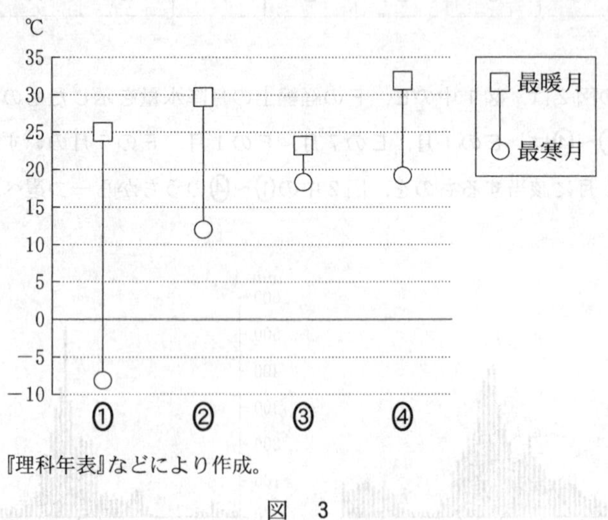

『理科年表』などにより作成。

図　3

問 4　図1中のP～Sでみられる土壌の特徴と成因を述べた文として**適当でないもの**を，次の①～④のうちから一つ選べ。　4

① Pでは，腐植の集積や，風化作用にともない，褐色の土壌が形成される。

② Qでは，鉄分の溶脱(ようだつ)が進み，灰白色の土壌が形成される。

③ Rでは，水分の蒸発により塩類が集積し，灰色の土壌が形成される。

④ Sでは，鉄やアルミニウムが集積し，赤色の土壌が形成される。

問 5　世界各地では，その土地の気候条件や地質条件によって異なる侵食作用がはたらき，多様な地形がみられる。次の写真1は，それぞれ図1中の地点XとYで撮影されたものである。写真1にみられる地形を説明した下の文章中の空欄**カ**と**キ**に当てはまる語句の正しい組合せを，下の①～④のうちから一つ選べ。［5］

※入試問題に掲載された写真とは異なります

地点X

※入試問題に掲載された写真とは異なります

地点Y

写真　1

地点Xの付近には，テーブル状や塔状の地形がみられる。それらの垂直な崖（がけ）の地層は，その直下の斜面の地層に比べて(　**カ**　)。地点Yの付近にも，塔状の地形がみられる。この地形は，(　**キ**　)作用により形成された。

	カ	キ
①	侵食されにくい	石灰岩の溶食（ようしょく）
②	侵食されにくい	氷河による侵食
③	侵食されやすい	石灰岩の溶食
④	侵食されやすい	氷河による侵食

問 6 次の図 4 中の**サ**〜**ス**は，1991 年から 2010 年の期間における火山噴火，地震・津波，熱帯低気圧のいずれかによる自然災害の発生数*を，国・地域別**に示したものである。**サ**〜**ス**と災害をもたらした自然現象名との正しい組合せを，次ページの①〜⑥のうちから一つ選べ。 6

*死者 10 名以上，避難者 100 名以上，非常事態宣言の発令，国際援助の要請のいずれかの状況をもたらした自然災害の合計。

**海外領土での自然災害はその地点に示した。

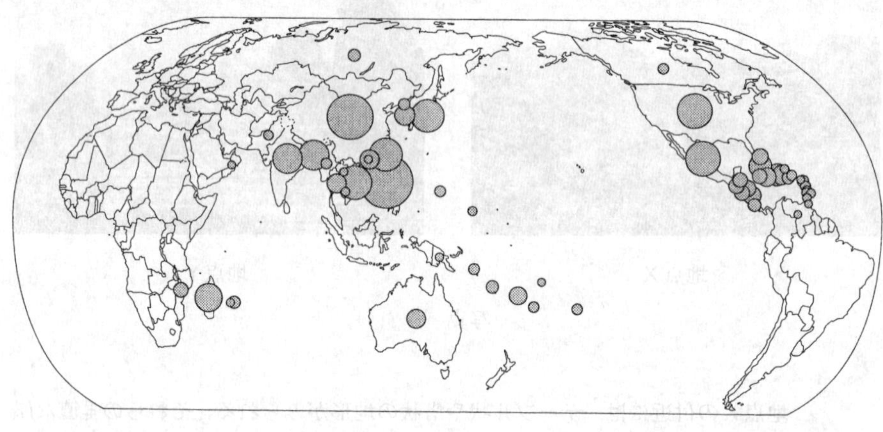

サ

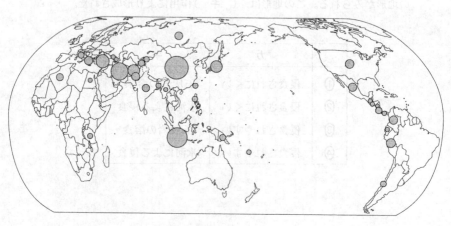

シ

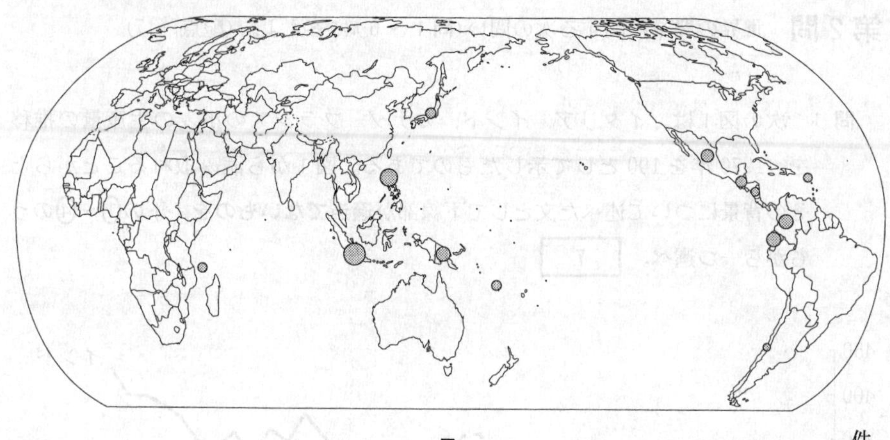

ス

3件未満は省略した。
旧ソ連のデータを含まない。
Université catholique de Louvain の資料により作成。

図　4

	サ	シ	ス
①	火山噴火	地震・津波	熱帯低気圧
②	火山噴火	熱帯低気圧	地震・津波
③	地震・津波	火山噴火	熱帯低気圧
④	地震・津波	熱帯低気圧	火山噴火
⑤	熱帯低気圧	火山噴火	地震・津波
⑥	熱帯低気圧	地震・津波	火山噴火

第2問 世界の農業に関する次の問い(問1～6)に答えよ。(配点 17)

問1 次の図1は，イタリア，インド，カナダ，フランスの小麦の生産量の推移を，1970年を100として示したものである。図1から読み取れることがらとその背景について述べた文として下線部が**適当でないもの**を，下の①～④のうちから一つ選べ。 7

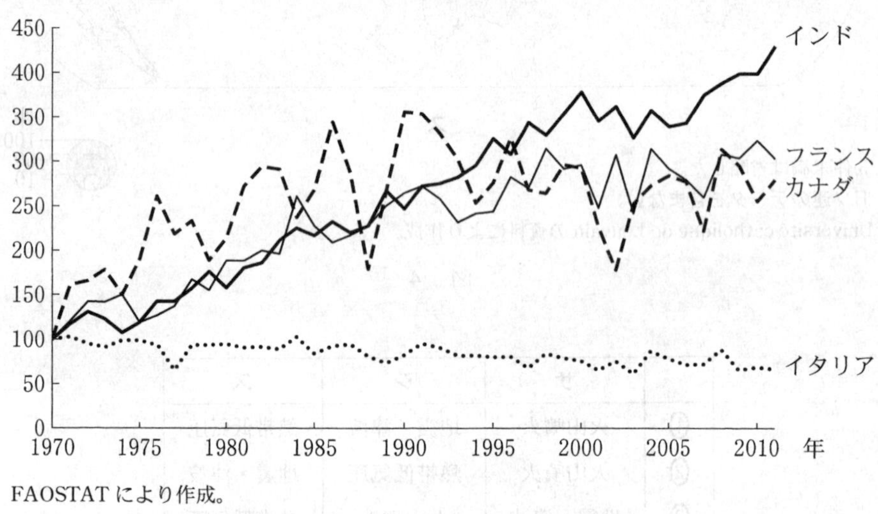

FAOSTATにより作成。

図 1

① イタリアでは，1970年以降生産量の減少傾向が続いているが，これは<u>農場の国有化を推進したものの，生産性が向上しなかったため</u>である。

② インドでは，1970年以降生産量が増加しているが，これは<u>「緑の革命」によって高収量品種の導入や灌漑(かんがい)設備の整備が進んだため</u>である。

③ カナダでは，年による生産量の変動が大きいが，これは<u>栽培限界の近くに位置し，気温や降水量の変動の影響を受けやすいため</u>である。

④ フランスでは，1970年から2000年に生産量が増加しているが，これは<u>大規模経営による生産性の高さから小麦栽培を拡大してきたため</u>である。

問 2　次の表 1 は，いくつかのプランテーション作物について，生産量の上位 5 か国と，それぞれの国の生産量が世界に占める割合を示したものであり，ア～ウは，茶，天然ゴム，パーム油の生産量のいずれかである。ア～ウと作物名との正しい組合せを，下の①～⑥のうちから一つ選べ。 **8**

表　1

(単位：％)

順　位	ア	イ	ウ
1位	インドネシア 45.0	中　国* 35.1	タ　イ 30.4
2位	マレーシア 39.6	インド 20.9	インドネシア 27.1
3位	タ　イ 3.2	ケニア 8.2	マレーシア 8.4
4位	コロンビア 2.0	スリランカ 7.1	インド 7.3
5位	ナイジェリア 1.9	トルコ 4.8	ベトナム 7.2

*台湾，ホンコン，マカオを含まない。
統計年次は 2011 年。
FAOSTAT により作成。

	①	②	③	④	⑤	⑥
ア	茶	茶	天然ゴム	天然ゴム	パーム油	パーム油
イ	天然ゴム	パーム油	茶	パーム油	茶	天然ゴム
ウ	パーム油	天然ゴム	パーム油	茶	天然ゴム	茶

問 3　次の図2は，いくつかの国における農地1ha当たりの農業生産額と農業人口1人当たりの農業生産額を示したものであり，①～④は，アメリカ合衆国，イギリス，オランダ，マレーシアのいずれかである。オランダに該当するものを，図2中の①～④のうちから一つ選べ。 9

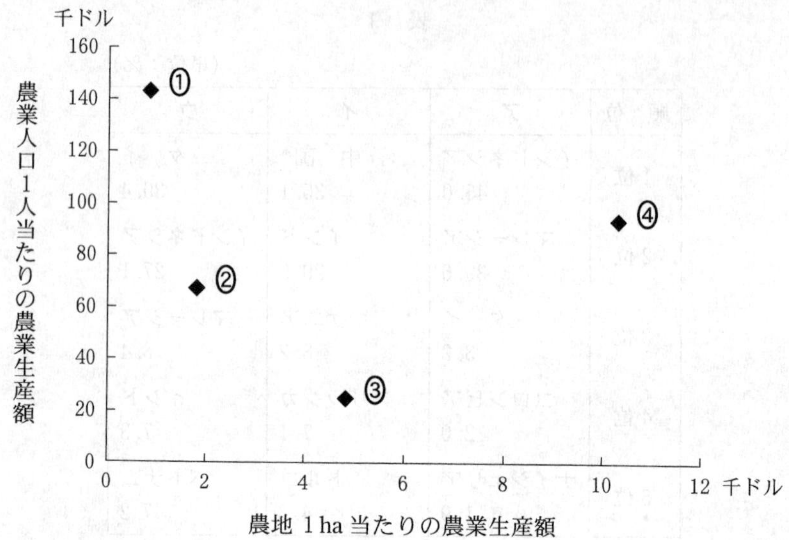

統計年次は2011年。
FAOSTATにより作成。

図　2

問 4　アメリカ合衆国の農業は，自然環境などに応じて地域的に多様である。次ページの図3中のK～Mは，地点aを起点に三つの鉄道ルートを示したものであり，次ページの**カ**～**ク**の文は，それぞれのルート上の地点b～d付近の農業地域の特徴について述べたものである。K～Mと**カ**～**ク**との正しい組合せを，次ページの①～⑥のうちから一つ選べ。 10

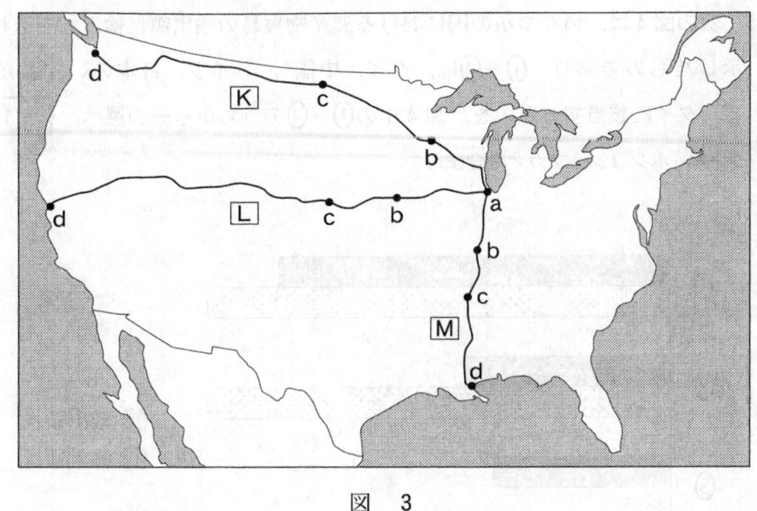

図　3

カ　地点 b 付近ではトウモロコシなどの大規模栽培が，地点 c 付近では肉牛肥育や灌漑(かんがい)設備を用いた小麦栽培が，地点 d 付近では果樹栽培が卓越する。

キ　地点 b 付近は耕作と畜産を組み合わせた農業，地点 c 付近は綿花栽培，地点 d 付近は大豆・イネ・サトウキビなどの栽培で特徴づけられる。

ク　地点 b 付近では酪農地帯が広がり，地点 c 付近では夏から秋に収穫する小麦の大規模な栽培が行われ，地点 d 付近では酪農や果樹栽培が盛んである。

	①	②	③	④	⑤	⑥
K	カ	カ	キ	キ	ク	ク
L	キ	ク	カ	ク	カ	キ
M	ク	キ	ク	カ	キ	カ

問 5　次の図４は，いくつかの国における農産物貿易の輸出額と輸入額をそれぞれ示したものであり，①～④は，タイ，中国*，ドイツ，日本のいずれかである。タイに該当するものを，図４中の①～④のうちから一つ選べ。 11

*台湾，ホンコン，マカオを含まない。

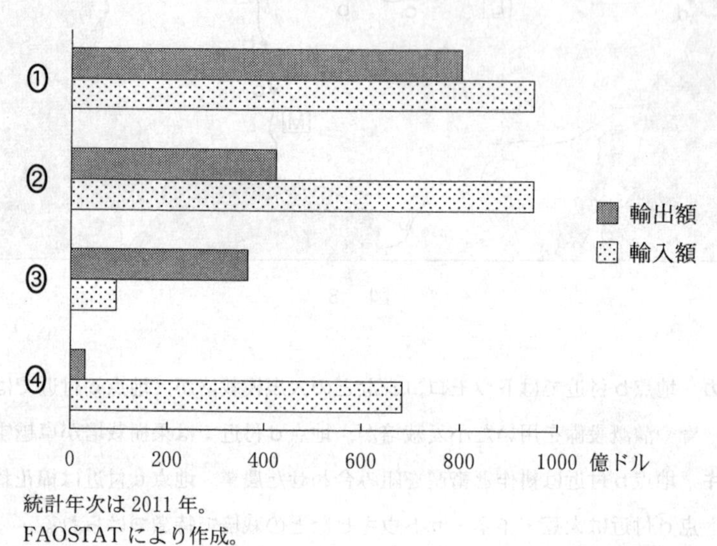

統計年次は2011年。
FAOSTATにより作成。

図　4

問 6　農産物流通と農業政策にかかわる特徴や課題について述べた文として**適当でないもの**を，次の①～④のうちから一つ選べ。 12

① アメリカ合衆国には，穀物メジャーとよばれる大規模な多国籍企業の本拠地が存在しており，世界の穀物市場に強い影響を与えている。

② オーストラリアは，イギリスに重点を置いたかつての農産物輸出戦略を，アジアを中心とした輸出戦略に転換してきた。

③ 日本では，農産物市場の対外開放にともなって，小規模な農家を保護するために営農の大規模化を抑制する政策がとられるようになった。

④ ヨーロッパの共通農業政策は，主な農産物の域内共通価格を定め，安価な輸入農産物に課徴金をかけたため，域外の国々との貿易摩擦が発生した。

第3問 都市と村落に関する次の問い(問1～6)に答えよ。(配点 17)

問1 次の①～④の文は，カイロ，ハンブルク，ベネチア(ヴェネツィア)，ベルゲンのいずれかの都市の立地とその特徴について説明したものである。ハンブルクに該当するものを，次の①～④のうちから一つ選べ。 13

① 三角江(さんかくこう)(エスチュアリー)をなす河口から約100 kmほど内陸に発達した都市で，国内最大の港湾都市となっている。

② 潟湖(せきこ)(ラグーン)の中に形成された都市で，近年では高潮による水没の被害に悩まされている。

③ 大河川の三角州(デルタ)の頂点に立地する都市で，現在の市街地は河川の分岐点に発達している。

④ 両側を急斜面に挟まれた入り江に位置する都市で，国内有数の海運業の拠点となっている。

問2 首都は，その国の政治の中心であるが，必ずしも人口最大の都市であるとは限らない。首都がその国における人口第1位の都市である国として**適当でない**ものを，次の①～④のうちから一つ選べ。 14

① スペイン
② タ　イ
③ ニュージーランド
④ メキシコ

問 3　次の図 1 中のＡ～Ｃは，いくつかの都市における街路の形態を示したものであり，下のア～ウの文はそれらの都市について述べたものである。Ａ～Ｃとア～ウとの正しい組合せを，下の①～⑥のうちから一つ選べ。 15

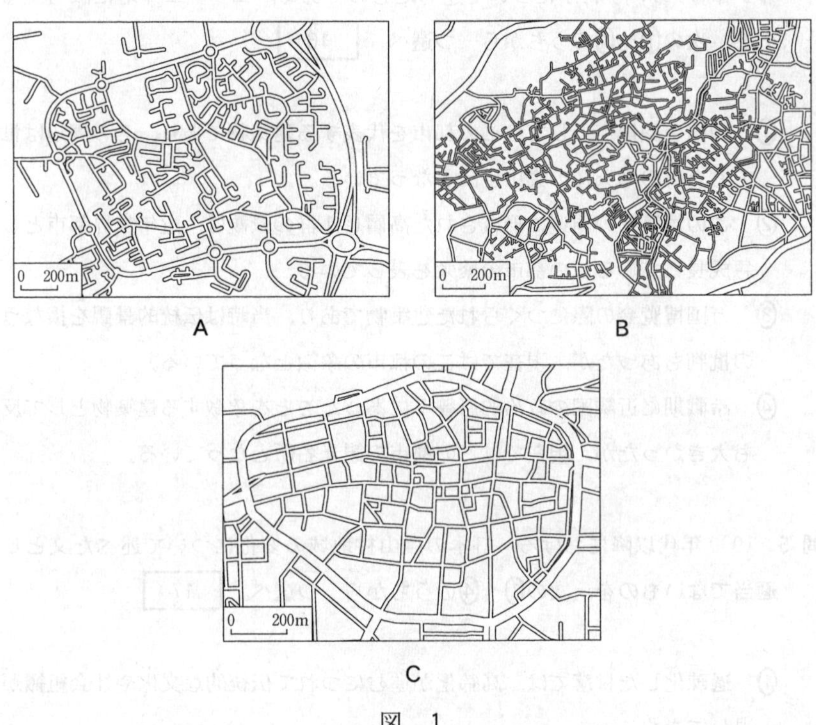

図　1

ア　囲郭(いかく)都市に由来するドイツの都市である。
イ　イスラームの都市の特徴を示すモロッコの都市である。
ウ　計画的に建設されたイギリスの都市である。

	①	②	③	④	⑤	⑥
Ａ	ア	ア	イ	イ	ウ	ウ
Ｂ	イ	ウ	ア	ウ	ア	イ
Ｃ	ウ	イ	ウ	ア	イ	ア

問 4 都市のランドマークとなる高層建築物の建設は，その都市の発展の過程と密接にかかわっている。次の①～④の文は，エッフェル塔(パリ)，エンパイア・ステート・ビル(ニューヨーク)，東方明珠塔(とうほうめいじゅとう)(シャンハイ)，文化科学宮殿(ワルシャワ)のいずれかについて述べたものである。エッフェル塔に該当するものを，次の①～④のうちから一つ選べ。 16

① 国際金融拠点としてのこの都市を代表する建築物であり，その周辺は世界でも有数の摩天楼(まてんろう)の集中地区となっている。

② この建築物の周辺に形成された高層ビル群の景観は，近年世界都市として急成長しているこの都市の繁栄を表している。

③ 万国博覧会の際につくられた建築物であり，当時は伝統的景観を損なうとの批判もあったが，現在ではこの都市の象徴となっている。

④ 冷戦期に近隣国の政治的影響下にあったことを象徴する建築物として反発も大きかったが，現在ではこの都市の観光名所となっている。

問 5 1990 年代以降における，日本の農山村地域の変化について述べた文として**適当でないもの**を，次の①～④のうちから一つ選べ。 17

① 過疎化した村落では，高齢化が進むにつれて伝統的な文化や社会組織が衰退してきた。

② 後継者不足などによる農業就業人口の減少にともない，民間企業が農業に参入するようになった。

③ 食の安心・安全への関心の高まりから地産地消が推進されたことにより，耕作放棄地が減少した。

④ 農作物の生産・供給機能に加えて，自然環境の保全や余暇活動の場の提供など多面的機能が注目されるようになった。

問 6　人口移動から地域間の結びつきを読み取ることができる。次の図 2 中の①～④は，東北，甲信越*，北陸**，中国の各地方の人口移動について，三大都市圏(東京圏，名古屋圏，大阪圏)およびそれ以外***への転出人口の内訳を示したものである。北陸地方に該当するものを，図 2 中の①～④のうちから一つ選べ。 18

*新潟県，山梨県，長野県。
**富山県，石川県，福井県。
***自地方内での移動を除く。

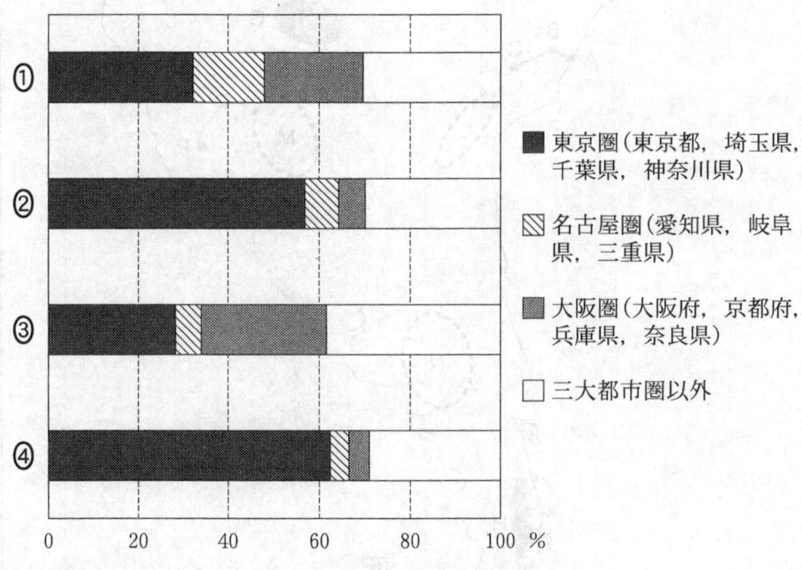

統計年次は 2010 年。
『住民基本台帳人口移動報告』により作成。

図　2

第４問 次の図１を見て，南アメリカに関する下の問い(**問１～６**)に答えよ。(配点　17)

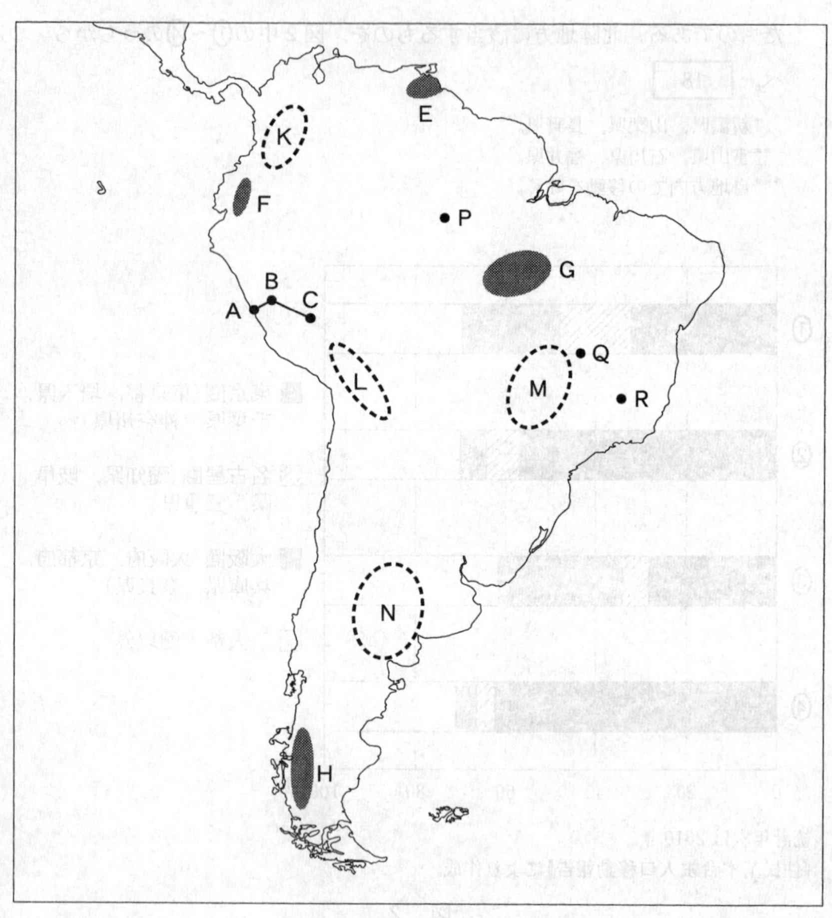

図　１

問 1　南アメリカ大陸の西部では，東西方向での短い距離の移動で景観が大きく変化する。次の写真１中の**ア～ウ**は，図１中の**Ａ～Ｃ**のいずれかの地点でみられる景観を撮影したものである。**Ａ**から**Ｂ**を経て**Ｃ**まで移動した場合にみられる景観を順に並べたものとして最も適当なものを，下の①～⑥のうちから一つ選べ。 19

※入試問題に掲載された写真とは異なります

ア

※入試問題に掲載された写真とは異なります

イ

※入試問題に掲載された写真とは異なります

ウ

写真　1

① ア→イ→ウ　　② ア→ウ→イ　　③ イ→ア→ウ
④ イ→ウ→ア　　⑤ ウ→ア→イ　　⑥ ウ→イ→ア

問２　図１中のＥ～Ｈの地域の地形について述べた文として**適当でないもの**を，次の①～④のうちから一つ選べ。 20

① Ｅにはサバナを流れる河川が形成した三角州（デルタ）がみられる。

② Ｆは新期造山帯に属し，標高の高い火山がみられる。

③ Ｇは古期造山帯に属し，起伏の小さな高原がみられる。

④ Ｈには大規模な山岳氷河があり，Ｕ字谷（氷食谷）がみられる。

問３　次の①～④の文は，図１中のＫ～Ｎのいずれかの地域にみられる農牧業の特徴を述べたものである。Ｍに該当するものを，次の①～④のうちから一つ選べ。 21

① 穀物メジャーによる企業的農業が行われ，大豆やトウモロコシなどが生産されている。

② 植民地時代に起源をもつプランテーション農業が行われ，コーヒーやバナナなどの商品作物が栽培されている。

③ 粗放的な農牧業が営まれ，ジャガイモなどの栽培とリャマや牛などの放牧が行われている。

④ 大土地所有制度を背景とした牧畜業が発展し，大規模なエスタンシアにおいて牛や羊の放牧が行われている。

問 4　図1中のP～Rはブラジルにおける人口100万人以上の三つの都市を示したものであり，次の**カ**～**ク**の文はP～Rのいずれかの特徴を述べたものである。P～Rと**カ**～**ク**との正しい組合せを，下の①～⑥のうちから一つ選べ。
22

カ　19世紀後半から20世紀初頭に天然ゴムの集散地として栄え，自由貿易地域に指定されてからは電気機械工業や輸送機械工業が発展した。

キ　イタビラ鉄山を含む「鉄の四辺形地帯」の近くに位置し，豊富な鉱産資源を利用した鉄鋼業や金属製品工業が発達している。

ク　国土の均衡ある発展をめざして1950年代に建設された計画都市で，国の政治機能が集まる中心部の街並みは世界文化遺産に登録されている。

	①	②	③	④	⑤	⑥
P	カ	カ	キ	キ	ク	ク
Q	キ	ク	カ	ク	カ	キ
R	ク	キ	ク	カ	キ	カ

問 5　貿易による国々の結びつきは，相手国との近接性や自由貿易協定の存在などにより異なる。次の図 2 中の①～④は，南アメリカ諸国におけるアメリカ合衆国，日本，EU(欧州連合)，MERCOSUR(南米南部共同市場)*へのそれぞれの輸出額が輸出総額に占める割合を示したものである。MERCOSUR に該当するものを，図 2 中の①～④のうちから一つ選べ。 **23**

*準加盟国は含まない。

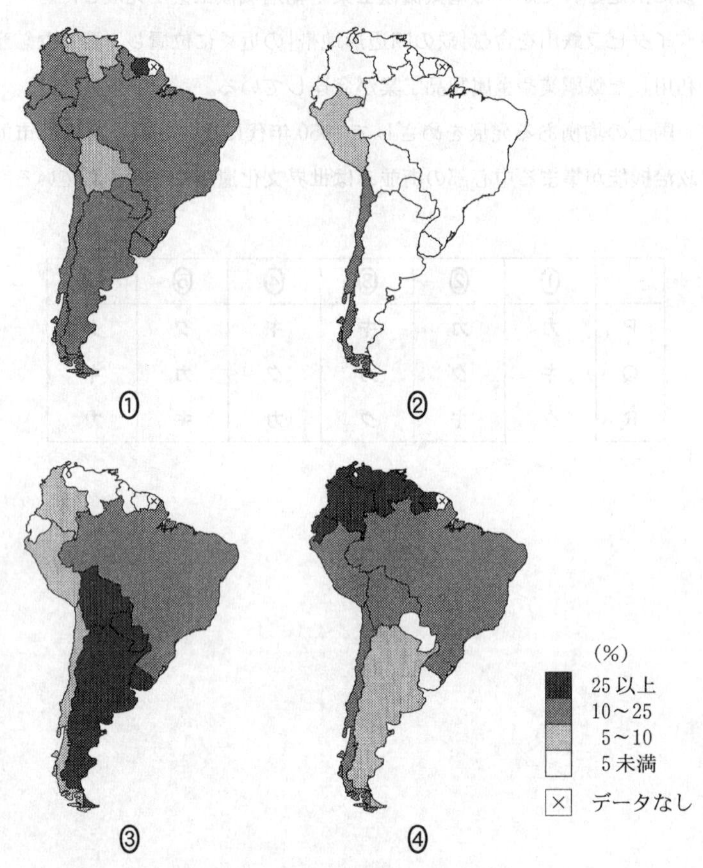

統計年次は 2012 年。
IMF(国際通貨基金)の資料により作成。

図　2

問 6　南アメリカの国々では多民族・多文化の社会が形成されている。次の図 3 は南アメリカのいくつかの国における住民の民族構成を示したものである。図 3 に関することがらについて述べた文章として，下線部が最も適当なものを，下の①～④のうちから一つ選べ。 24

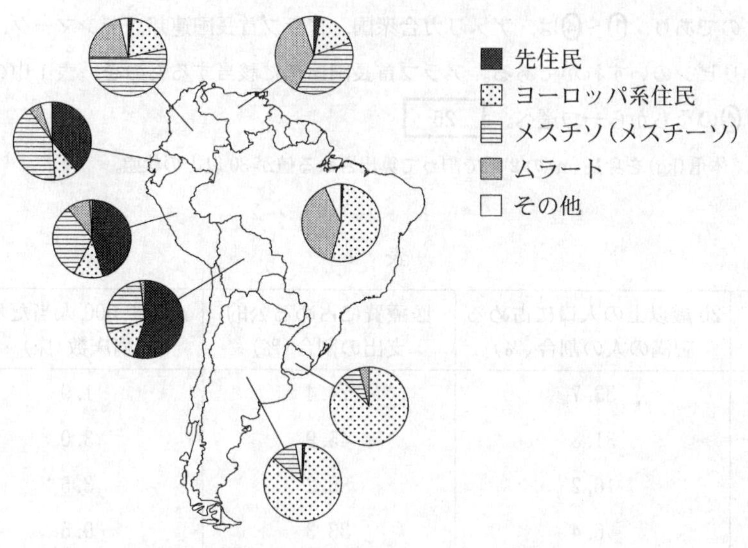

Convergencia, 2005 により作成。

図　3

① アルゼンチンやウルグアイではヨーロッパ系住民の割合が高い。これは，独立後に北アメリカからの移民を大量に受け入れたためである。

② エクアドルやコロンビアではメスチソ(メスチーソ)の割合が高い。これらの国では，ポルトガル語が国の公用語となっている。

③ ブラジルやベネズエラではムラートの割合が高い。これは，植民地時代にアフリカから多くの奴隷（どれい）が連れてこられたためである。

④ ペルーやボリビアでは先住民の割合が高い。これらの国では，植民地支配を受ける以前からの宗教を信仰する住民が多数を占めている。

第5問　現代世界の諸課題に関する次の問い(問1～5)に答えよ。(配点　16)

問1　人々の健康を取りまく状況は，生活習慣や医療制度など国により異なる。次の表1は，いくつかの国における20歳以上の人口に占める肥満*の人の割合，医療費に占める公的支出の割合，人口1,000人当たりの病床数を示したものであり，①～④は，アメリカ合衆国，アラブ首長国連邦，デンマーク，フィリピンのいずれかである。アラブ首長国連邦に該当するものを，表1中の①～④のうちから一つ選べ。 **25**

*体重(kg)を身長(m)の2乗で割って算出される値が30以上の状態。

表　1

	20歳以上の人口に占める肥満の人の割合(%)	医療費に占める公的支出の割合(%)	人口1,000人当たりの病床数(床)
①	33.7	74.4	1.9
②	31.8	45.9	3.0
③	16.2	85.2	3.5
④	6.4	33.3	0.5

統計年次は，20歳以上の人口に占める肥満の人の割合が2008年，医療費に占める公的支出の割合が2011年，人口1,000人当たりの病床数が2008年または2009年。
World Development Indicators などにより作成。

問2　次ページの図1は，アフリカを5地域に区分して50年間の人口増加指数を示したものである。また，次ページの図2はこれらのうち3地域について出生率および死亡率の推移を示したものであり，**ア**～**ウ**は，北部アフリカ，中部アフリカ，南部アフリカのいずれかである。地域名と**ア**～**ウ**との正しい組合せを，次ページの①～⑥のうちから一つ選べ。 **26**

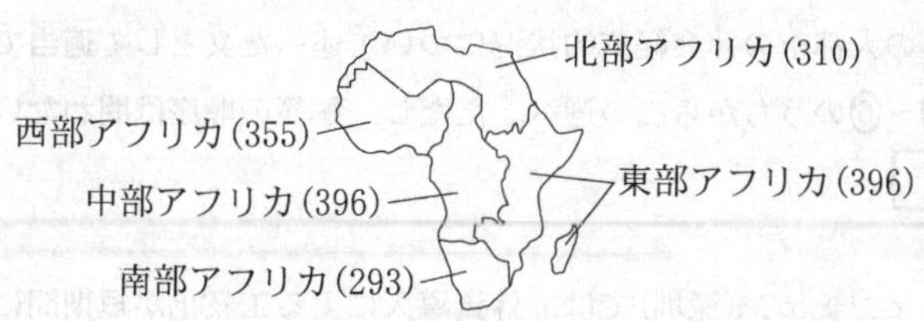

括弧内の数値は，1960 年の人口を 100 とした場合の 2010 年の人口を示す。
World Population Prospects により作成。

図　1

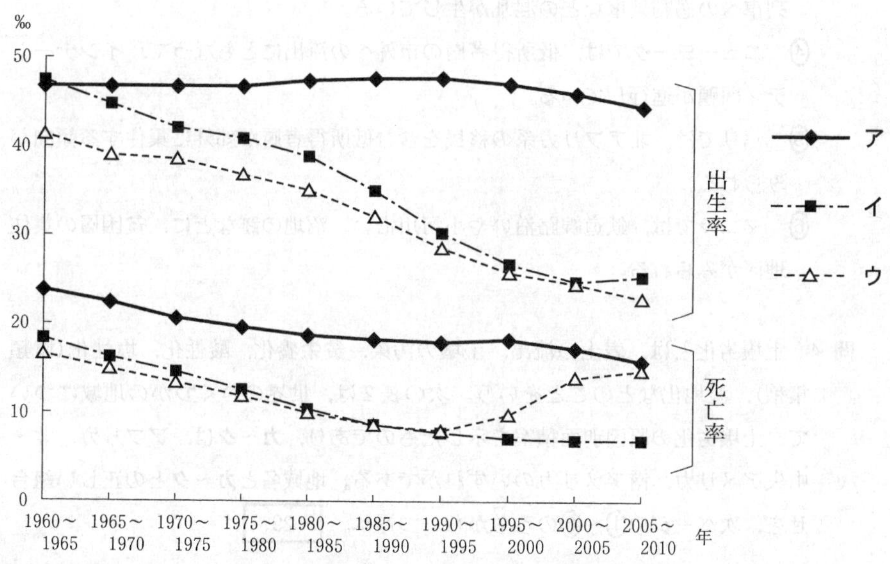

World Population Prospects により作成。

図　2

	①	②	③	④	⑤	⑥
北部アフリカ	ア	ア	イ	イ	ウ	ウ
中部アフリカ	イ	ウ	ア	ウ	ア	イ
南部アフリカ	ウ	イ	ウ	ア	イ	ア

問 3　世界の大都市の社会経済的状況について述べた文として**適当でないもの**を，次の①～⑥のうちから二つ選べ。ただし，解答の順序は問わない。 27 ・ 28

① シェンチェン(深圳)では，外資導入による工業化が短期間に実現したが，これは内陸地域からの出稼ぎ労働者に支えられている。

② シンガポールでは，都市の過密にともなって，多国籍企業の中枢管理機能が隣国に流出して経済的衰退に直面している。

③ デリーでは，社会資本の整備が人口増加に追いつかず，激しい交通渋滞や列車への過剰乗車などの混乱が生じている。

④ ニューヨークでは，低所得者層の市外への流出にともなって，インナーシティ問題が進行している。

⑤ パリでは，北アフリカ系の移民を含む低所得者層が郊外に集住する傾向がみられる。

⑥ マニラでは，鉄道線路沿いや小河川沿い，沼地の跡などに，貧困層の集住地区がみられる。

問 4　土壌劣化とは，表土の流出，土壌の汚染，貧栄養化，酸性化，塩性化(塩類集積)，湿地化などのことをいう。次の表2は，世界のいくつかの地域について，土壌劣化の原因別面積率を示したものであり，**カ**～**ク**は，アフリカ，北・中央アメリカ，南アメリカのいずれかである。地域名と**カ**～**ク**との正しい組合せを，次ページの①～⑥のうちから一つ選べ。 29

表　2

(単位：%)

	過放牧	森林破壊	農　業	その他
カ	49	14	24	13
キ	28	41	26	5
ク	24	11	58	7

World Map of the Status of Human-Induced Soil Degradation により作成。

	①	②	③	④	⑤	⑥
アフリカ	カ	カ	キ	キ	ク	ク
北・中央アメリカ	キ	ク	カ	ク	カ	キ
南アメリカ	ク	キ	ク	カ	キ	カ

問 5　次の図3は，いくつかの国における二酸化硫黄排出量の推移を示したものであり，①～④はアメリカ合衆国，イギリス，オーストラリア，中国*のいずれかである。イギリスに該当するものを，図3中の①～④のうちから一つ選べ。 30

*台湾，ホンコン，マカオを含まない。

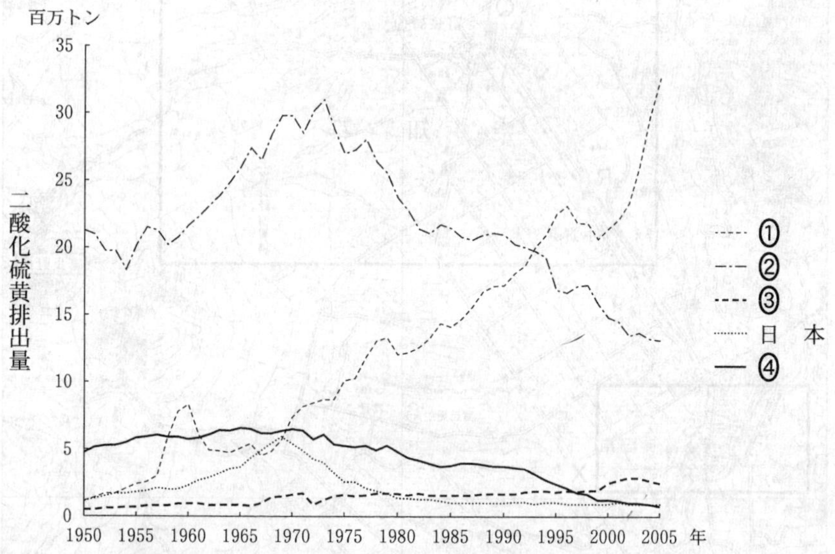

NASA Socioeconomic Data and Applications Center の資料により作成。

図　3

第6問 高校生のアヤネさんは，北海道の富良野(ふらの)市とその周辺地域の歴史や観光に興味をもち，次の図1の20万分の1地勢図(原寸，一部改変)で示された範囲の地域調査を行うことにした。この地域調査に関する下の問い(**問**1～6)に答えよ。(配点 17)

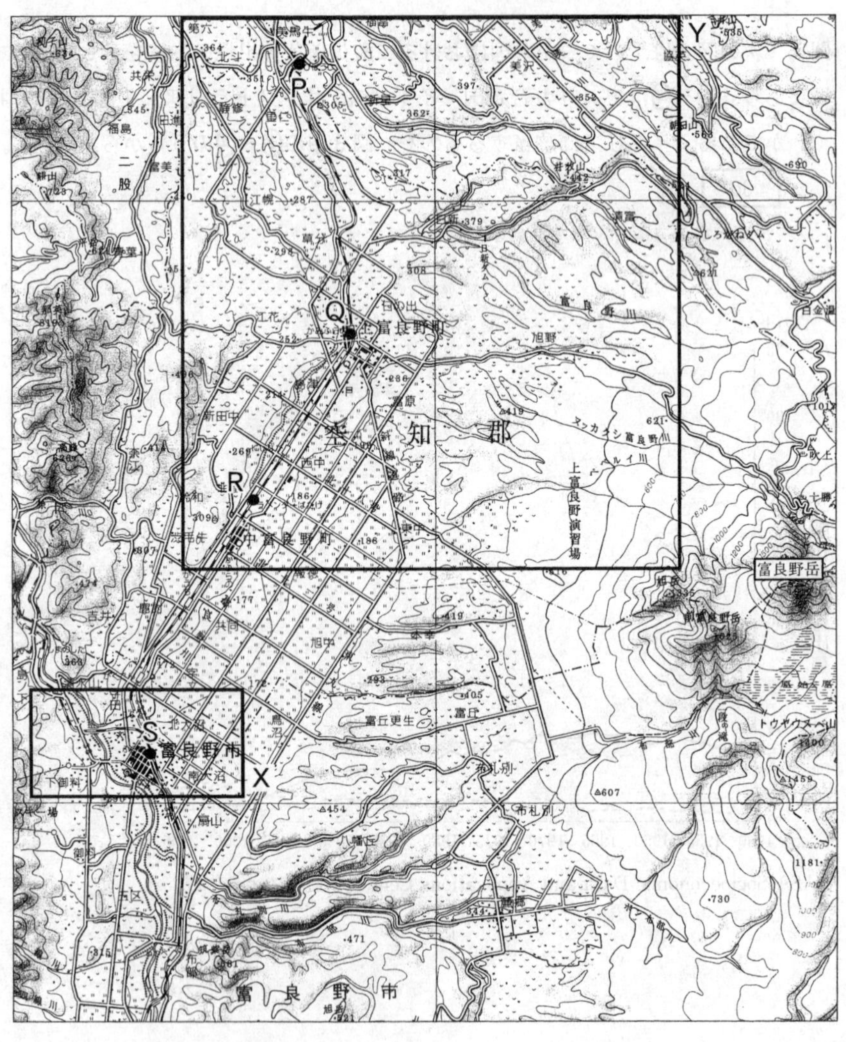

図 1

問１　アヤネさんは，JR 富良野線の列車に乗り，図１中のＰ駅からＳ駅に向かって移動し，車窓から東側の景観を観察した。その景観を説明した文として最も適当なものを，次の①～④のうちから一つ選べ。 31

① Ｐ駅を出発すると，Ｑ駅まで連続して市街地が見えた。
② Ｑ駅とＲ駅の間では，富良野岳（ふらのだけ）の斜面が見えた。
③ Ｒ駅への到着直前に，駅前の市街地や公共施設が見えた。
④ Ｒ駅とＳ駅の間では，一面に広がる果樹園が見えた。

問２　次の写真１中の①～④は，この地域の気候に対応した生活のあり方に関心をもったアヤネさんが，様々な場所で撮影したものである。主に積雪に対応したものとして**適当でないもの**を，次の写真１中の①～④のうちから一つ選べ。

32

※入試問題に掲載された写真とは異なります

上部に太陽電池が付いた時計
①

※入試問題に掲載された写真とは異なります

縦型の信号機
②

※入試問題に掲載された写真とは異なります

道路の境界を示す標識
③

※入試問題に掲載された写真とは異なります

ホース取り付け部の位置が高い消火栓
④

写真　１

問 3　アヤネさんは，富良野市の土地利用変化を調べるために新旧地形図の比較を行うことにした。次の図 2 は，図 1 中の X の範囲における 1921 年と 2004 年に発行された 5 万分の 1 地形図(原寸，一部改変)である。図 2 から読み取れるこの地域の変化について述べた文として**適当でないもの**を，次ページの①～④のうちから一つ選べ。 33

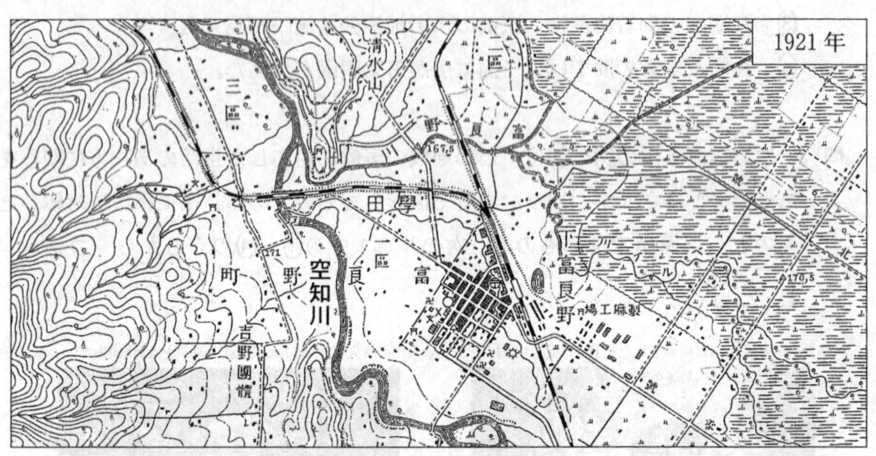

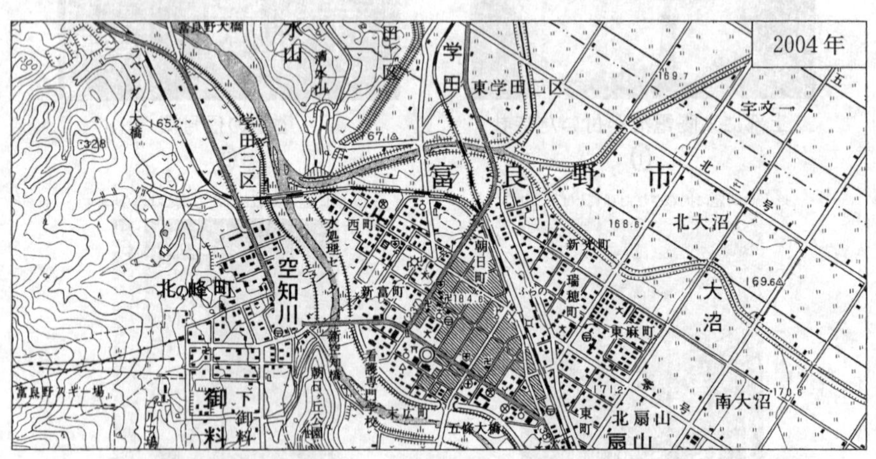

図 2

① 市街地は鉄道駅に接して形成されていたが，その周辺に主要な公共施設がつくられ，駅西側を中心に市街地が拡大した。

② 空知川（そらちがわ）が改修され，旧河道の一部を活用して鉄道や郵便局が新たにつくられた。

③ 空知川西岸の「吉野團體（よしのだんたい）」と記された開発地とその周辺には，宅地やスキー場，ゴルフ場などがつくられた。

④ 東部の格子状の区画では，かつては湿地の状態であったものが，排水などが行われて水田となった。

問 4　地域の農作物や乳製品を利用したご当地カレーを食べたアヤネさんは，富良野地域の農業に関心をもち，統計資料を収集した。次の図 3 は，図 1 中のＹに示された範囲における米，ジャガイモ(馬鈴薯)，乳牛の集落別の農家の戸数を示している。戸数の分布とその背景に関して説明した文として**適当でないもの**を，下の①～④のうちから一つ選べ。 **34**

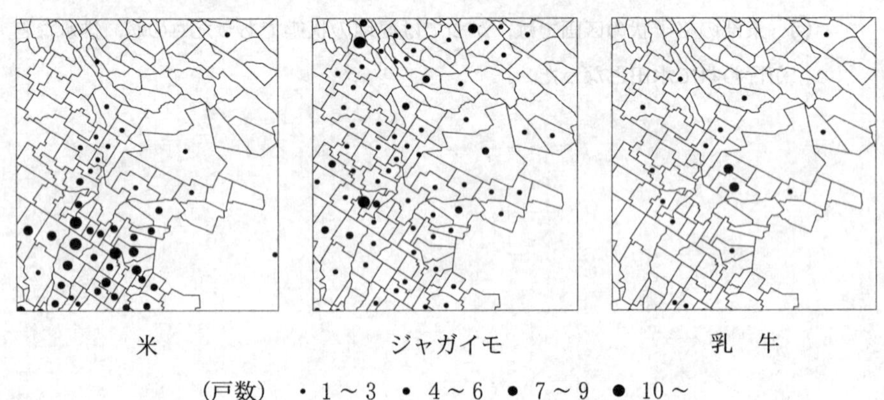

統計年次は 2010 年。
農林業センサスにより作成。

図　3

① 米は，北海道特有の気候条件に対応した新たな品種が開発され，盆地を中心に農家が分布している。

② ジャガイモは，大規模な灌漑施設を必要としないことから，ほとんどの農家は丘陵地に分布し，盆地にはみられない。

③ 乳牛を飼養する農家は，戸数が少なく，山麓の緩斜面や丘陵地を中心に分布している。

④ 農業に適さない土地や，自衛隊の上富良野演習場があるため，米，ジャガイモ，乳牛に共通して農家が少ない場所が存在する。

問 5　アヤネさんは，富良野地域において森林開発が大きな役割を果たしてきたことを知り，地元の博物館をたずねた。アヤネさんと博物館の学芸員との会話文中の空欄**サ**と**シ**に当てはまる語の正しい組合せを，下の①～④のうちから一つ選べ。 **35**

アヤネ　「富良野には多くの森がありますね。その特徴は何ですか」

学芸員　「冷帯（亜寒帯）に属するこの地域では，針葉樹と（　**サ**　）の混交林（混合林）に広く覆（おお）われ，その樹種の構成をいかし，森がもつ再生力を活用した林業を行っています。また間伐（かんばつ）材の活用なども注目されています」

アヤネ　「日本の林業は今も盛んですか」

学芸員　「日本の木材需給の推移を示した表１をみると，近年の木材自給率は（　**シ**　）傾向がみられます。なお，林業就業者数は全国的に減少していますが，北海道においては増加しており，都道府県別の木材生産量も北海道が最も多く，重要な産業の一つです」

表　1

（単位：千 m^3）

	国内生産量	国内消費量	輸出量	輸入量
2002年	16,920	89,195	568	72,844
2012年	20,318	70,769	1,420	51,870

農林水産省の資料により作成。

	サ	シ
①	常緑広葉樹	上　昇
②	常緑広葉樹	低　下
③	落葉広葉樹	上　昇
④	落葉広葉樹	低　下

問 6　富良野地域における多様な観光資源のあり方に関心をもったアヤネさんは，月別観光客数の推移について富良野市役所で統計資料を入手し，図4を作成した。この地域の観光に関連したことがらをまとめた表2も参考にしながら，図4から読み取れる富良野市の年度ごとの夏季・冬季*の観光客数の傾向と，その背景に関して説明した文の下線部が**適当でないもの**を，次ページの①～④のうちから一つ選べ。 36

*夏季は7～9月，冬季は1～3月。

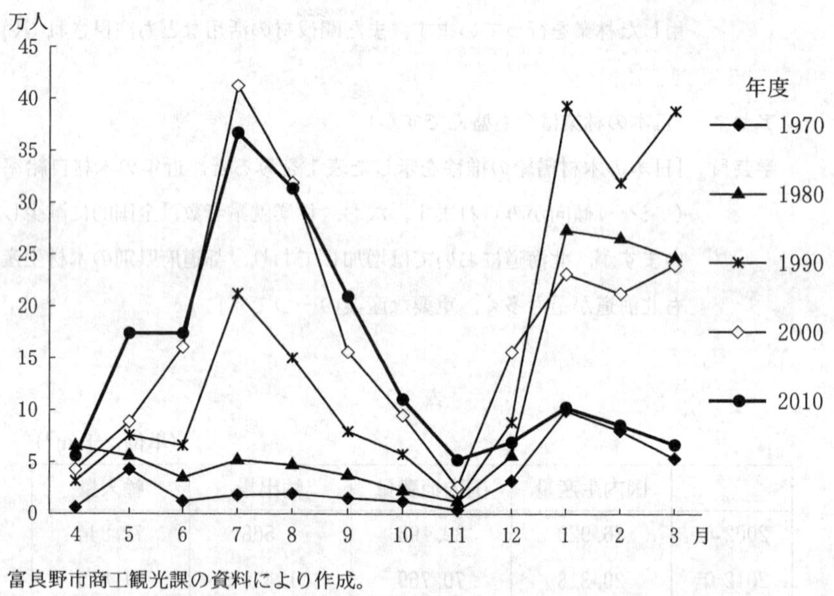

富良野市商工観光課の資料により作成。

図　4

表　2

1976年：国鉄(現在のJR)のカレンダーに，夏のラベンダー畑が掲載
1977年：富良野スキー場でスキーワールドカップ開催
1981年：富良野を舞台としたドラマ「北の国から」シリーズ放送開始
2005年：富良野を舞台としたドラマ「優しい時間」放送

① 1970 年度には，冬季にピークがみられたが，1980 年度にはスキー観光を中心として，冬季のピークが顕著になった。

② 1990 年度には，ラベンダー観光の地域への広がりにより，冬季とともに夏季にピークが現れた。

③ 2000 年度には，スキー観光客の減少やさらなるラベンダー人気の高まりにより，夏季の観光客数の合計が冬季の 2 倍以上となった。

④ 2010 年度には，新たな観光資源の開発や誘致策もあり，冬季・夏季以外のいくつかの月における観光客数が増加する傾向がみられた。

MEMO

地理A

（2024年１月実施）

60分　100点

2024
本試験

（解答番号 1 ～ 30）

第1問 地図の読み取りと活用，および日本の自然災害と防災に関する次の問い（問1～6）に答えよ。（配点 20）

問1 次の図1は，1888年に噴火した日本のある火山周辺の，現在の地形を示したものであり，後の図2は，この火山を噴火の3週間後にスケッチしたものである。また，図1中のAとBのいずれかは，図2を描いた地点と方向を示している。さらに，後の文章は，図2に描かれた地形に関することがらについて述べたものである。図2を描いた地点と，文章中の空欄cに当てはまる文との組合せとして最も適当なものを，後の①～④のうちから一つ選べ。 1

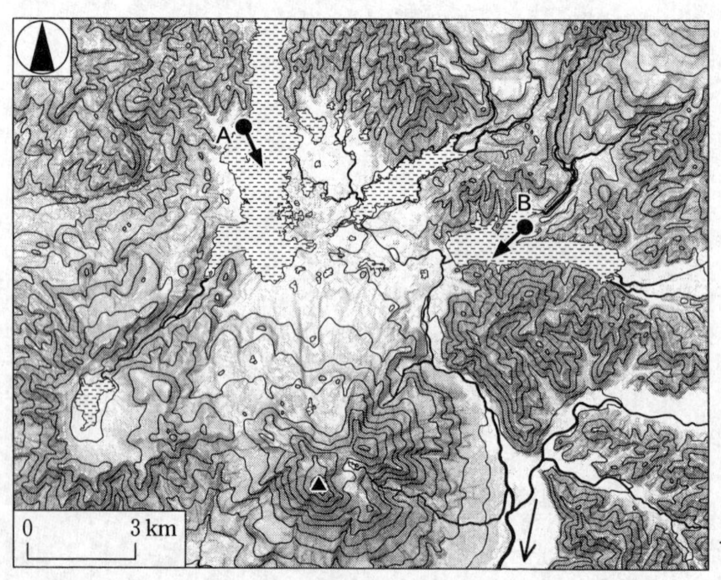

等高線の間隔は100 m。色の濃い部分ほど急斜面であることを示す。
地理院地図により作成。

図 1

Sekiya and Kikuchi (1890) による。

図　2

図2には，噴火の際に山体が大規模に崩壊し，火山の北側が緩斜面となった様子が描かれている。また，図2には，図2を描いた地点と火山との間に現在ある湖沼がまだみられない。現在の湖沼は，（　c　）と考えられる。

（　c　）に当てはまる文

ア　大規模に陥没した火口に，水がたまったことにより形成された

イ　崩壊した山体の一部が，河道の一部を塞（ふさ）いだことにより形成された

① A―ア　　② A―イ　　③ B―ア　　④ B―イ

問 2　GISを用いた分析について述べた文として最も適当なものを，次の①～④のうちから一つ選べ。 **2**

① ある市において，老人ホームの分布と小・中学校の分布を重ねた図は，市内の地域ごとの平均年齢を算出するのに適している。

② 陰影をつけて地形の起伏を表現した地図にコンビニエンスストアの分布を重ねた図は，各店舗の商圏人口を推計するのに適している。

③ 過去に撮影された航空写真中の集落の輪郭を，現在の地形図に重ねた図は，集落の拡大や縮小を把握するのに適している。

④ 道路地図に消火栓の分布を重ねた図は，その地域の年間火災発生件数を調べるのに適している。

問 3　次の図 3 は，ある地域の 1923 年，1971 年，2020 年に発行された 2 万 5 千分の 1 地形図(原寸，一部改変)である。図 3 に関することがらについて述べた文章中の下線部①～④のうちから，**適当でないものを一つ選べ**。 3

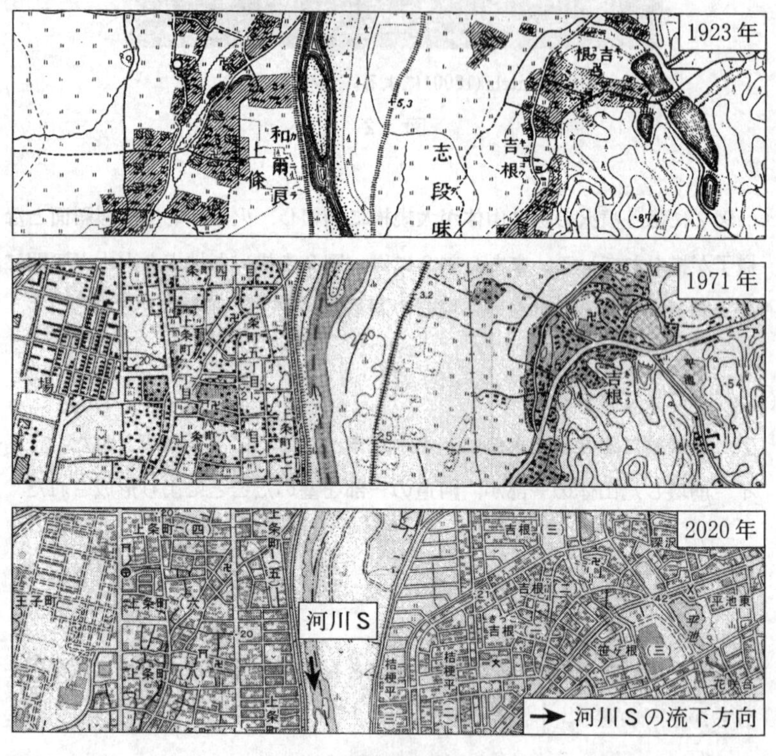

図　3

この地域は，河川 S の右岸に標高約 20 m の低平な地形が広がる一方，左岸は，川沿いの低地とその東側の丘陵地からなる。1923 年には，①右岸には集落と水田が分布し，②左岸では主に丘陵の麓(ふもと)に集落が分布していた。1971 年までに，③右岸では自然堤防上に工場が建設された。2020 年までに，④左岸では丘陵地や低地における宅地造成が進み，人口が大きく増加した。

問 4　衛星画像の分析により，光合成の活発度*を調べることができる。次の図4は，日本のある自治体のいくつかの地区を示した地理院地図である。また，後の図5中の**カ**～**ク**は，図4中のD～Fのいずれかの地点における5月，8月，11月の光合成の活発度を示したものである。D～Fと**カ**～**ク**との正しい組合せを，後の①～⑥のうちから一つ選べ。 4

*画像分析の計算上，水面は値が小さくなる。

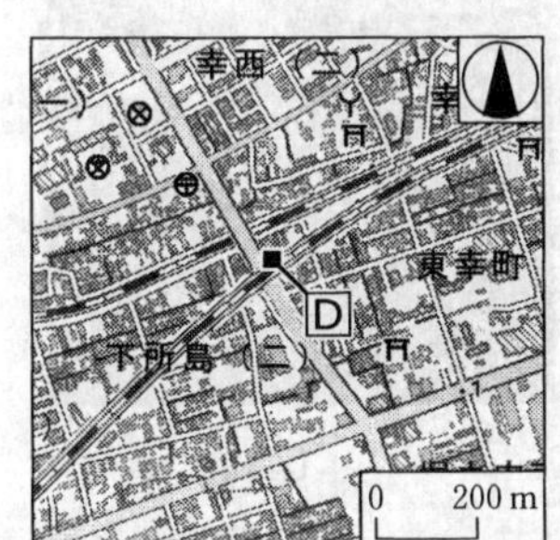

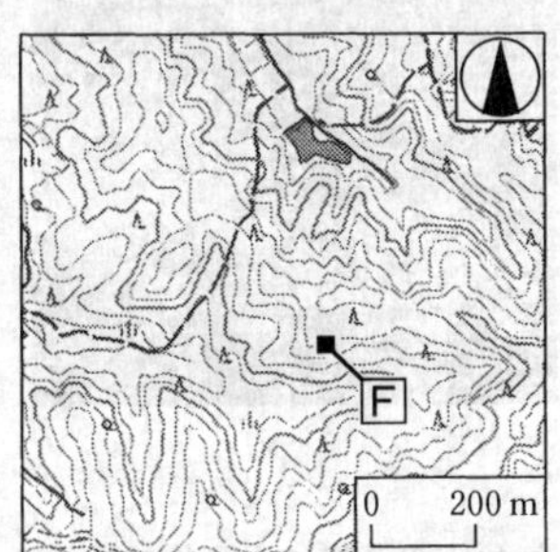

地理院地図により作成。

図　4

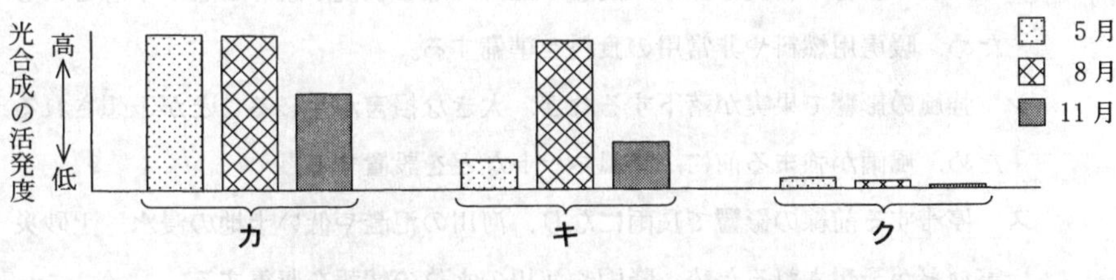

USGSの資料により作成。

図　5

	①	②	③	④	⑤	⑥
D	カ	カ	キ	キ	ク	ク
E	キ	ク	カ	ク	カ	キ
F	ク	キ	ク	カ	キ	カ

問 5　次の図 6 中のＪ～Ｌは，日本周辺における気象衛星画像を示したものである。また，後の文**サ**～**ス**は，図 6 中のＪ～Ｌのいずれかの気象状況下で発生が予想されることがらと，それに対する備えについて述べたものである。Ｊ～Ｌと**サ**～**ス**との組合せとして最も適当なものを，後の①～⑥のうちから一つ選べ。 5

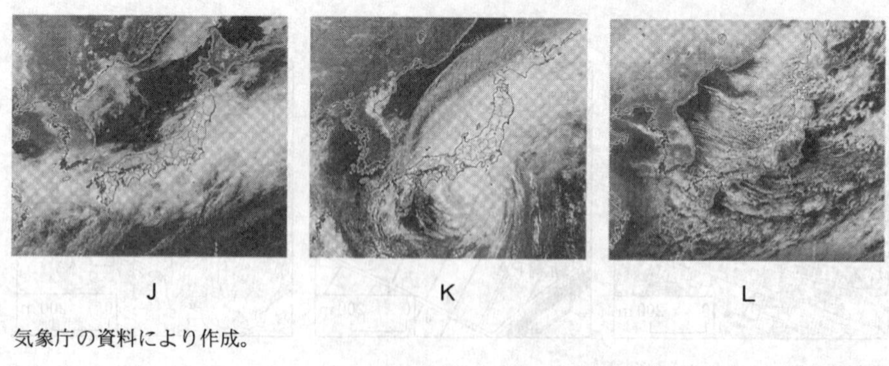

気象庁の資料により作成。

図　6

サ　大雪の影響で物流が滞り，商品が品薄になる状況が続くことが予想されるため，暖房用燃料や非常用の食料を準備する。

シ　強風の影響で果実が落下するなど，大きな損害が生じることが予想されるため，風雨が強まる前に，防風ネットなどを設置する。

ス　停滞する前線の影響で長雨になり，河川の氾濫や低い土地の浸水，土砂災害などが予想されるため，降雨や河川の水位の情報を収集する。

	①	②	③	④	⑤	⑥
Ｊ	サ	サ	シ	シ	ス	ス
Ｋ	シ	ス	サ	ス	サ	シ
Ｌ	ス	シ	ス	サ	シ	サ

問 6　次の図7は，日本のある沿岸地域における，洪水と津波による浸水深の予測を示したものである。また，後の文章①～④は，図7中の地点Nに2階建ての自宅がある住民の，自然災害発生時における避難行動について述べたものである。避難時における適切な判断として下線部に**誤りを含むもの**を，後の①～④のうちから一つ選べ。 6

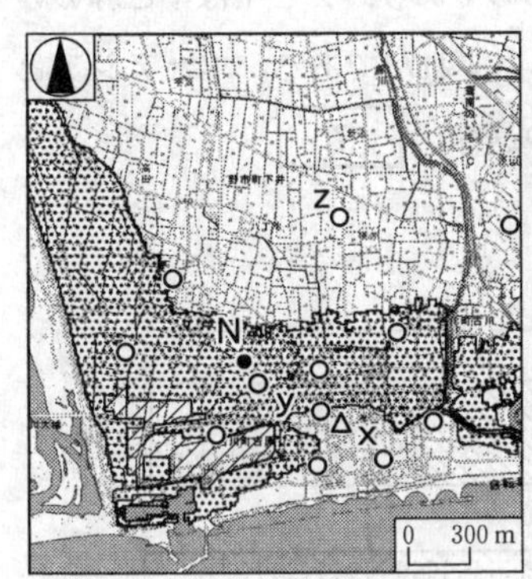

洪水ハザードマップ　　津波ハザードマップ

自治体の資料などにより作成。

図　7

① 大雨が続いたため指定避難所xに向かおうとしたが，すでに道路が膝丈まで冠水していた。指定避難所xまで安全に避難できないと判断し，自宅の2階にとどまった。

② 気象情報によると，その日の深夜に台風の接近が予想されていた。夜間に指定避難所xまで避難するのは危険であると判断し，明るいうちに指定避難所xに避難した。

③ 在宅中に地震による強い揺れを感じた。津波が地点Nにある自宅まですぐに到達する可能性があると判断し，揺れが収まった後に急いで最寄りの津波避難タワーyに避難した。

④ 地震による揺れは感じなかったが，大津波警報が発表された。津波避難タワーzの付近は浸水しないと判断し，最寄りの津波避難タワーyではなく津波避難タワーzに避難した。

第2問 地理研究部のツバサさんたちは，手芸部，調理部と協力して，家畜に関する世界の生活・文化について探究し，文化祭で発表することにした。この探究に関する次の問い(**問1～6**)に答えよ。(配点 20)

問1 まず，ツバサさんたちは，世界における家畜の分布に着目した。次の図1は，羊と豚の飼育頭数の地域別割合を示したものであり，**ア**と**イ**は羊と豚のいずれか，凡例**a**と**b**はアジアとヨーロッパ*のいずれかである。羊とアジアとの正しい組合せを，後の①～④のうちから一つ選べ。 **7**

*ヨーロッパの数値にはロシアを含む。

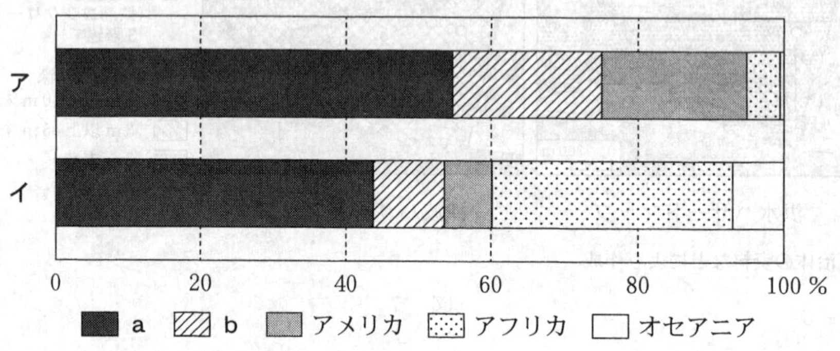

統計年次は2020年。FAOSTATにより作成。

図 1

	①	②	③	④
羊	ア	ア	イ	イ
アジア	a	b	a	b

問2 ツバサさんたちは，家畜と自然環境の関係について探究した成果を次の資料1にまとめた。資料1中の空欄**カ**にはヤクとラクダのいずれか，空欄**キ**には高山とステップのいずれかが当てはまる。空欄**カ**と**キ**に当てはまる語句の組合せとして最も適当なものを，後の①～④のうちから一つ選べ。 **8**

資料　1

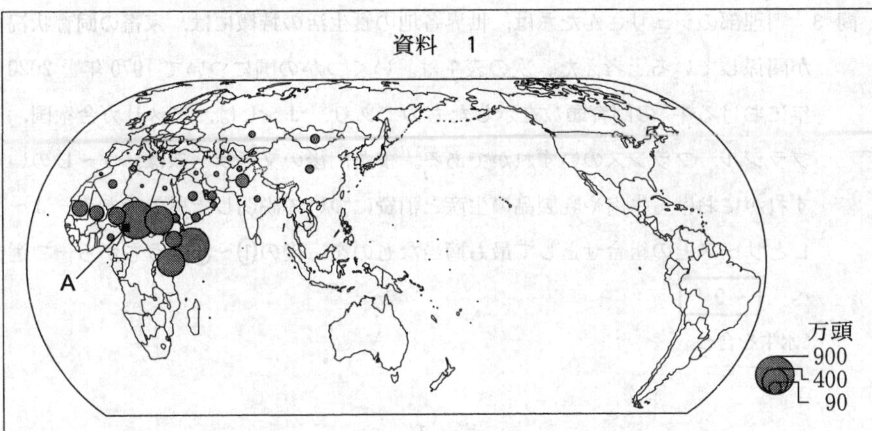

飼育頭数の上位 30 位までの国・地域を示している。中国の数値には台湾，ホンコン，マカオを含まない。統計年次は 2020 年。

（　カ　）の飼育頭数

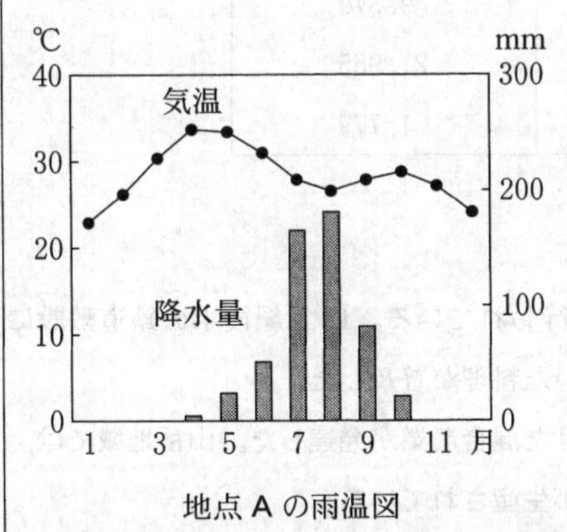

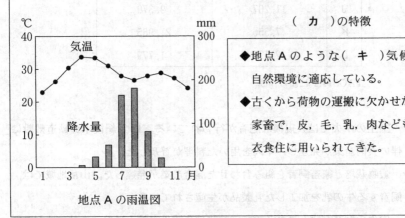

地点 A の雨温図

（　カ　）の特徴

◆地点 A のような（　キ　）気候の自然環境に適応している。

◆古くから荷物の運搬に欠かせない家畜で，皮，毛，乳，肉なども，衣食住に用いられてきた。

FAOSTAT などにより作成。

	①	②	③	④
カ	ヤ　ク	ヤ　ク	ラクダ	ラクダ
キ	高　山	ステップ	高　山	ステップ

問 3　調理部のジュリさんたちは，世界各地の食生活の特徴には，家畜の飼育状況が関係していると考えた。次の表 1 は，いくつかの国について 1970 年と 2020 年における牛*の飼育頭数を示したものであり，**J**～**L**は，アメリカ合衆国，ブラジル，フランスのいずれかである。また，後の文章**サ**～**ス**は，**J**～**L**のいずれかにおける牛肉や乳製品の生産と消費について説明したものである。**J**～**L**と**サ**～**ス**との組合せとして最も適当なものを，後の①～⑥のうちから一つ選べ。 **9**

*水牛を含む。

表　1

（単位：万頭）

	1970 年	2020 年
J	11,237	9,379
K	7,556	21,965
L	2,172	1,779

FAOSTAT により作成。

サ　国土の中央では大規模な肥育が行われている。19 世紀後半の鉄道敷設(ふせつ)に伴い食肉産業が発達し，牛肉を用いた料理が普及した。

シ　穀物栽培と家畜飼育を組み合わせた混合農業が発達した。山岳地域では，飼育する牛の乳を加工した乳製品が生産されている。

ス　肉牛の飼育が盛んになる中で，放牧地や耕地の拡大に伴う森林破壊が問題となっている。豆と牛肉を煮込んだ郷土料理がある。

	①	②	③	④	⑤	⑥
J	サ	サ	シ	シ	ス	ス
K	シ	ス	サ	ス	サ	シ
L	ス	シ	ス	サ	シ	サ

問 4　調理部では，さらに食生活の変化について調べた。次の資料2は，いくつかの国における肉類の1人当たり年間供給量の変化と，その解説を示したものであり，P～Rは，日本，インド，中国のいずれかである。資料2中の空欄**タ**には，後の文gとhのいずれかが当てはまる。日本に該当する記号と空欄**タ**に当てはまる文との組合せとして最も適当なものを，後の①～⑥のうちから一つ選べ。 10

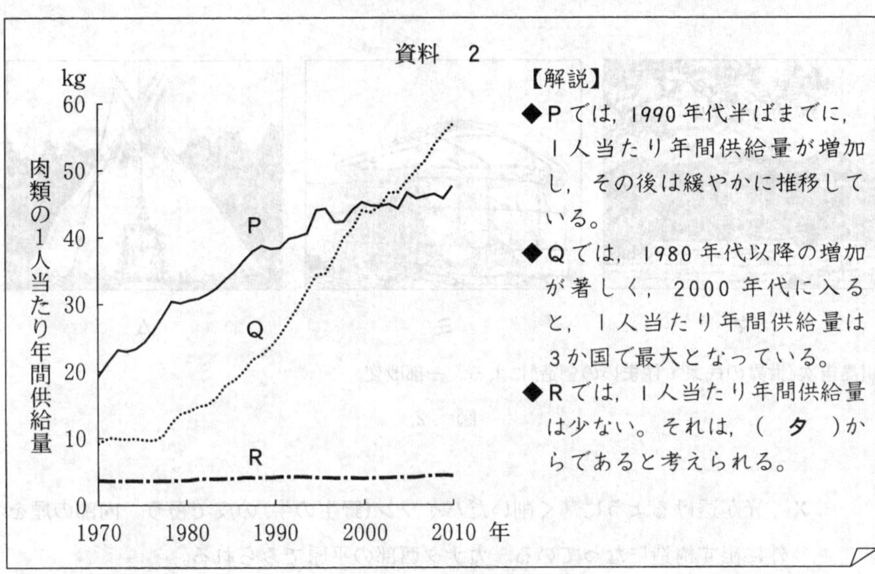

中国の数値には台湾，ホンコン，マカオを含まない。FAOSTATにより作成。

（　**タ**　）**に当てはまる文**

g　経済の停滞によって，家計に肉類を購入する余裕がない

h　宗教上の食の禁忌（きんき）によって，特定の肉類を食べない人がいる

	①	②	③	④	⑤	⑥
日　本	P	P	Q	Q	R	R
タ	g	h	g	h	g	h

問 5　手芸部のアスカさんたちは，世界各地において，伝統的な天幕(てんまく)住居*の素材に動物の皮や毛が用いられてきたことについて調べた。次の図2は，世界のいくつかの地域でみられる天幕住居のイラストを示したものである。また，後の文章X～Zは，図2中のマ～ムのいずれかについて説明したものである。マ～ムとX～Zとの組合せとして最も適当なものを，後の①～⑥のうちから一つ選べ。 11

*風雨をしのぐための幕で覆った，移動に便利な住居。

マ

ミ

ム

川島宙次『世界の民家・住まいの創造』による。一部改変。

図　2

X　光が透けるように薄く削(そ)いだバイソン(野生の牛)の皮で覆う。内部の煙を外に出す構造になっている。カナダ西部の平原でみられる。

Y　骨組みを羊毛のフェルトで覆い，外側には綿布をかける。寒さが厳しい時はフェルトを重ねて断熱する。中国内陸部でみられる。

Z　ヤギの毛で織った粗い織り目の布で作られる。熱を放散しやすく，天幕の内側の温度は外側よりも低くなる。アラビア半島でみられる。

	①	②	③	④	⑤	⑥
マ	X	X	Y	Y	Z	Z
ミ	Y	Z	X	Z	X	Y
ム	Z	Y	Z	X	Y	X

問 6　最後に，ツバサさんたちは，探究を振り返りながら話し合った。次の会話文中の下線部①～④のうちから，**誤りを含むもの**を一つ選べ。　12

ツバサ　「特徴ある生活・文化の形成には，家畜が関わってきたね。家畜をめぐる状況の変化や課題についても考えてみよう。例えば，日本では，①自動車や農業機械の普及に伴って，運搬や農耕に家畜が用いられることがほとんど無くなったよね」

ジュリ　「経済の変化が影響することもあるよ。例えば，自由貿易の拡大に伴って，イスラム諸国へ食品を輸出する際に，②宗教的価値観にもとづいた食文化を考慮する必要がなくなったことがあげられるよ」

アスカ　「ほかにも，環境問題などに家畜が関わることもあるよ。例えば，サハラ砂漠の南縁では，③過耕作や家畜の過放牧などが砂漠化の要因の一つになることがあるみたいだよ」

ツバサ　「一方で，地域に根差した特徴ある生活・文化を再評価し，活用する取組みも増えてきているよ。例えば，EUのいくつかの国では，④家畜の飼育によって生み出される伝統的な食材や景観が，観光資源として再評価されているようだよ。発表に向けて，さらに探究を深めていこう」

第3問　アフリカに関する次の問い（問1～6）に答えよ。（配点　20）

問1　次の図1中の①～④は，後の図2中のア～エのいずれかの範囲について，陰影をつけて地形の起伏を表現した地図である。ウに該当するものを，図1中の①～④のうちから一つ選べ。 13

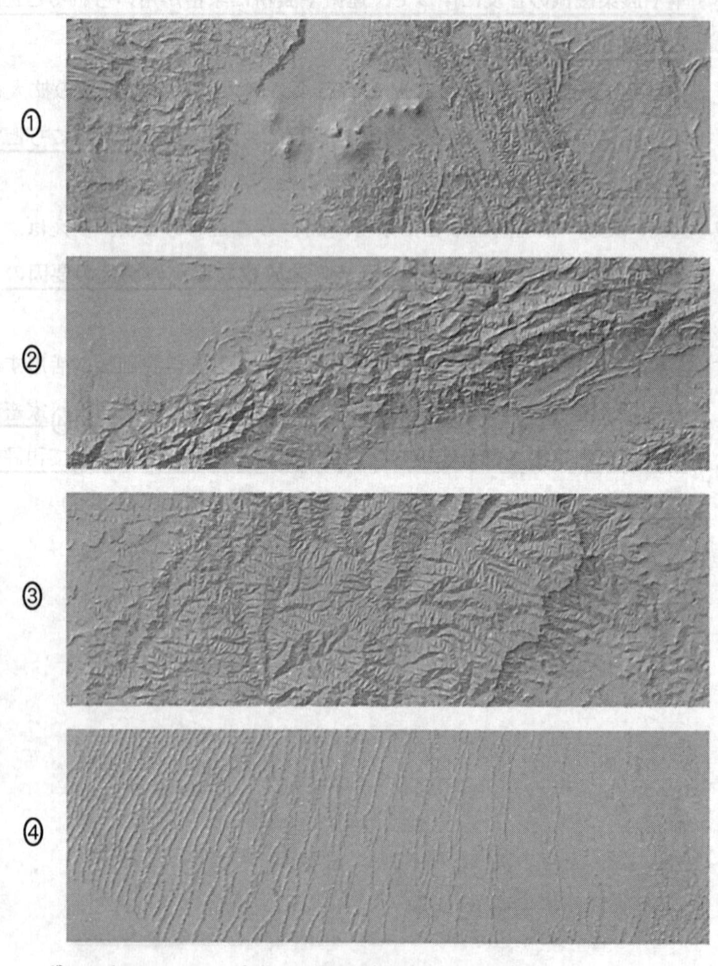

いずれも東西 240 km，南北 80 km の範囲を示している。
JAXA の資料により作成。

図　1

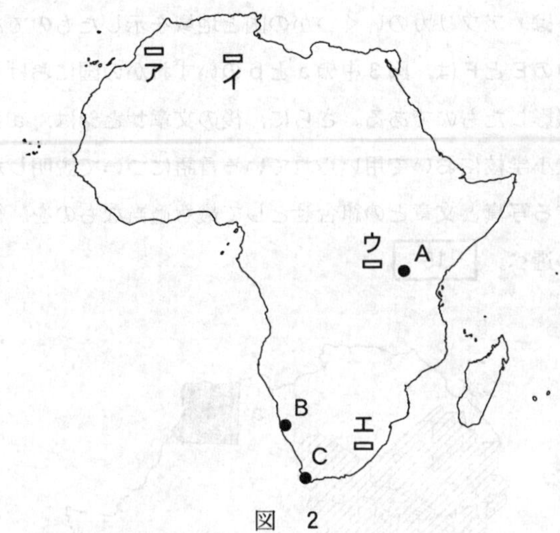

図　2

問 2　次の文**カ**～**ク**は，図2中のA～Cのいずれかの世界自然遺産でみられる生物について説明したものである。A～Cと**カ**～**ク**との組合せとして最も適当なものを，後の①～⑥のうちから一つ選べ。 14

カ　この地域に生息する固有種の昆虫は，極度に乾燥した環境に適応して，定期的に発生する霧から水分を得ている。

キ　この地域に生息する草食の動物群は，乾季と雨季を繰り返す気候に対応して，水場を求めて長距離を移動している。

ク　この地域にみられる植生は，夏季の乾燥や火災に適応して，細くて硬い葉をもつ低木群が中心になっている。

	①	②	③	④	⑤	⑥
A	カ	カ	キ	キ	ク	ク
B	キ	ク	カ	ク	カ	キ
C	ク	キ	ク	カ	キ	カ

問 3　次の図３は，アフリカのいくつかの国と地域を示したものである。また，後の写真１中のＥとＦは，図３中のａとｂのいずれかの国における小学校の授業の様子を撮影したものである。さらに，後の文章**サ**と**シ**は，ａとｂのいずれかの国の公立小学校において用いられている言語について説明したものである。ｂに該当する写真と文章との組合せとして最も適当なものを，後の①～④のうちから一つ選べ。 15

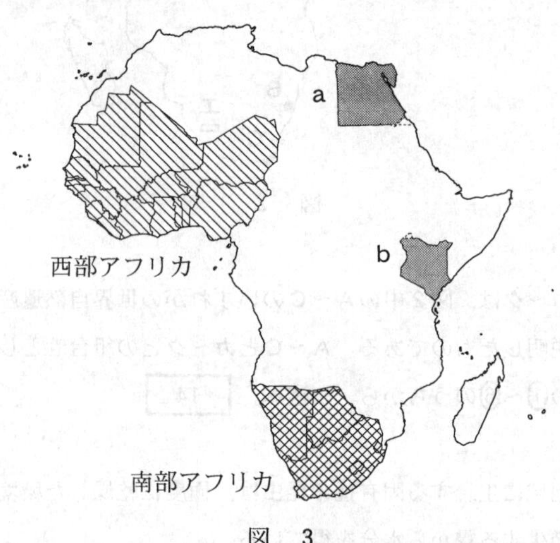

図　３

※入試問題に掲載された写真とは異なります

Ｅ

Ｆ

写真　１

サ　授業は，基本的にアラビア語で行われている。また，英語を学ぶ授業を行っている学校もある。

シ　低学年の授業は，この地域で広く話されているスワヒリ語などの言語で行われている。また，高学年の授業は主に英語で行われている。

	①	②	③	④
写　真	E	E	F	F
文　章	サ	シ	サ	シ

問 4　次の図4は，アフリカのいくつかの地域における1991年と2019年の産業別就業者割合を示したものであり，**タ**と**チ**は図3中の西部アフリカと南部アフリカのいずれか，凡例KとLは第1次産業と第3次産業のいずれかである。西部アフリカと第3次産業との正しい組合せを，後の①～④のうちから一つ選べ。 16

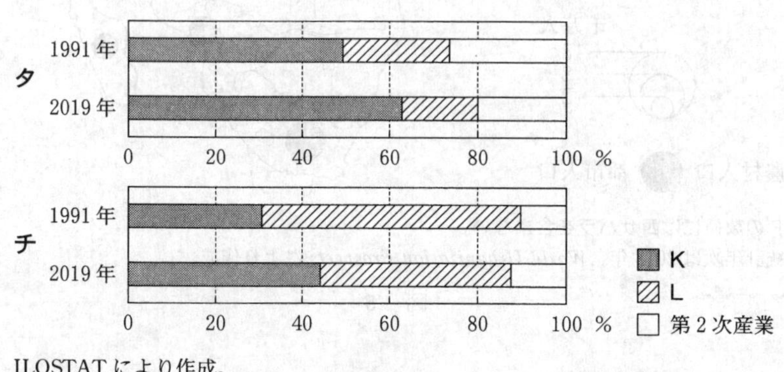

ILOSTATにより作成。

図 4

	①	②	③	④
西部アフリカ	タ	タ	チ	チ
第3次産業	K	L	K	L

問 5　次の図5は，アフリカの国・地域別人口の上位20か国と，それぞれの国における都市人口と農村人口を示したものであり，図5中のP～Rには，マ～ムのいずれかが当てはまる。P～Rとマ～ムとの正しい組合せを，後の①～⑥のうちから一つ選べ。 17

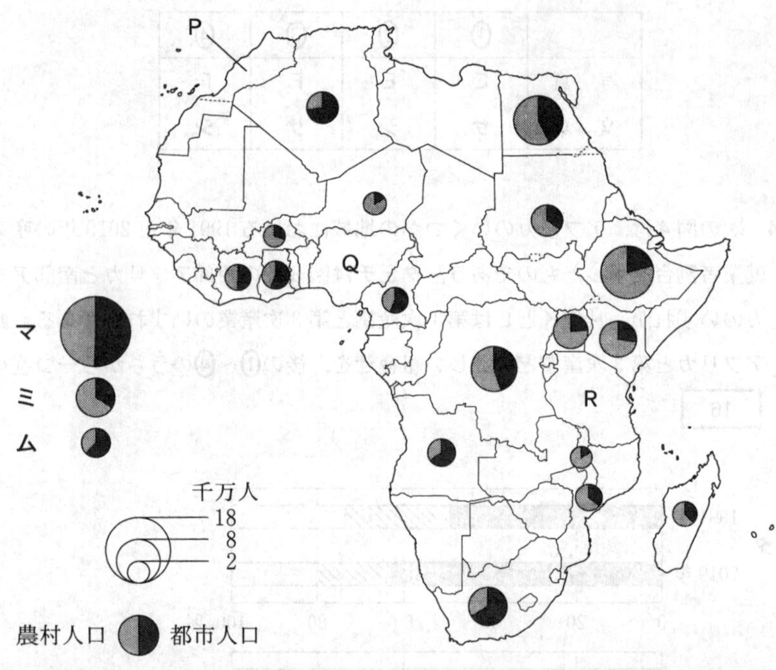

Pの数値には西サハラを含まない。
統計年次は2018年。*World Urbanization Prospects* により作成。

図　5

	①	②	③	④	⑤	⑥
P	マ	マ	ミ	ミ	ム	ム
Q	ミ	ム	マ	ム	マ	ミ
R	ム	ミ	ム	マ	ミ	マ

問 6　次の図 6 は，サハラ以南アフリカと北アメリカ*における携帯電話と固定電話の人口百人当たりの契約数の推移を示したものである。図 6 中の①～④は，サハラ以南アフリカの携帯電話，サハラ以南アフリカの固定電話，北アメリカの携帯電話，北アメリカの固定電話のいずれかである。サハラ以南アフリカの携帯電話に該当するものを，図 6 中の①～④のうちから一つ選べ。 18

*アメリカ合衆国とカナダ。

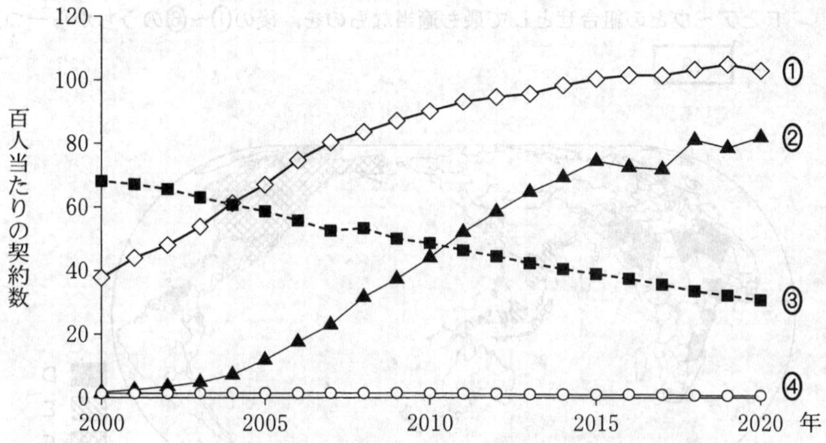

World Development Indicators により作成。

図　6

第4問　世界の結びつきと地球的課題に関する次の問い(A・B)に答えよ。(配点　20)

A　世界の結びつきに関する次の問い(問1・2)に答えよ。

問1　次の図1は，いくつかの国家群を示したものである。また，後の文ア～ウは，図1中の凡例D～Fのいずれかの国家群について述べたものである。D～Fとア～ウとの組合せとして最も適当なものを，後の①～⑥のうちから一つ選べ。 19

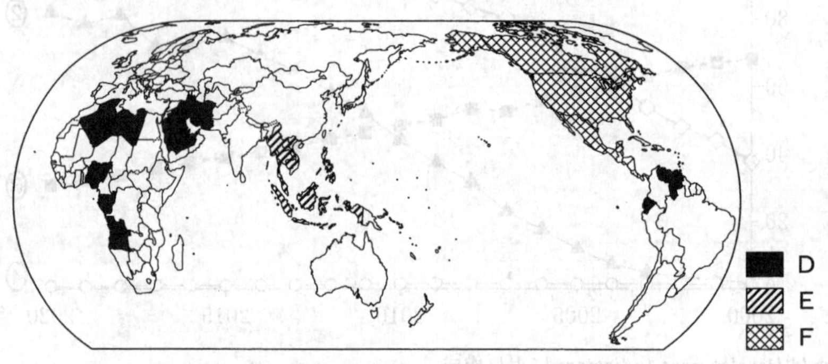

国家群は2019年時点。外務省の資料などにより作成。

図　1

ア　経済成長と平和を目的とした国家群であり，結成当初から加盟国が徐々に増えている。

イ　商品・サービスの貿易障壁を緩和することを目的とした国家群であり，D～Fの中で最も遅く結成された。

ウ　特定の天然資源をもつ国家群であり，市場価格の安定確保など共通の利益を求めている。

	①	②	③	④	⑤	⑥
D	ア	ア	イ	イ	ウ	ウ
E	イ	ウ	ア	ウ	ア	イ
F	ウ	イ	ウ	ア	イ	ア

問 2　次の図2は，1980年と2018年における日本のいくつかの貿易相手地域について，日本の総輸出額および総輸入額に占める割合を示したものである。図2中の①～④は，アフリカ，北アメリカ，西アジア，東アジアのいずれかである。西アジアに該当するものを，図2中の①～④のうちから一つ選べ。

20

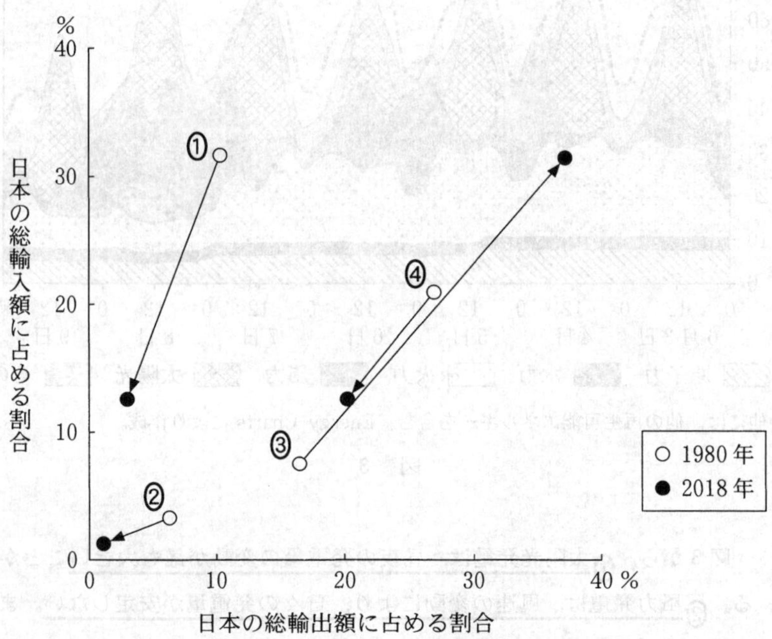

財務省貿易統計により作成。

図　2

B　地球的課題に関する次の問い(**問 3 ～ 6**)に答えよ。

問 3　環境問題への対応に向けて，再生可能エネルギーが注目されている。次の図3は，再生可能エネルギーの利用が進んでいるドイツにおける，2019 年のある 1 週間の電源別の発電量*と電力需要量の推移を示したものである。図 3 に関することがらについて述べた文章中の下線部①～④のうちから，**適当でない**ものを一つ選べ。 21

*電力輸出量を含む。

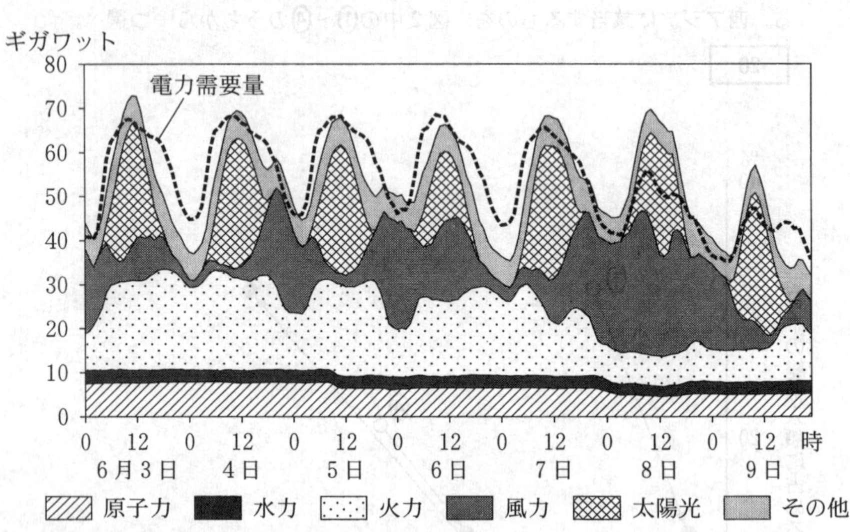

その他には，他の再生可能エネルギーを含む。Energy–Charts により作成。

図　3

図 3 から，①<u>太陽光発電は，昼夜の発電量の変動が最も大きい</u>ことがわかる。②<u>風力発電は，風速の変動により，日々の発電量が安定しない</u>。また，③<u>火力発電は，どの時間帯においても最大の発電量を占めている</u>。自国の発電量が不足する時間帯は，④<u>電力を国外からの輸入で補っている</u>。

問 4　世界の人口問題を考える上では，人口数と年齢構成の地域差を考慮する必要がある。次の図4は，世界の地域別の人口推移とその予測値を示したものであり，aとbは0～14歳人口と65歳以上人口のいずれか，凡例PとQはアジアとアフリカのいずれかである。0～14歳人口とアフリカとの正しい組合せを，後の①～④のうちから一つ選べ。 22

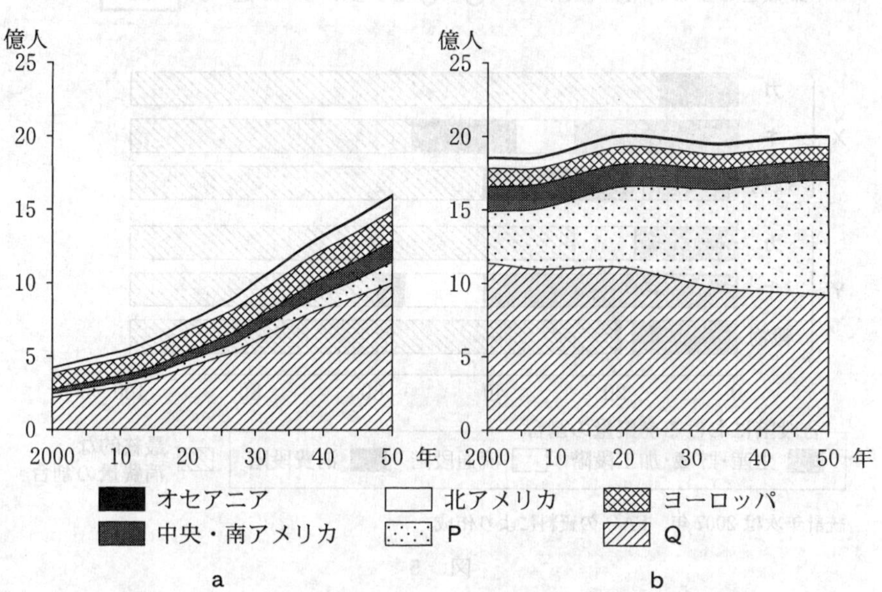

2022～2050年の人口は予測値。*World Population Prospects* により作成。

図　4

	①	②	③	④
0～14歳人口	a	a	b	b
アフリカ	P	Q	P	Q

問 5　食料は，生産から消費までの各段階で腐敗や食べ残しなどによる廃棄が生じており，その特徴には地域差がみられる。次の図5は，いくつかの食料について，各段階における廃棄量の割合と，最終的な消費量の割合を地域ごとに示したものである。図5中のXとYはサハラ以南アフリカとヨーロッパのいずれか，**カ**と**キ**は果実・野菜類と乳製品のいずれかである。ヨーロッパと果実・野菜類との正しい組合せを，後の①～④のうちから一つ選べ。 23

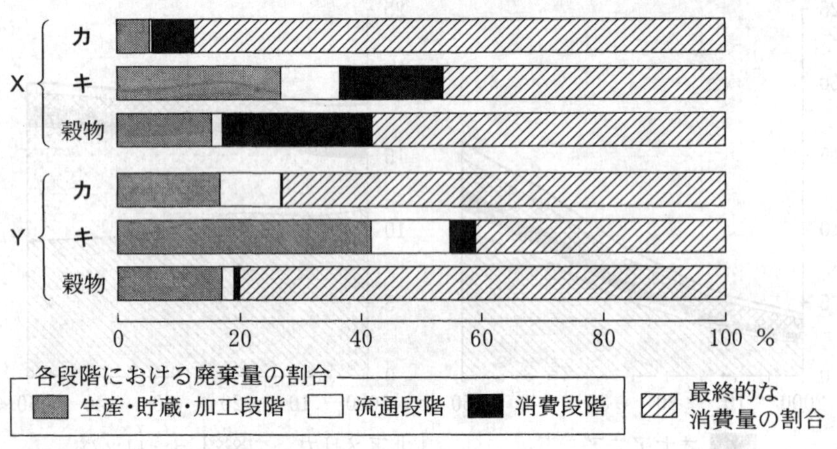

統計年次は2007年。FAOの資料により作成。

図　5

	①	②	③	④
ヨーロッパ	X	X	Y	Y
果実・野菜類	**カ**	**キ**	**カ**	**キ**

問 6　地球的課題の解決策の一つとして，先進国から発展途上国への支援がある。次の図6は，いくつかの国におけるODA(政府開発援助)の国別供与額について，2015年から2019年における平均額の上位20か国・地域を示したものであり，**サ**～**ス**は，日本，アメリカ合衆国，スペインのいずれかである。国名と**サ**～**ス**との正しい組合せを，後の①～⑥のうちから一つ選べ。 24

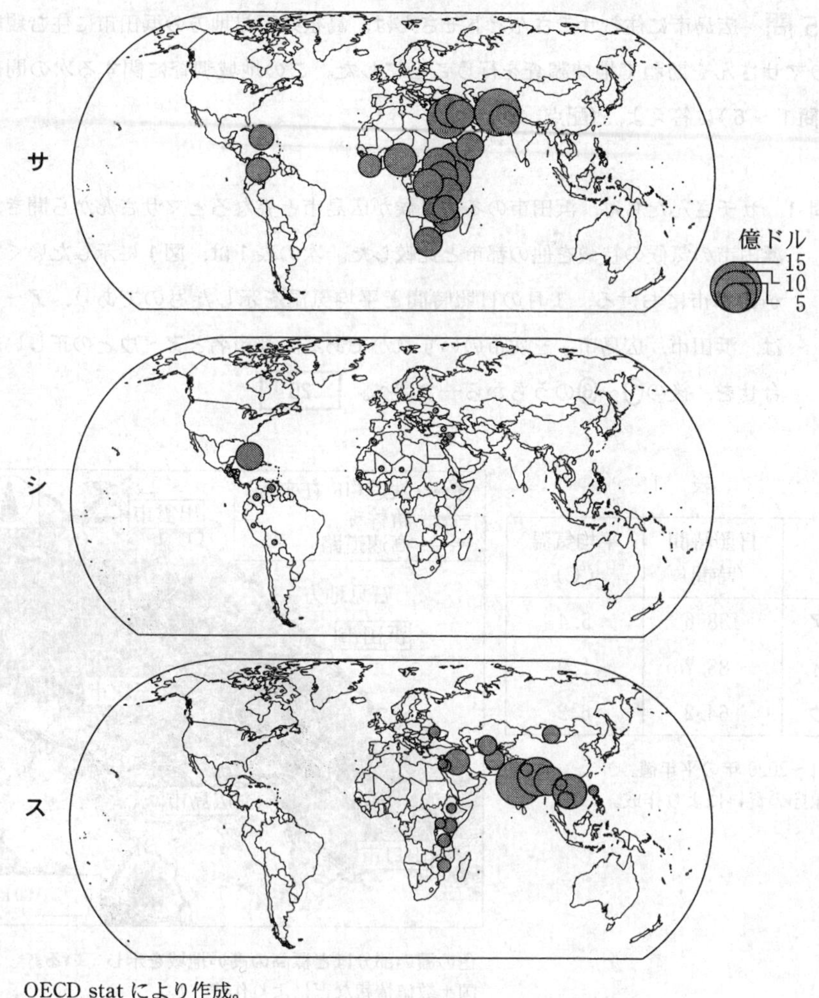

OECD stat により作成。

図　6

	①	②	③	④	⑤	⑥
日　本	サ	サ	シ	シ	ス	ス
アメリカ合衆国	シ	ス	サ	ス	サ	シ
スペイン	ス	シ	ス	サ	シ	サ

第5問 広島市に住むサチさんとトモさんは，島根県石見(いわみ)地方の浜田(はまだ)市に住む親戚のマサさんを訪ねて地域調査を行うことにした。この地域調査に関する次の問い(問1～6)に答えよ。(配点 20)

問1 サチさんたちは，浜田市の冬の気候が広島市と異なるとマサさんから聞き，浜田市の気候の特徴を他の都市と比較した。次の表1は，図1に示したいくつかの都市における，1月の日照時間と平均気温を示したものであり，**ア**～**ウ**は，浜田市，広島市，三次(みよし)市のいずれかである。都市名と**ア**～**ウ**との正しい組合せを，後の①～⑥のうちから一つ選べ。 25

表 1

	日照時間(時間)	平均気温(℃)
ア	138.6	5.4
イ	85.7	1.9
ウ	64.2	6.2

1991～2020年の平年値。
気象庁の資料により作成。

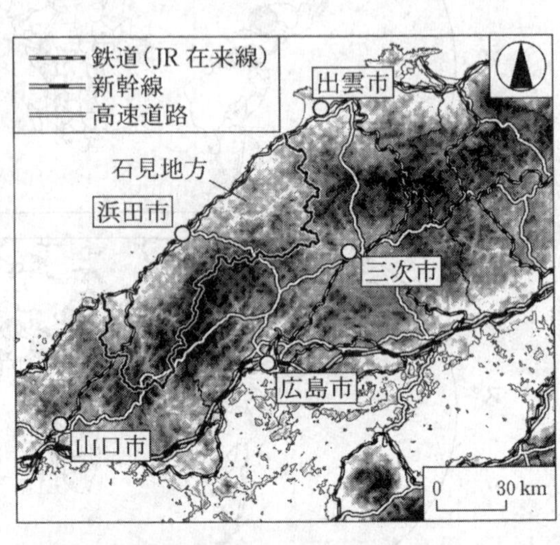

色の濃い部分ほど標高の高い地域を示している。
国土数値情報などにより作成。

図 1

	①	②	③	④	⑤	⑥
浜田市	ア	ア	イ	イ	ウ	ウ
広島市	イ	ウ	ア	ウ	ア	イ
三次市	ウ	イ	ウ	ア	イ	ア

問 2　サチさんたちは，広島市と浜田市の間にバスが毎日多く運行されていることに興味をもち，生活の中における様々な地域への移動を調べた。次の図 2 は，図 1 中の石見地方の各地区*におけるいくつかの商品やサービスの主な購買・利用先を示したものであり，**カ**～**ク**は，衣料品・身回品（みのまわりひん），娯楽・レジャー**，食料品のいずれかである。項目名と**カ**～**ク**との正しい組合せを，後の①～⑥のうちから一つ選べ。 26

*1969 年時点での市町村。

**身回品は靴やカバンなどを，娯楽・レジャーは旅行などを指す。

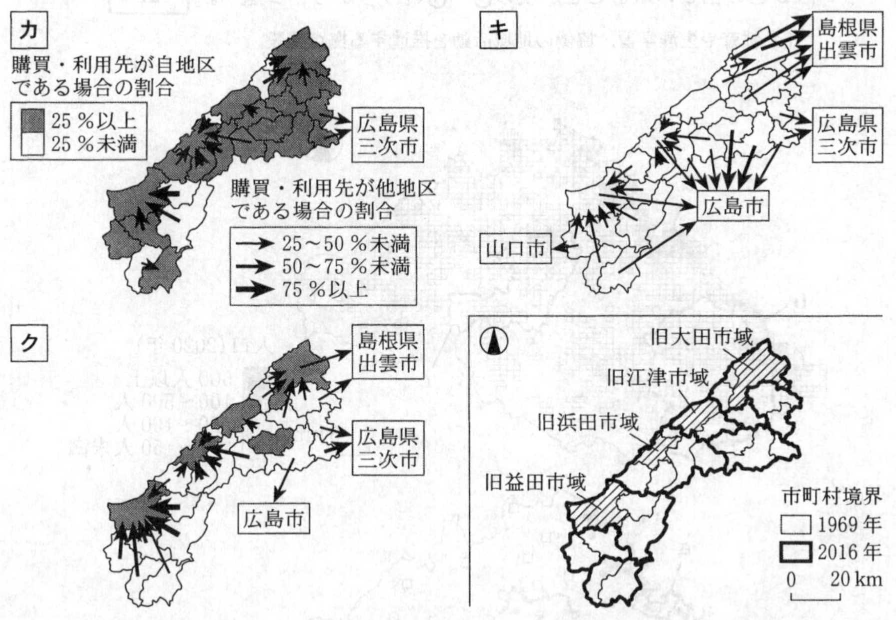

購買・利用先に関する凡例は，**カ**～**ク**で共通である。

統計年次は 2016 年。『島根県商勢圏実態調査報告書』などにより作成。

図　2

	①	②	③	④	⑤	⑥
衣料品・身回品	カ	カ	キ	キ	ク	ク
娯楽・レジャー	キ	ク	カ	ク	カ	キ
食料品	ク	キ	ク	カ	キ	カ

問 3 マサさんと合流後，市役所を訪れたサチさんたちは，浜田市が地域住民による活動を推進するためにまちづくりセンター*を設置していることを知り，その立地を他の施設と比較した。次の図3は，浜田市における人口分布といくつかの施設の立地を示したものである。また，後の図4は，図3中の小学校区a～cのいずれかにおける最寄りの施設への距離別人口割合を示したものであり，図4中のXとYはコンビニエンスストアとまちづくりセンターのいずれか，**サ**と**シ**は小学校区bとcのいずれかである。まちづくりセンターと小学校区bとの正しい組合せを，後の①～④のうちから一つ選べ。 27

*社会教育や生涯学習，協働の地域活動を推進する拠点施設。

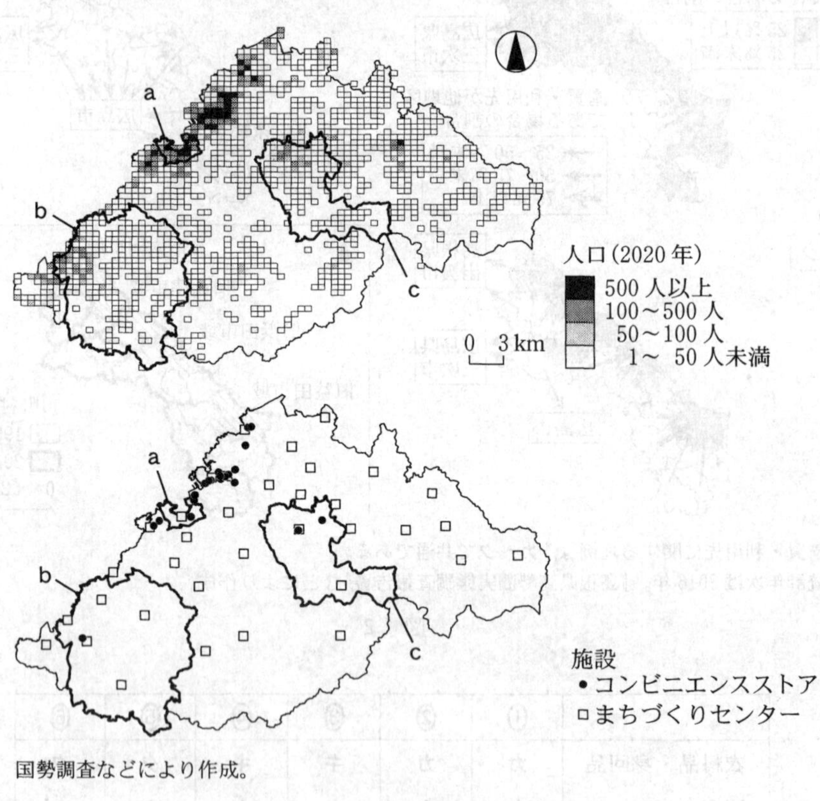

国勢調査などにより作成。

図 3

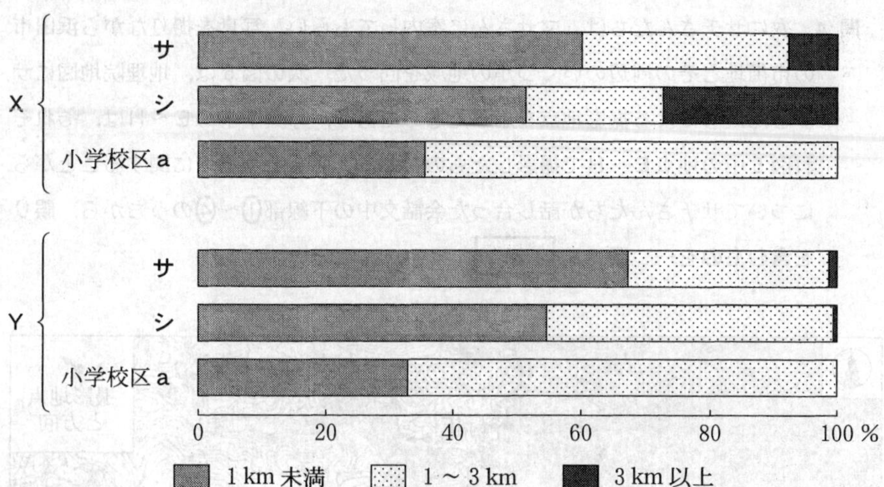

施設への距離は，直線で計測した。
国勢調査などにより作成。

図　4

	①	②	③	④
まちづくりセンター	X	X	Y	Y
小学校区 b	サ	シ	サ	シ

問 4 次にサチさんたちは，マサさんに案内してもらい，写真を撮りながら浜田市の市街地とその周辺のいくつかの地域を回った。次の図5は，地理院地図にサチさんたちによる撮影地点を示したものであり，写真1中のE～Hは，それぞれ図5中の地点E～Hで撮影したものである。図5と写真1に関することがらについてサチさんたちが話し合った会話文中の下線部①～④のうちから，**誤りを含むもの**を一つ選べ。 28

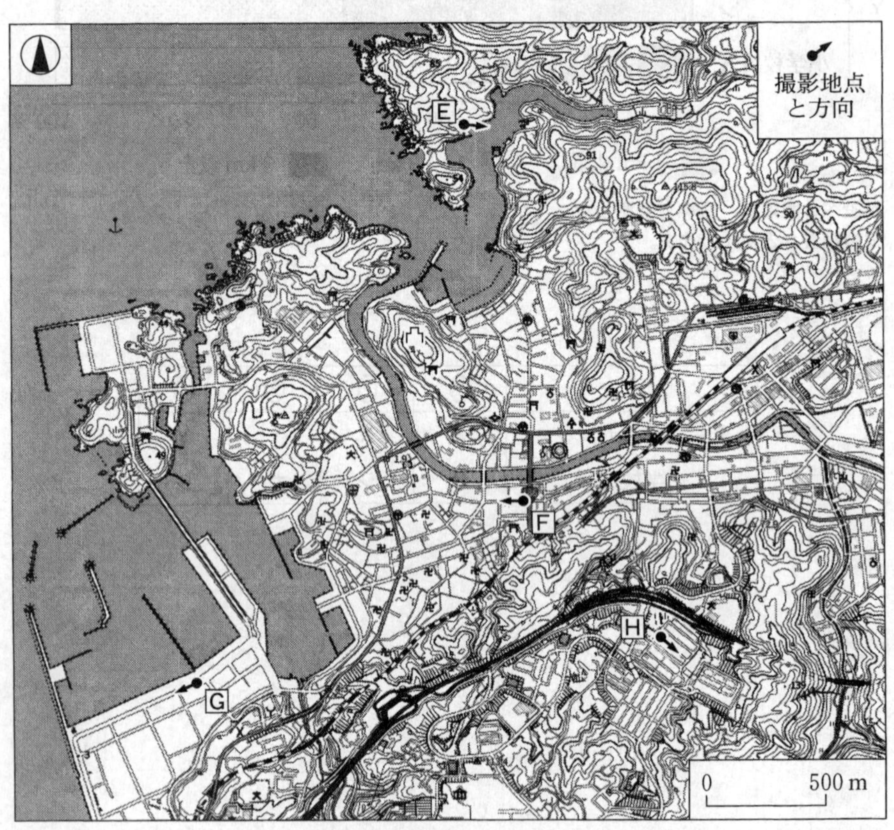

図 5

※入試問題に掲載された写真とは異なります

※入試問題に掲載された写真とは異なります

※入試問題に掲載された写真とは異なります

※入試問題に掲載された写真とは異なります

H

写真　1

マ　サ　「港町として栄えていたことが，浜田城築城の一因なんだよ。城の麓には城下町が広がっていたんだ」

サ　チ　「かつてEのあたりが港の中心であったのは，①内湾のため，波が穏やかで船を安全に停泊させることができたからだね」

ト　モ　「Fには，古くからの街道が通っているよ。写真では，②モータリゼーションに対応した大規模な再開発がされているね」

マ　サ　「土地の改変状況はどのようになっているかな」

サ　チ　「山が海岸に迫っていて，平地が少ないね。漁業関連の施設が集積しているGのあたりは，③広い土地を造成するため，海を埋め立てて造られたと考えられるよ」

ト　モ　「住宅地であるHは，④高台にあり，切土や盛り土をして造成されたことが読み取れるね」

問５　市内の資料館を訪れたサチさんたちは，浜田に関する商品流通の歴史に興味をもち，次の資料１を作成した。資料１をもとにサチさんたちが話し合った会話文中の空欄**タ**と**チ**に当てはまる語句の組合せとして最も適当なものを，後の①～④のうちから一つ選べ。 **29**

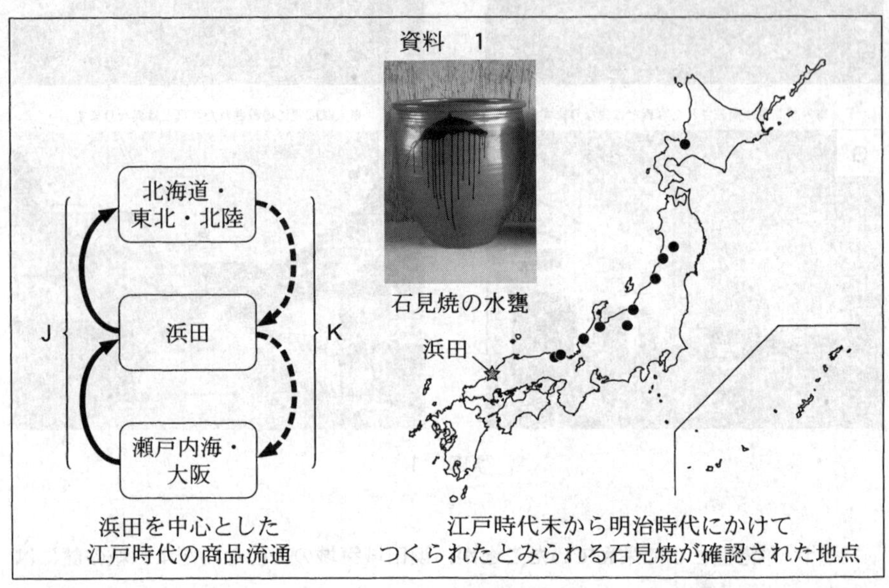

『ふるさと浜田の歩み』などにより作成。

※資料１は入試問題に掲載された写真とは異なります

マ　サ　「浜田は，かつて物流の拠点の一つとして，にぎわっていたんだよ」

ト　モ　「江戸時代の商品流通をみると，瀬戸内海・大阪から北海道・東北・北陸に向かう経路Ｊでは，浜田へ（　**タ**　）などが運ばれていたんだね」

マ　サ　「浜田をはじめとする石見地方の特産品の一つに，甕(かめ)などの陶器があったよ。この陶器は，石見地方で採れる粘土などを原料としたもので，石見焼と呼ばれて明治時代に最盛期を迎えたといわれているよ」

サ　チ　「浜田から東北・北陸地方へは，主に（　**チ**　）で運ばれたと考えられるね」

	①	②	③	④
タ	米・昆布	米・昆布	砂糖・塩	砂糖・塩
チ	海　路	陸　路	海　路	陸　路

問 6　サチさんたちは，石見地方が現在では過疎問題に直面していることを知り，その発生要因と解決に向けた取組みについて，次の資料 2 にまとめた。資料 2 中の①～④は，P～Sを目的とする石見地方での取組みのいずれかの具体例である。Pを主な目的とする具体例として最も適当なものを，①～④のうちから一つ選べ。 30

資料　2

なぜ過疎問題が発生するのか？

・雇用の少なさ
・生活環境の不便さ
・大都市からの遠さ
・地域への関心の低下
・魅力のアピール不足

➡

過疎問題の解決のために必要なことは？

【地域内の人々に向けて】
P　地域文化に対する愛着の醸成（じょうせい）
Q　日常生活における利便性の向上
【地域外の人々に向けて】
R　移住者の働く場所の確保
S　魅力ある地域産品の宣伝

【石見地方でみられる取組みの具体例】

① 交通空白地域における乗合タクシーの運行
② 地元で水揚げされる水産物のブランド化
③ 伝統行事の保存・継承に対する支援
④ 廃校を利用したサテライトオフィスの整備

MEMO

地理A

（2023年１月実施）

60分　100点

2023
本試験

（解答番号 1 ～ 31 ）

第1問 地理的技能とその活用，および日本の自然環境や自然災害に関する次の問い（問1～6）に答えよ。（配点 20）

問1 次の図1は，メルカトル図法を用いて描いた地図である。図1に関することがらについて述べた文として**適当でないもの**を，後の①～④のうちから一つ選べ。 1

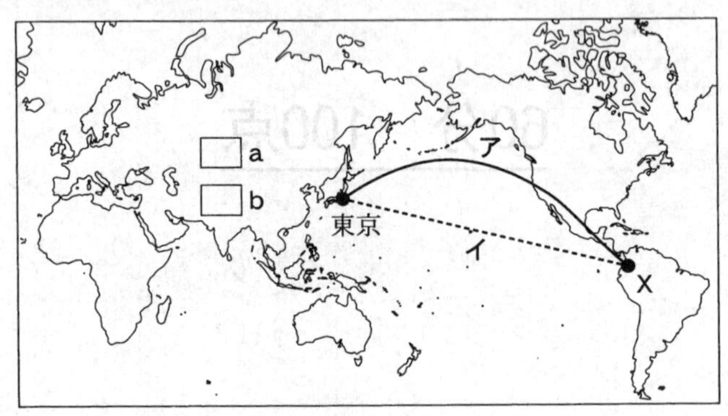

図 1

① 図中で同じ大きさで表現されているaとbを比較すると，地球上の実際の面積はbの方が大きい。
② この図で緯線と経線を示すと，それらは直交する。
③ 図中の任意の地点間を結んだ直線は，等角コースとなる。
④ 東京と地点Xの大圏コースを表現した**ア**は，地球上の実際の距離を比較すると**イ**よりも長い。

問2 次の写真1は，後の図2中の地点A～Cのいずれかの上空から，矢印の方向を撮影したものである。また，後の文章は，写真1と図2に関することがらについて述べたものである。写真1の撮影地点と文章中の空欄eに当てはまる語句との組合せとして最も適当なものを，後の①～⑥のうちから一つ選べ。

2

※入試問題に掲載された写真とは異なります

写真　1

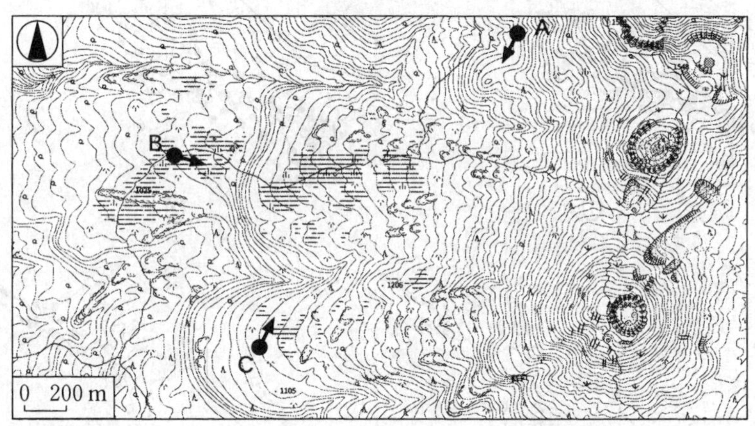

地理院地図により作成。

図　2

図2中には，円形の凹(おう)地をともなったいくつかの山頂部が確認できる。また，図2の中央部の湿地がみられる場所は，傾斜の緩やかな地形が広がっている。このような特徴から，写真1と図2に示される地形は，（　e　）地形であると判断できる。

	①	②	③	④	⑤	⑥
撮影地点	A	A	B	B	C	C
e	火　山	カルスト	火　山	カルスト	火　山	カルスト

問 3　次の図 3 中の①～④は，日本のいくつかの観測地点における気温の年較差，日最大風速 15 m/秒以上の年間日数，年間の日照時間，真夏日*の年間日数のいずれかを示したものである。年間の日照時間に該当するものを，図 3 中の①～④のうちから一つ選べ。 **3**

*最高気温が 30 ℃ 以上の日。

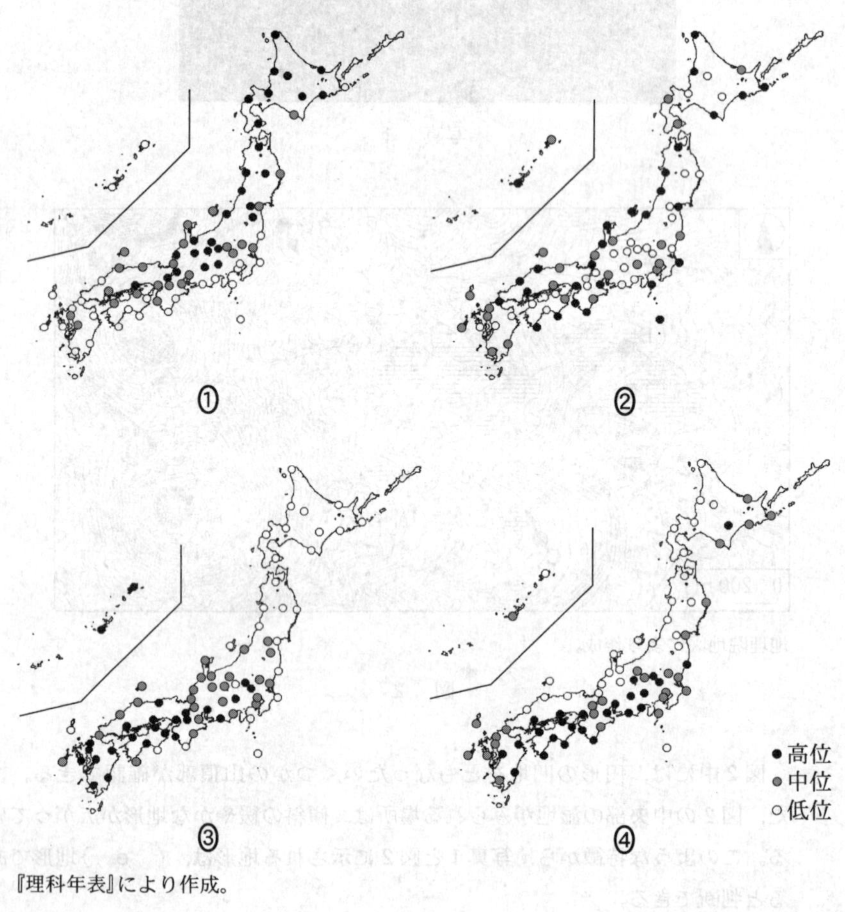

『理科年表』により作成。

図　3

問 4　次の図4は，日本のある地域の地形を分類して示したものであり，図5は，図4の地域で高潮による浸水が発生した場合の浸水継続時間を予測したものである。図4と図5に関することがらについて述べた文として最も適当なものを，後の①～④のうちから一つ選べ。　**4**

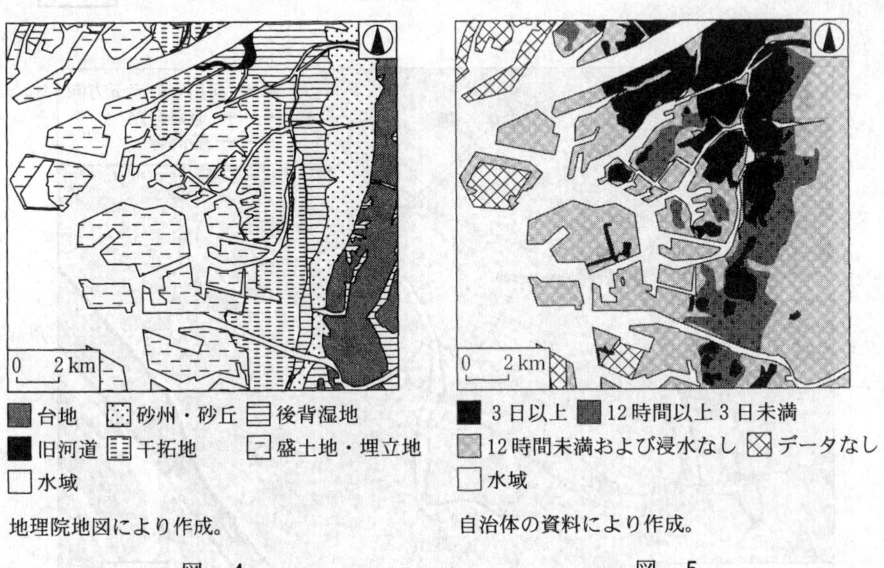

図　4　　　　図　5

① 干拓地では，北部と南部で浸水の様子が異なり，南部の方が浸水継続時間は長い。

② 干拓地と盛土地・埋立地の浸水継続時間を比べると，干拓地よりも盛土地・埋立地の方が長い。

③ 砂州・砂丘の西側に広がる後背湿地では，浸水継続時間が3日以上となる範囲が，その面積の半分以上を占める。

④ 台地と砂州・砂丘を比べると，浸水継続時間が12時間以上3日未満である範囲は，砂州・砂丘よりも台地の方で広い。

問 5　次の図6は，日本のある河川 s の流域の一部について，陰影をつけて地形の起伏を表現した図と地形図を重ねて，地点 t から洪水に対する避難場所 J ～ L への避難経路を示したものである。また，後の文章**カ**～**ク**は，避難場所 J ～ L とそれらへの避難経路の特徴について述べたものである。J ～ L と**カ**～**ク**との組合せとして最も適当なものを，後の①～⑥のうちから一つ選べ。　5

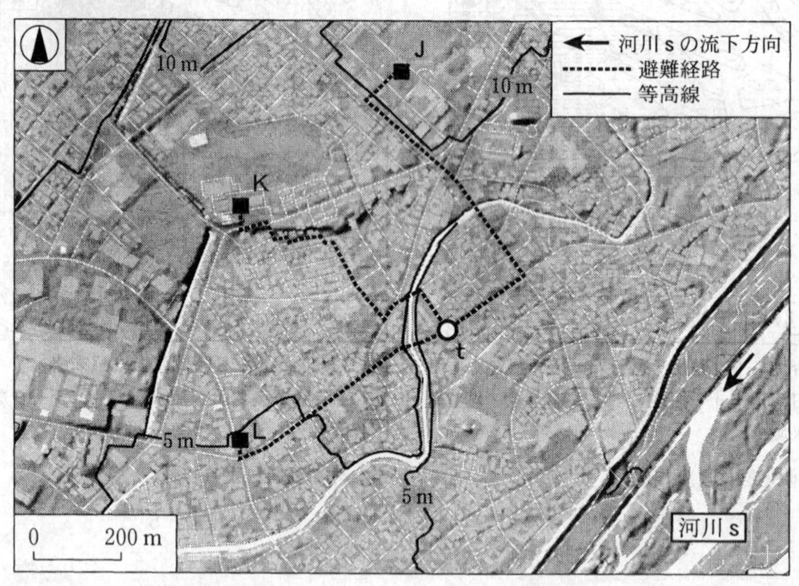

地理院地図により作成。

図　6

カ　地点 t から避難場所へ向かう途中で，崖崩れに遭遇する危険性が最も高い経路である。事前に別の避難経路を考えておく必要がある。

キ　地点 t から標高の低い方へ避難する経路である。河川 s の氾濫時には，三つの避難場所の中で，最も浸水深が大きくなる可能性が高い。

ク　地点 t と避難場所との比高が最も大きく，標高の高い避難場所へ向かう経路である。避難開始直後は，河川 s と平行に上流方向へ移動する。

	①	②	③	④	⑤	⑥
J	カ	カ	キ	キ	ク	ク
K	キ	ク	カ	ク	カ	キ
L	ク	キ	ク	カ	キ	カ

問 6　自然現象は，自然災害を引き起こす一方で，利用可能な資源を生み出すこともある。日本における自然現象がもたらす自然災害と資源について述べた文として**適当でないもの**を，次の①～④のうちから一つ選べ。 6

① 火山は，噴火によって大きな被害をもたらしてきたが，火山によってつくられた地形は観光資源となっている。

② 河川は，氾濫によって被害をもたらしてきたが，堆積した土砂は肥沃な土壌を生み出してきた。

③ 山地でみられる積雪は，雪崩などによって被害をもたらすが，雪融(ゆきど)け水は農業用水に利用されている。

④ 竜巻は，建物の倒壊などの被害をもたらすが，その強風は風力発電に利用されている。

第２問　世界の生活・文化に関する次の問い（問１～６）に答えよ。（配点　20）

問１　水は，人々の生活に欠かせないが，使用量や使用目的に地域差がみられる。次の図１は，世界のいくつかの地域における年間水使用量を用途別に示したものであり，**ア**と**イ**は北アメリカと東アジアのいずれか，凡例ＡとＢは農業用と工業用のいずれかである。北アメリカと農業用との正しい組合せを，後の①～④のうちから一つ選べ。　**7**

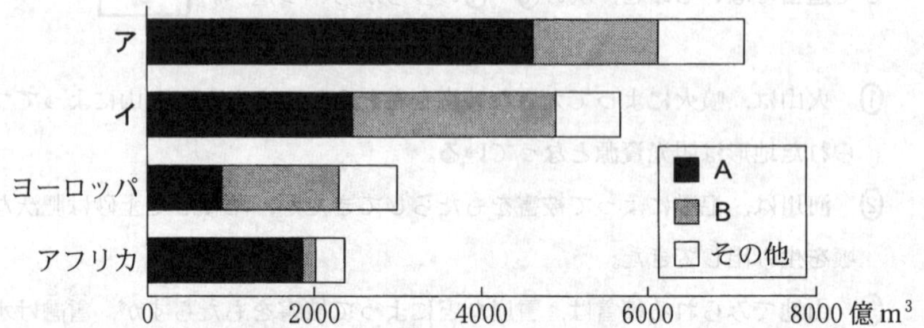

北アメリカの数値にはメキシコを含む。ヨーロッパの数値にはロシアを含む。
統計年次は 2013～2017 年のいずれか。AQUASTAT により作成。

図　１

	①	②	③	④
北アメリカ	ア	ア	イ	イ
農業用	A	B	A	B

問2 人々は，自然環境に応じた生活を営んできた。次の写真1は，世界のある地域でみられる生活の様子を撮影したものである。また，後の図2は，いくつかの地域における地点D～Gの最暖月と最寒月の月平均気温，および最多雨月と最少雨月の月降水量を示したものである。写真1のような生活がみられる地域における，月平均気温と月降水量として最も適当なものを，後の①～④のうちから一つ選べ。 8

主食となる作物の栽培の様子

家屋と生活の様子

写真　1

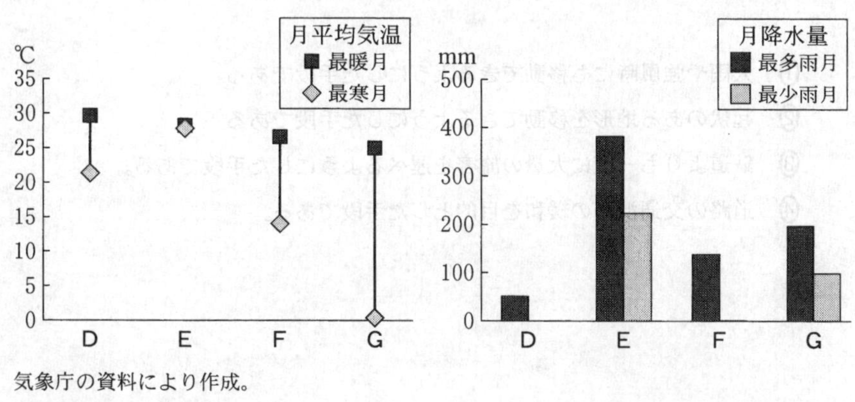

気象庁の資料により作成。

図　2

① D　　② E　　③ F　　④ G

問 3　自然環境や社会・経済の状況に合わせて，世界各地では様々な形態の移動手段がみられる。次の写真 2 は，いくつかの移動手段を撮影したものであり，後の①～④の文は，写真 2 中の**カ**と**キ**に関することがらについて述べたものである。これらのうち，**カとキの両方**に当てはまる最も適当なものと，**キのみ**に当てはまる最も適当なものを，①～④のうちから一つずつ選べ。

カとキの両方　［ 9 ］・**キのみ**　［ 10 ］

※入試問題に掲載された写真とは異なります

カ　イギリスでみられる水路橋を通る船舶

キ　南アメリカのボリビアでみられるロープウェイ

写真　2

① 大雨や強風時にも移動できるようにした手段である。
② 起伏のある地形を移動できるようにした手段である。
③ 鉄道よりも一度に大量の旅客を運べるようにした手段である。
④ 道路の交通渋滞の緩和を目的とした手段である。

問 4　人々の国際的な往来が多い空港では，多言語への対応が求められている。次の写真3は，いくつかの国の首都の空港における国際線の出発案内を撮影したものであり，**サ**～**ス**は，マレーシア，メキシコ，西アジアのカタールのいずれかのものである。また，図3中のJ～Lは，2017年における東京と**サ**～**ス**の間の週当たり往復旅客便数を示したものである。**サ**～**ス**とJ～Lとの正しい組合せを，後の①～⑥のうちから一つ選べ。　11

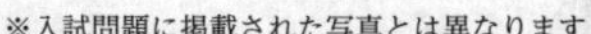

サ

※入試問題に掲載された写真とは異なります

シ

※入試問題に掲載された写真とは異なります

ス

Googleストリートビューにより作成。

写真　3

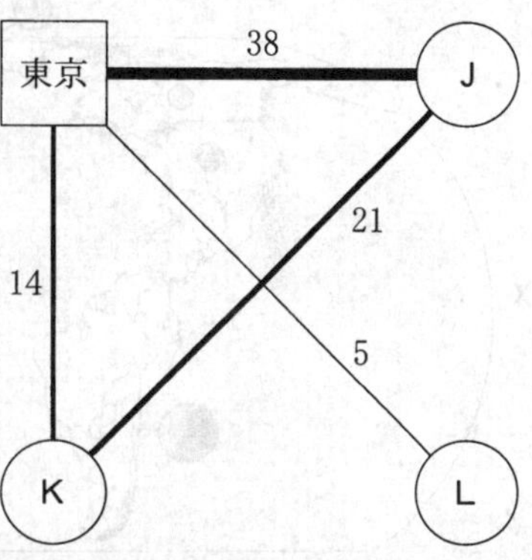

一つの都市に複数の空港が存在する場合は合計値。
*OAG Flight Guide Worldwide*により作成。

図　3

	①	②	③	④	⑤	⑥
サ	J	J	K	K	L	L
シ	K	L	J	L	J	K
ス	L	K	L	J	K	J

問 5　サケ・マス類は，貿易を通じて世界各地で食されている魚である。次の図 4 中の X と Y は，2018 年におけるサケ・マス類の輸出量と輸入量のいずれかについて，上位 10 か国を示したものである。また，図 4 中の凡例タとチは，鮮魚・冷蔵品と冷凍品のいずれかである。輸入量の図と鮮魚・冷蔵品の凡例との正しい組合せを，後の①～④のうちから一つ選べ。 12

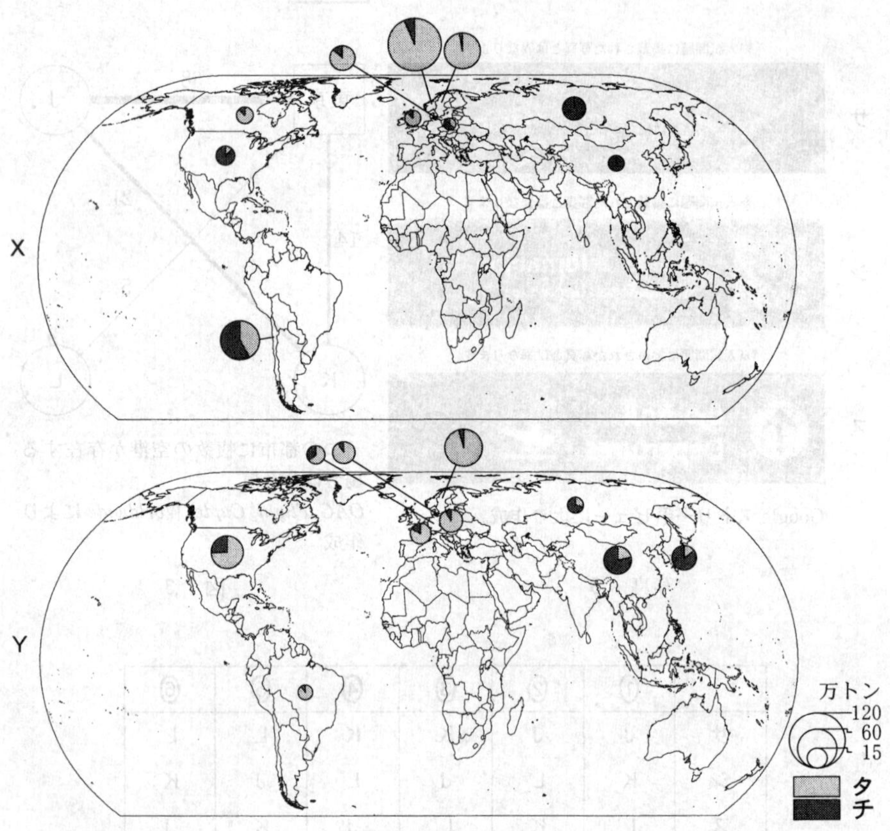

中国の数値には台湾，ホンコン，マカオを含まない。デンマークの数値にはグリーンランド，フェロー諸島を含む。FAOSTAT により作成。

図　4

① X－タ　　② X－チ　　③ Y－タ　　④ Y－チ

問 6　経済情勢や自然環境などを背景に，世界の人々の生活を支える製造業には，国や地域による特色がみられる。次の表1は，いくつかの国P～Rにおける製造業の出荷額と，出荷額に占めるいくつかの業種の割合を示したものである。また，後の文マ～ムは，P～Rのいずれかにおける製造業の特徴を述べたものである。P～Rとマ～ムとの組合せとして最も適当なものを，後の①～⑥のうちから一つ選べ。 13

表　1

	出荷額 (億ドル)	出荷額に占める業種の割合(%)		
		繊維・衣類	石油製品	輸送用機械
P	9,222	1.6	3.9	23.6
Q	1,894	3.2	21.4	1.0
R	1,356	54.4	0.2	2.9

石油製品には，石炭製品などを含む。
統計年次は，2016 年または 2018 年。UNIDO の資料により作成。

マ　国が主導する産業振興策を背景に，国内で豊富にとれる天然資源を加工して輸出する製造業が中心である。

ミ　製造にかかる人件費の高さなどに対応するため，付加価値が高く生産に高度な技術や知識を必要とする製造業へと移行している。

ム　低賃金で雇用できる国内の豊富な労働力をいかした，外国向けの安価な製品の生産が製造業の中心である。

	①	②	③	④	⑤	⑥
P	マ	マ	ミ	ミ	ム	ム
Q	ミ	ム	マ	ム	マ	ミ
R	ム	ミ	ム	マ	ミ	マ

第3問　北アメリカに関する次の問い(問1～6)に答えよ。(配点　20)

問1　北アメリカには，自然環境の特徴を反映した多くの国立公園がある。次の図1は，北アメリカの地形を示したものであり，A～Cは，北アメリカにあるいくつかの国立公園の位置を示している。また，後の写真1中のア～ウは，A～Cのいずれかの景観を撮影したものである。A～Cとア～ウとの正しい組合せを，後の①～⑥のうちから一つ選べ。 14

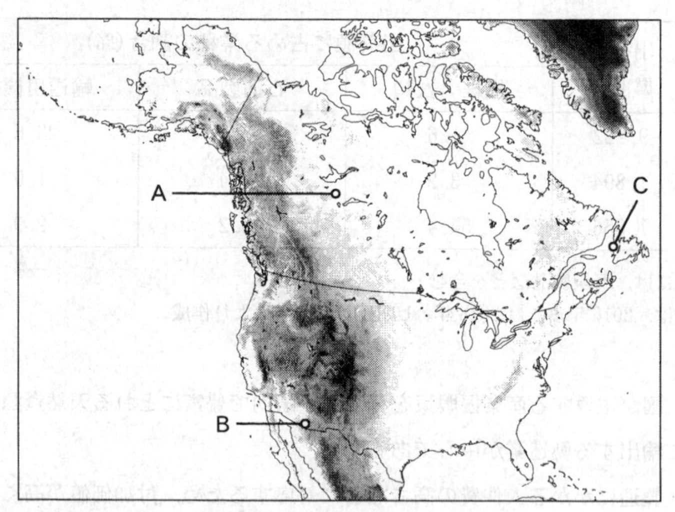

色の濃い部分ほど標高の高い地域を示している。

図　1

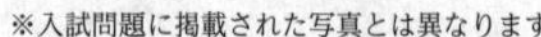

ア

イ

ウ

写真　1

	①	②	③	④	⑤	⑥
A	ア	ア	イ	イ	ウ	ウ
B	イ	ウ	ア	ウ	ア	イ
C	ウ	イ	ウ	ア	イ	ア

問 2　北アメリカでは，自然環境の特徴をいかして様々な農産物が生産されている。次の図 2 中の①～④は，トウモロコシ，ブドウ，メープルシロップ，綿花のいずれかについて，アメリカ合衆国*における生産量の上位 10 州と，それらがアメリカ合衆国全体に占める割合を示したものである。ブドウに該当するものを，図 2 中の①～④のうちから一つ選べ。 15

*アラスカ州とハワイ州を含まない。

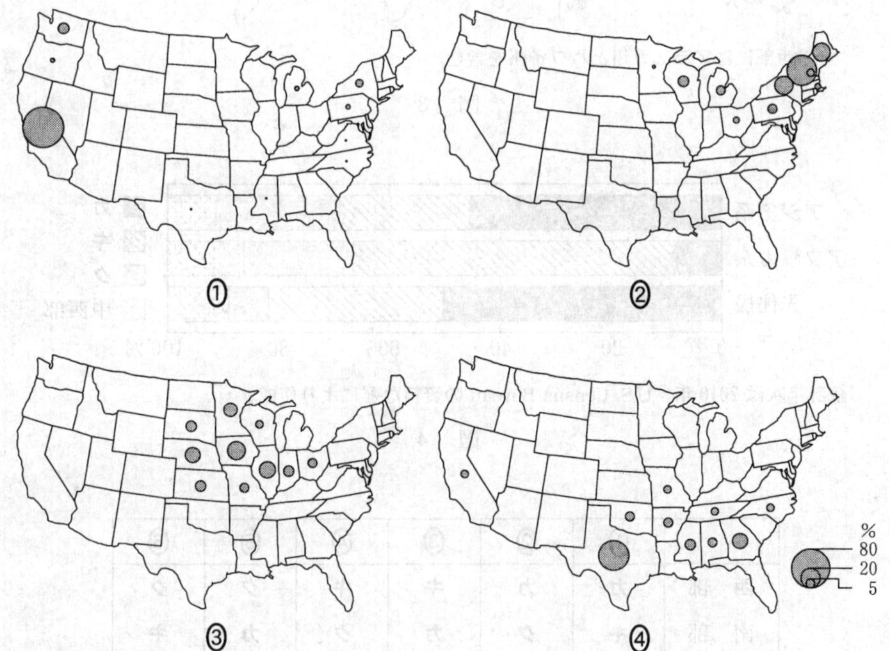

統計年次は 2017 年。U.S. Department of Agriculture の資料により作成。

図　2

問 3 北アメリカでは，地域によって人口の構成が異なる。次の図 3 は，アメリカ合衆国を 4 地域に区分して示したものである。また，後の図 4 は，アメリカ合衆国におけるアジア系，アフリカ系，先住民の人口について，地域別の割合を示したものであり，凡例**カ**～**ク**は，西部，南部，北東部のいずれかである。地域区分と**カ**～**ク**との正しい組合せを，後の①～⑥のうちから一つ選べ。 16

西部にはアラスカ州とハワイ州を含む。

図 3

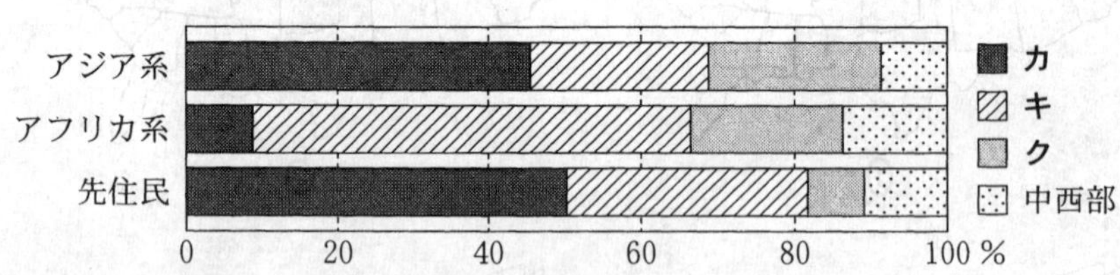

統計年次は 2010 年。U.S. Census Bureau の資料などにより作成。

図 4

	①	②	③	④	⑤	⑥
西　部	**カ**	**カ**	**キ**	**キ**	**ク**	**ク**
南　部	**キ**	**ク**	**カ**	**ク**	**カ**	**キ**
北東部	**ク**	**キ**	**ク**	**カ**	**キ**	**カ**

問 4　北アメリカの都市には，世界各地から多くの人々が移り住み，独自の都市景観が形成されている。次の写真 2 は，カナダのある都市における，いくつかの地区を撮影したものである。写真 2 中の**サ**～**セ**の地区でみられる人々の生活の様子を述べた文として**適当でないもの**を，後の①～④のうちから一つ選べ。 17

サ

シ

※入試問題に掲載された写真とは異なります

ス

セ

写真　2

① **サ**の地区では，箸やスプーンを用いて食事をする慣習がみられる。

② **シ**の地区では，牛を神聖視して食肉用としない慣習が広くみられる。

③ **ス**の地区では，ハラール食材を扱う店がいくつかみられる。

④ **セ**の地区では，旧暦の新年を祝う行事が行われている。

問 5 アメリカ合衆国では，産業の発展によって都市住民の生活水準が向上してきたが，課題もみられる。次の表１は，アメリカ合衆国のいくつかの都市における職業別就業者割合を示したものであり，**タ**と**チ**は，デトロイトと，シリコンヴァレーに位置するサンノゼのいずれかである。表１に関することがらについて述べた文章中の空欄Ｅに当てはまる記号と，空欄Ｆに当てはまる語句との組合せとして最も適当なものを，後の①～④のうちから一つ選べ。 18

表 1

(単位：%)

	タ	チ
飲食業従事者	8.7	7.4
運輸業従事者	8.0	4.6
情報処理・通信技術者	3.5	12.7
生産工程従事者	10.1	4.7
販売従事者	9.6	8.6
その他	60.1	62.0

統計年次は 2019 年。U.S. Department of Labor の資料により作成。

アメリカ合衆国では，特定の産業が発達した都市が各地でみられるが，それぞれの都市で異なる課題も生じている。例えば，（　Ｅ　）は，現代のアメリカ合衆国の中でも経済発展が著しい都市であるが，（　Ｆ　）の高騰による家計の負担増や，長距離通勤が問題となっている。

	①	②	③	④
Ｅ	タ	タ	チ	チ
Ｆ	社会保障費	住居費	社会保障費	住居費

問 6　カナダでは21世紀以降に，閣僚構成が大きく変化してきた。次の図5は，先住民，マイノリティ*，ヨーロッパ系**の閣僚を性別・選出州別に示したものであり，**M**と**N**は，2006年と2015年のいずれかである。図5に関することがらについて述べた文章中の空欄**マ**に該当する図と，空欄**ミ**に当てはまる語句との組合せとして最も適当なものを，後の①～④のうちから一つ選べ。 19

*アジア系，アフリカ系など，ヨーロッパ以外にルーツをもつ人々。
**ヨーロッパにルーツをもつ人々。

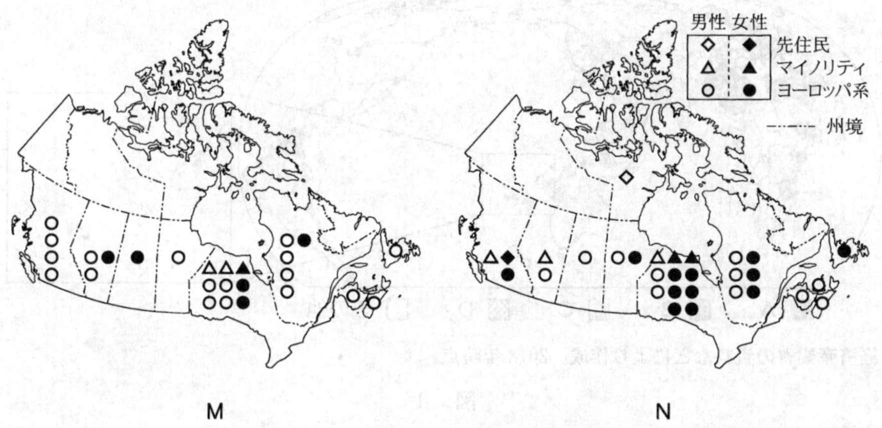

カナダ政府の資料により作成。

図　5

2015年に就任した首相は，性の平等性に配慮し，難民として移住してきた者や元パラリンピック代表選手など，様々な背景のある議員を閣僚に任命した。2015年を示している図は，(　**マ**　)である。この選出からは，これまでカナダが掲げてきた(　**ミ**　)をさらに推進した点がうかがえる。

	①	②	③	④
マ	M	M	N	N
ミ	多文化主義	民族主義	多文化主義	民族主義

第4問 生徒たちは授業で，「環境問題の解決はなぜ難しいのか」について班に分かれて探究した。この探究に関する次の問い（**問**1～6）に答えよ。（配点 20）

問 1 先生は，環境問題に対する国や地域の立場の違いを把握するため，地球温暖化に関する国際会議におけるいくつかのグループA～Dを次の図1に示した。図1を見ながら話し合った先生と生徒たちとの会話文中の下線部①～④のうちから，**誤りを含むもの**を一つ選べ。 **20**

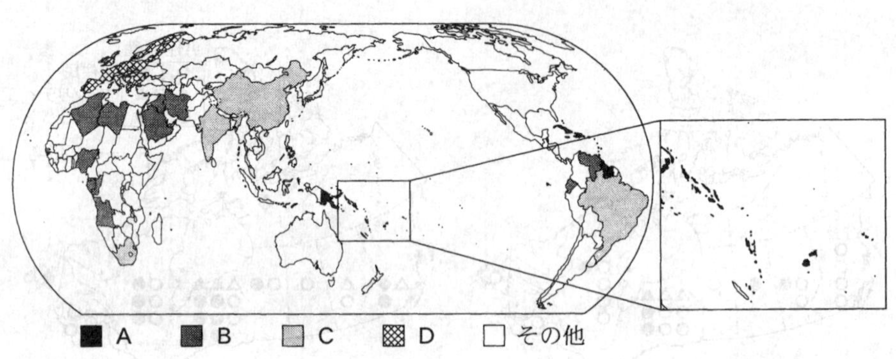

経済産業省の資料などにより作成。2018年時点。

図 1

先　生 「気候変動枠組条約締約国会議では，立場にどのような違いがありますか」

チハル 「グループAには，①温暖化による海面上昇の影響を受けやすく，温室効果ガスの高い排出削減目標を主張している国が多いと思います」

ゲンタ 「グループBには，②温暖化対策の進展による埋蔵資源の経済的価値の上昇を期待して，早急な温暖化対策を求めている国が多いと思います」

シズヤ 「グループCには，③近年急速な経済成長を経験し，先進国に対して温暖化対策の推進とあわせて支援を要求している国が多いと思います」

ノエル 「グループDには，④環境政策に積極的に取り組み，温室効果ガスの排出削減目標の厳格化を掲げている国が多いと思います」

先　生 「さらに班で，環境問題の解決を困難にしている要因を探究しましょう」

問 2　シズヤさんの班では，環境問題の背景に先進国と発展途上国との経済格差があるのではないかと考え，プラスチックごみの国際的な取引について調べた。次の資料1は，いくつかの国について，それぞれの国のプラスチックごみの輸出量の変化とその背景を，シズヤさんたちがまとめたものである。資料1中のア～ウはアメリカ合衆国，中国*，マレーシアのいずれか，F年とG年は2010年と2019年のいずれかである。マレーシアと2010年との正しい組合せを，後の①～⑥のうちから一つ選べ。 **21**

*台湾，ホンコン，マカオを含まない。

資料　1

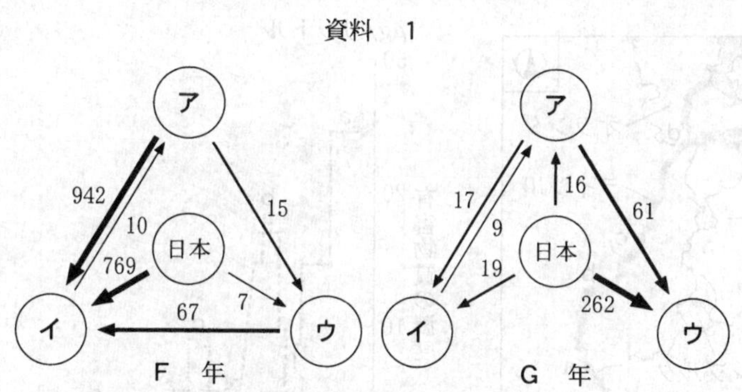

5千トン以上の輸出量のみ表示。単位は千トン。

プラスチックごみの一部は，再利用するために輸出されてきたが，中国が2017年に輸入を厳しく制限した。その受け皿になった東南アジア諸国でも規制が進みつつある。

UN Comtradeなどにより作成。

	①	②	③	④	⑤	⑥
マレーシア	ア	ア	イ	イ	ウ	ウ
2010年	F　年	G　年	F　年	G　年	F　年	G　年

問 3 チハルさんの班では，環境汚染問題において，問題の発生した地域と影響を受ける地域が一致しないこともある点に注目し，過去の事例を調べた。次の資料 2 は，国際河川であるライン川で発生した有害物質の流出事故について，河川のいくつかの地点 a ～ d において観測された有害物質の濃度の推移を示したものである。資料 2 に関することがらについて述べた文章中の下線部 J ～ L の正誤の組合せとして最も適当なものを，後の①～⑧のうちから一つ選べ。 22

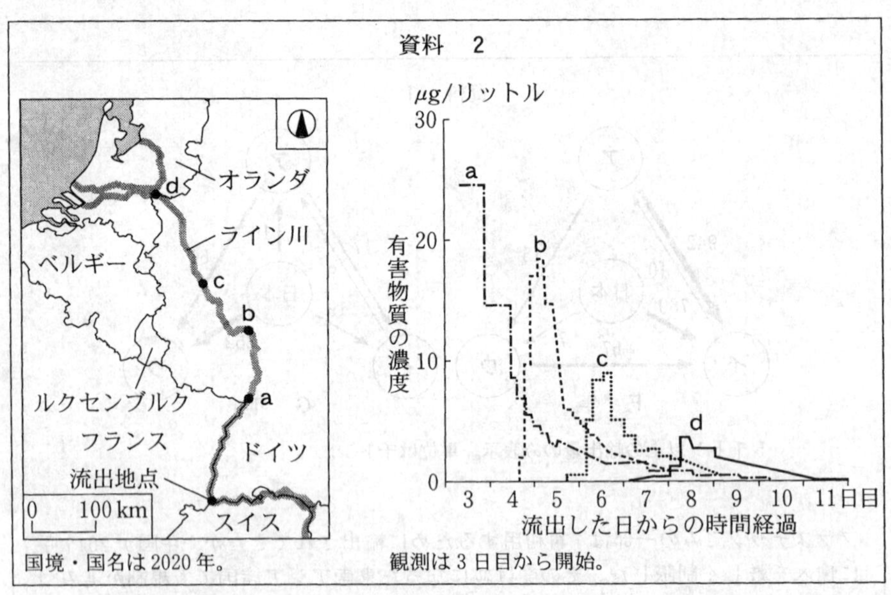

国境・国名は 2020 年。　観測は 3 日目から開始。

Capel et al. (1988) により作成。

1986 年 11 月，スイスにある薬品倉庫で火災が発生し，水銀などの有害物質が大量にライン川に流出した。有害物質は，J <u>地点 d では流出した日から 8 日目に濃度が最大値となった</u>。有害物質の拡散は河川の流れと関係し，有害物質の K <u>移動の速度は，地点 a ― b 間よりも地点 b ― c 間の方が 4 倍以上速い</u>。また，L <u>観測された濃度の最大値は，流出地点から離れるほど小さくなっている</u>。

	①	②	③	④	⑤	⑥	⑦	⑧
J	正	正	正	正	誤	誤	誤	誤
K	正	正	誤	誤	正	正	誤	誤
L	正	誤	正	誤	正	誤	正	誤

問 4　ゲンタさんの班では，環境問題に関する解決策の導入が，他方では新たな地球的課題を生み出している側面に着目し，いくつかの国におけるバイオ燃料をめぐる問題について考えた。次のP～Rの文は，アメリカ合衆国，インドネシア，ブラジルのいずれかにおける，バイオ燃料の導入拡大にともなって懸念される問題について述べたものである。国名とP～Rとの組合せとして最も適当なものを，後の①～⑥のうちから一つ選べ。 23

P　バイオ燃料の利用が推進されたことで国内需要が増え，その主原料となるサトウキビの栽培地域が拡大し，熱帯雨林の破壊が進む。

Q　国内でのバイオ燃料導入策の開始や輸出用バイオ燃料の需要増加により，その主原料となるアブラヤシの農園開発が，低地や湿地などの自然林にも拡大する。

R　世界最大のトウモロコシ生産国であるが，トウモロコシ由来のバイオ燃料の需要が増加したことで，競合する飼料用の供給量が減り，穀物価格の高騰につながる。

	①	②	③	④	⑤	⑥
アメリカ合衆国	P	P	Q	Q	R	R
インドネシア	Q	R	P	R	P	Q
ブラジル	R	Q	R	P	Q	P

問 5 ノエルさんの班では，環境問題の原因が日常生活と結びついている点に注目し，自家用車利用による環境負荷について話し合った。次の図 2 は，日本の三大都市圏内のいくつかの都市について，自家用車利用の割合*と人口密度を示したものであり，凡例 X と Y は，中心都市と周辺都市**のいずれかである。また，図 3 は，ノエルさんの家族の通勤ルートを模式的に示したものである。会話文中の空欄**カ**に当てはまる記号と**キ**に当てはまる数値との組合せとして最も適当なものを，後の①～④のうちから一つ選べ。 24

*平日の全移動手段に占める自家用車利用の割合。

**中心都市は，東京都区部といくつかの政令指定都市。周辺都市は，中心都市の周辺に位置するいくつかの都市。

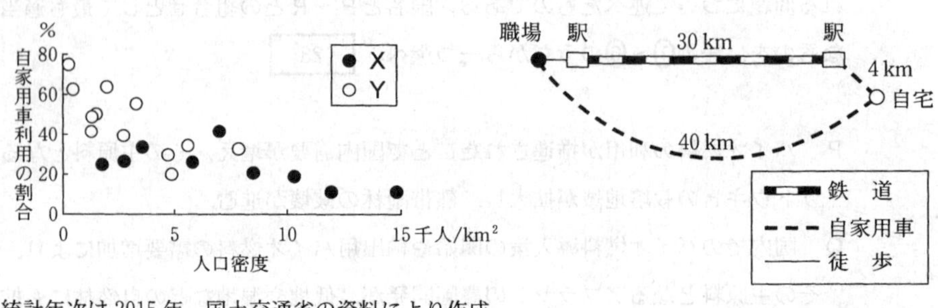

統計年次は 2015 年。国土交通省の資料により作成。

図 2　　　　図 3

ノエル「周辺都市では，郊外化によって自家用車に依存した生活様式が定着してきたので，図 2 で周辺都市を示しているのは(　**カ**　)だね」

リョウ「一人を 1 km 輸送する際に排出される二酸化炭素は，ガソリンを燃料とした自家用車では 150 g，鉄道では 20 g とすると，片道の距離だけで考えた場合，図 3 の自家用車だけを利用する通勤ルートは，駅まで自家用車で行って鉄道を使うルートよりも(　**キ**　)倍の環境負荷になるね」

	①	②	③	④
カ	X	X	Y	Y
キ	5	15	5	15

問 6　生徒たちは，班ごとの探究テーマと，その課題に対する取組みの例を次の資料 3 にまとめた。取組みの例としては**誤りを含むもの**を，資料 3 中の①～④のうちから一つ選べ。 25

資料　3

シズヤさんの班

探究テーマ

「先進国から発展途上国へのプラスチックごみの移動」

課題に対する取組みの例

①　廃棄物の流通を管理する国際的なルールを策定する

チハルさんの班

探究テーマ

「有害物質の流出事故による国際河川の汚染の拡大」

課題に対する取組みの例

②　きれいな飲用水を供給できるよう浄水施設を整備する

ゲンタさんの班

探究テーマ

「バイオ燃料の導入拡大に伴う食料や生態系への影響」

課題に対する取組みの例

③　廃棄物や廃材を活用したバイオ燃料の開発を進める

ノエルさんの班

探究テーマ

「日常生活における過度な自家用車利用による環境負荷」

課題に対する取組みの例

④　利便性の高い公共交通ネットワークを整備する

第5問 東京の高校に通うユキさんは，友人のツクシさんと利根川(とねがわ)下流域の地域調査を行った。この地域調査に関する次の問い(**問**1～6)に答えよ。(配点 20)

問 1 現地調査の前に，ユキさんたちは利根川の特徴を調べた。次の図1は，関東地方の主な河川の分布といくつかの地点A～Cを示したものである。また，後の文章は，利根川の特徴についてユキさんたちがまとめたものである。文章中の空欄**ア**に当てはまる語句と，空欄**イ**に当てはまる数値との組合せとして最も適当なものを，後の①～⑥のうちから一つ選べ。 **26**

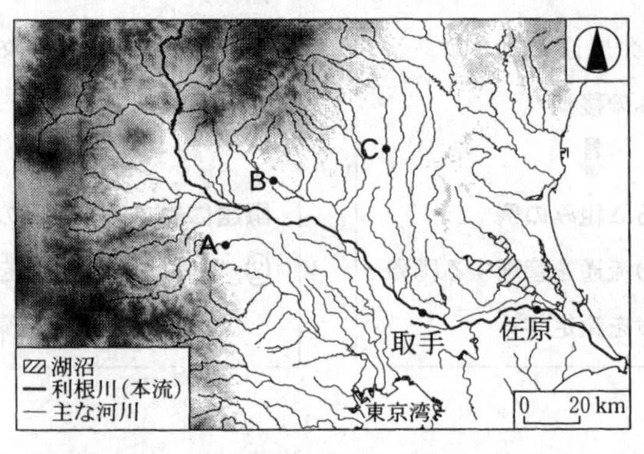

色の濃い部分ほど標高の高い地域を示している。
国土数値情報などにより作成。

図 1

利根川の流域面積は，日本最大である。かつて東京湾に流れていた利根川の本流は，江戸時代に現在の流路に変更された。現在の利根川の流域には，図1中の地点(**ア**)が含まれている。また，利根川下流域は，かつて広大な潟湖(せきこ)になっていたが，土砂の堆積や干拓によって現在では大部分が陸地になった。図1中の取手(とりで)から佐原(さわら)までの区間における河川の勾配は，1万分の1程度であり，取手と佐原の河川付近の標高差は，約(**イ**)である。

① AとB ― 4 m	② AとB ― 40 m	③ AとC ― 4 m
④ AとC ― 40 m	⑤ BとC ― 4 m	⑥ BとC ― 40 m

問 2　ツクシさんは，利根川下流域の土地利用を調べた。次の図２は，陰影をつけて地形の起伏を表現した地図であり，後の図３中の①～④は，図２中のＥ～Ｈのいずれかの範囲における土地利用の割合を示したものである。Ｆに該当するものを，図３中の①～④のうちから一つ選べ。 27

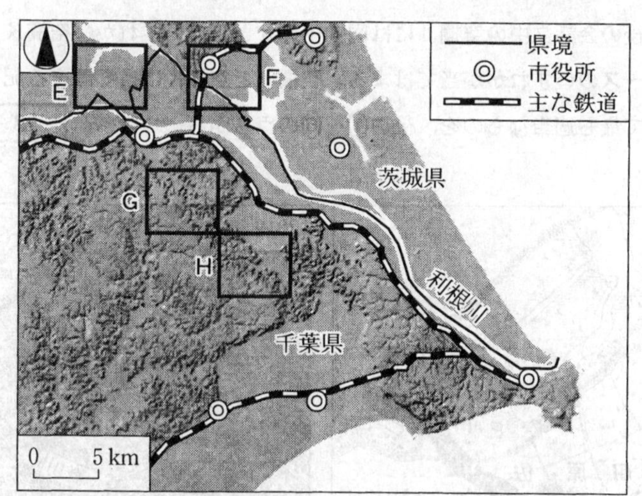

地理院地図により作成。

図　2

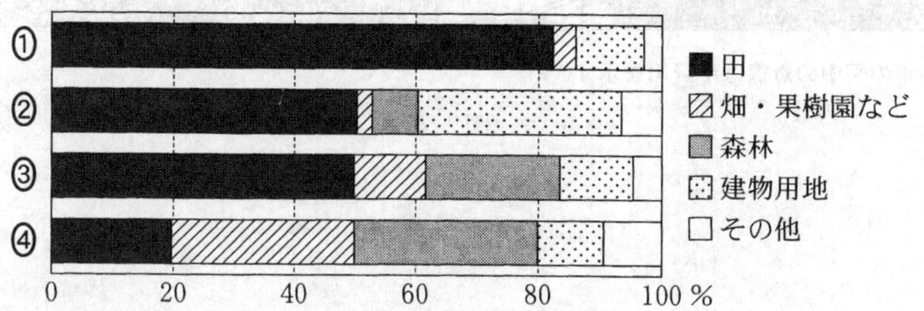

河川・湖沼を除いた値。統計年次は2017年。国土数値情報により作成。

図　3

問 3 ユキさんたちは，利根川下流域での都市の発展や交通手段の変遷について調べた。次の図 4 は，佐原周辺のある地域における，1931 年と 2019 年に発行された 2 万 5 千分の 1 地形図(原寸，一部改変)である。また，後の図 5 は，取手から河口までの利根川本流における渡船と橋のいずれかの分布を示したものであり，**サ**～**ス**は，1932 年の橋，1981 年の渡船，1981 年の橋のいずれかである。後の会話文中の空欄 **J** には図 4 中の **a** と **b** のいずれか，空欄 **K** には図 5 中の**サ**～**ス**のいずれかが当てはまる。空欄 **J** と空欄 **K** に当てはまる記号の組合せとして最も適当なものを，後の①～⑥のうちから一つ選べ。 **28**

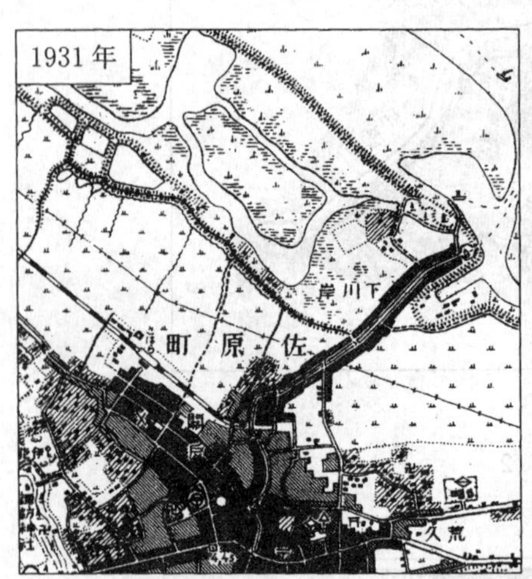

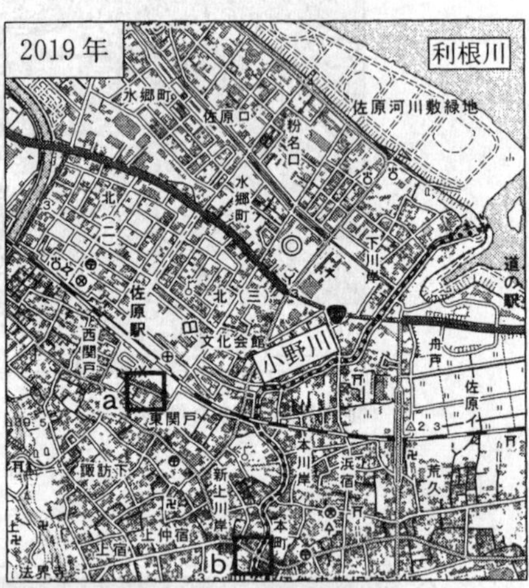

2019 年の図中の点線は小野川を示す。

図 4

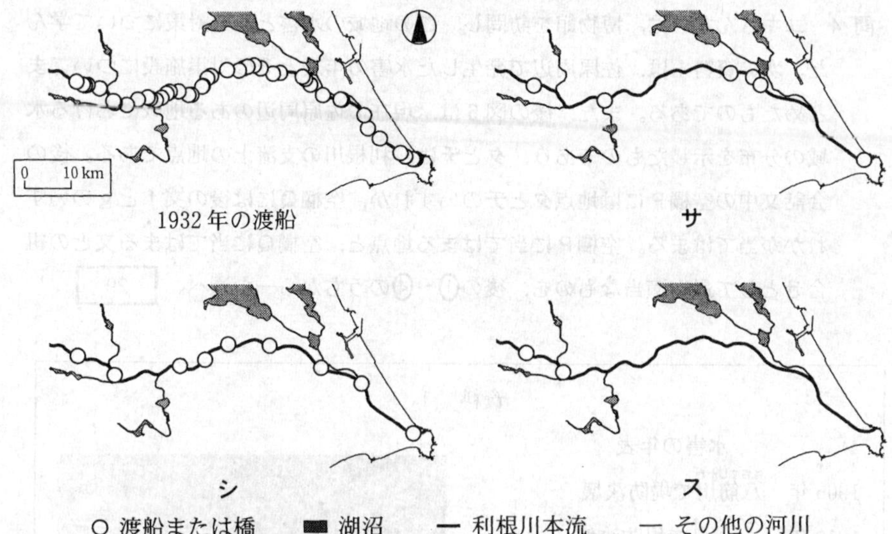

橋には鉄道と高速道路を含まない。海岸線と河川・湖沼は現在のものである。
千葉県立大利根博物館編『水郷の生活と船』などにより作成。

図　5

ユ　キ　「1931 年と 2019 年の地形図を比較して佐原周辺の都市の発達を調べたよ。佐原周辺は，江戸時代の水運によって発展し始めたんだ」

ツクシ　「図 4 中の a と b は，どちらも 2019 年に市街地になっているけれど，より古くから中心地として発達していたのは（　J　）だね」

ユ　キ　「1930 年代以降，この地域では他にどのような変化があったかな」

ツクシ　「1932 年と 1981 年における渡船と橋の分布を図 5 にまとめたよ。1932 年には，多くの地点で渡船が利用されているね。1932 年に橋が架かっていた地点は，川幅が比較的狭い所に限られていたそうだよ」

ユ　キ　「自動車交通の増加に対応して道路網が整備されてきたことを考えると，1981 年の橋の分布は，（　K　）の図であるとわかるね」

① a ― サ	② a ― シ	③ a ― ス
④ b ― サ	⑤ b ― シ	⑥ b ― ス

問 4 ユキさんたちは，博物館を訪問し，この地域の水害とその対策について学んだ。次の資料1は，佐原周辺で発生した水害の年表とその対策施設についてまとめたものである。また，後の図6は，現在の佐原周辺のある地域における水域の分布を示したものであり，**タ**と**チ**は，利根川の支流上の地点である。後の会話文中の空欄Pには地点**タ**と**チ**のいずれか，空欄Qには後の文fとgのいずれかが当てはまる。空欄Pに当てはまる地点と，空欄Qに当てはまる文との組合せとして最も適当なものを，後の①～④のうちから一つ選べ。 **29**

資料 1

水害の年表

1906年	八筋川（はちすじかわ）で堤防決壊
1910年	十六島（じゅうろくしま）で堤防決壊
1938年	十六島で浸水被害
1941年	十六島で浸水被害

1921年に完成した水害対策施設

十六島実年同好会編『新島の生活誌』などにより作成。

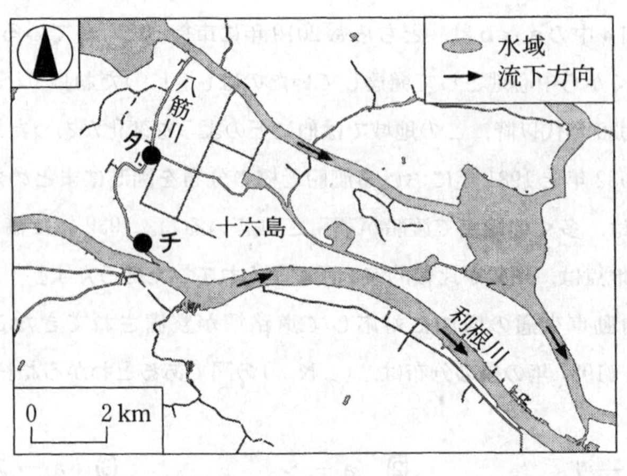

地理院地図により作成。

図 6

学芸員　「かつてこの地域では，利根川の支流への逆流などにより，水害が発生していました。このような被害を防ぐために，1921年に図6中の（　P　）の位置に，資料1中の写真のような水門が設置されました。さらに，1940年以降に排水ポンプの設置が進んだことにより，現在では浸水被害も少なくなりました」

ツクシ　「この地域は，安心して住めるようになったのですね」

学芸員　「ただし，数年前に台風が接近した際に，避難指示が出されました。利根川のような大きな河川の下流域では，今後も洪水に備えるための取組みを進めていくことが必要です」

ユ　キ　「大きな河川の下流域では，（　Q　）などの取組みが行われていますね」

（　Q　）に当てはまる文

f　決壊を防ぐため，堤防を補強する

g　土砂の流出や流木を防ぐため，ダムを建設する

	①	②	③	④
P	タ	タ	チ	チ
Q	f	g	f	g

問 5　利根川下流域でウナギ漁が盛んであったことを知ったツクシさんは，ウナギの現状について調べ，次の資料 2 にまとめた。資料 2 中の**マ**と**ミ**は，国内の養殖生産量と，国外からの輸入量のいずれかである。また，後の写真 1 中の**s**と**t**は，利根川下流域の河川周辺において撮影したものであり，資料 2 中の空欄**X**には，**s**と**t**のいずれかが当てはまる。国内の養殖生産量に該当する記号と，空欄**X**に当てはまる写真との組合せとして最も適当なものを，後の①～④のうちから一つ選べ。 30

資料　2

ニホンウナギの生態と水産資源としてのウナギの現状

ニホンウナギは，河川などで成長した後，海へ下り産卵するといわれている。1970 年代以降，日本国内のウナギの漁獲量は減少し，現在，日本国内で消費されるウナギのほとんどは，国内での養殖生産と輸入によってまかなわれている。近年，利根川下流域では，写真 1 中の（　**X**　）にみられるような取組みが行われており，ニホンウナギや川魚などの水産資源の回復に寄与することが期待されている。

日本国内におけるウナギの供給量の推移

（単位：トン）

	国内漁獲量	マ	ミ	合　計
1973 年	2,107	15,247	6,934	24,288
1985 年	1,526	39,568	41,148	82,242
2000 年	765	24,118	133,211	158,094
2015 年	70	20,119	31,156	51,345

水産庁の資料により作成。

※入試問題に掲載された写真とは異なります

s　石材を用いて整備された護岸

t　本流の堰(せき)のそばに設置された流路

写真　1

	①	②	③	④
国内の養殖生産量	マ	マ	ミ	ミ
X	s	t	s	t

問 6　ユキさんたちは，さらに考察を深めるために，先生のアドバイスを参考にして新たに課題を探究することにした。次の表1は，新たな探究課題に関する調査方法を，ユキさんたちがまとめたものである。探究課題の調査方法としては**適当でないもの**を，表1中の①～④のうちから一つ選べ。 31

表　1

新たな探究課題	調査方法
地域の都市化により，農地の分布はどのように変化したか？	①　撮影年代の異なる空中写真を入手し，年代別の土地利用図を作成する。
橋の開通により，住民の生活行動はどのように変化したか？	②　聞き取り調査により，周辺住民に生活行動の変化を尋ねる。
防災施設の整備により，住民の防災意識はどのように変化したか？	③　GISを用いて，防災施設から一定距離内に住む人口の変化を調べる。
環境の変化により，利根川流域の漁獲量はどのように変化したか？	④　図書館やインターネットで資料を入手し，漁獲量の推移を調べる。

MEMO

地理A

（2022年１月実施）

60分　100点

2022
本試験

（解答番号 1 ～ 30）

第1問 地図の読み取りと活用，および日本の自然災害に関する次の問い（**問1～6**）に答えよ。（配点 20）

問1 次の図1は，日本のある地域を示したものである。この地域にみられる特徴について述べた文として最も適当なものを，後の①～④のうちから一つ選べ。 1

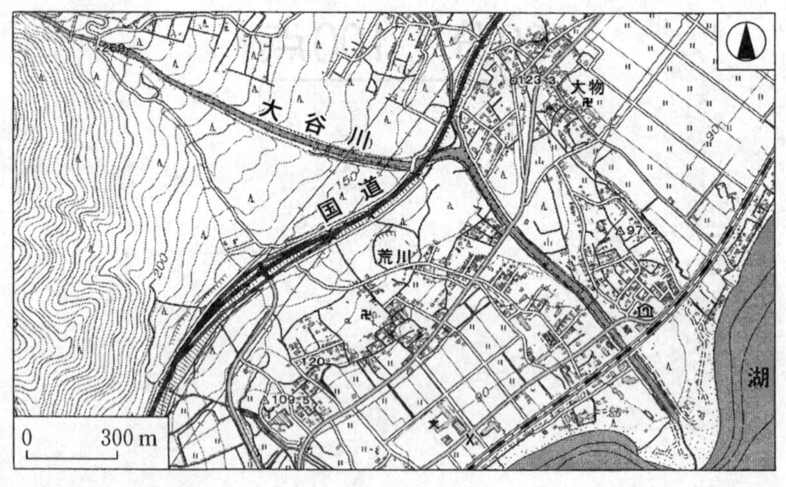

地理院地図により作成。

図 1

① 河川による侵食のため，国道の西側の方が東側よりも傾斜が緩い。

② 国道の西側は水はけや日当たりがよいため，果樹園が広がっている。

③ 国道の東側の水を得やすい地域には，集落や水田が分布している。

④ 土砂の堆積により大谷川（おおたに）の河床は高く，河川が国道や鉄道の上を通る。

問 2　次の図2は，陰影をつけて地形の起伏を表現した関東地方の地図上に，気温が30℃以上となる年間時間数の分布を示したものである。図2中のAとBは，高温となる時間が特に長い地点を示している。図2を見た先生と生徒による会話文中の空欄アとイに当てはまる語句と地点との組合せとして最も適当なものを，後の①～④のうちから一つ選べ。 **2**

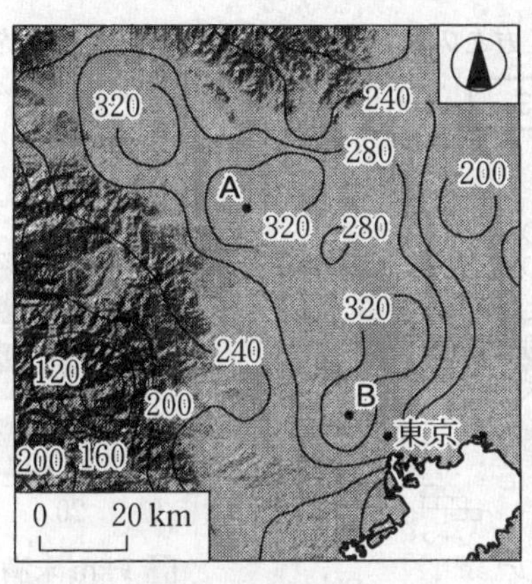

2003～2007年の平均値。
環境省の資料などにより作成。

図　2

先　生「高温となる時間の長い地域がいくつか局所的に分布しています。ヒートアイランド現象や，風が(　ア　)際に高温となるフェーン現象など，いくつかの要因が複合的に作用していると考えられます」

生　徒「地形条件から推測すると，地点AとBとを比較した場合，(　イ　)の方が，フェーン現象による影響を受けやすいのではないでしょうか」

	①	②	③	④
ア	山地を上る	山地を上る	山地から下る	山地から下る
イ	A	B	A	B

問 3　GISは，地域の望ましい施設配置を検討する際に役立つ。次の図3は，ある地域における人口分布と現在の役所の支所，および追加で配置する支所の候補地点**カ**と**キ**を示したものである。また，図4は，最寄りの支所からの距離別人口割合であり，aとbは，**カ**と**キ**のいずれかに2か所目の支所が配置された後の状況を示したものである。さらに，後の文DとEは，**カ**と**キ**のいずれかに支所を配置するときの考え方を述べたものである。候補地点**キ**に当てはまる距離別人口割合と考え方との組合せとして最も適当なものを，後の①～④のうちから一つ選べ。 3

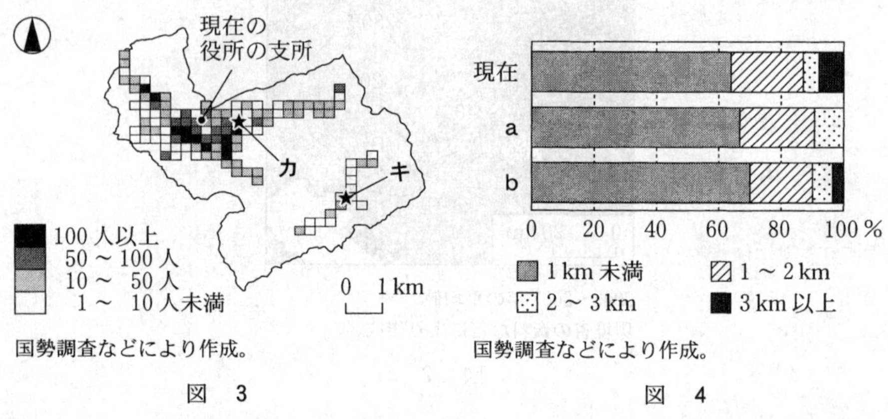

国勢調査などにより作成。

図　3

国勢調査などにより作成。

図　4

考え方

D　公平性を重視し，移動にかかる負担の住民間の差をできるだけ減らす。

E　効率性を重視し，高い利便性を享受できる住民をできるだけ増やす。

	①	②	③	④
距離別人口割合	a	a	b	b
考え方	D	E	D	E

問 4　次の図5は，ある地域の火山防災マップであり，図6は，図5と衛星画像を地形の3Dモデルに重ね合わせたものである。また，後の文**サ**～**ス**は，図5中の**J**～**L**のいずれかの地点における火山災害の危険性について述べたものである。**J**～**L**と**サ**～**ス**との組合せとして最も適当なものを，後の①～⑥のうちから一つ選べ。 **4**

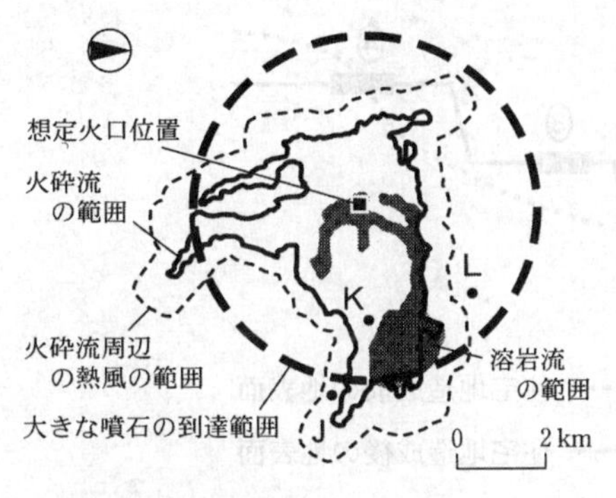

自治体の資料により作成。

図　5

想定火口位置

J K L

地理院地図などにより作成。

図　6

サ　小高い場所のため，溶岩流や火砕流の到達は免(まぬが)れるが，火砕流周辺の熱風は到達する可能性がある。

シ　山麓部のため，火砕流が流れ込む危険があるほか，谷に沿って流れてくる溶岩流の一部が見えない可能性がある。

ス　想定火口位置との間に尾根があるため，溶岩流や火砕流が流れ込む危険は小さいが，火口付近の状況が確認しにくい可能性がある。

	①	②	③	④	⑤	⑥
J	サ	サ	シ	シ	ス	ス
K	シ	ス	サ	ス	サ	シ
L	ス	シ	ス	サ	シ	サ

問 5　造成された住宅地の中には，地震による被害に差異がみられる場合がある。次の図 7 は，住宅地造成前後の地形断面を模式的に示したものであり，①～④は，造成後の宅地の場所である。他の宅地よりも地盤が固く，地震発生時には揺れにくいと考えられるが，周辺の盛り土からの崖崩れの可能性がある宅地として最も適当なものを，図 7 中の①～④のうちから一つ選べ。 5

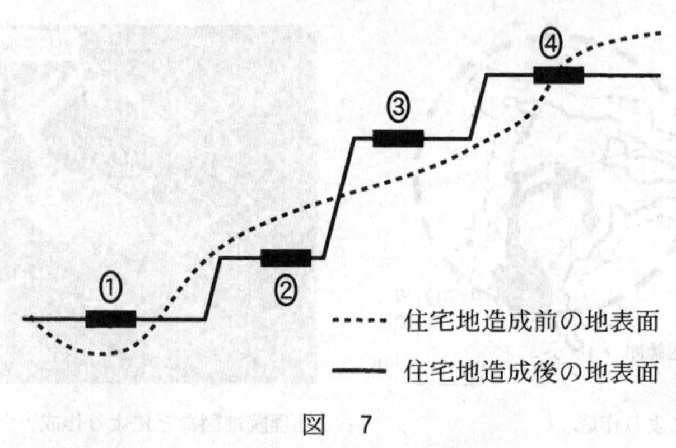

図　7

問６　防災・減災の取組みの中には，自然環境の多様な機能をいかした社会資本の整備や土地利用を図ろうとする考え方にもとづくものがある。この考え方に当てはまる防災・減災の事例として**適当でないもの**を，次の①～④のうちから一つ選べ。［ 6 ］

① 海岸と田畑との間にマツの植栽を行うことで，海からの飛砂や風の被害を防ぐ。

② 植林地が荒廃しないように継続的に管理することで，斜面崩壊による土砂災害を防ぐ。

③ 堤防沿いに竹を植栽することで，洪水時にあふれた水を早く排出して下流の洪水被害を軽減する。

④ 流域の水田を一時的に水をたくわえる遊水地として利用することで，河川の氾濫による洪水被害を軽減する。

第2問　世界の生活・文化に関する次の問い（問1～6）に答えよ。（配点　20）

問1　作物の生産は，地域における消費や食文化と関連する。次の図1は，ジャガイモの生産量と1人当たり年間消費量について，世界の上位10か国を示したものである。図1から読み取れることがらとその背景について述べた文として最も適当なものを，後の①～④のうちから一つ選べ。　7

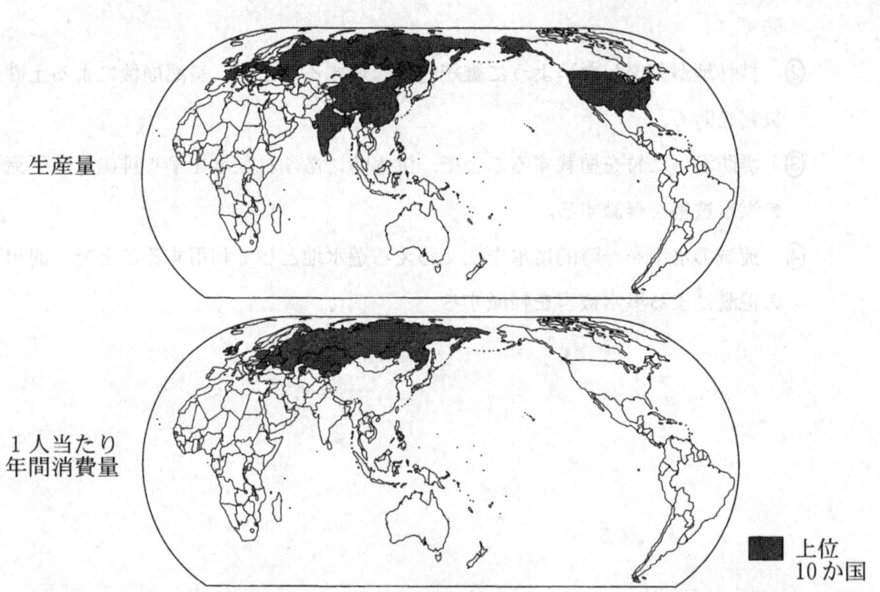

中国には台湾，ホンコン，マカオを含まない。統計年次は2017年。FAOSTATにより作成。

図　1

① 生産量が多いアメリカ合衆国では，ジャガイモは国内向けに生産されており，加工食品用ではなく主に生食用として消費されている。

② 生産量が多いインドや中国では，ジャガイモは単位面積当たりの収量が多いために栽培が盛んであり，ほとんどが輸出向けとなっている。

③ 生産量と1人当たり年間消費量が多い東ヨーロッパでは，冷涼でやせている土地でも育つジャガイモが広く生産され，日常食として定着している。

④ 1人当たり年間消費量が多いイギリスでは，ヨーロッパで初めてジャガイモが持ち込まれ，食文化の中に定着している。

問 2 世界には家畜とともに暮らす人々がいる。次の図2中のA～Cは，水牛，トナカイ，ラクダを家畜として利用する主な地域に含まれる，いずれかの地点の年降水量と気温の年較差を示したものである。また，後の文ア～ウは，図2中のA～Cを含む地域のいずれかでみられる家畜について説明したものである。A～Cとア～ウとの組合せとして最も適当なものを，後の①～⑥のうちから一つ選べ。 8

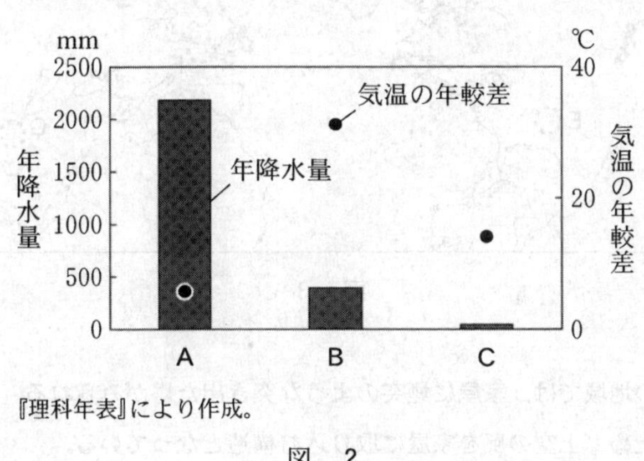

『理科年表』により作成。

図　2

ア　乾燥に強く，水を飲まずに長時間の移動が可能で，交通・運搬のほか，乳や肉は食料，毛は織物，皮は衣服などとして利用されている。

イ　寒さに強く，そりでの運搬のほか，肉や血は食料，皮は衣服や住居，骨や角は薬や道具などの材料として利用されている。

ウ　農地の耕作や運搬に使われるほか，乳や肉は食料，皮は衣服，角は印材などとして利用されている。

	①	②	③	④	⑤	⑥
A	ア	ア	イ	イ	ウ	ウ
B	イ	ウ	ア	ウ	ア	イ
C	ウ	イ	ウ	ア	イ	ア

問 3　人々は地域の自然環境に適応しながら暮らしてきた。次の図3中のE～Gは，生活や産業に風の影響がみられる地域を示したものである。また，後の文章**カ**～**ク**は，E～Gのいずれかに関することがらについて述べたものである。E～Gと**カ**～**ク**との組合せとして最も適当なものを，後の①～⑥のうちから一つ選べ。 9

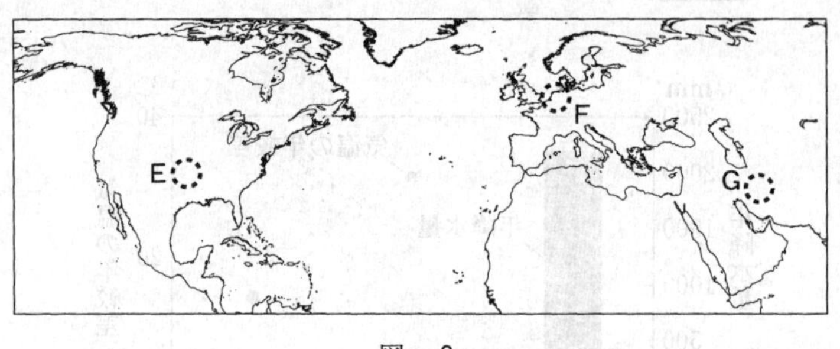

図　3

カ　この地域では，家屋に煙突のような突き出た塔がみられる。夏の暑さをしのぐため，上空の風を家屋に取り込む構造となっている。

キ　この地域では，強風によって家屋に被害が及ぶことがある。そのため，避難用のシェルターが地中や家屋の近くに設置されている。

ク　この地域では，卓越風が地域の産業と密接に結びついていた。かつては，風力が主に排水や製粉，製材に利用されていた。

	①	②	③	④	⑤	⑥
E	カ	カ	キ	キ	ク	ク
F	キ	ク	カ	ク	カ	キ
G	ク	キ	ク	カ	キ	カ

問 4 次の写真1は，アラビア半島南端に位置するイエメンの都市，シバームを撮影したものである。この都市は，ハドラマウト川の渓谷地帯にある古都で，交易の中心地として栄え，世界文化遺産にも登録されている。写真1に関連することがらについて述べた文として**適当でないものを**，写真1中の①～④のうちから一つ選べ。 10

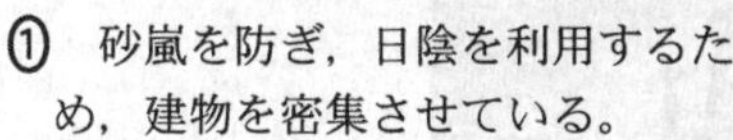

① 砂嵐を防ぎ，日陰を利用するため，建物を密集させている。
② 地震対策として，高層の建物は主にコンクリートで造られている。
③ 防衛と洪水対策のために建てられた城壁で市街が囲まれている。
④ 水の流れがない時期には，交通路として利用されている。

写真　1

問 5　次の写真 2 は，ヨーロッパのある地域における建築物であり，後の図 4 中の①～⑨は，ヨーロッパにおける主な言語とキリスト教の主な宗派との組合せを示したものである。写真 2 の建築物がある地域の主な言語と宗派との組合せとして最も適当なものを，後の図 4 中の①～⑨のうちから一つ選べ。 11

写真　2

キリスト教の主な宗派 ＼ 主な言語	ゲルマン語派	スラブ語派	ラテン語派
カトリック	①	②	③
正教	④	⑤	⑥
プロテスタント	⑦	⑧	⑨

図　4

問 6　次の表1は，オーストラリアにおける出生地別の人口割合の変化を示したものであり，**a**と**b**は，1996年と2016年のいずれかである。また，図**5**は，オーストラリア全体とシドニー大都市圏における家庭での使用言語の割合を示したものであり，**X**と**Y**は，オーストラリア全体とシドニー大都市圏のいずれかである。表1と図**5**に関する文章中の空欄**サ**と**シ**に当てはまる語句と記号との正しい組合せを，後の①～④のうちから一つ選べ。 **12**

表　1

（単位：％）

出生地	人口割合	
	a	b
オーストラリア	73.7	78.0
イギリス	4.6	6.0
ニュージーランド	2.2	1.6
中　国	2.2	0.6
インド	1.9	0.4
フィリピン	1.0	0.5
ベトナム	0.9	0.9
イタリア	0.7	1.3

中国の数値には台湾，ホンコン，マカオを含まない。Parliament of Australia の資料などにより作成。

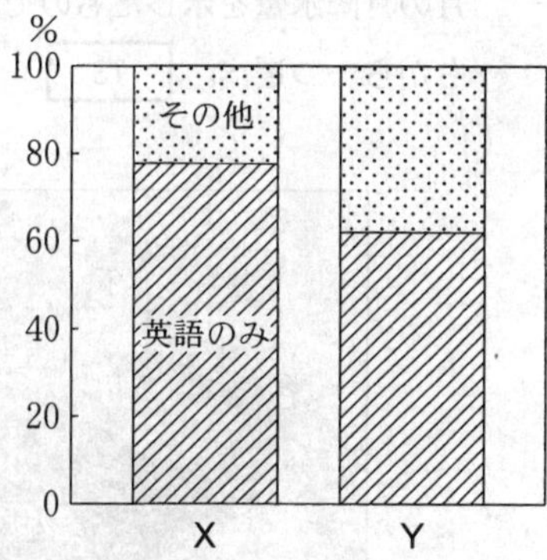

統計年次は2016年。
Australian Bureau of Statistics の資料などにより作成。

図　5

出生地別の人口割合は，（　**サ**　）に変化した。それに伴って，家庭での使用言語にも変化がみられる。オーストラリア国内でも地域による違いがみられ，シドニー大都市圏に該当するのは（　**シ**　）である。

	①	②	③	④
サ	aからb	aからb	bからa	bからa
シ	X	Y	X	Y

第3問　地理研究部のイオリさんたちは，東アジアの暮らしについて，地域性と結びつきに着目して調べた。イオリさんたちが探究したことに関する次の問い(**問**1～6)に答えよ。(配点　20)

問 1　イオリさんたちは，東アジアの気候について調べ，次の図1と後の図2にまとめた。図2中の**ア**～**エ**は，図1中のラサ，シーアン，タイペイ，プサンのいずれかの地点における最暖月と最寒月の月平均気温，および最多雨月と最少雨月の月降水量を示したものである。プサンに該当するものを，後の①～④のうちから一つ選べ。　13

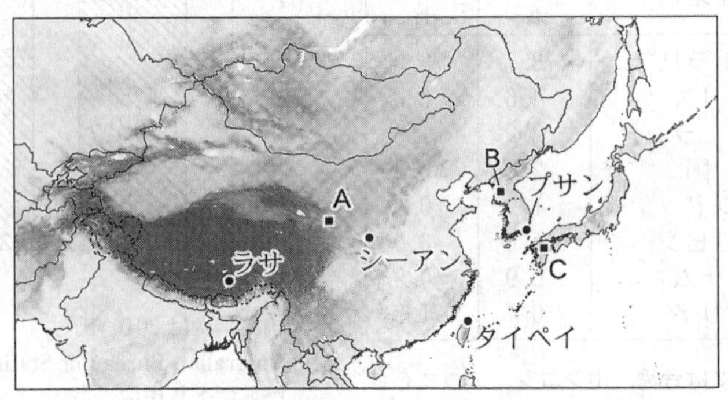

色の濃い部分ほど標高の高い地域を示している。
国土地理院の資料などにより作成。

図　1

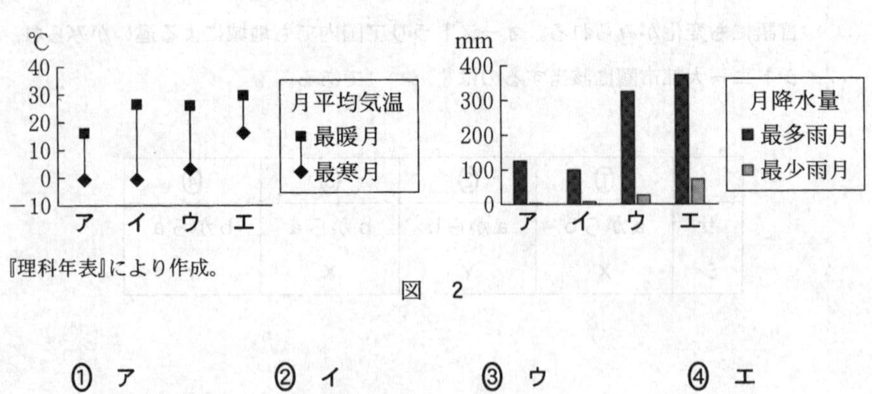

『理科年表』により作成。

図　2

①　ア　　②　イ　　③　ウ　　④　エ

問 2　東アジアには自然環境に応じて様々な食文化がみられるのではないかと考えたナツキさんは，麺類に着目して次の資料1にまとめた。資料1中の**カ～ク**は，前ページの図1中の地点A～Cを含む地域のいずれかで伝統的に食べられてきた麺類に関して示したものである。**カ～ク**とA～Cとの組合せとして最も適当なものを，後の①～⑥のうちから一つ選べ。 14

資料　1

カ

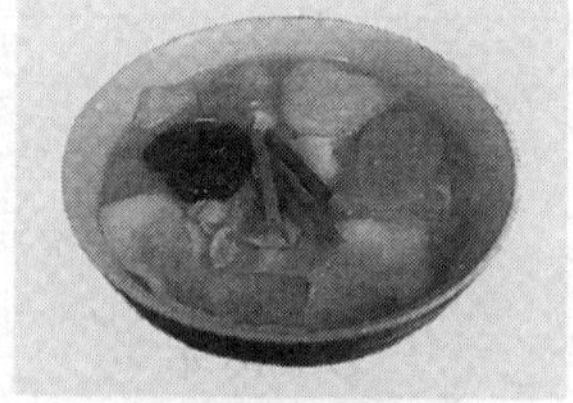

二毛作の農作物として小麦が生産されている。小麦粉から麺を手延べするほか，野菜などの具材を入れる。

キ

主に小麦が生産されている。小麦粉を麺の材料として利用するほか，イスラーム(イスラム教)の文化の影響から，豚肉ではなく牛肉を入れる。

ク

低温に強いソバが広く生産されている。そば粉を麺の材料に加えるほか，冬の保存食としてつくる辛い漬物の汁を入れる。

	①	②	③	④	⑤	⑥
カ	A	A	B	B	C	C
キ	B	C	A	C	A	B
ク	C	B	C	A	B	A

問 3　イオリさんは，食に関する暮らしの変化をとらえるために，東アジアの食料消費について調べた。次の図3は，日本，韓国，中国*における重要な穀物である小麦と米の1人当たり年間供給量の変化を示したものである。図3中の空欄EとFは小麦と米のいずれか，**サ**と**シ**は日本と中国のいずれかである。小麦と日本との正しい組合せを，後の①～④のうちから一つ選べ。 15

*台湾，ホンコン，マカオを含まない。

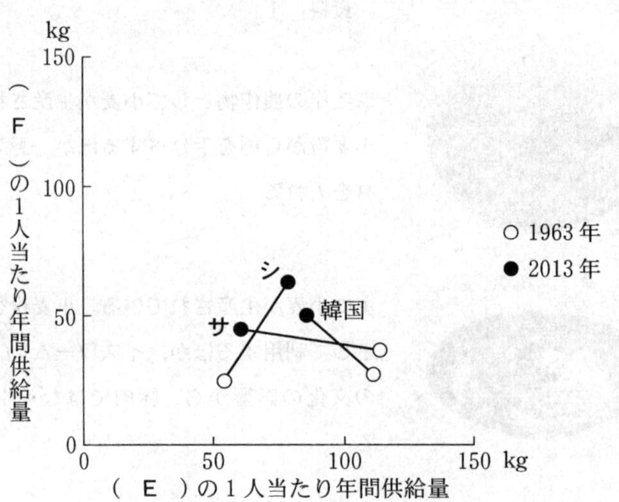

FAOSTATにより作成。

図 3

	①	②	③	④
小　麦	E	E	F	F
日　本	サ	シ	サ	シ

問 4 イオリさんたちは，東アジアの結びつきによっても暮らしが支えられているのではないかと考え，日本，韓国，中国*の3か国間の貿易を調べた。次の図4は，3か国間の取引割合を示したものであり，JとKは乗用車と野菜**のいずれか，**タ**と**チ**は韓国と中国のいずれかである。野菜と韓国との正しい組合せを，後の①～④のうちから一つ選べ。 16

*台湾，ホンコン，マカオを含まない。
**乾燥，生鮮，冷蔵，冷凍などを含む。

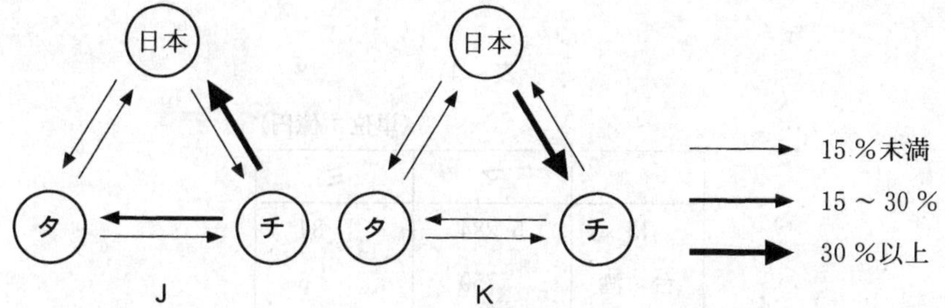

3か国間の輸入取引額の合計が100％となるようにした。
統計年次は2018年。UN Comtradeにより作成。

図 4

	①	②	③	④
野　菜	J	J	K	K
韓　国	タ	チ	タ	チ

問 5 次にイオリさんは，サービスに関する日本の貿易を調べた。次の表1は，いくつかの国・地域に対する日本の国際収支のうち，知的財産使用料*と文化・娯楽等サービスの収支を示したものであり，表1中の**マ**と**ミ**は知的財産使用料と文化・娯楽等サービスの収支のいずれか，**M**と**N**は韓国と中国**のいずれかである。文化・娯楽等サービスの収支と中国との正しい組合せを，後の①～④のうちから一つ選べ。 17

*著作権料や特許料など。
**台湾，ホンコン，マカオを含まない。

表 1

（単位：億円）

	マ	ミ
M	5,284	84
台　湾	759	6
N	388	− 280

2015～2019 年の平均値。
日本銀行の資料により作成。

	①	②	③	④
文化・娯楽等サービスの収支	マ	マ	ミ	ミ
中　国	M	N	M	N

問 6　最後にナツキさんは，人々の移動に着目して訪日旅行者の動向をまとめた。次の図5は，2000年から2018年にかけての韓国，台湾，中国*からの訪日旅行者数の推移を示したものであり，図6は，2018年における訪日旅行者の地方別延べ宿泊数**の国・地域別内訳を示したものである。図5中のラとリ，および図6中の凡例PとQは，韓国と中国のいずれかである。中国に該当する正しい組合せを，後の①～④のうちから一つ選べ。 18

*ホンコンとマカオを含まない。
**宿泊者数×宿泊数。

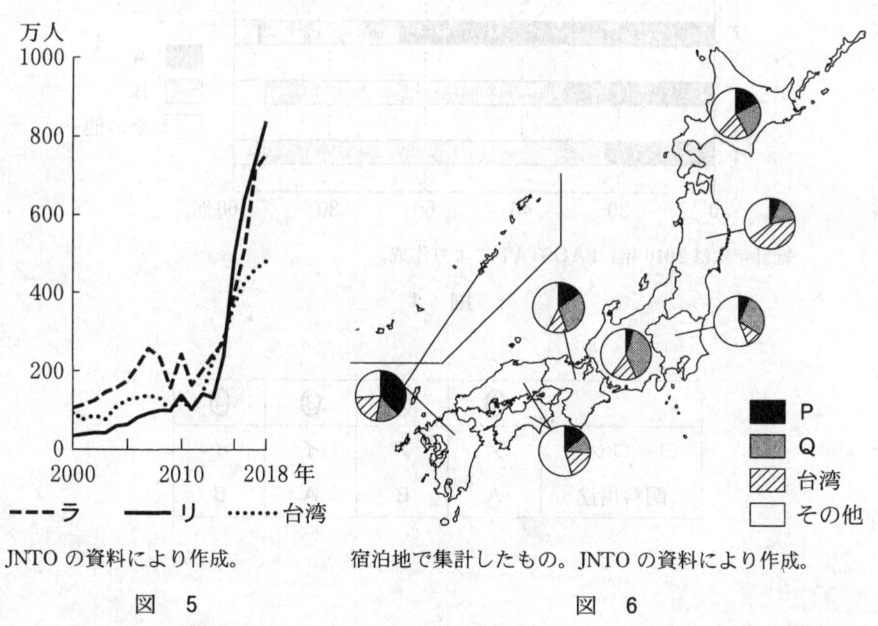

JNTOの資料により作成。

図　5

宿泊地で集計したもの。JNTOの資料により作成。

図　6

	①	②	③	④
訪日旅行者数の推移	ラ	ラ	リ	リ
訪日旅行者の地方別延べ宿泊数	P	Q	P	Q

第４問　地球的課題に関する次の問い(問１～６)に答えよ。(配点　20)

問１　食料問題の背景の一つに，食料用途以外での穀物利用の増加があげられる。次の図１は，穀物の消費量に占める用途別の割合を地域ごとに示したものであり，**ア**と**イ**はアフリカとヨーロッパのいずれか，凡例**A**と**B**は食料用途と飼料用途のいずれかである。ヨーロッパと飼料用途との正しい組合せを，後の①～④のうちから一つ選べ。　19

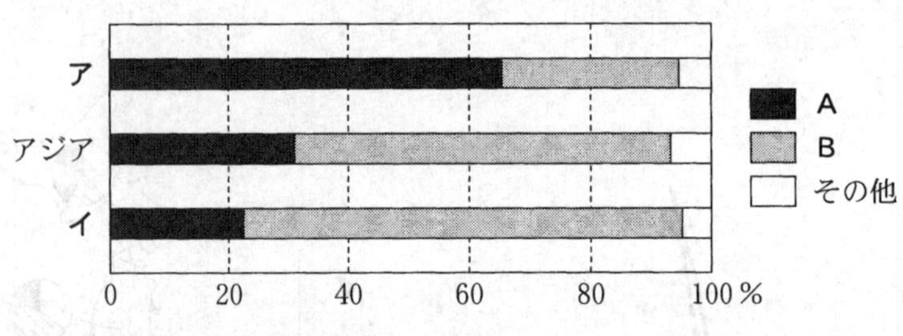

統計年次は2016年。FAOSTATにより作成。

図　1

	①	②	③	④
ヨーロッパ	ア	ア	イ	イ
飼料用途	A	B	A	B

問 2　次の資料1は，日本における食事DとEに使用されている主な食材の重量と産地を示したものである。これらの食事のフードマイレージ*や食材の調達に関連することがらについて述べた文として**適当でないもの**を，後の①～④のうちから一つ選べ。 20

*食材の重量に，生産地から消費地までの輸送距離を乗じた値。国内産の輸送距離は全て同一とする。

資料　1

食事D

焼き魚定食
主な食材
・コメ　120 g　国内産
・アジ　100 g　国内産
・大豆　40 g　アメリカ合衆国産
・大根　20 g　国内産

食事E

ハンバーグ(目玉焼きのせ)セット
主な食材
・牛肉　120 g　アメリカ合衆国産
・小麦粉　100 g　カナダ産
・卵　40 g　国内産
・コーヒー豆　20 g　タンザニア産

① 食材の重量が倍増しても，使用食材をすべて国内産に変更することで，食事DとEともにフードマイレージは小さくなる。

② 食事DとEのフードマイレージを計算すると，食事Dよりも食事Eの値が大きい。

③ 食事Eについて，使用食材をすべて国内産に変更することで，食事をつくるのに必要な単価を大幅に低下させることができる。

④ 食事Eについて，フェアトレードの仕組みを活用することによって単価は上昇するが，その上昇分が生産者に還元されることになる。

問 3　次の表1は，2018年と2030年におけるメガシティ*の数を地域別に示したものであり，J～Lは，アジア，アフリカ，北アメリカのいずれかである。また，メガシティの現状と課題に関する文章中の空欄aには，文**カ**と**キ**のいずれかが当てはまる。Kに該当する地域と空欄aに当てはまる文との組合せとして最も適当なものを，後の①～⑥のうちから一つ選べ。 21

*人口1000万人以上の都市や都市圏。

表　1

	2018年のメガシティ数	2030年のメガシティ数(予測値)
J	20	27
中央・南アメリカ	6	6
K	3	5
L	2	2
ヨーロッパ	2	3
オセアニア	0	0

The World's Cities in 2018 により作成。

世界各地のメガシティの特性を比較すると，発生する都市問題は地域によって異なる傾向がみられる。例えば，中央・南アメリカのメガシティでは，(　a　)が顕著な問題となっており，対策が求められている。

カ　急速に進む高齢化と社会基盤の老朽化

キ　人口増加に伴って生じるスラムの拡大と居住環境の悪化

	①	②	③	④	⑤	⑥
K	アジア	アジア	アフリカ	アフリカ	北アメリカ	北アメリカ
a	**カ**	**キ**	**カ**	**キ**	**カ**	**キ**

問 4 モータリゼーションの進展は，環境問題との関わりが大きい。次の図 **2** は，いくつかの国の 1990 年と 2015 年における人口千人当たりの自動車保有台数と，人口千人当たりの窒素酸化物排出量*を示したものである。図 **2** 中の**サ**～**ス**は日本，アメリカ合衆国，ポーランドのいずれか，凡例 **X** と **Y** は 1990 年と 2015 年のいずれかである。ポーランドと 2015 年との正しい組合せを，後の①～⑥のうちから一つ選べ。 **22**

*窒素酸化物は大気汚染物質の一つであり，排出量は自動車，船舶，航空機などの移動する発生源からの値を示す。

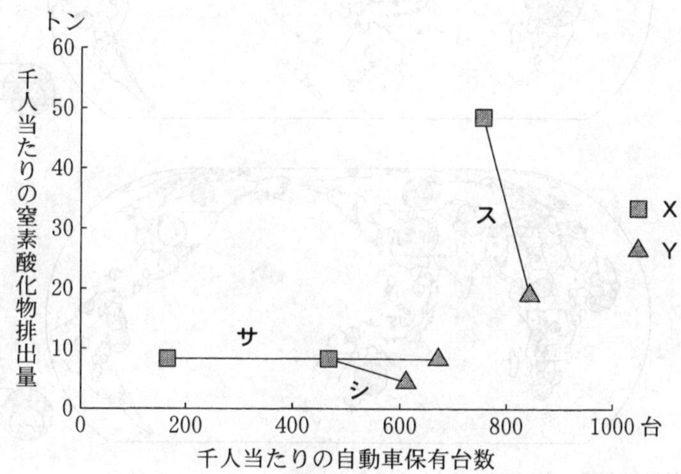

『世界の統計 2018』などにより作成。

図　2

	①	②	③	④	⑤	⑥
ポーランド	サ	サ	シ	シ	ス	ス
2015 年	X	Y	X	Y	X	Y

問 5 次の図3は，スマートフォンなどの電子機器に利用される金属であるタンタルと，古くから貴金属として利用されてきた金の産出量を国・地域別に示したものである。鉱物の分布と採掘をめぐる課題に関する文章中の下線部①～④のうちから，**適当でないもの**を一つ選べ。 23

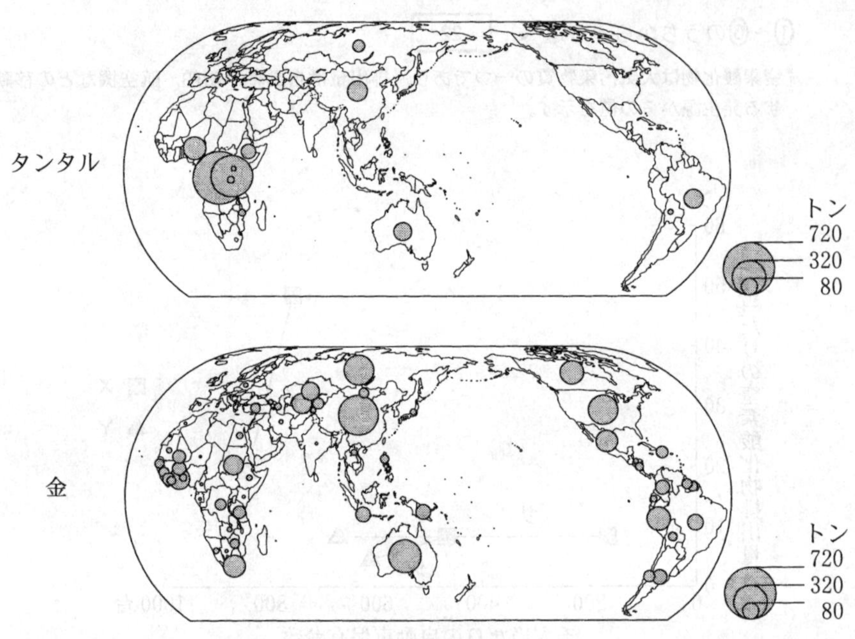

中国の数値には台湾，ホンコン，マカオを含まない。
統計年次は2017年。USGSの資料などにより作成。

図 3

図3から，①<u>金よりもタンタルの方が産出国に偏りがあること</u>，また②<u>タンタルは金と比べて産出量が少ない</u>ことがわかる。分布や産出量から，③<u>タンタルより金の方が，産出国の政情不安が世界全体の産出量に影響を与えやすい</u>といえる。タンタルはレアメタルの一つであり，④<u>情報通信機器の世界的な普及などに伴い需要が増加しているが</u>，レアメタルは武装集団が資金源とするなど，紛争と関わることもあるため，利用国側の姿勢が問われている。

問 6 現代社会の変化は，世界各地の先住民族の暮らしに影響を及ぼしている。次の図4中のP～Rは，いくつかの先住民族が主に居住する地域を示しており，後の文タ～ツは，図4中のP～Rのいずれかに居住する先住民族に関連することがらについて述べたものである。P～Rとタ～ツとの最も適当な組合せを，後の①～⑥のうちから一つ選べ。 24

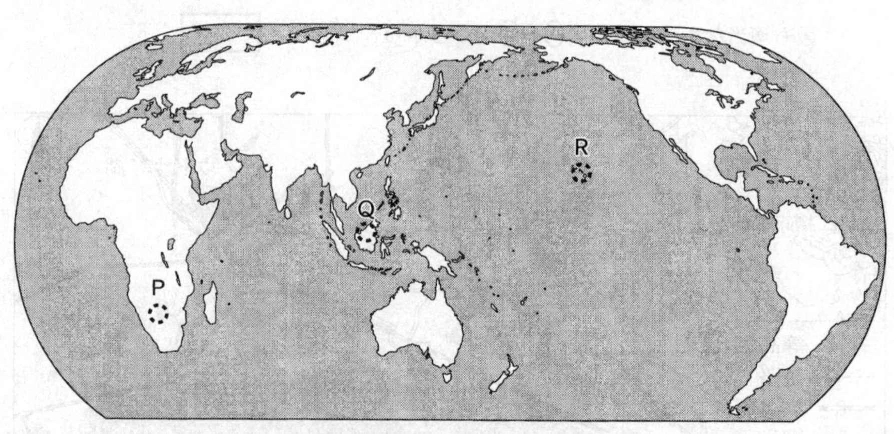

図 4

タ　この地域の先住民族の言語は，1970年代にこの地域の公用語となり，観光に活用されるなど，文化の多様性のシンボルとなっている。

チ　この地域の先住民族は，移動しながら採集や狩猟などを行ってきたが，野生動物保護区の設置などに伴って定住化が進んでいる。

ツ　この地域では，先住民族が焼畑による自給的な作物栽培を行ってきたが，近年では商品作物の栽培が拡大し，森林の生物多様性が損なわれている。

	①	②	③	④	⑤	⑥
P	タ	タ	チ	チ	ツ	ツ
Q	チ	ツ	タ	ツ	タ	チ
R	ツ	チ	ツ	タ	チ	タ

第5問　東北地方に住む高校生のリサさんとユイさんは，北海道苫小牧(とまこまい)市とその周辺の地域調査を行った。この地域調査に関する次の問い(**問1～6**)に答えよ。(配点　20)

問1　リサさんたちは，調査に出発する前に次の図1を見て，苫小牧市周辺の景観の特徴について考えた。図1から考えられることがらについて述べた文として最も適当なものを，後の①～④のうちから一つ選べ。 25

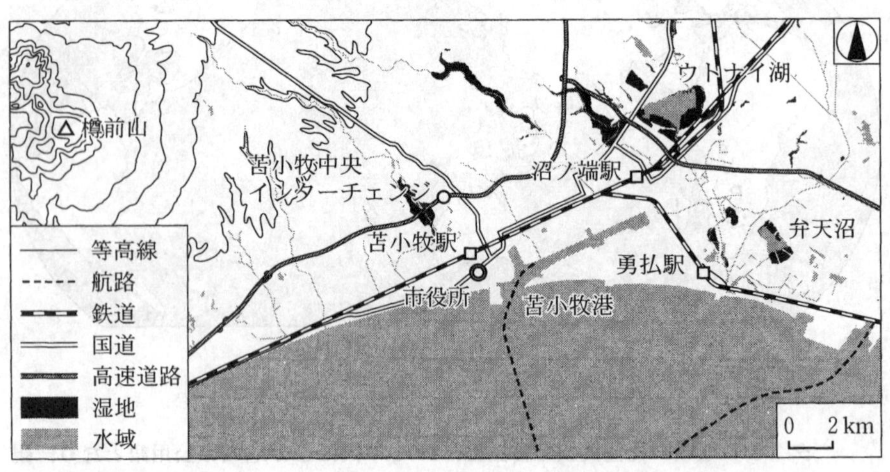

地理院地図により作成。

図　1

① 南側からフェリーで苫小牧港に近づくと，進行方向に向かって右側に市街地と樽前山(たるまえさん)が見えるだろう。

② 列車で勇払(ゆうふつ)駅から東に向かうと，左側に弁天沼(べんてんぬま)やウトナイ湖の水面が見えるだろう。

③ 沼ノ端(ぬまのはた)駅のそばを通る国道を北西方向に歩いていくと，その先に湿地の見える場所があるだろう。

④ バスで苫小牧中央インターチェンジから高速道路を西に向かうと，右側には市街地が，左側には樽前山が見えるだろう。

問 2　先生から借りた過去の5万分の1地形図(原寸，一部改変)を見たリサさんたちは，次の図**2**のように，苫小牧市周辺で多くの川が河口付近で屈曲し，流路が頻繁に変化していることに気づいた。川の流路が変化している理由を知るために，リサさんたちは，苫小牧市内の博物館を訪問して学芸員に質問した。リサさんたちと学芸員との会話文中の空欄**ア**～**ウ**に当てはまる語句の組合せとして最も適当なものを，後の①～⑧のうちから一つ選べ。 **26**

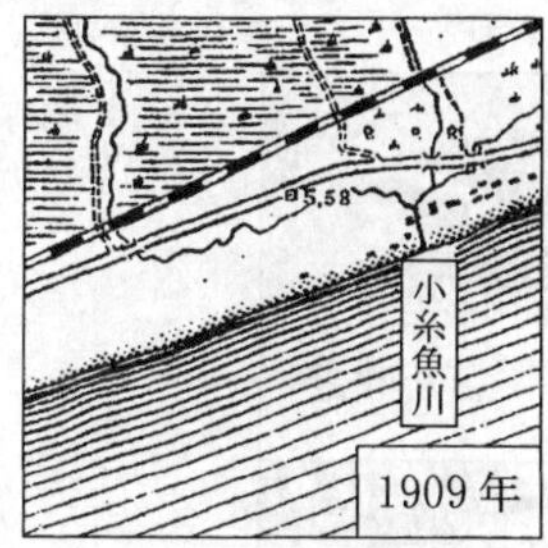

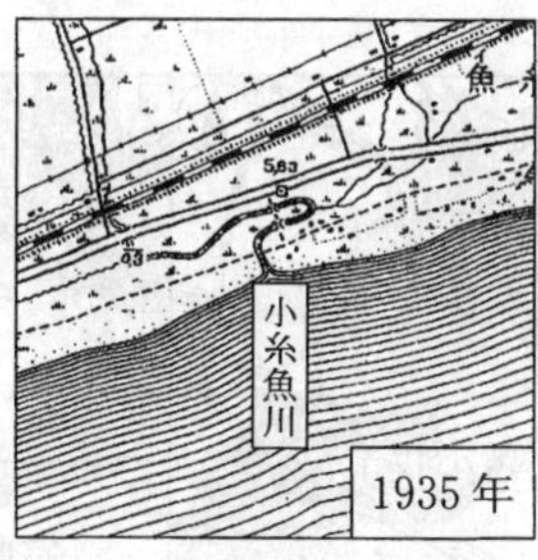

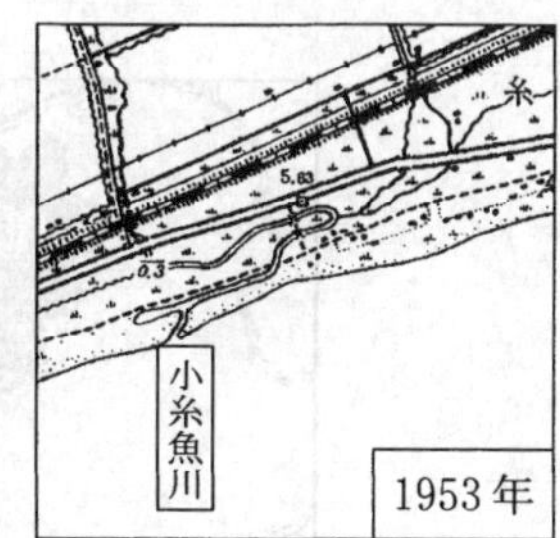

図　2

リ　サ「なぜ，この地域では図**2**のように多くの川が河口付近で曲がり，海岸線と平行に流れるのですか」

学芸員「苫小牧市の海岸は，直線的に砂浜が続くのが特徴です。これは，(　**ア**　)によって運ばれる砂の堆積が最も大きな理由です。他方で，この地域では(　**イ**　)になると，河川の流量が大幅に減少するため，河口付近が砂でふさがれて，川の流路がたびたび変わるのです」

ユ　イ「(　**イ**　)には，河川よりも海の運搬・堆積作用の方が(　**ウ**　)なるということですね」

	①	②	③	④	⑤	⑥	⑦	⑧
ア	沿岸流	沿岸流	沿岸流	沿岸流	潮　汐	潮　汐	潮　汐	潮　汐
イ	夏　季	夏　季	冬　季	冬　季	夏　季	夏　季	冬　季	冬　季
ウ	大きく	小さく	大きく	小さく	大きく	小さく	大きく	小さく

問 3　リサさんたちは，苫小牧港の整備と苫小牧市の発展について，市役所の職員から話を聞いた。次の図 3 は，苫小牧市周辺の概要と，陰影をつけて地形の起伏を表現した苫小牧港と室蘭（むろらん）港の地図である。また，後の図 4 は苫小牧港と室蘭港の海上貨物取扱量の推移を，図 5 は 2018 年における両港の海上貨物取扱量の内訳を示したものである。これらの図をもとにした，リサさんたちと職員との会話文中の下線部①～④のうちから，**誤りを含むもの**を一つ選べ。 27

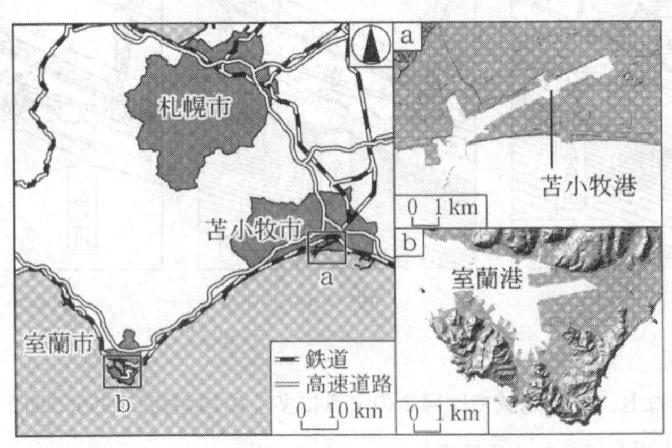

地理院地図などにより作成。

図　3

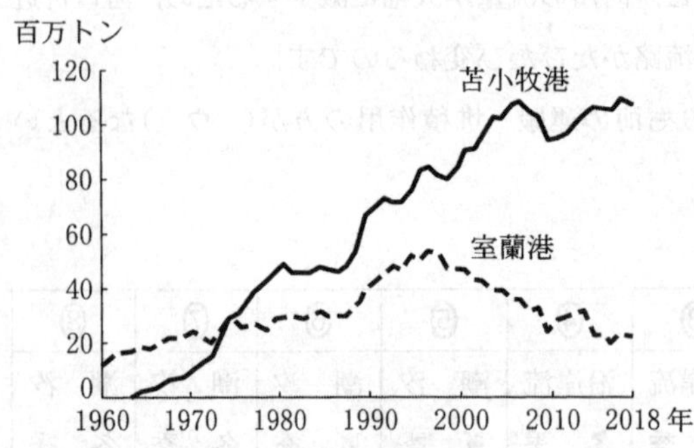

苫小牧港統計年報などにより作成。

図　4

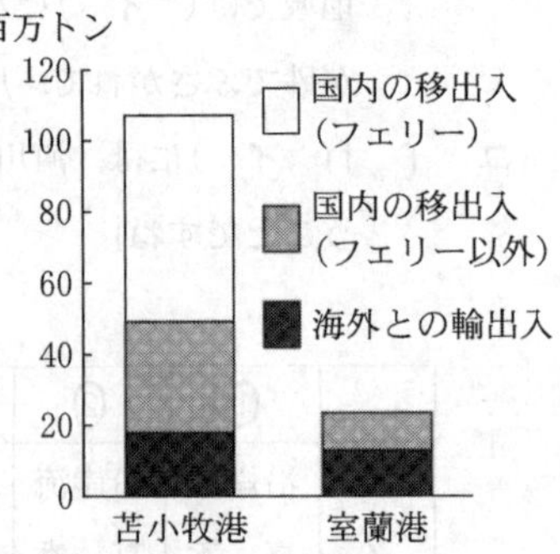

苫小牧港統計年報などにより作成。

図　5

職　員「室蘭港は，1960 年代まで工業製品や北海道の内陸部で産出されたエネルギー資源を本州に積み出す，北海道でも有数の港湾でした」

リ　サ「①室蘭港が，内湾に面していて波が穏やかな天然の良港だからですね」

職　員「一方で，現在の苫小牧港は，1963 年に大規模な掘り込み式の港湾として整備されてから，急速に海上貨物取扱量を増やしていきます」

ユ　イ「苫小牧港が発展したのは，②人口が多い札幌市やその周辺の地域に近いことと，北海道の中央部からの輸送距離が短縮できたためでしょうね」

職　員「かつての苫小牧市では，戦前に立地した一部の大工場がみられる程度でした。苫小牧港が整備されて以降，港湾に関連する産業も成長しました。人口も増え，苫小牧市は北海道内で屈指の工業都市となりました」

リ　サ「苫小牧市で港湾関連の産業が発達したのは，③港の近くが平坦で，巨大な倉庫や工場を造りやすかったことも関係していますね」

職　員「2018 年時点で苫小牧港は，北海道で最も海上貨物取扱量が多い港湾です。苫小牧港は，フェリーが海上貨物取扱量の半分以上を占めているのが特徴です」

ユ　イ「フェリーを除いた海上貨物取扱量をみると，④苫小牧港は，海外との貿易の占める割合が室蘭港よりも高いですね。苫小牧港は，北海道の重要な海の玄関口となっているのですね」

問 4　市役所の職員の話に興味をもったリサさんたちは，苫小牧港整備以降の工業の変化を統計で確認した。次の表1は，製造業のいくつかの業種の変化について，北海道の製造品出荷額に占める苫小牧市の割合と，苫小牧市の製造品出荷額に占める各業種の割合を示したものである。また，表1中のA～Cは，食料品，石油製品・石炭製品，パルプ・紙・紙加工品のいずれかである。業種とA～Cとの正しい組合せを，後の①～⑥のうちから一つ選べ。 28

表 1

（単位：%）

	北海道の製造品出荷額に占める苫小牧市の割合		苫小牧市の製造品出荷額に占める各業種の割合	
	1971年	2018年	1971年	2018年
A	28.6	31.6	54.1	9.6
B	3.7	69.5	0.7	56.1
C	0.9	0.4	5.8	0.7

『工業統計表』などにより作成。

	①	②	③	④	⑤	⑥
食料品	A	A	B	B	C	C
石油製品・石炭製品	B	C	A	C	A	B
パルプ・紙・紙加工品	C	B	C	A	B	A

問 5　リサさんたちは，苫小牧市内のいくつかの住宅地区を歩き，建物や街並みの特徴をメモした資料1と，1995年と2015年の年齢別人口構成を示す図6を作成した。図6中の**カ**と**キ**は，資料1中の地区dとeのいずれかにおける人口構成の変化を示したものであり，X年とY年は，1995年と2015年のいずれかである。地区dに該当する図と1995年との正しい組合せを，後の①～④のうちから一つ選べ。 29

資料　1

地区ｄ　市中心部の社員用住宅地区

工場従業員とその家族向けの住宅団地。空き部屋もいくつかある。冬に洗濯物を乾かせるよう，ベランダに覆いがつけられている。

地区ｅ　郊外の戸建て住宅地区

30年ほど前に造成された地区。車が２台以上ある家が目立つ。北向きの玄関には，屋根や覆いのある家が多い。

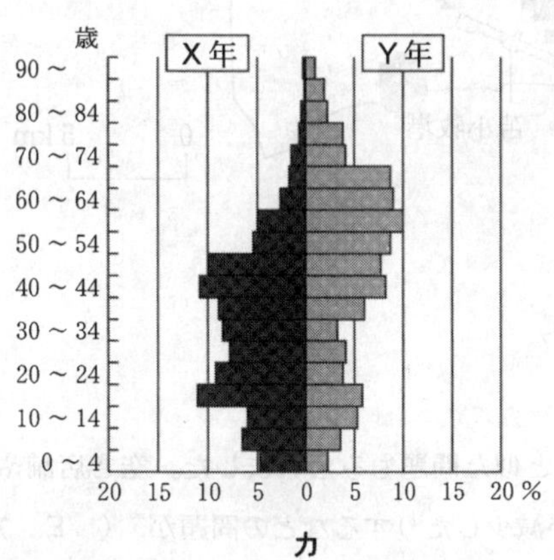

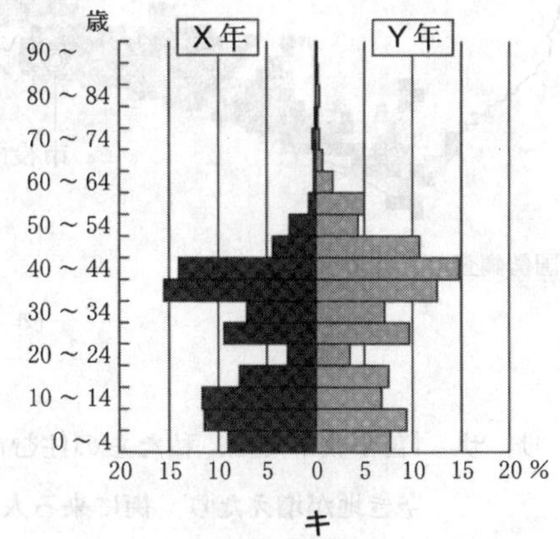

国勢調査により作成。

図　6

	①	②	③	④
地区ｄ	カ	カ	キ	キ
1995年	X　年	Y　年	X　年	Y　年

問 6 現地での調査を終えたリサさんたちは，学校に戻り調査結果と地域の問題について次の図7を見ながら先生と話し合った。図7は，1995年から2015年にかけての人口増減を示したものである。また，会話文中の空欄Eには語句**サ**と**シ**のいずれか，空欄Fには文**タ**と**チ**のいずれかが当てはまる。空欄EとFに当てはまる語句と文との組合せとして最も適当なものを，後の①～④のうちから一つ選べ。 30

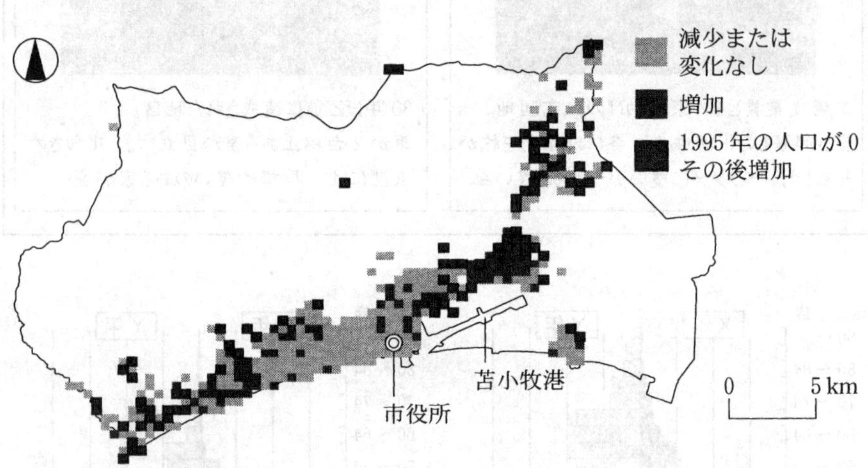

国勢調査などにより作成。

図 7

リ サ 「苫小牧市では，私たちの住む市と似た問題もみられました。空き店舗や空き地が増えたり，街に来る人が減少したりするなどの問題が，（ E ）側の市街地ではみられます」

先 生 「同じような問題は，全国の地方都市でも共通してみられます。では，この問題の解決に向けた取組みを，構想してみてください」

ユ イ 「この問題の解決には，（ F ）が考えられるのではないでしょうか。この取組みは，温室効果ガスの削減にもつなげられると思います」

先 生 「いいですね。今回の調査と考察を私たちの住む市でも活用してください」

（　E　）に当てはまる語句

サ　市役所の西

シ　苫小牧港の北

（　F　）に当てはまる文

タ　郊外で大型の駐車場を備えたショッピングセンターの開発や，大規模なマンションの建設を進めること

チ　利用者の予約に応じて運行するバスの導入や，公共交通機関の定時運行によって利便性を高めること

	①	②	③	④
E	サ	サ	シ	シ
F	タ	チ	タ	チ

MEMO

地理A

（2021年１月実施）

60分　100点

2021
第1日程

（解答番号 1 ～ 30 ）

第1問　現代社会における地図と地理情報の活用に関する次の問い（問1～6）に答えよ。（配点　20）

問1　次の図1は，ある地域の1985年と2015年に発行された2万5千分の1地形図（原寸，一部改変）である。図1中のA～Dは，2015年に主に住宅地として利用されている範囲であり，下の①～④の文は，A～Dのいずれかについて述べたものである。Aについて述べた文として最も適当なものを，下の①～④のうちから一つ選べ。 1

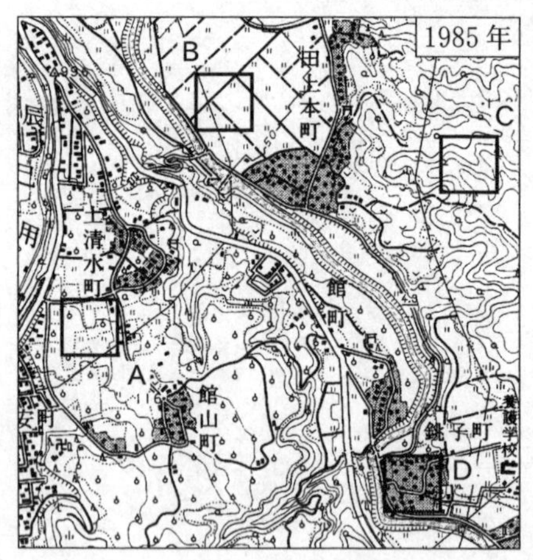

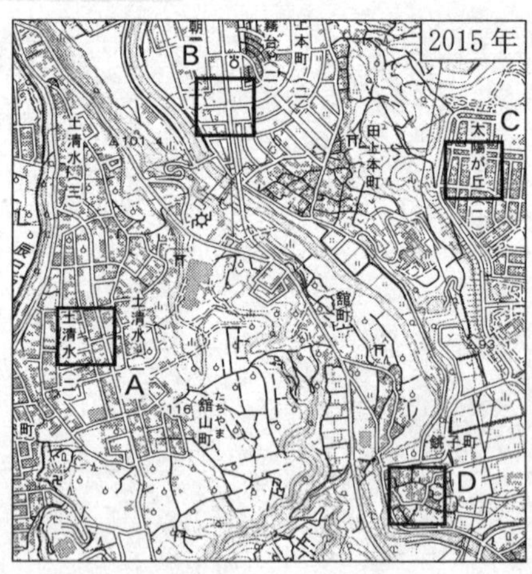

図　1

① 尾根や谷が入り組んだ傾斜地を造成してつくられた。

② 主に水田として利用されていた低地につくられた。

③ 果樹園や水田として利用されていた台地上につくられた。

④ かつてから住宅地であった。

問 2 次の図2は，自然堤防や後背湿地を含む日本のある地域の空中写真であり，下の図3は，図2中の地点アとイを結ぶ点線に沿って，数値標高データを用いて作成した地形断面図である。また，下の文aとbは，図2中の地点FとGのいずれかの地形の特徴について述べたものである。自然堤防に該当する地点と文との組合せとして最も適当なものを，下の①～④のうちから一つ選べ。 **2**

国土地理院の資料により作成。

図　2

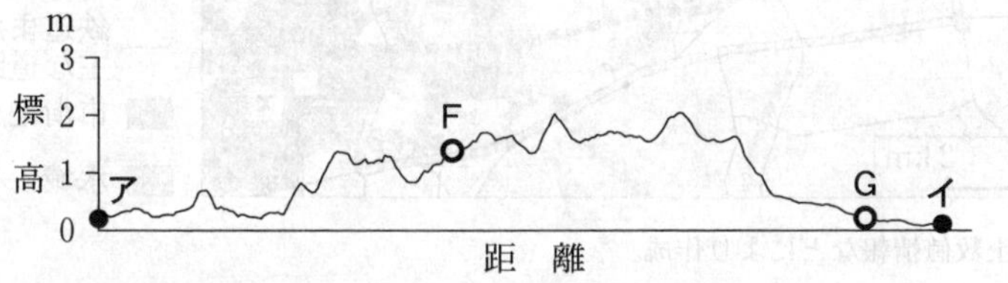

地理院地図により作成。

図　3

a　川や旧河道に沿ってみられる水はけの良い地形

b　地盤が軟弱かつ水がたまりやすい地形

	①	②	③	④
地　点	F	F	G	G
文	a	b	a	b

問 3　次の図4は，ある地域のｘ駅からｙ駅まで移動するときに，GIS(地理情報システム)を用いて検索したいくつかの経路を示したものであり，Ｊ～Ｌは，一般道のみを利用する経路，高速道路を利用する経路，鉄道を利用する経路のいずれかである。また，下の表1は，経路の長さと，平日の異なる時間帯の出発を想定した所要時間*の検索結果を，経路ごとに示したものである。経路とＪ～Ｌとの正しい組合せを，次ページの①～⑥のうちから一つ選べ。 3

*鉄道を利用する経路は，快速列車を利用するものとし，所要時間はｘ駅での待ち時間を含まない最短乗車時間。

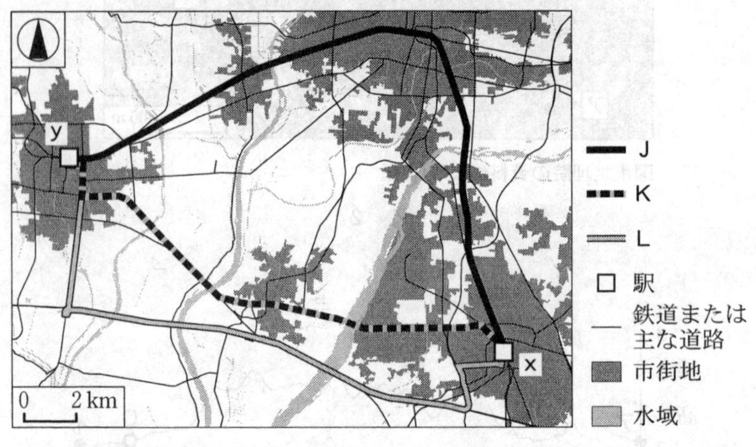

国土数値情報などにより作成。

図　4

表　1

	経路の長さ(km)	ｘ駅からｙ駅までの所要時間(分)	
		午前8時頃出発	午後2時頃出発
Ｊ	26.9	21	21
Ｋ	20.1	53	47
Ｌ	26.1	37	36

Googleマップにより作成。

	①	②	③	④	⑤	⑥
一般道のみを利用する経路	J	J	K	K	L	L
高速道路を利用する経路	K	L	J	L	J	K
鉄道を利用する経路	L	K	L	J	K	J

問 4　GIS を利用して統計地図を作成する際には，統計データの種類や性質によって適当な地図の表現方法を選択する必要がある。次の図 **5** は，ある県における人口を，異なる方法によって統計地図として表現したものである。人口を表現した統計地図として**適当でないもの**を，図 5 中の①～④のうちから一つ選べ。 **4**

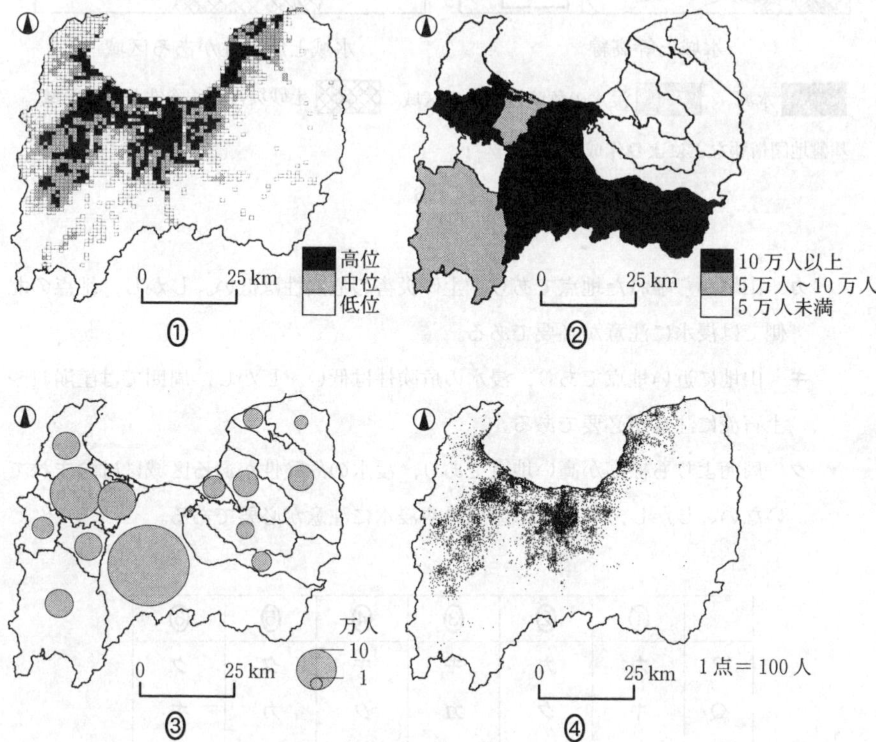

統計年次は 2015 年。国勢調査などにより作成。

図　5

問 5　次の図6は，ある地域における大雨に伴う災害時の避難場所を考えるために，GISを用いて地域の特徴を示したものであり，下の文章**カ**～**ク**は，図6中のP～Rのいずれかの地点について，避難場所としての長所と短所を述べたものである。P～Rと**カ**～**ク**との組合せとして最も適当なものを，下の①～⑥のうちから一つ選べ。 5

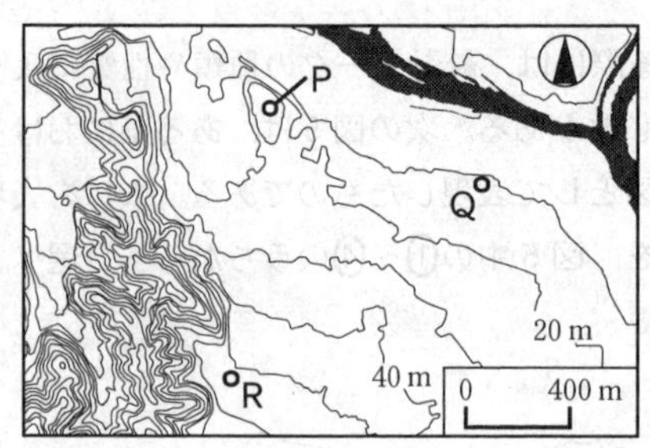

水域と等高線

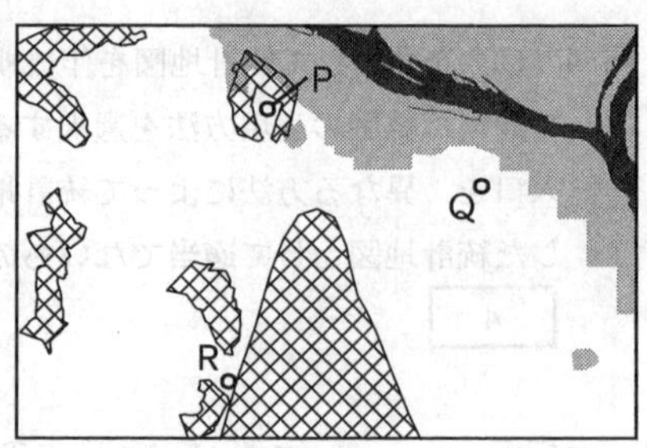

水域と危険性がある区域

水域　浸水の危険性がある区域　土砂災害の危険性がある区域

基盤地図情報などにより作成。

図　6

カ　山地から離れた地点であり，土砂災害の危険性は低い。しかし，地点の北側では浸水に注意が必要である。

キ　山地に近い地点であり，浸水の危険性は低い。しかし，周囲では崖崩れや土石流に注意が必要である。

ク　周囲よりも標高が高い地点であり，浸水の危険性がある区域には含まれていない。しかし，周囲では崖崩れや浸水に注意が必要である。

	①	②	③	④	⑤	⑥
P	カ	カ	キ	キ	ク	ク
Q	キ	ク	カ	ク	カ	キ
R	ク	キ	ク	カ	キ	カ

問 6 大規模な地震の発生時には，公共交通機関が停止し，外出先からの帰宅手段が徒歩のみとなる人たちが多く発生することが指摘されている。こうした事態への対策として，地理情報とGISを活用した事例について述べた文として**適当でないもの**を，次の①～④のうちから一つ選べ。 6

① 駅から一定距離内に位置する公共施設を特定し，帰宅が困難となった人たちが一時的に滞在できる施設数を把握した。

② 帰宅が困難となった人たちが滞在可能な施設であることを示すステッカーを作成し，建物の出入口に貼り付けた。

③ 帰宅者の自宅までの徒歩での距離を計測し，遠距離のために帰宅が困難となる人数を推計した。

④ 道路データと，土砂災害の危険性がある区域データとを重ね合わせることで，帰宅者が利用すると危険なルートを把握した。

第2問　地理の授業で，なぜ私たちは世界の様々なものを飲んだり食べたりできるのだろうか，という課題を探究することになった。食文化に関する次の問い(**問**1〜6)に答えよ。(配点　20)

問 1　チサキさんたちは，日本でも流行したタピオカミルクティーを切り口に，食文化の多様性を調べた。次の資料1は，タピオカミルクティーの概要をノートにまとめたものであり，**A**〜**C**は，タピオカミルクティーの原材料であるキャッサバ，サトウキビ，茶のいずれかについて，生産量上位5か国とそれらが世界に占める割合を示したものである。原材料名と**A**〜**C**との正しい組合せを，次ページの①〜⑥のうちから一つ選べ。　**7**

資料　1

タピオカミルクティーについて

✎砂糖を入れたミルクティーに，キャッサバから作られた大粒のタピオカを入れた，台湾発祥の茶飲料。

✎日本をはじめ世界で流行し，地域の特性に合わせた様々な種類がある。

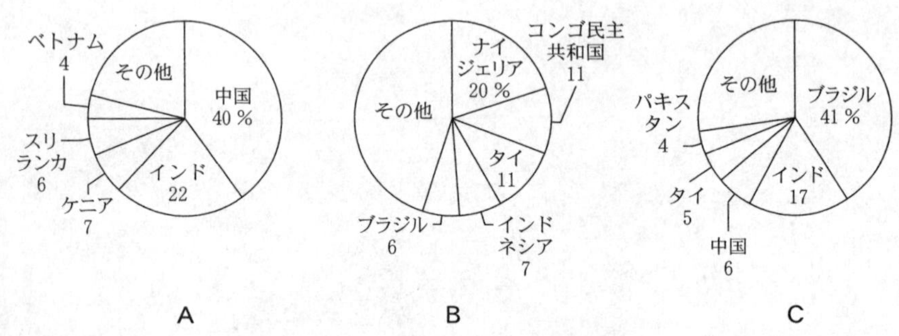

✎なぜ世界の様々なものが集まり，飲んだり食べたりできるようになったのだろうか。

中国の数値は台湾，ホンコン，マカオを含まない。
統計年次は2017年。『世界国勢図会』などにより作成。

	①	②	③	④	⑤	⑥
キャッサバ	A	A	B	B	C	C
サトウキビ	B	C	A	C	A	B
茶	C	B	C	A	B	A

問２　チサキさんたちは，資料１中の下線部に関して，世界中の様々なものが日本で食べられるようになった理由について，輸入される食べ物の事例をあげて考えてみた。その理由と事例として**適当でないもの**を，次の①～④のうちから一つ選べ。 8

① 原産地を表示する制度により，地域ブランドを明示したフランス産のチーズが安価に輸入されるようになった。

② 自由貿易協定の締結により，オーストラリア産の牛肉が低い関税で輸入されるようになった。

③ 輸送技術の向上により，ニュージーランド産のカボチャが日本での生産の端境期（はざかいき）に輸入されるようになった。

④ 養殖技術の確立により，ノルウェー産のサーモンを一年中輸入できるようになった。

問 3　次にチサキさんたちは，いくつかの作物について，栽培起源地域，栽培起源地域およびヨーロッパにおける１人当たり年間供給量，伝播（でんぱ）の過程を次の資料２にまとめた。資料２中の**E**～**G**は，キャッサバ，コーヒー，茶のいずれかであり，**X**～**Z**には，下の**ア**～**ウ**のいずれかの地域が当てはまる。**X**～**Z**と**ア**～**ウ**との組合せとして最も適当なものを，下の①～⑥のうちから一つ選べ。 9

資料　2

作　物	栽培起源地域	1人当たり年間供給量(kg)		伝播の過程
		栽培起源地域	ヨーロッパ	
E	（　X　）	0.6	4.1	イスラーム(イスラム教)の地域を経由して伝わった。
F	（　Y　）	1.1	0.6	陸路と海路による交易を通して伝わった。
G	（　Z　）	20.5	0.0	大西洋における貿易を通して伝わった。

統計年次は2013年。FAOSTATなどにより作成。

ア　アフリカ　　**イ**　中央・南アメリカ　　**ウ**　東アジア

	①	②	③	④	⑤	⑥
X	ア	ア	イ	イ	ウ	ウ
Y	イ	ウ	ア	ウ	ア	イ
Z	ウ	イ	ウ	ア	イ	ア

問 4　茶は世界各地に伝播しており，その飲み方は多様である。チサキさんたちは，それぞれの地域で生まれた茶やそれに類するものの飲み方の写真・説明文を作成し，世界地図に貼り付けた。次の資料3中の空欄L～Nには，**カ**～**ク**のいずれかの写真・説明文が当てはまる。空欄L～Nと**カ**～**ク**との組合せとして最も適当なものを，下の①～⑥のうちから一つ選べ。 10

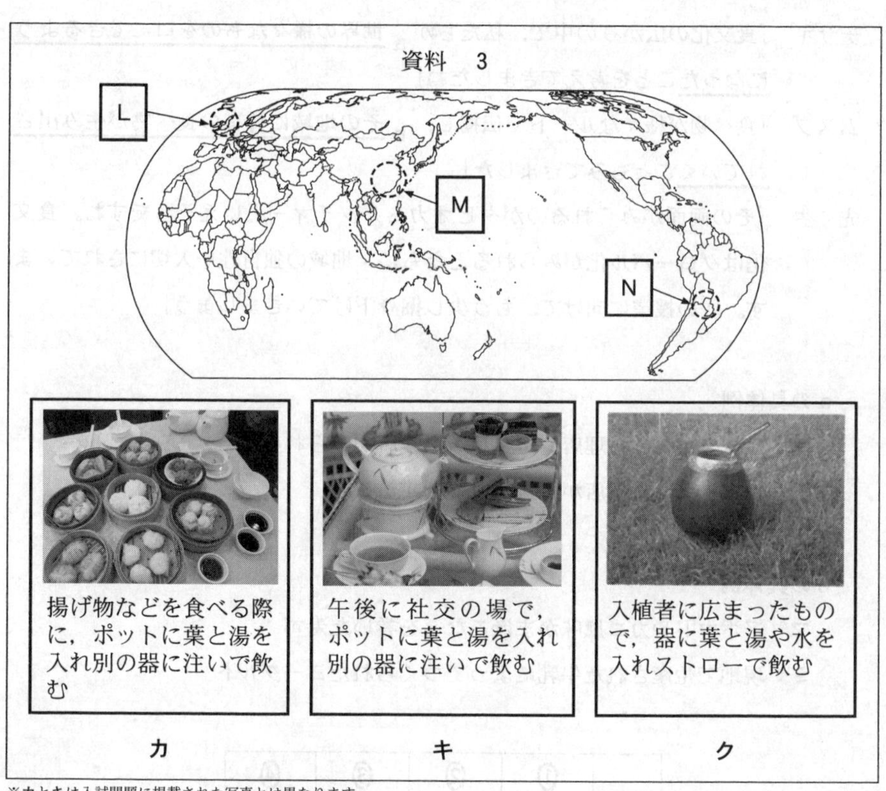

※カとキは入試問題に掲載された写真とは異なります

	①	②	③	④	⑤	⑥
L	カ	カ	キ	キ	ク	ク
M	キ	ク	カ	ク	カ	キ
N	ク	キ	ク	カ	キ	カ

問 5 食文化の多様性について考察したチサキさんたちは，これまで調べてきたことについて振り返りながら先生と話し合った。次の会話文中の下線部 **a** の具体例は，下の文**タ**と**チ**のいずれかであり，下線部 **b** の具体例は，下の文**マ**と**ミ**のいずれかである。**a** と **b** の具体例を示した文の組合せとして最も適当なものを，下の①～④のうちから一つ選べ。 11

チサキ 「食文化の広がりの中で，私たちが a 世界の様々なものを口にできるようになったことを考えてきましたね」

ムスブ 「食べ物が様々なルートで伝播し，b その地域に特有の食べ物が生み出されていくこともみてきました」

先　生 「その両面がみられるのがタピオカミルクティーといえそうですね。食文化はグローバル化がみられるとともに，地域の独自性も大切にされています。次の授業に向けて，もう少し掘り下げていきましょう」

a の具体例

タ 日本でインド料理店やイタリア料理店がみられること

チ 日本で郷土料理店が多言語対応をすること

b の具体例

マ アボカドやカニ風味かまぼこなどを巻いた寿司

ミ 現地で生産された牛乳によってつくられたヨーグルト

	①	②	③	④
a	タ	タ	チ	チ
b	マ	ミ	マ	ミ

問 6　先生と話し合った後にチサキさんたちは，食文化に関わる様々な課題やその解決策について考えた。生徒たちが考えた内容のうち，各地域の食文化に配慮した持続可能な発展につながるものとしては**適当でないもの**を，次の①～④のうちから一つ選べ。 12

① 学校教育の中で，地産地消を通して食文化について学習することで，地域の風土や伝統文化についての理解を深める。

② 国際協力として食料援助を行う際に，井戸の整備や現地の伝統的な食生活に配慮した援助をする。

③ 多国籍企業である穀物メジャーが，農産物の生産・流通や種子・肥料開発などを手がけ，通年で安価な穀物を供給する。

④ 輸出型のプランテーション作物の栽培が続けられてきた地域で，自給作物の栽培を進め，安定的に食料を確保する。

第3問　南アジアに関する次の問い(問1～6)に答えよ。(配点　20)

問1　南アジアには様々な気候帯や農業地域が分布している。次の図1中の**ア**～**ウ**は，図2中の地点**A**～**C**のいずれかにおける最多雨月と最少雨月の月降水量を示したものである。地点**A**に該当する月降水量と，図2中の**E**州において小麦と米のうち生産量が多い作物との正しい組合せを，下の①～⑥のうちから一つ選べ。 13

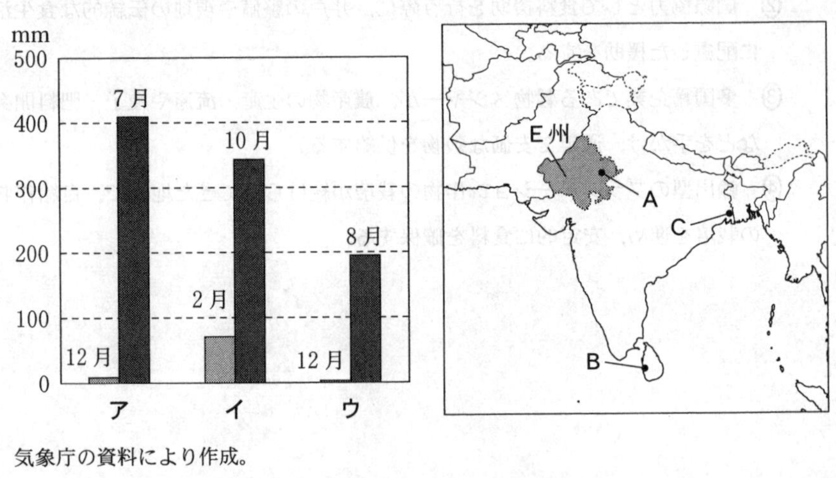

気象庁の資料により作成。

図　1　　　　　図　2

	①	②	③	④	⑤	⑥
地点Aに該当する月降水量	ア	ア	イ	イ	ウ	ウ
E州において生産量が多い作物	小　麦	米	小　麦	米	小　麦	米

問2　次ページの会話文は，高校生のトモさんとセナさんが，インドにおける穀物の生産量の変化とその要因について，次ページの図3と図4をもとに先生と話し合ったものである。会話文中の空欄**カ**と**キ**に当てはまる語句の組合せとして最も適当なものを，次ページの①～④のうちから一つ選べ。 14

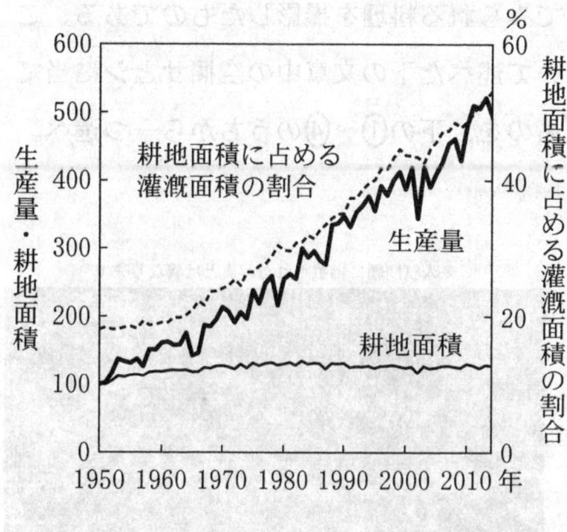

インド政府の資料により作成。

図　3

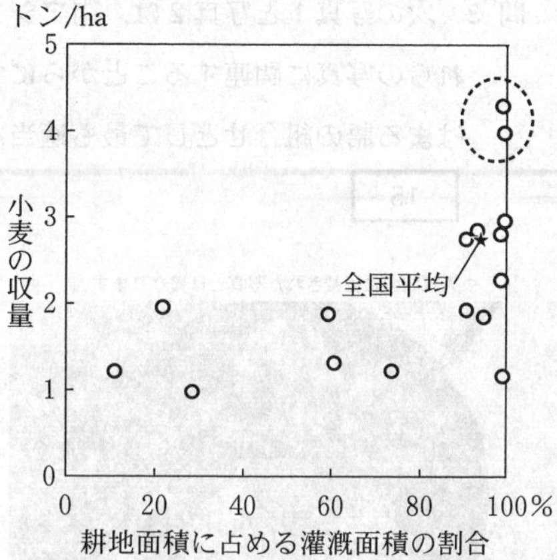

トン/ha
小麦の収量
全国平均
0 20 40 60 80 100%
耕地面積に占める灌漑面積の割合

統計年次は2014～2015年。インド政府の資料により作成。

図　4

ト　モ　「図３は，インドにおける穀物の生産量と耕地面積について，1950年の値を100とした指数の推移を示しています。耕地面積に占める灌漑(かんがい)面積の割合とともに，生産量も増えていますね」

セ　ナ　「この図から考えると，生産量が増加した主な要因は(　**カ**　)の拡大といえますね」

先　生　「作物や地域ごとの差に注目することも大切です。図４は，小麦の耕地面積に占める灌漑面積の割合と，小麦の収量を州ごとに示したものです。灌漑面積の割合が100％に近い州でも，収量には大きな差がありますね」

ト　モ　「点線で囲まれた州の収量が特に高い理由としては，自然条件とともに，(　**キ**　)の栽培が広く行われていることが考えられますね」

	①	②	③	④
カ	耕地面積	耕地面積	灌漑面積	灌漑面積
キ	改良した品種	在来の品種	改良した品種	在来の品種

問 3　次の写真1と写真2は，南アジアでみられる料理を撮影したものである。これらの写真に関連することがらについて述べた下の文章中の空欄**サ**と**シ**に当てはまる語の組合せとして最も適当なものを，下の①～④のうちから一つ選べ。

15

※入試問題に掲載された写真とは異なります

写真　1

※入試問題に掲載された写真とは異なります

写真　2

写真1は，小麦粉に水を加えてこねた生地を平焼きにした料理である。また，写真2は，羊肉などをひき肉にし，串に張り付けて炭火で焼き上げた料理である。これらの料理の素材と調理法は，(　**サ**　)で食されてきた料理と共通している。写真1の料理にはカレーが添えられており，コショウ，ターメリックなどの香辛料が使われている。これら二つの香辛料は，植民地時代以前から主に(　**シ**　)で生産されてきた。

	サ	シ
①	東南アジア	サハラ以南アフリカ
②	東南アジア	南アジア・東南アジア
③	西アジア	サハラ以南アフリカ
④	西アジア	南アジア・東南アジア

問 4　次の表1は，インドにおけるいくつかの食料品について，2010年の1人当たり年間供給量と，それを1970年の値を100とした指数で示したものであり，J～Lは，家禽(かきん)*の肉，牛肉(水牛を含む)，牛乳のいずれかである。食料品名とJ～Lとの正しい組合せを，下の①～⑥のうちから一つ選べ。 16

*鶏や七面鳥など。

表　1

	2010年の1人当たり年間供給量(kg)	1970年の値を100とした指数
J	49.8	215
K	1.8	1,082
L	1.5	63

FAOSTATにより作成。

	①	②	③	④	⑤	⑥
家禽の肉	J	J	K	K	L	L
牛　肉	K	L	J	L	J	K
牛　乳	L	K	L	J	K	J

問 5　次の写真3と写真4は，南アジアの気候や歴史の影響を受けた衣服を撮影したものである。これらの写真に関連することがらについて述べた下の文章中の空欄**タ**と**チ**に当てはまる語の組合せとして最も適当なものを，下の①～④のうちから一つ選べ。 17

※入試問題に掲載された写真とは異なります

写真　3

※入試問題に掲載された写真とは異なります

写真　4

写真3は，サリーとよばれる衣服である。一枚の布を体に巻きつけて着るもので，体を締め付けないゆとりのある形をしていて(　**タ**　)が高く，主にヒンドゥー教徒の女性が着る。

写真4は，マドラスチェックとよばれる柄の衣服である。チェンナイ(マドラス)では，職人によってこの柄の(　**チ**　)がつくられてきた。ヨーロッパに広まったこの柄には，イギリスの影響を受けて変化したものがみられる。

	①	②	③	④
タ	通気性	通気性	保温性	保温性
チ	綿織物	毛織物	綿織物	毛織物

問 6　経済が急速に成長しているインドでは，地域間の経済格差が大きい。次の図5は，インドにおける1人当たり州*内総生産を示したものであり，表2は，図5中のX州とY州における人口増加率，2001年と2011年の都市人口率，都市の失業率と，それらの指標の全国平均を示したものである。図5と表2から読み取れることがらとその背景について述べた下の文章中の下線部①～④のうちから，**適当でないもの**を一つ選べ。 18

*連邦直轄地を含み，島嶼(とうしょ)部と国境係争地を除く。

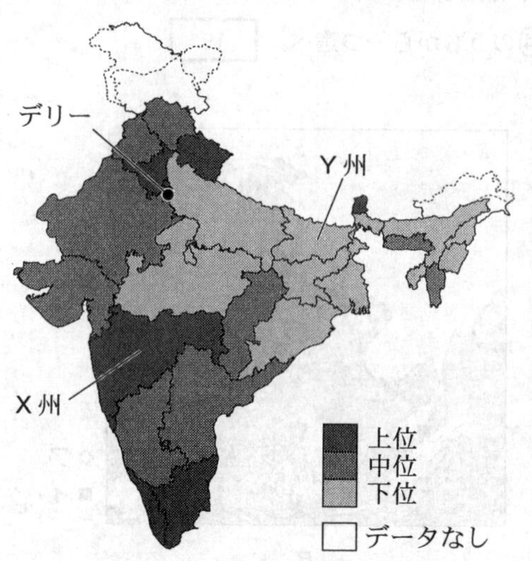

統計年次は2011年または2012年。
インド政府の資料により作成。

図　5

表　2

(単位：%)

		X州	Y州	全国平均
人口増加率		16.0	25.4	17.7
都市人口率	2001年	42.4	10.5	27.8
	2011年	45.2	11.3	31.1
都市の失業率		2.3	5.6	3.4

統計年次は，人口増加率が2001～2011年，都市の失業率が2011年。インド政府の資料により作成。

インドでは，①<u>自動車産業や情報通信技術産業の成長を背景として</u>，西部やデリー周辺などに経済発展が顕著な地域がみられる。それらの地域では，X州のように都市への人口集中が進み，②<u>雇用機会が豊富であると</u>考えられる。③<u>東部や内陸部には経済発展が遅れた地域が広くみられ</u>，Y州では④<u>農村部の人口が減少している</u>。

第4問　世界の結びつきと地球的課題に関する次の問い(問1～6)に答えよ。(配点　20)

問1　現代の世界は，様々な商品の物流によって互いに結びついている。次の図1は，いくつかの年のコンテナ貨物取扱量について，東・東南アジアにおける上位10位までの港の位置を示したものであり，**A**と**B**は2000年と2018年のいずれかである。また，図1中の凡例**ア**と**イ**は，コンテナ貨物取扱量上位1～5位の港と，6～10位の港のいずれかである。2018年の図と上位1～5位の港との正しい組合せを，下の①～④のうちから一つ選べ。 **19**

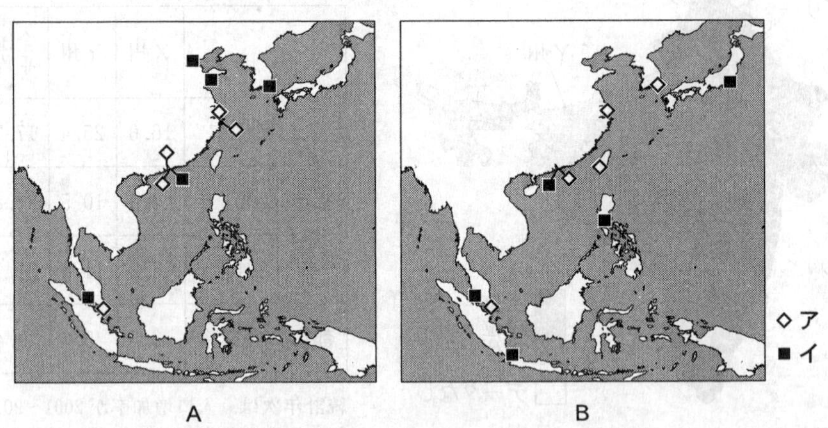

Review of Maritime Transport などにより作成。

図　1

	①	②	③	④
2018年の図	A	A	B	B
上位1～5位の港	ア	イ	ア	イ

問 2　世界の様々な地域は，旅行客の移動によって結びついている。次の図2は，いくつかの国について，2017年における国家間の旅行客の移動を示したものであり，**カ**～**ク**は，イギリス，イタリア，オーストラリアのいずれかである。**カ**～**ク**と国名との正しい組合せを，下の①～⑥のうちから一つ選べ。 20

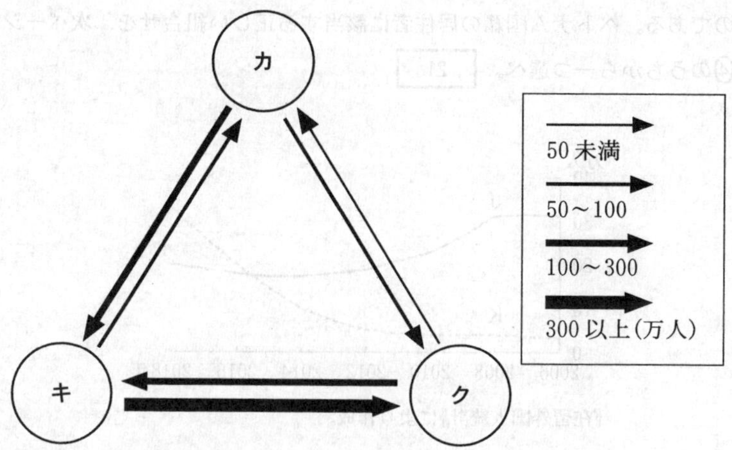

統計年次は2017年。World Tourism Organizationの資料により作成。

図　2

	カ	キ	ク
①	イギリス	イタリア	オーストラリア
②	イギリス	オーストラリア	イタリア
③	イタリア	イギリス	オーストラリア
④	イタリア	オーストラリア	イギリス
⑤	オーストラリア	イギリス	イタリア
⑥	オーストラリア	イタリア	イギリス

問 3　国境を越えた労働力の移動は，世界の地域間の結びつきを強めている。次の図3中のJとKは，日本に在留するブラジル国籍とベトナム国籍の居住者のいずれかについて，全国の居住者数の推移を示したものである。また，下の図4中のMとNは，日本に在留するブラジル国籍とベトナム国籍の居住者のいずれかについて，2018年の全国の居住者数に占める都道府県別の割合を示したものである。ベトナム国籍の居住者に該当する正しい組合せを，次ページの①～④のうちから一つ選べ。 21

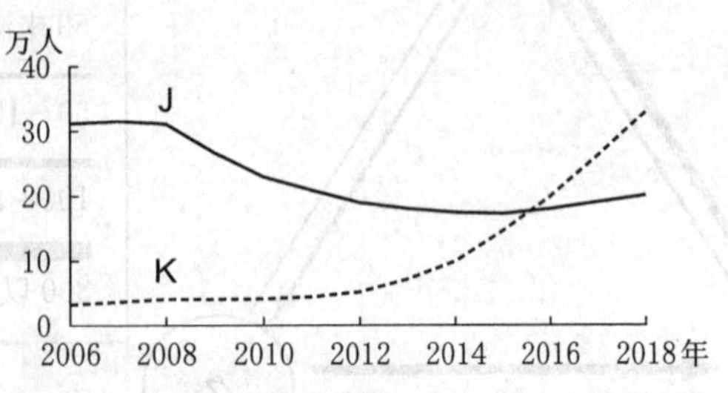

『在留外国人統計』により作成。

図　3

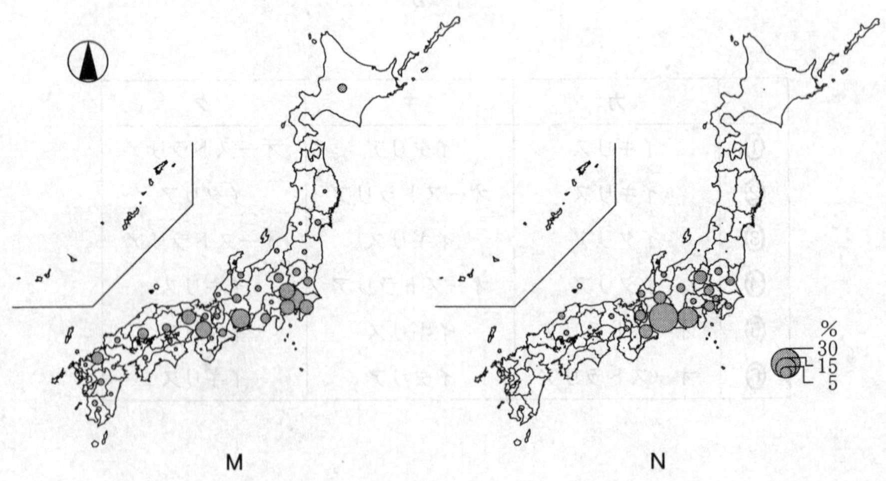

統計年次は2018年。『在留外国人統計』により作成。

図　4

	①	②	③	④
全国の居住者数の推移	J	J	K	K
都道府県別の割合	M	N	M	N

問 4 産業化や都市化の進展に伴うエネルギー消費の急速な増加は，地球的課題の一つとなっている。次の図5は，いくつかの国における1965年，1990年，2015年の1人当たり1次エネルギー消費量*と都市人口率を示したものであり，①～④は，アメリカ合衆国，サウジアラビア，中国**，ドイツ***のいずれかである。ドイツに該当するものを，図5中の①～④のうちから一つ選べ。 22

*石油に換算したときの値。
**台湾，ホンコン，マカオを含まない。
***1965年は旧西ドイツと旧東ドイツを合わせた値。

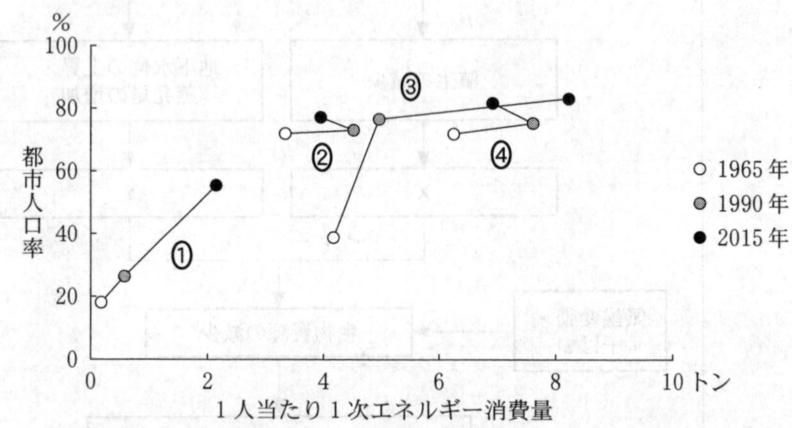

BP Statistical Review of World Energy などにより作成。

図　5

問 5　地球的課題の一つである砂漠化は，複雑なメカニズムで起こると考えられている。次の図6は，砂漠化のメカニズムとその影響を示した模式図であり，下の文**サ**と**シ**のいずれかは，図6中のPの状況に関することがらを述べたものである。また，図6中の空欄XとYには，塩類の集積と土壌侵食の増加のいずれかが当てはまる。Pの状況に関することがらを述べた文と空欄Xに当てはまる語句との組合せとして最も適当なものを，次ページの①～④のうちから一つ選べ。 23

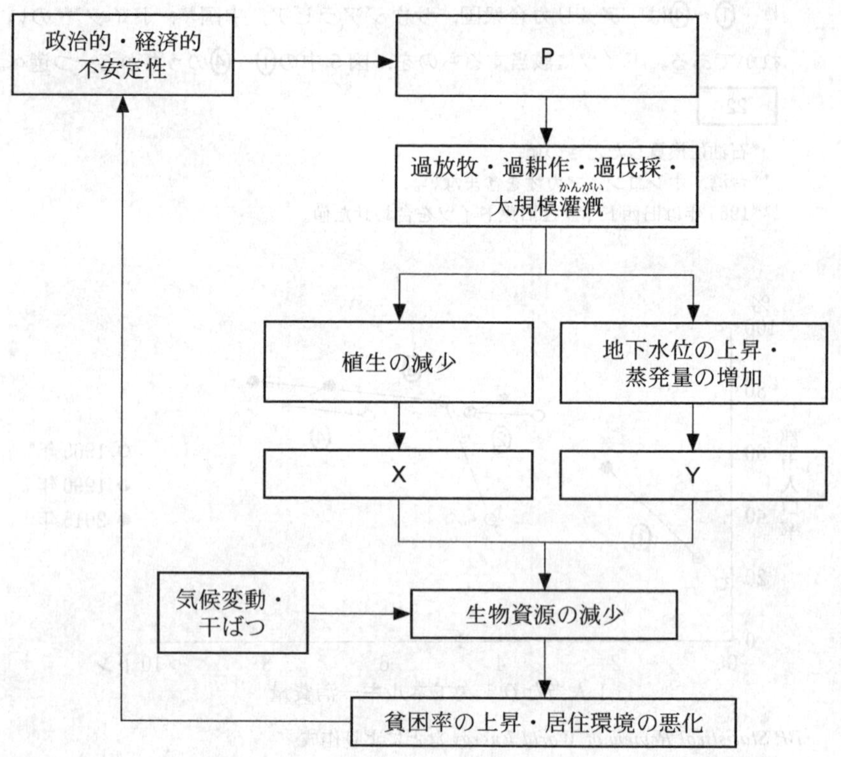

環境省の資料などにより作成。

図　6

サ　家族計画の推進による人口構造の変化

シ　市場経済の拡大による資源需要の増加

	①	②	③	④
P	サ	サ	シ	シ
X	塩類の集積	土壌侵食の増加	塩類の集積	土壌侵食の増加

問 6　地球的課題を解決するために，世界各地で様々な取組みが積み重ねられてきた。先進国と発展途上国との経済格差の是正に直接つながる取組みとして最も適当なものを，次の①～④のうちから一つ選べ。 24

① 市街地での自動車の利用を制限し，排出ガスを抑制するなどして，環境の悪化を防ぐ。

② 自然環境を保全する取組みを行うことにより，生物の多様性を守る。

③ 農産物や製品などの商取引が，生産者にとって公平な価格で行われるような仕組みをつくる。

④ 廃棄される食品の量を減少させるために，流通を効率的に管理するシステムをつくる。

第5問　京都市に住む高校生のタロウさんは，京都府北部にある宮津(みやづ)市の地域調査を行った。次の図1を見て，この地域調査に関する下の問い(**問**1～6)に答えよ。(配点　20)

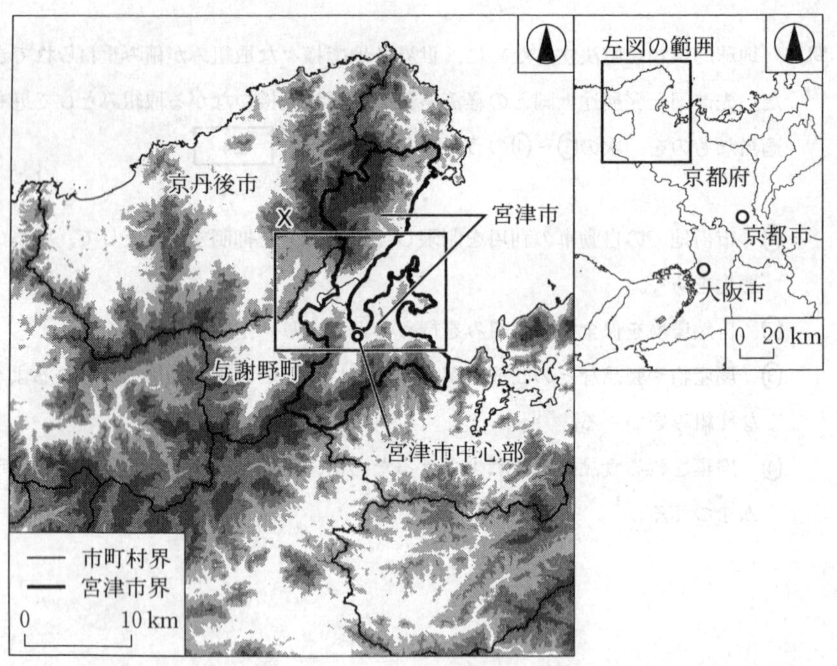

左図の陸地では，色の濃い部分ほど標高の高い地域を示している。
宮津市界の一部は水面上にある。
国土数値情報などにより作成。

図　1

問 1　タロウさんは，京都府における人口変化の地域差と京都市との関係を調べるために，主題図を作成した。次の図 2 は，京都府の各市町村について，1990～2015 年の人口増減率と 2015 年の京都市への通勤率を示したものである。図 2 から読み取れることがらを述べた文として正しいものを，下の①～④のうちから一つ選べ。 25

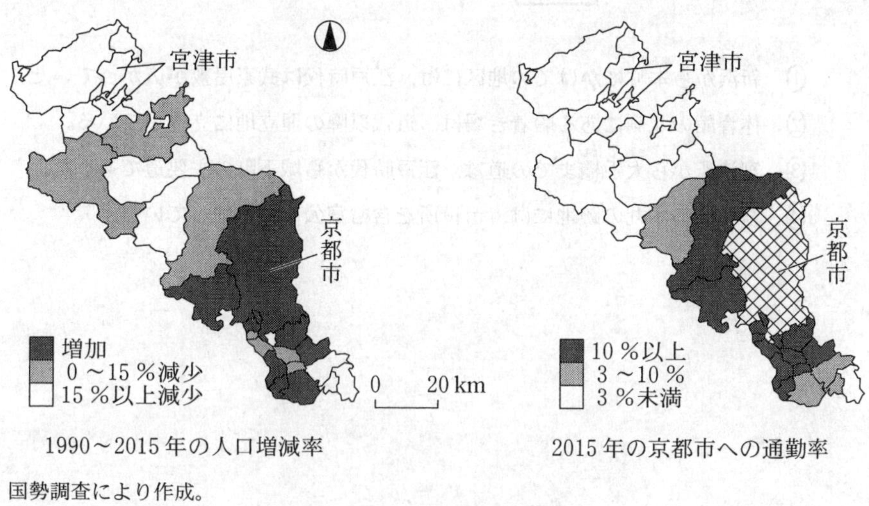

国勢調査により作成。

図　2

① 宮津市とその隣接市町村では，すべての市町村で人口が 15 % 以上減少している。

② 京都市への通勤率が 10 % 以上の市町村では，すべての市町村で人口が増加している。

③ 京都市への通勤率が 3 ～10 % の市町村の中には，人口が増加している市町村がある。

④ 京都市への通勤率が 3 %未満の市町村の中には，人口が増加している市町村がある。

問 2　タロウさんは，宮津市の中心部が城下町であったことに関心をもち，現在の地形図と江戸時代に描かれた絵図を比較して，地域の変化を調べることにした。次ページの図3中の**ア**は，宮津市中心部の現在の地形図であり，**イ**は，**ア**とほぼ同じ範囲の江戸時代に描かれた宮津城とその周辺の絵図を編集したものである。図3から読み取れることがらとして最も適当なものを，次の①～④のうちから一つ選べ。 **26**

① 新浜から本町にかけての地区には，江戸時代は武家屋敷が広がっていた。
② 体育館の北側にある船着き場は，近代以降の埋立地に立地している。
③ 宮津駅から大手橋までの道は，江戸時代から城下町の主要道であった。
④ 宮津城の本丸の跡地には，市役所を含む官公庁が立地している。

地理院地図により作成。

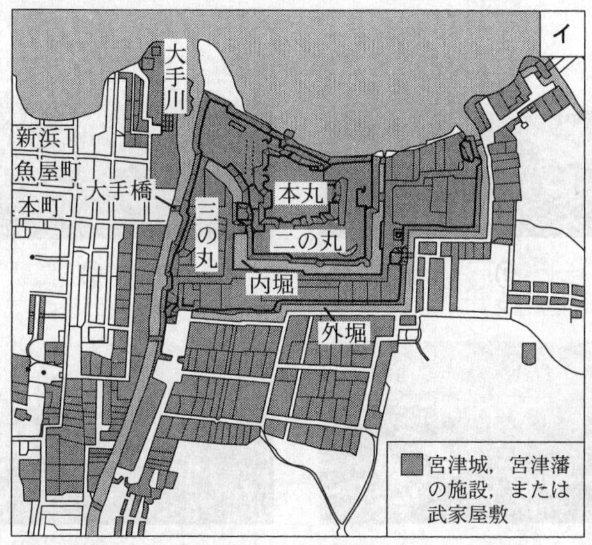

弘化 2 (1845) 年に描かれた絵図を編集したものであるため歪みがある。
『宮津市史』をもとに作成。

図　3

問 3 宮津湾と阿蘇(あそ)海の間にある砂州は天橋立(あまのはしだて)と呼ばれ，有名な観光地であることを知ったタロウさんは，様々な地点から天橋立の写真を撮影した。次の図4は，図1中のXの範囲を示したものであり，下の写真1は，図4中の地点A～Dのいずれかから矢印の方向に撮影したものである。地点Aに該当するものを，写真1中の①～④のうちから一つ選べ。 27

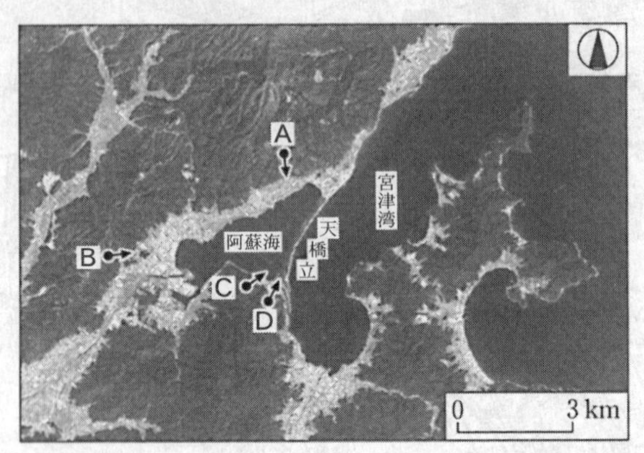

地理院地図により作成。

図 4

写真 1

問 4　天橋立近くの土産物店で丹後ちりめんの織物製品が数多く売られているのを見たタロウさんは，丹後ちりめんについて調べ，次の資料1にまとめた。資料1中の空欄**カ**～**ク**に当てはまる語の正しい組合せを，下の①～⑧のうちから一つ選べ。 28

資料　1

●丹後ちりめんの特徴

・生地に細かい凹凸のある絹織物。

・しわが寄りにくく，風合いや色合いに優れる。

・主要な産地は京都府の京丹後市と与謝野町で，冬季の(　**カ**　)季節風が生産に適する。

●丹後ちりめんの動向

・1960～70年代：豊富な労働力や広い土地を求めた京都市の西陣織の業者から仕事を請け負い，生産量が多かった。

・1980～90年代：和服を着る機会が減少したことと(　**キ**　)な織物製品の輸入が急増したことで，生産が縮小した。

・2000年以降：洋服の生地や，スカーフ，インテリア用品などの商品開発を進めるとともに，(　**ク**　)により海外市場へ進出しつつある。

	カ	**キ**	**ク**
①	乾いた	安　価	大量生産
②	乾いた	安　価	ブランド化
③	乾いた	高　価	大量生産
④	乾いた	高　価	ブランド化
⑤	湿った	安　価	大量生産
⑥	湿った	安　価	ブランド化
⑦	湿った	高　価	大量生産
⑧	湿った	高　価	ブランド化

問 5　タロウさんは，宮津市北部の山間部にある集落で調査を行った。次の資料 2 は，ある集落の住民に対してタロウさんが実施した聞き取り調査の結果を整理したものと，その内容から考察したことをまとめたものである。タロウさんの考察をまとめた文として**適当でないもの**を，資料 2 中の①～④のうちから一つ選べ。 29

資料　2

【聞き取り調査の結果】

●小学校(分校)の廃校

・かつては集落に子どもが多かったため，分校が設置されていた。

・廃校に伴い，集落の小学生は，遠くの学校に通うことになる。

●伝統的な文化や技術の継承

・春祭りで行われていた太刀(たちふ)振り神事が途絶えてしまった。

・集落にある植物を用いた織物や和紙がつくられてきた。

●都市と農村の交流

・NPO や地元企業などにより，棚田の保全が進められている。

・集落の周辺で，ブナ林や湿地などをめぐるツアーが行われている。

●移住者の増加

・米作りや狩猟を行うことを目的として移住してきた人がいる。

・移住者の中には，古民家を改修して居住する人がいる。

【考察】

① 小学校の廃校は，若年層の継続的な流出や少子化が背景にある。

② 住民の高齢化により，伝統的な文化や技術の担い手が減少している。

③ 自然環境への関心の高まりにより，都市と農村の交流が進められている。

④ 移住者の増加は，宮津市における人口の郊外化が背景にある。

問 6　天橋立で多くの外国人を見かけたタロウさんは，外国人観光客の動向を調べることにした。次の図5は，2018年の外国人延べ宿泊者数*と，その2013年に対する比を都道府県別に示したものである。また，下の文章は，図5から読み取れることがらとその背景について述べたものであり，空欄サには大阪府と沖縄県のいずれか，空欄シには下の文FとGのいずれかが当てはまる。空欄サに当てはまる府県名と空欄シに当てはまる文との組合せとして最も適当なものを，下の①～④のうちから一つ選べ。 **30**

*宿泊者数×宿泊数。

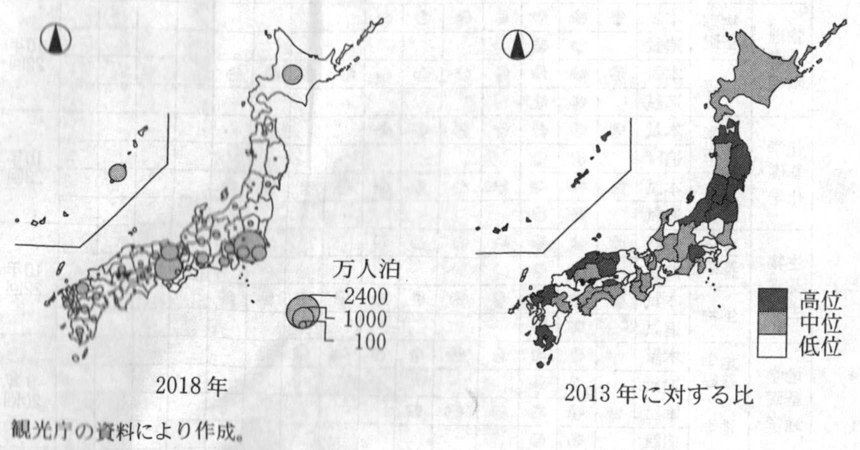

観光庁の資料により作成。

図　5

2018年の外国人延べ宿泊者数をみると，東京都が最多であり，次に多いのが(　サ　)である。また，2013年に対する比をみると，外国人延べ宿泊者数が少ない県で高位を示すところが多く，この背景として，(　シ　)外国人旅行者が増加し，外国人の宿泊地が多様化したことが考えられる。

F　温泉や農山漁村を訪れて体験型の観光を楽しむ

G　ショッピングや大型テーマパークを楽しむ

①　大阪府 ― F　②　大阪府 ― G　③　沖縄県 ― F　④　沖縄県 ― G

2025大学入学共通テスト過去問レビュー

――どこよりも詳しく丁寧な解説――

書名			掲載年度											数学Ⅰ・Ⅱ, 地歴A				掲載回数
			24	23	22	21①	21②	20	19	18	17	16	15	24	23	22	21①	
英語		本試	●	●	●	●	●	●	●	●	●	●	●	リスニング	リスニング	リスニング	リスニング	10年19回
		追試		●	●										リスニング	リスニング		
数学Ⅰ, A Ⅱ, B, C	Ⅰ, A	本試	●	●	●	●	●	●	●	●	●	●	●	●	●	●		10年32回
		追試		●	●													
	Ⅱ, B, C	本試	●	●	●	●	●	●	●	●	●	●	●	●	●	●		
		追試		●	●													
国語		本試	●	●	●	●	●	●	●	●	●	●	●					10年13回
		追試		●	●													
物理基礎・物理	物理基礎	本試	●	●	●	●	●	●	●									10年22回
		追試		●	●													
	物理	本試	●	●	●	●	●	●	●	●	●	●	●					
		追試		●	●													
化学基礎・化学	化学基礎	本試	●	●	●	●	●	●	●									10年22回
		追試		●	●													
	化学	本試	●	●	●	●	●	●	●	●	●	●	●					
		追試		●	●													
生物基礎・生物	生物基礎	本試	●	●	●	●	●	●	●									10年22回
		追試		●	●													
	生物	本試	●	●	●	●	●	●	●	●	●	●	●					
		追試		●	●													
地学基礎・地学	地学基礎	本試	●	●	●	●	●	●	●	●	●	●						9年20回
		追試		●	●													
	地学	本試	●	●	●	●	●	●										
		追試		●	●													
地理総合, 地理探究		本試	●	●	●	●	●	●	●	●	●	●	●	●	●	●	●	10年15回
		追試																
歴史総合, 日本史探究		本試	●	●	●	●	●	●	●	●	●	●	●	●	●	●	●	10年15回
		追試																
歴史総合, 世界史探究		本試	●	●	●	●	●	●	●	●	●	●	●	●	●	●	●	10年15回
		追試																
公共, 倫理	現代社会	本試	●	●	●	●	●	●	●									6年14回
		追試																
	倫理	本試	●	●	●	●	●	●	●									
		追試																
公共, 政治・経済	現代社会	本試	●	●	●	●	●	●	●									6年14回
		追試																
	政治・経済	本試	●	●	●	●	●	●	●									
		追試																

・[英語（リスニング）] の音声は、ダウンロードおよび配信でご利用いただけます。